Baedekers

Allianz  Reiseführer

Spanien

KARL BAEDEKER VERLAG

Titelbild: Kathedrale von Segovia

Ausstattung:
160 Abbildungen
48 Karten, Pläne und Grundrisse
1 große Autokarte

Textbeiträge:
Rosemarie Arnold (Geschichte)
Prof. Dr. Wolfgang Hassenpflug (Klima)
Dr. Hans K. Weiler (Reiseziele von A bis Z)
Christine Wessely (Kunstgeschichte)

Bearbeitung und Ergänzung:
Baedeker-Redaktion

Kartographie:
Ingenieurbüro für Kartographie
Huber & Oberländer, München

Umbruchlayout:
HF Ottmann,
Atelier für Buchgestaltung
und Grafik-Design, Leonberg

Konzeption und Gesamtleitung:
Dr. Peter Baumgarten,
Baedeker Stuttgart

Bildnachweis:

Das Gros der Vorlagen zur Reproduktion der farbigen Abbildungen stellte das *Spanische Fremdenverkehrsamt* in Madrid bzw. Frankfurt am Main zur Verfügung.

Allianz-Archiv (S. 271, 272).
Hans Baedeker (S. 129 rechts).
Bavaria-Verlag, Gauting (S. 47; 53; 56; 79; 105; 110, 2×; 122; 133; 178; 190; 254; 265; 313).
Gonzales Byass, Jerez de la Frontera (S. 143, 290).
Continentale Verlags- und Werbegesellschaft m.b.H., Frankfurt am Main (S. 80).
Willi Fischer, Esslingen am Neckar (S. 69; 102; 129, rechts).
FOAT, Spanien (S. 49, 60, 99, 123, 124, 131, 134, 138, 140, 158, 180, 181, 200, 258).
F. Gabin (S. 82).
Dieter Grathwohl, Stuttgart (S. 5; 43; 52, 2×; 53, unten; 61; 64, 2×; 65; 76; 93, 2×; 94, 2×; 108, oben; 121; 129, links; 156, rechts; 157; 186; 202; 227; 229, rechts; 269; 314; 317).
F. Hecker (S. 75, 86, 87, 115, 116, 167, 172, 252).
Frank J. Klug, Neuhausen (S. 54, 70, 137, 185, 196, 210).
Mauritius, Mittenwald (S. 223).
Bildarchiv Kh. Schuster, Frankfurt am Main (S. 81; 95; 109; 118; 130; 229, links).
A. Subirats Casanovas, Valencia (S. 103, 2×).
Zentrale Farbbild Agentur GmbH (ZEFA), Düsseldorf (S. 90, 108, 119, 163, 167, 170, 273).

Das Panorama von Benidorm (S. 80/81) zeichnete Monika Dostler, Schwäbisch Hall.

3. Auflage 1988

Urheberschaft:
Karl Baedeker GmbH
Ostfildern-Kemnat bei Stuttgart

Nutzungsrecht:
Mairs Geographischer Verlag GmbH & Co.
Ostfildern-Kemnat bei Stuttgart

Satz:
Mairs Fotosatz GmbH
Ostfildern-Kemnat bei Stuttgart
Fotosatz Weyhing GmbH, Stuttgart

Reproduktionen:
Gölz Repro-Service GmbH
Ludwigsburg

Druck:
Mairs Graphische Betriebe GmbH & Co.
Ostfildern-Kemnat bei Stuttgart

Buchbinderarbeiten:
Franz Spiegel Buch GmbH
Ulm

ISBN 3-87504-075-9

> ＊ **Sternchen** *(Asterisken)* als typographi-
> ＊＊ sches Mittel zur Hervorhebung bedeuten-
> der Bau- und Kunstwerke, Naturschön-
> heiten, Aussichten, aber auch guter Unter-
> kunfts- und Gaststätten hat Karl Baedeker im
> Jahre 1844 eingeführt; sie werden auch in
> diesem Reiseführer verwendet:
> Besonders Beachtenswertes ist durch
> e i n e n vorangestellten 'Baedeker-Stern',
> einzigartige Sehenswürdigkeiten sind
> durch z w e i Sternchen gekennzeichnet.
>
> ⓘ Diese rote **Signatur** steht in Baedekers
> Allianz-Reiseführern symbolisch für
> **Information** und weist den Benutzer
> auf kompetente **Auskunftsquellen** hin.

Wenn aus der Fülle von Unterkunfts- und Gaststätten nur eine wohlüberlegte Auswahl getroffen ist, so sei damit gegen andere Häuser kein Vorurteil erweckt.

Da die Angaben eines solchen Reiseführers in der heute so schnellebigen Zeit fast ständig Veränderungen unterworfen sind, kann für die Richtigkeit keine absolute Gewähr übernommen werden. Auch lehrt die Erfahrung, daß sich Irrtümer nie gänzlich vermeiden lassen. Für Berichtigungen und Verbesserungsvorschläge ist die Redaktion (Zeppelinstr. 44/1, D-7302 Ostfildern 4) stets dankbar.

Inhalt

Liebe Leserin, lieber Leser,

Baedeker ist ständig bemüht, die Qualität seiner Reiseführer noch zu steigern und ihren Inhalt weiter zu vervollkommnen. Hierbei können ganz besonders die Erfahrungen und Urteile aus dem Benutzerkreis als wertvolle Hilfe gar nicht hoch genug eingeschätzt werden. Vor allem **Ihre Kritik, Berichtigungen und Verbesserungsvorschläge** sind uns stets willkommen. Sie helfen damit, die nächste Auflage noch aktueller zu gestalten.
Bitte schreiben Sie in jedem Falle an die

Baedeker-Redaktion
Karl Baedeker GmbH
Marco-Polo-Zentrum
Zeppelinstraße 44/1
Postfach 3162
D-7302 Ostfildern 4 (Kemnat).

Der Verlag dankt Ihnen im voraus bestens für Ihre Mitteilungen. Jede Einsenderin und jeder Einsender nimmt an einer jeweils zum Jahresende unter Ausschluß des Rechtsweges stattfindenden Verlosung von drei JRO-LEUCHTGLOBEN teil.
Falls Sie gewonnen haben, werden Sie benachrichtigt. Ihre Zuschrift sollte also neben der Angabe des Buchtitels und der Auflage, auf welche Sie sich beziehen, auch Ihren Namen und Ihre Anschrift enthalten. Die Informationen werden selbstredend vertraulich behandelt und die persönlichen Daten nicht gespeichert.

Reiseland Spanien

Windmühlen in Kastilien

Spanien
Estado Español

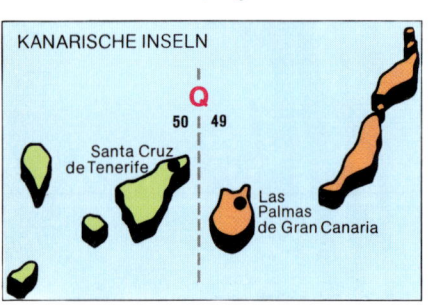

| Grenzen der Autonomen Regionen | ——— |
| Grenzen der politischen Provinzen | ——— |

Autonome Regionen (Comunidades Autónomas)

		Fläche in qkm	Bevölke-rungszahl	Einw. pro qkm
A	**Galicien** (Galicia)	29 434	2 812 000	96
B	**Asturien** (Asturias)	10 565	1 159 000	110
C	**Kastilien – León** (Castilla y León)	94 147	2 610 000	28
D	**Kantabrien** (Cantabria)	5 289	517 000	98
E	**Baskenland** (País Vasco)	7 261	514 000	71
F	**Navarra** (Navarra)	10 421	509 000	49
G	**Aragonien** (Aragón)	47 669	1 227 000	26
H	**Katalonien** (Cataluña)	31 930	5 656 000	177
I	**La Rioja** (La Rioja)	5 034	251 000	50
J	**Madrid** (Madrid)	7 995	4 632 000	579
K	**Estremadura** (Extremadura)	41 602	1 083 000	26
L	**Kastilien – La Mancha** (Castilla – La Mancha)	79 226	1 683 000	21
M	**Valencia** (Valencia)	23 305	3 655 000	157
N	**Andalusien** (Andalucía)	87 260	6 441 000	74
O	**Murcia** (Murcia)	11 317	935 000	83
P	**Balearen** (Islas Baleares)	5 014	685 000	137
Q	**Kanarische Inseln** (Canarias)	7 273	1 523 000	209

Provinzen (Provincias)	Fläche in qkm	Bevölkerungszahl	Einwohner pro qkm
1 La Coruña	7876	1083000	138
2 Lugo	9803	399000	41
3 Asturias	10565	1127000	107
4 Cantabria	5298	511000	97
5 Vizcaya	2217	1181000	532
6 Guipúzcoa	1997	693000	347
7 Navarra	10421	507000	49
8 Huesca	15613	220000	14
9 Lérida	12028	355000	30
10 Gerona	5886	468000	80
11 Pontevedra	4477	860000	192
12 Orense	7278	411000	57
13 León	15468	518000	33
14 Palencia	8035	187000	23
15 Burgos	14309	363000	25
16 Álava	3047	261000	86
17 La Rioja	5034	253000	50
18 Zaragoza	17252	842000	49
19 Tarragona	6283	516000	82
20 Barcelona	7733	4619000	597
21 Zamora	10559	224000	21
22 Valladolid	8202	489000	60
23 Segovia	6949	149000	21
24 Soria	10287	99000	10
25 Guadalajara	12190	143000	12
26 Teruel	14785	151000	10
27 Castellón	6679	432000	65
28 Salamanca	12336	368000	30
29 Ávila	8048	179000	22
30 Madrid	7995	4727000	591
31 Cáceres	19945	415000	21
32 Toledo	15368	472000	31
33 Cuenca	17061	210000	12
34 Valencia	10763	2066000	192
35 Badajoz	21657	635000	29
36 Ciudad Real	19749	468000	24
37 Albacete	14862	334000	23
38 Alicante	5863	1149000	196
39 Huelva	10085	414000	41
40 Sevilla	14001	1477000	106
41 Córdoba	13718	717000	52
42 Jaén	13498	628000	46
43 Murcia	11317	958000	85
44 Cádiz	7385	1002000	136
45 Málaga	7276	1036000	142
46 Granada	12531	762000	61
47 Almería	8774	405000	46
48 Baleares	5014	685000	137
49 Las Palmas de Gran Canaria	4072	756000	186
50 Santa Cruz de Tenerife	3170	688000	217
SPANIEN (Festland)	504751	38330000	76
Spanische Territorien in Afrika			
Ceuta	19	71000	3158
Melilla	12	58000	3500
Andorra	462	45000	88
Gibraltar	6,5	31000	5172

Spanien ist aus gutem Grund eines der klassischen Reiseländer. Man sollte es aber nicht nur wegen seiner endlosen Strände und der südlichen Sonne besuchen, sondern auch das Innere bereisen. Dort warten nicht nur weltberühmte Sehenswürdigkeiten auf den Besucher, wie die Alhambra von Granada und das Kloster Montserrat, sondern vielfältige Landschaften, eine Vielzahl malerischer Dörfer und Städte und immer wieder herrliche Kirchen und Burgen, die oft abseits der großen Touristenströme der Entdeckung harren.

Spanien (span. España) umfaßt mit 492 463 qkm rund vier Fünftel der Iberischen Halbinsel, deren Gesamtfläche 595 000 qkm beträgt. Vom europäischen Festland ist die Halbinsel im Nordosten durch die 430 km lange Kette der Pyrenäen getrennt, welche die natürliche Grenze zwischen Spanien und Frankreich bilden, während Atlantik und Mittelmeer die langen Küsten umspülen. Östlich der Levanteküste liegen die Balearen, während die Kanarischen Inseln an der Westküste Afrikas gut 1000 km von Cádiz entfernt sind. Die Meerenge von Gibraltar, nur 14 km breit, verbindet Spanien eher mit Afrika, als es davon zu trennen; während die fast ununterbrochene Bastion der Pyrenäen eine sowohl im geographischen als auch im geschichtlichen Sinne deutliche Scheidung von Mitteleuropa verursacht.

Die Iberische Halbinsel hat die Gestalt eines gedrungenen Fünfecks, im Altertum wurde sie wegen dieser Form mit einer Ochsenhaut verglichen. Die Diagonalen messen etwa 700−800 km, so daß die Entfernungen vom Zentrum zu den Küsten recht beachtlich sind. Morphologisch am hervorstechendsten ist das Zentralmassiv (Meseta), umrahmt von Faltengebirgen. Die Meseta ist eine ausgedehnte Hochfläche von 600−1000 m Höhe, während die Randgebirge wesentlich höher sind: im Norden das Kantabrische Gebirge (Peña de Cerredo 2678 m), im Osten das stark zerklüftete Iberische Gebirge (Moncayo 2315 m), im Süden die Sierra Morena und die Sierra de Alcaraz (1798 m). Im südwestlich gelegenen Estremadura senkt sich die Meseta nach Portugal bis zur Atlantikküste, während ihr Zentrum durch mehrere Gebirgszüge (Sierra de Gata, Sierra de Gredos und Sierra de Guadarrama) in zwei Hauptgebiete geteilt wird: Altkastilien im Norden und Neukastilien im Süden.

Um die Hochfläche gruppieren sich verschiedene Randgebiete. Im Osten öffnet sich das Becken von Aragonien, ein vom Ebro durchflossenes Sedimentgebiet, nach dem Mittelmeer, während es im Norden von hohen Pyrenäengipfeln (Pico de Aneto 3404 m) und Ausläufern des Kantabrischen Gebirges begrenzt wird. Im Süden trennt das tief eingeschnittene Becken des Guadalquivir die Meseta von den beträchtlichen Erhebungen der Cordillera Bética, die steil zum Mittelmeer abbrechen und in der Sierra Nevada mit 3478 m die höchste Erhebung der Iberischen Halbinsel aufweisen. Im Nordosten bilden die Berge Galiciens, die sich südlich nach Portugal fortsetzen, unregelmäßige Ketten, welche die 2000-m-Grenze nicht überschreiten und von den Rías, großen Trichtermündungen der in den Atlantik strömenden Flüsse, sehr stark gegliedert werden, so daß teils Sandstrände, teils steile Felsabstürze die Küste säumen. Insgesamt kann man die Halbinsel als sehr gebirgig bezeichnen: die mittlere Höhe beträgt um 600 m.

KATALONIEN (Cataluña) ist die nördlichste der spanischen Mittelmeerlandschaften, die in Natur und geschichtlicher Entwicklung gegenüber dem kastilischen Binnenland ein eigenes Gepräge besitzen. Das Katalonische Gebirge läuft parallel zur Küste und verbindet die östlichen Pyrenäen mit dem nordöstlichen Randgebirge der Meseta. Ursprünglich ein Kettengebirge, ist es später durch tektonische Störungen in isolierte Bergstöcke aufgelöst worden, den *Montseny* (1745 m) im Norden sowie den berühmten *Montserrat* (1241 m) mit der Klosteranlage und den *Montsant* (1071 m) im Süden.

Zwischen dem Hauptzug des Gebirges und einer niedrigeren Küstenkette erstreckt sich in einer von jungtertiären Ablagerungen erfüllten Faltenmulde das Katalonische Längstal. Es ist das Herz des Landes, dicht besiedelt und mit Olivenhainen, Weinbergen, Gärten und Korkeichenwäldern (besonders bei Gerona) bedeckt. Die von den Pyrenäen herabkommenden Flüsse, vor allem der *Llobregat*, durchbrechen das Gebirge in engen Talschluchten; ihr Wasserreichtum, seit alters zur Berieselung genutzt, dient auch der Gewinnung elektrischer Energie für die Industrie. Im Westen hat Katalonien darüber hinaus Anteil am Ebrobecken.

In den Pyrenäen zeigt sich auf katalanischem Gebiet ein Bild menschenarmer, wilder Gebirgslandschaft. Im Quellgebiet des Segre hat sich in eigenartiger Abgeschiedenheit seit dem 9. Jahrhundert die Zwergrepublik ANDORRA erhalten. Im Osten senken sich die Pyrenäen in einzelnen Rücken zum Hügelland *Ampurdán*; Olivenhaine, Weingärten und Korkeichenwälder säumen hier den Fuß des Gebirges.

Die am fruchtbaren Mündungsgebiet des Llobregat gelegene Hauptstadt **Barcelona** hat als Mittelpunkt des Han-

dels und der Industrie einen gewaltigen Aufschwung genommen. – Die reizvolle Costa Brava ist ein vom organisierten Massentourismus bevorzugtes Ferienziel.

Katalonien war als 'Hispania Tarraconensis' der Kern der iberischen Besitzungen der Römer. Nach der Herrschaft der Westgoten und der Vertreibung der Mauren bildete das Land als Spanische Mark einen Teil des fränkischen Reiches, bis sich Wilfred 'der Behaarte' 874 von den Franken losriß und das Condado de Barcelona gründete. Um die Mitte des 12. Jahrhunderts wurde es durch Heirat mit Aragonien vereinigt und kam mit diesem zusammen 1469 unter Verlust an politischer und wirtschaftlicher Bedeutung zu Kastilien, bewahrte sich aber eine freiheitliche Verfassung und viele Sonderrechte ('fueros'). Als Philipp IV. im Jahre 1640

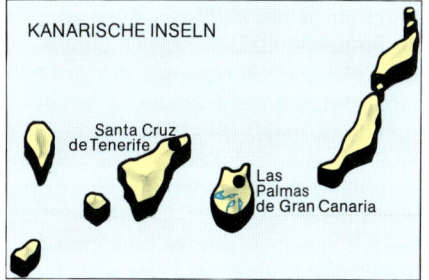

Flüsse, Seen und Stauseen in Spanien

Truppen gegen Frankreich ausheben ließ und drückende Steuern forderte, widersetzten sich die Katalanen und behaupteten sich mit französischer Hilfe eine Zeitlang gegen die spanischen Truppen. Die Kapitulation Barcelonas 1652 führte aber zur Wiederherstellung der spanischen Herrschaft unter Erneuerung der Sonderrechte. Erst der Unabhängigkeitskrieg gegen Napoleon hat das Land endgültig mit Spanien vereint. Mit dem Aufleben der katalanischen Sprache und Schrift wurde jedoch das politische und kulturelle Selbstverständnis Kataloniens demonstriert.

Die Katalanen (katalan. 'catalans', span. 'catalanes') sind – anders als die eher konservativen Kastilier – überaus rege, fortschrittsbewußt und geschäftstüchtig. Durch die Tatkraft und Wendigkeit seiner Bewohner ist das Gebirgsland Katalonien zum wirtschaftlichen Brennpunkt, zu einem dichtbesiedelten und zum fortschrittlichsten Teil der Iberischen Halbinsel geworden. Das Katalanische ('català') ist eine selbständige, dem Provenzalischen verwandte romanische Sprache, die im vergangenen Jahrhundert eine bedeutende Wiederbelebung ('renaxensa') erfuhr und nach langen Jahrzehnten der Unterdrückung in jüngster Zeit eine neue Blüte, auch des Schrifttums, erlebt.

Die früheren Königreiche **ARAGONIEN (Aragón)** und **NAVARRA** umfassen im wesentlichen das Ebrobecken, eine zwischen den Pyrenäen im Norden und dem in Staffeln abbrechenden Außenrand der Meseta im Südwesten eingesunkene Tafel jungtertiärer Kalke, Tone und Mergel, das nach Nordwesten einen spitzen Winkel bildet und gegen das Mittelmeer durch das Katalonische Gebirge abgeriegelt ist. Der *Ebro* tritt, aus dem Kantabrischen Gebirge kommend, durch die *Conchas de Haro* in das Becken ein, folgt dann einer sanften Abdachung und bahnt sich in einem engen Durchbruchstal durch das Katalonische Gebirge den Ausgang zum Meer. Im Gegensatz zu dem regsamen Katalonien und dem mitteleuropäisch anmutenden Baskenland zeigt das einförmige Hügelland Aragoniens einen mehr an Kastilien erinnernden ernsten Charakter der Abgeschlossenheit und Kargheit. Von Gebirgen rings umschlossen, hat es kontinentales Klima wie die Meseta, mit überaus trockenen Sommern, deren drückender Hitzedunst ('calina') über der weißgrauen Ebene lagert. Den wegen seines Salz- und Gipsgehaltes überdies unfruchtbaren Boden bedekken daher Halfagrassteppen und dürftige Schafweiden. Der Anbau von Getreide, Gemüse u.a. beschränkt sich auf die Uferstrecken der Flüsse, besonders des Ebro und des Segre. Der Bewässerung des Landes dient fast nur der *Kaiserkanal* (Canal Imperial), der dem rechten Ufer des Ebro auf einer Strecke von annähernd 90 km folgt. Die wenigen Siedlungen des menschenarmen Landes halten sich an diese langgestreckten Flußoasen (Huertas). **Zaragoza**, die Hauptstadt Aragoniens, liegt in einer solchen Huerta, in der Mandeln, Oliven, Feigen sowie Wein gedeihen.

Nördlich reichen Aragonien und Navarra bis zum Hauptkamm der **Pyrenäen**. Diese zeigen im Westen, wo sie an das Kantabrische Gebirge anschließen, noch Mittelgebirgscharakter, steigen wenig über 1500 m an und sind an vielen Stellen leicht zu überschreiten. Hier siedeln die Basken zu beiden Seiten des Gebirges; hier konnte sich auch das kleine Königreich Navarra als Paßstaat entwickeln. Seine Hauptstadt **Pamplona** liegt in einem baumlosen Becken zwischen dem Hauptkamm und der Sierrenzone. Östlich vom *Somportpaß* (1631 m) steigt der Pyrenäenkamm zu einer gewaltigen, paßarmen Grenzmauer an, deren höchster Gipfel *Pico de Aneto* (3404 m) im Granitstock der Maladetagruppe auf spanischem Boden liegt. Der aus metamorphen und Erstarrungsgesteinen aufgebaute Zentralkamm trägt in kleinen Hochseen und Karen Spuren einer stärkeren eiszeitlichen Vergletscherung. Die im Gegensatz zum schroffen französischen Abfall sanftere Südabdachung besteht hauptsächlich aus stark gefalteten Kreide- und Tertiärgesteinen, die auch noch den *Monte Perdido* (Mont Perdu; 3352 m) auf dem Hauptkamm aufbauen. Dem Südfuß des Gebirges folgt als eine aus den gleichen Schichten bestehende Bergkette die Sierrenzone, die von den durchbrechenden Flüssen in einzelne Rücken zerrissen wird (Sierra de la Peña u.a.). Die spanische Seite der Pyrenäen ist regenarm, und so fehlt ihr das grüne Waldkleid des Nordabfalles; nur magere Weiden sowie Macchia bedecken die gewaltigen Hänge der Täler.

Die **BASKISCHEN PROVINZEN Guipúzcoa, Vizcaya** und **Álava** umfassen den östlichen Teil vom Kantabrischen Gebirge zwischen dem bei Bilbao mündenden Nervióntal und den Pyrenäen. Die Landschaft hat Mittelgebirgscharakter; nur einige Gipfel ragen steiler empor, so die *Peña de Gorbea* (1475 m). Durch Längstalfurchen, denen der Verkehr nach Westen folgt, wird das Küstengebirge vom Hauptkamm des Kantabrischen Gebirges getrennt. Unter dem Einfluß der feuchten Nord- und Nordwestwinde zeichnet sich dieses Küstenland durch reichen Pflanzenwuchs aus: auf den Höhen Eichen-, Buchen- und Kastanienwälder oder, wo diese vernichtet sind, üppiges Farngestrüpp oder Aufforstungen mit Kiefer und Eukalyptus. Die Hügel und Täler sind mit Wiesen, Maisfeldern, Walnuß- und Obstbäumen bedeckt. In günstigen Lagen gedeiht noch ein leichter Landwein ('chacolí'); doch ist das Volksgetränk der aus Äpfeln gekelterte Most (bask. 'sagardúa', span. 'sidra'). Das auch im Sommer angenehme Klima, das üppige Grün sowie die malerischen baskischen Einzelgehöfte ('caseríos') geben dem Nordabhang des Kantabrischen Gebirges einen freundlichen Charakter. Besonders anziehend ist die oft über 300 m hohe Steilküste mit ihren vielfach zu Badeorten gewordenen Fischersiedlungen.

Landschaftlich und wirtschaftlich unterscheidet sich die Südabdachung des Kantabrischen Gebirges vom Küstengebiet. Breite und offene Täler wechseln mit Beckenlandschaften. Die Niederschläge sind wesentlich geringer, so daß anstelle des Maises der Weizen tritt. In diesen offenen Landschaften der Provinz Álava entstanden geschlossene Siedlungen im Gegensatz zu dem für das Küstengebiet typischen Einzelhof.

Das Wirtschaftsleben ist stark bodenständig. Neben der teilweise noch primitiv betriebenen Landwirtschaft sind die Eisenerze von Bilbao die Grundlage für eine kräftig entwickelte Metallindustrie. Auf dem Holzreichtum fußt die in ganz Spanien bekannte Möbelindustrie. Gute Wasserverhältnisse begünstigen die Papierfabrikation, besonders in Guipúzcoa. An den Gebirgsflüssen sind Elektrizitätswerke entstanden.

Die Basken (bask. 'euskaldunak', span. 'vascos') sind ein vorindogermanischer Volksstamm, der sich bis in das 19. Jahrhundert eine beträchtliche Selbständigkeit bewahrte. Die andringenden Mauren und Franken wurden von ihnen zurückgeschlagen; den Herrschern von León und Navarra sowie später den Kastiliern unterwarfen sie sich nur unter Anerkennung ihrer Sonderrechte, die für Vizcaya bereits in einer Aufzeichnung von 1342 vorliegen. Erst 1876 wurden diese Privilegien bis auf wenige Klauseln aufgehoben. Die baskische Sprache ('euskara') wird mit verschiedenen Mundarten vor allem noch in den Provinzen Vizcaya und Guipúzcoa sowie in den baskischen Gebieten Frankreichs gesprochen. Der Baske, von dessen alter Volkstracht sich fast nur noch die barettartige Baskenmütze 'boina' aus rotem, blauem oder weißem Wollstoff erhalten hat, ist wohlhabend, hält zäh an allem Heimatlichen fest und kämpft für seine angestammten Sonderrechte (Separatistenbewegung ETA). An Festtagen kann man mancherorts noch Tänze erleben. Das auch in anderen Teilen Spaniens und in Lateinamerika verbreitete Ballspiel 'Pelota' ist der Nationalsport der Basken.

Das ehemalige Fürstentum **ASTURIEN (Asturias),** jetzt autonome Region mit der Hauptstadt **Oviedo,** ist ein ausgesprochenes Gebirgsland, das sich westlich der Provinz Santander am Golf von Biskaya hinzieht und fast ganz vom Kantabrischen Gebirge erfüllt wird. Dieses erreicht hier alpine Höhen und erhebt sich in den *Picos de Europa* bis zu 2642 m. Im Westen sind die Bergzüge wild zerklüftet und von unerwarteter Romantik. Hohe Pässe führen nach Süden, doch nur der *Pajarespaß* (1364 m), den die Straße von Oviedo nach León benutzt, verbindet Asturien mit Innerspanien.

Im Zentrum von Asturien, dem das ozeanische Klima ein grünes Pflanzenkleid verleiht, liegt das Becken von Oviedo, das sich als fruchtbares Hügelland bis an die Küste erstreckt. An Städten ist Asturien arm; an größeren hat es außer der Hauptstadt Oviedo nur die Hafenstadt **Gijón.** Zahlreich sind jedoch die kleinen Fischerorte an der durch die Steilabstürze der Kliffe sehr malerisch wirkenden Küste. Hier hat sich in neuerer Zeit an den meisten Orten ein reges Badeleben entfaltet.

Die Grundlage für das Wirtschaftsleben von Asturien bilden Mais- und Obstbau sowie Viehzucht (besonders Schweine; asturischer Schinken). Die Bauern leben in kleinen Dörfern, Einzelhöfen und vor allem in locker gefügten Weilern. Neben dem Wohnhaus steht ein auf vier Pfeilern ruhendes kleines Vorratshaus ('hórreo'), das die Maisernte gegen das Ungeziefer schützt. Besondere Bedeutung haben auch die asturischen Steinkohlenlager, die etwa die Hälfte der gesamten spanischen Kohleproduktion liefern. Ferner treten Flußspat, Zink- und Eisenerze auf, wodurch die industrielle Entwicklung belebt wurde. In den Niederungen werden Torf und Bernstein gewonnen.

GALICIEN (Galicia) umfaßt die ganze Nordwestecke der Iberischen Halbinsel bis zur spanisch-portugiesischen Grenze. Hier fehlt die alles beherrschende hohe Gebirgskette. Durch die weite Verbreitung des Granites und anderer kristalliner Gesteine ist keine bestimmte Faltenrichtung wie im Kantabrischen Gebirge zur Geltung gekommen; die Flußsysteme sind daher hier bedeutender für die Gliederung des Landes als dort. Waldige Tallandschaften (Kiefer, Eiche, Eukalyptus), von langgestreckter Beckenform wie am *Miño*, werden von Gebirgszügen eingerahmt; dazwischen liegen Hochflächen, die in vielen engen und steilen Tälern von Flüssen durchzogen sind.

Einen besonderen Charakter bekommt Galicien durch die tief ins Land eingeschnittenen Meeresbuchten der **Rías** (*rías altas* an der Nordküste, *rías bajas* an der Westküste), in denen die einzelnen Talsysteme münden. Diese Buchten, vielfach mit vorzüglichen Sandstränden, sind nicht nur Zufluchtstätten an der oft sturmgepeitschten Küste, sondern bergen auch wichtige Atlantikhäfen, wie **Vigo** und **La Coruña**.

Im Wirtschaftsleben des rückständigen Galicien spielt die Fischerei, besonders auf Sardinen, eine wichtige Rolle. Wälder und verschiedene Kulturen bedecken die nicht allzu hohen Bergzüge längs der Buchten. Im Innern des Landes führt der Bauer auf den kleinen, stark belasteten Pachtgütern ein bescheidenes Leben. Er baut Mais, Getreide und im südwestlichen Teil noch

Wein; das feuchte, milde Klima ist auch der Viehzucht günstig. Bedeutend ist neuerdings die Förderung von Zinn und Wolframerz.

Die Galicier (galic. 'galegos'; span. 'gallegos'), die Jahrhunderte hindurch dem Einfluß fremder Eroberer (Römer, Vandalen, Sweben, Goten, Mauren und Kastilier) ausgesetzt waren, ähneln in ihrem Charakter und in ihrer Sprache ('galego') den Portugiesen; sie sind heimatbewußt (Separatistenbewegung VPG) und arbeitsam, gelten aber bei den übrigen Spaniern als etwas schwerfällig. Wegen der starken Besteuerung der Kleinpächter wanderten viele Galicier nach Südamerika oder nach Portugal und dem übrigen Spanien aus.

KASTILIEN, die Kernlandschaft Spaniens, bildet ein durch die Randgebiete abgeschlossenes, größtenteils meerfernes Binnenland, die sogenannte **Meseta** (Große Tafel). Die ehemals durch zahlreiche Burgen und Kastelle gesicherte Hochfläche wird durch das Kastilische Scheidegebirge, eine Kette von Gebirgsgruppen (Sierra de Guadarrama, Sierra de Gredos, Sierra de Gata), in **Altkastilien** (*Castilla la Vieja*; im Norden) und **Neukastilien** (*Castilla la Nueva*; im Südosten) getrennt. Diesen beiden westwärts geneigten Hochflächen, deren felsigen Untergrund jüngere Ablagerungen verhüllen, folgen die großen, nicht schiffbaren Flüsse, wobei sie den Westrand in felsigen Schluchten queren. Die nördliche Abdachung, in der unter ozeanischem Klima liegenden Provinz Santander, bildet das Kantabrische Gebirge, das auch hier wie in den Baskischen Provinzen Mittelgebirgscharakter zeigt.

Die bedeutende Höhenlage der Meseta (Altkastilien 900 m und darüber, Neukastilien 600-700 m) verleiht dem Klima einen kontinentalen Charakter, mit heißen Sommern und strengen Wintern. Das früher wegen der geringen Niederschläge (400 mm), der Baumarmut und der dünnen Besiedlung größtenteils ungenutzte Land wurde neuerdings, besonders nach dem Bau von Stauseen und durch Aufforstungen mit schnellwachsendem Eukalyptus, unter Kultur genommen (u.a. Weizen). Die Frühjahrs- und Herbstregen ermöglichen die allsommerliche Beweidung durch die aus Estremadura herüberziehenden

Merinoschafe. Fruchtbare Kultursteppe bilden die großen Getreideebenen von León bei **Palencia, Valladolid** und **Zamora**, in Neukastilien die Mesa de Ocaña, die z. T. künstlich bewässert wird; hier baut man neben Getreide auch die beliebten Kichererbsen ('garbanzos') an, die einen wesentlichen Bestandteil des Nationalgerichts 'Cocido' bilden. Menschenleer sind die im Winter windgepeitschten *Páramos* oder *Parameras,* hochliegende trockene Kalktafeln am Ost- und Nordrand der Meseta, älter als die Beckenschichten, also auch älter als die staubigen Kalkflächen der durch Don Quijote bekannten M a n c h a .

So eintönig und farblos die innerspanische Hochfläche auch sein mag, so können doch reizvolle landschaftliche Bilder entstehen, wenn die Sonne im Westen verschwindet und das Rot der Erde übergeht in die verschiedensten Farbschattierungen des Himmels.

Auf den endlosen Flächen von Kastilien hat sich der eigentliche Typus des Spaniers entwickelt. Düstere, aus ungebrannten Lehmziegeln ('adobes') erbaute Dörfer haben die fahle Farbe des Erdreiches. Hier und in den unscheinbaren Landstädtchen wohnen die vom Großgrundbesitz verdrängten Bauern ('labradores'), freimütige und gastfreie Gestalten, wie sie schon Cervantes und Calderón geschildert haben.

VALENCIA erstreckt sich als schmale Küstenlandschaft vom Ebrodelta bis zur Mündung des Segura; doch gehört die Provinz Alicante südlich vom Cabo de la Nao landschaftlich schon zu Murcia. Die M e s e t a tritt hier mit ihren baumlosen rötlich-grauen Kalk- und Sandsteinhochflächen nahe an das Mittelmeer heran und bricht in einem von engen Talschluchten zerfurchten Steilhang zur Küste ab. Die aus dem Innern kommenden Flüsse wie der *Guadalaviar* und der *Júcar,* die bei Schneeschmelze oder nach Gewittergüssen in starken Flutwellen ('avenidas') zu Tal stürzen und an der Küste einen fruchtbaren Schwemmlandstreifen aufgeschüttet haben, spenden dem im Regenschatten des Hochlandes liegenden heißen Land das Wasser für die Berieselungsanlagen. Diese, schon von den Römern angelegt und später von den Mauren ausgebaut, machen Valencia zur fruchtbarsten Landschaft Spaniens. Eine uralte wohlausge-

bildete Wassergerichtsbarkeit sorgt für gerechte Verteilung des kostbaren Wassers, das in unzähligen Kanälen weithin durch das Land geleitet, im Winter auch in Staubecken ('pantanos') für die sommerliche Trockenzeit gespeichert wird. Das bewässerte 'Campo de regadío' ist das Gebiet der H u e r t a s , in denen rasches Blühen und Reifen mehrmaliges Ernten im Jahre ermöglichen. Neben Weizen-, Mais-, Luzernen- und Gemüsefeldern breiten sich besonders im Gebiet des sumpfigen Strandsees *Albufera* südlich von Valencia große Reisfelder aus, die wochenlang unter Wasser stehen müssen. Im Schatten der Orangen-, Aprikosen-, Mandel- und Feigenbäume wachsen Melonen, Tomaten und andere Gemüsepflanzen. Reizvoller als in den oft geometrisch angelegten Huertas ist das Bild dort, wo Obsthaine in Terrassen angepflanzt sind oder wo Gruppen schlanker Palmen und Zypressen aufragen. Auf dem unbewässerten Land ('Campo secano') gedeihen Oliven, Wein und Johannisbrotbäume. – Die weißen Häuschen der Bauern ('hortulanos') liegen gleichmäßig verstreut im Grün der Huertas. Die knarrenden, von Eseln angetriebenen Schöpfräder ('norias') der Mauren werden mehr und mehr durch elektrisch betriebene Pumpen ersetzt. – Die Hauptstadt **Valencia** ist eine der reizvollsten Städte Spaniens; ihr Hafen *Grao* führt die Erträge der Huerta aus.

Südlich schließt sich an Valencia die Landschaft **MURCIA** an. Wie die Meseta in Valencia tritt hier das A n d a l u s i s c h e K e t t e n g e b i r g e bis an das Mittelmeer. Die nördlichen Bergketten laufen der Küste parallel und enden in dem Kalkvorgebirge des *Cabo de la Nao*; die südlichen Vorketten sind teilweise abgesunken und ragen nur noch in Resten (Sierra de Cartagena) aus der Küstenebene auf. Diese ist von den mit Ausnahme des *Segura* kurzen und wasserarmen Gebirgsflüssen aufgeschüttet worden.

Das Klima ist außerordentlich heiß und trocken. Von Ende Juli bis Ende September lagert der gefürchtete Hitzedunst ('calina') lähmend über der Landschaft; bleigrau erscheint der Himmel, Sonne und Mond leuchten bei ihrem Aufgang rot durch den bräunlichen Dunstschleier des Horizontes. Von Na-

tur aus ist die bis auf die Oasen der Flußtäler überaus dünn besiedelte Landschaft demzufolge eine wüstenähnliche
Salzsteppe, in der nur Espartogras und
dürftiges Gestrüpp vorkommen. Ein
wenig Anbau wird durch künstliche Bewässerung möglich, die aber infolge der
geringen Wasserführung der Flüsse beschränkt ist. In den Huertas von **Murcia**,
Totana und *Lorca* wachsen Orangen-,
Zitronen- und Maulbeerbäume sowie
Dattelpalmen, die bei **Elche** den berühmten, schon von den Arabern angelegten Palmenwald bilden.

Neben der Landwirtschaft ist im Gebiet
von Valencia auch das Gewerbe gut
entwickelt: Seiden- und Wollweberei,
Papierfabrikation, Salzgewinnung aus
den Strandseen, Fischerei sowie Verarbeitung, Konservierung und Versand
der landwirtschaftlichen Erzeugnisse.
Im Wirtschaftsleben von Murcia spielt

der Bergbau auf Blei, Zink und Eisen
eine Rolle, besonders in der *Sierra de
Cartagena*. – Die Bewohner haben
durch den nivellierenden Einfluß des
Tourismus an den Küsten viel von ihrer
Eigenart eingebüßt, die nur noch in folkloristischen Darbietungen weiterlebt.

ESTREMADURA (Extremadura) ist die
westliche Fortsetzung der Meseta, doch
wird das Tafelland hier von den Talfurchen des *Tajo* und *Guadiana* sowie ihrer
Nebenflüsse tiefer zerschnitten; es ist
im Norden durch die *Sierra de Gata*
(1735 m), das *Hochland von Béjar* und
die Sierra de Gredos (2592 m) von
León und Altkastilien getrennt, fällt in
der hier sanft ansteigenden *Sierra Morena* nach Andalusien ab und wird durch
die *Sierra de Guadalupe* (1736 m) in die
Estremadura Alta (Gebiet des Tajo,
Provinz Cáceres) und die **Estremadura**

© Baedeker

**Spaniens
historische
Regionen**

Grenzen der
historischen Regionen

Grenzen der
politischen Provinzen

Baja (Gebiet des Guadiana, Provinz Badajoz) geschieden.

Das Land ist trocken und vielfach bedeckt mit steinigen Heiden ('jarales' oder 'tomillares'), besonders am Fuß der Sierra de Gata ('las Hurdes'; neuerdings ausgedehnter Weizenanbau). Die besuchenswerteste Stadt ist **Mérida,** mit zahlreichen Ruinen aus der Römerzeit. Außerdem sind **Plasencia, Badajoz, Cáceres** und **Trujillo** wegen ihrer Bauten aus der Zeit der Konquistadoren sowie die Klöster von *Guadalupe* und *Yuste* hervorzuheben.

Der Anbau von Getreide und Hülsenfrüchten beschränkt sich auf die Gegend von Cáceres und Estremadura Baja, oft freilich gefährdet durch die Überschwemmungen der Flüsse und durch Scharen von Wanderheuschrecken ('langostas'), die aus der Heide kommen. Außerdem gedeihen in den Tälern Wein, Ölbäume, Feigen und Mandeln; Maulbeerbäume nur um Plasencia, wo die Berghänge terrassenförmig angebaut sind. Einen Ruf hat die Schweinezucht in den Eichenwäldern von Estremadura; die Schinken ('jamones') gelten als die besten Spaniens. – Seit alters wird Estremadura in den Wintermonaten von wandernden Herden feinwolliger Schafe ('merinos') durchzogen, die im Herbst von der Meseta herabsteigen und nach dem System der 'Mesta' die Weideplätze wechseln. Zur Vermeidung von Streitigkeiten zwischen den seßhaften Bauern und den Herdenbesitzern wurde 1526 ein besonderer Gerichtshof bestellt ('consejo de la mesta') und 1834 durch Gesetz bestimmt, daß den Herden auf beiden Seiten der Landstraßen ein 90 Ellen breiter Streifen Weidelandes ('cañada') einzuräumen ist.

In jüngster Zeit sind zahlreiche Stauseen ('embalses') entstanden, die der Landbewässerung und der Stromerzeugung dienen. Mit dem 'Plan von Badajoz' wurde z.B. ein 1150 qkm großes Gebiet längs des Guadiana durch den Bau von 350 km Bewässerungskanälen, mehreren Stauseen, Straßen, Eisenbahnen, Industrieanlagen und 1500 Siedlerstellen unter Kultur genommen.

ANDALUSIEN (Andalucía), die südlichste Landschaft der Iberischen Halbinsel,

ist trotz weitgehender baulicher Erschließung der Küstenzonen immer noch das Spanien unserer Vorstellung. In reizvollem Gegensatz sind hier schneebedeckte Hochgebirge und Dünenwälle der Küstenniederung, sonnenverbrannte Hochsteppen und üppig-grüne Flußoasen ('huertas'), Palmenhaine und Cistusheiden vereinigt. Dazu kommen die Denkmäler einer glänzenden Vergangenheit, die in dem Säulenwald der Moschee von **Córdoba** sowie in den rotleuchtenden Türmen und prächtigen Höfen der Alhambra von **Granada** gipfeln.

Den südlichen Teil Andalusiens beherrscht das Andalusische Kettengebirge *(Cordillera Bética)*. Die von Süden gegen die iberische Masse gerichteten Faltengebirge bestehen aus einer inneren Zone von kristallinen Schiefern und einer äußeren Zone aus mesozoischen und tertiären Sedimenten, die mit dem Kalkfelsen von Gibraltar beginnt und sich auf der Nordseite des Gebirges bis zum Hochland von Jaén hinzieht. Spätere tektonische Störungen haben Einbruchsbecken wie die fruchtbare Vega von Granada entstehen lassen und einen schroffen Abfall zum Mittelmeer geschaffen. Das Gebirge trägt zwar in der vom ewigen Schnee bedeckten **Sierra Nevada** den höchsten Gipfel Spaniens (Cerro de Mulhacén; 3481 m), zeigt aber im wesentlichen gerundete Mittelgebirgsformen. Steppen und Ziegenweiden, auch Macchiengestrüpp überziehen die schuttbedeckten Bergregionen. In tieferen Lagen finden sich Korkeichen und Kastanienwälder. Die Besiedlung ist schwach; das Hochtal *Alpujarras* ist Rückzugsgebiet einer noch stark maurisch geprägten Bevölkerung. Anders ist der südliche dichter besiedelte Küstenstreifen, der von den feuchten Ozeanwinden noch berührt wird und den internationalen Tourismus angelockt hat. In Terrassen ziehen sich Fruchtgärten mit Zuckerrohr und Bananen, Weinbergen und Baumwollfeldern hin. Das gewerbereiche **Málaga** ist Ausfuhrhafen, besonders für seinen berühmten Wein. Hier sowie in **Algeciras** und **Cádiz** hat sich eine rege Industrie angesiedelt.

Zwischen dem Andalusischen Kettengebirge und der Sierra Morena ist das von dem *Guadalquivir* durchströmte

Andalusische Tiefland eingesenkt, eine mit tertiären und alluvialen Ablagerungen erfüllte ehemalige Meeresbucht. In den östlichen Teilen ist das Guadalquivirbecken ein zerschnittenes Hügelland, nur unterhalb von Sevilla ein echtes Tiefland. Hier breiten sich die **Marismas** aus, von Wasservögeln und Stierherden belebte weite Sumpfgebiete. Das heiße, trockene Hügelland ist weithin noch mit Steppen und Weideflächen für Kampfstiere und Andalusierpferde bedeckt. Nur dort, wo künstliche Bewässerung möglich ist, sind Weizen- und Gemüsefelder, Weingärten und Agrumenhaine angelegt. In einer solchen fruchtbaren Gartenlandschaft liegt Andalusiens Hauptstadt **Sevilla.** Die dem Meer zugewandte Provinz Cádiz ist das Land der Großgrundbesitzer mit krassen Gegensätzen in der Sozialstruktur.

In der Wirtschaft Andalusiens spielt neben Erträgen der Landwirtschaft der Bergbau eine wichtige Rolle. Die Sierra Morena liefert Kupfer (Río Tinto) und Zink (Linares), das Andalusische Gebirge Blei, Silber und Eisen (Almería). Bedeutend ist auch die Viehzucht (Pferde, Maultiere, Rinder, Kampfstiere).

Die Andalusier haben vieles aus der maurischen Zeit bewahrt. So sind sie im Gegensatz zu den gemessen-würdevollen Kastiliern von eher sorgloser Fröhlichkeit und orientalisch anmutender Phantasie. Die Andalusierinnen genießen Verehrung wegen ihrer Grazie und ihrer gewitzten Schlagfertigkeit, die man als 'sal' (Salz) bezeichnet. Der Andalusier ist der geborene 'Gracioso' der spanischen Dramen, der 'Figaro' der Oper, der Torero der Stierkampfarena.

Die spanische Inselgruppe der **BALEAREN,** der Südostküste Spaniens im westlichen Mittelmeer zwischen 1° und 4° östlicher Länge sowie 38° und 40° nördlicher Breite vorgelagert, besteht aus den eigentlichen B a l e a r e n *(Islas Baleares;* latein. 'balearii' = Schleuderschützen; vielleicht von griech. 'ballein' = werfen oder semit. 'ba'al yarah' = geschickt im Schleudern) mit den beiden Hauptinseln **Mallorca** (3640 qkm) und **Menorca** (700 qkm) sowie den kleinen P i t y u s e n *(Islas Pityusas;* von griech. 'nesoi pityusai' = mit Nadelbäumen bestandene Inseln) mit

Ibiza (ibiz. *Eivissa;* 572 qkm) und **Formentera** (100 qkm), ferner rund 150 kleineren Inseln, darunter *Cabrera* (17 qkm; südlich vor Mallorca), und Felseilanden, die teils militärischen, teils nautischen Zwecken dienen oder aber gänzlich ungenutzt sind. Die Gesamtheit aller dieser Inseln bildet die spanische Provincia de Baleares (5014 qkm Gesamtfläche), deren Hauptstadt **Palma** *de Mallorca* ist.

Die Balearen sind die abgesprengte Fortsetzung des sich von Gibraltar über die Sierra Nevada bis zum Cabo de la Nao hinziehenden Andalusischen Faltengebirges. Tektonische Bewegungen mit gewaltigen Landeinbrüchen und Überflutungen ließen im jüngeren Tertiär die Verbindung mit der Iberischen Halbinsel abreißen. Heute trennt ein bis zu 1500 m tiefer Meeresgraben den Archipel vom spanischen Festland. Balearen wie auch Pityusen besitzen je einen eigenen Festlandsockel.

Das Relief der Hauptinsel **Mallorca** weist eine deutliche Dreiteilung auf: Den Nordwesten nimmmt die Sierra del Norte, ein etwa 90 km langes und im *Puig Mayor* bis 1443 m hohes Waldgebirge (Felsgärten) ein, das in einer meist wild zerklüfteten Steilküste zum Meer hin schroff abbricht und dabei malerische Abrasionsbuchten ('calas') bildet. Im Südosten der Insel erstrecken sich die bis zu 509 m (San Salvador) ansteigenden Bergzüge der Serranía de Levante (Tropfsteinhöhlen); auch hier ist die Küste in zahllose 'Calas' gegliedert. Zwischen den beiden Bergzonen, in denen mesozoische Kalke vorherrschen, greifen von Nordosten die großen Buchten von Alcudia und von Pollensa sowie von Südwesten die Bucht von Palma tief in die Llanura del Centro ein, eine Ebene mit pluvialer Roterdedecke (Äcker, Obstkulturen, Weinbau), aus der vereinzelt ansehnliche Erhebungen (Randa, 542 m; Santa Magdalena, 304 m; u.a.) aufragen.

Den Nordwesten von **Menorca** bedeckt ein sanftes Hügelland, das im *Monte Toro* bis zu 357 m ansteigt und zur Nordwestküste hin von fjordartigen Einschnitten durchzogen ist. Den Südwesten nimmt ein weites Flachland ein, dessen Kliffküste kleine Felsbuchten ausbildet.

Die Anhöhen der bergigen und buchtenreichen Insel **Ibiza** reichen mehrfach über 400 m Höhe (Atalayasa, 476 m), während die durch eine nur 4 km breite Meerenge von Ibiza getrennte Insel **Formentera** weitgehend eben ist und lediglich im Osten bis 192 m (La Mola), im Westen 107 m (Guillén) allmählich ansteigt.

Infolge des Ramblacharakters der Flußläufe (mit Ausnahme des Rio de Santa Eulalia auf Ibiza) mußte man zur Wasserversorgung einst hauptsächlich auf in Zisternen gesammeltes Regen- oder Grundwasser zurückgreifen, das durch Windräder (kleiner als Getreide- und Ölmühlen) oder Norias (von den Mauren eingeführte, von Zugtieren bewegte Göpelwerke) gehoben wurde; heute lösen moderne Irrigationssysteme mit Druckwasserleitungen diese urtümlichen, doch leistungsfähigen und sparsamen Bewässerungsverfahren ab. Mallorca und Ibiza verfügen über reichliche, Menorca dagegen über nur geringe und Formentera über fast gar keine Süßwasserreserven.

Auf den Balearen herrscht ein durch die maritime Lage extrem gemäßigtes mediterranes Klima mit milden, niederschlagsreichen, fast stets frostfreien Wintern und nicht allzu heißen trockenen Sommern. Dennoch sind von Insel zu Insel nicht unwesentliche Unterschiede festzustellen. Von Norden einfallende kalte und trockene Winde ('tramontana') bedingen eine relativ rauhe Witterung auf Menorca und Formentera mit der typischen Windwüchsigkeit der Vegetation. Sie werden auf Mallorca von der Sierra del Norte aufgehalten und bringen im Sommer als frische Fallwinde ('mestral') der Mittleren Ebene zusätzlich Kühlung.

Ibiza hat das ausgewogenste Klima der Balearen: Hier steigen die Temperaturen im Sommer selten über 30 ° C an und sinken im Winter kaum unter den Gefrierpunkt. Die jahresdurchschnittlichen Niederschläge nehmen von Menorca nach Süden hin stetig ab (Mahón: 580 mm; Palma de Mallorca: 480 mm; Ibiza: 350 mm; Formentera: unter 200 mm). Auf Mallorca wirkt die Nordkette als Wetterbarriere: Während die Niederschläge (im Winter nicht selten als Schnee) im Gebirge beim Kloster Lluc über 1460 mm erreichen, betragen sie in der Ebene nur zwischen 400 und 500 mm.

Die Provinz Baleares zählt insgesamt rund 685 000 fast ausschließlich römisch-katholische Einwohner, von denen auf Mallorca 530 000, auf Menorca 56 000, auf Ibiza und auf Formentera 54 000 leben. Die größte Bevölkerungsdichte weist der Ballungsraum von Palma de Mallorca auf, am dünnsten besiedelt ist die Insel Formentera, deren Einwohner – wohl wegen des Klimas – die höchste Lebenserwartung aller Spanier haben.

Im Typ wie auch im Wesen unterscheiden sich die Inselbewohner deutlich vom Festlandspanier. Es ist ein eher schwerfälliger und ehrlicher Menschenschlag, dessen Vorzüge und Eigenheiten dem Fremden besonders in den Wintermonaten deutlich werden, wenn das Heer der Saisonaushilfskräfte vom Festland die Inseln verlassen hat. Eine bewegte Geschichte im Schnittpunkt mediterraner Seefahrt schuf aus etwa gleich starken ethnischen Gruppen maurischer, jüdischer und katalanischer Herkunft sowie einem geringen Anteil an Italienern, Basken, Franzosen, Griechen (bes. auf Ibiza) und Engländern (bes. auf Menorca) einen brunetten Menschentyp von gedrungener Gestalt. Die jüngste Zuwanderungswelle bringt weitere Einflüsse aus Mitteleuropa, Skandinavien und Nordamerika.

Die Ureinwohner der Balearen, im Altertum wegen ihrer Treffsicherheit mit der Schleuder berühmt, waren Iberer, die im 3. vorchristlichen Jahrhundert von den Karthagern unterjocht wurden und seit 123 v. Chr. unter der Herrschaft der Römer standen. Der römische Konsul Quintus Caecilius Metellus, der wegen der Eroberung der Inseln den Beinamen 'Balearicus' erhielt, gründete Pollentia (bei Alcudia) und Palmaria (Palma) auf Mallorca. Später kamen die Inseln in den Besitz der Vandalen, Westgoten, Oströmer, Franken und Mauren (798). Im Jahre 1229 eroberte der aragonesische König Jakob I. ('el Conquistador') Mallorca und überließ es einem jüngeren Sohn als selbständiges Königreich, das aber schon im 14. Jahrhundert wieder mit Aragón vereinigt wurde. Menorca war von 1708 bis 1782 und von

1798 bis 1802 in britischer, nach der Seeschlacht von 1756 kurze Zeit in französischer Hand.

Archäologisch beachtenswert sind die Zeugnisse aus vor- und frühgeschichtlicher Zeit auf Mallorca und Menorca. Sie gehören überwiegend der sogenannten 'Talayotkultur' (von arab. 'atalaya' = Ausguck) an, einer Megalithkultur, die zwischen 1500 v. Chr. und der Besetzung durch die Römer u. a. jene für die Balearen typischen *Talayots*, das sind Turmbauten aus mächtigen Steinquadern, hervorbrachte, welche dieser Epoche ihren Namen gaben. – Aus dem 'Talayotikum' stammen auch die allein auf Menorca vorkommenden *Taulas* (von katalan. 'taula', aus latein. 'tabula' = Tisch), das sind tischförmige Steinsetzungen, bei denen auf einem senkrecht aufgestellten Monolithen waagerecht eine Steinplatte ruht. – Ebenso bemerkenswert sind die *Navetas* (Schiffchen), Grabstätten von Clanältesten in Form eines umgestülpten Bootes, die später vermutlich auch bewohnt wurden; sie kommen sowohl auf Mallorca als auch besonders auf Menorca vor.

Die **KANARISCHEN INSESLN oder Kanaren** *(Islas Canarias* = 'Hundeinseln' oder *Islas Afortunadas* = 'glückliche Inseln'), seit dem 15. Jahrhundert zu Spanien gehörig und die Provinzen Las Palmas und Tenerife umfassend, liegen 100–500 km von der Nordwestküste Afrikas (Kap Juby) entfernt, zwischen 13° bis 18° westlicher Länge (von Greenwich) sowie 27° und 29° nördlicher Breite (wie Kairo und Florida). Es sind dreizehn Inseln mit einer Gesamtfläche von 7273 qkm und 1,52 Mio. Bewohnern. Die Provinz Tenerife umfaßt die w e s t l i c h e   G r u p p e, mit **Teneriffa** *(Tenerife),* **Gomera, La Palma** und **Hierro** *(Ferro);* die Provinz Las Palmas die ö s t l i c h e   G r u p p e, zu der **Gran Canaria, Lanzarote, Fuerteventura** und fünf kleine Nebeninseln *(Alegranza, Graciosa* u. a.) gehören.

Die Inselgruppe der Kanaren ist vulkanischen Ursprungs. Über der Diabasformation, die namentlich auf Fuerteventura noch vielfach zutage tritt, lagern die Schlacken- und Lavamassen zahlloser seit der Miozänzeit erfolgter Ausbrüche, die auf La Palma und Teneriffa, auch auf

Hierro und Gran Canaria, großartige Kraterkessel ('calderas') bildeten. Spätere Lava- und Lockerausbrüche füllten dann auf Teneriffa den Riesenhohlraum der 'Cañadas' großenteils aus und schufen sich im *Pico de Teide* einen Vulkankegel von 3718 m über dem Meere. Durch größere Ausbrüche wurden 1677 Palma, 1730–36 und 1824 Lanzarote, 1705, 1706, 1796 und 1798 die Nordwestküste von Teneriffa verwüstet; der letzte Ausbruch auf den Kanaren ereignete sich 1971 auf La Palma. Die Wirkung der Erosion ist in den breiten humusreichen Tälern ('valles') und den tiefeingeschnittenen Schluchten ('barrancos') überall sichtbar, besonders auf den westlichen Inseln, die fast ohne Naturhäfen und nur selten mit sandigen Strandstreifen überaus steil aus dem Meere aufsteigen.

Das Klima der Kanarischen Inseln ist in der Küstenregion unter dem Einfluß des Meeres sehr mild und gleichmäßig. Die mittlere Wärme der Wintermonate beträgt in Las Palmas, Puerto de la Cruz und Santa Cruz de la Palma 16–18°C, also soviel wie im Mai an der Côte d'Azur, doch steigt das Monatsmittel im August auch kaum höher als dort, nämlich bis auf 23–24°C. Die Luftfeuchtigkeit ist in der Küstenregion gering, ebenso der Niederschlag, der im Sommer fast ganz fehlt (in Puerto de la Cruz 450 mm im Jahresmittel, in Laguna etwa 600 mm). Unter den Winden überwiegt der Nordostpassat, besonders im Sommer. Er erzeugt an der Nordseite der Inseln in etwa 700–1600 m Höhe eine Wolkendecke (feuchtkühle Waldregion) und verdrängt, an den Südseiten trocken absteigend, den dort wolkenbringenden täglichen Seewind.

In der sehr trockenen Gipfelregion folgt auf die Sonnenglut des Tages fast unvermittelt eine starke nächtliche Abkühlung. Im Winter verschiebt sich die Nordgrenze des Passates manchmal nach Süden, und der darüber wehende südwestliche Antipassat steigt als ausdörrender Südwind ('tiempo del sur') zu den Nordküsten herab. Bei niedrigem Luftdruck treten auch trockene Südostwinde auf, die viel gelben Wüstenstaub und gelegentlich, sogar bis Gran Canaria, Heuschreckenschwärme mitbringen. Darunter leiden besonders die sehr dürren östlichen Inseln, Lanzarote und Fuerteventura, deren Winter auch durch das hier kältere Meereswasser weniger mild sind als die der westlichen Inseln.

Schon im Altertum hatte man Kenntnis von der Existenz des Kanarischen Archipels. Im Zuge ihrer Erkundungsfahrten entlang der westafrikanischen Küste besuchten die Phönizier und später die Karthager die Inseln. Auch die Römer, denen die Kanaren als die 'Glücklichen Inseln' oder die 'Inseln der Seligen' galten, müssen, wie Amphorenfunde belegen, Schiffe zu dem Archipel entsandt haben. Dennoch weiß man aus vorspanischer Zeit wenig über die Geschichte der Inselwelt. Die altkanarische Bevölkerung (auf Teneriffa nannte man sie Guanchen) lebte bis ins 15. Jahrhundert hinein auf der Kulturstufe der Jungsteinzeit. In den Jahren 1402–06 unterwarf der normannische Edelmann Jean de Béthencourt als Lehnsträger von Kastilien Lanzarote, Fuerteventura, Gomera sowie Hierro und bekehrte die Bewohner zum Christentum. Die Eroberung von Gran Canaria und Teneriffa durch die Spanier begann erst in der zweiten Hälfte des 15. Jahrhunderts. Als letzte Insel wurde 1496 Teneriffa unter-

worfen. Sofern sie nicht in die Sklaverei verkauft wurde, assimilierte sich die altkanarische Bevölkerung und ging schnell in der Schicht der spanischen Eroberer auf. Von der Kultur der Altkanarier blieb wenig erhalten; eine besondere Variante der Verständigung existiert jedoch bis heute auf Gomera, eine Pfeifsprache, mit der man über Entfernungen von 4 bis 6 km hinweg Informationen austauschen kann. Zudem ist auf den Kanaren, wie schon zur Zeit der Urbevölkerung, 'gofio' (Brei aus gerösteten Gerstenkörnern) ein wichtiger Bestandteil der Ernährung. – Im Jahre 1797 griff eine britische Flotte unter Nelson die Stadt Santa Cruz de Tenerife an, mußte aber nach schweren Verlusten wieder abziehen; Nelson selbst verlor hierbei einen Arm.

Die heutige Inselbevölkerung besteht zumeist aus den Nachkommen normannischer, flämischer, südspanischer und irischer Einwanderer, die sich im Laufe der Zeit mit den Ureinwohnern, den Guanchen, vermischt haben. – Seit 1982 bilden die Kanarischen Inseln eine Autonome Region, deren Hauptstadt abwechselnd Las Palmas oder Santa Cruz de Tenerife ist.

Klima

Spanien liegt überwiegend im Bereich des Mittelmeerklimas, das durch heiße, trockene Sommer sowie milde, feuchte Winter gekennzeichnet ist. Dieser jahreszeitliche Wechsel ergibt sich daraus, daß im Sommer die subtropische Hochdruck- und Trockenzone und im Winter die außertropische Westwindzone der gemäßigten Breiten, die sich mit dem Sonnenstand im Jahresgang verschieben, wetterbestimmend sind.

Im einzelnen wird das **Mittelmeerklima** in Spanien bestimmt durch die Größe des Landes (504 751 qkm) mit erheblichen Entfernungen zwischen zentralen und randlichen Räumen, die unter stärkerem Meereseinfluß stehen, sowie durch die unterschiedliche Höhenlage über dem Meeresspiegel (60% des Landes liegen 600 m über dem Meeresspiegel und höher), die zu den H ö h e n a b s t u f u n g e n des Klimas führt.

Der nördliche Randbereich Spaniens hat immerfeuchtes Klima, ein schmaler Saum an der Südostküste dagegen ein fast immertrockenes Klima.

In diesem Kapitel werden die Klimate einzelner Regionen anhand von Klimadiagrammen typischer Stationen beschrieben. Davon ausgehend läßt sich, unter Berücksichtigung der folgenden Richtlinien, das Klima der verschiedenen Räume abschätzen:

● Von Norden nach Süden nehmen unter sonst gleichen Bedingungen die Temperaturen um ca. 0,53°C pro Breitengrad zu; die Niederschlagshöhe nimmt ab.

● Vom Inneren der Halbinsel zu den Rändern verringern sich die Temperaturschwankungen (Übergang vom kontinentalen zum ozeanischen Klima); die Niederschläge nehmen insbesondere nach Westen und Norden hin zu.

● Mit steigender Meereshöhe nehmen die Temperaturen um ca. 0,7°C pro hundert Meter ab; die Niederschlagsmengen erreichen höhere Werte.

● Im Lee von Gebirgszügen nehmen die Niederschläge ab; durch den Einfluß des Föhns verstärkt sich die Trockenheit der Becken, so daß die Temperatur ansteigt.

Durch das Zusammenspiel dieser Klimafaktoren ergeben sich die beiden Pole, zwischen denen die Klimate Spaniens variieren: ein immerfeuchter Nordwesten, mit relativ niedrigen Temperaturen und ausgeglichenem Temperaturgang, und ein fast immertrockener Südosten, mit relativ hohen Temperaturen und fast 'afrikanischem' Klimacharakter.

Die klimatischen Besonderheiten einzelner Regionen und Inseln werden auf Seite 21 anhand von **K l i m a d i a g r a m m e n** erläutert, in denen der Jahresgang der Temperatur und des Niederschlags dargestellt ist (von links nach rechts; J = Januar, D = Dezember). Die blauen Niederschlagssäulen zeigen die Niederschlagsmenge (in mm) pro Monat, entsprechend der blauen Skala am Rand. Die Temperaturen sind als orangerotes Band dargestellt. Die obere Grenze entspricht der durchschnittlichen höchsten Tagestemperatur, die untere der durchschnittlichen niedrigsten Nachttemperatur. Die jeweiligen Temperaturwerte sind an den roten randlichen Skalen abzulesen.

In das Klimadiagramm von Madrid sind zusätzlich die Temperatur- und Niederschlagskurven für Kassel gestrichelt eingefügt. Im Vergleich mit den aus Mitteleuropa gewohnten Klimaverhältnissen werden so die Besonderheiten der einzelnen Klimaregionen Spaniens deutlich.

Zentralspanien
Klimastation Madrid

Das innere Spanien, hoch gelegen, weit vom Meer entfernt und von diesem meist durch Gebirge getrennt, zeigt eine deutlich kontinentale Ausprägung des Mittelmeerklimas. Die Sommer sind heißer, die Winter kälter als an den Küsten. Die starke sommerliche Erhitzung, bedingt durch Azorenhoch, Wolkenlosigkeit und hohe Einstrahlung, erreicht im August mit mittleren Tageshöchsttemperaturen um 30°C ihren Höhepunkt. Die absoluten Temperaturmaxima liegen höher als in den Tropen und bedingen zusammen mit entsprechend niedrigen nächtlichen Temperaturminima beträchtliche Temperaturschwankungen. Die Temperaturabnahme mit der Höhe wird durch die sommerliche Erwärmung völlig überdeckt.

Während der Sommermonate lagert über den Zentrallandschaften, insbesondere im Süden die *Calina*, ein trockener Staubdunst, der aus Staubteilchen besteht, welche die erhitzte aufsteigende Luft vom trockenen Boden mitreißt. Niederschläge fallen hauptsächlich im Frühjahr und Herbst; im Juli und August gibt es nur je 2 bis 3 Tage mit Niederschlag. Die mittlere jährliche Niederschlagshöhe im Binnenland schwankt zwischen 400 und 700 mm; die von Jahr zu Jahr auftretenden Schwankungen sind jedoch beträchtlich.

In den das Hochland überragenden Gebirgen fällt der winterliche Niederschlag zu großen Teilen als Schnee, so daß dort Wintersport betrieben werden kann. Schneefallhäufigkeit und Schneedeckendauer nehmen mit der Höhe und von Süden nach Norden zu. Im Norden kann oberhalb 300 m mit jährlichem Schneefall gerechnet werden, bei Madrid oberhalb 600 m (die Sierra de Guadarrama hat in 1350 m 56 Schneefalltage).

Die nördlichen Randbereiche
von den Pyrenäen bis Galicien
Klimastation La Coruña

Diese zwischen Atlantik und Golf von Biskaya exponierte Region weicht – wie das Klimadiagramm im Vergleich zu dem von Madrid zeigt – klimatisch deutlich vom übrigen Spanien ab. Sie ist der ozeanischen, kühlgemäßigten Zone zuzurechnen. Die täglichen und jährlichen Temperaturschwankungen sind gering. Die Niederschläge sind hoch und fallen ganzjährig. Der regenreichste Ort Spaniens, Santiago de Compostela, mit mehr als 1600 mm Jahresniederschlag, liegt hier. Selbst im Juli und August ist an 8 bis 9 Tagen mit Niederschlag zu rechnen.

Die östlichen Randbereiche und die Balearen
Klimastation Palma de Mallorca

Das Klima der katalanisch-valencianischen Mittelmeerküste ist ausgeglichener als das des Binnenlandes. Im Vergleich zur atlantischen Westküste der iberischen Halbinsel liegen hier die sommerlichen Lufttemperaturen um 6 bis 7° und die Wassertemperaturen um 4 bis 5° höher. Land- und Seewind sind während der sommerlichen Schönwetterlagen überall an der Küste kräftig entwickelt. Der tagsüber wehende Seewind kann bis zu 50 km landeinwärts reichen und so weit die Hitze des Tages mildern. Die Niederschläge nehmen an der Küste nach Süden hin spürbar ab. Barcelona hat 593, Valencia 422 mm Jahresniederschlag; das Niederschlagsmaximum liegt dabei im Oktober, ein zweites Maximum im Mai, die geringsten Niederschlagsmengen fallen im Juli und August.

Die Temperatur nimmt dagegen nach Süden deutlich zu. So liegt die Tageshöchsttemperatur des Juli/August von Valencia mit 29°C 1,3° über der von Barcelona.

Der Norden wird im Winter durch den kalt-trockenen Nord-Nordwest-Wind, die *Tramontana*, beeinflußt.

Oberflächentemperaturen des Meerwassers an der Costa Brava/Costa Blanca: April 14/15°C, Mai 17°C, Juni 20°C, Juli 23/24°C, August 25°C, September 23/24°C, Oktober 21°C.

Auf den **Balearen** ist das Klima gegenüber der spanischen Festlandsküste noch ausgeglichener. Das Niederschlagsmaximum im Oktober ist deutlicher ausgeprägt. Insgesamt nimmt die Niederschlagshöhe auf den Balearen von Norden nach Süden ab, allerdings stark beeinflußt von den Oberflächenformen. So hat die bis 1445 m hohe Cordillera Norte auf Mallorca bis 1400 mm Niederschlag, während

die südlich in Leelage anschließende Senkenzone mit Föhneffekt wesentlich trockener ist; der Westteil der Sierra de Levante ist bereits so trocken, daß hier Salzgewinnung in Salinen möglich ist. Menorca hat 580, Mallorca 450, Ibiza 350 und Formentera weniger als 200 mm Jahresniederschlag.

Nördliche Winde, die Tramontana, sind auf Menorca (165 Tage pro Jahr) und auch auf Mallorca häufiger, in Sturmstärke vor allem im Winter. – Frost und Schneefälle fehlen auf den Inseln infolge des maritimen Klimas fast vollständig.

Der südöstliche Randbereich
Klimastation Murcia

Der Küstensaum von Alicante bis Almería, vom Betischen Gebirge geschützt, ist neben kleineren Gebieten um Valladolid und Zaragoza das trockenste Gebiet Spaniens. Von Klima, Vegetation und Landschaft her hat es schon afrikanischen Charakter. Die Jahresniederschläge liegen fast überall unter 200 mm, zum Teil sogar deutlich darunter (Murcia 304 mm, Almería 232 mm), so insbesondere auf den vorspringenden Kaps; Kap Gata ist mit 128 mm Jahresniederschlag die niederschlagsärmste Station Europas.

Die Niederschläge fallen ganz unregelmäßig während des Winterhalbjahres, und zwar in Form von Wolkenbrüchen an durchschnittlich nicht mehr als 4 bis 6 Tagen pro Monat. Sonst ist der Himmel blau, und im Sommer weht oft ein glühendheißer, ausdorrender Südwind (spanisch *Leveche*). Westliche Winde überqueren die rückwärtigen Gebirge föhnartig und bringen keine Niederschläge. 6 bis 8 Monate eines Jahres sind arid, d. h. sie bringen weniger Niederschlag als verdunsten könnte. – Das gute Gedeihen von Dattelpalmen in Elche ist Ausdruck dieser Klimagegebenheiten.

Der südliche Randbereich
Klimastation Granada

Die Costa del Sol ist ein klimatisch und landschaftlich besonders begünstigter Küstensaum. Die Jahresdurchschnittstemperatur von Málaga liegt mit 28,6°C noch 0,6° über der von Murcia und Almería, die Niederschläge liegen mit 470 mm zu 304 bzw. 232 mm deutlich darüber.

Die klimatischen Verhältnisse von Granada in 690 m über dem Meeresspiegel unterscheiden sich von denen der Küste im Sommer durch größere tägliche Temperaturunterschiede (17 zu 34° statt 21 zu 29°C) und im Winter durch niedrigere nächtliche Tiefstwerte bis 2–3°C.

Der engere Küstensaum ist gänzlich schneefrei, Granada hat durchschnittlich 3 Schneefalltage pro Jahr.

Die Sierra Nevada (Name!) hat in 2000 m Höhe eine Schneedeckendauer von 110 Tagen auf der Nordseite und 77 Tagen auf der Südseite und von 200 Tagen auf der Kammhöhe. Reste eines kleinen Gletschers sind erst in den letzten Jahrzehnten abgeschmolzen.

An der Küste selbst sind dafür die wärmsten Wintertemperaturen des europäischen Festlandes zu erleben – mit hohen verschneiten Bergen als Kulisse. Nach Westen hin zum Atlantik nehmen die Temperaturen leicht ab und die Niederschläge zu; dies gilt für Gibraltar und die andalusische Atlantikküste. Im Inneren Andalusiens nehmen die Temperaturen wieder zu und die Niederschläge ab (Sevilla: Jahresmittel der Temperatur 18,8°C, Minimum/Maximumwerte für Juli/August: 19,0/36°C).

Die Kanarischen Inseln
Klimastation Las Palmas de Gran Canaria

Das Klima der Kanarischen Inseln unterscheidet sich auf Grund ihrer Insellage in niederen Breiten deutlich von dem des spanischen Festlandes. Es ist im Meeresniveau wärmer und ozeanisch ausgeglichener.

Innerhalb der Kanarischen Inseln sind die beträchtlichen klimatischen Unterschiede einmal durch die Lage zum Nordost-Passat und zum anderen durch die Höhenlage bestimmt. Die nur in den Wintermonaten unterbrochene Herrschaft des Nordost-Passats führt zu einer scharfen Teilung in eine nach Norden und Osten gerichtete feuchte Luvseite und eine entgegengesetzte trockene, ja wüstenhafte Leeseite der gebirgigen Inseln. Niederschläge fallen nur in den Wintermonaten, bedingt durch Tiefdruckgebiete aus nördlicheren Breiten.

Die *Luvseite* ihrerseits ist deutlich in mehrere k l i m a t i s c h e H ö h e n s t u f e n gegliedert. Die trockenheiße Tiefenzone reicht bis ca. 500 bis 600 m. Die Durchschnittstemperatur beträgt hier 20 bis 21° C, im Januar 17 bis 18° C, im August 23 bis 24° C. Die Jahresniederschläge übersteigen nicht 500 mm, liegen vielfach deutlich darunter (Las Palmas 233 mm, Santa Cruz 290 mm). Die Wassertemperaturen schwanken im Laufe des Jahres zwischen etwa 18 und 24° C.

Die Mittelzone reicht von ca. 600 m bis 1500 m über dem Meeresspiegel; sie ist durch niedrigere Tem-

peraturen (Jahresdurchschnittstemperatur 16° C), starke Nebel- und Wolkenbildung an den Hängen sowie höhere Niederschläge gekennzeichnet (ca. 600 bis 800 mm Niederschlag sowie die Kondensationsfeuchtigkeit des Nebels). Bei gelegentlichen sommerlichen Einbrüchen heißer Luft aus der Sahara (mit Wüstenstaub) können die Temperaturmaxima in beiden Zonen auf 40° C ansteigen. Umgekehrt kann bei winterlichen Kaltlufteinbrüchen in der Mittelzone durchaus Frost auftreten.

Über der Mittelzone folgt nach einer trockeneren und wärmeren Inversionsschicht auf Teneriffa und Palma ein trocken-kaltes, in Luv und Lee gleich entwickeltes Hochgebirgsklima; die Niederschläge betragen ca. 300 mm. Die winterliche Schneegrenze reicht bis 2000 m herab; der Pico de Teide (3718 m) trägt im Winter also eine Schneehaube.

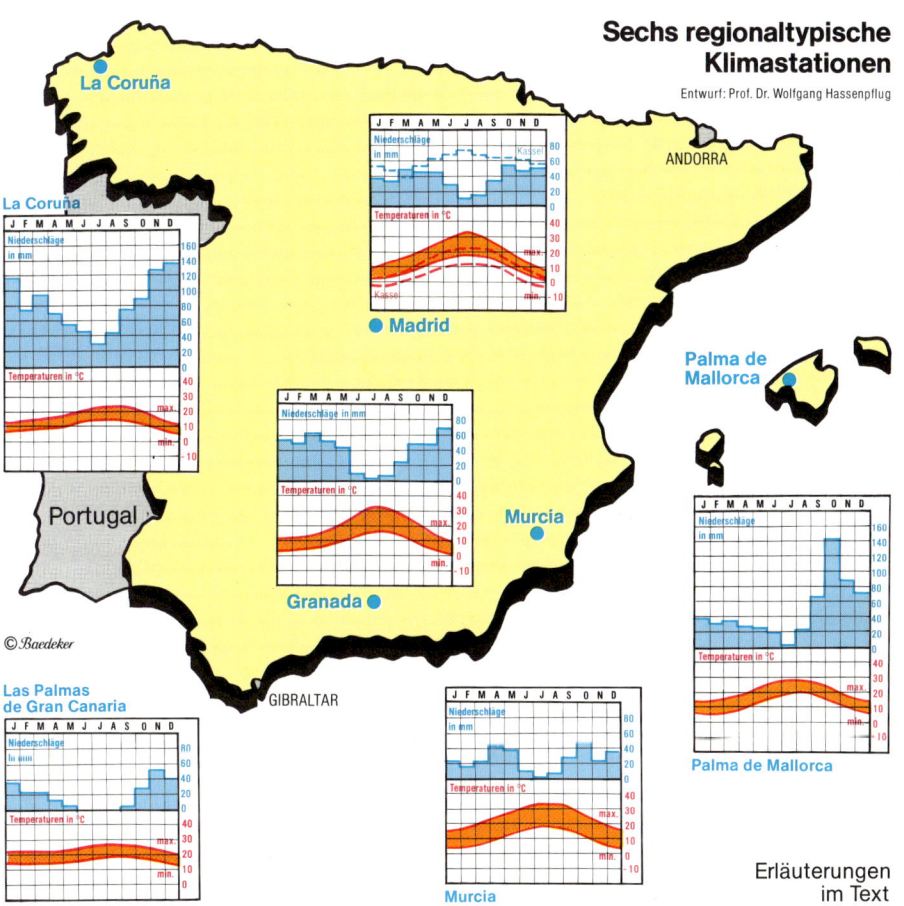

Sechs regionaltypische Klimastationen

Entwurf: Prof. Dr. Wolfgang Hassenpflug

Erläuterungen im Text

Staat und Gesellschaft

Nach dem Tode des Staatschefs Francisco Franco y Bahamonde im November 1975 wurde König Juan Carlos I. Staatsoberhaupt von Spanien. Franco, der seit dem Spanischen Bürgerkrieg (1936–39) diktatorisch herrschte, hatte ihn zu seinem Nachfolger bestimmt. Die Monarchie ist im Haus Bourbon-Anjou erblich. Spanien (Estado Espa-

ñol) ist seit 1978 eine konstitutionelle Monarchie mit parlamentarischem Regierungssystem (Reino de España).

Das spanische Parlament, die *Cortes,* besteht aus zwei Kammern: dem *Congreso* (Abgeordnetenhaus) und dem *Senado* (Senat). Dem Abgeordnetenhaus gehören 350 auf vier Jahre gewählte Abgeordnete an. Mitglieder des Senats, der Vertretung der insgesamt 50 spanischen Provinzen, sind 248 Senatoren, von denen 207 auf vier Jahre in den Provinzen gewählt und 41 vom König ernannt werden. Der König ernennt auch – auf Vorschlag der Cortes – den an der Spitze der Regierung stehenden Ministerpräsidenten. Die Provinzen (Provincias) werden von einem Provinzrat (Diputación Privincial) und einem Zivilgouverneur (Gobernador), der die Zentralregierung in Madrid vertritt, verwaltet.

Nach einer Übergangsperiode, während der noch Konzessionen an die Rechte gemacht werden mußten, ernannte Juan Carlos 1976 den Politiker Adolfo Suárez González zum Regierungschef, mit dessen Unterstützung er die längst fälligen Reformen einzuleiten begann. Demokratische Parteien und die Kommunistische Partei (Partido Comunista Español, PCE) sowie freie Gewerkschaften wurden wieder zugelassen.

Aus den Parlamentswahlen von 1977 ging die Union des Demokratischen Zentrums (Unión del Centro Democrático, UCD) unter Regierungschef Suárez als Sieger hervor. Bei den Parlamentswahlen im Jahre 1982 entfielen jedoch die meisten Stimmen auf die Sozialistische Arbeiterpartei (Partido Socialista Obrero Español, PSOE) unter Felipe González Márquez, eine Entwicklung, die sich in erster Linie bei den Regionalwahlen angebahnt hatte. 1986 erhielt die PSOE bei den Parlamentswahlen erneut die Mehrheit, González wurde in seinem Amt als Ministerpräsident bestätigt.

Darüber hinaus strebten die einzelnen Regionen jedoch größere Unabhängigkeit von der Zentralregierung in Madrid an. Zuerst traten die Autonomiebewegungen vorwiegend in jenen Regionen auf, deren Bewohner sich durch Sprache und Kultur stark von den kastilisch sprechenden Spaniern unterscheiden. Diese Volksgruppen sind die Basken (Euskaldun), die Galicier (Gallegos) und als größte Gruppe die Katalanen (Catalanes). Um der schwelenden Unzufriedenheit der Minderheiten ein Ende zu machen, wurden zunächst neben der Amtssprache (castellano) auch Katalanisch (catalán, català), Galicisch (gallego, galego) und Baskisch (vascuence, euskera) als Nationalsprachen anerkannt. Katalanische Dialekte werden nicht nur in Katalonien, sondern auch in dem südlich angrenzenden Valencia und auf den Balearen gesprochen.

Ferner nahm man eine Regionalisierung des Landes in Angriff. Dieser Prozeß, der 1979 begann, wurde 1983 abgeschlossen. Spanien gliedert sich heute in 17 *Comunidades Autónomas* (Autonome Gemeinschaften). Jede autonome Region hat ein eigenes Einkammerparlament und eine eigene Regionalregierung. Die nordafrikanischen Städte Ceuta und Melilla, die seit dem 15./16. Jahrhundert zu Spanien gehören und auf die Marokko Anspruch erhebt, sind Teile spanischer Provinzen (Cádiz bzw. Málaga).

In Größe, Bevölkerungsdichte und wirtschaftlicher Entfaltung unterscheiden sich die autonomen Regionen beträchtlich. Hochentwickelte Gebiete – wie beispielsweise Katalonien – heben sich scharf ab von wenig entwickelten wie Estremadura.

Gegenüber den historischen Regionen Spaniens gab es stellenweise Verschiebungen der Gebietszugehörigkeit. Im Norden Altkastiliens hat sich die ehemalige Provinz Santander als autonome Region Kantabrien (Cantabria) verselbständigt, im Nordosten wurde die frühere Provinz Logroño unter dem Namen La Rioja zur autonomen Region. Durch den Zusammenschluß der übrigen Provinzen Altkastiliens mit den Provinzen des alten Königreiches León entstand die autonome Region Kastilien-León. Dem südlich gelegenen Neukastilien wurde die zur historischen Region Murcia gehörende Provinz Albacete zugeschlagen, auf deren Territorium ein Großteil der Landschaft 'La Mancha' entfällt. Die Stammprovinzen Neukastiliens und Albacete wurden zur autonomen Region Kastilien – La Mancha zusammengeschlossen. Madrid, die in Neukastilien gelegene Landeshauptstadt, bildet eine selbständige autonome Region.

Die Bewohner der autonomen Regionen streben einen föderalistischen Staat an. Nur im Baskenland, wo es stark 'nationalistische' Strömungen gibt, verfolgt man langfristig das Ziel einer völligen Lösung vom Mutterland. Gewalttaten der Separatistenbewegung ETA (militar) versetzen die Öffentlichkeit häufig in Unruhe und provozieren andererseits Antiterroraktionen.

Spanien ist Mitglied zahlreicher internationaler Organisationen, unter anderen der Vereinten Nationen (UN), der Nordatlantischen Allianz (NATO) und der Europäischen Gemeinschaft (EG). Der Beitritt Spaniens zur Europäischen Gemeinschaft hatte sich immer wieder verzögert, da andere EG-Länder, die ebenfalls landwirtschaftliche Produkte anbieten, sahen Spanien als unliebsamen Konkurrenten an. Besonders die Weinbauländer Frankreich und Italien stellten sich dem EG-Beitritt Spaniens entgegen. Da die Mitgliedschaft Spaniens im nordatlantischen Verteidigungsbündnis und das Vorhandensein US-amerikanischer Militärstützpunkte auf spanischem Boden bei der Bevölkerung umstritten ist, wurde 1986 ein Referendum zum Verbleib des Landes in der NATO abgehalten. Bei dieser Volksabstimmung votierten die Bürger mehrheitlich dafür, daß Spanien Mitglied der NATO bleibt. Regierungschef González wertete den Ausgang des Referendums als 'Erfolg für das ganze spanische Volk'. Ländliche Regionen wie Andalusien und Estremadura kamen der Aufforderung der Regierung, die Mitgliedschaft zu befürworten, am stärksten nach.

Geschichte

Von der Vorgeschichte bis zur Eroberung durch die Mauren (ca. 10 000 v. Chr. bis 711 n. Chr.). – Das Gebiet des heutigen Spanien ist schon in der Altsteinzeit besiedelt. Als die ältesten nachweisbaren Bewohner gelten die **Ligurer** an der Nordostküste sowie die wahrscheinlich aus Nordafrika eingewanderten **Iberer** im Osten und Süden des Landes. Die **Basken** im Nordwesten der Iberischen Halbinsel gehören vermutlich der vorindogermanischen Bevölkerung an.

Um 10000 v. Chr. Jüngere Altsteinzeit: Bedeutende Höhlenmalereien, z. B. in Altamira, El Castillo u. a.

5000–2000 Jungsteinzeit: Felsmalereien in Ostspanien stellen Kriegs- und Jagdszenen dar.

2000–1600 **Megalithkultur:** Aus der Kupferzeit stammen monumentale Grab- und Kultbauten.

Um 1100 **Phönizier** gründen an der Südküste Handelsstädte: Gadri (Cádiz), Malaka (Málaga), Tartessos u. a.

Nach 1000 **Kelten,** die in den folgenden Jahrhunderten mit den Iberern zu den **Keltiberern** verschmelzen, dringen in das Innere des Landes ein.

Seit 700 Einige Häfen (Emporion: Ampurias; Mainake: ca. 30 km östlich von Málaga bei Torre del Mar; u. a.) werden von **Griechen** besiedelt, hauptsächlich von kleinasiatischen Ioniern aus der phokäischen Kolonie Massalia (Marseille).

Seit 600 verdrängen die **Karthager** die Griechen.

236–206 Nach dem Ersten Punischen Krieg erweitern die Karthager unter Hamilkar Barkas, Hasdrubal und Hannibal ihre Kolonialherrschaft vom Tajo bis zum Ebro.

Um 225 Gründung von Carthago Nova (Cartagena).

219 Zu Beginn des Zweiten Punischen Krieges zerstört Hannibal das mit den **Römern** verbündete Sagunt.

201 Im Friedensschluß mit Rom verzichtet Karthago auf den spanischen Besitz.

197 Errichtung der römischen Provinzen 'Hispania citerior' im Nordosten und 'Hispania ulterior' im Südwesten.
Mehrere Aufstände – u. a. der Lusitaner unter *Viriathus* (154–139), der Keltiberer (143–133) sowie der Asturer, Kantabrer und anderer Stämme (25–19) – erschweren die vollständige Unterwerfung der Halbinsel, nicht aber die rasche sprachliche und kulturelle Romanisierung des Landes (außer dem Baskenland).

81–72 Der römische Prätor *Sertorius*, ein Anhänger des Marius, versucht, ein unabhängiges keltiberisches Reich zu gründen.

45 *Caesar* besiegt bei Munda (südwestlich von Córdoba) die Söhne und Anhänger des Pompeius und wird dadurch Diktator im Römischen Reich. Ansiedlung von Veteranen Caesars auf dem Landbesitz der Besiegten.

27 v. Chr. Einteilung Spaniens in die Provinzen 'Hispania Tarraconensis' (im Norden und Osten), 'Lusitania' (im Westen zwischen Duero und Guadiana) und 'Baetica' (die ursprüngliche 'Hispania ulterior').

19 v. Chr. Völlige Einverleibung der Pyrenäenhalbinsel in das Römische Imperium durch Kaiser *Augustus*.
Aus der romanisierten Bevölkerung stammen die lateinischen Dichter *Seneca, Lucan* und *Martial* sowie die römischen Kaiser *Trajan, Hadrian* und *Theodosius* (d. Gr.).

74 n. Chr. Die wichtigsten Orte erhalten durch Kaiser *Vespasian* Stadtrechte nach der 'ius Latii'.

Seit 100 n. Chr. Beginn der Christianisierung der Iberischen Halbinsel.

Nach 400 Während der Zeit der Völkerwanderung setzen sich **Alanen** (ein iranisches Steppenvolk) im heutigen Portugal, **Vandalen** (Ostgermanen) in Südspanien und **Sueven** (aus Süddeutschland) im Nordwesten fest.

414 **Westgoten** unter König *Athaulf* dringen in Katalonien (Gotalonien) ein.

429 Die Vandalen ziehen nach Afrika weiter.

466–484 König *Eurich*, der Herrscher des Tolosanischen Westgotenreiches, begründet durch seinen Sieg über die Sueven die westgotische Herrschaft in Spanien (mit Ausnahme des Nordwestens). Unter ihm wird das älteste germanische Gesetzgebungswerk in lateinischer Sprache verfaßt ('Codex Euricianus').

507–711 Nach dem Untergang des Tolosanischen Reiches bleibt das westgotische Reich in Spanien mit der Hauptstadt Toledo bestehen.

551 Im Auftrage des Kaisers *Justinian* erobern die **Byzantiner** die Südküste Spaniens, die sie bis 624 wieder verlieren.

587 Durch den Übertritt der arianischen Westgoten zum Katholizismus erfogt die rasche Verschmelzung mit der romanischen. Bevölkerung.

711 Der arabische Feldherr *Tarik* besiegt das Westgotenheer unter *Roderich* bei Jerez de la Frontera.

Spanien unter den Mauren (711–1492). – Während der Herrschaft der Araber erlebt die Pyrenäenhalbinsel eine wirtschaftliche und kulturelle Blütezeit. Orientalisches und hellenistisches Wissensgut beeinflußt über Spanien das christliche Abendland.

Seit 714 ist Spanien (mit Ausnahme der Berggebiete Asturiens, Galiciens und des Baskenlandes) eine Provinz des Kalifats der Omaijaden von Damaskus.

732 *Karl Martell* vertreibt durch seinen Sieg bei Tours und Poitiers die Araber aus Gallien.

756 Der nach Spanien geflüchtete Omaijade *Abd ar-Rachman I.* begründet das Emirat von Córdoba, das die ganze Pyrenäenhalbinsel umfaßt. Neue Kulturen (Reis, Zucker u. a.), künstliche Bewässerung sowie die wachsende Seiden- und Waffenproduktion ermöglichen eine hohe wirtschaftliche und kulturelle Blüte.
Gegenüber Christen und Juden bewahren die Araber im allgemeinen religiöse Duldsamkeit. Viele Christen treten zum Islam über und nehmen arabische Sprache wie auch Sitten an (Mozaraber).

778 *Karl der Große* verliert die spanischen Eroberungen durch eine Niederlage seiner Nachhut im Tal von Roncesvalles, bei der Graf Roland den Tod findet (''Rolandslied'').

929–1031 **Kalifat von Córdoba.** *Abd ar-Rachman III.* nimmt 929 den Kalifentitel an. Höhepunkt der maurischen Kultur in Andalusien: Moscheen, Terrassenanlagen in der Vorstadt um den Palast, große Bibliothek, zweite Residenz u. a.

930 Der Kalif erobert Toledo, 931 Nordwestafrika (bis nach Tahert), das aber 979 wieder verlorengeht.

985–997 Der Großwesir *Almansur* ('der Siegreiche') des Kalifen Hischam II. erobert Barcelona (985), León (987) und Santiago de Compostela (997). Höchste militärische Machtentfaltung der Mauren in Spanien.

1031 Sturz des letzten omaijadischen Kalifen *Hischam III.* – Das Kalifat von Córdoba löst sich in mehr als 20 unabhängige Teilstaaten ('Taifas') auf, die aber durch die Almoraviden erneut zusammengeschlossen werden.

1085 *Alfonso VI. von Kastilien* erobert nach fünfjähriger Belagerung Toledo.

Seit 1086 Die von den maurischen Emiren zu Hilfe gerufenen **Almoraviden** (Berbersekte aus Nordafrika) schützen unter ihrem Führer *Jusuf Teschufin* die islamischen Staaten vor der christlichen Eroberung und vereinen den islamischen Südteil Spaniens mit ihrem Reich in Nordafrika.

1146 Das nordafrikanische Almoravidenreich wird von den **Almohaden** (fanatische Berbersekte) erobert, die sich von 1195 bis 1225 auch in Spanien halten können, aber fortwährend Kämpfe mit den christlichen Reichen führen müssen.

1212 Schwere Niederlage des Kalifen *Mohammed en-Nasir* bei Navas de Tolosa durch die verbündeten Heere von Kastilien, Aragón und Navarra. – Es entstehen wieder kleinere islamische Teilstaaten, die den Zerfall des Almohadenreiches nicht aufhalten können. Die Mauren verlieren Córdoba (1236), Sevilla (1248), Cádiz (1263) u. a.

1238–1492 Das **Emirat von Granada** unter den Nasriden.

1238 *Mohammed ibn al-Ahmar* aus dem Geschlecht der Beni Nasr gründet das Emirat von Granada mit Málaga und Almería. Granada wird die reichste Stadt der Halbinsel und zugleich ihr kulturelles Zentrum.

1246 Granada wird dem König von Kastilien tributpflichtig.

1275 *Mohammed II.* siegt mit Hilfe des Merinidensultans Abu Jusuf von Marokko über die Kastilier bei Écija und Martos.

1292 Das Emirat verliert Tarifa, 1309 Gibraltar und 1344 Algeciras an Kastilien.

1300–1400 Kulturelle Glanzzeit Granadas (Bau der Alhambra).

1333 Rückgewinnung Gibraltars (bis 1462).

1340 Schwere Niederlage des mit dem Sultan von Marokko verbündeten *Jusuf I.* am Salado.

1481 Beginn des Krieges zwischen Granada und Kastilien, das allmählich das Land erobert.

1492 Nach dem Fall Málagas (1487) und Granadas (1492) zieht sich der Emir *Abd-'allah Mohammed XI.* (span. Boabdil) nach Afrika zurück. Anschließend erfolgt die Vertreibung der Mauren und Juden, die einen schweren Rückschlag für die weitere wirtschaftliche Entwicklung Spaniens bedeutet.

Die Entstehung christlicher Staaten bis zur Vereinigung der beiden Hauptreiche Kastilien und Aragón (ca. 718–1516). – Die Reconquista (christliche Rückeroberung) der Pyrenäenhalbinsel, die von Norden ausgeht, führt zur Verdrängung der Mauren aus Spanien und zur Bildung des spanischen Nationalstaates. – Die mittelalterliche Kultur Spaniens wird durch die Berührung mit dem Islam wie auch mit dem christlichen Abendland geprägt.

722 Der Gote *Pelayo* schlägt die Mauren bei Covadonga und gründet in den asturischen Bergen das **Königreich Asturien.**

Um 750 *Alfonso I.* vereinigt Asturien mit Kantabrien und erwirbt León, Altkastilien sowie Galicien. Unter *Alfonso III.* (866–910) wird León zur Hauptstadt.

Nach 778 Aus der Spanischen Mark Karls des Großen entwickeln sich die Grafschaften Katalonien (mit der Hauptstadt Barcelona) und Navarra.

Um 900 entsteht die Grafschaft Kastilien, die ihren Namen von den gegen die Mauren errichteten Kastellen hat.

Nach 910 Die Söhne von Alfonso III. teilen das Reich in Galicien, Asturien und León.

1029 König *Sancho III. von Navarra* erbt die Grafschaft Kastilien. Durch die Teilung des Reiches zwischen seinen drei Söhnen entstehen die **Königreiche Kastilien, Navarra** und **Aragón.**

1037 *Fernando I. (d. Gr.) von Kastilien* gewinnt León.

1072 *Alfonso VI. von Kastilien* vereinigt das inzwischen geteilte Reich wieder, vergrößert es durch Teile von Navarra und erobert 1085 Neukastilien mit Toledo. – Der später zum Nationalhelden gewordene *Rodrigo Díaz,* genannt 'El Cid' (von arab. 'sayyid' = Herr), tritt vorübergehend in maurische Dienste; 1094 erobert er Valencia.

Seit 1109 ist Portugal selbständige Grafschaft, ab 1139 Königreich.

1118 *Alfonso I. von Aragón* erweitert sein Reich im Kampf mit den Mauren und erobert Zaragoza (seitdem Hauptstadt). Die angestrebte Verbindung Kastiliens mit Aragón scheitert.

1130 *Alfonso VII. von Kastilien* erhält als Kaiser die Oberhoheit über alle christlichen Staaten Spaniens, doch zerfällt sein Reich durch Erbteilungen wieder in Kastilien und León.

1137 Vereinigung Aragóns mit Katalonien.

1212 In der Schlacht von Navas de Tolosa erringen die verbündeten Ritterheere von Kastilien, Aragón und Navarra den entscheidenden Sieg über den Almohadenkalifen.

1229–1238 *Jaime I. von Aragón* führt erfolgreiche Kriege gegen die Mauren. Eroberung der Balearen (1229–35), Valencias (1238) u. a.

1230 *Fernando III. von Kastilien* vereinigt endgültig Kastilien mit León. Er erobert 1236 Córdoba, 1243 Murcia, 1248 Sevilla.

1234–1441 Navarra wird von französischen Herrschern regiert.

1263 *Alfonso X. von Kastilien* (nach 1257 auch deutscher König) erobert Cádiz und Cartagena.

1282 *Pedro III. von Aragón* bemächtigt sich Siziliens.

1295 Im Frieden zu Anagni verzichtet *Jaime II. von Aragón* auf Sizilien. Der Papst belehnt ihn dafür mit Sardinien und Korsika.

Seit 1307 versammeln sich die 'C o r t e s' (Ständevertretung der Geistlichkeit, des weltlichen Adels und der Städte) von Aragón, Katalonien und Valencia gemeinsam.

1443 Aragón erwirbt das Königreich Neapel.

1458 *Juan II.,* seit 1425 König von Navarra, übernimmt nach dem Tode seines Bruders Alfonso V. auch die Herrschaft in Aragón.

1469 Die Heirat von **Fernando II. von Aragón** (1479–1516) mit **Isabel von Kastilien** (1474–1504) führt zur Vereinigung der beiden bisher rivalisierenden Reiche. Unter der Herrschaft der 'K a t h o l i s c h e n K ö n i g e' erfolgt der Übergang zur absoluten Monarchie.

1486/1488 Reorganisation der Inquisition in Aragón bzw. Kastilien durch *Ximénez de Cisneros* (seit 1495 Erzbischof von Toledo).

1492 Die E r o b e r u n g G r a n a d a s beendet die Reconquista. Danach setzt die fanatische Vertreibung der Mauren und Juden ein.
Isabel unterstützt seit 1492 *Christoph Kolumbus,* dessen Forschungsreisen die Gründung des spanischen Kolonialreiches in Amerika ermöglichen.

1494 Im V e r t r a g v o n T o r d e s i l l a s wird eine spanisch-portugiesische Demarkationslinie der beiderseitigen kolonialen Interessensphären in Lateinamerika festgesetzt.

1504 Fernando II. gewinnt nach dem Sturz des aragonesischen Königshauses (Seitenlinie) Neapel mit Sizilien zurück.

1515 Navarra fällt bis zu den Pyrenäen an Spanien.

Spanien als Weltmacht bis zum Ende der französischen Fremdherrschaft (1516–1813). – Im 16. Jahrhundert gewinnt Spanien durch die außergewöhnliche Ausdehnung seines Reiches in Europa und in den Kolonien wie auch als Zentrum der G e g e n r e f o r m a t i o n universalpolitische Bedeutung. Nach dem Tode Phillips II. verliert es seine hegemoniale Stellung, da die vielen Kriege, die es zur Erhaltung des katholischen Glaubens führt, das Land wirtschaftlich und finanziell ruinieren.

1516 Der Habsburger *Karl I.* wird König von Kastilien und Aragón. Nach dem Tode seines Großvaters Maximilian I. erbt er auch die habsburgischen Länder und ist seit 1519 als **Karl V.** römisch-deutscher Kaiser (Krönung 1530 in Rom). Er regiert über Spanien, die Niederlande, Sardinien, Neapel, Sizilien, Mailand, die Franche-Comté sowie über zahlreiche amerikanische Kolonien. Die deutschen habsburgischen Länder überläßt er 1521 seinem Bruder *Ferdinand.*

1519–1535 Ausbau der **Kolonialherrschaft in Amerika.** Die spanischen Konquistadoren *Cortez* und *Pizarro* erobern Mexiko (1519–21), Peru (1531–34) und Chile (nach 1535). Gold- und Silberschätze werden nach Spanien gebracht.

1520–1521 Der A u f s t a n d d e r 'C o m u n e r o s' (der kastilischen Städte) wird niedergeschlagen und der **Absolutismus** endgültig durchgesetzt; die 'Cortes' verlieren ihre Bedeutung.

1521–1556 Karl V. führt f ü n f K r i e g e g e g e n F r a n k r e i c h, um die Hegemonie in Italien und Burgund zu sichern.

1534 *Ignatius von Loyola* gründet den Jesuitenorden ('Societas Jesu').

1535/1541 Karl V. besetzt Tunis und Algier.

1556 Abdankung Karls V.; er zieht sich in das Kloster Yuste zurück.

1556–1598 *Philipp II.,* Sohn Karls V., übernimmt die Führung der G e g e n r e f o r m a t i o n in Europa. Mit Hilfe der **Inquisition** bekämpft er in seinem Land die Häretiker und läßt die christianisierten Mauren ('Moriscos') in Andalusien fast ganz ausrotten.

1559 Der Friede von Câteau-Cambrésis beendet den Krieg mit Frankreich um die Vorherrschaft in Italien und Burgund.

1563–1584 Bau des Escorial.

1565–1572 Eroberung der Philippinen.

1571 In der S e e s c h l a c h t bei L e p a n t o wird die türkische Flotte von spanischen Kriegsschiffen vernichtet.

1580 S p a n i e n verbindet sich in P e r s o n a l - u n i o n m i t P o r t u g a l (bis 1640) und erreicht mit dem portugiesischen Kolonialbesitz die größte Ausdehnung seines Territoriums.

1581 Die fanatische Härte, mit der Philipp II. und sein Feldherr Herzog *Alba* die protestantischständischen *Revolten in den Niederlanden* bekämpfen, führen zum Abfall der nördlichen Niederlande unter *Wilhelm von Oranien.*

1588 Durch den Untergang der 'Armada' im Ärmelkanal verliert Spanien im Kampf mit Großbritannien die Vorherrschaft zur See.

1609–1610 Vertreibung der letzten Morisken und Juden (ca. 600 000) aus Südspanien unter *Philipp III.*

1618–1648 Spanien nimmt am D r e i ß i g j ä h r i - g e n K r i e g auf der Seite der österreichischen Habsburger teil.

1621 Wiederaufnahme des Kampfes gegen die freien Niederlande, deren Unabhängigkeit Spanien im Westfälischen Frieden von 1648 anerkennen muß.

1640 Portugal löst sich wieder von Spanien.

1652 Der schon 1640 begonnene A u f s t a n d d e r K a t a l a n e n wird unterdrückt.

1659 Im Pyrenäenfrieden tritt Spanien das Roussillon, die Cerdagne sowie Teile Flanderns an Frankreich ab.

1678 Spanien verzichtet auf die von Frankreich eroberte Franche-Comté.

1701–1713 Im **Spanischen Erbfolgekrieg** kämpft der bourbonische Thronprätendent *Philipp von Anjou,* ein Enkel Ludwigs XIV., um seine Anerkennung gegen die österreichischen Habsburger sowie Großbritannien und die Niederlande.

1713 Im Frieden von Utrecht tritt *Philipp V.* die spanischen Nebenländer (Niederlande, Mailand, Neapel) an Österreich ab, Sizilien an Savoyen, die Insel Menorca (bis 1783) und Gibraltar an Großbritannien, behält aber dafür Spanien mit seinen Kolonien.

1717–1730 Erfolglose K ä m p f e gegen Ö s t e r - r e i c h um Sardinien und Sizilien.

1735 fällt das Königreich Neapel mit Sizilien, 1748 das Herzogtum Parma-Piacenza an eine Nebenlinie der spanischen Bourbonen.

1759–1788 Der Bourbone *Carlos III.* (1731–1735 Herzog von Parma, 1723–1759 König von Neapel und Sizilien) regiert im Sinne des aufgeklärten Absolutismus.

1763 Am Ende vom Siebenjährigen Krieg verliert Spanien Florida an Großbritannien, erhält aber von Frankreich Westlouisiana.

1767 Ausweisung der Jesuiten.

1783 Nach den nordamerikanischen Unabhängigkeitskriegen gewinnt Spanien im Frieden von Versailles Menorca und Florida von Großbritannien zurück.

1788–1808 *Carlos IV.* führt, unter der Leitung seines Günstlings *Manuel de Godoy,* Spanien in die völlige Abhängigkeit von *Napoleon I.*

1801 Rückgabe Louisianas an Frankreich.

1805 Vernichtung der französisch-spanischen Flotte beim Kap Trafalgar durch den britischen Admiral *Nelson.*

1808 Ein Aufstand in Aranjuez stürzt den franzosenfreundlichen Godoy und zwingt Carlos IV., zugunsten seines Sohnes *Fernando* abzudanken (März). Da Napoleon seine Interessen auf der Iberischen Halbinsel gefährdet sieht, läßt er Spanien besetzen und nötigt in Bayonne sowohl Carlos IV. als auch *Fernando VII.* zur Abdankung. Napoleons Bruder *Joseph* wird König von Spanien, sein Schwager Murat König von Neapel. Mit dem Aufstand der Madrider Bevölkerung am 2. Mai gegen die Truppen des Marschalls Murat setzt bereits die nationale Erhebung in Spanien ein. Es bilden sich Juntas (Volksregierungen), die den Guerillakrieg gegen die napoleonische Fremdherrschaft organisieren. Bei Bailén kapituliert ein französisches Heer (Juli); daraufhin flieht Joseph I. aus Madrid. Da ein britisches Heer unter General Wellesley (später Herzog von Wellington) den spanischen Befreiungskampf unterstützt, greift Napoleon persönlich ein.

1808–1809 Im **Spanienfeldzug** besetzt **Napoleon** Madrid, erobert Zaragoza und ermöglicht die Rückkehr König Josephs. Spanien wird fast völlig okkupiert.

1810–1825 Abfall der südamerikanischen Kolonien.

1812 Die in Cádiz versammelten 'Cortes' unterzeichnen die erste spanische Verfassung.

1813 Der Sieg Wellingtons in der Entscheidungsschlacht bei Vitoria befreit Spanien von der Fremdherrschaft.

Von der Restauration bis zum Beginn der Zweiten Republik (1813–1931). Im 19. Jahrhundert ist die Geschichte Spaniens überwiegend geprägt durch Bürgerkriege, die durch die restaurative Politik des Königtums, wirtschaftliche Rückständigkeit und außenpolitische Mißerfolge verursacht werden. Obwohl das Land im Ersten Weltkrieg neutral bleibt und sich dadurch wirtschaftliche Erfolge abzeichnen, verschärfen sich die inneren Gegensätze, weil grundlegende wirtschafts- und sozialpolitische Reformen ausbleiben.

1814 *Fernando VII.* kehrt auf den spanischen Thron zurück. Er verwirft die liberale Verfassung von 1812 und regiert im Sinne des Absolutismus.

1820 Revolution der Liberalen in Cádiz unter Führung von Oberst *Rafael del Riego Nuñez.* Der König anerkennt daraufhin die Verfassung von

1812. Die Liberalen zerfallen bald in zwei Strömungen, in die 'Moderados' (Gemäßigte) und die 'Exaltados' (Radikale), die sich fortwährend bekämpfen.

1823 Im Auftrag der Heiligen Allianz unterdrückt Frankreich die Revolution durch militärische Intervention. Der Absolutismus wird wiederhergestellt.

1830 Durch die 'Pragmatische Sanktion' sichert Fernando VII. seiner Tochter Isabel das Thronfolgerecht.

1834 Einführung einer gemäßigt liberalen Verfassung.

1834–1839 **Erster Karlistenkrieg.** *Don Carlos,* der Bruder Fernandos VII., bekämpft als Gegenkönig (Carlos V.) die Vormundschaftsregierung der Königinmutter Maria Christine von Neapel für *Isabel II.* Er wird von den Baskischen Provinzen, Aragón und Katalonien unterstützt, muß aber nach dem Scheitern seiner Unternehmungen nach Frankreich fliehen (1839).

1843 Isabel II. wird für mündig erklärt.

1845 Reaktionäre Verfassungsreform.

1847–1849 Der **Zweite Karlistenkrieg** und republikanische Aufstände verschärfen die inneren Gegensätze.

1851 Das Konkordat mit dem Papst bestätigt die ausschließliche Geltung der katholischen Religion in Spanien.

1859–1860 Im Krieg gegen Marokko gewinnt Spanien nur Tetuán.

1861–1862 Erfolglose Teilnahme Spaniens an der französischen Expedition gegen Mexiko.

1868 Eine Revolte unter General *Prim* und Marschall *Serrano* führt zur Absetzung Isabels II. und ihrer Flucht nach Frankreich.

1869 Die 'Cortes' bestimmen Serrano zum Regenten bis zur Wahl des neuen Königs. Die Thronkandidatur des Prinzen Leopold von Hohenzollern scheitert am Widerstand Frankreichs.

1871–1873 *Amadeo I.,* ein Sohn Viktor Emanuels II. von Italien, dankt wegen der Opposition von links wieder ab.

1872–1876 Der **Dritte Karlistenkrieg** unter dem Enkel Don Carlos' richtet sich gegen Amadeo I. wie auch gegen die 1873 von den 'Cortes' ausgerufene Erste Republik; gleichzeitig sozialistische Massenaufstände.

1874 Serrano wird Diktator; Ende der Ersten Republik. Durch einen Militärputsch unter Führung des Generals *Martínez de Campos* wird die Bourbonenherrschaft wiederhergestellt.

1874–1885 *Alfonso XII.,* der Sohn Isabel II., ermöglicht eine ruhigere innenpolitische Entwicklung.

1876 Eine neue Verfassung gewährt Vereins- und Pressefreiheit, schafft aber die Geschworenengerichte und die Zivilehe ab; Beendigung des Karlistenkrieges.

1879/1888 Gründung der Spanischen Sozialistischen Arbeiterpartei und der Allgemeinen Arbeiterunion.

1885 Für den unmündigen *Alfonso XIII.* übernimmt bis 1902 die Königinwitwe Maria Christina von Österreich die Regentschaft.

Geschichte 27

1890 Einführung des allgemeinen Wahlrechtes.

Nach 1890 Autonomistische Bewegungen in Katalonien, im Baskenland und in Galicien.

1898 Spanisch-amerikanischer Krieg. Spanien verliert die letzten großen Kolonien (Kuba, Philippinen, Puerto Rico).

1899 Spanien verkauft die Marianen, die Karolinen und die Palauinseln an das Deutsche Reich.

1904 Abkommen über Marokko zwischen Spanien und Frankreich.

1909 Beginn des Feldzuges in Marokko gegen den Aufstand der Rif-Kabylen, der erst 1926 unterdrückt werden kann. – Anarcho-syndikalistischer (von 'sindicato' = Gewerkschaft) Arbeiteraufstand in Barcelona.

1910–1912 Ministerpräsident *Canalejas* setzt sich für eine liberale Kulturpolitik ein, jedoch nicht für soziale oder wirtschaftliche Reformen. Zunehmende Auswanderung nach Amerika.

1914–1918 Im Ersten Weltkrieg bleibt Spanien neutral.

1923 General *Primo de Rivera* übernimmt mit Billigung von Alfonso XIII. die Leitung eines Militärdirektoriums. Auflösung des Parlamentes.

1925 Primo de Rivera wandelt die Militärdiktatur in eine zivile **Diktatur** um. Neuordnung des Finanz- und Steuerwesens; Versuch einer Agrarreform. Wachsende Opposition im Lande.

1926 Austritt Spaniens aus dem Völkerbund (Wiederaufnahme 1928).

1930 Revolutionäre und republikanische Unruhen veranlassen den Rücktritt Primo de Riveras, der am 16. 3. in Paris stirbt.

1931 Nach dem Sieg der Republikaner bei Kommunalwahlen verläßt Alfonso XIII. das Land. Beginn der **Zweiten Republik.**

Von der Zweiten Republik bis zur heutigen Zeit (ab 1931). – Da die Spanische Republik von den europäischen Demokratien im Stich gelassen wird und selbst die UdSSR den Zeitpunkt für eine soziale Umwälzung in Spanien für verfrüht hält, siegt die faschistische Diktatur des Generals Franco mit Unterstützung Hitlers und Mussolinis über die republikanischen Kräfte in Spanien. Nach dem Zweiten Weltkrieg vermag das Franco-Regime das Land nicht aus der politischen und wirtschaftlichen Isolierung herauszuführen. Erst nach Francos Tod ist der Weg für eine wirkliche Liberalisierung und Demokratisierung offen.

1931 Spanien erhält eine neue liberal-fortschrittliche Verfassung: Trennung von Staat und Kirche, Einheitsstaat, regionale Autonomie für Katalonien (1932) und das Baskenland (1936) sowie eine begrenzte Agrarreform.

1932/1933 Gründung der 'Konföderation der Autonomen Rechten' (CEDA) und der 'Falange'.

1933 Wahlsieg der CEDA, die mit den Republikanern eine Regierung bildet. Bis 1936 häufen sich die Regierungskrisen und schweren Unruhen, die zur Parlamentsauflösung führen.

1936 Nach dem Sieg der Volksfront (Republikaner, Sozialisten, 'Syndikalisten', Kommunisten) kommt es zu sozialen Unruhen (Aufteilung des Großgrundbesitzes, Fabrikbesetzungen).

1936–1939 Der **Spanische Bürgerkrieg** wird ausgelöst durch die Ermordung des monarchistischen Abgeordneten *Calvo Sotelo* (13. 7.) und die Militärrevolte (17. 7.) unter General *Francisco Franco y Bahamonde* (1892–1975) in Spanisch-Marokko. Mit anderen Generalen bildet Franco in Burgos eine Gegenregierung und wird von der 'Junta de Defensa Nacional' zu ihrem Chef ('Caudillo') sowie zum Oberbefehlshaber der aufständischen Truppen ernannt (30. 9.); als Führer der faschistischen 'Falange' stützt er sich auf Monarchisten und den konservativen Klerus.
Während die Truppen Francos von Deutschland, Italien und Portugal militärisch unterstützt werden, erhält die republikanische Regierung Hilfe von Mexiko und der Sowjetunion sowie von internationalen Freiwilligenbrigaden. Deutschland und Italien erkennen die Franco-Regierung an (18. 11.1936).

1937 Vereinigung der 'Falange Española' und der Traditionalisten zur 'Falange Española Tradicionalista' unter Franco.

1939 Anerkennung der Regierung Francos durch Frankreich, Großbritannien (27. 2.) und die USA (1. 4.). Mit dem Einmarsch der faschistischen Truppen in Madrid (28. 3.) ist der Bürgerkrieg beendet. Spanien tritt dem Antikominternpakt bei (7. 4.). Austritt aus dem Völkerbund (8. 5.).

1939–1945 Im Zweiten Weltkrieg bleibt Spanien trotz seiner Bindungen an die 'Achse Berlin-Rom' neutral.

1940 Die spanische Regierung läßt die internationale Zone von Tanger besetzen (3. 11.). Das sogenannte Syndikatsgesetz (6. 12.) verbietet Streiks und freie Gewerkschaften, die durch paternalistische Ständevertretungen ersetzt werden (Einfrieren der Löhne und dadurch Aufschwung der Wirtschaft).

1945 Spanien muß die internationale Zone von Tanger wiederherstellen (11. 10.).

Nach 1945 Spanien ist durch das autoritäre Regime Francos sowohl politisch als auch wirtschaftlich isoliert. Es ist nicht Gründungsmitglied der UNO und erhält keine Marshallplanhilfe.

1947 Ein Volksentscheid stimmt dem Plan Francos zu, die Monarchie zu einem späteren Zeitpunkt wieder einzuführen.

1950 Aufhebung der 1946 verhängten wirtschaftlichen und diplomatischen Sanktionen der UNO gegen Spanien auf Veranlassung der USA, die dafür Militärbasen erhalten.

Nach 1951 Die Opposition gegen die Franco-Diktatur wächst. Größere Streiks, vor allem durch Separatistenbewegungen (Aragonien, Baskenland, Asturien) und Studentenrevolten, seit 1962 auch illegale Lohnkämpfe, richten sich gegen die politische Unfreiheit wie auch gegen die sozialen Mißstände.

1953 Stützpunktabkommen mit den USA; Spanien erhält dafür Wirtschafts- und Militärhilfe von rund 1 Mrd. Dollar, die den wirtschaftlichen Aufstieg erleichtern.

1955 Spanien wird Mitglied der UNO.

1956 Verlust der nordafrikanischen Besitzungen an Marokko (außer den Hafenstädten Ceuta und Melilla).

1958 Ifni, Spanisch-Guinea und Spanisch-Sahara werden zu spanischen Überseeprovinzen erklärt.

1959/1960 Spanien wird Mitglied der OEEC und der OECD.

Nach 1960 erlebt Spanien einen bedeutenden wirtschaftlichen A u f s c h w u n g dank des Massentourismus, zahlreicher ausländischer Investitionen und der Überweisungen der spanischen Arbeiter in Westeuropa.

1962 Spanien beantragt die Assoziierung an die EWG.

1962–1963 Bergarbeiterstreiks in Asturien.

1966 Das 'S t a a t s o r g a n g e s e t z' wird als Ersatz für die immer noch fehlende Verfassung erlassen.

1966–1968 Studenten und Priester demonstrieren für eine Liberalisierung.

1968 Madrid sperrt die Grenze zwischen La Línea und Gibraltar, nachdem in Gibraltar (seit 1713 britisch) die Verfassung in Kraft getreten ist.

1969–1973 Zeitweilig erlangt das katholische 'Opus Dei' wichtige Positionen in der Regierung.

1969 *Juan Carlos* (geb. 1938 in Rom), der Enkel des letzten spanischen Königs Alfons XIII., wird zum Nachfolger (und seit 1971 Stellvertreter) Francos und zukünftigen König nominiert. Spanien tritt Ifni an Marokko ab.

1970 Spanisch-französisches Militärabkommen; Erneuerung des Stützpunktabkommens mit den USA. Aufstand der Basken (nationale Kampfgruppe 'ETA') gegen die politische Unterdrükkung. Die 'Falange', deren Einfluß Franco seit den 50er Jahren immer stärker zurückdrängt, wird in 'Movimiento Nacional' umbenannt.

1972–1973 Streiks in Asturien und Katalonien.

1973 *Carrero Blanco,* seit Juni Ministerpräsident, wird im Dezember von Anhängern der illegalen baskischen Separatistenbewegung ETA ermordet.

1974 Sein Nachfolger *Arias Navarro* setzt kleinere politische Reformen durch. Spanien, das der NATO nicht angehört, unterzeichnet eine 'NATO-Parallel-Erklärung'.

Seit 1974 Die Auswirkungen der weltweiten E n e r g i e k r i s e und der wirtschaftliche R e z e s s i o n verschärfen die innenpolitische Situation in Spanien: Ansteigen der Arbeitslosenzahl, hohe Inflationsrate, Staatshaushalts-, Zahlungsbilanzdefizit u. a. Zunehmender **Terrorismus** von links- und rechtsextremistischen Organisationen, scharfe Antiterrorgesetze und wilde Streiks spiegeln die p o l i t i s c h e und s o z i a l e Unsicherheit des Landes.

1975 Staatsbesuch des US-Präsidenten Ford (Juni) in Spanien; Erneuerung des Stützpunktabkommens mit den USA (Okt.). Nach dem Tode Francos (20. 11.) wird Prinz Juan Carlos als *Juan Carlos I.* König von Spanien. Baskisch, Katalanisch und Galicisch werden als Lehr- und Amtssprachen anerkannt.

1976 Der Rückzug der letzten Truppen aus der ehem. Provinz Spanisch-Sahara beendet die spanische Kolonialherrschaft (12. 1.). Durch den Freundschaftsvertrag mit den USA wird Spanien praktisch in das Verteidigungssystem der NATO integriert (Juni). Nach dem Rücktritt des Ministerpräsidenten Arias Navarro wird *Suárez González* zum neuen Regierungschef ernannt, unter dem die D e m o k r a t i s i e r u n g des Landes einsetzt

(Juli). Durch ein Amnestiedekret (2.8.) erlangen zwei Drittel der politischen Gefangenen die Freiheit.

1977 Wiederaufnahme der diplomatischen Beziehungen zur Sowjetunion (9. 2.). Auflösung der 'Nationalen Bewegung' und Zulassung der Kommunistischen Partei (PCE; April). Erste demokratische Wahlen seit 1936 am 15. 6. 1977. Suárez bildet das neue Kabinett, dem fast nur Mitglieder der UCD (Unión del Centro Democrático) angehören (4. 7.). Spanien stellt den förmlichen Beitrittsantrag an die EG (Juli). Um die Wirtschaft zu sanieren und die Arbeitslosenzahl zu senken, wird die Peseta gegenüber dem US-Dollar um 20% abgewertet, außerdem werden Maßnahmen zur Arbeitsbeschaffung eingeleitet (24. 7.).

1978 Aufnahme Spaniens in den Europarat (24. 2.). Vereinigung der sozialistischen Parteien (30. 4.). – Eine Welle von G e w a l t t ä t i g k e i t e n zwischen Separatisten und Polizei erschüttert aufs neue das Baskenland.
Nach einem Plebiszit (6./7. 12.) tritt eine n e u e demokratische V e r f a s s u n g in Kraft: **Konstitutionelle Monarchie,** Abschaffung der Todesstrafe, Wiedereinführung der Zivilehe (Scheidung möglich).

1979 Bei den zweiten Parlamentswahlen (2. 3.) seit der Liberalisierung kann die UCD des Ministerpräsidenten Suárez ihren Vorsprung vor den Sozialisten halten. Das Baskenland entsendet den radikalen Separatisten nahestehende Abgeordnete in die 'Cortes', was hohe Militärs zu Drohungen veranlaßt.
Zum ersten Male seit dem Spanischen Bürgerkrieg werden wieder freie Kommunalwahlen abgehalten.
Basken und Katalanen entscheiden sich bei einer Volksabstimmung für weitgehende Selbstregierung ihrer Regionen (Oktober); im November nimmt das spanische Abgeordnetenhaus das **Autonomiestatut** *von Guernica* (Baskenland) und das *von Sau* (Katalonien) mehrheitlich an.

1980 Im Baskenland und in Katalonien werden R e g i o n a l p a r l a m e n t e gewählt. Auch andere Regionen streben Autonomie an. – Inkrafttreten eines Gesetzes über Religionsfreiheit; der Katholizismus ist nicht mehr die Staatsreligion.

1981 Rücktritt von Ministerpräsident Suárez (29. 1.). – Bei der Abstimmung über die Wahl des UCD-Kandidaten Leopold Calvo-Sotelo zum Ministerpräsidenten dringen über 200 Soldaten der Guardia Civil in das Parlament ein und halten die Abgeordneten zehn Stunden gefangen (23. 2.). – Am 25. 2. wird *Calvo-Sotelo* zum Regierungschef gewählt. – Erneute Gewalttakte der ETA (militar), die völlige Unabhängigkeit ihrer Region von Spanien anstrebt.
Die beiden größten spanischen Parteien, UCD und PSOE (Partido Socialista Obrero Español) einigen sich auf den 'Autonomiepakt' (Konzept für die Umwandlung Spaniens in einen weitgehend dezentralisierten Staat; 2.8.).

1982 Spanien wird als 16. Land Mitglied der NATO (30. 5.). – Verabschiedung eines wiederum zwischen UCD und PSOE ausgehandelten 'Gesetzes zur Harmonisierung der Autonomieprozesses' (30. 6.). – Parlamentsauflösung (August); bei den Cortes-Wahlen am 28. 10. siegt die PSOE. – Im November besucht Papst Johannes Paul II. Spanien. – Am 1. 12. wird der Sozialist *González* zum Ministerpräsidenten gewählt.

1983 Auflösung der UCD. – Ministerpräsident González fährt zu einem Staatsbesuch in die USA, um für Spanien Wirtschaftshilfe zu erbitten (Juni). Mit den Regionalwahlen am 8. Mai, welche die Machtverschiebung zugunsten der Sozialisten bestätigen, erreicht der Autonomieprozeß der Regionen einen formellen Abschluß. Insgesamt 17 'Autonome Gemeinschaften' besitzen jetzt eine Regionalverfassung (Autonomiestatut) sowie gewählte Vertretungskörperschaften.

1984 Demonstration gegen die NATO-Mitgliedschaft Spaniens und die Anwesenheit US-amerikanischer Militärbasen auf spanischem Boden (19.2.). – In Brüssel kommt es zwischen den EG-Staaten und Spanien zu Meinungsverschiedenheiten wegen des Beitritts Spaniens zur EG. Forderung nach Zusammenschluß der baskischen Provinzen Spaniens, Südfrankreichs und der spanischen Region Navarra (Juni).

1985 Am 5. Februar wird der Grenzübergang zwischen Spanien und Gibraltar – nach 16 Jahren – wieder geöffnet. Im Juli tritt ein Gesetz in Kraft, das die muslimischen Einwohner von Melilla und Ceuta, den spanischen Enklaven in Nordafrika, den Ausländern gleichsetzt, was zur Ausweisung nach Marokko führen kann. Daraufhin kommt es zu Demonstrationen.

1986 Am 1. Januar tritt Spanien der Europäischen Gemeinschaft (EG) bei. Aufgrund eines Abkommens zwischen der spanischen Regierung und den Städten Melilla und Ceuta sollen die muslimischen Bewohner dieser Orte schneller als bisher die spanische Staatsbürgerschaft erhalten können (Februar). Bei einem Referendum stimmen die Spanier mehrheitlich für den Verbleib in der NATO (12.3.). Bei den Parlamentswahlen am 22.6. erhält die Spanische Sozialistische Arbeiter-Partei (PSOE) erneut die Mehrheit der Stimmen; Felipe González wird für weitere vier Jahre zum spanischen Ministerpräsidenten gewählt.

1987 Die Spanische Sozialistische Arbeiter-Partei (PSOE), die seit 1982 in den meisten Regionen mit absoluter Mehrheit regiert, erleidet bei den Wahlen für die Gemeinde- und Regionalparlamente spürbare Stimmenverluste. Bei einem Bombenanschlag der ETA (militar) auf ein Kaufhaus in Barcelona kommen mehrere Menschen ums Leben.

Kunstgeschichte

Spanien ist uraltes Siedlungsgebiet, obwohl es, am Rande Europas gelegen, gegen den Kontinent durch die Pyrenäen abgeschirmt ist. Aus der jüngeren Altsteinzeit sind vor allem in Nordspanien zahlreiche Höhlenmalereien erhalten, zum Großteil von überraschender Schönheit, höchster Ausdruckskraft und in ihrer starken Stilisierung oft an die Kunst unserer Tage gemahnend. Es handelt sich dabei wahrscheinlich um die kultische Darstellung von Jagdszenen. Die eindrucksvollsten befinden sich in der Höhle von Altamira bei Santander (Wisente, Mammuts, Wildpferde). Zeitlich dem Magdalénien angehörend, stellen diese Tierfiguren das bedeutendste Beispiel frankokantabrischer Höhlenmalerei dar; Schätzungen über die Entstehungszeit schwanken meist zwischen 20000 und 10000 v.Chr. Auf den jüngeren Felsmalereien der ostspanischen Küstenge-

Dama de Elche

birge (etwa 5000 v. Chr.) tritt uns bereits der Mensch in gesellschaftlichen Gruppen entgegen (Jäger- und Kriegerhorden), noch stärker stilisiert, fast impressionistisch anmutend und möglicherweise auf Einflüsse aus Nordafrika hindeutend.

Aus der Bronzezeit (ab 2000 v. Chr.) stammen die Talayots (Rundtürme), Taulas (tischförmige Steinsetzungen) und Navetas (schifförmige Steingewölbe) auf den Balearen.

Die Ureinwohner Spaniens, Ligurer und Iberer, werden nach ihrer Vermischung mit den um 550 v. Chr. nach Spanien vordringenden Kelten Keltiberer genannt. Bedeutende Funde dieser Kultur sind vor allem die "Dame von Elche" mit charakteristischem scheibenförmigem Kopfschmuck (4. oder 3. Jh. v. Chr.) und die "Göttin von Baza", erst 1971 entdeckt (beide im Archäologischen Museum von Madrid).

An vielen Orten Spaniens trifft man auf die Spuren antiker Kolonialvölker aus dem Mittelmeerraum; so der Phönizier in Cádiz, der Punier oder Karthager auf Ibiza, der Griechen in Ampurias, vor allem aber der **Römer.** Aus der römischen Kolonialzeit haben sich bedeutende Baureste in Mérida, Segovia, Tarragona und an anderen Orten erhalten; daneben aber liegen auch viele kleinere Fundobjekte vor. Die Bedeutung der römischen Kultur in Spanien dokumentiert sich auch darin, daß die bereits gänzlich romanisierte Bevölkerung 74 n. Chr. das römische Bürgerrecht erhielt.

Während der Völkerwanderung setzen sich neben anderen Völkerschaften die Westgoten (nach 415 n. Chr.) in Spanien fest, die sich mit der einheimischen Bevölkerung vermischen. Eines der ganz wenigen erhaltenen Beispiele germanischer Steinbauweise findet sich bei Naranco: die in eine christliche Kirche umgestaltete, von römischer Architektur beeinflußte Königshalle des westgotischen Königs Ramiro I.

Die **Mauren** errichten nach 711 (Schlacht von Jerez de la Frontera) in Spanien verschiedene Kalifate, die sich vor allem im Süden des Landes durch eine Hochblüte des geistigen Lebens und damit verbunden auch durch eine großartige Entfaltung der Architektur auszeichnen. Manche für die spätere spanische Kunstentwicklung typische Eigentümlichkeit ist auf die islamische Kunstausübung zurückzuführen (Fayencen; 'Azulejos' = bunte Majolikakacheln; 'Artesonados' = geschnitzte Kassettendecken). Die alte Kalifenstadt Córdoba verrät heute noch die maurische Anlage; die Häuser weisen oft orientalische Bauart auf. Das bedeutendste Denkmal maurischer Kunst in Córdoba ist aber die 785–999 erbaute riesenhafte Hauptmoschee des westlichen Islam, 'La Mezquita', mit ihren endlos scheinenden Reihen im Dämmerlicht liegender doppelter, rot-weißer Hufeisenbögen, die, von 856 Säulen getragen, 19 Schiffe bilden. Nach der 'Reconquista' (Wiedereroberung durch die Spanier) wird sie zur Kathedrale umgestaltet. Weiter wäre zu erwähnen der 'La Giralda' genannte, 93 m hohe Glockenturm der Kathedrale von Sevilla (um 1190), ursprünglich ein Minarett der maurischen Hauptmoschee, sowie der der Kathedrale vorgelagerte ehemalige Moscheehof 'Patio de los Naranjos' (Orangenhof). Der alte Alcázar von Sevilla, die maurische Burg, wird nach der 'Reconquista' im Mudéjarstil umgebaut, die wunderbaren Gärten und Innenhöfe verraten die Gestaltungskraft maurischer Meister. In seiner heutigen Form stammt der Alcázar aus der zweiten Hälfte des 14. Jahrhunderts.

Das bedeutendste Profanbauwerk der Maurenzeit in Spanien ist die auf einem Felsen über Granada gelegene Alhambra (arab. = 'die Rote'), unter Jussuf I. Mitte des 14. Jahrhunderts begonnen. Äußerlich unscheinbar wie alle maurischen Profanbauten, enthält sie märchenhaft schöne Innenhöfe (Myrtenhof, Löwenhof) mit reizvollen Wasserbecken und Brunnen. Die Dekoration der Räume ist vorwiegend aus Holz und Stuck gestaltet, mit farbigen 'Azulejos' und reichem Arabeskenschmuck. Da der Islam die Darstellung der Natur ablehnt, herrscht eine starke Tendenz zu ornamentaler Abstraktion vor. Alle Wandflächen sind mit arabischen Schriftbändern umrahmt, hauptsächlich Lobpreisungen Allahs. Bis zum 18. Jahrhundert verfallen, wurde der gewaltige Komplex im 19. Jahrhundert wiederhergestellt.

Um maurisch-christliche Mischstile handelt es sich beim mozarabischen Stil und beim Mudéjarstil. Der erste entsteht in den maurischen Gebieten Spaniens aus der Mischung frühromanischer und maurischer Elemente und liegt vor allem in den Händen von den Mauren unterworfener Christen; der bedeutendere Mudéjarstil ist der von den 'Mudejaren', d.h. den 'zum Bleiben ermächtigten' Mauren, aber auch von maurisch beeinflußten christlichen Baumeistern in den rückeroberten Teilen Spaniens entwickelte Bau- und Dekorationsstil insbesondere des 14. Jahrhunderts, bei dem jedoch trotz starker gotischer Elemente das Maurische überwiegt (Hufeisenbögen, Majolikafliesen u.a.). Auch Keramikwaren aus dieser Epoche sind von großer Schönheit.

Ungefähr um das Jahr 1000 beginnt im Norden Spaniens die schrittweise 'Reconquista', die fast 500 Jahre dauert und in der Architektur zu einer Umwandlung arabischer Bauwerke in christliche führt, die den maurischen Stil langsam verdrängen. Der Beginn einer eigenständigen spanischen Kunst läßt sich ungefähr mit dem 11. Jahrhundert datieren. Unter französischem und lombardischem Einfluß setzt sich die **Romanik** in Spanien durch. Die Kathedrale von Santiago de Compostela, dem größten Wallfahrtsort des europäischen Mittelalters, stellt das bedeutendste Bauwerk des romanischen Stils dar. In den Jahren 1060 bis 1096 erbaut, ist sie von südfranzösischem Einfluß geprägt. Besonders schön das aus dem 12. und 13. Jahrhundert stammende Südportal ('Puerta de las Platerías'), während die Westfassade ('El Obradoiro' = das goldenen Geschmeide) im 18. Jahrhundert in verschwenderischem Barockstil umgestaltet wird. Unter dem Hauptaltar liegt die Krypta mit dem Grab des Apostels Jakob (span. Santiago).
In Katalonien wird durch die Benediktiner und ihre berühmte Klostergründung Santa María de Ripoll (874) lombardischer Einfluß in die Baukunst eingebracht. Im allgemeinen sind die Kirchen des Nordens aus jener Bauperiode eher bescheiden in Ausmaß und Ausstattung. Die Bildhauerkunst der Romanik erreicht jedoch bereits einen bedeutenden Höhepunkt, vor allem in ihren Portalgestaltungen (Santa María de Ripoll;

Portalfiguren von San Vicente in Ávila; Pórtico de la Gloria der Kathedrale von Santiago de Compostela, 1168 von Meister Mateo begonnen; Kreuzgangreliefs von Santo Domingo de Silos). In Orten abseits der großen Durchzugsstraßen haben sich hervorragende Fresken, vornehmlich aus dem 12. Jahrhundert, erhalten. Die katalanische Malerei, von byzantinisch anmutender Strenge, wird tonangebend (Museo de Arte de Cataluña in Barcelona). Weniger starr und jenseitsorientiert sind die Fresken des Königspantheons von San Isidro in León. Die Buchmalerei der Zeit schafft eindrucksvolle Werke (Apokalypse-Handschriften des 10. und 11. Jh.).

Auch in Spanien gelingt es der **Gotik** nur langsam, den romanischen Baustil abzulösen. Durch die Zisterzienser wird die burgundische Form der Gotik (Spitzbogen) in Spanien heimisch (Las Huelgas bei Burgos). Lange Zeit hindurch entstehen nun reizvolle Werke im romanisch-gotischen Mischstil, in dem sich auch zum erstenmal typisch spanischer Geist deutlich manifestiert (Alte Kathedrale von Salamanca). Die Bauten dieser Epoche verraten immer noch eine einfache, erdgebundene Schwere, verbunden mit feierlicher Raumwirkung; das gotische Streben nach Höhe und die zunehmende Auflösung des Mauerwerks mit daraus resultierender neuartiger Lichtführung wird aber immer deutlicher. Die drei Kathedralen von Burgos, Toledo und León verraten die vollkommene Übernahme des durch ausländische Meister ins Land gebrachten französischen Kathedralenstils. Der Kathedrale von Burgos (1221; normannisches Turmpaar) folgt 1227 jene in Toledo, als ''Protest gegen die maurische Architektur'' verstanden. Die Kathedrale von León (um 1250) bildet den Höhepunkt dieses französisch ausgerichteten Stils, geschmückt mit überreichem Maßwerk und nach dem Vorbild von Burgos fünfschiffig gebaut.
An die Stelle maurischer Moscheen treten nach der 'Reconquista' die in Hallenform angelegten Kathedralen von Zaragoza (nach 1188) und Sevilla, die, nach 1402 entstanden, mit ihren fünf gewaltigen Schiffen eine der größten gotischen Kirchen überhaupt ist.
Hervorragende Beispiele gotischen Kathedralenbaues in Spanien im 14. und 15. Jahrhundert sind ferner die von ei-

nem reichen Kapellenkranz umgebene Kathedrale von Ávila, die Kirchen Santa María in Antigua und San Benito in Valladolid sowie die Kathedralen von Astorga, Segovia, Pamplona und Barcelona. In Katalonien entwickelt sich eine von Südfrankreich beeinflußte Sonderform weiter, nämlich der Typus der einschiffigen Hallenkirche (Kathedrale von Gerona).

Die Verlagerung des Chores ('Coro') in das Mittelschiff ('Trascoro') ist eine in vielen spanischen Kirchen anzutreffende architektonische Eigenart, die allerdings die Raumwirkung des Kircheninneren stark beeinträchtigt; ein Nachteil, der auch durch den reichen bildnerischen Schmuck der Chorwände nicht ausgeglichen wird. Dazu kommt gelegentlich noch eine Vermauerung der breiten Fenster, der durchbrochenen Wände, wodurch der Lichteinfall stark gedämpft wird (Kathedrale von Ávila).

Der schon erwähnte Mudéjarstil entwikkelt sich, durch spätgotische und antike Formen bereichert, zum **platteresken Stil** weiter, der als fast überladen wirkende dekorative Spätform bei der Gestaltung von Fassaden die zu schmükkende Fläche mit vielfältigen und kleinformatigen Details übersät. Frühestes Beispiel ist das von dem Silberschmied (= 'platero') Pedro Díez 1480–1492 erbaute Colegio de Santa Cruz in Valladolid. Die von den Brüdern Juan und Rodrigo Gil de Ontañón erbauten Kathedralen von Salamanca (1513) und Segovia (1525), im prunkvollen Spätstil und mit überreicher Dekoration ausgestaltet, sind die letzten großen Manifestationen gotischer Baukunst in Spanien und bereits Ausdruck des mit erfolgreichem Abschluß der 'Reconquista' gestiegenen Nationalgefühls sowie des beginnenden nationalen Wohlstandes als Resultat der nun einsetzenden Gold- und Silbersendungen aus dem neuentdeckten Amerika.

Wie die Baukunst steht auch die gotische Plastik Spaniens unter starkem französischem Einfluß. Die Bauplastik zeigt sich am schönsten in den Kathedralen von Victoria, León, Burgos, am Aposteltor der Kathedrale von Valencia und in Tarragona. Bedeutende Künstlerpersönlichkeiten der Epoche sind Meister Bartolomé (nachgewiesen 1278) und Castayls (1375). Schöne gotische Madonnenstatuen verraten meist besonders starken französischen Einfluß, soweit es sich nicht überhaupt um aus Frankreich importierte Kunstwerke handelt (Sevilla, Toledo).

In Katalonien, wo auch weiterhin eine reiche Kunstentfaltung zu beobachten ist (auch hier im stärksten Zusammenhang mit dem französischen Raum), finden sich große, aus vielen einzelnen Reliefszenen zusammengesetzte 'Retablos' (schöne Beispiele in den Museen von Barcelona, Vich und Lérida; Hochaltar der Kathedrale von Tarragona, um 1430, von Johan de Valfogona) und bedeutende Grabmäler (Grab des Erzbischofs Lope Fernández de Luna in Zaragoza, nach 1382).

Das 15. Jahrhundert bringt wie in der Architektur auch in der Plastik eine Hinwendung zu einem Wuchern der Formen, eine Entwicklung, die durch die holländischen und deutschen Meister stark gefördert wird: Gil de Siloe (ein aus Nürnberg beglaubigter Baumeister und Plastiker), Anequin de Egas, Juan Alemán, Enrique und Juan Guas, Rodrigo Alemán. Im Jahre 1504 wird von 17 ausländischen Meistern der riesige Retablo der Kathedrale von Toledo angefertigt.

Für die Malerei der Gotik ist, wie bei Architektur und Plastik, gleichfalls französischer, später italienischer und im 15. Jahrhundert auch niederländischer Einfluß maßgebend. Eine große Anzahl italienischer Maler (Gherardo Starnina, Nicolás Florentino) arbeiten im Lande; die Malschule von Siena erweist sich als besonders einflußreich (Museen in Vich, Barcelona, Valencia, Palma de Mallorca). Die Malschule von Barcelona, die sich im 15. Jahrhundert unter niederländischer Einwirkung entwickelt, läßt aber schon kräftige eigenständige Merkmale eines sehr ausgeprägten Realismus und großer Prächtigkeit erkennen (Luis Dalmau, Jaime Huguet, Bartolomeo Vermejo). Eigene Malerschulen entstehen im späteren 15. Jahrhundert auch in Valencia und in dem sehr stark auf niederdeutschen Einfluß ausgerichteten Kastilien (Fernando Gallegos). Daneben arbeiten niederländische Meister auch selbst im Lande, so Francisco de Amberes (= Antwerpen), Juan de Flandes, Juan de Holanda und Juan de Borgoña. In Sevilla wirken Juan Sánchez de Castro und der Deutsche Alejo Fernández; Pedro Berruguete gilt als Künstler, der bereits spanische Eigenart aufweist. Der aufkeimende nationale Zug in der Malerei soll jedoch durch die starken Impulse der italienischen Renaissance noch einen Rückschlag erhalten.

In der Baukunst werden die Formen der **Renaissance** anfänglich rein dekorativ verwendet, während gotisches Stilgefühl weiter vorherrscht. Es kommt zu erstaunlichen Stilmischungen zwischen plateresken (spätgotischen), maurischen und renaissancebestimmten Formen: Kreuzgang von Santiago de Compostela (1521–86), der größte Spaniens; Casa de Pilatos in Sevilla; Hof der Universität und Casa de las Conchas (1514) in Salamanca. Der von Pedro Machuca 1526 auf dem Alhambra-Hügel von Granada für Karl V. erbaute Sommerpalast ist das bedeutendste Beispiel spanischer Hochrenaissance; er strahlt bereits imperiale Größe aus. Burgos wird zu einem Zentrum des neuen Bauens unter Diego de Siloe, dem Sohn Gils. Dem spanischen Nationalcharakter entsprechender als die klaren Formen der römischen Renaissance sind allerdings die manieristisch-frühbarokken Groteskformen des 'Estilo monstruoso'. Erst unter dem Einfluß der Gegenreformation, die gegen den Überreichtum an Ornamenten auftritt, kann sich eine neue 'harte', imposante Strenge entwickeln, deren Hauptwerk, der Riesenbau des Escorial, von Juan de Herrera 1584 beendet wird. Kloster, Festung und Schloß in einem, weist er bereits frühbarocke Anklänge auf. Die 1580 ebenfalls von Herrera begonnene Kathedrale von Valladolid war in ihren Ausmaßen so riesenhaft geplant, daß sie nie vollendet werden konnte.

Auch auf dem Gebiet der Plastik verdrängt die Renaissance nur sehr allmählich die nachwirkende Gotik. Die freistehende Tumba mit Liegefigur ist besonders eindrucksvoll gestaltet im Grabmal Ferdinands und Isabellas, der 'Reyes Católicos', in der Capilla Real in Granada. In der Plastik des 16. Jh. sind vor allem die Namen Alonso Berruguete, Felipe Vigarru (auch de Borgoña genannt) und Damián Forment zu nennen. Forment ringt sich wie Berruguete zu reinem italienisch geprägtem Renaissancestil durch (Altar der Pilar-Kathedrale in Zaragoza). Im Kreis Berruguetes arbeitet auch Juan de Juni, der aber vermutlich französischer Herkunft ist. Die durch die Strenge und Härte der Gegenreformation unter Philipp II. bedingte 'romanistische' (d. h. völlig auf Rom bezogene) Reaktion dämpft den Gefühlsüberschwang der Plastik wieder zugunsten hehrer Größe und Starrheit (nordspanische 'Retablos', die gelegentlich die gesamte Chorwand bis zur Wölbung hinauf bedecken: 'Retablo' von Astorga, um 1560, von Gaspar Becerra). Die Bildhauerfamilie de Arfe schafft vor allem Kleinplastiken und Kirchengerätschaften.
Ein große Anzahl von Malern, so Juan de Juanes, Juan Fernández Navarrete (genannt 'El Mudo' = der Stumme), Bartolomé González, Luis de Morales, arbeitet nach dem überwältigenden Vorbild der großen Meister der Renaissance (Leonardo da Vinci, Michelangelo).

Das spanische **Barock** bringt in die von Borromini geprägte architektonische Formensprache den auf José de Churriguera zurückgehenden phantasievollen, oft unkontrolliert bewegten Stil des Churriguerismus ein, welcher der für Spanien so charakteristischen Neigung zu ungehemmtem Reichtum der Dekoration entspricht, oft bis zur maßlosen Extravaganz, ja bis an die Grenzen der Geschmacklosigkeit reichend (Sakristei der Cartuja in Granada, 1727–64; Plaza Mayor in Salamanca).

Unter den Bourbonen setzt in der zweiten Hälfte des 18. Jahrhunderts eine Gegenbewegung ein, die sich der gemäßigten Formen des **Klassizismus** bedient. Ein frühes Meisterwerk dieser Stilrichtung ist der 'Palacio Real' in Madrid, von dem Italiener Filippo Juvara entworfen und von Giovanni Battista Sacchetti ausgeführt. Der berühmteste Wegbereiter des Klassizismus in Spanien ist aber der Italiener Francisco Sabatini. Ventura Rodríguez führt die Pilar-Kathedrale in Zaragoza weiter, und Juan de Villanueva erbaut das wichtigste Beispiel klassizistischen Stils in Spanien, den Prado in Madrid (1785 bis 1819).

Die barocke Plastik beschränkt sich in Spanien fast ausnahmslos auf religiöse Themen, die äußerst realistisch, ja natu-

Im El-Greco-Museum von Toledo

ralistisch, oft mit übersteigerter Wirklichkeitswiedergabe dramatische, häufig geradezu peinlich wirkende Effekte zu erzielen versucht (die Statuen werden mit Stoffgewändern und Perücken bekleidet; eingesetzte Augen, künstliche Tränen, effektvoll gestaltete Wundmale erhöhen die Wirkung). Gregorio Hernández arbeitet in Kastilien, Martínez Montañéz in Sevilla. Berühmt sind die 'Pasos' (Passionsfiguren), die bei den großen Prozessionen mitgetragen werden, so z. B. der 'Cristo del Gran Poder' in San Lorenzo. Alonso Cano und Pedro de Mena sind begabte Nachfolger des Martínez Montañéz.

Die spanische **MALEREI der Barockzeit** zählt zu den kunstgeschichtlich bedeutendsten Leistungen Europas. Der geniale Manierist Domenikos Theotokopoulos aus Kreta, genannt **El Greco** (der Grieche), verleiht in seinen visionären Bildern dem religiösen Erleben größte Intensität und einzigartigen persönlichen künstlerischen Ausdruck ("Begräbnis des Grafen Orgaz" in Santo Tomé, Toledo). Obwohl der spanischen Eigenart überaus entsprechend, wirkt er nicht schulbildend. Die Malerei des spanischen Barock schließt vielmehr an Francisco Ribalta und Jusepe de Ribera, den Lehrmeister von Velázquez, Zurbarán und Murillo, an. Francisco Zurbarán ist vor allem bekannt durch seine

Mönchsdarstellungen und seine schroffen Hell-Dunkel-Effekte in der Manier Caravaggios.
Diego **Velázquez** (1599–1660) gilt als der hervorragendste spanische Barockmaler, ein genialer Realist, der als Hofmaler Philipps IV. nicht nur wenig schmeichelhafte Porträts der Hofgesellschaft mit unverkennbarer Charakterisierungskunst und höchstem menschlichem Aussagewert schafft, sondern auch zauberhafte Kinderbildnisse (Reiterbildnis des Prinzen Balthasar Carlos, Bildnis der kleinen Infantin Margarete Theresia), der aber fast keine religiösen Bildwerke hinterlassen hat.
Der wohl volkstümlichste Maler Spaniens ist Bartolomé Esteban Murillo, dessen Arbeiten vor allem in Sevilla und im Prado von Madrid zu besichtigen sind. Er malt religiöse Visionen und Ekstasen, aber auch reizvolle Genrebilder, liebenswerte Gassenbuben und seelenvoll-wehmütige Jesusdarstellungen ("Purísima" im Madrider Prado, San Antonio in der Taufkapelle der Kathedrale von Sevilla).

Nach der barocken Hochblüte des 17. Jahrhunderts bringt die Malerei des 18. Jahrhunderts kaum bedeutende Meister hervor. Der deutsche Maler Anton Raphael Mengs versucht als Hofmaler die klassizistische Kunstentwicklung zu lenken, aber ohne allzu großen Erfolg. Auch der von 1761 bis 1770 in Madrid lebende Giovanni Battista Tiepolo bleibt weitgehend ohne Auswirkung auf die spanische Malerei.

Erst um die Wende des 18. zum 19. Jahrhundert überwindet der einsam am Beginn einer neuen Entwicklung stehende Maler und Graphiker Francisco de **Goya** (1746–1828) die Stagnation des 18. Jh. und gibt der Kunst Europas einen gewaltigen Neuanstoß. Voll tiefer Menschlichkeit und mit geschärftem Blick für die Nachtseiten und Grausamkeiten des Lebens (Radierfolgen "Desastres de la Guerra", "Proverbios", "Caprichos") gestaltet er erschütternde Szenen. Seine große Kunst als Porträtmaler findet in der korrupten Welt am Hofe Karls IV. ein reiches Betätigungsfeld (Bild der Familie Karls IV.); seine Meisterwerke (über 120 Gemälde) sind im Prado in Madrid ausgestellt (die beiden "Majas", "Die Erschießung der Aufständischen des 2. Mai"). Die Porträtkunst Goyas findet eine bemerkenswerte Zahl von Nachfolgern (Vicente López, Federico Madrazo, Leonardo Alenza, José de Madrazo). Daneben entwickelt sich eine beachtliche Historienmalerei. In der ersten Hälfte des 20. Jahrhunderts pflegt Ignacio Zuloaga einen persönlichen, dem Realismus verbundenen Stil; José María Sert erlangt internationale Bedeutung als Freskenmaler.

Die Architektur des 19. Jahrhunderts ist wie im übrigen Europa gekennzeichnet durch die Mischungen verschiedenster historischer Stile, wie der H i s t o r i s m u s sie bevorzugte. Ein schönes Beispiel ist die Almudena-Kathedrale von Madrid, nach dem Entwurf des Marqués de Cubas 1895 begonnen. Die Katalanen Luis Doménech i Montaner und Antonio Gaudí gehen als Vertreter des sogenannten n e u k a t a l a n i s c h e n S t i l s eigene Wege. Der Templo de la Sagrada Familia in Barcelona, 1882 von Gaudí begonnen und noch im Bau, ist eine monumentale Kathedrale mit phantastischen, teils gotisierenden, teils pflanzenhaften Formen von organisch anmutendem Charakter, dem Jugendstil und der Art nouveau verpflichtet. Erst mit dem wirtschaftlichen Aufschwung der letzten Jahrzehnte erscheinen reine Zweckbauten in Spanien, vor allem in den Großstädten Madrid und Barcelona. In den in kürzester Zeit aus dem Boden gestampften Badeorten an der Mittelmeerküste hat ein Bauboom ungeheuren Ausmaßes zur Verstädterung ganzer Landstriche geführt, die außerhalb der Saison zu wahren Geisterstädten werden; mit ihren ästhetisch häufig äußerst fragwürdigen Lösungen stellen sie einen Eingriff in die Landschaft dar, dessen Auswirkungen wohl noch nicht abzusehen sind.

Die Plastik des 19. Jahrhunderts ist dem Denken des Historismus verbunden (Monument 'Dos de Mayo' in Madrid, 1840), die alte Bildhauertradition Kataloniens ist noch immer wirksam, so in den Gebrüdern Vallmitjana (Barcelona), Julio Antonio und José Llimona.

Die erste Hälfte des 20. Jahrhunderts bringt die bemerkenswerten Metallarbeiten von Julio González und Eduardo Chillida hervor. Pablo Picasso leitet auf dem Gebiet der Plastik den radikalen Bruch mit der Tradition ein; die Abhängigkeit kubistischer Plastik von der Malerei ist sehr auffällig, bei den Montageverfahren werden Pappe, Sperrholz und Fundstücke aller Art gegenüber herkömmlichem Material bevorzugt.

Parallel zu den politischen, sozialen und wirtschaftlichen Umschichtungen erfolgt im 20. Jahrhundert eine tiefgreifende Revolution in der bildenden Kunst, an der neben Frankreich und Deutschland Spanien einen bedeutenden Anteil hat. Die Kunst beginnt sich von der Wiedergabe der Realität immer weiter zu entfernen.

Pablo **Picasso** (1881–1973) wird in Paris zum führenden Exponenten der neuen Kunstentwicklung. Nach den frühen Phasen seines langen künstlerischen Schaffens ('Blaue Periode', 'Rosa Periode') gelangt er, zusammen mit Georges Braque, zur Entwicklung des K u b i s m u s , bei dem geometrische, geradlinig begrenzte Flächen sich zu Strukturen von räumlicher Wirkung vereinen, die oft kaum noch Anhaltspunkte für gegenständliche Deutungen bieten. Picasso wird zum bedeutendsten Künstler unseres Jahrhunderts, zum großen Experimentator mit zutiefst menschlichem Anliegen ("Guernica" zum Gedenken an die Vernichtung dieser kleinen Stadt durch einen Bombenangriff der Faschisten während des Bürgerkrieges; jetzt in dem zum Prado gehörenden Museum El Casón, Madrid), Leid in anarchische und revolutionäre Kunst umformend.

Wie Picasso ist auch Juan Gris dem Kubismus verpflichtet, während Joan Miró sich dem im Paris der zwanziger Jahre entstehenden Surrealismus anschließt. Seine verspielt-heiteren, subtil-eleganten Bilder zählen zu den liebenswürdigsten Schöpfungen moderner Kunst. Salvador Dalí, durch die italienische 'Pittura metafisica' und die Freudsche Psychoanalyse beeinflußt, gilt als berühmtester Vertreter des Surrealismus ('Die brennende Giraffe'), mit einer starken Neigung zum Morbiden, zuweilen zum Obszönen.

Der Spanische Brügerkrieg und die daraus resultierende Verarmung des künstlerischen Lebens wird seit dem Ende des Franco-Regimes nach und nach überwunden. Die neue Kunst der jungen spanischen Avantgarde unter Führung von Antonio Tàpies (1948 Mitbegründer der Gruppe 'Dau al Set') entwickelt eine radikal moderne Malerei spezifisch spanischer Prägung. Die Freiheit verschiedener Individualstile beibehaltend, bemüht sie sich um vom Material her kommende dramatische Effekte. Sie formt in den Zentren Madrid und Barcelona eine der interessantesten Malerschulen der Gegenwart: M. Cuixart, J. J. Tharrats, Antonio Saura, Luis Feito, Rafael Canogar und die noch jüngere Generation – E. Alcoy, F. de Echevarría, G. Rueda, J. M. de Vidales, Eduardo Arroyo und andere.

Literatur

Spanien kann stolz auf fast 2000 Jahre Literatur zurückblicken. Die ersten schriftlichen Zeugnisse literarischer Art sind die der Römer auf spanischem Boden, deren Latein sich durch besondere Stilreinheit auszeichnet. Hervorzuheben sind **Seneca** *der Ältere,* genannt der Rhetor (54 v. Chr. bis 39 n. Chr.), sein Sohn *Seneca der Stoiker* (4 v. Chr. bis 65 n. Chr.), der Epiker *Lucan* (39 bis 65 n. Chr.) und der Epigrammdichter *Martial* (42 bis 104 n. Chr.).

Die christliche lateinische Literatur, die im 4. Jahrhundert entstand, wurde nach der maurischen Eroberung (711 Schlacht bei Jerez de la Frontera) vor ihrer eigentlichen Blütezeit jäh unterbrochen. Ihre Hauptvertreter sind *Juvencus* (um 330), *Prudentius* (348 bis um 410), *St. Damasus* (Papst von 367 bis 384), *Paulus Orosius,* ein Universalhistoriker und Schüler des hl. Augustinus, sowie *St. Isidor von Sevilla* (um 570 bis 636), der in seinen "Etimologías" die erste Enzyklopädie schuf. Auch unter der recht toleranten maurischen Herrschaft gab es noch christliche Theologen, z. B. den Bibelkommentator *Juan Hispalense* (um 839) und *Alvare de Córdoba* ("Indiculus luminosus"), den gelehrtesten Mozaraber. Unter den nicht den Mauren unterworfenen Christen entstanden lediglich die "Cronicones", deren literarischer Wert recht gering eingeschätzt wird.

Wichtiger sind die Werke der in Spanien lebenden Araber, da es die maurischen Reiche auf der Pyrenäenhalbinsel zu höchster wissenschaftlicher und literarischer Blüte brachten. Die Gelehrten und Schriftsteller an den arabischen Universitäten pflegten und erweiterten das Erbe der Antike, das im frühen Mittelalter bei den christlichen Gelehrten verpönt war. Auf die frühen, mehr platonisch ausgerichteten Denker wie *Aben Masarra* (883–931) und *Aben Hazam* (994–1064) folgt eine aristotelische Schule, deren Hauptvertreter Ibn Rushd, lateinisch **Averroes** (1126–98), in seinen Kommentaren zu Aristoteles viele naturwissenschaftliche Erkenntnisse überlieferte und erweiterte. Die wichtigsten Historiker waren *Abdelmelic ben Habib* († um 853) und *Ahmed Arrazi* (887–955). Als bedeutende Geographen sind erwähnenswert *El Becri* ("Die Straßen und die Provinz", eines der ersten geographischen Werke) und *Idrisi* (1100–69), der arabische Strabo genannt. – Jüdische Schriftsteller, wie *Abraham Ibn Ezra* (1092–1167) und insbesondere *Moses ben Maimon,* genannt Maimonides (1135–1204), schrieben sowohl hebräisch als auch arabisch.

Schon vor der Entwicklung des Kastilischen zur Schriftsprache entwickelte sich das Galicische zur Sprache der Dichtkunst (Alfons des Weisen "Cantigas de Santa María"), die auch am kastilischem Hof die Sprache der Lyrik war. – Das Katalanische wurde zur Literatursprache, als der mallorquinische Philosoph, Dichter und Missionar Ramón Llull (Raimundus Lullus; 1233-1314) sein umfangreiches Werk nicht nur lateinisch und arabisch, sondern auch in der Volkssprache abfaßte. Vorher, im 12. und 13. Jahrhundert, hatten sich die katalanischen Troubadoure der verwandten provenzalischen Sprache bedient.

Erst mit der epischen Dichtung erringt das Kastilische seine vorherrschende Stellung. Das älteste schriftlich überlieferte Werk dieser Gattung ist der um 1140 verfaßte "**Cantar de Mio Cid**", der Leben und Taten des Ruy Diaz de Vivar, genannt 'El Cid', behandelt und zum Prototypus des spanischen Heldenepos wurde. Weitere ebenfalls anonyme, aber unvollständig überlieferte Heldengedichte sind "Die sieben Infanten von Lara", "Die Taten Sanchos II. von Kastilien" und Bruchstücke des Roncesvalles-Epos, einer frühen Form des Rolandsliedes.

Auf die meist nur mündlich überlieferte Spielmannsdichtung des 'Mester de juglaría' folgt im 13. Jahrhundert die von den Gelehrten gepflegte und schriftlich dokumentierte Gattung des 'Mester de clerecía'. Zunächst hat sie meist christliche Inhalte (Marienlegenden des Gonzalo de Berceo); es folgen antike Themen ("Libro de Alexandre") und spanische historische Motive ("Poema de Fernán González"). Die gelehrte Dichtung gipfelt in dem schon durch seinen Umfang ungewöhnlich reichen Werke Königs **Alfons X. von Kastilien**, genannt der Weise (1252-84). Es besteht aus Werken über spanische und Universalgeschichte, Gesetzessammlungen sowie umfangreiche Übersetzungen naturwissenschaftlicher und didaktischer Werke aus dem Arabischen und bildet die Grundlage für die weitere Entwicklung der spanischen Prosa. Eine der stilistisch vollendetsten Novellensammlungen ist der "Conde Lucanor" des Infanten Don Juan Manuel, eines Neffen Alfons' X. Sein Zeitgenosse Juan Ruiz, Erzpriester von Hita, mischt in dem Gedicht "El libro del Buen Amor" ("Buch von der rechten Liebe") weltliche Themen mit mystischen Vorstellungen.

Das spanische Drama hatte sich aus Schauspielen religiösen Inhalts, den sogenannten 'Autos sacramentales', entwickelt. An der Schwelle vom Mittelalter zur Neuzeit erreicht es seinen ersten Höhepunkt in der "Tragikomödie von Calisto und Melibea", nach der kupplerischen Heldin meist "**La Celestina**" genannt, Fernando de Rojas (um 1500) zugeschrieben.

Seine universelle Bedeutung erlangte das spanische Theater jedoch erst im **Siglo de Oro**, dem 'Goldenen Zeitalter', dessen Beginn man um die Mitte des 16. Jahrhunderts ansetzen kann. Nach einer italienisierenden Richtung, die spanische Edelleute aus den napolitanischen Feldzügen mitbrachten (Juan Boscán, um 1490 bis 1542, und sein Freund Garcilaso de la Vega, 1503-36), sind die ersten Hauptströmungen dieser erstaunlichen Blütezeit die Schule von Salamanca (Fray Luis de León, 1527-91) und die Schule von Sevilla (Fernando de Herrera, 1534-97), erstere von mystisch-pantheistischem Überschwang, letztere mehr von schöner Einfachheit gekennzeichnet. Zu seiner Zeit sehr umstritten war Luis de Góngora (1561–1627), der typische Vertreter der Barockdichtung, der komplizierte Versmaße und gewählte latinisierende Formen verwendete und damit die Schule des Cultismo begründete. Gleichzeitig breiteten sich volkstümlichere Kunstformen aus, insbesondere der Ritterroman ("Amadís de Gaula", 1508), die Schäferdichtung ("Diana", 1559?) und der realistischere Schelmenroman ('Novela picaresca'; "Lazarillo de Tormes", 1554); alle drei zogen zahlreiche Fortsetzungen, Nachahmungen und Übersetzungen nach sich.

Gegen die Auswüchse und Modetorheiten der Ritterromane richtete sich zunächst der weltberühmte Roman "Don Quijote de la Mancha"; dank des Genius und der Gestaltungskraft seines Verfassers, Miguel de **Cervantes** Saavedra (um 1547 bis 1616), wurde daraus jedoch ein Werk von großer stilistischer Schönheit und tiefem menschlichen Sinngehalt, in dem Don Quijote den himmelstürmenden Idealismus und sein Knappe Sancho Panza die nüchterne Realität verkörpern. Hinter diesem Meisterwerk der Weltliteratur treten andere Erzählungen ("Novelas Ejemplares", 1613) sowie die Dramen und Gedichte trotz ihrer Vortrefflichkeit etwas zurück.

Den Höhepunkt in der Entwicklung des Dramas im Siglo de Oro erreicht **Lope**

de Vega (1562-1635), mit über 1000 Bühnenstücken einer der fruchtbarsten Theaterautoren, der eigentliche Schöpfer des spanischen Nationaltheaters. Neben seinen 'Comedias', in denen Komisches und Tragisches in typischer Weise verquickt ist, schuf er auch ausgezeichnete Lyrik. Seine berühmtesten Schüler sind der Mexikaner *Ruiz de Alarcón y Mendoza* (um 1580 bis 1639) und *Tirso de Molina* (um 1571 bis 1648), auf dessen ''Burlador de Sevilla'' (''Der Spötter von Sevilla'') alle späteren Bearbeitungen des Don-Juan-Motivs zurückgehen. Der größte Dramendichter nach dem Tode Lope de Vegas wurde aber **Calderón** *de la Barca* (1600-81), ein typischer Vertreter des Barock. Am bekanntesten wurde sein tiefsinniges Stück ''La vida un sueño'' (''Das Leben, ein Traum'').

Die religiöse Literatur des Goldenen Zeitalters zeichnet sich durch schwärmerische Mystik aus. Neben dem Dominikaner *Fray Luis de Granada* (1504-88) und dem zuvor erwähnten Augustiner Fray Luis de León gehören in diese Zeit die beiden größten Mystiker Spaniens, die *hl. Therese von Avila* (1515-82) und ihr Schüler *San Juan de la Cruz* (hl. Johannes vom Kreuz, 1542-91), beide aus dem Karmeliterorden.

Der innigen Frömmigkeit der Mystiker steht die Weltklugheit und scharfsinnige Satire von *Francisco de Quevedo* (1580-1645; ''La Vida del Buscón'') und *Baltasar de Gracián* (1601-58; ''El Criticón'') gegenüber, die in Inhalt und Stil ihrer Werke schon die Verfallserscheinungen in Gesellschaft und Literatur kritisieren.

Dieser Verfall bewirkt von der zweiten Hälfte des 17. Jahrhunderts an, die als das Ende des Siglo de Oro betrachtet werden kann, einen starken Rückgang der kreativen Kräfte in Spanien. Das geistige Leben erschöpft sich in der Auseinandersetzung zwischen dem seit Beginn der Bourbonendynastie immer stärker werdenden französischen Einfluß (Nicolas Fernández de Moratin, 1737-80) und der Rückbesinnung auf die spanische Tradition. Ein Verfechter dieser nationalen Bewegung war *Gaspar Melchor de Jovellanos* (1744-1811), ein entschiedener Gegner der französischen Unterdrückung, Dichter, Philanthrop, Nationalökonom und Minister, wegen seines Widerstands gegen die Franzosen vielen Verfolgungen ausgesetzt.

Zu Beginn des 19. Jahrhunderts erreicht die Romantik Spanien. Von bleibendem Wert ist die eher nachromantische Lyrik von *Gustavo Adolfo Bécquer* (1836-70). Sein Leben fällt schon in die in der zweiten Hälfte des 19. Jahrhunderts einsetzende Epoche des Realismus, die sich in Spanien durch charakteristische Beschreibungen der Landschaften und Gebräuche einzelner Regionen und häufige Verwendung von Dialekt und Jargon auszeichnet. Die hervorragendsten Realisten, die im allgemeinen Romanschriftsteller sind, waren *Pedro de Alarcón* (1833-91; ''Der Dreispitz''), *Juan Valera* (1824-1905; ''Pepita Jiménez''), *Benito Pérez Galdos* (1843-1920; ''Ángel Guerra''), *Leopoldo Alas*, genannt Clarín (1852-1901, ''La Regenta'') und der über die Grenzen Spaniens hinaus bekannte *Vicente Blasco Ibáñez* (1869-1928), der wegen seiner republikanischen Gesinnung ins Ausland fliehen mußte, später aber Abgeordneter der Ersten Spanischen Republik wurde. In seinen Werken beschreibt er das Leben der Landbevölkerung, insbesondere der seiner Heimatprovinz Valencia (''La Barraca'', ''Sangre y Arena'').

Zu Anfang des 19. Jahrhunderts kommt die zunächst unter französischem Einfluß stehende Schule des Modernismo auf. Wie ihr eigentlicher Begründer, der aus Nicaragua stammende Dichter *Rubén Darío* (1867–1916; ''Cantos de vida y esperanza''), bevorzugten seine geistigen Nachfolger die Lyrik. Durch Rückgriffe auf die Volkspoesie konnten sie die ausländischen Vorbilder bald überwinden und eine eigenständige Ausdrucksweise finden. Hervorragende Vertreter sind *Juan Ramón Jiménez* (1881–1958; Nobelpreis 1956), *Manuel Machado* (1874–1947), sein Bruder *Antonio Machado* (1875–1939), *Rafael Alberti* (geb. 1902) und *Vicente Aleixandre* (1898–1984; Nobelpreis 1977). In der Prosa verfolgte *Ramón del Valle Inclán* (1866–1936) eine ähnliche Richtung.

Gleichzeitig mit der Entstehung der modernistischen Dichtkunst ist eine Gruppe etwa gleichaltriger Schriftsteller bestrebt, das in Isolierung erstarrte geistige Leben Spaniens wieder in den

Kreislauf des europäischen Denkens zu integrieren und die Minderwertigkeitskomplexe zu überwinden, die viele Spanier schon seit dem Ausgang des 17. Jahrhunderts gegenüber dem Rest Europas empfinden. Nach dem heilsamen Schock der Niederlage im Kubakrieg von 1898 besinnt man sich auf die wahren geistigen Werte Spaniens und versucht sie mit den Hauptströmungen des europäischen Denkens zu verknüpfen.

Die sonst recht unterschiedlichen Schriftsteller dieser Gruppierung bevorzugen Essay und Roman und nennen sich Generación de 98 (Generation von 1898). Ihr geistiger Führer ist *Miguel de* **Unamuno** (1864-1936), ein eigenwilliger Baske, der an der Universität Salamanca lehrte, schon 1924 wegen seiner antidiktatorischen Haltung auf die Kanarischen Inseln verbannt wurde und später freiwillig im französischen Exil lebte. In seinen Werken (Essays, Interpretationen des "Don Quijote", Romane, Dramen) drückt er ein tragisches Weltgefühl aus, das ihn zu einem der Vorläufer des Existentialismus macht, und plädiert für eine Europäisierung Spaniens, aber auch eine Hispanisierung Europas. Weitere Vertreter dieser Generation sind *José Martínez Ruiz*, genannt Azorín (1873-1967), der neben Essays stimmungsvolle Szenen aus dem kastilischen Volksleben schuf und von 1936 bis 1939 ebenfalls freiwillig im Exil lebte; der zutiefst pessimistische Romancier *Pío Baroja* (1872-1956), der interessante Aspekte seines baskischen Heimatlandes beschreibt und *Ramón Menéndez Pidal* (1869–1968), der sich bis zu seiner vorzeitigen Emeritierung 1939 um die kritische Literaturgeschichte und die Entwicklung der modernen romanistischen Linguistik verdient machte.

Unter den etwas jüngeren Prosaschriftstellern sind die hervorragendsten *José* **Ortega y Gasset** (1883–1955), der das Essay zu einer eigenen Kunstform entwickelte und mit seinen soziologischen und kulturkritischen Werken ("Der Aufstand der Massen", "Der Mensch und die Leute") das europäische Geistesleben nachhaltig beeinflußte; sowie der geistreiche *Salvador* **de Madariaga** (1886–1978), der 1973 den Karlspreis der Stadt Aachen erhielt; schließlich der katholische Essayist, Lyriker und Dra-

matiker *José Bergamin* (1897–1983), der viele Jahre im Exil lebte.

In der Lyrik vor dem Spanischen Bürgerkrieg war die von dem Chilenen *Vicente Huidobro* (1893–1948) eingeleitete Bewegung des Ultraísmo eine treibende und erneuernde Kraft, besonders in der Wahl einer neuen Metaphorik. Auf diese Richtung stützte sich *Gerardo Diego* (1896–1987) und der junge *Federico* **García Lorca** (1898–1936), der sich aber bald von allem Schulzwang befreite und neue unverwechselbare Töne anschlug. Seine überaus kunstvolle Lyrik hat ihre Wurzeln in der volkstümlichen Poesie Andalusiens ("Romancero Gitano" – "Zigeunerromanzen") und in den improvisierten Flamencotexten ("Poema del Cante jondo" – "Gedicht des tieferen Sanges"; 'Cante jondo' ist die schwermütigste Form des Flamenco), erreicht aber bei moderner Thematik auch äußerst kühne, surrealistische Ausdrucksweisen ("Poeta en Nueva York"). Er war Leiter des Studententheaters "La Barraca" und schuf in seinen Stücken psychologisch subtile und sozialkritische Szenen in poetisch überhöhter Sprache voller überraschender Metaphern, wobei er auch Musik, Gesang und Tanz sowie Marionetten verwendet. Die wichtigsten Dramen García Lorcas sind "Bodas de Sangre" ("Bluthochzeit"), "Yerma" ("Brachland") und "La Casa de Bernarda Alba" ("Bernarda Albas Haus"); sein Schaffen wurde – vielleicht noch vor dem Zenit der künstlerischen Entwicklung – durch die sinnlose Ermordung von der Hand fanatischer Francoanhänger jäh beendet.

Ein mehr der 'Poésie pure' zugeneigter Lyriker ist *Jorge Guillén* (1893–1984), der seit dem Spanischen Bürgerkrieg bis 1977 im US-amerikanischen Exil lebte. *Luis Cernuda* (1902–63), von der englischen Romantik beeinflußt, starb im mexikanischen Exil; der Neoklassizist *Miguel Hernández* (1910–42), ebenfalls Republikaner, starb im Gefängnis.

Auch gute Prosaschriftsteller hat Spanien durch den Ausgang des Bürgerkriegs verloren, so *Ramón Pérez de Ayala* (1881–1962), bis 1936 Botschafter der spanischen Republik in London, bis 1954 Emigrant in Argentinien, dann nach Spanien zurückgekehrt. *Ramón Gómez de la Serna* (1888–1963), der neben seinem Romanwerk auch originelle Epigramme ('greguerías') schuf, verbrachte sein Exil in Buenos Aires. *Ramón José Sender* (1902—82) starb nach Aufenthalt in Guatemala und Mexiko in den USA (San Diego, Kalifornien).

Ein von García Lorca beeinflußter Theaterdichter, dessen Werke (''Die Bäume sterben aufrecht'', ''Die Frau im Morgengrauen'') auch in Deutschland aufgeführt wurden, ist *Alejandro Casona* (1903-65), der auch lange Jahre seines Lebens im Ausland verbringen mußte.

Nach dem Spanischen Bürgerkrieg wuchs eine neue Generation von Schriftstellern heran, die insbesondere lesenswerte Romane hervorbrachten. *Juan Antonio de Zunzunegui* (geb. 1901) hat eine Vorliebe für den 'Roman objectif', *Camilo José Cela* (geb. 1916) gründete die Schule des

T r e m e n d i s m o, deren krasse realistische Darstellung sich auf Grundgedanken des Existentialismus stützt. *José María Gironella* (geb. 1917) schuf eine Romantrilogie über den Bürgerkrieg. Mit zeitgenössischer Thematik beschäftigen sich die Romane von *Carmen Laforet* (geb. 1921) und *Ana María Matute* (geb. 1926). Eine moderne, dem Film entlehnte Montagetechnik kennzeichnet die Prosa von *Rafael Sánchez Ferlosio* (geb. 1927).

Der Journalist und Erzähler *Juan Goytisolo* (geb. 1931) zeichnet in realistischer Darstellungsweise ein kritisches Bild der spanischen Gesellschaft. – Noch zu erwähnen wäre der in Paris lebende Dramatiker *Fernando Arrabal* (geb. 1932), dem es mit seinen surrealistischen, oft obszönen Stücken darauf ankommt, bürgerliche Tabus zu zerstören.

Wirtschaft

Bis zum Bürgerkrieg hatte Spanien die typische Wirtschaftsstruktur eines Entwicklungslandes: weite Gebiete mit rückständiger Landwirtschaft und fast feudaler Sozialstruktur (Großgrundbesitz), die Bodenschätze (bes. in Asturien und Andalusien) meist in ausländischem Besitz. Das Land tat damals die ersten Schritte auf dem Wege zum Aufbau einer eigenen Industrie (Montanindustrie, Schiffbau, Textilindustrie). Daneben bestand noch traditionelles

Kunsthandwerk und Heimindustrie, mittelständische Industriebetriebe und wohlhabende Landwirte auf eigener Scholle gab es dagegen fast ausschließlich in Katalonien und im Baskenland.

Gerade diese Gebiete wurden jedoch im Bürgerkrieg besonders stark getroffen und zudem, da sie bis zuletzt auf republikanischer Seite standen, mit wirtschaftlichen und politischen Sanktionen bestraft, was die Initiative ihrer strebsamen Bevölkerung auf Jahre hinaus lähmte. Neben der Zerstörung von Anlagen und den vielen Gefallenen auf beiden Seiten wurde ein weiterer schwerer Rückschlag durch das Exil vieler der fähigsten Köpfe verursacht, die das Land verließen, um der Francodiktatur zu entgehen, und dann in ihrer Wahlheimat, insbesondere in Mexiko, das Geistesleben stark beeinflußten, während Forschung und Lehre in Spanien stagnierten.

Stapellauf auf einer spanischen Werft

Nach Beseitigung der schwersten Kriegsschäden begann Franco, seine Vorstellungen von einem zentralregierten Ständestaat zu verwirklichen. Durch seine Gesetzgebung ('Syndikatsgesetz', s. Geschichte), die z. B. Streiks verbot und die Löhne einfror, begünstigte er Investitionen, verschärfte aber die sozialen Ungerechtigkeiten dermaßen, daß die Opposition nur durch die brutalen Methoden eines Polizeistaats und die ständig geschürte Furcht vor Kommunismus und einem neuen Bürgerkrieg niedergehalten werden konnte. Außerdem begünstigte das Einparteiensystem die Korruption ('Opus dei') und erzeugte einen aufgeblähten, unbeweglichen Beamtenapparat. Trotz aller dieser hemmenden Faktoren nahm das Wirtschaftsleben in den letzten zwanzig Jahren einen starken Aufschwung. Die negativen Folgen der einseitigen Entwicklung zeichneten sich aber erst nach Beginn der Demokratisierung deutlich ab.

Das Bruttosozialprodukt von 1983 betrug rund 183 Mio. US-$; davon entfiel der bei weitem größte Teil auf den Dienstleistungssektor, gefolgt von der industriellen Produktion; an dritter Stelle stehen Land- und Forstwirtschaft sowie Fischerei. Die wichtigsten Ausfuhrgüter sind: Maschinen und Fahrzeuge (bis 33% des Ausfuhrwertes), chemische und petrochemische Produkte (ca. 15%), landwirtschaftliche Erzeugnisse (Orangen, Zitronen, Oliven und Olivenöl, Wein). In der Weinerzeugung steht Spanien an vierter Stelle nach Italien, Frankreich und der UdSSR, der Export ist jedoch verhältnismäßig gering, außer bei Spezialitäten wie Sherry und Malaga. Wichtige Ausfuhrgüter sind dagegen auch Fischkonserven und Gemüse. Die Bundesrepublik Deutschland und Frankreich sind nach den USA die wichtigsten Außenhandelspartner.

Bedeutende Bodenschätze Spaniens sind Eisenerz (Vizcaya, in Asturien zusammen mit Kohle), Pyrit, Schwefel (in Andalusien, um Ríotinto; Ausfuhr und Verarbeitung bei Huelva), Kupfererze (Ríotinto, Córdoba), Zinn und Blei (Sierra Morena), Quecksilber (Almadén) und Bauxit.

Seit Anfang der fünfziger Jahre hat sich der **Tourismus** zu einem der wichtigsten Wirtschaftszweige Spaniens entwickelt, der dem Land beträchtliche Einnahmen bringt. Dies ist für die Volkswirtschaft von großer Wichtigkeit, da der Geldwert der eingeführten Güter nach wie vor den der ausgeführten Güter übersteigt. Darüber hinaus werden durch die Freizeitindustrie in dem an hoher Arbeitslosigkeit leidenden Land zahlreiche Arbeitsplätze geschaffen.

Die Küstenzonen am Mittelmeer sowie die Balearen und die Kanarischen Inseln sind die meistbesuchten Urlaubsgebiete. Im Jahre 1985 haben gut 47 Mio. ausländische Touristen Spanien als Urlaubsziel gewählt, darunter 11 Mio. Franzosen, 9,5 Mio. Portugiesen, rund 6 Mio. Briten und annähernd ebensoviele Deutsche aus der Bundesrepublik Deutschland, ferner je gut 1 Mio. Niederländer und Belgier; aus den Vereinigten Staaten kamen etwa 800 000 Urlauber. Allein auf die Insel Mallorca entfielen mehr als 3 Mio. Feriengäste. Die jährlichen Einnahmen aus dem Reiseverkehr unterliegen jedoch starken Schwankungen, da die Besucherzahl von der internationalen Konjunkturlage und den Treibstoffkosten abhängig ist.

Damit die spanischen Küsten für Urlauber weiterhin anziehend bleiben, will das Fremdenverkehrsgewerbe des Landes in den nächsten Jahren verstärkt für die Beseitigung der Wasserverschmutzung sorgen. Ein langfristig angelegtes Werbe- und Förderprogramm soll den Touristen aber auch die Sehenswürdigkeiten im Landesinneren näherbringen.

Hinweis

Im Zuge der politischen Neuorientierung der jüngsten Vergangenheit – insbesondere der Gliederung Spaniens in Autonome Regionen (vgl. S. 6) – sind in Teilen des Landes vielfach Orts- und Straßennamen, aber auch Bezeichnungen von Gebäuden und Einrichtungen geändert worden.

Dies gilt vor allem für die Gebiete, in denen heute die katalanische, die baskische und die galicische Sprache den Vorrang haben.

Da diese Entwicklung noch in Bewegung ist und infolgedessen selbst amtliche Unterlagen nicht einheitlich ausgerichtet sind, werden in diesem Buch die bisher überall verwendeten spanischen Namen beibehalten.

Giralda in Sevilla

Aguilar de Campóo

Provinz: Palencia (P). – Telefonvorwahl: 988.
Höhe: 870 m ü.d.M. – Einwohnerzahl: 7000.
ⓘ **Oficina de Información de Turismo,**
Plaza Mayor 32;
Telefon: 122024.

HOTELS. – *Valentín,* Avda. del Generalísimo 21, II,
50 Z.; Hostal *Pórtico de Castilla,* Avda. José Antonio,
P II, 25 Z.; *Comercio,* Plaza de España 14, P III, 10 Z.

**Das malerisch am Río Pisuerga gele-
gene alte Städtchen Aguilar de Campóo war vermutlich das 'Vellica' der
Römer. Der Ort stand vom 13. bis 15. Jh.
in hoher Blüte und bildete mit seiner
Umgebung eine Markgrafschaft.**

Stadttor in Aguilar de Campóo

SEHENSWERTES. – Beachtung verdienen die Ruinen der alten Burg sowie die
Stadtmauer mit der *Puerta de Reinosa*
(14. Jh.); ferner gibt es einige alte Paläste. In der romanischen Kirche **Santa
Cecilia** und in der frühgotischen Kirche
San Miguel befinden sich zahlreiche
Grabmäler aus dem 12. bis 16. Jahrhundert.

UMGEBUNG. – Westlich abseits (2 km), am
Pantano de Aguilar, liegt das ehem. Prämonstratenserkloster **Santa Maria la Real**
(11. Jh.), mit einer dreischiffigen Kirche und
einem romanischen Kreuzgang.

Albacete

Provinz: Albacete (AB). – Telefonvorwahl: 967.
Höhe: 686 m ü.d.M. – Einwohnerzahl: 115000.
ⓘ **Oficina de Información de Turismo,**
Virrey Morcillo 1;
Telefon: 215611.

HOTELS. – *Los Llanos* (garni), Avenida España 9, I,
102 Z.; *Parador Nacional de La Mancha,* Carretera
N-301, km 260, II, 70 Z., Sb., Tennis; *Gran Hotel*
(garni), Marqués de Molíns 1, 69 Z.; *Albar* (garni),
Isaac Peral 3, 51 Z.; u.a.

RESTAURANTS. – **Parador Nacional,* im Stil der
Mancha; *Ortega,* Concepción 15; *Surco,* Capitán
Cortés 120; *Las Rejas,* Dionisio Guardiola 9; *La
Casita,* Carretera N-430, km 248; u.a.

VERANSTALTUNGEN. – *Ferias y Fiestas de Albacete* (September), Fest zu Ehren der 'Virgen de los
Llanos', mit Reiterumzug; dazu Volksmusik, Sport-
wettkämpfe, Stierkämpfe, internationaler Kunst-
wettbewerb; Spanien-Festspiele.

**Das mitten in La Mancha und in einer
fruchtbaren und weinreichen Gegend
gelegene Albacete, das arabische
'al-Basîta', ist Provinzhauptstadt und
Bischofssitz; bekannt auch wegen seiner Kleineisenindustrie: Messer (na-
vajas) und Dolche (puñales), die von
den Touristen oft als Andenken ge-
kauft werden.**

SEHENSWERTES. – In der älteren
Oberstadt die Kathedralkirche **San Juan
Bautista** (16. Jh.), gotische Kirche nach
Plänen von Diego de Siloe, im Renaissancestil weitergeführt; mit churriguereskem *Hochaltar* (1726); *Sakristei* mit
wertvoller Grisaille-Malerei (1550). – In
der neueren Unterstadt die *Diputación
Provincial* (1880), mit dem **Museo Arqueológico,** mit iberischen Keramiken,
wegen seiner bedeutenden Sammlung
zum Nationalmonument erklärt.

UMGEBUNG. – Nur etwa 11 km südöstlich
von Albacete liegt **Chinchilla de Monte-Aragón** (896 m; 8000 Einw.), auf einem steilen
Felsen angelegte maurische Siedlung, bis
1833 Provinzhauptstadt; mit Castillo des
15. Jh. und alten Palästen im Mudéjarstil.
Plaza Mayor mit der bedeutenden gotischen
Kirche Santa María del Salvador (15./16. Jh.),
im Innern Capilla Mayor mit prächtigem Retablo. Kloster Santo Domingo (14. Jh.), mit
sehenswertem Kreuzgang, auf einem 200 m
hohen Tuffberg (ehem. Höhlenwohnungen).

Durch die Montes de Chinchilla. – Die
nach Valencia führende N-430 verläuft über
Chinchilla de Monte-Aragón durch die Montes de Chinchilla und nach 64 km zu einer
nördlichen Abzweigung nach *Alpera,* in der
Nähe die *Cueva de la Vieja* (Schlüssel beim
Bürgermeister in Alpera), mit Felsmalereien
(10000-2000 v.Chr.). – Von der Abzweigung
weiter nach dem 74 km von Albacete entfernten **Almansa** (712 m; 16000 Einw.), einem
von einem mächtigen arabischen Castillo auf
weißem Kreidefelsen überragten Ort. Kirche
La Asunción (15. Jh.), im Innern Werke des
kolumbianischen Malers Carlos Sosa; ferner

Castillo von Almansa

Palacio de los Condes de Cirat ('Casa Grande') und Kloster Las Agustinas, mit Barock-Renaissance-Fassade (1564).

Nach Hellín. – Die nach Murcia führende N-301 verläßt Albacete in südöstlicher Richtung durch die Huerta de Albacete, vorbei an dem Städtchen *Tobarra* (631 m) und erreicht das 61 km von Albacete entfernt gelegene **Hellín** (566 m; 30 000 Einw.), eine von Bergen umgebene Stadt, in deren Umgebung Schwefelminen liegen, die schon den Römern bekannt waren, welche den Ort 'Ilunum' nannten. – 8 km östlich die *Cuevas de Minateda*, mit interessanten prähistorischen Felsmalereien.

In die Sierra de Alcaraz. – Man folgt der N-322 in südwestlicher Richtung nach *Balazote*, wo 1898 die aus dem 5. Jh. v.Chr. stammende iberische Skulptur "La Bicha de Balazote" (bicha = Hirschkuh) gefunden wurde. Durch einsame Gegend weiter nach dem 79 km entfernten
Alcaraz (798 m; 6000 Einw.), einem malerischen Städtchen, überragt von einem maurischen Castillo auf nahem Hügel, mit einigen sehenswerten Kirchen, darunter La Trinidad (1486) mit beachtlichem Turm, schönem Portal und Statuen von Salzillo und Roque López; Ayuntamiento (Rathaus) mit klassizistischer Fassade von 1588. – In der Nähe nördlich das *Santuario de Cortes*.

Nach La Roda. – Die N-301 überquert zunächst den Canal de María Cristina und führt dann in nordwestlicher Richtung über *La Gineta* nach dem 36 km von Albacete entfernten
La Roda (716 m; 13 000 Einw.), einem in einer fruchtbaren Gegend gelegenen Handelsstädtchen, wo die dunkelblaue Azulejos-Kirchenkuppel von El Salvador (16. Jh.) aufragt, im Innern des Gotteshauses ein Retablo in churriguereskem Stil (1721). Museo de Antonio Martínez, mit stadtgeschichtlicher Sammlung.

Alba de Tormes

Provinz: Salamanca (SA). – Telefonvorwahl: 923. Höhe: 821 m ü.d.M. – Einwohnerzahl: 4000.
ⓘ **Ayuntamiento** (Rathaus),
Plaza del Generalísimo s/n;
Telefon: Alba de Tormes 1.

HOTELS. – *Benedictino,* Benitas 6, III, 40 Z.; Hostal *Alameda,* Avda. Juan Pablo II, P II, 10 Z.

VERANSTALTUNG. – *Fiestas de Santa Teresa* (Oktober).

Das an einem Hügel auf der rechten Seite des Río Tormes gelegene altertümliche Städtchen Alba de Tormes liegt 22 km südöstlich der Provinzhauptstadt. Als bedeutender Wallfahrtsort des Mittelalters besaß Alba de Tormes achtzehn Kirchen, von denen jedoch nur vier erhalten geblieben sind.

SEHENSWERTES. – Der Ort ist voller Erinnerungen an das Wirken der großen Mystikerin Santa Teresa de Ávila (†1582), deren Grab sich in der Kirche des 1571 gegründeten **Convento de Carmelitas** befindet. – Zu den beachtenswerten Kirchen gehören **San Juan**, ein romanisch-byzantinischer Bau (12. Jh.), mit churriguereskem Retablo (1771); *Santiago Apóstol,* das älteste Gotteshaus des Ortes; und **San Miguel**, mit kunstvollen Grabmälern und liegenden Figuren (13./15. Jh.).

Alcalá de Henares

Provinz: Madrid (M). – Telefonvorwahl: 91. Höhe: 587 m ü.d.M. – Einwohnerzahl: 140 000.
ⓘ **Oficina de Información de Turismo.**
Callejón de Santa Maria 1;
Telefon: 889 26 94.

HOTELS. – *El Bedel* (garni), San Diego 6, II, 51 Z.; Hostal *Bari,* Carretera N-II, km 31, P II, 48 Z.; *El Torero* (garni), Puerta de Madrid 18, P II, 18 Z.

RESTAURANTS. – **Hostería Nacional del Estudiante,* Colegios 3, alte Posada in kastilischem Stil, mit schmuckem Innenhof; *Reinosa,* Goya 3; *Nuevo Oliver's,* Los Gallegos 15; u.a.

Die alte, im Bürgerkrieg stark zerstörte und danach wiederaufgebaute Stadt Alcalá de Henares ist das 'Complutum' der Römer und das 'al-Kal'a' (= die Festung) der Mauren, in hübscher Lage am linken Ufer des Río Henares.

Die Stadt, Geburtsort von Cervantes und Kaiser Ferdinand I., war ehemals Sitz einer 1508 von Kardinal Jiménez gegründeten, damals berühmten Universität, die 1836 nach Madrid verlegt wurde.

SEHENSWERTES. – Beachtenswert ist das als Universität erbaute ehem. **Colegio Mayor de San Ildefonso,** mit schöner Fassade in platereskem Stil (16. Jh.); *Hauptportal* mit Kriegerstatuen; in einem der Innenhöfe die *Statue* des Gründers (1670). – Im Ort befinden sich noch einige der mittelalterlichen *Posadas* (Herbergen).

Alcántara

Provinz: Cáceres (CC). – Telefonvorwahl: 927.
Höhe: 240 m ü.d.M. – Einwohnerzahl: 4000.
ⓘ **Oficina Municipal de Turismo,**
Avenida de Mérida 21;
Telefon: 390002.

HOTEL. – Hostal *Cruz de Alcántara,* General Franco 23, P III, 6 Z.

Das altertümliche spanische Grenzstädtchen Alcántara liegt über dem Südufer des hier aufgestauten Río Tajo (Kraftwerk mit 950000 kW Leistung). Der Ort wurde etwa um 106 n. Chr. gegründet und ist die Wiege des Alcántara-Ordens sowie Heimat des großen spanischen Heiligen San Pedro de Alcántara.

SEHENSWERTES. – Bedeutendstes Monument der Stadt ist der *Puente Romano,* die 105 n. Chr. erbaute berühmte römische Brücke (arab. 'al-kántara') über den Río Tajo, die ganz aus Granit ohne Mörtel hergestellt ist; sie ist 188 m lang, 8 m breit und schwingt sich in sechs bis 58 m hohen Bogen über den Fluß; in der Mitte ein Torturm, am linken Ufer ein kleiner römischer Tempel. – Lohnend ist ferner ein Besuch der gotischen Kirche **Santa María de la Amocóbar,** die im 13. Jh. an der Stelle einer Moschee erbaut wurde; im Innern beachtenswertes Chorgestühl und Grabmäler der Ordensgroßmeister. – Kloster *San Benito de Alcántara* (16. Jh.), ein früherer Ordenssitz, mit gotischem Turm und Kreuzgang.

UMGEBUNG. – In östlicher Richtung (etwa 30 km) der hübsche kleine Ort *Garrovillas.* – Südöstlich (15 km) gelangt man auf der C-523 zum Dorf **Brozas,** mit Kirche La Asunción, dem schönsten gotischen Gotteshaus der Diözese.

Alcañiz

Provinz: Teruel (TE). – Telefonvorwahl: 974.
Höhe: 338 m ü.d.M. – Einwohnerzahl: 10000.
ⓘ **Ayuntamiento** (Rathaus),
Plaza de España 1;
Telefon: 131131.

HOTELS. – *Parador Nacional de la Concordia,* Castillo de los Calatravos, II, 12 Z.; *Guadalope,* Plaza de España 8, IV, 15 Z.; *Senante,* Carretera N-232, IV, 29 Z.; Hostal *Meseguer* (garni), Avda. Maestrazgo 9, P II, 30 Z.

VERANSTALTUNGEN. – *Fiesta Virgen de los Pueyos* (September), das Hauptfest des Ortes, mit Wallfahrt zu einer Kapelle. – *Semana Santa* (Karwoche), mit traditionsreichen Darbietungen.

Das am Río Guadalope gelegene alte Städtchen Alcañiz ist Mittelpunkt eines der charakteristischsten Landstriche und Zentrum der Olivenölproduktion im unteren Aragonien. Die Stadt erhebt sich auf einer steilen Anhöhe, die von Bergen und Hügeln umgeben ist.

Im Jahre 212 v. Chr. wurde hier das römische Heer von den Karthagern vernichtet. Im 12. Jh. eroberte Alfonso I. dieses Gebiet und ließ in Pui Pinos ein Castillo errichten; Jaime I. betrachtete den Ort als seinen Lieblingssitz.

SEHENSWERTES. – Stattliches **Castillo de los Calatravos** aus dem 12. Jh., einst Burg der Tempelritter, heute Parador; mit Hauptfassade des 18. Jh., im Innern gotischer Kreuzgang sowie die Burgkapelle des 12. Jh. – An der Plaza de España erheben sich das **Ayuntamiento** (Rathaus) in strenger Form und die reich verzierte **Lonja** des 15. Jh., mit Spitzbögen. – Sehenswert die Stiftskirche **Santa María la Mayor** von 1736, ein eindrucksvoller, wuchtiger Bau, dessen Ausmaße an die einer Kathedrale erinnern; interessante Fassade.

UMGEBUNG. – 15 km südöstlich von Alcañiz an der N-232 die Straßenteilung bei der *Venta de Valdealgorfa* (616 m); südlich hiervon die *Cueva del Charco* mit Höhlenmalereien.

Nach Zaragoza. – In westlicher Richtung führt die N-232 an dem rechts der Straße liegenden Salzsee *Estanca de Alcañiz* vorbei und weiter über die öde Hochebene *Llano de la Chumilla* (363 m) nach *Hijar* (304 m), einem über dem *Río Martín* gelegenen Städtchen. Die N-232 wendet sich nach Norden und erreicht **Azaila** (276 m; 3000 Einw.), ein Städtchen auf der Hochfläche der *Meseta de Azaila,* mit keltischer Nekropole und iberorömischen Ruinen.

Alcoy

Provinz: Alicante (A). – Telefonvorwahl: 965. Höhe: 278 m ü.d.M. – Einwohnerzahl: 61000.

ⓘ **Centro de Iniciativas Turísticas,**
Avenida Puente San Jorge 1;
Telefon: 332857.

HOTELS. – *Reconquista,* Puente San Jorge 1, II, 77 Z.; *San Jorge,* San Juan de Ribera 11, IV, 86 Z.; Hostal *Savoy,* Casablanca 5, P III, 44 Z.

RESTAURANTS. – *Lolo,* Castalla 5; *Venta del Pilar,* 2,5 km nordöstlich an der Carretera nach Valencia.

VERANSTALTUNG. – *Moros y Cristianos* (April), das Fest der Mauren und Christen, mit 'Schlachtgetümmel' in den Straßen und abschließendem Feuerwerk und Glockengeläute.

Die Stadt Alcoy liegt in malerischer Lage am Fuß der Sierra de Montcabrer, von terrassenförmig angelegten Olivenhainen und Weinfeldern umgeben. Für die Wirtschaft sind Papier- und Textilindustrie von Bedeutung.

SEHENSWERTES. – Zwei interessante Kirchen *Santa María* (1767) und *Santo Sepulcro,* mit Kacheln des 18. Jh. *Museo Arqueológico,* mit reichhaltiger Sammlung iberischer Keramik, ferner Bleiplatten mit griechisch-ionischen Inschriften, die in der Umgebung entdeckt wurden.

UMGEBUNG. – 3 km östlich in *La Serreta* die Ruinen einer iberischen Siedlung, wo man auch die im Museo Arqueológico aufbewahrten Fundstücke fand. – 4 km südlich von Alcoy das *Santuario de la Fuente Roja,* auf dem Carrascal (964 m); hübscher Ausblick. Nördlich auf der N-340 zum rund 10 km entfernten
Cocentaina (455 m; 8000 Einw.), einem altertümlichen Städtchen, mit den Resten römischer, in maurischer Zeit z. T. erneuerter Mauern und Tore sowie dem *Palacio Condal* (15. Jh.), überragt von einem turmgekrönten Hügel.
Ab Alcoy südlich auf der N-340 über den *Puerto da Carrasqueta* (1020 m), mit eindrucksvollem *Blick auf die weite Küstenebene und das Meer, nach
Jijona (460 m; 6000 Einw.), mit einem Schloß, jedoch besonders wegen der Fabrikation von Mandelbrot ('turrón') bekannt.

Algeciras

Provinz: Cádiz (CA). – Telefonvorwahl: 956. Höhe: 2 m ü.d.M. – Einwohnerzahl: 100000.

ⓘ **Oficina de Informactión de Turismo,**
Avenida de la Marina (Puente);
Telefon: 600911.

HOTELS. – *Reina Cristina,* in eigenem Park, südlich außerhalb der Stadt, auf einer Höhe über dem Meer, I, 135 Z., Sb., Tennis; *Octavio* (garni), San Bernardo 1, I, 80 Z.; *Al-Mar,* Avda. de la Marina 2, II, 192 Z.; *Alarde* (garni), Alfonso XI 4, II, 68 Z.; *Las Yucas* (garni), Agustín Balsamo 2, II, 33 Z.; *Anglo Hispano,* Avda. Villanueva 7, III, 30 Z.; *Marina Victoria,* Avda. Cañonero Dato 7, III, 49 Z.; *Térmoni,* Avda. Villanueva 6, III, 45 Z. – CAMPINGPLATZ: *Costasol,* 3 km nördlich der Stadt.

RESTAURANTS. – *La Cazuela,* Castelar 59, rustikal, baskische Spezialitäten; *Marea Baja,* Trafalger 2 (Fisch, Muscheln).

VERANSTALTUNGEN. – Feria und Fiestas, mit Stierkampf (Juni); Fiestas patronales, mit Unterwasser-Wettfischen, Stierkampf (August); Festivales de España, mit Regatten (August).

WASSERSPORT. – Algeciras besitzt einen Club Náutico und vorzügliche Strände in unmittelbarer Nähe der Stadt: El Rinconcillo im Norden, Getares (3 km lang) im Süden, La Atunera in La Línea.

SPORT und FREIZEIT an Land: Stierkampf, Golf, Tennis, Fischen und Jagd (Auskunft für Fischer und Jäger: Sociedad de Caza y Pesca 'La Oropéndola', Santísimo 1).

SCHIFFSVERKEHR. – Fähre nach Tanger mit der Compañía Trasmediterránea, der Limadet Ferry und der Comarit Ferry; ferner Fähre nach Ceuta mit der Compañía Trasmediterránea.

Die Hafenstadt Algeciras liegt nahe der Südspitze der Iberischen Halbinsel an der Westseite der gleichnamigen Bucht gegenüber Gibraltar. Sie dient als Ausgangsort für den Besuch von Gibraltar, Ceuta, Tanger und für das übrige Marokko und wird zudem als Winterkurort besucht.

Fischerhafen von Algeciras

Bedeutend ist die Ausfuhr von Korkrinde, die in den Wäldern der *Sierra de los Gazules* im Westen der Stadt gewonnen wird. Algeciras wurde nach 1704 von spanischen Auswanderern aus Gibraltar besiedelt und von Karl III. vergrößert.

SEHENSWERTES. – In der 1897 erbauten **Casa Consistorial** (Rathaus) fand im Jahre 1906 eine internationale Konferenz statt, durch die Frankreich und Spanien ihre Vormachtstellung in Marokko erlangten. – Im Südwesten der Stadt, jenseits des Miel, die Ruinen von **Alt-Algeciras,** dem von den Mauren 713 gegründeten 'al-Gezîra al-Khadrâ' (= grünes Eiland), das 1344 von Alfons XI. von Kastilien erobert und 1368 von Mohammed V. von Granada zerstört wurde.

UMGEBUNG von Algeciras. – **Um die Bahía de Algeciras:** Am Hafen entlang zur Einmündung in die N-340 und auf dieser zum 15 km entfernten **San Roque** (109 m; 18 000 Einw.), dem seit 1704 von spanischen Einwohnern Gibraltars erbauten Städtchen, auf einer aussichtsreichen Anhöhe gelegen, mit Ruinen der römischen Kolonie Carteya. – Weiter 7 km in südlicher Richtung zu dem spanischen Grenzort La Línea de la Concepción (60 000 Einw.); am südlichen Stadtrand das spanische Zollhaus, dahinter die spanisch-britische Grenze von **Gibraltar** (Grenzübergang geöffnet).

Alicante

Provinz: Alicante (A). – Telefonvorwahl: 965. Höhe: Meereshöhe. – Einwohnerzahl: 251 000.
ⓘ **Oficina de Información de Turismo,** Explanada de España 2; Telefon: 212285.
Patronato Provincial de Turismo, Avda. del General Mola 6; Telefon: 123531.

HOTELS. – *Sidi San Juan Palace-Sol, Pda. Cabo la Huerta, L, 176 Z., Sb., Tennis; Adoc (garni), Finca Adoc Bloque 17–18, I, 93 Z., Sb., Tennis; Gran Sol (garni), Avda. Méndez Núñez 3, I, 150 Z.; Colegio Oficial Farmacéuticos (garni), Gravina 9, II, 46 Z.; Covadonga (garni), Plaza de los Luceros 17, II, 83 Z.; Cristal (garni), López Torregrosa 9, II, 54 Z.; Estudio Hotel Alicante, Poeta Vila y Blanco 4, II, 493 Z. (Apartment-Hotel); Leuka (garni), Segura 23, II, 108 Z.; Maya (garni), Canónigo Peñalva s/n, II, 198 Z.; Palas, Cervantes 5, II, 49 Z.; Bahia (garni), Gravina 14, III, 22 Z.; La Balseta (garni), Manero Molla 9, III, 84 Z.; La Reforma (garni), Reyes Católicos 7, III, 52 Z.; El Álamo (garni), San Fernando 56, IV, 48 Z.; Alfonso el Sabio (garni), Alfonso el Sabio 18, IV, 85 Z.; Maritimo (garni), Calle Valdés N 13, IV, 33 Z.; Navas (garni), Las Navas 26, IV, 40 Z.; San Remo (garni), Las Navas 30, IV, 28 Z.; Hostal Cervantes (garni), Pascual Pérez 19, P I, 30 Z.; u.v.a.

CAMPINGPLATZ: Bahia de Santa Pola, 4 km östlich, an der Playa de la Albufereta; weitere Plätze nördlich und südlich in unmittelbarer Nachbarschaft.

RESTAURANTS in mehreren Hotels; ferner *Delfín, Explanada de España 12; *Dársena, Muelle del Puerto; La Goleta, Explanada de España 8 (gelobt); Nou Manolín, Villegas 3; La Masía, Valdés 10; Quo Vadis, Plaza de la Santísima Faz 3; Jumillano, César Elguezábal 62; Rincón Castellano, Manero Mollá 12; China, Avda. Dr. Gadea 11; u.v.a.

VERANSTALTUNGEN. – Hogueras de San Juan (Juni), Fest zu Ehren des hl. Johannes, mit den typischen 'hogueras' (Figuren aus Holz und Pappe, die am Schluß des Festes verbrannt werden), ferner mit Umzügen, Reiterspielen, Feuerwerk und typischen Buden. – Cátedra Mediterránea (Sommer), Kurse für Ausländer; Auskunft Cátedra, Ramón y Cajal 4.

Internationales Spielkasino: Casino Costa Blanca in Villajoyosa.

WASSERSPORT. – Mehrere Badestrände; nördlich unweit der Straße nach Valencia die Playa de la Albufereta (4 km) und die Playa de San Juan (9 km), südlich bei Arenal del Sol (10 km), an der Küstenstraße nach Cartagena; alle Arten des Wassersports, auch Unterwasserjagd. Alicante besitzt einen Königlichen Regatta-Club.

FREIZEIT und SPORT an Land. – Jagd und Fischen, Schießen, Reiten, Tennis, Luftsport; ferner Flamenco in Tablao Flamenco und El Zorongo.

Die Provinzhauptstadt Alicante liegt in einer malerischen Bucht der spanischen Südostküste – am Fuß des vom Castillo de Santa Bárbara gekrönten Schloßberges. Alicante, schon von den Römern 'Lucentum' und von den Mauren 'Lecant' oder 'Al-Lucant' genannt, macht mit seinen zahlreichen Hotels und Hochhäusern einen modernen Eindruck.

Alicante ist als Seebad und Winterkurort zugleich der Mittelpunkt der Costa Blanca. In den letzten Jahren entstanden zahlreiche Parks und Grünanlagen, die Straßen und Boulevards wurden zum Teil erweitert. Die Stadt hat eine vielseitige Industrie (Chemie, Aluminium) und wirtschaftliche Bedeutung als Hafenplatz: Ausfuhr von Wein, Rosinen, Südfrüchten, Frühgemüse, Öl, Süßholz und Espartogras.

SEHENSWERTES. – Mittelpunkt der Stadt ist die P l a z a d e C a l v o S o t e l o ; von hier führt die palmenbestandene Avenida del Dr. Gadea hinab zu dem durch große Molen geschützten geräumigen **Hafen**, mit schönem Rundblick. Man folgt der fast 600 m langen palmenbestandenen *E x p l a n a d a d e E s p a ñ a (bunte Mosaikmuster), mit Hotels und Cafés; von der westlichen Mole und der Vormole, besonders aber vom Leuchtturm am Ende der östlichen Mole bietet sich eine herrliche Aussicht.

Hafen von Alicante

Die bei der Plaza Puerta del Mar beginnende nordöstliche Fortsetzung der Explanada de España ist der Paseo de Gómiz, der entlang dem Badestrand *Playa del Postiguet* zu der Vorstadt Roig und dann weiter zur *Playa de San Juan* führt.

Von der Plaza Puerta del Mar folgt man nach links über die parkartige Plaza del Teniente Luciañez in den alten Teil von Alicante und zur Kirche **Santa María**, von den Katholischen Königen errichtet, im 18. Jh. umgestaltet, mit Ro-

kokoportal und reicher Barockausstattung. Unweit südwestlich hiervon das beachtenswerte **Ayuntamiento** *(Rathaus)*, zwischen 1696 und 1760 erbaut, mit 35 m hohen viereckigen Türmen und churriguereskem Fassade. Interessant ist, daß an der Treppenstufe des Rathauses der 'Nullpunkt' über Meereshöhe gemessen wird, auf den sich alle Höhenangaben in Spanien beziehen. – Nordwestlich des Rathauses die Kirche **San Nicolás de Bari**, auch 'Catedral' genannt, im 17. Jh. erbaut und dem Schutzheiligen der Stadt geweiht; mit

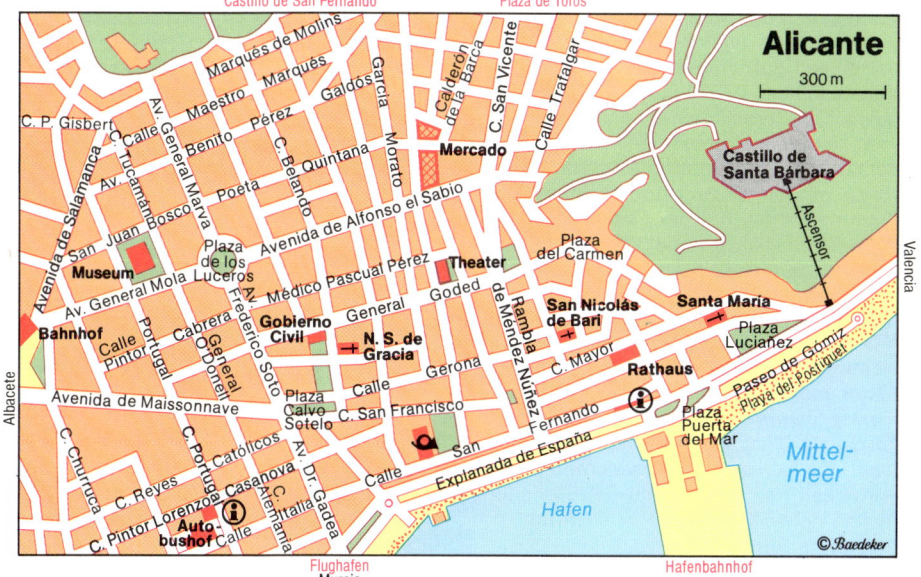

wirkungsvollem Inneren, einigen be-merkenswerten Retablos und einem eindrucksvollen Kreuzgang. Im nahen Stadtviertel Santa Cruz, am Westhang des Schloßberges ein *Keramikmuseum*.

Von der Calle de la Concepción Aufstieg ($^1/_2$ Std.) zum Schloßberg mit dem ehem. **Castillo de Santa Bárbara** (209 m), mit prächtiger *Aussicht auf die Stadt, die Küste und die Huerta sowie auf das Gebirge im Norden. Der Schloß-berg ist vom Ostende des Paseo de Gó-miz auch per Fahrstuhl zu erreichen.

Nordwestlich der Plaza de Calvo Sotelo und über die Plaza de los Luceros zu erreichen, findet man das mächtige Gebäude der *Diputación Provincial* mit dem **Museo Arqueológico**; in diesem eine interessante archäologische Sammlung mit der "Göttin Tanit" sowie eine Bildergalerie und eine Münzenkol-lektion. In der Nähe die Kirche *Nuestra Señora de Gracia* (1949).

UMGEBUNG von Alicante. – Nur etwa 5 km nordöstlich von der Explanada de España liegt an der zu dem Vorort San Juan führen-den N-332 das Kloster **Santa Clara** (*Santa Faz*), dessen Nonnen in ihrer aus dem 18. Jh. stammenden Kirche das 'Schweißtuch der hl. Veronika' besitzen.

Nach Villena. – Auf der zunächst nach Westen führenden N-330 über den *Puerto de Pedreras* und *Monforte del Cid* (230 m) nach dem links abseits der Straße liegenden **Elda** (416 m; 37000 Einw.), inmitten einer wohlbebauten Huerta, überragt von einem hohen Tafelberg mit Burgruine, bedeutende Schuhindustrie. 9 km südwestlich der Ort *Monóvar*, mit einer geneigten Torre del Reloj (Uhrenturm) der Pfarrkirche von 1750. Zurück zur N-330 über die *Peña de la Correta*, vorbei an dem links liegenden *Sax* (526 m; mit einer Burgruine auf hohem Fels, nach **Villena** (504 m; 27000 Einw.), einem hübsch gelegenen Bergstädtchen, überragt von ei-nem stattlichen Schloß (15. Jh.) mit mächti-gem Bergfried; spätgotische Kirche Santiago (1492), mit viereckigem Turm, im Inneren der Kirche reichgeschnitzter Retablo; gotische Kirche Santa Maria; ferner kleines Museo Ar-queológico mit beachtenswerter Sammlung.

Nach Torrevieja. – Die Küstenstraße N-332 entlang der Costa Blanca führt süd-wärts nach **Santa Pola** mit der *Albufera de Elche* und weiter über das Seebad *Guarda-mar de Segura* nach **Torrevieja** (0 m; 10000 Einw.), einer Hafen-stadt, die sich zu einem modernen Seebad entwickelt hat; beachtliche Salzgewinnung in den nahen *Salinas de la Mata* und den *Salinas de Torrevieja*.

Almería

Provinz: Almería (AL). – Telefonvorwahl: 951.
Höhe: 2m ü.d.M. – Einwohnerzahl: 140000.
(i) **Oficina de Información de Turismo,**
Calle Hermanos Machado;
Telefon: 234705.
Delegación Provincial de Turismo,
Calle Hermanos Machado 4;
Telefon: 239223.

HOTELS. – *Gran Hotel Almería* (garni), Avda. Reina Regente 8, I, 124 Z., Sb.; *La Parra*, Bahía el Palmer, I, 156 Z., Sb.; *Torreluz IV*, Plaza Flores 5, I, 56 Z., Sb.; *Club Alborán*, Alquian Retamar, II, 103 Z.; *Costasol* (garni), Avda. de Almería 58, II, 55 Z.; *Hairán* (garni), Avda. Cabo de Gata 72, II, 40 Z.; *Indálico* (garni), Dolores R. Sopeña 4, II, 52 Z.; *Torreluz II* (garni), Plaza Flores 1, II, 67 Z.; *Embajador*, Calzada de Castro 4, III, 67 Z.; *La Perla* (garni), Plaza del Carmen 7, III, 44 Z.; *Torreluz* (garni), Plaza de Flores 6, III, 24 Z.; *Fátima* (garni), San Leonardo 34, IV, 30 Z.; Hostal *Guerry*, Avda. de Almería 47, P II, 40 Z., u.a.

CAMPINGPLÄTZE. – *La Garrofa* (W, 5 km); *Mar Azul* (W, 9 km); u.a. in der weiteren Umgebung.

RESTAURANTS. – *Solymar*, Ctra. de Málaga (Blick auf Fischerhafen und Stadt); *Rincón de Juan Pedro*, Plaza del Carmen 6; *Club de Mar*, Muelle 1 (Blick auf den Hafen). – In Aguadulce: *El Crucero*, Playa 6.

VERANSTALTUNGEN. – **Fiestas de la Ciudad de Almería,** eines der glanzvollsten Feste Andalusiens, dauert zumeist zehn Tage (August); *Fiestas de In-vierno,* mit kulturellen Veranstaltungen, Krippen-Wettbewerb, Stierkampf und Einzug der Heiligen Drei Könige (Dezember/Januar); *Semana Santa,* mit eindrucksvoller Prozession (Karwoche); *Rallye Co-sta del Sol,* Automobilrennen in den Provinzen Almería, Granada und Málaga (Dezember).

WASSERSPORT. – Unterwasserfischerei, zwei Tauchschulen; Sportfischerei (mietbares Schiff für Sportfischen auf hoher See); Segelsport und Was-serskilauf.

FREIZEIT und SPORT an Land. – Stierkampf, Golf (zwei Plätze), Tennis, Reitsport, Drachenfliegen (Flugschule).

Almería, die Hauptstadt der gleichna-migen südspanischen Provinz, war schon zur Römerzeit als 'Portus Mag-nus' ein bedeutender Hafenplatz am Mittelmeer. Die von subtropischer Landschaft gesäumte Stadt wurde von den Arabern 'Al Mariyya' genannt, was soviel wie Spiegel des Meeres bedeu-tet; eine Bezeichnung, die sich in abge-wandelter Form erhalten hat.

Almería liegt an dem im Westen von der *Sierra de Gádor* (1443 m), im Nordosten von der *Sierra Alhamilla* (1359 m) und im Südosten von der nach dem weit vor-springenden Kap benannten *Sierra de Gata* (513 m) umschlossenen weiten Golf von Almería, überragt von zwei malerischen Burgen. Die bedeutende Ausfuhr umfaßt frische Trauben, Südfrüchte und Espartogras, ferner das Eisenerz und andere Mineralien aus den Gruben des Hinterlandes. Die saubere Stadt mit ihren kalkgeweißten Häusern gehört zu jenem vom Fremdenverkehr so geschätzten Küstenstrich, den man wegen seiner günstigen klimatischen Gegebenheiten (322 Sonnentage) die Costa del Sol, die Sonnenküste, nennt.

SEHENSWERTES. – Den Mittelpunkt der Altstadt, deren Häuser noch maurische Züge tragen und an eine orientalische Stadt erinnern, bildet die *Puerta de Purchena*; hier befindet sich auch das Informationsbüro. Man gelangt südwestlich durch die Calle de las Tiendas zu der aus dem 16. Jh. stammenden Kirche **Santiago el Viejo**, mit einem 55 m hohen, schlanken romanischen Turm; die Kirche ist heute Nationalmonument. Durch die Calle Lope de Vega zur Plaza Vieja mit dem *Ayuntamiento* (Rathaus). Südlich hiervon auf der Plaza de la Catedral der *Palacio Episcopal* (Bischöflicher Palast) und das *Seminario*.

An der Südseite des Platzes erhebt sich die **Kathedrale**, ein festungsartiger Bau mit vier mächtigen Ecktürmen, turmartiger Apsis und Zinnenkranz; nach einem Erdbeben 1524-43 von Diego de Siloe neu erbaut. Im Innern sehenswertes, aus Nußbaumholz geschnitztes Chorgestühl von Juan de Orea (1558) und eine Statue des San Indalecio, dem Schutzheiligen der Stadt, ein Werk von Salcillo.

La Alcazaba in Almería

Auf der Höhe westlich über der Stadt die arabische Festung **La Alcazaba**, unter dem Kalifen von Córdoba, Abderramán III., erbaut, von Almanzor vergrö-

ßert und von Hairán beendet, schließlich unter Karl V. abermals erweitert; gewaltiger *Torreón del Homenaje* (Huldigungsturm) des 15. Jh. mit gotischem Tor und Wappenschild der Katholischen Könige. Die Burg ist Schauplatz von Konzerten und Festspielen anläßlich der im August stattfindenden Fiestas. – Auf dem nördlich angrenzenden Hügel die Ruinen des **Castillo de San Cristóbal**.

Zwischen der Kathedrale und der Avenida (auch Paseo) de Almería stehen die 1494 auf den Grundmauern einer Moschee gegründete Kirche *San Pedro,* heutiger Bau von 1795 mit Kuppelfresken von Fray Juan García, und das **Santuario Santo Domingo**, ein aus dem 17. Jh. stammendes, renoviertes Gotteshaus, mit wertvollem barocken Altar und dem Bildnis der 'Virgen del Mar', der zweiten Schutzheiligen der Stadt, das 1502 am Strand von Torre García gefunden wurde.

UMGEBUNG. – Von Bergen eingeschlossen und zum Meer hin weit geöffnet, bietet Almería eine Vielfalt an Ausflugsmöglichkeiten sowohl auf kurvenreichen Bergstraßen als auch entlang der Küste.

Route der Alpujarras. – Auf dieser – auch 'Route der Trauben und Orangen' genannt – über *Benahadux* an der N-340 und durch die reiche Vega von Almería zum 17 km entfernten Städtchen **Gádor** (158 m; 3600 Einw.), an den Ausläufern der gleichnamigen Sierra, mit wappengeschmückten Häusern und von einer maurischen Burgruine überragt. – Hinter Gádor Abzweigung der N-324 durch das schluchtenreiche Tal des *Río Nacimiento*, am Südabhang der *Sierra de los Filabres* entlang, nach *Guadix*.

Durch das reizvolle Tal des *Río Andarax* und über *Canjáyar* zum malerischen *Laujar de Andarax*, mit Ruinen der arabischen Alcazaba und der Kirche La Encarnación (16. Jh.); weiter über *Berja* mit den Resten einer Stadtmauer nach **Adra** (16000 Einw.), einem langgestreckten, ehemals befestigten Hafenstädtchen mit Badebuchten.

Auf der Küstenstraße N-340 ostwärts am Fuß der Sierra de Gádor entlang; rechts Abzweigung (11 km) zu dem kleinen Fischerhafen und Seebad *Roquetas del Mar*. Weiter auf der Küstenstraße nach **Aguadulce**, dem westlich von Almería gelegenen Touristenzentrum, mit Schwimmbädern, Park- und Sportanlagen und ausgedehntem Badestrand (Gesamtstrecke: rund 160 km).

Route der Acantilados. – Diese Route führt zu den Steilküsten ('Acantilados') und Stränden östlich von Almería; zunächst am Flugplatz vorbei zum *Cabo de Gata* mit seinen kleinen felsigen Stränden beiderseits des Leuchtturms, dann nach
San José, einem kleinen Fischerhafen mit hübschen Stränden, die durch steile Felsen voneinander getrennt sind; weites Gebiet für Unterwassersport in den sich anschließenden Buchten 'Los Genoveses' und 'Los Escullos'.

Landeinwärts zu dem Städtchen *Níjar* (12 000 Einwohner), bekannt wegen seiner Keramikwerkstätten und alten Webereien; nördlich der *Sierra de la Higuera* abermals zur Küste und über *Carboneras*, von hübschen Ausblicken begleitet, zu dem malerischen Dorf
*Mojácar (175 m; 2000 Einw.; Hotel Parador Nacional Reyes Católicos, I, 98 Z., Sb.), dem arabischen 'Murgis-akra', mit maurischen Traditionen in Baukunst und Lebensweise der Bewohner und leuchtendweißen Häusern; in der Nähe feinsandiger Strand und Parador Nacional (Camping), nördlich hiervon (5 km) das Castillo de Garrucha und Leuchtturm, in der weiten Umgebung mehrere alte Wachttürme.

Von Garrucha auf einer Nebenstraße nordwestwärts zu dem Städtchen
Vera (94 m; 5000 Einw.), dessen Kirche einen schönen Retablo enthält; 6 km nördlich die Höhlenwohnungen der *Cuevas de Almanzora*. Ab Vera auf der N-340 wieder Almería entgegen; etwas abseits der Hauptstraße und kurz nach Überqueren des *Río de Aguas* das zauberhafte Städtchen **Sorbas** (441 m) auf dem steilen Talrand des Flusses, ebenfalls mit Höhlenwohnungen. – Durch die Vega und in langen Geraden ziemlich eben zwischen der Sierra Alhamilla (links) und der Sierra de los Filabres (rechts) zum Burgberg von
Tabernas (350 m; 4000 Einw.), einem schon zur Römerzeit bestehenden langgestreckten

Andalusisches Stilleben

Städtchen an seinem Fuß, mit maurischem Aussehen, überragt von der Ruine der Maurenburg.

Weiter durch die fruchtbare Vega; zur Rechten Abzweigung der Bergstraße (18 km) nach *Gérgal*, einem abseits gelegenen Bergstädtchen (Burg). Auf der N-340 durch die Gebirgsregion von *Rioja* hinein in die grüne Huerta mit ausgedehnten Orangenhainen; später Einmündung in die von Guadix (Granada) kommende N-324 (Gesamtstrecke: rund 270 km).

Vejer de la Frontera – 'weißes Dorf'

Andalusien

Autonome Region.
Regierungsorgan: Junta de Andalucía.
Provinzen: Almería, Cádiz, Córdoba, Granada, Huelva, Jaén, Málaga und Sevilla.

Die südlichste Landschaft der Iberischen Halbinsel Andalusien (Andalucía) ist weithin das Spanien unserer Vorstellung. In reizvollem Gegensatz stehen hier schneebedeckte Hochgebirge und Dünenwälle der Küstenniederung, sonnenverbrannte Hochsteppen und grüne Huertas, Palmenhaine und Cistusheiden. Dazu kommen die Denkmäler einer glänzenden Vergangenheit, die in den Säulen der Moschee von Córdoba sowie in den Türmen und prächtigen Höfen der Alhambra von Granada gipfeln.

Den südlichen Teil Andalusiens beherrscht das **Andalusische Ketten-**

gebirge *(Cordillera Bética).* Dieses Gebirge trägt zwar in der vom ewigen Schnee bedeckten *Sierra Nevada* den höchsten Gipfel Spaniens, den Cerro de Mulhacén (3481 m), zeigt aber im wesentlichen gerundete Mittelgebirgsformen. Zwischen dem Andalusischen Kettengebirge und der *Sierra Morena* ist das vom Guadalquivir durchströmte **Andalusische Tiefland** eingesenkt.

Die Bewohner haben sowohl in Rasse und Sprache als auch in der Kultur vieles aus der maurischen Zeit bewahrt. So ist der Andalusier im Gegensatz zu dem gemessen-würdevollen Kastilier von einer sorglosen Fröhlichkeit und einer orientalisch anmutenden Phantasie. Die Andalusierinnen genießen wegen ihrer Grazie und ihrer witzigen Schlagfertigkeit, die man als 'sal' (Salz) bezeichnet, Verehrung; und 'salero' bedeutet dem Spanier den Inbegriff weiblicher Anmut.

Andorra

Fürstentum. – Kfz-Nationalitätszeichen: AND. Höhe: 939-2407 m ü.d.M. – Einwohnerzahl: 45000.

ⓘ **Sindicat d'Iniciativa de les Valls d'Andorra,** Dr. Vilanova s/n, Andorra la Vella; Telefon: (9738) 20214.

HOTELS. – In Andorra la Vella: *Andorra Palace,* 140 Z., Sb.; *Andorra Center,* 150 Z., Sb.; *Eden Roc,* 55 Z.; *President,* 88 Z., Sb.; *Flora,* 45 Z., Sb.; *Cerqueda,* 75 Z., Sb.; *Pyrénées,* 84 Z.; *Internacional,* 50 Z.; *Mirador,* 26 Z.; *Celler d'En Toni,* 19 Z.; *Cornellá,* 90 Z.; *Serola,* 60 Z., Sb.; *Garden,* 34 Z., Sb.; *Jaume I,* 70 Z., Sb.; *Isard,* 55 Z.; u.a. – CAMPINGPLÄTZE. – In Encamp: *De França,* 48 Z.; *Rosaleda,* 74 Z., Sb.; *Univers,* 40 Z.; *Comtes de Foix,* 70 Z.; *La Mola,* 45 Z.; u.a. – In Les Escaldas: *Roc Blanc,* 240 Z., Sb.; *Delfos,* 200 Z., Sb.; *Comtes d'Urgell,* 200 Z., Sb.; *Carlemany,* 54 Z., Sb.; *Paris-Londres,* 115 Z., Sb.; *Europa,* 70 Z.; *Espel,* 102 Z.; *Muntanya,* 85 Z., Sb.; *Madriu,* 50 Z.; u.a. – In Sant Juliá de Lòria (viele Hotels im Winter geschl.): *Pol,* 75 Z.; *Co-Princeps,* 76 Z.; *Sol-Park,* 40 Z.; *Sant Eloi,* 88 Z.; *Sant Julià,* 100 Z.; *Coma Bella,* 28 Z.; *Font de Ferro,* 34 Z.; u.a.

Der in den östlichen Pyrenäen in zwei Hochtälern der Valira gelegene Freistaat Andorra (Valls d'Andorra; franz. Vallées d'Andorre; span. Principado de Andorra) ist gebietsmäßig (462 qkm) einer der kleinsten Staaten in Europa.

Er hat sich seine Selbständigkeit zwischen seinen spanischen und französischen Nachbarn schon ein Jahrtausend lang bewahrt und steht seit 1278 unter der gemeinsamen Schutzherrschaft Frankreichs und Spaniens. Wegen sei-

Typisches Hochtal in Andorra

ner Abgeschlossenheit haben sich eigentümliche patriarchalische Sitten und Gebräuche erhalten, die jedoch durch den sprunghaft angewachsenen Touristenverkehr schwinden.

SEHENSWERTES IM HAUPTORT. – *Andorra la Vella** (1029 m; 16000 Einw., Stadtgebiet 5500 Einw.), Hauptort in schöner Lage am Ostfuß des *Pic d'Enclar* (2317 m), an der Vereinigung der Gebirgsbäche *Valira del Orient* und *Valira del Nord* zur *Gran Valira.* Beachtenswert die *Kirche* (12. Jh.; 1969 vergrößert), mit einigen hübschen Holzschnitzereien. In der Mitte des Ortes das aus dem 16. Jh. stammende schlichte *Regierungsgebäude* (Casa de la Vall); im ersten Stock der Sitzungssaal; in einem Mauerschrank ('Schrank der sechs Schlüssel'), für den jede der sechs Pfarreien einen Schlüssel hat, das Archiv (darunter angebl. Urkunden aus der Zeit Karls des Großen und Ludwigs des Frommen).

Straßenszene in Andorra la Vella

UMGEBUNG von Andorra. – Von Spanien (Seo de Urgel) kommend, erreicht man zunächst das Pfarrdorf **Sant Julià de Lòria** (939 m), dessen Kirche, mit romanischem Glockenturm, ein schönes holzgeschnitztes Kruzifix (17. Jh.) besitzt.

An der von Andorra la Vella nordöstlich durch das Tal der *Valira del Oriente* Richtung Frankreich führenden Straße liegt das vielbesuchte Schwefelbad **Les Escaldes** (1105 m), überragt von der Kirche *San Miguel d'Engolasters*. – Talaufwärts folgt in einer Talweitung das Pfarrdorf **Encamp** (1315 m); Gondelbahn nach *Engolasters*. Nördlich auf der Höhe die Wallfahrtskirche *Notre-Dame de Méritxell* (Nationalheiligtum). – Oberhalb von Encamp (7 km) liegt **Canillo** (1560 m), ein von der Pfarrkirche überragtes altertümliches Dorf, mit schiefergedeckten Häusern. Etwas oberhalb rechts über der Straße die Kapelle *Sant Joan de Caselles* (12. Jh.), mit schönem Retablo (15. Jh.). – Talaufwärts liegt **Soldeu** (1850 m), der höchste Ort von Andorra (Sesselbahn, Wintersport).

Von Andorra la Vella führt ferner eine z.T. in den Felsen gehauene Straße (drei Tunnel) durch das Tal der *Valira del Nord* zu dessen 8 km nördlich gelegenem Hauptort **Ordino** (1305 m), mit beachtenswerter Kirche und hübschen Häusern. – 10 km weiter talaufwärts der Weiler **El Serrat** (1540 m), in prächtiger Hochgebirgslage.

Aragonien

Autonome Region.
Regierungsorgan: Diputación General de Aragón.
Provinzen: Huesca, Teruel und Zaragoza.

Das frühere Königreich Aragonien (Aragón) zeigt im Gegensatz zu dem regsamen Katalonien und dem mitteleuropäisch anmutenden Baskenland als einförmiges Hügelland einen mehr an Kastilien erinnernden ernsten Charakter der Abgeschlossenheit und Dürftigkeit. Von Gebirgen umschlossen, hat es kontinentales Klima wie die Meseta, mit überaus trockenen Sommern, deren Hitzedunst über der weißgrauen Ebene lagert. Der Anbau von Getreide und Gemüse beschränkt sich auf die Uferstrecken der Flüsse.

Aragón umfaßt im wesentlichen (zusammen mit Navarra; siehe dort) das Ebrobecken, eine zwischen den Pyrenäen im Norden und dem in Staffeln abbrechenden Außenrand der Meseta im Südwesten eingesunkene Tafel, das nach Nordwesten einem spitzen Winkel

gleicht und gegen das Mittelmeer durch das Katalonische Gebirge abgeriegelt ist. Der *Ebro* tritt, aus dem Kantabrischen Gebirge kommend, durch die Conchas de Haro in das Becken ein, folgt dann einer sanften Abdachung und bahnt sich in einem engen Durchbruchstal durch das Katalonische Gebirge den Ausgang zum Meer.

Landschaft bei Tremp in Aragón

Die Bevölkerung Aragoniens ist im Wesen den Kastiliern verwandt: stolz und freiheitsliebend, aber anspruchslos. Von diesem Freiheitsdrang zeugen auch die 'Fueros' (Sonderrechte), die erst von Philipp V. 1707 aufgehoben wurden. – Malerisch ist die Tracht: schwarze Samtjacke mit geschlitzten und knopfbedeckten Ärmeln, um den Leib eine rote oder violette Binde (faja), eine kurze schwarze Samthose, dazu lange Strümpfe und Hanfsandalen (alpargatas); als Kopfbedeckung dient ein grellfarbiges Seidentuch.

Aranda de Duero

Provinz: Burgos (BU). – Telefonvorwahl: 947.
Höhe: 798 m ü.d.M. – Einwohnerzahl: 30000.
ⓘ **Ayuntamiento** (Rathaus),
Plaza Mayor 1;
Telefon: 500075.

HOTELS. – *Los Bronces*, Carretera N-I, km 160, II, 29 Z.; *Montehermoso*, Carretera N-I, km 163, II, 54 Z.; *Juliá*, San Gregorio 2, IV, 65 Z.; Hostal *Tres Condes* (garni), Pol. Res. Parcela 4, P I, 35 Z.; *Aranda*, Plaza Doctor Costales, P I, 35 Z.; *Ulloa*, Plaza de Santa María 1, P II, 24 Z.; u.a.
CAMPINGPLATZ: *Costaján*.

RESTAURANTS. – *Mesón de la Villa*, Alejandro Rodríguez de Valcárcel 3; *Casa Florencio*, Arias de Miranda 14; *Méson El Roble*, Pl. Primo de Rivera 7; *Chef Fermín*, Avda. Castilla 69; u.a.

VERANSTALTUNGEN. – *Fiestas* (September), mit folkloristischen Darbietungen, Volkstanz, Wettbewerben.

Der hübsch gelegene Ort Aranda de Duero zu beiden Seiten des Río Duero inmitten einer fruchtbaren Vega ist eine mauerumschlossene Stadt.

SEHENSWERTES. – Die spätgotische, um 1500 von Simon von Köln begonnene stattliche Kirche **Santa María la Real** besitzt eine besonders schöne Fassade, ein isabellinisches Portal und eine platereske Kanzel aus Nußbaumholz. Ein weiteres Gotteshaus ist die Kirche *San Juan* aus dem 13. Jahrhundert. – Wallfahrtskapelle *Virgen de las Viñas.*

UMGEBUNG von Aranda de Duero. – 3 km nordöstlich, auf einer Nebenstraße zu erreichen, der kleine Ort **Sinovas,** dessen Kirche *San Nicolás de Bari* (Nationaldenkmal) eine kunstvolle polychrome Deckentäfelung im Mudéjarstil des 13./14. Jh. mit menschlichen Darstellungen besitzt.

Aranjuez

Provinz: Madrid (M). – Telefonvorwahl: 91. Höhe: 492 m ü.d.M. – Einwohnerzahl: 35000.
ⓘ **Oficina de Información de Turismo,**
Plaza Santiago Rusiñol;
Telefon: 8910427.

HOTELS. – *Las Mercedes,* Carretera N-IV, km 46, II, 37 Z; Hostal *Francisco José* (garni), Avda. del Príncipe 12, P II, 28 Z.; *Infantas* (garni), Calle de las Infantas 4, P II, 40 Z.; *Príncipe,* Avda. del Príncipe 11, P II, 11 Z.; u.a.

RESTAURANTS. – *El Castillo,* Jardines del Príncipe, in einem alten Schloßsaal; *Casa Pablo,* Almibar 20, kastilischer Stil; *Chirón,* Real 10; *La Mina,* Avda. del Príncipe 21.

Das in den Niederungen des Río Tajo etwa 50 km südlich der spanischen Hauptstadt gelegene *Aranjuez, ehemals königliche Sommerresidenz, ist auch bekannt wegen seiner Spargel- und Erdbeerzucht.

SEHENSWERTES. – Von den spanischen Königen sehr geschätzt, besitzt der Ort heute neben zwei Schlössern auch ausgedehnte Parkanlagen. Mittelpunkt ist die südlich von der Brücke über den Río Tajo gelegene P l a z a d e S a n A n t o n i o, von mehreren beachtenswerten Bauten gesäumt. – Westlich gelangt man zum **Königlichen Palast** (Palacio Real), der an Stelle des 1660 und 1665 durch Feuer zerstörten alten Schlosses 1727 durch Philipp V. neu erbaut und nach einem späteren Brand

wiederhergestellt wurde. Im Innern beachtenswerte Gemälde; im Erdgeschoß ein Museum über die Geschichte der Hofkleidung. – An der Ostseite des Schlosses das *Parterre,* eine schöne Parkanlage. Von hier führen zwei Brücken zum ***Jardín de la Isla** ('Inselgarten'), der als Schauplatz des Schillerschen "Don Carlos" zu denken ist; hervorzuheben ist die neben dem Fluß hinaufführende Platanenallee, der *Salón de los Reyes Católicos.* – Im Nordosten der Stadt der unter Karl IV. angelegte **Jardín del Príncipe,** der prächtige, z. T. ausländische Bäume enthält. Auf der C a l l e d e l a R e i n a zur **Casa del Labrador,** einem 1803 unter Karl IV. erbauten Schlößchen, mit kostbarer *Innenausstattung.

Arévalo

Provinz: Ávila (AV). – Telefonvorwahl: 918. Höhe: 826 m ü.d.M. – Einwohnerzahl: 5000.
ⓘ **Ayuntamiento** (Rathaus),
Plaza General Franco 10;
Telefon: 300001.

HOTELS. – *Fray Juan Gil* (garni), Avda. Emilio Romero, III, 30 Z.; Hostal *El Comercio,* Calle 18 de Julio 2, P III, 20 Z.

Das kleine Adelsstädtchen Arévalo liegt im Norden der Provinz an der Mündung des Río Arevalillo in den Río Adaja. An seine alte Bedeutung als einer der Schlüssel Kastiliens erinnern mehrere Kirchen und Klöster.

SEHENSWERTES. – Kloster **Santa María la Real**, an der Stelle des früheren Königspalastes im 12. Jh. erbaut, in romanisch-mudéjarem Stil. – Pfarrkirche *Santo Domingo,* mit byzantinischer Apsis. – **Castillo de Arévalo**, mit noch gut erhaltener *Torre de Homenaje;* hier verbrachte Isabel die Katholische ihre Kindheit.

UMGEBUNG. – 24 km westlich von Arévalo, auf der C-605 zu erreichen, liegt der Ort **Madrigal de las Altas Torres,** der Geburtsort Isabels der Katholischen, mit mehreren romanischen Backsteinkirchen.

Astorga

Provinz: León (LE). – Telefonvorwahl: 987. Höhe: 869 m ü.d.M. – Einwohnerzahl: 13000.
ⓘ **Oficina de Información de Turismo,**
Plaza de España, im Rathaus;
Telefon: 616838.

HOTELS in Astorga. – *Gaudi* (garni), Eduardo de Castro 6, II, 35 Z.; Hostal *Las Cadenas,* Pio Gullón 8, P II, 12 Z.; *Gallego* (garni), Avda. Ponferrada 28, P II, 58 Z.; *La Peseta* (garni), Plaza San Bartolomé 3, P II, 22 Z.; *San Narciso* (garni) Carretera Madrid – La Coruña, km 325, P II, 13 Z.; *Santana* (garni), Plaza Portirio López 12, P II, 18 Z.; *Coruña* (garni), Avda. Ingeniero Ahijon 22, P III, 18 Z.; u.a.

RESTAURANTS. – *Virginia,* Plaza de Santocildes 16; *La Concha,* General Mola 2; *El Norte,* gegenüber dem Bahnhof; *Camino de Santiago,* Río Esla; *La Ruta Gallega,* Riego de la Vega; u.a.

VERANSTALTUNGEN. – *Ferias* (August), mit Stierkampf, Reiterwettbewerben und den typischen Tänzen der Maragatos (s.u.). – *Semana Santa* (Karwoche), mit Prozession und Umzügen der Bruderschaften.

Das teilweise noch von spätrömischen Mauern umgebene Astorga ist eine altertümliche Bischofsstadt in schöner Lage auf einem Vorsprung der Manzanalkette, schon von Plinius als 'urbs magnifica' (prächtige Stadt) bezeichnet, die besonders im 9. Jh. Macht und Glanz besaß und bedeutende Pilgerstation des Jakobsweges war.

SEHENSWERTES. – Bedeutendstes Bauwerk der Stadt ist die **Kathedrale** (15./16. Jh.), die an ihrer Hauptfassade drei platereske *Portale* mit Reliefs aus dem Leben Christi zeigt; von zwei *Türmen* des 17. Jh. überragt. Im Innern am Hochaltar ein *Retablo* von G. Becerra (1562), ferner wertvolle Holzschnitzereien sowie ein *Chorgestühl* von 1551; gotischer *Kreuzgang* (1780 erneuert). In der *Sakristei* wertvoller Kirchenschatz, darunter ein Kelch des 11. Jahrhunderts.

An der arkadenumgebenen P l a z a M a y o r stehen die *Casa Consistorial* (Rathaus) des 17. Jh., mit Maragatos-Uhr, und der 1893 in gotisierendem Stil von Antonio Gaudí erbaute *Palacio Episcopal* (Bischöflicher Palast), im Innern ein Museum mit Gemälden des 14./17. Jh. und Dokumenten zur Santiago-Wallfahrt sowie Maragatos-Trachten.

UMGEBUNG von Astorga. – Nordwestlich von Astorga liegt das Gebiet der *Maragatería,* wo sich am Südosthang des *Montes de León* in etwa 30 Dörfern die einst als Fuhrleute tätigen 'Maragatos' unbekannter Herkunft (vielleicht Germanen) erhalten haben, die nur untereinander heiraten und an Festtagen noch ihre malerische Tracht anlegen.

N a c h   L a   B a ñ e z a. – Ab Astorga folgt man der Richtung Südosten führenden N-VI durch das Tal des *Río Tuerto* nach

La Bañeza (771 m; 10000 Einw.), wo schon zur Römerzeit eine Siedlung bestand, von der noch Reste erhalten sind; in der Ermita de Jesús eine Jesusfigur von Salzillo (18. Jh.).

Asturien

Autonome Region.
Regierungsorgan: Consejo de Gobierno del Principado de Asturias.
Provinz: Asturias.

Das ehemalige Fürstentum Asturien ist arm an Städten; an größeren hat es außer der Hauptstadt Oviedo nur die Industrie- und Hafenstadt Gijón. Zahlreich sind die kleinen Fischerorte an der durch die Steilabstürze der Kliffe sehr malerisch wirkenden Küste. In den meisten Orten reges Badeleben.

Zwischen Oviedo und Luarca

Asturien (Asturias) ist ein ausgesprochenes Gebirgsland, das sich westlich der Provinz Cantabria am Golf von Biskaya hinzieht und fast ganz vom **Kantabrischen Gebirge** (*Cordillera Cantábrica*) erfüllt wird. Dieses erreicht hier alpine Höhen und erhebt sich in den *Picos de Europa* bis zu 2642 m. Hohe Pässe führen nach Süden, doch nur der Paß von *Pajares* (1379 m), den die Straße N-630 von Oviedo nach León passiert, verknüpft Asturien mit Innerspanien.

Asturien ist das Zentrum der spanischen Montanindustrie. Besondere Bedeutung haben neben anderen Bodenschätzen die asturischen Steinkohlenlager, die etwa die Hälfte der gesamten spanischen Kohleproduktion liefern. Die nicht in Bergbau und Industrie beschäftigten Bewohner leben als Fischer an der Küste oder als Bauern in kleinen Dörfern, Einzelhöfen und vor allem in lose gefügten Weilern. Die Grundlage für die Landwirtschaft bilden Mais- und Obstbau sowie Viehzucht (besonders Schweine; asturischer Schinken).

Ávila

Provinz: Ávila (AV). – Telefonvorwahl: 918.
Höhe: 1130 m ü.d.M. – Einwohnerzahl: 40 000.
ⓘ **Oficina de Información de Turismo,**
Plaza de la Catedral 4;
Telefon: 211387.
Delegación Territorial de Turismo,
Avenida de Madrid s/n;
Telefon: 227600.

HOTELS. – *Palacio de Valderrábanos*, Plaza de la Catedral 9, I, 73 Z.; *Parador Nacional Raimundo de Borgoña*, Marqués de Canales y Chozas 16, II, 62 Z.; *Cuatro Postes*, Carretera Salamanca 23, III, 36 Z.; *Don Carmelo* (garni), Paseo D. Carmelo 30, III, 60 Z.; *Encinar* (garni), Avda. del 18 de Julio, III, 20 Z.; *Rey Niño* (garni), Plaza de José Tome 1, III, 24 Z.; *Jardín*, San Segundo 38, IV, 26 Z.; *Reina Isabel*, Avda. de José Antonio 17, IV, 44 Z.; Hostal *Continental* (garni), Plaza de la Catedral 4, P II, 54 Z.; u.a.

RESTAURANTS. – *Caballeros*, Estrada 10; *Copacabana*, San Millán 9; *El Torreón*, Tostado 1, in einem alten Palacio; *Piquio*, Estrada 6, 1. Stock; *Mesón El Sol*, Carretera Ávila – Las Navas, mit herrlichem Ausblick.

VERANSTALTUNGEN. – *Semana Santa* (Karwoche), mit Prozession. – *Fiesta de San Juan* (Juni), mit traditionellem Viehmarkt, Folklore, Kirmes. – *Sommerfest* (Juli), mit Blumenspielen, Stierkampf, Ausstellungen, Spanien-Festspielen, Volkstanz. – *Fiesta de Santa Teresa* (Oktober), Hauptfest der Stadt, mit 'Verbenas' und einem Umzug mit Riesenfiguren und Masken.

Die altkastilische Stadt *Ávila, Hauptstadt der gleichnamigen Provinz und Sitz eines Bischofs, liegt auf einem nach drei Seiten steil abfallenden Hügelrücken inmitten einer vom Río Adaja durchströmten baumlosen Hochebene. Sie ist von hohen Gebirgen umschlossen und nur nach Norden offen, was sich in dem außerordentlich rauhen Klima bemerkbar macht.

Der Reichtum Ávilas an mittelalterlichen Bauten (namentlich an gut erhaltenen romanischen Kirchen und gotischen Adelspalästen) und seine uralten, den annähernd rechteckigen Kern der Stadt noch ganz umschließenden Mauern machen Ávila zu einer der sehenswertesten Städte Spaniens.

GESCHICHTE. – Aus dem legendären römischen 'Avela' hervorgegangen, war diese Stadt nach dem Einbruch der Mauren (714) über drei Jahrhunderte hindurch abwechselnd unter arabischer und christlicher Herrschaft. Sie erlebte ihre Blütezeit im 16. Jh., als Ávila ganz im Zeichen des Lebens und Wirkens der Santa Teresa de Jesús (1515-1582) stand. Mit der Austreibung der Mauren (1607-1610) unter Philipp III. verarmte die Stadt.

SEHENSWERTES. – Ávilas heutiger Reichtum sind die 2526 m lange

Stadtmauer von Ávila

**Stadtmauer mit ihren neun Toren und den 88 halbrunden Türmen und die zahlreichen mittelalterlichen Bauten. – Am Ostrand der Altstadt steht die mächtige *Kathedrale (*Catedral de San Salvador*), 1091 begonnen, aber erst im 13. Jh. vollendet, deren Chor in die Stadtmauer eingebaut ist. Von den beiden Türmen der Westfassade ist nur der nördliche ausgebaut (14. Jh.). Beachtenswert das *Hauptportal* (16. Jh.) sowie das *Nordportal* (um 1200), letzteres auch Apostelpforte genannt. Im Innern zahlreiche gotische Nischengräber; im Querschiff schöne *Glasgemälde* des 16. Jh.; im Trascoro gute Reliefs (um 1530), im Coro reiches Chorgestühl (1547). Der *Hauptaltar* wurde 1499 von Pedro Berruguete begonnen (1508 vollendet), mit Darstellungen aus dem Leben Jesu. Am Trassagrario das *Alabastergrabmal* des Bischofs Alfonso Tostado de Madrigal (†1455), von Vasco de la Zarza (1518). Vom rechten Querschiff Zugang zur *Sakristei* (13. Jh.) und zum *Dommuseum*, mit reichem Kirchenschatz, darunter die berühmte Custodia von Juan de Arfe (1571) und Werke von Berruguete und Juan de Frías. Südlich anstoßend der *Kreuzgang* (14. Jh.), durch die romanische Pforte zu erreichen. Vom Turm schöne Aussicht auf die Stadt.

Von der Kathedrale gelangt man südlich am Kreuzgang und an der Stadtmauer entlang zu der *Puerta del Alcázar*, mit z.T. noch römischen Quadern. Außerhalb dieses Stadttores steht an der Plaza de Santa Teresa die Kirche ***San Pedro** (12./13. Jh.), mit großer Fensterrose; im Innern ein *Hochaltar*

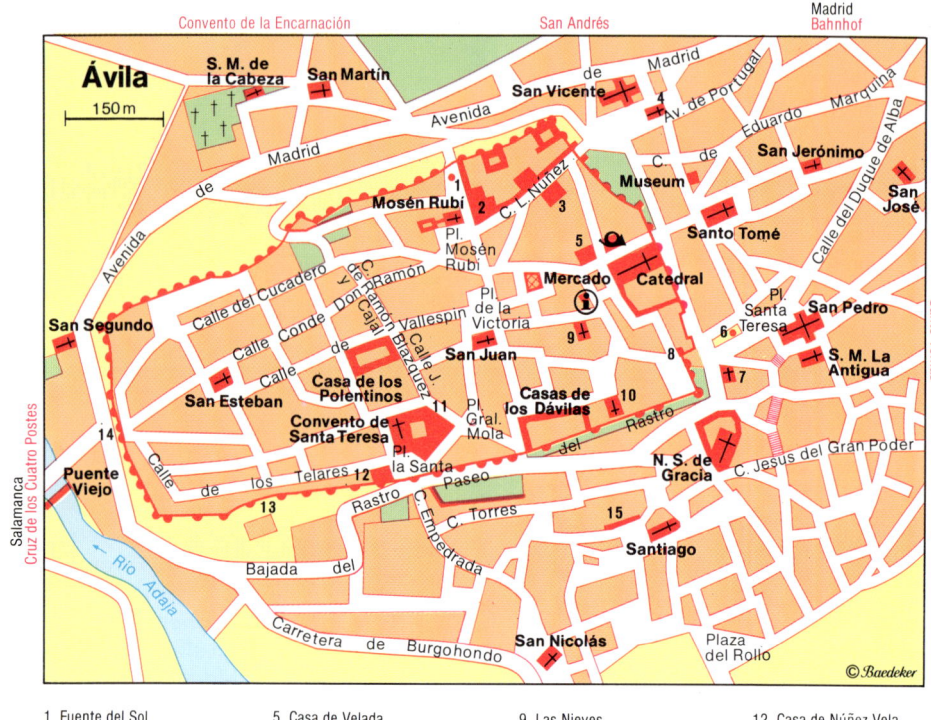

Ávila

150 m

1 Fuente del Sol	5 Casa de Velada	9 Las Nieves	12 Casa de Núñez Vela
2 Casa de Aguila	6 Santa Teresa	10 Santo Tomé	13 Puerta de la Mala Dicha
3 Casa de Verdugo	7 La Magdalena	11 Torreón	14 Puerta del Puente
4 Humilladero	8 Puerta del Alcázar	de los Guzmanes	15 Paneras del Rey

von Juan de Borgoña, im linken Seitenschiff ein "Petrus in Fesseln" (1673), von Morán. – Hinter der Kirche führt der Paseo de Santo Tomás südöstlich zu dem 1482 gegründeten Dominikanerkloster **Santo Tomás**, dessen spätgotische Kirche ein reiches Chorgestühl und auf der Galerie einen beachtenswerten Retablo (Hauptwerk der spanischen Schule) von Pedro Berruguete (um 1500) besitzt; im Querschiff das Marmordenkmal des Prinzen Juan (†1497), des einzigen Sohnes der Katholischen Könige, von dem Italiener Domenico Fancelli (1512). Anschließend drei schöne Kreuzgänge; im hintersten, dem Claustro de Reyes, ein interessantes *Ostasien-Museum*.

Sehr lohnend ist eine Umwanderung der Altstadt zur Besichtigung der ursprünglich römischen Stadtmauer. Von der Puerta de Alcázar gelangt man westlich über den Paseo del Rastro, mit hübscher Aussicht über das Tal des Río Ambles, zur Puerta de Santa Teresa. Dahinter liegt das ehem. **Convento de Santa Teresa,** mit einer 1638 errichteten *Kirche* an der Stelle des Geburtshauses der hl. Therese; im linken Querschiff einige Reliquien der Heiligen, die

im Karmeliterinnenkloster de la Encarnación Nonne und später Priorin war. – An der Rückseite des Klosters die Kirche **Santo Domingo** (13. Jh.; später restauriert), mit schönem gotischen Kruzifix.

Zurück und unterhalb der Stadtmauer hinab zur *Puerta del Puente*, einem Stadttor, von wo es auf dem *Puente Nuevo* über den Río Adaja geht; unten links die fünfbogige alte Brücke. Am jenseitigen Ufer rechts hinauf zu dem über der Straße nach Salamanca stehenden Steinkreuz **Cruz de los Cuatro Postes**, mit prächtigem *Blick auf die Stadt.

Von der Puerta del Puente gelangt man entweder stadteinwärts an der romanischen Kirche *San Esteban* und an dem im platereken Stil erbauten *Palacio de Polentinos* vorbei zu der von Arkaden umgebenen Plaza Mayor – oder man geht weiter an der Stadtmauer entlang zunächst zu der über dem Fluß gelegenen kleinen romanischen Kirche **San Segundo**, mit hübschem Portal (12. Jh.); im Innern unmittelbar neben der Hauptapsis rechts das *Grabmal* des hl. Secundus, des ersten Bischofs von Ávila, ein Werk von Juan de Juni (1573).

Weiter an der Nordseite der Stadt und vorbei an der kleinen Kirche *Ermita de San Martín*, der romanische Turm mit Mudéjarornamenten. Östlich hiervon die hochgelegene Kirche *San Vicente (12./15. Jh.); im Innern (Eingang durch das reiche Westportal) unter der Vierungskuppel rechts der reliefgeschmückte *Sarkophag* des hl. Vinzenz und seiner Schwestern Sabina und Cristeta (um 1180-85). Die *Krypta* umschließt einen Felsen, auf dem der Heilige mit seinen Schwestern im Jahre 303 den Martertod erlitten haben soll.

Unweit südwestlich der Vinzenzkirche die *Puerta de San Vicente*, das stattliche Nordtor der Stadt, von dem die Calle del Tostado zur Kathedrale führt. – Südlich der Vinzenzkirche (und noch außerhalb der Stadtmauer) die **Casa de los Deanes**, ein Renaissancebau des 16. Jh.; im Innern das *Museo Provincial*, eine Sammlung von Truhen, Teppichen, Kacheln. Daneben die Kirche *Santo Tomé*, heute ein Lapidarium.

UMGEBUNG. – Vorwiegend im Süden der Provinz Ávila und von der Provinzhauptstadt auf der C-502 zu erreichen, liegt die mächtige Felsmauer der ***Sierra de Gredos** (s. dort).

Zum Puerto de Tornavacas. – Die N-110 überquert den *Río Adaja* und führt in südwestlicher Richtung zu der *Sierra de Ávila* mit dem sie überquerenden *Puerto de Villatoro* (1356 m), mit weiter Aussicht. – Von hier erreicht man über die Sommerfrische *Piedrahita* (1060 m) den Ort **El Barco de Ávila** (1014 m; 2500 Einw., Hotel Manila, II, 50 Z., Angelsport), hübsch am rechten Ufer des Río Tormes gelegen; mit dem Castillo de Valdecorneja des 14. Jh. und einer beachtenswerten gotischen Pfarrkirche, im Innern wertvolle Gemälde.

Hinter El Barco de Ávila führt die N-110 hinauf zum *Puerto de Tornavacas* (1275 m), als Grenze zwischen Altkastilien und Estremadura auch 'Puerto de Castilla' genannt; von hier schöne Aussicht.

Über den Puerto de Paramera. – Auf der nach Süden führenden N-403 erreicht man nach rund 22 km Fahrt den *Puerto de Paramera* (1416 m); von hier über den *Río Alberche* mit dem großen Stausee *Embalse de Burguillo* nach **El Tiemblo** (980 m; 3800 Einw.), mit gotischer Kirche; in der Nähe das Kloster *Guisando* (14. Jh.), wo Isabel die Katholische 1468 zur Königin proklamiert wurde; unweit hiervon die berühmten 'Toros de Guisando', iberische Stierskulpturen aus Granit (4./3. Jh. v.Chr.).

Avilés

Provinz: Asturias (O). – Telefonvorwahl: 985. Höhe: 4 m ü.d.M. – Einwohnerzahl: 85000. ⓘ **Oficina de Turismo,** Rúiz Gomez 21; Telefon: 544325.

HOTELS. – *Luzana* (garni), Fruta 9, II, 73 Z.; *San Félix*, Avenida de Lugo 48, III, 18 Z.; Hostal *Rivero*, Rivero 39, P II, 5 Z. – An der Playa de Salinas: Hotel *Esperanza*, Príncipe de Asturias 31, III, 35 Z.

RESTAURANTS. – Im Hostal *San Félix*, Avenida de Lugo 48; *Cantina Renfe*, Avenida de los Telares 14; ferner an der Playa de Salinas: *Las Conchas*, Edificio Espartal, mit Meeresblick.

VERANSTALTUNGEN. – *Fiesta del Bullo* (März/ April), Osterfest mit folkloristischen Darbietungen, Umzügen, Regatten und Viehausstellung. – *Ferias* (August), mit Jahrmarkt.

Die Hafen- und Stahlindustriestadt Avilés liegt an der gleichnamigen Ría, etwa 6 km landeinwärts von der Kantabrischen Küste.

SEHENSWERTES. – Neben dem *Ayuntamiento* (Rathaus) aus dem 17. Jh. besitzt die Stadt einige beachtenswerte Gotteshäuser und Paläste; hierzu gehören die Kirche **San Nicolás de Bari** aus dem 14. Jh., mit Grabmal für Pedro Menéndez, den Eroberer von Florida, sowie interessanten Schnitzaltären; die Kirche **San Francisco,** mit romanischem Portal aus dem 13./14. Jh. und einer Capilla de Jesús mit Fries des 9. Jh.; ferner die Kirche *Santa María* aus dem 14. Jh. – Neben mehreren Herrenhäusern verdient der barocke *Palacio del Marqués de Santiago,* ein Gebäude aus dem 16. Jahrhundert, Beachtung.

Badajoz

Provinz: Badajoz (BA). – Telefonvorwahl: 924. Höhe: 155 m ü.d.M. – Einwohnerzahl: 110000. ⓘ **Oficina de Información de Turismo,** Pasaje de San Juan 1; Telefon: 2227 6398.

HOTELS. – *Gran Hotel Zurbarán*, Paseo de Castelar, I, 215 Z., Sb., Tennis; *Lisboa*, Avda. de Elvas 13, II, 176 Z.; *Rio* (garni), Avda. de Elvas, II, 90 Z., Sb.; *Conde Duque* (garni), Muñoz Torrero 27, III, 35 Z.; Hostal *Cervantes* (garni), Tercio 2, P I, 25 Z.; *Victoria*, Luis de Camoens 3, P III, 16 Z.; u.a.

RESTAURANTS. – *El Caballo Blanco*, Avda. General Rodrigo 7; *Dardy's*, Avda. de Elvas; *El Águila*, Plaza de España 16, 1. Stock; *El Sótano*, Virgen de la Soledad 6.

Das nahe der portugiesischen Grenze am linken Ufer des Río Guadiana auf einem niedrigen Höhenrücken gelegene Badajoz ('Schlüssel Portugals') ist Hauptstadt der gleichnamigen Provinz und Sitz eines Bischofs.

GESCHICHTE. – Unter den Römern hieß die Stadt 'Colonia Pacensis', bei den Mauren 'Badaljóz'. Nach dem Untergang des Kalifats von Córdoba gründeten die maurischen Aftassiden hier ein kleines Königreich. Im Jahre 1229 wurde die Stadt von Alfons IX. von León erobert.

SEHENSWERTES. – Im Nordosten der Stadt erhebt sich auf einem Hügel die **Alcazaba**, einst Sitz der maurischen Herrscher; mit der achteckigen *Torre de Espantaperros* (weiter Ausblick) und einem *Museo Arqueológico*. – Den Mittelpunkt der Altstadt bildet die P l a z a   d e E s p a ñ a, mit dem *Palacio Municipal* (Rathaus). Gegenüber die **Kathedrale San Juan**, ein im Jahre 1258 begonnener festungsartiger Bau mit neuer Fassade im Renaissancestil und einem Portal (1619); im Innern ein großer *Renaissancechor*, mit hübschem Gestühl; in der *Capilla de Santa Ana* (die dritte rechts) einige übermalte Bilder von dem in Badajoz geborenen Maler Luis de Morales (1509-86). – Im Kreuzgang das *Diözesanmuseum*.

Nordwestlich gelangt man von der Plaza de España durch die C a l l e   H e r n á n C o r t é s zum *Palacio de la Diputación Provincial*, mit dem **Museo Provincial** (Werke der Meister aus Estremadura); sowie durch die C a l l e   d e   G a b r i e l zu der am Ende des 16. Jh. erbauten zinnenbekrönten **Puerta de Palmas**. Hier beginnt der 1596 vollendete, durch Hochwasser oft beschädigte granitene **Puente de Palmas**, der den Río Gua-

Puerta de Palmas in Badajoz

diana in 582 m Länge mit 32 Bogen überbrückt.

Weitere beachtenswerte Bauten sind die Kirchen *La Concepción* und *San Agustín*, beide mit künstlerisch wertvollen Grabmälern, sowie das Kloster *Santa Ana*.

UMGEBUNG. – Die Provinz Badajoz ist reich an besuchenswerten Ausflugszielen, die von der Hauptstadt aus schnell zu erreichen sind.

Auf der C-436 in Richtung Süden zum 26 km entfernten
Olivenza (160 m; 10 000 Einw.), einem kleinen Städtchen, das bis 1801 zu Portugal gehörte. Mehrere beachtenswerte Kirchen, darunter Santa María; im Innern ein gotischer Retablo, den Stammbaum Mariae darstellend. Im Hospital de la Caridad biblische Szenen in portugiesischem Kachelschmuck. – Von Olivenza weiter auf der C-436 nach *Villanueva del Fresno* mit Ruinen eines Castillos und des Convento de la Luz.

Von Badajoz in nördlicher Richtung auf der C-530 über den *Puerto de los Conejeros* (340 m) zum 44 km entfernten
Alburquerque (750 m; 7800 Einw.), einem auf einer Anhöhe gelegenen altertümlichen Städtchen, mit Ruinen eines mächtigen Castillo (13. Jh.) und großer gotischer Kirche Santa María del Mercado.

In östlicher Richtung durch die fruchtbare *Vega del Guadiana* auf der N-V über *Lobón*, ein malerisches altes Städtchen mit stattlicher Kirche, zum 62 km von Badajoz entfernten **Mérida** (s. dort).

N a c h   Z a f r a. – Die N-432 führt die *Sierra de la Calera* entlang nach
Zafra (509 m; 12 000 Einw.; Hotel Parador Nacional Hernán Cortés, II, 28 Z., Sb.), einer alten Stadt mit gotischem *Alcázar (15./ 16. Jh.), einem guten Beispiel eines altspanischen Adelsschlosses arabischen Ursprungs. In der Kirche La Candelaria (16. Jh.) ein Retablo mit Gemälde von Zurbarán.

Baeza

Provinz: Jaén (J). – Telefonvorwahl: 953.
Höhe: 760 m ü.d.M. – Einwohnerzahl: 18 000.
ⓘ **Oficina de Información de Turismo,**
   Casa del Pópulo;
   Telefon: 74 04 44.

HOTELS. – *Juanito*, III, 21 Z.; *Comercio*, P II, 31 Z.

Die altertümliche Stadt Baeza, das 'Vivatia' der Römer, liegt an den Ausläufern der Loma de Úbeda, im Tal des oberen Río Guadalquivir; zur Zeit der Westgoten war sie Bischofssitz.

SEHENSWERTES. – Gotische **Kathedrale**, auf den Grundmauern der einstigen Moschee (1567–93), mit maurischer *Puerta de la Luna*; im Innern *Capilla Mayor* mit Sterngewölbe, ferner gute Holzschnitzarbeiten. – Schönes *Rathaus*, mit Renaissancefassade (1559). – Alte *Universität* von 1533. **Casa del Pópulo** (1530), mit platereker Fassade; in der Nähe der *Arco del Pópulo*. Die Stadt besitzt weitere Bauwerke, von der Romanik bis zur Renaissance; mittelalterliches Stadtbild.

UMGEBUNG. – 11 km nördlich **Canena**, mit einem arabischen Castillo, das im 16. Jh. von Vandaelvira zu einem Palast umgebaut wurde; viereckiger Grundriß mit wuchtigen Rundtürmen. Bei *Ibros* zyklopische Mauern.

Balearen

Autonome Region.
Regierungsorgan: Conseil General Interinsular de les Illes Balears.
Provinz: Baleares.

Die der spanischen Südostküste vorgelagerte Inselgruppe der *Balearen (Islas Baleares) im westlichen Mittelmeer besteht aus den eigentlichen balearischen Inseln Mallorca und Menorca sowie aus Ibiza und Formentera, die auch als Pityusen (Pinieninseln) bekannt sind. Wegen des milden Klimas, der landschaftlichen Schönheiten und der vorzüglichen Badegelegenheiten werden die Balearen fast zu allen Jahreszeiten stark besucht.

GESCHICHTE. – Die Ureinwohner, wegen ihrer Treffsicherheit mit der Schleuder berühmt, waren Iberer, die im 3. Jh. v. Chr. von den Karthagern unterjocht wurden und seit 123 v. Chr. unter der Herrschaft der Römer standen. Später kamen diese Inseln in den Besitz der Vandalen, Westgoten, Oströmer, Franken und Mauren (798). Im Jahre 1229 eroberte der aragonesische König Jaime I. ('el Conquistador') Mallorca, aus dem sich später ein selbständiges Königreich entwickelte, das aber schon im 14. Jh. wieder als Provinz an Aragonien fiel. – Menorca war im 18. Jh. in britischer Hand.

SCHIFFSVERKEHR. – Autofähren zwischen den Inseln sowie dem spanischen Festland (Barcelona, Valencia, Málaga) und den Inseln; ferner regelmäßiger Verkehr mit Frankreich (Sète). Linienschiff von Palma de Mallorca nach Cabrera.

Mallorca

Die größte und meistbesuchte Baleareninsel ist **Mallorca (3660 qkm;

Mallorquinisches Windrad

420 000 Einw.), im Nordwesten von dem langgestreckten Gebirgszug der Sierra del Norte, einem Waldgebirge mit den höchsten Erhebungen der Insel bis zu 1445 m, im Osten von der wesentlich niedrigeren Sierra de Levante bis zu 562 m Höhe begrenzt. Zwischen beiden Gebirgen greifen von Nordosten die Buchten von Alcudia und Pollensa, von Südwesten die Bucht von Palma tief in die Ebene ein, deren Felder und Obstkulturen von den für Mallorca charakteristischen Windmühlen bewässert werden.

VERANSTALTUNGEN. – *Los Reyes Magos* (Januar), zu Ehren der Heiligen Drei Könige, mit Bescherung der Kinder. – *Semana Santa* (Karwoche), in vielen Orten der Insel; mit eindrucksvollen Prozessionen. – *Corpus Cristi* (Fronleichnam). – *Fiesta San Pedro y San Pablo* (Peter und Paul). – *Fiesta de Santiago* (Jakobstag), Fest zu Ehren des spanischen Schutzheiligen. – *Festival de Música* (August) in Pollensa. – *Moros y Cristianos* (August), in vielen Orten der Insel Aufführung der historischen Schlacht zwischen Mauren und Christen in den Straßen. – *Tag der Hispanität* (Oktober). – *Dijous Bó* (November), der Tag des 'guten Donnerstag' in Inca, mit Landwirtschaftsmesse. – *Inmaculada Concepción* (Dezember), mit lokalen Veranstaltungen.

Spielkasino: *Casino Sporting Club de Mallorca,* in der Urbanisation Sol de Mallorca, Calviá.

Palma de Mallorca

Provinz: Baleares (PM). – Telefonvorwahl: 971. Höhe: Meereshöhe. – Einwohnerzahl: 320000.
ⓘ **Oficina de Información y Turismo,**
Avenida Jaime III 10,
Palma de Mallorca;
Telefon: 712216.
Fomento de Turismo,
Plaza de la Constitución 1,
gegenüber der Hauptpost,
Palma de Mallorca;
Telefon: 725396.

HOTELS. – Aus dem umfangreichen Angebot an Unterkünften kann hier nur eine kleine Auswahl vorgestellt werden.

Stadtbereich Palma de Mallorca: *Son Vida Sheraton, L, 170 Z., Sb., Golf; *Valparaiso Palace, L, 138 Z., Sb.; *Victoria-Sol, L, 171 Z., Sb.; Bellver-Sol, I, 393 Z., Sb.; Palas Atenea-Sol, I, 370 Z., Sb.; Racquet Club, I, 51 Z., Sb., Golf; Uto Palma, I, 234 Z., Sb. (Apartment-Hotel); La Almudaina (garni), II, 80 Z.; La Caleta (garni), II, 19 Z., Sb.; Club Nautico (garni), II, 35 Z., Sb.; Constelacion, II, 42 Z., Sb.; Costa Azul, II, 126 Z., Sb.; Festival, II, 216 Z., Sb.; Jaime III-Sol, II, 88 Z.; Majorica, II, 153 Z., Sb.; Reina Constanza, II, 97 Z., Sb.; Rembrandt, II, 72 Z., Sb.; San Carlos, II, 46 Z., Sb.; Saratoga, II, 123 Z., Sb.; Bonanova, III, 80 Z., Sb.; Borenco, III, 70 Z., Sb.; Villa Río, III, 83 Z., Sb.; Terreno Center, IV, 69 Z., Sb.; El Valle, Joan Miro 112, IV, 79 Z.; u.a.

An der Playa de Palma (El Arenal): Delta, I, 288 Z., Sb.; Garonda, I, 112 Z., Sb.; Playa de Palma-Sol, I, 113 Z., Sb.; Rio Bravo, I, 200 Z., Sb.; Acapulco, II, 109 Z., Sb.; Bahia de Palma, II, 433 Z., Sb.; Bali, II, 264 Z., Sb.; Copacabana, II, 112 Z., Sb.; Flamingo, II, 100 Z.; Gran Fiesta, II, 241 Z., Sb.; Ipanema Park, II, 210 Z., Sb.; Luna Park, II, 318 Z., Sb.; Luxor, II, 52 Z.; Pamplona, II, 105 Z., Sb.; Playa Golf, II, 222 Z., Sb.; Riviera Sol, II, 74 Z., Sb.; Tropical Sol, II, 165 Z., Sb.; Concordia, III, 220 Z., Sb.; Dunas Blancas, III, 167 Z., Sb.; Lancaster, III, 318 Z., Sb.; Playas Arenal, III, 90 Z.; Riutort, III, 180 Z., Sb.; Sofia, III, 328 Z., Sb.; Torre Arenal, III, 143 Z., Sb.; Don Miguel, IV, 84 Z., Sb.; Europa, IV, 134 Z., Sb.; Hostal Golondrina, P I, 59 Z.; Sb.; u.v.a.

An der Playa de Palma (Ca'n Pastilla): Alexandra-Sol, I, 164 Z., Sb.; Almendros, II, 91 Z.; Ambos Mundos, II, 96 Z., Sb.; Calma, II, 190 Z., Sb.; Gran Hotel El Cid, II, 216 Z., Sb.; Las Arenas, II, 152 Z., Sb.; Java, II, 249 Z., Sb.; Leo, II, 285 Z., Sb.; Linda, II, 189 Z., Sb.; Lotus Playa, II, 127 Z., Sb.;

Oleander, II, 264 Z., Sb.; Apolo, III, 151 Z., Sb.; Caballero, III, 308 Z., Sb.; Cisne, III, 116 Z., Sb.; Helios, III, 305 Z., Sb.; Orléans, III, 128 Z., Sb.; Playa d'Or, III, 71 Z.; Covi, IV, 98 Z.; u.v.a.

Im Westen der Stadt (Cala Mayor): Nixe Palace, I, 130 Z., Sb.; Playa de Cala Mayor (garni), I, 143 Z., Sb.; Atlas, II, 48 Z., Sb.; Belvedere Park, II, 414 Z., Sb.; Cala Mayor, II, 93 Z., Sb.; Gran Mallorca, II, 112 Z., Sb.; San Agustin, II, 56 Z.; Vista Mar, II, 75 Z., Sb.; Hostal Mimosa, P II, 27 Z., Sb.; u.a.

RESTAURANTS. – In der Stadt Palma: *Hermitage, Moro 6; Caballito de Mar, Paseo de Sagrera 5; Casa Sophie, Apuntadores 24, franz.; El Gallo, Teniente Torres 17; El Puerto, Paseo de Sagrera 3; Le Bistrot, Teodoro Llorente 4, franz.; Los Gauchos, San Magín 78, südam.; S'Escudella, Industrie 52; Ulises, Paseo Marítimo 3; Xoriguer, Fabrica 60. – Im Westen der Stadt: *La Caleta, Marqués de la Cenia 147, Blick zum Hafen; u.v.a.

***Palma de Mallorca, die palastreiche Hauptstadt Mallorcas und der Provinz der Balearen, Sitz eines Bischofs und seit 1967 einer Universität, liegt an einer 20 km tiefen Bucht und wird als Ferienaufenthalt und Ausgangspunkt für lohnende Inselfahrten viel besucht.**

SEHENSWERTES. – Am Hafen die schloßartige *Lonja, die ehem. Börse (15. Jh.), heute Ausstellungshalle; neben dem gotischen Bau das Consulado del Mar. Unweit nördlich in der Calle de Apuntadores die Mansión del Arte ('Haus der Kunst'), die u.a. sämtliche Radierungen Goyas in originalen Abzügen sowie Werke von Picasso u. a. enthält. – Vom Hafen führt die Avenida Antonio

Kathedrale von Palma de Mallorca

1 Fuente del
  Sepulcro
2 Fuente de la
  Princesa

3 Casa Belloto
4 Consulado del Mar
5 Casa Oleo
6 Almudaina-Bogen

7 Casa Oleza
8 Casa del Marqués de Palmer
9 Baños Árabes
  (Casa Font y Roig)

Maura zu der hochgelegenen *Kathedrale
La Seo, einem großartigen Bau, 1230 in frühgotischem Stil begonnen, aber erst im 17. Jh.
vollendet; Westfassade mit prächtiger Rosette (im 19. Jh. erneuert); reich geschmück-
tes Südportal (14. Jh.), davor herrliche *Aussicht; im Innern (120 m lang, 56 m breit, 44 m
hoch) zahlreiche gute Glasgemälde und
reich ausgestattete Kapellen; in der Alten Sakristei reiche Reliquiensammlung. An den
mächtigen Glockenturm ist die gotische
Casa de la Almoina angebaut. Östlich hinter
der Kathedrale der 1616 erbaute Bischöfliche
Palast, mit dem Diözesanmuseum.

Der Kathedrale westlich gegenüber der Palacio de la Almudaina, früher Sitz des maurischen Wadi und der christlichen Könige; im
Hof die gotische Capilla de Santa Ana. –
Nördlich von der Plaza de la Reina der
Paseo del Borne, die belebte Hauptpromenade der Stadt, mit Cafés, Klubhäusern und dem Palacio Morell (Palacio
Sollerich, 1763; Kunstmuseum). – Vom Nordende des Borne gelangt man östlich zum
Theater (1860; renoviert) und von dort weiter

zur Vía Roma, der baumbestandenen
Rambla; an ihrem Südende die hochliegende
Plaza Mayor (darunter ein Einkaufszen-
trum und Tiefgarage). Von hier führt
die Calle San Miguel zu der Kirche San
Miguel, einer ehem. Moschee. – Südwestlich
von der Plaza Mayor das Ayuntamiento (Rathaus), ein Renaissancebau. Unweit östlich
die gotischen Kirchen Santa Eulalia und San
Francisco (1281-1317), letztere mit plate-
resk-barockem Portal, dem Grabmal des in
Palma geborenen Scholastikers Raymundus
Llullus (1232-1315) und einem zierlichen
spätgotischen Kreuzgang. Bei Santa Eulalia
der Palacio Vivot (18. Jh.).

FAHRTEN AUF DER INSEL. – Zum Castillo
de Bellver: Auffahrt (4 km) vom Paseo Marítimo westlich durch die Calle Andrea Doria
zum Pueblo Español (Nachbildung charakteristischer spanischer Bauten) in dem Villenvorort El Terreno; von dort an dem Parque de
Bellver entlang zu der gut erhaltenen Königsburg *Castillo de Bellver (130 m) des
13. Jh., mit Museum, Arkadenhof und Turm
(*Aussicht).

****Rundfahrt über Andraitx und Sól-
ler.** – Man verläßt Palma in westlicher Richtung auf der neuen Autobahn oder der kurvenreichen C-719; beide vereinigen sich unmittelbar hinter *Palma Nova* und erreichen
nach rund 20 km Fahrt die Abzweigung nach
Santa Ponsa (Hotel Pionero, II, 312 Z., Sb.;
Rey Don Jaime, II, 417 Z., Sb.; Santa Ponsa
Park, II, 269 Z., Sb.; Golfplatz, 18 Löcher), einem aufstrebenden Urlauberzentrum mit
Badesträndchen; auf einem vorgeschobenen
Fels das Gedenkkreuz zur Erinnerung an die
Landung der christlichen Truppen im Jahre
1229. – Weiterfahrt über *Paguera,* einen gepflegten Ferienort, mit Badestrand in geschützter Lage (viele Hotels), nach
Andraitx (6000 Einw.), einem schön gelegenen Landstädtchen in fruchtbarer Umgebung; 5 km südwestlich zum kleinen Hafen
Puerto de Andraitx. – Von Andraitx nun auf
der C-710 zur eindrucksvollen *Westküste
Mallorcas, mit zahlreichen Aussichtstürmen,
durch die Dörfer *Estellencs* und *Bañalbufar,*
später kurz landeinwärts nach

Terrassengärten bei Bañalbufar

Valldemosa (425 m; 1200 Einw.), einem am
Hang gelegenen Dorf, überragt von der 1339
gegründeten Cartuja (Kartäuserkloster), in
der Chopin den Winter 1838/39 verbrachte;
Museum und viele Chopin-Erinnerungen. –
Wieder zurück zur kurvenreichen Küstenstraße; links abseits das Landgut *Miramar,*
von dem österr. Erzherzog Ludwig Salvator
(1847-1915) angelegt; wenig später das
Landgut *Son Morroig,* mit Museum. Weiter
auf aussichtsreicher Straße nach
Deyá (185 m; 500 Einw.), einem reizvoll auf
einem Bergkegel gelegenen und von Orangenhainen umgebenen Dorf, von vielen
Künstlern bewohnt. – Die Küstenstraße mündet schließlich in die Straße nach
Sóller (55 m; 11 000 Einw., Hotel *Eden,* II, 152
Z., Sb.; *Eden Park,* II, 64 Z.; *Esplendido,* II, 104
Z.), in einem Talkessel inmitten von prächtigen Orangen- und Zitronengärten, als Touristenzentrum viel besucht; 4 km nörd-

lich der Hafen und Strand von *Puerto de Sóller,* auch via Straßenbahn ab Sóller zu erreichen. – Rückfahrt nach Palma auf der C-711
über den Paß *Coll de Sóller* (562 m), mit
*Ausblick auf Palma und seine Bucht. Jen-
seits der Paßhöhe die *Gärten von Alfabia;
weiter nach **Palma** (Rundfahrt: 125 km).

*Bergfahrt zum Cabo de Formentor.
– Von Palma nach Sóller (s.o.); anschließend
Abzweigung rechts von der Straße zum Puerto de Sóller zu einer großartigen *Bergstraße, vorbei an dem rechts 2 km abseits liegenden malerischen Bergdorf *Fornalutx;*
dann in aussichtsreichen Windungen weiter
aufwärts zum *Mirador de Ses Barques* (mit
Restaurant Bellavista), später durch einen
600 m langen Tunnel (820 m ü.d.M.) und an
einem kleinen Stausee vorbei zu den Kaser-
nen von *Son Torrella,* nördlich überragt vom
Puig Mayor (1445 m), dem höchsten Gipfel
der Insel. – Weiterfahrt und vorbei am Stausee *Gorch Blau,* abermals durch einen Tunnel;
dahinter links Abzweigung der imponieren-
den *Bergstraße nach *La Calobra* (14 km),
nahe der Felsschlucht *Torrente de Pareis
(lohnender Besuch). – Die Hauptstraße führt
vorbei am *Mirador del Torrente de Pareis
(664 m); später links abseits das **Kloster Lluc**

Torrente de Pareis – La Calobra

(Klostermuseum, Restaurant). – Durch eine
Karstlandschaft hinab in die Ebene nach
Pollensa (70 m; 9000 Einw.), einem schön
gelegenen Städtchen, mit Kalvarienberg
(dorthin 365 Stufen; schöner Ausblick); 6 km
nördlich der Hafen *Puerto de Pollensa* (Hotel
Capri, II, 33 Z., Sb.; Daina, II, 60 Z., Sb.; Illa
d'Or, II, 119 Z., Golf; Miramar, II, 69 Z., Golf;
Pollensa Park, II, 316 Z., Sb., Golf), als Seebad
besucht, in hübscher Lage an der *Bahía de
Pollensa.* – Von Puerto de Pollensa auf besonders kühn angelegter *Straße (mehrere
prächtige Aussichtspunkte; einige Tunnel)
durch die z.T. bewaldete Halbinsel Formentor. Nach 10 km rechts Abzweigung (½ km)
zum *Hotel *Formentor* (L, 131 Z., Sb., Golf,

Kap Formentor an Mallorcas Nordspitze

Strand) in herrlicher Lage über dem Meer. – Weiterfahrt (11 km) zu dem von einem 20 m hohen Leuchtturm gekrönten *Cabo de Formentor (189 m), mit umfassender Aussicht (Palma nach Sóller 30 km; Sóller – Cabo de Formentor 82 km).

Von Palma nach Alcudia. – Die C-713 führt in nordöstlicher Richtung durch die Huerta und über *Santa María* zu dem 29 km entfernten
Inca (38 m; 18000 Einw.), einem alten Städtchen, vermutlich schon zur Römerzeit als Siedlung entstanden (Umgehungsstraße). – Hinter der Abzweigung nach Pollensa verbleibt man weiter auf der nach Norden führenden Straße und erreicht
Alcudia (9 m; 3500 Einw.), ein unweit der gleichnamigen Bucht gelegenes altertümliches Städtchen, mit gut erhaltenen Mauern des 14. Jh.; unweit östlich Reste eines römischen Amphitheaters; 2 km südöstlich von der Stadtmitte der Hafen *Puerto de Alcudia* (Hotel Princesa, garni, I, 102 Z., Sb., Tennis; Bahia de Alcudia, II, 205 Z., Sb.; Condesa de la Bahía, II, 491 Z., Sb.; Golf, II, 12 Z.), von hier erstreckt sich ein breiter Sandstrand 10 km an der weiten Bucht entlang. – Von Puerto de Alcudia ggf. an der Bahía entlang nach *Ca'n Picafort* (Palma – Alcudia 54 km).

Von Palma zu den *Tropfsteinhöhlen. – Auf der C-715 durch die fruchtbare Ebene (viele Windmühlen) nach dem 50 km entfernten
Manacor (110 m; 23000 Einw.), zweitgrößte Stadt der Insel, bekannt wegen der Perlenfabrikation; von hier Abzweigung zu der 14 km südlich gelegenen Töpferstadt *Felanitx,* mit Auffahrt (5 km) zu dem von einer 1348 errichteten Wallfahrtskirche gekrönten Berg *San Salvador* (509 m), mit umfassender *Rundsicht; unweit südlich die Felsenfestung *Castillo de Santueri* (13. Jh.). – Von Manacor 11 km östlich zu dem hübsch gelegenen Hafen und Seebad

Porto Cristo (Hotel Castell Dels Hams, II, 131 Z., Sb.; Drach, III, 70 Z., Sb.); 1 km südlich des Ortes die *Cuevas del Drach ('Drachenhöhle'), mit unterirdischem See, Führungen, Konzerten; 1½ km westlich von Porto Cristo die *Cuevas dels Hams* ('Höhle der Angelhaken'), mit Führungen. 5 km nördlich des Ortes die *Reserva Africana, ein Zuchtfreigehege für afrikanische Tiere, mit 4 km langer Photo-Safari im eigenen Auto oder im Safaribus. – Nord-östlich von Porto Christo
Cala Millor, eine Hotelkolonie an der Bahía de Artá (Hotel Borneo, II, 200 Z., Sb.; Flamenco, II, 220 Z., Sb., Strand; Sumba, II, 280 Z., Sb.; Castell de Mar, III, 248 Z., Sb.). Von Manacor 21 km nordöstlich entfernt zu dem malerischen Städtchen
Artá (170 m; 6000 Einw.), 10 km südöstlich hiervon die Höhlen *Cuevas de Artá, die wegen ihrer besonders langen Stalaktiten berühmt sind. – Von Artá nordöstlich über *Capdepera,* mit Befestigungsanlage, nach
Cala Ratjada (Hotel Aguait, II, 188 Z., Sb.; Bella Playa, II, 214 Z., Sb.; Lux, II, 236 Z., Sb.; Cala Gat, III, 44 Z., Sb.), einem von Pinienwäldern umgebenen Seebad; in der Nähe der aussichtsreiche Leuchtturm und mehrere Badestrände.

Von Palma nach Santanyí. – Man folgt der C-717 hinter der nach Osten strebenden Autobahn; durch eine gebirgige Gegend zum 24 km entfernten
Lluchmayor (11000 Einw.), einem altertümlichen Städtchen; 5 km nördlich der aussichtsreiche *Puig de Randa* (548 m), mit drei Klöstern. – Weiter auf der C-717 über *Campos,* mit Abzweigung zur mallorquinischen Südspitze, nach
Santanyí (60 m; 5000 Einw.), in dessen Umgebung Reste prähistorischer Kultstätten und Befestigungen erhalten sind; 12 km nördlich die *Cala d'Or* sowie die sich anschließenden Urbanicationen der *Calas de Mallorca* (Gesamtstrecke: Palma – Santanyí rund 50 km).

Menorca

Oficina de Información y Turismo,
Plaza de la Constitución 13, Mahón;
Telefon: (971) 36 37 90.

HOTELS. – Stadtbereich Mahón: *Port Mahón,* I, 74 Z., Sb.; *Capri* (garni), II, 75 Z.; Hostal *El Paso* (garni), P II, 40 Z.; *Jume* (garni), P III, 35 Z.; *Orsi* (garni), P III, 16 Z.; *Reynes,* P III, 27 Z.; *Sa Roqueta* (garni), P III, 22 Z. – In Villa Carlos (3 km östlich): *Agamemnón,* II, 75 Z., Sb.; *Rey Carlos III,* II, 87 Z., Sb.; *Hámilton,* III, 132 Z., Sb.; Hostal *Miramar,* P II, 30 Z.; u.a.

Stadtbereich Ciudadela: *Alfonso III* (garni), IV, 54 Z.; Hostal *Alhambra,* P III, 14 Z. – In den westlichen Urbanisationen: *Almirante Farragut,* II, 472 Z., Sb.; *Cala Blanca,* II, 147 Z., Sb.; *Calan Blanes,* III, 103 Z.; *Los Delfines,* III, 96 Z., Sb.

In den südlichen Urbanisationen: *Calan Bosch*, II, 174 Z., Sb.; *Ses Voltes*, III, 40 Z.; *Cala Bona* (garni), IV, 16 Z.

RESTAURANTS. – In Mahón und Umgebung: *Chez Gaston*, Conde de Cifuentes 13, franz.; *El Greco,* Doctor Orfila 49; *Iritón*, Norte 15; *225*, Andén del Muelle; *Mesón del Cid*, Plaza de la Explanada 61; *Rocamar*, Fonduco 16, Villacarlos; u. a. – In Ciudadela und Umgebung: *Caballito de Mar,* Avda. Asunción, Cala Busquet; *Cala Bruch,* Torre del Ram, Cala Bruch; *Cas Quinto*, Alfonso III; *D'es Port*, Marina 105–107; *El Gran Comilón,* Plaza de Colón 48; *Scala,* Mallorca 34; u. a.

VERANSTALTUNGEN. – *Semana Santa* (Karwoche), mit eindrucksvoller Karfreitagsprozession in Mahón. – *Fiestas de San Juan* (Juni) in Ciudadela, eindrucksvolles Fest über mehrere Tage, mit Wallfahrt zur Ermita de San Juan, Reiterspielen in mittelalterlichen Trachten. – *Fiestas de San Martín* (Juli) in Mercadal, mit Umzügen. – *Fiestas de San Jaime* (Juli) in Villacarlos. – *Fiestas de San Lorenzo* (August) in Alayor, mit Reiterumzügen. – *Fiestas de Nuestra Señora de Gracia* (September) in Mahón, mit traditionellen Umzügen, Wassersportfest, Tanzfestival, mit Konzerten und Ausstellungen.

SCHIFFSVERKEHR. – Autofähren von Mahón nach Barcelona, von Ciudadela nach Palma de Mallorca und Puerto de Alcudia (Mallorca).

Etwa 40 km nordöstlich von Mallorca liegt die zweitgrößte Baleareninsel *Menorca (686 qkm; 50 000 Einw.), die im Monte Toro (360 m) gipfelt und landschaftlich ebenfalls sehr reizvoll ist, mit vielen Badebuchten und besonders zahlreichen vorgeschichtlichen Monumenten.

Ferrerías auf Menorca

Hauptstadt ist seit 1722 der an der Ostküste an einer 6 km langen Bucht malerisch gelegene, vom Festungsberg *La Mola* geschützte Hafenplatz **Mahón** (24 000 Einw.), mit Flugplatz (5 km südwestl.), charakteristischen, an die englische Herrschaft erinnernden Häusern;

beachtenswert das Museo Arqueológico. 10 km südlich der Stadt *Punta Prima* (Hotel), mit gutem Badestrand. – An der Westküste der Insel liegt die ehem. Hauptstadt **Ciudadela** (14 000 Einw.), Bischofssitz, mit einer 1287 begonnenen gotischen Kathedrale und vielen Herrenhäusern. Vielbesuchte Badeplätze in unmittelbarer Nachbarschaft der Stadt; ferner in *Santa Galdana* und *Santo Tomás* an der Südküste sowie in *Arenal d'en Castell*, an bewaldeter Bucht im Nordosten.

Ibiza

ⓘ **Oficina de Información de Turismo,** Paseo Vara del Rey 13, Ibiza (Stadt); Telefon: (971) 30 19 00.

HOTELS. – Stadtbereich Ibiza und Umgebung: *Los Molinos,* in Figueretas, I, 147 Z., Sb.; *Royal Plaza* (garni), I, 117 Z., Sb.; *Torre del Mar,* I, 217 Z., Sb.; *Algarb*, II, 408 Z., Sb.; *Argos*, II, 106 Z., Sb.; *Corso*, II, 179 Z., Sb.; *Goleta*, II, 225 Z., Sb.; *Ibiza Playa*, II, 155 Z., Sb.; *Simbad*, II, 111 Z., Sb.; *Tres Carabelas*, II, 245 Z., Sb.; *Copocabana*, III, 110 Z.; *Victoria*, III, 140 Z., Sb.; Hostal *Montesol* (garni), P II, 60 Z.; *Robinson Club*, in Cala Vadella, 320 Z., Sb.; u. v. a. – CAMPINGPLÄTZE: *Cala Bassa*, bei Cala Bassa, San José; *Playa es Canar,* bei Santa Eulalia; *San Antonio*, an der Straße nach San Antonio, km 14,7.

RESTAURANTS. – In Ibiza-Stadt: **Dalt Vila*, Luis Tur y Paláu; *El Portalón*, Plaza Desamparados; *Celler Balear*, Ignacio Wallis 18; *Gormand*, Avda. Bartolomé Ramón 13; *El Olivo*, Luis Tur y Palán; *Delfín Verde,* Garijo 3; u. a. – In San Antonio Abad: *Celler El Refugio*, Bartolomé Ramón 5; *Celler Es Cubells*, Ramón y Cajal; *Capri*, Avda. Doctor Fleming; u. a. – In Santa Eulalia: *El Almendro*, Can Fita; *Sa Caleta*, San Jaime 74; *Sa Punta*, Isidoro Macabich 36; *Club de Golf*, Roca Llisa; *Del Mar*, Cala Llonga; *Celler Ca'n Pere,* San Jaime 63; u. a.

VERANSTALTUNGEN. – *Fiesta Patronal* (Januar) in San Antonio Abad. – *Fiesta Patronal* (Februar) in Santa Eulalia. – *Fiestas de San Juan* (Juni), mit folkloristischen Darbietungen und Feuerwerk. – *Meeresprozession* (Juli) in Ibiza, mit Regatten und Wassersportveranstaltungen. – *Fiestas Patronales* (August) in Ibiza. – *Fiesta Popular* (August) in San Antonio Abad. – *Semana Santa* (Karwoche) in fast allen Orten der Insel, mit Prozessionen, in Ibiza-Stadt nächtliche Prozession am Karfreitag. – *Volkstanz* (jeden Donnerstag, 18.00 Uhr) in San Miguel, vor der Pfarrkirche.

Spielkasino: *Casino de Ibiza* beim neuen Sporthafen (Ibiza Nueva).

SCHIFFSVERKEHR. – Autofähren nach Palma de Mallorca, ferner zum spanischen Festland (Barcelona, Valencia).

Etwa 85 km südwestlich von Mallorca liegt *Ibiza (ibizenk. 'Eivissa'; 593 qkm; 45 000 Einw.), reich an Obstgärten, mit

schönen Waldgebieten und dem Atalayasa (476 m).

An der Südostküste die amphitheatralisch aufgebaute alte Hauptstadt **Ibiza**
(25000 Einw.), mit Flugplatz (8 km südwestl.), lebhaftem Hafen und einem reizvollen Fischerviertel. In der hochge-

Hafen von Ibiza

legenen, im 16. Jh. befestigten Altstadt
Dalt Vila die *Kathedrale* des 18. Jh. (Aussicht). Das *Museo Arqueológico* enthält die Funde der am Puig des Molins
(Windmühlenberg) freigelegten punischen *Nekropole mit über 5000 Grab-
kammern (Terrakotten des 5.–2. Jh.
v. Chr., u.a. eine Büste der karthagischen Göttin Tanit, ferner hellenist. und
röm. Gegenstände). Badestrand *Figueretas* und *Playa d'en Bossa* im Westen,
Talamanca gegenüber der Bucht. – Die
am meisten besuchten Touristenzentren sind neben der Inselhauptstadt die
beiden Küstenstädte **San Antonio
Abad,** von den Römern 'Portus Magnus'
genannt (1500 Einw.), mit zahlreichen
Badebuchten in der Umgebung, sowie
Santa Eulalia del Río (1500 Einw.),
ebenfalls von Badebuchten umgeben.

Formentera

ⓘ **Oficina Municipal de Turismo,**
Rathaus, San Francisco Javier;
Telefon: (971) 320032.

HOTELS in San Francisco Javier. – *La Mola*, I,
328 Z., Sb.; *Formentera Playa*, II, 211 Z., Sb.; Hostal
Sa Volta (garni), P I, 18 Z.; *Cala Sahona*, P II, 69 Z.,
Sb.; *Casbah* (garni), P II, 29 Z., u.a.

VERANSTALTUNG. – *Fiesta Patronal* (Juli).

SCHIFFSVERKEHR. – Bootsverbindung von La
Sabina mit Ibiza (im Sommer mehrmals täglich;
Fahrzeit 1 St.).

**Eine 4 km breite Meerenge trennt Ibiza
von Formentera (93 qkm; 3500 Einw.),
der kleinsten bewohnten Baleareninsel, mit einigen noch betriebenen
Windmühlen, Getreidefeldern und Salinen.**

Inselhauptstadt ist *San Francisco Javier*
(800 Einw.). An der Südküste der 4 km
lange Badestrand *Playa de Mitjorn;* an
der Nordküste die *Playa d'es Pujols.* Am
pinienbestandenen Ostende der Insel
die höchste Erhebung *La Mola* (192 m),
mit herrlichem *Blick bis Ibiza; an seinem Osthang *Nuestra Señora del Pilar,*
mit Kirche und Leuchtturm an der *Punta
de la Ruda.*

Barcelona

Provinz: Barcelona (B). – Telefonvorwahl: 93.
Höhe: Meereshöhe. – Einwohnerzahl: 1755000.
ⓘ **Oficina de Información de Turismo,**
Gran Vía de les Corts Catalanes 658;
Telefon: 3017443.
Patronat Municipal de Turismo,
Avenida Parallel 202;
Telefon: 2232420.
Oficina Municipal d'Información,
Estación de França;
Telefon: 3192791.
Centro Iniciativas y Turismo,
Avda. Cristina (Palacio de Congresos);
Telefon: 2233101.

HOTELS. – In der Nähe der Plaza Cataluña:
Avenida Palace, Gran Vía de les Corts Catalanes
605, L, 211 Z.; *Diplomatic,* Paul Claris 122, L, 213 Z.,
Sb.; *Ritz,* Gran Vía de les Corts Catalanes 668, L,
195 Z.; *Barcelona* (garni), Caspe 1-13, I, 64 Z.; *Colón,*
Avda. Catedral 7, I, 161 Z.; *Cristal* (garni), Diputación
257, I, 148 Z.; *Gran Hotel Calderón* (garni), Rambla
de Cataluña 26, I, 244 Z.; *Manila* (garni), Ramblas
111, I, 210 Z.; *Regente,* Rambla de Cataluña 76, I,
78 Z., Sb.; *Royal* (garni), Ramblas 117, I, 108 Z.; *Gran
Vía,* Gran Vía de les Corts Catalanes 642, II, 48 Z.;
Habana (garni), Gran Vía de les Corts Catalanes 647,
II, 65 Z.; *Montecarlo* (garni), Rambla de los Estudios
124, II, 73 Z.; *Regina* (garni), Vergara 2, II, 102 Z.;
Lloret (garni), Rambla Canaletas 125, IV, 53 Z.; *Prin-
cipal* (garni), Junta de Comercio 8, IV, 46 Z.; u.a.
Zwischen Kathedrale und Puerta de la
Paz: *Princesa Sofía,* Plaza Papa Pío XII 4, L, 505 Z.,
Sb.; *Gaudi,* Carrer Nou de la Rambla 12, II, 71 Z.;
Oriente, Ramblas 45/47, II, 142 Z.; *Suizo,* Plaza del
Angel 12, II, 50 Z.; *San Agustín,* Plaza de San Agustín
3, III, 71 Z.; *Cosmos* (garni), Escudellers 19, IV, 67 Z.;
España, San Pablo 9/11, IV, 87 Z.; *Inglés* (garni),
Boquería 17, IV, 29 Z.; *Internacional* (garni), Ram-
blas 78, IV, 62 Z.; Hostal *Cuatro Naciones,* Ramblas
40, P I, 34 Z.; *Aragonés* (garni), San Pablo 34, P III,
80 Z.; u.a.
In den übrigen Stadtteilen: *Gran Hotel
Sarriá Sol,* Avda. Sarriá 50, L, 314 Z.; *Presidente,*

Avenida de la Diagonal 570, L, 161 Z., Sb.; *Balmoral* (garni), Vía Augusta 5, I, 94 Z.; *Dante* (garni), Mallorca 181, I, 81 Z.; *Derby* (garni), Loreto 21, I, 116 Z.; *Europark* (garni), Aragón 325, I, 66 Z.; *Gran Hotel Cristina* (garni), Avda. de la Diagonal 458, I, 123 Z.; *Majestic,* Paseo de Gracia 70, I, 344 Z., Sb.; *Astoria* (garni), París 203, II, 114 Z.; *Condado,* Aribau 201, II, 89 Z.; *Expo Hotel,* Mallorca 1, II, 423 Z.; *Tres Torres* (garni), Calatrava 32/34, II, 56 Z.; *Zenit* (garni), Santalo 8, II, 61 Z.; *Antibes,* (garni), Diputación 394, III, 65 Z.; *Mesón Castilla,* Valdoncella 5, III, 56 Z.; *Park Hotel,* Avda. Marqués de Argentera 11, IV, 95 Z.; u.a.

CAMPINGPLÄTZE. – *Camping Internacional Barcino,* Esplugues de Llobregat; *Cala Gogó,* El Prat del Llobregat; *Toro Bravo,* Viladecans; und zahlreiche andere Plätze in der näheren Umgebung an der Küste.

RESTAURANTS in den Hotels; ferner i n d e r N ä h e d e r P l a z a C a t a l u ñ a : *Milán,* Paseo de Gracia 44; *Lutecia,* Ausias March 17; *Buenavista,* Ronda de San Antonio 84; *Soley,* Bailén 29; *Petit Soley,* Plaza Villa de Madrid; *Luna,* Plaza de Cataluña 9; *Navara,* Paseo de Gracia 4; *Orotava,* Consejo de Cliento 335; *Oro del Rhin,* Avda. de José Antonio 601; *Baviera,* Rambla de Canaletas 127; u.a. – Z w i s c h e n K a thedrale und Puerta de la Paz : *Glaciar,* Plaza Real 3; *Can Solé,* Paseo de Colón 17; *Amaya,* Rambla de Santa Mónica 24; *Chino Gran Dragón,* Ciudad 5; *Los Caracoles,* Escudillers 14; *Siete Puertas,* Paseo de Isabel II 14. – I n d e n ü b r i g e n S t a d t t e i l e n : *Atalaya,* Avda. de la Diagonal 523 (23. Stock); *Reno,* Tuset 27; *Via Véneto,* Granduxer 10; *Tres Coronas,* Buenos Aires 54; *La Pérgola,* Avda. de la Reina María Cristina; *Carballeira* (Meerestiere), Avda. de la Reina María Cristina 3; *Guria* (baskisch), Casanova 97; *Finisterre,* Avda. de la Diagonal 469; u.v.a.

CAFÉS. – *Monza,* Rambla de Cataluña 86; *Piazza,* Plaza de Cataluña 15; *Liceo,* Rambla de los Capuchinos; *Moka,* Rambla de los Estudios 8; u.a.

SHOPPING. – Barcelona ist eine ausgesprochene Einkaufsstadt, in der man die Erzeugnisse des gewerbereichen Kataloniens und weiter entfernter Regionen in großer Auswahl und meist guter Qualität erwerben kann.

Kaufhäuser: Arias, Tamarit Ecke Villaroel; Capitol, Pelayo 20; Cortefiel, Avda. de la Puerte del Ángel 38; El Corte Inglés, Plaza de Cataluña 14; El Corte Inglés, Avda. de la Diagonal 619; El Siglo, Pelayo 54; Jorba-Preciados, Avda. de la Puerta del Ángel 19; Sears, Avda. de la Diagonal 471; Sears (Meridiana), Avda. de la Meridiana 352; Sepu, Rambla de Estudios 120; Simago, Rambla de Estudios 113. Günstig ist meist der Einkauf von Lederbekleidung und Schuhen.

Mode (viele Boutiquen): Paseo de Gracia, Avenida de la Diagonal, Calle Tuset.

Antiquitäten: Calle de la Paja, Pino, Baños Nuevos, Aviño und insbesondere im Barrio Gótico, wo auch die meisten Antiquariate zu finden sind.

Kunsthandwerk, Souvenirs: Die schönsten und echtesten Stücke findet man im Pueblo Español, wo man in vielen Fällen der Herstellung dieser Artikel beiwohnen kann.

Blumen und Vögel: Rambla de les Flors (Blumenmarkt) und Rambla dels Oceils (Vögel und andere Kleintiere); auch spanische und ausländische Bücher und Zeitschriften an den Kiosken.

VERANSTALTUNGEN. – *Fiesta de San Antonio* (Januar), mit Segnung der Tiere, Festzug der Reiter und geschmückten Wagen. – *Palmenmarkt* (Woche vor Palmsonntag) auf der Rambla de Cataluña; am Palmsonntag Aufhängen der gesegneten Palmzweige an den Balkonen der Häuser. – *Semana Santa* (Karwoche), mit Karfreitagsprozession auf den Ramblas; Karsamstag Lämmermarkt auf dem Paseo de San Juan. – *Corpus Cristi* (Fronleichnam), mit großer Prozession von der Kathedrale aus. – *Fiesta Mayor* (September), Patronatsfest zu Ehren der Virgen de la Merced. – Ferner Freudenfeuer auf dem Paseo de San Juan und in anderen Straßen anläßlich des Johannesfestes und am Tag von Peter und Paul.

Spielkasino: *Gran Casino de Barcelona* in San Pedro de Ribes.

SCHIFFSVERKEHR. – Haupthafen für die Autofähren zu den Balearen (Palma de Mallorca, Mahon, Ibiza); ferner reguläre Schiffsverbindungen nach Genua, Marseille, Le Havre, Hamburg, zu allen wichtigen Mittelmeerhäfen sowie nach New York, Mittel- und Südamerika. Buchungen für die Autofähren: *Compañia Trasmediterránea,* Via Layetana 2 (Barcelona).

WASSERSPORT. – Barcelona besitzt in seiner Nachbarschaft gute Badestrände, ferner ein großzügig angelegtes Schwimmstadion auf dem Montjuich. Weitere Wassersportmöglichkeiten, wie Segeln, Motorbootfahrten etc., durch den Club Náutico und den Club Marítimo.

FREIZEIT und SPORT an Land. – Alle Sportarten durch die zahlreichen Sportclubs: Golf, Reiten, Tennis, Rennsport, Fußball, Polo, Hockey usw. Stierkampf in der Plaza Monumental (22000 Plätze) und in der Arena Plaza España (15000 Plätze).

Barcelona ist die alte und neue Hauptstadt Kataloniens, Sitz einer Universität und eines Bischofs und neben Madrid die bedeutendste Stadt Spaniens, der erste Industrie- und Handelsplatz des Landes, einer der größten Häfen am Mittelmeer und ein wichtiger internationaler Luftverkehrsplatz.

Die Stadt liegt landschaftlich überaus reizvoll in einer weiten Küstenebene, die vom Meer allmählich zu dem Bergzug des Tibidabo ansteigt und im Nordosten von der Montaña Pelada, im Südwesten vom Montjuich begrenzt wird. Jenseits der Montaña Pelada öffnet sich das Durchbruchstal des Río Besós; südlich vom Montjuich mündet der Río Llobregat in einer breiten fruchtbaren Talebene, der Gemüse- und Fruchtkammer Barcelonas.

GESCHICHTE. – Barcelona erscheint zuerst unter dem iberischen Namen 'Barcino' und wurde unter Augustus römische Kolonie, mit dem Beinamen 'Iulia Faventia'. Die Westgoten eroberten 'Barcinona'

Templo de la Sagrada Familia in Barcelona

in den Jahren 414 und 531 und machten sie zu ihrer Hauptstadt. Die Mauren nahmen 'Bardschaluna' 716 ein, Ludwig der Fromme 801. Seit 874 waren die Grafen von Barcelona unabhängig. Während dieser Zeit und der Vereinigung Kataloniens mit Aragonien war Barcelona neben Genua und Venedig die führende Handelsstadt am Mittelmeer. Die Vereinigung mit Kastilien im 15. Jh., mehr noch der Ausschluß Kataloniens vom Handel mit der Neuen Welt erschütterten die Macht der Stadt. Im Spanischen Erbfolgekrieg stellte sie sich auf die Seite des Erzherzogs Karl, von dem sie größere Freiheiten erhoffte. Bei der Erstürmung durch die Franzosen im Herbst 1714 wurde ein großer Teil der Stadt zerstört. Mit der Regierung Karls III., der 1778 den Handel mit Amerika freigab, begann der glänzende Wiederaufstieg der Stadt, die im Laufe des 19. Jh. ihre alte Bedeutung im Mittelmeerraum wiedererlangte. Während des Spanischen Bürgerkrieges (1936-39) war Barcelona in der Hand der Republikaner.

SEHENSWERTES. – Die Weltstadt Barcelona hat so viel an Sehenswertem zu bieten, daß man sie nicht in einem einzigen Rundgang besichtigen kann. Im Nachfolgenden sind die interessantesten Plätze in Abschnitten zusammengefaßt.

Hafengebiet. – **Der Hafen** (*Puerto*), mit dem *Außenhafen* (Antepuerto) etwa 300 ha groß, ist neben denen von Gijón und Bilbao der bedeutendste und modernste Spaniens (Warenumschlag jährlich etwa 17 Mio. t); Haupteinfuhrprodukte sind Steinkohle, Getreide und Baumwolle, Ausfuhrprodukte sind Wein, Olivenöl und Korkpfropfen. Hafenrundfahrt von der Plaza Puerta de la Paz; empfehlenswert ist auch ein Gang auf die innere oder noch besser von Barceloneta auf die äußere Mole.

Barcelona – Hafen

Unmittelbar am Hafen erhebt sich an der Plaza Puerta de la Paz das 1888 errichtete 60 m hohe **Kolumbus-Denkmal**, dessen eiserne Säule (Aufzug; begrenzte Aussicht) eine 8 m hohe Bronzestatue des Kolumbus trägt. – An der zum Hafen geöffneten Ostseite des Platzes eine Nachbildung (1951) der Kara-

velle Santa María, mit der Kolumbus im Jahre 1492 seine Entdeckungsfahrt nach Amerika unternahm. An der Südseite des Platzes die stattlichen Gebäude der *Aduana* (Zollamt) sowie der ehem. Schiffswerft **Reales de Atarazanas** (13./14. Jh.), mit dem sehenswerten *Museo Marítimo* (Marine-Museum), das u.a. zahlreiche Schiffsmodelle zeigt.

Von der Plaza de la Paz zieht der Paseo de Colón am Hafen entlang südwestlich zum Fuß des Montjuich, nordöstlich als eine 42 m breite Palmenallee zur Hauptpost. Unweit nördlich des Paseo de Colón liegt an der Calle de la Merced die um die Mitte des 18. Jh. erbaute stattliche Kuppelkirche **La Merced**; auf dem Hauptaltar das vielverehrte Standbild der 'Virgen de la Merced' (13. Jh.), der Schutzpatronin Barcelonas. Am Nordostende des Paseo, der sich hier zur Plaza de Antonio López erweitert, steht die **Hauptpost** (*Correos*), 1928 erbaut. – Von hier führt als Fortsetzung des Paseo de Colón der kurze Paseo de Isabel II auf die Plaza de Palacio, den Mittelpunkt des Seehandels von Barcelona, mit dem *Gobierno Civil* sowie zahlreichen Büro- und Handelshäusern. An der Westseite des Platzes die 1382 gegründete **Lonja** (Börse), mit sehenswertem gotischen Börsensaal (Sala de Contrataciones).

Unweit nördlich von der Börse die gotische Kirche **Santa María del Mar* (1329-83), nächst der Kathedrale die bedeutendste mittelalterliche Kirche Barcelonas, mit gotischer Fensterrose und reichen Portalen; in dem weiträumigen Innern Glasgemälde des 15./17. Jh. Hinter der Kirche die Plaza del Borne, einst Festplatz, in deren Umgebung mehrere altertümliche Gassen erhalten sind, so die einst vornehme Calle Moncada mit der Hausnummer 20, der *Casa Dalmases* (schöner Hof und Renaissancetreppe) und der Nummer 15, dem *Palacio Berenguer de Aguilar*; im Innern das 1963 eröffnete **Picasso-Museum**, eine der bedeutendsten Sammlungen von Bildern des von 1895 bis 1903 vorwiegend in Barcelona ansässig gewesenen Malers, mit Werken der Blauen und Rosa Periode und den 1957 gemalten Paraphrasen zu Velázquez' Meninas.
Südöstlich von der Plaza de Palacio gelangt man in die auf einer Landzunge

Barcelona

400 m

Tibidabo, Parque Güell

Costa Brava

Tarragona, Lérida

Pueblo Español

Vich, Gerona

Sagrada Familia

Plaza de las
Glories
Catalanes

Mallorca

Aragón

Ciento

Diagonal

Catalanes

C. de Tanger

Paseo
de San Juan

de

Paseo

de

la

Consejo

de

de

Corts

Calle

de

Calle

Paseo Diputación

Plaza de Toros
Monumental

de

Ribas

de

March

Ausias

Juan

San

de

Avenida

Calle

Mallorca

de Gerona

Calle

Calle

de

N. S. de la
Concepción

Plaza de Tetuán

Ribas

de

la Meridiana

Almogávares

Avenida de los

Carlos I

Bahnhof
(E. del Norte)

Aragón

de

Ciento

Calle

les

de

Calle

Calle

Paseo

Vía

de

Calle

Diputación

Calle

Pedro

San

Calle

de

Calle

de

la

de

de

Gracia

Seminario

Universidad
Central

Pl. de la
Universidad

Consejo

de

de

la

Lauria

P. Claris

Ronda

de

San Gerona

Ronda Universidad

R. Canaletas

Plaza de
Cataluña

Santa Ana

C. Canuda

Vía

Pal. de la
Música

Salón
de Victor
Pradero

San Pedro

Pal. de Justicia

Paseo de Pujadas

Parque de la
Ciudadela

Museo de
Arte Moderno

Museo Zool.

Museo
Martorell

Zoo

Calle Baja de Sn. Pedro

Carders

Layetana

Calle

Calle de la Princesa

Museo
Picasso

Gran

Calle de San Antonio

Ronda de San Antonio

Calle

de

Tallers

BARRIO

GÓTICO

Catedral

Pal. Episc.

Pal.
Generalitat

Nuestra
Señora de
Belén

R. de San José

C. de Fernando

C. del Pino

S. M.
del Pino

San
Justo

Rathaus

Pal. de
Jaime

Lonja

S. M.
del Mar

Bahnhof
(E. de Francia)

Palacio de la Virreina

San Antonio Abad

C. S.

Mercado

Calle Ant. Abad

San
Augustín

Teatro
Liceo

de Hospital

C. de Fernando

R. de S.-José

La Merced

Colón

Muelle de Bosch y Alsina

San Miguel
del Puerto

Muelle de España

BARCELONETA

Calle de Manso

Nou

Carrer

del

Avenida

Parallel

la

de

Rambla

de

R. de S.-Mónica

San Pablo

Com. d. Marina

Mus. Marítimo

Aduana

Mon. á Colón

Plaza Puerta
de la Paz

Carabela
de Colón

Paseo

Nacional

Muelle de Barcelona

Aéreo

Torre
San
Sebastián

Funicular

Funicular

PUEBLO
SECO

Piscina
Municipal

Miramar

Parque

Teleférico

del

Atracciones

Castillo de
Montjuich

Cotón

Muelle de San Beltrán

Muelle de la Costa

Muelle Poniente

Hafenbahnhof

Muelle de Levante

Paseo

© Baedeker

Metro

gelegene, regelmäßig angelegte Fischervorstadt **Barceloneta** (volkstümliches Leben), mit der 1755 erbauten, 1863 erweiterten Kirche *San Miguel del Puerto*. Von der auf der 'Neuen Mole' stehenden *Torre de San Sebastián* (96 m hoch), mit Restaurant, *Schwebebahn über den Hafen hinweg zur Zwischenstation *Torre de Jaime* I (158 m hoch), mit Bar, und weiter zum *Balcón de Miramar* (Montjuich).

Gebiet der Ramblas. – Die am Kolumbus-Denkmal beginnenden *Ramblas, der mit Platanen bepflanzte breite Hauptstraßenzug der Stadt, führen in einer Länge von 1180 m zur Plaza de Cataluña. Gleich am Anfang steht links an der Rambla de Santa Mónica die **Marine-Kommandantur.** – An die Rambla de Santa Mónica schließt sich die besonders verkehrsreiche Rambla de los Capuchinos (früher Rambla del Centro) an. Unweit links bei der Calle del Conde de Asalto der **Palacio Güell** von Antonio Gaudí (1885–89), heute *Theater-Museum*. Rechts abseits (durch die kurze Calle de Colón) liegt die Plaza Real, ein mit Palmen bepflanzter und von Arkaden umgebener stets belebter Platz. Die nächste rechte Querstraße der Rambla ist die vor allem abends sehr besuchte Calle de Fernando, die zur Plaza de San Jaime führt. – Beim **Gran Teatro del Liceo** (1848), mit 5000 Plätzen für Oper und Konzert, führt von der Rambla links die Calle de San Pablo zu der romanischen Kirche **San Pablo del Campo,** die 1117 außerhalb der Stadt (daher 'del Campo') erbaut wurde; mit achteckiger Vierungskuppel und schönem Hauptportal, ferner mit beachtenswertem Innern. Südöstlich anstoßend ein kleiner Kreuzgang des 13. Jahrhunderts.

Die Rambla de los Capuchinos endet an dem Verkehrsknotenpunkt Llano de la Boquería. Von hier führt die Calle del Cardenal Casañas nördlich zu der Plaza del Pino, mit der Kirche **Santa María del Pino** (15. Jh.); an der Westseite der Kirche eine große Fensterrose, im Innern schöne moderne Glasgemälde. In der Umgebung viele Antiquitätengeschäfte.

An den Llano de la Boquería schließt sich nordwestlich die Rambla de San José an, wegen des vormittags hier stattfindenden Blumenmarkts auch Rambla de las Flores genannt. Links die große Markthalle **Mercado de la Boquería**; nördlich anstoßend der 1778 erbaute **Palacio de la Virreina,** der ehem. Palast der Vizekönigin von Perú, mit dem *Museo de Artes Decorativas* (Möbel, Teppiche, Porzellan, auch Gemälde ital. und span. Meister, u.a. von Tizian, El Greco und Goya). – Weiterhin die Rambla de los Estudios, wo vormittags Vogelmarkt ist. Gleich links an der Ecke der Calle del Carmen die 1681-1729 erbaute ehem. Jesuitenkirche **Nuestra Señora de Belén**.

Die Ramblas enden an der Plaza de Cataluña, dem größten und belebtesten Platz Barcelonas, zugleich Hauptkreuzungspunkt der U-Bahnlinien, mit Parkanlagen und Kaskaden. An der Ostseite das mächtige *Telephongebäude* (Telefónica); an der Südostseite des Platzes ist in der Nähe der Einmündung der Rambla der Zugang zu der alten Kirche **Santa Ana** (1146 gegründet), mit einem zierlichen zweistöckigen Kreuzgang des 14. Jahrhunderts.

Von der Plaza de Cataluña führen westlich die ladenreiche Calle de Pelayo sowie die Ronda de la Universidad zu der Plaza de la Universidad, mit dem 1863-73 errichteten Gebäude der 1450 gestifteten **Universität**; im Innern u.a. zwei schöne Höfe und die Universitätsbibliothek.

Die nordwestliche Fortsetzung der Ramblas bildet die Rambla de Cataluña, die sich von der Plaza de Cataluña bis zur Avenida de la Diagonal hinzieht. – Parallel dazu verläuft der Paseo de Gracia, eine 61,5 m breite und 1200 m lange prächtige Promenade mit vierfacher Platanenreihe und eleganten Geschäften. In der rechts abzweigenden Calle de Aragón links die 1869 aus der Altstadt hierher übertragene Kirche **Nuestra Señora de la Concepción,** mit einem Kreuzgang aus dem 14. Jh. (1936 schwer beschädigt). Weiter am Paseo de Gracia rechts (Nr. 92) die **Casa Milá** von Gaudí (1910). – Am Nordende des Paseo liegt die Plaza de la Victoria, mit einem an den Einzug der Franco-Truppen (1939) erinnernden Obelisken. Hier kreuzt man die über 10 km lange Avenida de la Diagonal, die Hauptverkehrsader der Neustadt. Nahe an ihrem Westende erstreckt sich das *Stadion* des F.C. Barcelona (125000 Plät-

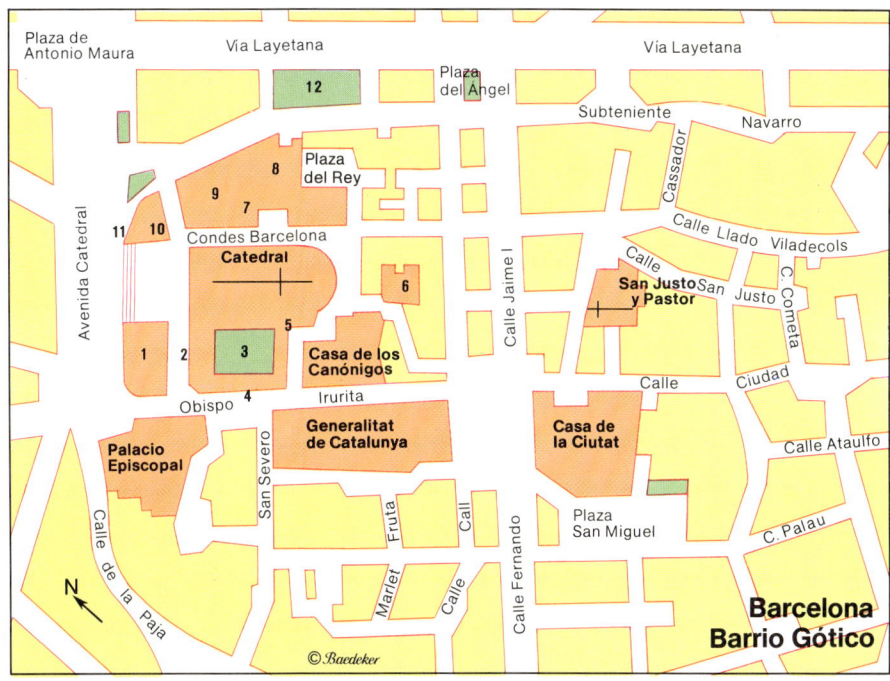

Plaza de Antonio Maura
Via Layetana
Via Layetana
12
Plaza del Angel
Subteniente
Navarro
Cassador
Plaza del Rey
8
9
7
Calle Llado
Viladecols
11 10
Condes Barcelona
Catedral
Calle
C. Cometa
San Justo San Justo
y Pastor
6
Calle Jaime I
1 2 3
Casa de los Canónigos
5
Calle
Ciudad
4
Irurita
Obispo
Generalitat de Catalunya
Casa de la Ciutat
Calle Ataulfo
Palacio Episcopal
San Severo
Fruta
Call
Calle Fernando
Plaza San Miguel
C. Palau
Calle de la Paja
N
Marlet
Calle
© Baedeker
Barcelona Barrio Gótico

1 Casa del Arcediano	4 Portal de Santa Eulalia	7 Römische Ausgrabungen	10 Casa de la Pía Almoina
2 Romanisches Portal	5 Portal de la Piedad	8 Tinell-Saal	11 Römische Mauerreste
3 Kreuzgang	6 Säulen des Augustustempels	9 Museum Federico Marés	12 Plaza de Berenguer el Grande

ze), und dort befinden sich auch die Anlagen der *Universitätsstadt* (Ciudad Universitaria).

Kathedrale und Barrio Gótico. – $^1/_2$ km südöstlich der Plaza de Cataluña erhebt sich auf dem höchsten Punkt der Altstadt ('Monte Tabor' genannt) die ****Kathedrale** (*Santa Cruz* oder *Santa Eulalia*), im Jahre 1298 an der Stelle eines alten romanischen Baus, von dem am nordöstlichen Seitenportal noch einige Steinreliefs erhalten sind, begonnen und 1448 bis auf die Hauptfassade (1898) und den Kuppelturm (1913) beendet.

In dem großartigen INNEREN (83,3 m lang, 37,2 m breit und 25,5 m hoch) farbenprächtige *Glasgemälde*, z.T. aus dem 15. Jh., ferner beachtenswertes *Chorgestühl* (15. Jh.) und eine schöne *Kanzel* von 1403. In der **Capilla Mayor** ein spätgotischer *Retablo* des 16. Jh. Von den zahlreichen Seitenkapellen ist die stattlichste die **Capilla del Santísimo Sacramento** (auch *Capilla del Santo Cristo de Lepanto*), rechts neben dem Hauptaltar, ehemals Kapitelsaal; mit dem aus dem 15./16. Jh. stammenden *Alabaster-Grabmal* des hl. Bischofs Olegarius (†1136) sowie dem 'Christus von Lepanto', der angeblichen *Galionsfigur* vom Flaggschiff des Don Juan de Austria in der gegen die Türken gewonnenen Seeschlacht von 1571. Die übrigen 26 Kapellen, mit einigen bedeutenden Grabmälern, stammen meist aus dem 16./17. Jh. – Von der Capilla Mayor führt eine Treppe hinab zu der **Krypta**, mit dem *Alabaster-Sarkophag* (ital. Arbeit, um 1330) der hl. Eulalia

Kathedrale von Barcelona

(3. Jh. ?). In der **Sakristei** der sehenswerte Kirchenschatz (Tesoro). – Vom südwestlichen *Turm* (210 Stufen; Eingang im Innern der Kirche) sehr lohnende *Aussicht. – Südwestlich anstoßend an die Kathedrale der prächtige ***Kreuzgang** (Claustro) von 1380-1451; im inneren Hof Palmen und Magnolien; in der Südwestecke des Kreuzganges die 1270 gestiftete *Capilla de Santa Lucía*, daneben die *Sala Capitular* (jetzt Museo de la Catedral), mit Gemälden spanischer Meister des 14./15. Jahrhunderts.

In der nächsten Umgebung der Kathedrale befindet sich das ***Barrio Gótico** (Gotisches Viertel), der bedeu-

tendste Rest der mittelalterlichen Altstadt, mit vielen Antiquitätengeschäf-
ten. Die Calle de Santa Lucía führt von
der Plaza de la Catedral südwärts, vorbei an der **Casa del Arcediano** des
15. Jh., mit prächtigem Patio und dem
Stadtarchiv, zu dem schon 926 erwähnten, mehrfach umgebauten **Bischöflichen Palast**. – Am Nordende der Plaza
de la Catedral steht die **Casa Canónica**,
das Domherrenhaus des 15. Jh., mit
dem sehenswerten *Diözesanmuseum*
(Altartafeln, Skulpturen, kirchliche Gewänder). Anschließend, an der Calle
Condes de Barcelona, das **Museo Ma-
rés**, mit einer reichen Skulpturensammlung, und das *Archiv der Krone von Aragonien* (Archivo General de la Corona
de Aragón). Von hier erreicht man die
nördlich abseits gelegene Plaza del
Rey, einst Mittelpunkt des Palastes der
Grafen von Barcelona und Könige von
Aragonien, von dem in der Nordwestecke der mächtige fünfstöckige **Mirador**
(Aussichtsturm) des 16. Jh. sowie im
Erdgeschoß der ehem. Empfangssaal
der Grafen, der *Salón del Tinell* von 1370
(bogengestützte Decke) erhalten geblieben sind; in diesem Saal wurde Kolumbus nach der Rückkehr von seiner
ersten Amerikafahrt von den Reyes Católicos empfangen. Zu dem Palast gehörte auch die gotische *Capilla de Santa
Águeda* des 13. Jh., vor der eine Säule
vom römischen Tempel steht. An der
Ostseite des Platzes die **Casa Padellas**
mit dem *Historischen Stadtmuseum*
(Museo de Historia de la Ciudad).

Die an der Südwestseite der Kathedrale
vorüberführende Calle del Obispo Irurita mündet südlich auf die Plaza de
San Jaime. An ihrer Nordwestseite die
Casa de la Diputación (15. Jh.), ehemals Sitz der Stände des Landes, jetzt
der Provinzverwaltung; prächtiger gotischer *Patio* und im 1. Stock die gotische
Georgskapelle, im rückwärtigen Ge-
bäudeteil der reizvolle *Orangenhof*.
Nördlich an die Casa de la Diputación
anstoßend die ehem. **Audiencia** (*Ge-
richtshof*), mit schöner gotischer Fassade an der Calle del Obispo Irurita. – An
der Südostseite der Plaza de San Jaime
die **Casa Consistorial** (oder *Ayuntamiento*), das 1369-78 errichtete Rathaus, mit Hauptfassade von 1847; im Innern großer Ratssaal (Salon de Ciento)
des 14. Jh. und der von José Maria Sert
ausgemalte 'Salón de las Crónicas'. –

Unweit östlich die gotische Kirche
Santos Justo y Pastor, um 1345 begonnen.

Die von der Ostecke der Plaza de San
Jaime ausgehende Calle de Jaime I führt
zu der Plaza del Ángel, dem Kreu-
zungspunkt mit der Vía Layetana, der
Straße der Bank- und Versicherungspa-
läste. Sie endet im Südosten beim Hafen
und führt nordwestlich bis zu der Calle
de Córcega. In diesem nördlichen Abschnitt steht rechts abseits in der Calle
Alta de San Pedro der **Palau** (*Palacio*) **de
la Música**, ein 1908 von Domènech i
Montaner in neukatalanischem Stil erbautes Konzerthaus. Die Alta de San
Pedro führt nordöstlich weiter zu dem
1888 als Eingang zur Weltausstellung
errichteten *Arco del Triunfo* und zum
Justizpalast (*Palacio de Justicia*) von
1903; im Innern Wandmalereien von
J.M. Sert. Von hier nördlich in die Calle
de los Almogávares, östlich zum Stadtpark.

Stadtpark: Nordöstlich von der Plaza
de Palacio führt die breite Avenida del
Marqués de Argentera vorbei an der
Estación de Francia (Französischer
Bahnhof) zum **Stadtpark** (*Parque y Jardines de la Ciudadela*), einem 30 ha großen Gelände mit Baumgängen, Blumen-
terrassen, Wasserbecken und Denkmälern an der Stelle der geschleiften Zitadelle. In der Westecke des Parks, in einem Bau von Domènech i Montaner das
Zoologische Museum (*Museo de Zoo-
logía*); südöstlich jenseits des Palmen-
hauses das **Geologische Museum**, nach
seinem Stifter auch *Museo Martorell*
genannt; an der Nordostseite des Parks
der **Zoologische Garten** (*Jardin Zoológico*). An der Nordecke des Parks stößt
man auf ein phantastisches Grotten-
werk, die *Cascada del Parque*; gegenüber ein Café-Restaurant. – Weiter südöstlich folgen mehrere Gebäude der
ehem. Zitadelle. In dem **Palacio Real**
(18. Jh.) und seinen modernen Anbau-
ten befindet sich *das Museum für moderne Kunst* (Museo de Arte Moderno),
das einen guten Überblick über die spanische Malerei und Plastik des 19./20.
Jh. bietet; das Museum besitzt u.a.
Werke von Dalí, Miró und Tàpies. – An
der oben genannten Calle de los Almogávares im Haus Nr. 99 eine sehenswerte *Sammlung historischer Leichen-
wagen* (Carros fúnebres) des 17./19.
Jahrhunderts.

Montjuich und Pueblo Español.
– An der Südseite der Stadt erhebt sich
der zum Meer steil abfallende *Montjuich (sprich 'Mondschúik'), mit 213 m
Höhe (Schwebe-, Gondel- und Standseilbahn sowie Auffahrt von der Avenida
del Parallel). An seinem Nordabhang
zieht sich die Avenida del Parallel
hin, mit zahlreichen Vergnügungsstätten. Auf der Höhe des Berges das **Castillo de Montjuich,** mit *Militärmuseum*
und schönem *Ausblick von den Bastio-
nen. Am Nordwesthang ein **Park** mit den
Palästen der Weltausstellung von 1929,
jetzt Museen; dort auch der Sitz des
*Centro de Estudios de Arte Contempo-
ráneo,* einer Stiftung Joán Mirós.

Barcelona – Plaza de España

Am Westende der Avenida del Parallel
die Plaza de España, mit dem großen Brunnen 'España ofrecida a Dios',
im Sommer *Illumination durch 4730
Lampen in zehn Farben. Von hier führt
die Avenida de la Reina María
Cristina über zahlreiche Treppen und
Terrassen zwischen den Ausstellungs-
hallen hindurch (rechts der rekonstruierte *Weltausstellungspavillon von
Mies van der Rohe, 1929) und hinauf zu
dem monumentalen **Palacio Nacional,**
mit einem 10000 Personen fassenden
Saal und dem *Museum für Katalanische Kunst (Museo de Arte de Cataluña),
das hervorragende Werke der spanischen Malerei des 11.–18. Jh. enthält,
darunter Bilder und Skulpturen der romanischen und gotischen Zeit, u.a. aus
katalanischen Kirchen übertragene
Wand- und Gewölbemalereien sowie
Werke von El Greco, Velázquez, Zurbarán und Ribera. Unweit östlich das *Völ-*

kerkundemuseum (Museo Etnológico).
Nordöstlich davon das reichhaltige *Archäologische Museum* (Museo Arqueo-
lógico). Nahebei östlich das in einem
ehem. Steinbruch eingebaute *Griechische Theater* (Teatro Griego), das 2000
Plätze hat; im Sommer Vorstellungen. –
Im Westteil des Parks liegt das *Pueblo
Español, eine für die Weltausstellung
1929 angelegte Nachbildung von charakteristischen Häusern der spanischen
Provinzen, wobei jede Landschaft durch
eine Straße vertreten ist (Gelegenheit zu
Einkäufen). An der Plaza Mayor im Hause
Nr. 6 das *Museo Etnológico* (spanische
Abteilung), mit kunstgewerblichen Gegenständen sowie Erzeugnissen von In-
dustrie und Handwerk.

Vom Pueblo Español führt die aussichtsreiche Avenida del Estadio
am *Stadion* vorbei und die sie fortsetzende Avenida de Miramar (zusammen 3 km) zur Station der Standseilbahn und weiter zu einer *Aussichtsterrasse ('Balcón de Miramar'; 60 m), mit
Restaurant und Schwebebahn; von dort
gelangt man über Treppen oder mit dem
Auto auf der Carretera de Montjuich
zum Ostende des Paseo de Colón und
zum Hafen. Am Nordosthang des Montjuich liegt der *Parque de Atracciones*
(Vergnügungspark).

Gebiete im Norden. – Im nördlichen
Teil der Stadt erhebt sich jenseits der
Avenida de la Diagonal der auffallende
*Templo de la Sagrada Familia, ein
1882 nach Plänen von Antonio Gaudí
begonnener monumentaler Kirchenbau
in neukatalanischem Stil, dessen Bau-

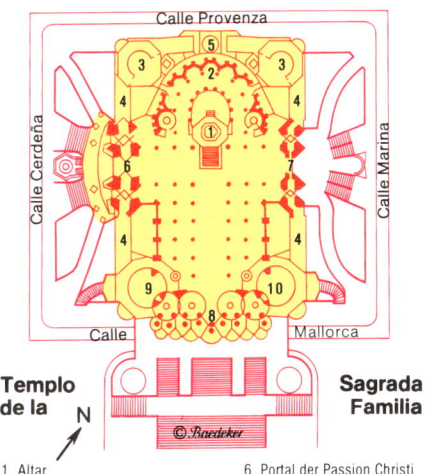

Templo de la   N   Sagrada Familia

© Baedeker

1 Altar
2 Apsidenkapelle
3 Sakristeien (darüber Türme)
4 Kreuzgang
5 Kapelle der Auferstehung Mariae

6 Portal der Passion Christi
7 Portal der Geburt Christi
8 Portal der Herrlichkeit
9 Baptisterium (Turm)
10 Sakramentskapelle (Turm)

kosten aus Almosen und Stiftungen zu-
sammengetragen werden. Die Kirche
soll eine Gesamtlänge von 110 m und
eine Höhe von 45 m erhalten, mit zwölf
100-115 m hohen Türmen und einer
160 m hohen Hauptkuppel. Vollendet
sind bisher die viertürmige Osttür
('Weihnachtsfassade'), die Apsis und
die dem Gottesdienst dienende Krypta.

Von der nördlichen Endstation der Metro III (Plaza Lesseps) gelangt man
durch einige Straßen des Vororts Gracia
bergan zum **Parque Güell**, einer
1900-14 von Antonio Gaudí angelegten

Barcelona – im Parque Güell

Parkschöpfung, mit phantastischen
Bauten im neukatalanischen Stil
(Markthalle, Griechisches Theater,
Turmbauten, Galerien, Viadukte). Hier
wohnte Gaudí von 1906 bis kurz vor sei-
nem Tode (Casa-Museo Gaudí).

Eine lohnende Auffahrt (12 km nördlich)
führt durch die zwischen der Plaza de
Cataluña und der Plaza de la Universidad beginnende Calle de Balmes,
später auf prächtiger Aussichtsstraße
hinauf zum *Tibidabo (532 m), auf den
auch eine 1,2 km lange Standseilbahn
führt (Talstation am Endpunkt der Straßenbahn 'Tranvía azul' bei der genannten Metro-Station Tibidabo). Oben Hotels und Restaurants sowie ein Vergnügungspark und die 1961 vollendete Kirche Sagrado Corazón de Jesús, mit einer großen Herz-Jesu-Statue von 1935.
Auf dem Gipfel ein 45 m hoher Wasser-
turm (Fahrstuhl) sowie der Sender Barcelona. Die Aussicht umfaßt die Umgebung der Stadt mit 80 Ortschaften (auch
bei Dunkelheit sehr eindrucksvoll), das

weite Meer (bei klarem Wetter Sicht bis
zu den Balearen!), landeinwärts den
Montserrat, den Montseny und nördlich
am Horizont die Pyrenäen. – Lohnend ist
der Rückweg über den etwa 2 km westlich gelegenen Villenvorort **Vallvidrera**
(375 m), mit hübsch gelegener alter
Pfarrkirche. Von hier entweder die Straßenbahn nach Barcelona (12 km) bzw.
Standseilbahn zur Vorstadt Sarriá oder
von der Kirche in Sarriá (Straßenbahn;
Metro III von der Station Roma) westlich
auf dem Paseo de la Reina Elisenda
nach **Pedralbes**, mit der 1326 erbauten
gotischen Klosterkirche Santa María, in
der das Alabaster-Grabmal der Königin
Elisenda de Montcada (†1364), Gemahlin Jaimes II., bemerkenswert ist; am
dreigeschossigen Kreuzgang die Capilla de San Miguel, mit bedeutenden
gotischen *Wandmalereien von Ferrer
Bassa (1346).

UMGEBUNG von Barcelona. – Natürlich bietet diese imponierende Stadt auch in ihrer
näheren und weiteren Umgebung eine Vielzahl von lohnenden Ausflugszielen, die z.T.
abseits der großen Routen liegen.

Über Sabadell nach Tarrasa. – Man
folgt der nach Nordwesten strebenden neuen
Autobahn oder der N-150; diese führen zunächst zum 21 km entfernten
Sabadell (190 m; 145000 Einw.), einer Industriestadt am Río Ripoll; mit beachtenswertem Museum (vor-, früh- und stadtgeschichtliche Sammlungen). Auf einer Anhöhe die
Ermita La Salud. Weiter auf der N-150 nun in
fast westlicher Richtung nach **Tarrasa** (s.
dort).

Nach San Cugat de Vallés. – Auf einer
Nebenstraße via Tibidabo zu dem im Nordwesten Barcelonas liegenden, etwa 12 km
entfernten
San Cugat de Vallés (210 m; 20000 Einw.),
einem Villenort in waldreicher Umgebung;
mit sehenswertem Kloster des 11./12. Jh.
(romanischer Kreuzgang; Grabstätten aus
dem 9. Jh.) und einer gotischen Klosterkirche des 15. Jahrhundert.

Küstenfahrt zur Costa Brava. – Die
Ausfahrt aus Barcelona erfolgt von der Plaza
de las Glorias auf der Autobahn A 19 über den
Río Besós in nordöstlicher Richtung nach
Badalona (7 m; 160000 Einw.), einer langge-
streckten Industriestadt (Erdölraffinerie,
Stahlindustrie u.a.).
Von Badalona geht es auf der N II über Mon-
gat weiter über eine Anhöhe; dann auf schö-
ner Strecke unweit vom Strand der *Costa
Dorada ('Goldene Küste'), von dem man nur
durch die Eisenbahn getrennt ist. Hinter

Masnóu schnurgerade am Meer entlang und über *Premiá de Mar* und *Vilasar de Mar* (Hotels und Campingplätze) nach **Mataró** (23 m; 68 000 Einw.; Hotel Castell de Mata, II, 52 Z., Sb.; Colón, garni, P I, 55 Z.), einer industriereichen, langgestreckten Stadt, mit Hafen und Badestrand. Im Jahre 1848 fuhr von hier nach Barcelona die erste spanische Eisenbahn.

Die N-II folgt weiter der Küste; links abseits *San Andrés de Llavaneras* (114 m; Hotels); dann folgt *Caldas de Estrach* (33 m; Hotels), mit Thermalquelle (41°C) und Strand. Weiterhin von schöner Aussicht begleitet nach **Arenys de Mar** (13 m; 9000 Einw.; Hotel *Raymond, II, 33 Z.; Titus, III, 44 Z., Sb.), einem malerisch gelegenen Hafenstädtchen (Umgehungsstraße) mit Yachthafen und besuchten Badeständen. Weiter in Windungen auf der hier durch die Vorgebirge *La Serp* und *Las Rosas* gebildeten Steilküste über *Canet de Mar* und den von einem zinnengekrönten Schloßturm überragten *San Pol de Mar* (beide mit Hotels) die felsige Küste entlang nach **Calella** (5 m; 9000 Einw.; zahllose Hotels, zumeist im Winter geschl. – Camping), einem vielbesuchten Seebad unweit dem Fuß der *Sierra de Montnegre*.
Hinter *Pineda* gabelt sich die Straße: rechts Fortsetzung der Küstenstraße über *Malgrat* (9000 Einw.) zur **Costa Brava** (s. dort); nach links Weiterfahrt auf der N-II und jenseits der Provinzgrenze nach **Gerona** (s. dort), 104 km von Barcelona).

Zum Puigcerdá. – Von der Plaza de las Glorias folgt man zunächst der nach Norden strebenden Autobahn Richtung Gerona, von der später die N-152 abzweigt zum 28 km entfernten **Granollers** (145 m; 30 000 Einw.), einer betriebsamen Stadt, mit bekanntem Viehmarkt; gotische Kirche *San Esteban* des 14. Jh., mit romanischem Portal. – Von Granollers lohnender Abstecher (33 bzw. 41 km) zu dem gewaltigen Gebirgsstock der *Sierra del Montseny* (1745 m) und der *Ermita Santa Fé* in prächtiger Lage am aussichtsreichen Südhang des Gebirges.

Über *La Garriga* (260 m) in einem felsigen Tal und in Windungen aufwärts nach *Ayguafreda* und *Tona* (491 m), links überragt von einer großen Burgruine, dann durch die Ebene von Vich nach **Vich** (s. dort), einer alten Bischofsstadt.

Über den Ort *La Gleva* und mit Rückblick auf den *Montserrat* führt die N-152 nach *Montesquiú* (590 m), rechts überragt von dem *Castillo de Besora*. Durch das Tal des *Río Ter* erreicht die Straße die Grenze zwischen den Provinzen Barcelona und Gerona. Jenseits der Grenze das Städtchen **Ripoll** (s. dort). Durch einen malerischen Streckenabschnitt

(Wasserfall) geht es über das Thermalbad *Aguas de Ribas* weiter nach **Ribas de Freser** (926 m; 9000 Einw.), einem Thermalbad in waldiger Lage am *Río Freser* und vielbesuchter Sommerfrische. – Nördlich (8 km) der Wintersportort *Nuria* (2000 m; Hotels), auch mit Bergbahn zu erreichen.

Zwischen den Höhen des *Puigmal* (2912 m; rechts) und der *Sierra del Cadi* (links) klettert die N-152 hinauf zum **Puerto de Tosas** (1800 m), dann von der Paßhöhe in vielen Windungen hoch am Berghang entlang und schließlich zum Dörfchen **Urtg** (1190 m), mit Abzweigung in das großartige Wintersportgebiet *La Molina* (1600–2500 m; Hotels), mit mehreren Skilifts und Schwebebahnen. – Weiter nördlich eine Abzweigung der C-1313 nach **Seo de Urgel** (s. dort).

Kurz hinter der Abzweigung erreicht die N-152 das alte befestigte Grenzstädtchen **Puigcerdá** (1147 m; 5400 Einw.), in reizvoller Lage am Zusammenfluß von *Río Segre* und *Río Carol* auf einem Hügel, wegen seiner schönen Lage inmitten der Pyrenäen auch als Sommerfrische und Wintersportplatz viel besucht (zahlreiche Hotels und Hostales). – Nordöstlich (5 km) der spanische Ort *Llivia*, eine Enklave auf französischem Boden; mittelalterliches Städtchen unter Denkmalschutz. – 5 km nördlich an der N-152 *Ur* (1135 m), mit der spanischen Zollkontrolle.

Küstenstraße der Costas de Garraf. – Die von Barcelona nach Südwesten führende Autobahn, die später in die C-245 übergeht, ist die aussichtsreiche Küstenroute nach Tarragona. Durch den industriereichen Vorort *Hospitalet* (230 000 Einw.) verläßt man die Stadt und erreicht schließlich das in der Nähe des Zusammenschlusses von Autobahn und C-245 liegende **Castelldefels** (11 000 Einw.; zahlreiche Hotels, z.T. im Winter geschl. – Camping), wegen seines schönen Strandes und Pinienwaldes sehr viel besucht; mit kleiner romanischer Kirche, altem Castillo (Sommerfestspiele) und Wachttürmen.

Am Dorf *Garraf* vorbei zieht die Straße nun auf großartiger Strecke in Windungen auf der felsigen Steilküste der *Costas de Garraf*, dem schönsten Teil der Costa Dorada, hin nach **Sitges** (s. dort), einem eleganten Seebad und internationalen Ferienort.

Über den Paß Cruz de Ordal. – Man verläßt Barcelona durch die westlichen Industrievororte und erreicht nach 17 km von der Stadtmitte die Industrievorstadt **Molins de Rey** (140 m), kurz dahinter *Cuatro Caminos*, wo die N-340 nach links abzweigt. Talaufwärts geht es über *Vallirana* (205 m) und durch eine hübsche Waldlandschaft zum *Viaducto del Lladoner*, der mit zwei Bogenreihen eine 22 m tiefe Schlucht überbrückte, und hinauf zum Paß **Cruz de Ordal** (510 m),

einer Höhe mit Kruzifix, wo sich eine schöne Aussicht bietet. – Nach wechselvollem bergab und bergauf kommt man schließlich zwischen Feldern und jenseits der Autobahnauffahrt nach
Villafranca del Panadés (224 m; 16000 Einw.), einer im Mittelpunkt der weinreichen Landschaft *Panadés* gelegenen Stadt, mit alten Palästen, der gotischen Kirche Santa María aus dem 13. Jh. (Gemälde, Grabmäler) sowie einem Weinmuseum (Kostproben) im alten Palast der Könige von Aragonien.

Die N-340 passiert erneut die Autobahn und erreicht *Arbós*; am Ortseingang die dreitürmige Kirche San Julián mit stattlicher statuengeschmückter Fassade und einem guten Retablo, im Ort ein Palacio, dessen Turm der Giralda von Sevilla ähnlich ist.

Nach Martorell. – Wie bei der vorgenannten Route verläßt man Barcelona durch die westlichen Industrievororte und verbleibt bei *Cuatro Caminos* auf der in nordwestlicher Richtung ziehenden N-II. Über *San Andrés de la Barca* und dem rechten Ufer des *Río Llobregat* erreicht man
Martorell (160 m; 13000 Einw.), ein altes Städtchen an der Mündung des *Río Noya* in den *Río Llobregat*, über den hier die dem punischen Feldherrn Hannibal (218 v.Chr.) zugeschriebene Brücke *Puente del Diablo*, mit einem Triumphbogen für Hannibals Vater, Hamilcar Barcas, führt.

Fahrt nach Andorra. – Man folgt der nach Westen führenden N-II bis *Igualada* (315 m; 27000 Einw.; Hotel América II, 52 Z., Sb.), einer Industriestadt mit Spinnereien und Gerbereien; dahinter Abzweigung nach rechts und auf der C-1412 über *Prats del Rey* (435 m) nach *Calaf* (470 m), einem am Fuß der gleichnamigen Sierra gelegenen Städtchen mit hochgelegener Burgruine. Dahinter in Windungen bergab nach *Castellfullit* (410 m), überragt von den Türmen einer alten Burg. Die Straße passiert die Provinzgrenze nach Lérida und erreicht schließlich
Pons (360 m; 2000 Einw.), ein Städtchen am linken Ufer des *Río Segre*; mit frühgotischer Pfarrkirche. In Pons Einmündung der C-1412 in die von Lérida kommende C-1313, auf der man in nördlicher Richtung die Fahrt in dem reizvollen Segretal aufwärts fortsetzt. Im Hintergrund die Kette der Pyrenäen, denen man sich allmählich nähert, erreicht man das Dorf
Basella; von hier nach rechts Abzweigung (25 km) nach *Solsona* (665 m; 5500 Einw.), der alten Bischofsstadt, deren gotische Kirche (14./15. Jh.) romanischen Ursprungs ist (spätroman. 'Virgen del Claustro').

Die C-1313 führt hinter *Oliana* (460 m) durch die von hohen Felswänden umrahmte Schlucht *Grau de la Granta zu dem über 10 km langen Stausee *Embalse de Oliana*; an

dessen Nordende das Dorf *Coll de Nargó* (530 m) in malerischer Lage. Hinter *Orgañá* geht es talaufwärts durch die Schlucht *Garganta de Orgañá* und schließlich entlang einiger Dörfchen nach **Seo de Urgel** (s. dort). Über die von Seo de Urgel in nördlicher Richtung verlaufende C-145 erreicht man nach 10 km hinter dem spanischen Dorf *Farga de Moles* das Gebiet von **Andorra** (s. dort).

Baskische Provinzen

Autonome Region.
Regierungsorgan: Gobierno Vasco.
Provinzen (mit Hauptstädten): Guipúzcoa (San Sebastián), Vizcaya (Bilbao) und Álava (Vitoria).

Am Golf von Biskaya liegen die drei kleinen Baskischen Provinzen (Provincias Vascongadas), die ein für Spanien ungewohnt mitteleuropäisches Landschaftsbild zeigen. Die Hügel und Täler sind mit frischen Wiesen, Maisfeldern, Walnuß- und Obstbäumen bedeckt. Das auch im Sommer angenehme Klima, das üppige Grün sowie die malerischen baskischen Einzelgehöfte (caseríos) geben dem Nordabhang des Kantabrischen Gebirges einen freundlichen Charakter. Besonders anziehend ist die oft über 300 m hohe Steilküste mit ihren vielfach zu Badeorten gewordenen Fischersiedlungen.

Die baskische Region wird im Osten von Navarra und den Pyrenäen, im Westen von der Provinz Santander begrenzt. Sie umfaßt den östlichen Teil des **Kantabrischen Gebirges** (*Cordillera Cantábrica*), einer Landschaft mit Mittelgebirgscharakter; nur einige Gipfel ragen steiler empor, so die *Peña de Gorbea* (1475 m). Längstalfurchen, denen der Verkehr nach Westen folgt, trennen das Küstengebirge vom Hauptkamm des Kantabrischen Gebirges.

Die Bewohner heißen **Basken** (span. *Vascos*; bask. *Euskaldunak*) und sind ein vorindogermanischer Volksstamm, der sich bis in das 19. Jh. eine große Selbständigkeit bewahrt hat. Die baskische Sprache (Euskara) wird mit verschiedenen Mundarten vor allem noch in den beiden Küstenprovinzen, in Teilen Navarras sowie in den baskischen Teilen Frankreichs, wo etwa 110000 Basken leben, gesprochen. Die Basken, von deren alter Volkstracht sich fast nur

Baskischer Holzhackerwettstreit

noch die barettartige Boina ('Basken-mütze') erhalten hat, halten zäh an allem Heimatlichen fest und kämpfen für völlige Unabhängigkeit von Spanien (Separatistenbewegung ETA).

Béjar

Provinz: Salamanca (SA). – Telefonvorwahl: 923. Höhe: 950 m ü.d.M. – Einwohnerzahl: 20000.
Oficina Municipal de Turismo,
Paseo de Cervantes 6;
Telefon: 403005.

HOTELS. *Colón,* Colón 42, II, 54 Z.; *Comercio,* Puerta de Ávila 5, IV, 13 Z.; Hostal *España,* Mariano Zuñiga 4, P III, 27 Z.

VERANSTALTUNGEN. – *Fiestas Patronales* (September), Festtage zu Ehren der ''Natividad de Nuestra Señora''. – *Ferias de San Miguel* (September).

Die durch ihre Tuchfabrikation bedeutende Stadt Béjar liegt in reizvoller Lage auf einer Anhöhe über einem bergumrandeten Tal, an den westlichen Ausläufern der Sierra de Gredos. Wegen ihres angenehmen Klimas ist die Stadt auch als Sommerfrische geschätzt.

SEHENSWERTES. – Bedeutendstes Baudenkmal ist der **Palacio Ducal** (16. Jh.), mit schönem Renaissancehof; in einem Teil des Gebäudes befindet sich das *Museo Municipal.* – Kirche *Santa María* (13. Jh.), mit Bildnis der 'Virgen de las Angustias' von Luis Salvador Carmona. – Oberhalb des Ortes das *Santuario El Castañar* (1050 m), mit der Schutzpatronin 'Virgen del Castañar'; schöne Aussicht.

UMGEBUNG. – **Baños de Montemayor** (750 m), Heilbad mit Schwefelthermalquelle (48° C), im Talschluß des *Río Ambroz* gelegen.

Gebirgsroute. – Dieser Ausflug führt in die Bergwelt der *Sierra de Peña de Francia* und zugleich durch eine reizvolle Landschaft. Auf der nach Nordwest führenden C-515 erreicht man die Abzweigung nach **Miranda del Castañar,** einem kunsthistorisch interessanten Städtchen, mit Wehrmauern, Burgen und wappengeschmückten Häusern; ein bedeutendes Fest ist die *Fiesta de las Aguedas* (Februar), mit typischen Tänzen bei Nacht. – In der Nähe *San Martín de Castañar,* mit schöner Burg.

Auf Nebenstraßen weiter zum etwa 10 km entfernten Ort
La Alberca, der unter Denkmalschutz steht und zu den reizvollsten Dörfern Spaniens zählt, mit arabischem Einschlag; typisches Fest ist *Ofertorio y Loa* (August) zu Ehren von 'Nuestra Señora de la Asunción', mit Vorführung eines biblischen Dramas im Vorhof der Kirche. – Auf der 7 km langen Bergstraße erreicht man die alte Wallfahrtskapelle *Nuestra Señora de la Peña de Francia* (1725 m).

Belmonte

Provinz: Cuenca (CU).
Telefonvorwahl: Handvermittlung.
Höhe: 79 m ü.d.M. – Einwohnerzahl: 4000.
Ayuntamiento (Rathaus),
Plaza del Caudillo;
Telefon: Belmonte 8.

Das alte befestigte Städtchen Belmonte (nördlich abseits der N-301) wurde in seiner Gesamtheit zu einem Denkmal von touristischem Interesse erklärt. Es ist der Geburtsort des Dichters Fray Luis de León (1527-91).

SEHENSWERTES. – Belmonte besitzt ein gut erhaltenes großes *Schloß (Nationaldenkmal), das um die Mitte des 15. Jh. auf einem die Gegend beherrschenden Hügel errichtet wurde; mit schönen Türmen, Bollwerken und zinnengekrönter Brüstung. – Sehenswert auch die alte **Stiftskirche** (ebenfalls Nationaldenkmal) mit herrlichem Chorgestühl, gotischen Retablos und dem Taufbecken, an dem Luis de León getauft wurde.

UMGEBUNG. – Nördlich des Ortes (6 km) liegt *Villaescusa de Haro,* mit gotischer Kapelle Nuestra Señora de la Asunción; im Innern wertvolles gotisches Zierwerk und prächtiger Retablo.

Panorama von Benidc

Benavente

Provinz: Zamora (ZA). – Telefonvorwahl: 988.
Höhe: 729 m ü.d.M. – Einwohnerzahl: 11000.
ⓘ **Ayuntamiento** (Rathaus),
   Plaza de España s/n;
   Telefon: 6303 71 und 6312 89.

HOTELS. – *Parador Nacional Fernando II de Léon*,
Paseo Ramón y Cayal, I, 30 Z.; *Arenas,* Carretera de
Madrid, km 261, IV, 50 Z.; *Martin,* Carretera de
Madrid, km 26, IV, 46 Z.; Hostal *Benavente*, Avda.
Federico Silva, P II, 8 Z.; u.a.

**Das am rechten Ufer des Río Esla gele-
gene Städtchen Benavente ist ein
wichtiger Straßenknotenpunkt, aber
auch als Grafenstadt bekannt. Der Ort
ist wahrscheinlich mit dem 'Brigeto' in
der Reisebeschreibung des Antonius
identisch.**

SEHENSWERTES. – Der mittelalterlich
anmutende Ort besitzt interessante romanische Baudenkmäler. – Kirche *San
Juan del Mercado* (1182 als Kloster begonnen; Südportal 12. Jh.); im Innern
gotisches Gewölbe und Kruzifix aus
dem 13. Jahrhundert. – Kirche **Santa
María del Azogue** (12. Jh.), mit 5 Apsiden, Portalskulpturen und Barock-
retablo. – Ruinen des *Castillo de los
Pimentel,* ein von Napoleon zerstörter
Burgpalast, mit der Torre del Caracol
(16. Jh.). – Weitere beachtenswerte Bauten, darunter das *Ayuntamiento* (Casa
Consistorial) und das *Hospital de la Piedad,* letzteres mit Fassade des 15. Jh.
und hübschem Innenhof.

UMGEBUNG. – Auf der Richtung Südosten
führenden N-V zum 27 km entfernten
Villalpando (690 m; 3000 Einw.), einem Festungsstädtchen mit mittelalterlichen Mauern, dem schönen Stadttor Puerta de San
Andrés (im 16. Jh. umgebaut), der romanischen Backsteinkirche Santa María la Antigua (12. Jh.) sowie zwei weiteren Gotteshäusern aus der Maurenzeit.

Benidorm

Provinz: Alicante (A). – Telefonvorwahl: 965.
Höhe: 4 m ü.d.M. – Einwohnerzahl: 40000.
ⓘ **Oficina Municipal de Información Turística,**
   Avenida de Martínez Alejos 16;
   Telefon: 851311.

HOTELS. – *Gran Hotel Delfin*, L, 87 Z., Sb.; *Avenida,* I, 144 Z., Sb.; *Belroy Palace*, I, 102 Z., Sb.; *Cim-
bel,* I, 144 Z., Sb.; *Costa Blanca-Sol,* I, 190 Z., Sb.;
Los Dálmatas, I, 270 Z., Sb.; *Don Pancho,* I, 251 Z.;
Selomar, I, 246 Z., Sb.; *Alameda,* II, 68 Z.; *Los Alamos* (garni), II, 127 Z., Sb.; *Bali,* II, 349 Z., Sb.; *Beni-
lux Park,* II, 216 Z., Sb.; *Brisa,* II, 70 Z., Sb.; *Bristol
Park,* II, 77 Z., Sb.; *Didac,* II, 100 Z., Sb.; *Les Dunes,*
II, 110 Z., Sb.; *Madeira,* II, 81 Z., Sb.; *Marconi,* II,
130 Z., Sb.; Los *Pelicanos,* II, 476 Z., Sb.; *Royal,* II,
88 Z., Sb.; *Tres Coronas* (garni), II, 80 Z., Sb.; *Voramar,* II, 136 Z., Sb.; *Acapulco,* III, 128 Z., Sb.; *Bonanza,* III, 52 Z.; *Calypso,* III, 303 Z., Sb.; *Don Rolf,* III,
154 Z., Sb.; *Esmeralda* (garni), III, 66 Z.; *Golden,* III,
50 Z., Sb.; *Montemar,* III, 93 Z., Sb.; *Mont Park,* III, 112 Z.,
Sb.; *Regente,* III, 189 Z., Sb.; *Torre Dorada,* IV,
240 Z., Sb.; u.v.a. – Zahlreiche Pensionen. – Mehrere CAMPINGPLÄTZE in unmittelbarer Umgebung.

RESTAURANTS. – *Caserola*, Bruselas 7, reizvolle
Terrasse, französische Küche; *Mesón Felipe V*,
Horno 1, schöner Meeresblick; *El Cisne,* 4 km nörd-
lich, rustikaler Stil; *El Molino,* 3 km nördlich; *Pampa
Grill,* Ricardo 16, rustikaler Stil; *La Trattoria,* Avda.
Bilbao 3; *La Parrilla,* Rincón de Loix.

Am Strand von Benidorm

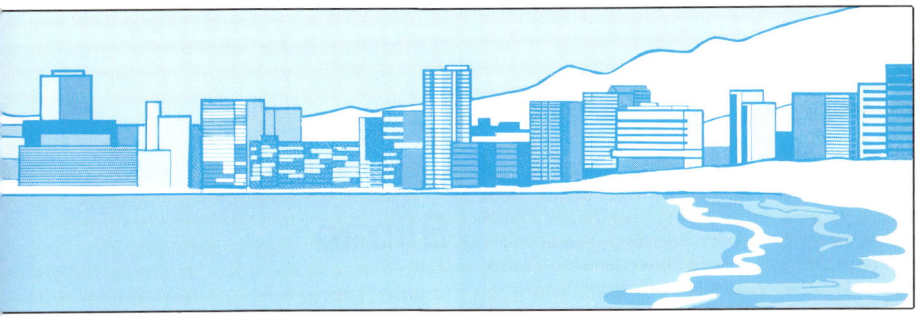

der Costa Blanca

Spielkasino: *Casino Costa Blanca* in Villajoyosa.

WASSERSPORT. – Alle Wassersportarten wie Rudern, Segeln, Wasserski an mehreren Stränden, darunter die ausgedehnte Playa de Ponente im Westen und die Playa de Levante im Osten des Hafens; ferner Unterwasserjagd.

FREIZEIT und SPORT an Land. – Stierkampf, Tennis, Eselausritte, Fußball, Reiten u.a.

Aus dem einst kleinen Fischerort Benidorm ist inzwischen ein international bekannter *Badeort geworden, der zu den meistbesuchten Urlaubszentren der Costa Blanca, der 'Weißen Küste', zählt.

Zwischen den Hotels, Apartments und Villen rechts und links der Uferstraße erhebt sich auf einem Kastellfelsen über dem Meer das alte Fischerdorf, mit der Kirche (blaue Kuppeln) und einer aussichtsreichen Terrasse; im alten Teil des Ortes gibt es noch idyllische Gassen. – Nördlich der Stadt liegt der Vergnügungspark 'Aqualand', mit Wasserrutschen, Wasserfällen u.a.

UMGEBUNG. – Von Benidorm interessante Ausflüge entlang der Mittelmeerküste, aber auch in die Bergwelt der *Sierra de Aitana,* so z.B. über *Callosa de Ensarriá* nach dem 18 km von Benidorm entfernten **Guadalest,** einem hochgelegenen Bergdorf, mit Felsenfestung aus der Maurenzeit (Castillo und Glockenturm); in der Nähe der Stausee des *Río Guadalest.*

Küstenfahrt in nördlicher Richtung über *Altea,* in hübscher Lage links am Berghang, zur felsigen Steilküste mit dem prächtigen *Blick auf den Peñón de Ifach und das Meer; durch zwei Tunnel, dann rechts ab nach **Calpe** (20 m; 3000 Einw.), einem reizvollen Fischerstädtchen, mit alten Festungsmauern und kleiner Kirche im Mudéjarstil. Auf der Landzunge die ***Punta de Ifach,** einer der schönsten Punkte der spanischen Mittelmeerküste, mit dem wie

Guadalest bei Benidorm

Gibraltar großartig aus dem Meer aufragenden Felsklotz *Peñón de Ifach* (383 m); lohnende Besteigung auf gutem Pfad (ca. 1½ St.). Am Fuß des Peñón links der Strand *Playa de la Fosa.* – Weiter nördlich der *Cabo de la Nao,* östlichster Punkt des Küstengebirges, über *Jávea* zu erreichen.

Küstenfahrt in südlicher Richtung, zunächst abseits des Meeres, zum 10 km entfernten **Villajoyosa** (Meereshöhe; 16 000 Einw.; Hotel El Montoboli, I, 49 Z., Sb.), dem schön über dem Meer gelegenen Hafenstädtchen, mit stattlichen Mauerresten und Türmen sowie einer burgartigen gotischen Kirche.

Betanzos

Provinz: La Coruña (C). – Telefonvorwahl: 981.
Höhe: 25 m ü.d.M. – Einwohnerzahl: 12 000.
🛈 **Ayuntamiento** (Rathaus),
Plaza del Generalísimo 1;
Telefon: 770011.

HOTELS in Betanzos. – *Los Ángeles,* Los Ángeles 11, IV, 36 Z.; Hostal *Barreiros,* P III, 9 Z.

RESTAURANTS. – *Casanova,* Soportales del Campo 15; *Casilla,* an der Carretera N-IV, mit Garten.

VERANSTALTUNGEN. – Reichhaltiger Festkalender, der bereits am Neujahrstag mit einem bedeutenden Viehmarkt beginnt. – *Wallfahrt Santa Magdalena* (Ostern), mit folkloristischen Tänzen. – *Feria de los Mayos* (Mai), mit Kinderfest. – *Fiesta de los Caneiros* (August), Fest zu Ehren der Schutzpatronin, mit großem Jahrmarkt, Umzügen und Bootswallfahrt, Feuerwerk auf dem Wasser. – *Fiesta Virgen de los Remedios* (September), mit Prozession, wobei das Standbild durch die Straßen getragen wird.

Das reizvoll auf einem Hügel an der gleichnamigen Ría gelegene Betanzos ist ein von Weinbergen umgebenes freundliches Städtchen, mit offenen Handwerkerläden.

Feria in Betanzos

SEHENSWERTES. – In der Stadt gibt es noch mittelalterliche Mauerreste mit interessanten spitzbögigen Toren sowie typische Gassen und Bauten, darunter mehrere beachtenswerte Kirchen. – Klosterkirche *San Francisco* (14. Jh.); im Innern befinden sich wertvolle Grabmäler, darunter ein von Bär und Eber getragener Sarkophag des Grafen Fernan Pérez de Andrade (1387). – Kirche **Santa María del Azogue** (14./15. Jh.), ebenfalls mit Adelsgrabmälern und einem mittelalterlichen *Retablo* flämischer Her-

kunft. – Pfarrkirche **Santiago** (15. Jh.), die Mutterkirche der Stadt, mit eindrucksvollen Kapellen, in einer ein *Retablo* im isabellinischen Stil und ein schönes gotisches Gitter.

Bilbao

Provinz: Vizcaya (BI). – Telefonvorwahl: 94. Höhe: 19 m ü.d.M. – Einwohnerzahl: 433 000.
ⓘ **Delegado de Cultura y Turismo en Vizcaya,** Gran Vía 17;
Telefon: 416 44 11.
Centro de Iniciativas Turísticas,
Alameda Mazarredo s/n;
Telefon: 424 48 19.

HOTELS. – *Villa de Bilbao* (garni), Gran Vía de López de Haro 87, L, 142 Z.; *Aránzazu* (garni), Rodríguez Arias 66, I, 173 Z.; *Avenida* (garni), Avda. Zumalacárregui 40, II, 116 Z.; *Ercilla* (garni), Ercilla 37, I, 350 Z.; *Husa Carlton* (garni), Plaza de Federico Moyúa 2, I, 142 Z.; *Conde Duque* (garni), Campo de Volantín 22, II, 67 Z.; *Nervión* (garni), Campo de Volantín 11, II, 351 Z.; *Cantábrico* (garni), Miravilla 8, III, 40 Z.; *Excelsior* (garni), Hurtado de Amézaga 6, IV, 65 Z.; Hostal *San Mamés* (garni), Luis Briñas 15, P I, 36 Z.; *Zabálburu* (garni), Plaza Martinez Artola 8, P I, 32 Z.; *Arana* (garni), Bidebarrieta 2, P II, 65 Z.; *Maroño,* Correo 21, P II, 49 Z.; u.a.

RESTAURANTS in den Hotels; ferner *Artagán,* Virgen de Begoña 34, sehr elegant; *Guria,* Gran Vía de López de Haro 66, rustikaler Stil; *Casa Vasca,* Avda. del Ejército 13, baskischer Stil; *Colavidas,* Hurtado de Amézaga 1; *Edificio Albia,* San Vicente; *Iturriaga,* Alameda Mazarredo 20; *Señor,* General Eguia 50; *Victor,* Plaza Nueva 2; u.a.

CAFÉS. – *Nervión,* Paseo Campo Volantín 11; *Ercilla,* Ercilla 37; *El Corte Inglés,* Gran Vía 9; *Toledo,* Gran Vía 56; *California,* Plaza de Zabálburu; u.a.

VERANSTALTUNGEN. – *Feria de la Máquina-Herramiento* (März). – *Semana Grande* (August), großes Veranstaltungsprogramm mit Stierkampf und anderen Sportwettkämpfen, Musik- und Opernaufführungen, Volkstänzen und Wallfahrt in San Roque; die Festwochen klingen aus mit der Feria de Muestras (Mustermesse).

Die nur etwa 14 km vom Meer entfernt gelegene Stadt Bilbao ist Hauptstadt der baskischen Provinz Vizcaya und Sitz eines Bischofs. Sie wurde im Jahre 1300 von Diego López de Haro gegründet, erlebte aber erst im 19. Jahrhundert ihren bedeutenden wirtschaftlichen Aufschwung.

Durch den breiten Río Nervión (baskisch ‘Ibaizábal’, d. h. breiter Fluß), der für Seeschiffe bis 4000 t zugänglich ist und der bedeutende Eisenerzlager an seinem linken Ufer aufweist, hat sich Bilbao zu einem angesehenen spanischen Industrie- und Handelsplatz mit großem Binnenhafen und dem Außenhafen El Abra entwickelt. Am rechten Ufer des Flusses erstreckt sich die enge Altstadt, die durch fünf Brücken mit der Neustadt verbunden ist.

SEHENSWERTES. – In der **Altstadt,** die sich mit ihren engen Gassen dicht an den Berghang schmiegt, konzentriert sich der Verkehr auf den baumbestandenen Paseo del Arenal. An der Südwestseite des Platzes das *Teatro de Arriaga* (1890); östlich die Kirche *San Nicolás de Bari* (15. Jh.; 1756 umgebaut), im Innern ein wertvoller Schnitzaltar und Gemälde von Juan de Mena. – Unweit südlich die von Bogengängen umgebene Plaza de los Mártires; nahebei das *Museo Arqueológico* (Archäologisches Museum) mit Werken baskischer Volkskunst sowie Funden aus der Höhle von Basondo. Südwestlich die gotische **Kathedrale Santiago** (14. Jh.; 1571 umgestaltet), mit Glockenturm, einer Renaissancepfeilerhalle an der Rückseite und gotischem Kreuzgang. – An der noch weiter südlich nahe dem Fluß gelegenen Plaza del Mercado (Markt) die Kirche **San Antón** (15. Jh.), mit barockem Glockenturm des 18. Jahrhunderts.

Vom Nordende des Paseo del Arenal gelangt man flußabwärts zu dem 1892 vollendeten stattlichen **Ayuntamiento** (Rathaus); es entstand an Stelle eines alten Augustinerklosters, mit hohem Mittelturm und großem Festsaal im maurischen Stil. Von hier führt die hübsche Promenade Campo de Volantín und die Avenida de las Universidades am rechten Ufer des Flusses abwärts, an dem großen *Jesuitenkolleg* (Universidad Literaria) und der *Handelshochschule* (Universidad Comercial) vorbei.

Die Hauptverbindung zur **Neustadt** (Ensanche) bildet vom Arenal her der *Puente de la Victoria*, mit hübschem Blick auf den schiffsbelebten Fluß. Von hier führt die Calle de Navarra an den Bahnhöfen vorbei zur Plaza de España, mit einem Denkmal des Stadtgründers Diego López de Haro. Hier beginnt der moderne Straßenzug der 30 m breiten Gran Vía de López de Haro, an deren Südseite der 1897 von Luis Aladrén erbaute **Palacio de la Diputación Provincial** liegt; im Innern kleine Gemäldegalerie und ein Historisches Museum der Provinz. Die Prachtstraße durchquert die große Plaza de Federico Moyúa (früher Plaza Elíptica); am Ende der 1½ km langen Gran Vía das hochragende Denkmal *Sagrado Corazón de Jesús* (Heiliges Herz Jesu; 1927). Unweit nördlich parallel zur westlichen Gran Vía erstreckt sich der *Parque Doña Casilda de Iturriza*, benannt nach einer Wohltäterin der Stadt (Denkmal). An seinem Nordostende das **Museo de Bellas Artes**, mit bedeutenden Werken niederländischer und spanischer Meister des 15./16. Jh. (u.a. von El Greco, Ribalta, Ribera, Goya) und dem *Museo de Arte Moderno* (neuere spanische und besonders baskische Meister).

Den schönsten *Blick auf Bilbao und das Tal des Río Nervión bietet die aus dem 16. Jh. stammende hochgelegene Kirche des Vororts **Begoña**. Man gelangt zu ihr mit einem Aufzug hinter der Kirche **San Nicolás de Bari**; zu Fuß etwa 20 Min. Sehenswert auch die alte Wallfahrtskirche, mit platereskem Portal und Gemälden, darunter der ''Pilgerzug von Begoña''.

San Nicolás de Bari in Bilbao

UMGEBUNG. – **Parque de Atracciones de Vizcaya**: Vergnügungspark für die Provinz Vizcaya, in der nahegelegenen Sierra Ganguren bei Galdacano; der Park ist täglich (außer Mo.) von 16.00 bis 24.00, Sa. und So. ab 11.00 Uhr geöffnet.

Am rechten Nerviónufer. – Die C-6311 führt flußabwärts, durch Fabrikvororte mit großen Hochofenwerken, zum 12 km entfernten

Las Arenas, einem als Seebad (Strandbad) vielbesuchten Villenvorort, von dem die

Schwebefähre (Transbordador) *Puente Viz-caya* über den Fluß nach Portugalete (s.u.) führt; in einem 62 m hohen Turm ein Aufzug zu einer aussichtsreichen Plattform.

Über die Villen- und Badeorte *Algorta* und *Sopelana*, beide mit Hotels, erreicht man **Plencia** (2500 Einw.), an der Mündung des gleichnamigen Flusses gelegenes Fischer-städtchen, mit Strandbad. – Von Plencia Wei-terfahrt auf der Küstenstraße nach *Bermeo*.

Am linken Nerviónufer. – Die C-639 führt ebenfalls flußabwärts durch Industrie-vororte mit Hochöfen und Gießereien und er-reicht nach 12 km **Portugalete** (40000 Einw.), als Seebad von Bilbao besuchter Hafenort, an der Mündung des *Río Nervión*; am Ende des aussichtsrei-chen Kais eine 1 km lange Mole, vom Leucht-turm an ihrer Spitze prächtige *Aussicht; Schwebefähre nach Las Arenas.

Kurz hinter Portugalete das malerisch gele-gene Seebad **Santurce**, ein interessanter kleiner Fische-reihafen, überragt vom Monte de Serantes. Von hier auf aussichtsreicher Küstenstraße durch Hafen und Ort *Ciérvana*, dann über dem rechten Ufer des *Río Barbadún* hin nach *San Juan de Somorrostro*.

Küstenfahrt nach Ondárroa. – Von der Altstadt Bilbaos wählt man die nach Norden strebende C-6313, die durch *Begoña* zu-nächst nach *Munguía* führt. Von hier in Win-dungen zum Rücken des *Monte Acherre*, mit malerischem Blick auf Bermeo; rechts der aufragende *Sollube* (684 m), mit Fernseh-sender. Die Bergstraße mündet schließlich in *Bermeo (2 m; 13000 Einw.), einem überaus reizvoll amphitheatralisch ansteigenden Städtchen sowie bedeutendstem Fischerei-ort der Provinz Vizcaya, mit malerischem Ha-fen und Strandbädern. – 6 km nordwestlich das aussichtsreiche *Cabo Machichaco*, mit Leuchtturm; weiter westlich die romantische Felseninsel *San Juan de Gaztelugache* und der Badestrand von *Baquino*.

Man folgt nun der C-6315 in südöstlicher Richtung nach *Mundaca,* an der breiten Mündung des meist *Ría de Guernica* genann-ten Flusses, und weiter nach *Pedemales,* von wo eine Brücke zu der hübschen Insel *Char-charramendi* führt (Strandbad; Austern). **Guernica y Luno** (s. dort; hier verläßt man die C-6315 und folgt der zunächst nach Nor-den strebenden C-6212. Über *Ereño* führt diese Lokalstraße nach **Lequeitio** (3 m; 5000 Einw.), einem Hafen-städtchen mit bedeutendem Thunfischfang, auch als Seebad besucht, in hübscher Lage an einer von der bewaldeten Felseninsel San Nicolás geschützten Bucht; gotische Basi-lika (14./15. Jh.) mit skulptiertem Portal und spätgotischem Retablo des 16. Jahrhun-derts.

Die Straße folgt nun der Küste, mit Ausblick auf die Biskaya, und erreicht **Ondárroa** (3 m; 8000 Einw.), einen sehr reiz-voll in einer Bucht gelegenen kleinen Fi-scherhafen, mit Strandbad.

Direkt nach San Sebastián. – Neben der Autobahn gibt es die N-634, welche die beiden nordspanischen Hauptstädte mitein-ander verbindet. Man verläßt Bilbao in östli-cher Richtung durch das *Barrio de Achuri* und den Industrievorort *Galdácano*; dahinter die Abzweigung der N-240 nach Vitoria. Durch das fruchtbare Tal des *Río Durango* kommt man nach **Amorebieta** (92 m; 5000 Einw.), einem klei-nen Ort mit einer 1555-1608 erbauten Pfarr-kirche (Glockenturm von 1773); 2 km nörd-lich das Schwefelbad *Echano*. **Durango** (120 m; 15000 Einw.), in einem vom Gebirge umschlossenen weiten Hochtal des Río Durango gelegenes industriereiches Städtchen, mit sehenswerten Kirchen. Süd-westlich vor der Stadt die Kirche San Pedro de Tavira (13. Jh.), eine der ältesten des Bas-kenlandes. Die Straße führt nun zum *Puerto de Areitio* (625 m) hinauf und erreicht damit die Provinzgrenze von Guipúzcoa; von hier über **Deva** nach **San Sebastián** (s. dort; 119 km von Bilbao).

Über den Puerto de Orduña. – Auch die N-625 verläßt Bilbao durch das *Barrio de Achuri* und führt dann nach Süden über den Río Nervión zur Industrievorstadt *Besauri*. Weiter in dem industriereichen Tal des Ner-vión flußaufwärts und vorbei an *Miravalles* und durch *Areta* (95 m) nach **Llodio** (102 m), einem stattlichen Ort in hüb-scher Lage, auf dem Gebiet der Provinz Ála-va. – Weiter flußaufwärts folgt das kleine Stahlbad *Luyando*, wo sich das Tal allmäh-lich verflacht. **Amurrio** (184 m), mit stattlicher Kirche; wei-terhin schöner Blick auf das Kantabrische Gebirge; rechts die felsige *Peña de Aro* (1178 m), links die Kunstbauten der Eisen-bahn, die hier auf 35 km Länge eine Steigung von 440 m bewältigt, darüber die *Peña de Gorbea* (1475 m). **Orduña** (285 m; 3500 Einw.), unweit vom Ur-sprung des Nervión in einem westlich von den Kalkwänden der *Peña de Orduña* über-ragten Talkessel reizvoll gelegenes altertüm-liches, in der baskischen Geschichte vielge-nanntes Städtchen, mit gut erhaltener Stadtmauer.

Hinter Orduña beginnt die großartige, jedoch kehrenreiche und bis zu 13 % steile *Paß-straße, zunächst mit neun aussichtsreichen Kehren (Parkplatz mit prächtigem Blick) hinauf zum **Puerto de Orduña** (900 m), auf der Höhe des *Kantabrischen Gebirges*, der Wasserscheide zwischen dem Atlantischen Ozean und dem Mittelmeer; weite Aussicht von der Paßhöhe.

Von hier abwärts über *Berberana* und durch hübsches Wiesenhügelland nach *Bergüenda* und *Puentelarrá* (470 m), wo der Río Ebro überschritten wird. Hinter dem von seiner Kirche überragten Dorf *Encío* mündet die N-625 in die N-I, die San Sebastián mit Burgos verbindet.

Blanes

Provinz: Gerona (GE). – Telefonvorwahl: 972. Höhe: 5 m ü.d.M. – Einwohnerzahl: 20000.
Oficina Municipal de Información,
Plaza de Cataluña s/n,
Telefon: 330348.

HOTELS. – *Horitzo*, Paseo Marítimo Sabanell 11, II, 122 Z.; *Park Blanes*, Playa S'Abanell, II, 131 Z., Sb; *Lyon Magestic*, Villa Mas Marot 13, III, 120 Z., Sb.; *Ruiz*, Raval 45, III, 59 Z.; *Boix Mar*, Avda. Villa de Madrid s/n, IV, 170 Z., Sb.; *Costa Brava*, Anselmo Clavé 48, IV, 80 Z., Sb.; *Mar Ski* (garni), P. Marítimo Sabanell 4, IV, 64 Z.; *Rosa*, San Pedro Martín 42, IV, 151 Z., Sb.; *San Antonio*, Paseo Marítimo 63, IV, 156 Z.; *San Francisco*, Paseo Marítimo 72, IV, 32 Z.; *Soteras* (garni), Plaza Estrella de Mar 9, IV, 33 Z.; *Stella Maris*, Avda. de Madrid 18, IV, 87 Z., Sb.; Hostal *Clivia*, Auguer 44, P II, 45 Z.; *Esperanza* (garni), Paseo del Mar 61, P II, 36 Z.; *S'Arjau*, Paseo del Mar 89, P II, 49 Z.; *Burvi* (garni), La Muralla 34, P III, 54 Z.; u.a. – Zahlreiche CAMPINGPLÄTZE.

VERANSTALTUNG. – *Fiesta de Santa Ana* (Juli), mit folkloristischen Darbietungen.

Das hübsch an der Costa Brava gelegene Fischereihafenstädtchen Blanes ist zugleich ein viel besuchtes Seebad, auch bekannt wegen seiner Spitzenfabrikation.

Blanes an der Costa Brava

SEHENSWERTES. – Auf einem kleinen Vorgebirge die Ruine des Klosters *Santa Ana;* etwas landeinwärts auf der Höhe die Burg *San Juan* sowie der

von dem Deutschen Karl Faust (†1952) angelegte *Botanische Garten Marimurtra,* mit über 3000 Arten der Mittelmeerflora.

Burgos

Provinz: Burgos (BU). – Telefonvorwahl: 947. Höhe: 860 m ü.d.M. – Einwohnerzahl: 150000.
Centro de Iniciativas Turisticas,
Paseo del Espolón 1;
Telefon: 201846.
Oficina de Información de Turismo,
Plaza de Alonso Martínez 7;
Telefon: 203125.

HOTELS. – *Almirante Bonifaz* (garni), Vitoria 22, I, 79 Z.; *Condestable*, Vitoria 8, 82 Z.; *Cordón* (garni), La Puebla 6, II, 35 Z.; *Corona de Castilla*, Madrid 15, II, 52 Z.; *Fernán González*, Calera 17, II, 64 Z.; *Mesón del Cid*, Plaza Santa Maria 8, II, 30 Z.; *Rice* (garni), Reyes Catolicos 30, II, 50 Z.; *Conde de Miranda* (garni), Miranda 4, III, 14 Z.; *España*, Paseo del Espolón 32, III, 69 Z.; *Norte y Londres* (garni), Plaza Alonso Martínez 10, III, 55 Z.; *Villa Jimena*, P. Pisones 47, IV, 23 Z.; Hostal *Asubio*, Carmen 6, P I, 30 Z.; *Avila* (garni), Almirante Bonifaz 13, P II, 57 Z.; *Lar* (garni), Cardenal Benlloch 1, P II, 10 Z.; *Moderno*, General Queipo de Llano 2, P II, 28 Z.; u.a. – Außerhalb an der Straße nach Madrid: *Landa Palace*, Carretera N-I, km 236, L, 39 Z., Sb. – CAMPINGPLATZ: *Fuentes Blancas*, 4 km außerhalb; weitere Plätze in der Umgebung von Burgos.

RESTAURANTS in den Hotels; ferner: *Puerta Real*, Plaza Rey San Fernando 5, 1. Stock; *Casa Ojeda*, Vitoria 5, 1. Stock, kastilischer Stil; *Los Chapiteles*, General Sanctocildes 7; *Arriaga*, Laín Calvo 4; *Gaona*, Paloma 41; *Mesón de los Infantes*, Corral de los Infantes, rustikaler Stil; u.a.

CAFÉS. – *Espolón*, Paseo del Espolón 28; *Iturriaga*, Plaza Santo Domingo de Guzmán 3; *Los Gigantillos*, Avda. del Cid 16; u.a.

VERANSTALTUNGEN. – *Corpus Cristi* (Fronleichnam), mit bedeutender Prozession zum Kloster Las Huelgas, Tanz und bunten Trachten. – *Ferias y Fiestas de San Pedro* (Juni), mit Stierkampf, Festumzügen, typischen Tänzen, Konzerten.

Das durch seine großartige Kathedrale berühmte Burgos war im 10. und 11. Jh. Hauptstadt von Altkastilien und ist heute Hauptstadt der gleichnamigen Provinz und Sitz eines Erzbischofs. Die Stadt liegt inmitten der fruchtbaren nordkastilischen Hochebene zu beiden Seiten des Río Arlanzón am Fuß eines etwa 100 m hohen Burghügels.

Da die Winter in Burgos sehr lang und die Sommer meist recht heiß sind, entstand hier die auch in Madrid angewandte Redensart: 'Neun Monate Winter, drei Monate Hölle'.

GESCHICHTE. – Die Stadt geht auf eine Gründung im Jahre 882 unter König Alfonso dem Großen von León zurück und ist Heimat des berühmten Söldnerführers Rodrigo Díaz de Vivar (1026-99), der für die Spanier durch seine Siege über die Mauren als 'Campeador' (= Kämpe), mit dem arabischen Zusatz El Cid (arab. 'sidi' = Herr), zum Nationalhelden geworden ist.

SEHENSWERTES. – Mittelpunkt der Stadt ist die von Arkaden umgebene Plaza Mayor (auch Plaza de José Antonio). An ihrer Südseite das 1791 erbaute **Ayuntamiento** (Rathaus), mit beachtenswertem Inneren und dem historischen Archiv.

Burgos – Blick zur Kathedrale

Unweit westlich der Plaza erhebt sich auf einer Terrasse am Fuß des Burghügels die ****Kathedrale** (Catedral de Santa María), in ihrer Gesamtanlage und durch die Fülle plastischer Kunstwerke eine der eindrucksvollsten gotischen Kirchen. Der aus marmorartigem weißem Kalkstein errichtete Bau wurde 1221 begonnen und im wesentlichen um die Mitte des 13. Jh. vollendet. Die prachtvollen durchbrochenen Helme der beiden 84 m hohen *Haupttürme* wurden 1458 von Hans von Köln (†1480) ausgeführt. Über der *Puerta Principal*, dem Mittelpunkt der Hauptfassade, eine prächtige Fensterrose ('estrellón') und darüber acht Königsstatuen. Besonders beachtenswert sind auch die anderen Portale: am nördlichen Querschiff an der Nordseite die reich verzierte *Puerta de la Coronería* (auch *Puerta de los Apóstoles* genannt), um 1250; an der Ostseite die *Puerta de la Pellejería*, 1516 von Franz von Köln in lebhaftem platereskem Stil erbaut; am südlichen Querschiff die ebenfalls reich mit Bildwerken

Catedral de Burgos

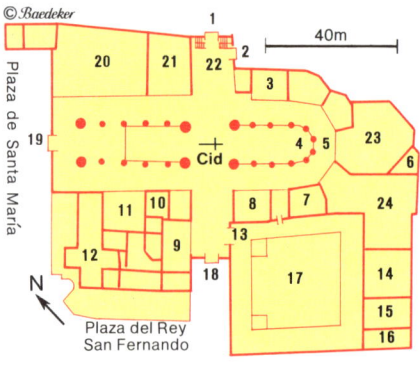

1 Puerta de la Coronería
2 Puerta de la Pellejería
3 Capilla de la Natividad
4 Capilla Mayor
5 Trassagrario
6 Sacristía
7 Sacristía nueva
8 Capilla de San Henrique
9 Capilla de la Visitación
10 Relicario
11 Capilla de la Consolación
12 Capilla del Santísimo Cristo
13 Puerta del Claustro
14 Capilla de Santa Catalina
15 Capilla del Corpus Christi
16 Sala Capitular
17 Claustro
18 Puerta del Sarmental
19 Puerta principal
20 Capilla de Santa Tecla
21 Capilla de Santa Ana
22 Escalera Dorada
23 Capilla del Condestable
24 Capilla de Santiago

geschmückte *Puerta del Sarmental* (um 1230).

Das INNERE der Kathedrale ist ohne die Condestable-Kapelle 84 m lang und von lichter Höhe. Im Mittelschiff erhebt sich auf vier gewaltigen Pfeilern das 59 m hohe, reich mit Skulpturen und Wappen geschmückte **Oktogon (Cimborio)*, ein Meisterwerk platt[r]esker Dekorationskunst (1568). Unter der Kuppel ruhen seit 1921 die Gebeine des Cid und seiner Gattin Jimena. Im 1521 erbauten *Chor* doppelreihiges reichgeschnitztes Gestühl (die meisten Szenen von Felipe Vigarní) sowie das emaillierte *Grabmal* des Bischofs Mauricius (†1240), der die Kathedrale gründete. In der *Capilla Mayor* ein reich vergoldeter *Hochaltar* (1580), ein Renaissancewerk von Rodrigo und Martín de la Haya. – Von den zahlreichen Kapellen sind besonders hervorzuheben: im rechten Seitenschiff gleich rechts die *Capilla del Santísimo Cristo*, mit dem sehr alten *Kruzifix* 'El Cristo de Burgos' aus Büffelhaut; weiterhin die dritte Kapelle, das *Relicario*, mit der vielverehrten 'Virgen de Oca', wahrscheinlich aus dem 16. Jh.; im linken Seitenschiff zuerst die 1736 von Churriguera erbaute *Capilla de Santa Tecla*, mit *Taufbecken* des 12. Jh., reichster farbiger Rokokodekoration und großem *Hauptaltar*; hinter dem Chorumgang der Eingang in die **Capilla del Condestable*, 1494 für den 'Connetable' Pedro Hernández de Velasco durch Simon von Köln in reichstem platereskem Stil erbaut, in der Mitte die *Grabmäler* des Condestable und seiner Gemahlin, rechts der holzgeschnitzte *Altar* der hl. Anna, an den Fenstern alte Glasmalereien; in der anschließenden *Sacristía* ein gutes *Gemälde* ('Magdalena') von Gian Petrino, einem Schüler Leonardo da Vincis; in den übrigen Kapellen zahlreiche z.T. sehr kostbare Grabdenkmäler. An der Nordwand des Querschiffes die zur 8 m höher liegenden Puerta de Coronería führende *Escalera Dorada* von Diego de Siloe (1519), eine große Doppeltreppe mit zahlreichen Reliefs. – Vom Vorraum der *Sacristía nueva*, in reichem Barockstil, gelangt man in den zweigeschossigen **Kreuzgang (Claustro)* des 13. Jh., der bedeutende *Grabmäler* enthält. In der anstoßenden *Capilla del Corpus*

Cristi die 'Truhe des Cid', die der Campeador als Pfand für ein Darlehen zurückließ. Im Obergeschoß des Kreuzgangs das *Diözesanmuseum*, mit Wandteppichen des 16./17. Jahrhunderts.

Gegenüber der Westecke der Kathedrale liegt die kleine Kirche **San Nicolás** (1408; im Jahre 1911 gänzlich erneuert), mit einem 1505 durch Franz von Köln (Enkel des Hans von Köln) vollendeten prächtigen *Hauptaltar* (vorzügliche Alabasterreliefs), schönem Gewölbe und weiteren bedeutenden Grabmälern.

Südlich der Kathedrale die Plaza del Rey San Fernando, von deren Südecke man durch den 1552 umgebauten *Arco de Santa María*, ein von zwei halbrunden Türmen flankiertes mächtiges Tor schreitet, im Innern Teile des *Museo Arqueológico*. Von hier zum **Puente de Santa María** über den *Río Arlanzón*. Beidseitig des Flusses hübsche Promenaden. Südöstlich der Brücke liegen in der Calle de la Calera zwei stattliche Paläste: Nr. 23 die *Casa de Ángulo*; Nr. 25 die ***Casa de Miranda** (1545), ein vortreffliches Beispiel des altkastilischen Adelshauses, in dem das sehenswerte *Museo Arqueológico* eingerichtet ist (reiche Sammlungen von der Römerzeit bis zur Kunst des 18. Jh.).

Nördlich von der Plaza Mayor erreicht man durch Nebengassen die Kirche **San Gil** (14. Jh.), mit Sterngewölbe, Skulptur einer Pietà und reichem Retablo. – Von hier durch die Calle Fernán González, in der mehrere alte Adelshäuser erhalten sind, dann die zweite Straße rechts hinauf zu der gotischen Kirche **San Esteban** (1280-1350), mit figurenreichem Westportal (schöne Fensterrose) und frühgotischem Kreuzgang. Weiter nördlich durch den im Mudéjarstil errichteten *Arco de San Esteban* und links an der alten, 1276 begonnenen *Stadtmauer* entlang zu dem 1736 durch Feuer zerstörten **Castillo**, dessen Wälle eine schöne Aussicht bieten. – Am Südfuß der Burgruine bezeichnen am Westende der Calle de Fernán González drei Steindenkmäler die Stätte des *Solar del Cid*, d.h. seines Stammhauses. Daneben der *Arco de San Martín* (14. Jh.), der einen Teil der vom Kastell ausgehenden alten Mauer bildet. An ihr südlich abwärts und links zu dem Paseo de los Cubos, benannt nach den halbrunden Mauertürmen ('cubos'), die ein vortreffliches Muster altkastilischer Befestigungskunst sind.

Stadttor in Burgos

Schließlich gelangt man von der Plaza Mayor in östlicher Richtung über die Plaza de Prim (rechts die Provinzverwaltung) zu der Plaza Calvo Sotelo. An ihrer Nordseite die **Casa del Cordón** (15. Jh.), benannt nach dem 'Cordón' (= Kordel um die Kutte der Franziskaner); in diesem Haus wurde 1497 Kolumbus nach seiner zweiten Fahrt von den Katholischen Königen empfangen, hier starb 1506 Philipp der Schöne. – Weiter im Osten der Stadt, an der Plaza de San Juan, die Kirche **San Lesmes** (14./15. Jh.), mit gotischem Portal, im Innern spätgotische Altäre und Grabmäler. Südöstlich hiervon das **Museo Marceliano Santa María**, mit Gemälden des Meisters.

UMGEBUNG. – Bereits in unmittelbarer Nachbarschaft der Stadt findet der Besucher einige lohnende Ziele. – 1½ km südwestlich liegt das ***Monasterio de las Huelgas**, ursprünglich ein Lustschloß der kastilischen Könige (huelga = Erholung), von Alfonso VIII. im Jahre 1187 in ein Zisterzienserinnenstift umgewandelt. In der 1248 erbauten gotischen Kirche links der Coro de los Capillanos, mit den knienden Statuen von Alfonso VIII. und seiner Gemahlin Eleonore von England. Anstoßend an die Kirche ein stimmungsvoller romanischer Kreuzgang (Sammlung wertvoller alter Textilien). – ¾ km nordwestlich vom Kloster das **Hospital del Rey**, eine ebenfalls von Alfonso VIII. gegründete Pilgerherberge, an der nach León weiterführenden Santiago-Pilgerstraße, mit platereskem Portal von 1526.

4 km südöstlich von Burgos liegt auf einer bewaldeten Kuppe die **Cartuja de Miraflores**, ein von König Johann II. gegründetes Kartäuserkloster, das nach einem Brand (1452) von Hans und dessen Sohn Simon von Köln neu aufgebaut wurde. In der gotischen

*Kirche (nur diese zugänglich) vor dem großen vergoldeten Hochaltar (von Gil de Siloe und Diego de la Cruz) das ebenfalls von Siloe stammende Alabastergrabmal des Königspaares (1489–93), eines der reichsten seiner Art in Spanien. An der Nordwand der Kirche in einer Nische das von Gil de Siloe in Alabaster ausgeführte Grabmal des Infanten Alfonso (†1468). In der Kapelle des hl. Bruno eine Statue des aus Köln stammenden Heiligen (1032-1101), von Manuel Pereira.

Richtung Soria. – Man verläßt die Stadt Burgos zunächst auf der nach Süden strebenden N-I. Nach etwa 8 km Abzweigung nach links auf der N-234 über *Cuevas de San Clemente*; hier zur Rechten eine Nebenstraße nach
Covarrubias (40 km von Burgos), einst Mittelpunkt eines kastilischen Fürstentums; beachtenswerte Stiftskirche (etwa 12. Jh.), mit dem Triptychon der Heiligen Drei Könige und zahlreichen Grabmälern der Infanten und Äbte. In der Sakristei ein beachtenswertes Pfarrmuseum, mit wertvollen Skulpturen, Gemälden und Goldschmiedearbeiten. Überreste der alten Befestigung, mit dem Torreón de Doña Urraca. – Von Covarrubias Weiterfahrt über *San Pedro de Arlanza*, mit den Ruinen eines alten Klosters, zu dem Benediktinerkloster **Santo Domingo de Silos** (vermutlich schon im Jahre 593 von dem Westgotenkönig Reccared gegründet), ein außergewöhnlicher Bau, mit beachtenswerten Reliefs und einem zweigeschossigen *Kreuzgang (11./12. Jh.); Kirche aus dem 18. Jh. Im Kloster, dem hl. Dominikus von Silos 1047-73 Abt war, ein Museum mit wertvollem Kirchenschatz; hervorragender gregorianischer Gesang.

Von Cuevas de San Clemente auf der N-234 nach *Mazariegos*; kurz dahinter Abstecher nach links zu dem kleinen Ort
Quintanilla de las Viñas (36 km ab Burgos), mit der westgotischen Einsiedlerkirche Santa María de Lara (7./8. Jh.), berühmt wegen eines ungewöhnlichen dreifachen Frieses von Flachreliefs an den Außenwänden.

Richtung Madrid. – Die Straße N-1 führt in südlicher Richtung und in langen Geraden über die wellige, von kleinen Tälern gegliederte *Meseta* zu dem kastellartigen
Lerma (752 m; 2500 Einw.), einem stolzen Städtchen am *Río Arlanza*, das schon im 8. Jh. bestand. Herzoglicher Palacio de Lerma (1614), von Fray Alberto de la Madre de Dios errichtet. Dreischiffige Stiftskirche (1616), mit Bronzegrabmal des Erzbischofs Cristóbal de Rojas von Sevilla. Alte Befestigungsmauern des 12. Jh. und ein mittelalterliches Stadttor mit mächtigen Rundtürmen.

In Richtung Süden über den *Río Esgueva* nach *Gumiel de Hizan*, mit schönem Retablo in der Kirche, die zum Nationaldenkmal erklärt wurde.

Richtung Valladolid. – Die Straßengabelung liegt westlich der Stadt, wo die N-620 in südwestlicher Richtung dem Flußlauf des *Río Arlanzón* folgt. Über *Celada del Camino*, mit einer beachtenswerten befestigten Kirche des 13. Jh., und zur Linken die *Sierra de Covarrubia*, erreicht man das Dorf *Villanueva de las Carreteras*. – 1 km hinter dem Dorf eine Straßenkreuzung: links über den Fluß zu dem (11 km) hübsch gelegenen Ort
Santa María del Campo (1500 Einw.), dessen Pfarrkirche des 15. Jh. einen stattlichen plateresken Turm von Diego de Siloe (1527) besitzt sowie Chorgestühl und Kanzel im Mudéjarstil enthält – rechts der Straßenkreuzung nach dem von den Goten gegründeten
Castrogeriz (2000 Einw.), mit den Resten eines von Caesar angelegten Lagers, dem 'Castrum Sigerici'; ferner ein Schloß und mehrere reich ausgestattete Kirchen.

Richtung León. – Auch an der in Richtung Westen führenden N-120 findet man lohnende Ausflugsziele. Folgt man dieser Straße zunächst über den *Río Arlanzón*, später über den *Canal Arlanzón*, erreicht man kurz hinter *Villanueva de Argaño* eine Straßenkreuzung: 2 km nach Norden zu dem alten Städtchen
Sasamón, einer Gründung der Römer; Kirche Santa María (13./14. Jh.) mit einem Portal nach dem Vorbild der Puerta del Sarmental in Burgos, im Innern der Kirche ein schöner Chor und Kreuzgang – von der Straßenkreuzung 1 km nach Süden
Olmillos de Sasamón (798 m), mit dem alten Castillo de los Cartagena (15. Jh.) und einer gotischen Kirche.

Richtung Santander. – Auf breiter, autobahnähnlicher Straße N-623 verläßt man Burgos in Richtung Norden, vorbei am rechts abseits liegenden Dörfchen *Vivar del Cid*, wo der Nationalheld El Cid seine Kindheit verbrachte, und der Burgruine von *Sotopalacios*, schließlich zum **Puerto de Páramo de Masa** (1050 m), der den höchsten Punkt der Strecke bildet.

Von der Paßhöhe hinunter nach *Tubilla del Agua*; und ab hier wieder aufwärts durch ein wildromantisches Tal, später in aussichtsreichen Kurven (*Blick auf das von hohen Felswänden eingefaßte Ebrotal) zum **Puerto de Carrales** (1020 m), oberhalb der altkastilischen Hochfläche, von weiteren Steigungen und Gefällen (teils 7 %) begleitet.

Weiterfahrt über *Cilleruelo de Bezana* (935 m) zu dem großen
Ebro-Stausee *(Embalse del Ebro)*, mit 26 m hoher Staumauer; links abseits das Thermalbad
Corconte (936 m) in prächtiger Lage am Stausee.

Richtung Vitoria. – In nordöstlicher Richtung strebt die N-I zunächst über den *Puerto de la Brújula* (981 m), mit einer Brunnenan-

lage zur Erinnerung an die Königin Isabella (1845), nach
Briviesca (710 m; 4300 Einw.), dem römischen 'Virovesca', mit alten Mauern; in der Capilla de Sopraga der Kollegiatskirche sowie in der ehem. Klosterkirche Santa Clara vorzügliche Schnitzaltäre (16. Jh.), in letzterer von Ancheta. – Nördlich des Ortes (9 km) das Dörfchen *Vileña*, mit dem 1223 gegründeten Zisterzienserkloster (beachtenswerte Grabdenkmäler).

Durch das hügelige Getreideland von Altkastilien weiter und über *Cubo de Bureba* (640 m) zu dem malerisch in einem felsigen Engtal gelegenen
Pancorbo (635 m), das von den Ruinen zweier Schlösser überragt wird; dahinter beginnt der Felsenengpaß ('Desfiladero')
***Garganta de Pancorbo**, in dem der *Río Oroncillo* die *Montes Obarenes* (Sierra de Pancorbo) durchbricht. Wenig später die nördlich abzweigende N-625 nach Bilbao.

Weiter durch eine kahle, von Sierren umrahmte Hügellandschaft nach *Orón,* mit kleiner Burg, und
Miranda de Ebro (453 m; 33000 Einw.), einer zu beiden Seiten des *Río Ebro* gelegenen, lebhaften Handelsstadt (Straßen- und Eisenbahnknotenpunkt); die aus dem 12. Jahrhundert stammende Kirche San Nicolás (ehem. Moschee) besitzt ein hübsches arabisches Portal; am rechten Flußufer die Ruine eines Kastells.

Richtung Logroño. – Die Straße N-120 folgt in östlicher Richtung dem *Río Arlanzón*; hinter *Zalduendo* nach Norden Abzweigung einer Nebenstraße zu dem kleinen Ort
San Juan de Ortega, dem Ziel mehrerer Wallfahrten; *Pfarrkirche* (12./15. Jh.), auf romanischen Fundamenten erbaut; *Kloster del Jacobeo*, mit Grabmal für San Juan de Ortega und Baldachin.

Die N-120 klettert über den *Puerto de La Pedraja* (1130 m) nach **Villafranca Montes de Oca** (843 m; 500 Einw.), am alten Jakobsweg. – Weiter nach
Belorado (722 m; 2300 Einw.), mit den Resten eines alten *Castillo* (9. Jh.) und einem interessanten Retablo in der Ermita *Virgen de Belén*.

Cáceres

Provinz: Cáceres (CC). – Telefonvorwahl: 927. Höhe: 471 m ü.d.M. – Einwohnerzahl: 70000.
ⓘ Oficina de Información de Turismo,
Plaza del General Mola 33;
Telefon: 246347.
Patronato de Promoción de Turismo,
Amargura 1;
Telefon: 243700.

HOTELS. – *Alcántara* (garni), Avda. Virgen de Guadalupe 14, II, 67 Z.; *Extremadura,* Avda. Virgen de Guadalupe 5, II, 68 Z., Sb.; *Álvarez,* Parras 20, III, 37 Z.; *Ara* (garni), Juan XXIII 3, IV, 62 Z.; *Iberia,* Generalísimo Franco 2, IV, 41 Z.; *Metropol* (garni), Obispo Segura Sáez 5, IV, 22 Z.; *Los Naranjos* (garni), Alfonso IX 12, IV, 26 Z.; u.a.

RESTAURANTS. – **Hostería Nacional Comendador,* Ancha 6; *Álvarez,* Carretera de Salamanca, km 208; *El Montero,* Gil Cordero 11; *El Figón de Eustaquio,* Plaza San Juan 12; *Delfos,* Pl. de Albatros; u. v. a.

CAFÉS. – *Acuario,* Avda. de España 6; *Fara,* Avda. Virgen Montaña; u.a.

VERANSTALTUNGEN. – *Fiestas de la Candelaria* (Februar), mit Wallfahrt zur Ermita San Blas. – *Semana Santa* (Karwoche), mit eindrucksvoller Prozession im Morgengrauen des Karfreitags durch die Ciudad Monumental. – *Fiesta de San Jorge* (April), Fest zu Ehren des Stadtpatrons, zugleich Wettstreit zwischen Mauren und Christen auf der Plaza Mayor. – *Ferias y Fiestas* (Mai/Juni), mit Stierkampf und Reiterwettspielen. – *Festivales de España* (Juni). – *Feria de San Miguel* (September/Oktober), mit Stierkampf und folkloristischen Darbietungen.

Der lebhafte Handelsplatz Cáceres, Hauptstadt der gleichnamigen westspanischen Provinz und Bischofssitz, ist eine Gründung des römischen Konsuls Caecilius Metellus, der sie 'Norba Caesarina' oder 'Castra Caecilii' nannte; wahrscheinlich an Stelle einer iberischen Siedlung entstanden.

SEHENSWERTES. – Die **Altstadt** (*Ciudad* oder *Barrio Monumental*) erhebt sich auf einem Hügel und ist durch eine mittelalterliche Ringmauer mit 12 Türmen und 5 Toren vom modernen Stadtteil getrennt. In den malerischen Gassen stehen zahlreiche Adelspaläste des 16. Jh., mit großen Patios. – Westlich vor der Stadtmauer die Plaza Mayor (auch Plaza del General Mola), mit dem **Ayuntamiento** (*Rathaus*). Nahe der Nordostecke des Platzes die *Torre del Bujaco,* auch *Torre del Reloj* (Uhrenturm) genannt, ein Überrest der römischen Stadtmauer, mit einer Statue der Ceres. Rechts daneben der *Arco de la Estrella* (1723), gekrönt von einer Marienstatue. Durch den Torbogen betritt man die Altstadt und geht zur Plaza de Santa María. Östlich hiervon die spätgotische Kathedralkirche *Santa María la Mayor* (16. Jh.), mit der Puerta de la Sacristía im Renaissancestil, ein Werk von Alonso Torralba (1527); im Innern am Hochaltar ein Retablo von 1551.

Um die Plaza Santa María weitere Adelshäuser, darunter gegenüber der

Casa de las Cigüeñas in Cáceres

Kirche der *Palacio Episcopal,* der Bischöfliche Palast von 1567, mit einem
schönen Portal; daneben steht der *Palacio de Mayoralgo,* mit Fassade in gotischem Stil (16. Jh.). Beiden gegenüber,
neben der Kathedralkirche, die *Casa de
los Golfines,* im platereskem Stil des 15.
Jahrhunderts gehalten.

Unweit südlich der Plaza Santa María
erreicht man die Kirche *San Francisco
Javier* (18. Jh.), einen umfangreichen
Barockbau im Jesuitenstil, und kommt
schließlich zu der auf dem höchsten
Punkt der Stadt an Stelle einer Moschee
im 15. Jh. erbauten Kirche **San Mateo;**
ihre *Portada Principal* (Hauptportal) ist
in platereskem Stil (16. Jh.) gestaltet; im
Innern sieht man einen eindrucksvollen
barocken Retablo und Grabmäler. Unweit nordwestlich in der *Casa del Mono*
(15. Jh.) das *Museo de Bellas Artes,* mit
Gemälden, Waffen und Trachten. Von
San Mateo gelangt man in südöstlicher
Richtung zu der *Casa de las Cigüeñas,*
mit schlankem Turm im Stil der Florentiner Renaissance, der mit Zinnen be-
wehrt ist. In der Nähe steht die **Casa de**

las Veletas, die auf den Grundmauern
des ehem. maurischen Alcázar errichtet
wurde, mit einer tiefen Zisterne (10. Jh.).
In der Casa de la Velatas befindet sich
das *Museo Arqueológico;* es enthält
Funde aus prähistorischer und römischer Zeit, eine Münzsammlung, kunst-
handwerkliche Gegenstände und volkstümliche Trachten. Besondere Beachtung verdienen verzierte Stelen (u.a.
aus der Römerzeit).

Außerhalb der Mauern, welche die Altstadt umgeben, sind noch zwei Kirchen
beachtenswert: *San Juan* (13. Jh.), südlich der Plaza del General Mola, und
Santiago (16. Jh.), nördlich des Platzes
gelegen; letztere mit einem Retablo,
den A. Berruguete im Jahre 1558 geschaffen hat.

Den südwestlichen Teil von Cáceres
nimmt die **Neustadt** ein, mit großen
Plätzen und breiten Alleen. Am Südwestrand die Plaza de América, wo
die Straßen von Plasencia, Valencia de
Alcántara und Mérida münden. Nordöstlich anschließend die breite Avenida de España, deren Fortsetzung
zur Plaza Mayor führt. – Südlich der
Stadt liegt das *Kloster San Francisco,*
das im 15. Jh. gegründet wurde; schöner Kreuzgang. Der dreischiffigen, in
gotischem Stil erbauten Klosterkirche
ist eine Barockfassade vorgeblendet; im
Innern künstlerisch gestaltete Kapellen
und zahlreiche Grabmäler.

UMGEBUNG. – 1 km südöstlich von Cáceres
liegt auf einer Höhe die Ermita **Nuestra Señora de la Montaña** (17. Jh.); Kapelle mit
einer Kopie der Schwarzen Madonna vom
Montserrat; von der Ermita weite Aussicht
über die Hochebene von Estremadura. – 3 km
nördlich von Cáceres findet man das römische Lager
Cáceres el Viejo, das 79 v.Chr. von dem
Konsul Caecilius Metellus im Krieg gegen
Sertorius angelegt wurde, eine von Wällen
umgebene Ausgrabungsstätte; freigelegt
sind bisher das Prätorium, das prätoria-
nische Tor und ein Tempel.

Richtung Portugal. – Unweit vom *Río
Salor* folgt die N-521 in westlicher Richtung
nach *Malpartida de Cáceres;* dahinter die
nach Alcántara führende C-523, auf der man
nach 7 km das stattliche Dorf *Arroyo de la Luz*
erreicht; im Innern der Kirche ein großer
geschnitzter Retablo von Morales. – Auf der
N-521 kommt man entlang der nördlichen
Ausläufer der *Sierra de San Pedro* zu dem
alten spanischen Grenzstädtchen

Valencia de Alcántara (462 m; 16 000 Einw.), mit der spanischen Grenzkontrolle nach Portugal; reizvoller Ort mit maurischem Kastell (13 Jh.) und den zwei beachtenswerten Kirchen La Encarnación (13. Jh.) und Roqueamador (auch Rocamador) aus dem 16. Jh.; ferner ein Archäologisches Museum.

Cádiz

Provinz: Cádiz (CA). – Telefonvorwahl: 956.
Höhe: 5 m ü.d.M. – Einwohnerzahl: 150 000.
ⓘ **Oficina de Turismo,**
Calderón de la Barca 1;
Telefon: 211313.
Patronato para la Promoción Turistica,
Plaza de España s/n;
Telefon: 22 48 00.

Cádiz

HOTELS. – *Atlántico,* Parque Genovés 9, II, 173 Z., Sb.; *Francia y Paris* (garni), Plaza Calvo Sotelo 2, III, 69 Z.; *Regio* (garni), Ana de Viya 11, III, 40 Z.; *Regio II* (garni), López Pinto 79, III, 40 Z.; *San Remo,* Paseo Marítimo, III, 34 Z.; *Imares* (garni), San Francisco 9, IV, 37 Z.; *San Francisco* (garni), Valenzuela 1, IV, 35 Z.; Hostal *Carlos* (garni), Plaza de Sevilla s/n, P II, 30 Z. – Apartment-Hotel *Isecotel* (garni), Paseo Marítimo s/n, II, 33 Z.; u. a. – CAMPINGPLATZ: *El Pinar,* in Puerto Real.

RESTAURANTS in den meisten Hotels; ferner: *Mikay,* Plaza San Juan de Dios; *El Tablao,* Santa María de la Cabeza 4, andalusischer Stil; *La Palma,* Avda. Primo de Rivera; *La Pizzería,* Feduchy 17, italienische Küche; *El Anteojo,* Alameda Apodaca 22; *Cantábrico,* Avda. Ingeniero Lacierva; u.v.a.

VERANSTALTUNGEN. – *Semana Santa,* sehenswerte Prozession (Karwoche); *Corpus Cristi,* berühmte Prozession, Stierkampf, Sportveranstaltungen, Volkstänze (Fronleichnam); *Fiestas típicas gaditanas,* typische Feste in Cádiz (Mai); *Festivales de España,* mit Regatten (August); *Trofeo International Ramón de Carranza,* internationaler Fußball (Auqust); Ausländerkurse der Universität Sevilla (Juli/August).

Spielkasino: *Casino Bahía de Cádiz* in Puerto de Santa María.

WASSERSPORT. – Cádiz besitzt einen Jachthafen und einen Wassersportclub, die vorzüglichen Strände Victoria und Cortadura und den im alten Stadtteil gelegenen Strand La Caleta.

FREIZEIT und SPORT an Land. – Stierkampf, Tennis, Fußball, Hockey, Sportschießen, Fischen in der Bahía de Cádiz; Flamenco in El Tableo.

Die andalusische Hafenstadt Cádiz, Provinzhauptstadt und Bischofssitz, ist berühmt wegen ihrer überaus malerischen *Lage auf einem aus dem Meer emporragenden Muschelkalkfelsen am Ende einer 9 km langen Landzunge, die sich in den Golf von Cádiz, die Bahía de Cádiz, am Atlantischen Ozean erstreckt und durch eine Brücke mit dem Festland verbunden ist.

Starke Mauern bis zu 15 m Höhe schützen die Stadt gegen die Wogen des Meeres, deren Unterschied zwischen Ebbe und Flut hier fast 2 m (bei Springflut sogar 3 m) beträgt. Die hohen flachgedeckten weißen Häuser mit ihren Balkonen und charakteristischen Aussichtstürmchen ('Miradores') sowie die palmenreichen Parkanlagen mit weitem Blick auf den Ozean verleihen Cádiz einen ungewöhnlichen Reiz und verschafften ihm den Beinamen 'una taza de plata' (= eine silberne Schale).

GESCHICHTE. – Cádiz ist wohl die älteste historische Stadt der iberischen Halbinsel. Unter dem Namen *Gadír* ('die Festung') um 1100 v.Chr. von den Phöniziern als Stapelplatz für Zinn und Silber gegründet, wurde sie um 500 v.Chr. von den Karthagern besetzt, die von hier gegen den Süden Spaniens vordrangen. Im Zweiten Punischen Krieg fiel *Gades* in die Hand der Römer, unter denen die Stadt zu hoher Blüte gelangte. Griechische Gelehrte studierten hier die für sie unbekannten Meeresgezeiten, und auch die Küche von Gades war zu dieser Zeit weltberühmt. – Im Mittelalter sank die von den Arabern *Dschezîrat Kádis* genannte Stadt zur Bedeutungslosigkeit herab, bis nach der Eroberung durch Alfons den Weisen (1262) die Wiederbesiedlung begann und mit der Entdeckung Amerikas hier die Silberflotte ankerte. Die späteren Kriege und besonders der Abfall der Kolonien brachten einen erneuten Rückgang, von dem sich die Stadt erst in neuerer Zeit erholte.

SEHENSWERTES. – Vom Festland kommt man entweder via *Puerto Real* über die gebührenpflichtige Brücke (*Puente de Peaje*) oder auf der in *San Fernando* beginnenden Schnellstraße. Durch die *Puerta de Tierra* (1755) erreicht man die Stadt und gelangt nordwestlich über die Plaza de Santa Élena und durch die Calle Calesas, nahe am Bahnhof vorbei, hinab zum **Hafen**. Gleich links die Plaza San Juan de

D i o s, ein hübscher Platz mit dem 1816 erbauten stattlichen *Ayuntamiento* (Rathaus). Weiterhin erstreckt sich am Hafen die mit Palmen geschmückte hübsche Avenida Ramón de Carranza bis zu dem 1773 errichteten Gebäude des *Gobierno Civil*, der Provinzialverwaltung. Dahinter erhebt sich inmitten der weiten P l a z a d e E s p a ñ a ein mächtiges Denkmal zur Erinnerung an die erstmals 1810-12 in Cádiz tagende allgemeine Volksvertretung der Cortes, die hier die Verfassung von 1812 beschlossen.

Nördlich der Plaza de España die A l a meda de Apodaca und die sich nach links anschließende Alameda Marqués de Comillas, mit prächtiger *Aussicht auf die Nordseite der Bucht. Am Ende der Alameda links die zweitürmige Barockkirche *Nuestra Señora del Carmen* (1737-64), mit schönem Innenhof und Altarbild von El Greco.

An der Nordwestseite des Stadtfelsens erstreckt sich dicht am Meer der ausgedehnte **Parque Genovés**, mit einem im Sommer benutzten *Theater* und hübschem Palmengarten; von der Plattform einer Grotte umfassende Aussicht. – Weiter südlich, jenseits der vorgelagerten Balustrade des *Castillo de Santa Catalina*, die Bucht **La Caleta**, mit der *Playa de la Palma*. Links das Provinzialkrankenhaus *Hospital de Mora* (1904) sowie das Waisen- und Armenhaus *Hospicio Provincial*. An der Südseite der Caleta auf einer weit in den Ozean vorspringenden Felszunge das *Castillo de San Sebastián*, mit einem Leuchtturm.

Auf der südlichen Kaimauer der Stadt zieht sich die lange Straße C a m p o d e l S u r hin. Bald links ein ehem. Kapuzinerkloster (jetzt psychiatrische Anstalt). In seiner 1639 begonnenen Kirche *Santa Catalina* (Eingang durch den Hof) am Hauptaltar die *"Verlobung der hl. Katharina", das letzte Werk Murillos, bei dessen Ausführung er vom Gerüst stürzte und an den Folgen des Sturzes am 3. April 1682 in Sevilla starb. Vom selben Meister auch "Die Wundmale des hl. Franziskus". – Weiter mit Blick auf die hochragende Südseite der Stadt und an der Chorseite der Neuen Kathedrale vorüber; dann links die Kirche **El Sagrario**, die 'Alte Kathedrale', die ursprünglich aus dem 13. Jh. stammte und nach ihrer Zerstörung im Jahre 1596

1 Museo de Bellas Artes
2 San Francisco
3 Santa Cueva
4 San Felipe Neri
5 Hospital de las Mujeres
6 Catedral Nueva
7 Catedral Vieja
8 Santo Domingo

Neue Kathedrale in Cádiz

dann bis 1602 im Renaissancestil erneuert wurde; Inneres mit Malereien und einem figurenreichen Hochaltar von Saavedra (um 1650).

Von El Sagrario führen einige Nebengassen nordwestlich zu der P l a z a d e P í o X I I; an deren Südseite die **Neue Kathedrale** (*Catedral Nueva*), die von Vicente de Acero 1722 begonnen, aber erst 1838 vollendet wurde. Im Innern der dreischiffigen Kirche (85 m lang, 60 m breit) gewaltige Pfeiler und prächtige Vierungskuppel (52 m hoch); im Chor ein schönes Gestühl des 18. Jh. von Pedro Duque Cornejo; Krypta mit Bischofsgräbern und dem Grabmal des Komponisten Manuel de Falla; beachtenswerter Kirchenschatz, darunter eine kostbare Silbermonstranz sowie wertvolle Gemälde, u.a. von Murillo. Vom östlichen Glockenturm weite Aussicht.

In der größtenteils engen **Innenstadt** einige schöne Plätze, darunter nördlich der Neuen Kathedrale die mit Palmen bestandene Plaza de Castelar mit Standbild des Staatsmannes *Emilio Castelar* (1832-99) und dem gegenüberliegenden Geburtshaus. Westlich in der Altstadt die sie diagonal durchziehende Calle del Sacramento, rechts mit der *Torre del Vigía* (34 m hoch) auf der höchsten Erhebung der Stadt, mit schöner Aussicht. Unweit südlich von hier, in der Kapelle des *Hospital del Carmen de Mujeres*, ein 'San Francisco' von El Greco. Nordwestlich von der Torre de Vigía, in der Calle Santa Inés, die Kapelle *San Felipe de Neri*, ein 1671 errichteter Ovalbau, in dem 1812 die Cortes tagten (Gedenktafel an der Westseite); auf dem Hochaltar die ''Unbefleckte Empfängnis'' von Murillo. Südlich anstoßend an die Kapelle das *Museo Histórico Municipal* (Stadtgeschichtliches Museum), u.a. mit interessanten Modellen, darunter eines von Cádiz.

Die Calle San José führt nördlich weiter, nahe an der links liegenden Plaza de San Antonio vorbei, zu der Plaza de Miña, mit Parkanlagen; unweit östlich, in der Calle Antonio Lopez, das **Museo de Bellas Artes,** mit einer beachtenswerten Sammlung von Zurbarán, Werken von Murillo, Alonso Cano und zeitgenössischen Künstlern. Im Erdgeschoß das *Museo Arqueológico,* u.a. mit Gräberfunden aus der phönizischen Nekropole von Cádiz, darunter ein einzigartiger Sarkophag. – Unweit südöstlich der Calle Rosario steht die Kirche *Santa Cueva* (1783), ebenfalls mit ovalem Grundriß; im Innern Wandgemälde von Goya (1795).

UMGEBUNG. – Cádiz, durch die Autobahn mit Sevilla im Norden verbunden, besitzt innerhalb seiner Provinzgrenzen eine Fülle empfehlenswerter Ausflugsziele, vorwiegend malerische kleine und größere Städte.

Zum Norden der Provinz. – Über die Puente de Peaje zum Straßenkreuz bei *Puerto Real* (21000 Einw.), dem römischen 'Portus Gaditanus', wo heute die Autobahn nach Sevilla beginnt. Nordwärts auf der N-IV zum 22 km von Cádiz entfernten
Puerto de Santa María (8 m; 51000 Einw.; Hotel Meliá Caballo Blanco, I, 94 Z., Sb.; Puertobahía, II, 330 Z.; Restaurant Alboronia), der gewöhnlich *El Puerto* genannten Handelsstadt; eine der ältesten Ansiedlungen an

Puerto de Santa María

der Bucht von Cádiz (phönizisches Grab aus dem 1. Jh. v. Chr.), mit beachtenswerter Kirche Nuestra Señora de los Milagros und Resten der maurischen Burg San Marcos (13. Jh.); Aussicht. Besichtigung der berühmten Weinkeller. – Westlich von El Puerto liegt *Fuentebravía,* mit gutem Strand.

Nördlich von El Puerto, auf der N-IV zum 14 km entfernten **Jerez de la Frontera** (s. dort). – Von hier in westlicher Richtung auf der C-440, die durch das Weinbaugebiet von Jerez ('el Marco de Jerez') führt. Abzweigung nach links (21 km) zu dem weißen Dorf *Rota* (25000 Einw.), US-Flotten- und Luftwaffenstützpunkt.

Auf der C-440 weiter in Richtung Nordwesten nach
Sanlúcar de Barrameda (30 m; 43000 Einw.), einem hübsch an der Mündung des *Río Gudalquivir* gelegenen Hafenstädtchen, auch als Seebad bekannt; von hier unternahm 1498 Kolumbus seine dritte Fahrt nach der Neuen Welt, hier trat Magalhães 1519 seine erste Erdumseglung an. Mehrere beachtenswerte Kirchen, darunter Nuestra

Storchennest in Sanlúcar de Barrameda

Señora de la O (16. Jh.) mit Portal im Mudéjarstil und herrlichem Tafelwerk; auf dem
höchstgelegenen Teil das Castillo Santiago
mit starken viereckigen Türmen, von hier umfassende Rundsicht. – 10 km südwestlich
liegt an der Punta Camerón der Ort *Chipiona*
(10 000 Einw.), mit Leuchtturm und in der Kapelle Virgen de la Regla einem von den See-
fahrern verehrten Gnadenbild. Die Route
über Ronda nach Málaga folgt der N-342, die
Jerez ostwärts und durch Weinberge zum
Andalusischen Küstengebirge ansteigend
verläßt. Nach 9 km rechts die Ruinen des
maurischen *Castillo de Malgarejo* (14. Jh.);
dann zu dem 31 km von Jerez entfernten
Arcos de la Frontera (160 m; 27 000 Einw.;
Hotel Parador Nacional Casa del Corregidor,
II, 21 Z.), einem halbkreisförmig angelegten
Ort; mit Burg der Herzöge von Arcos (Aus-
sicht) und zwei sehenswerten Kirchen, dar-
unter San Pedro, die ein außergewöhnliches
Retabel besitzt. – Auf der C-344 weiter nach
Osten und über das Bergdorf *El Bosque* (Las
Truchas, III, 8 Z.) und den *Puerto del Boyar*
(1103 m) nach **Ronda** (s. dort).

Von Arcos auf der südöstlich führenden Lokalstraße durch die *Sierra del Aznar* und später über den *Río Majaceite* zum *Puerto de Ga-
lis* (417 m); dann in südwestlicher Richtung
nach *Alcalá de los Gazules*, einem malerischen Bergdorf mit Resten eines arabischen
Castillos.

Zum Süden der Provinz. – Auf der
Schnellstraße über die schmale Sandneh-
rung und an der dem Ozean zugewandten
Playa Victoria vorbei nach
San Fernando (20 m; 60 000 Einw.), der langgestreckten Marinestadt und dem Mittelpunkt der Isla de León, erbaut im 18. Jh. auf
einer Art Felsinsel in den Salzsümpfen, aus
denen schon in römischer Zeit Salz gewonnen wurde; mit sehenswertem Teatro de las
Cortes.

Weiter auf dem Puente Zuazo über den *Canal
de Sancti Petri* zu einer Straßenteilung; hier
rechts ab auf der N-340 nach **Chiclana de la
Frontera** (17 m; 27 000 Einw.), z.T. auf einer
Anhöhe gelegenen Stadt, die mit ihren hellen
Häusern und der moscheenartigen Kirche
San Juan Bautista einen fast maurischen
Eindruck macht. – 8 km westlich an der Mündung des Canal de Sancti Petri, in der die
gleichnamige kleine Insel mit den Resten eines im Altertum berühmten Heraklestempels
liegt, der vielbesuchte Strand *La Barrosa*. In
südöstlicher Richtung auf der N-340 vorbei
(Zufahrt 3 km) an dem Hafen- und Bade-
städtchen *Conil de la Frontera* (2000 Einw.),
mit ruhigem Sandstrand und der Burgruine
Torre de Guzmán, zu dem ebenfalls abseits
(Zufahrt 2 km) liegenden malerischen Bergstädtchen *Vejer de la Frontera* (218 m; 12 000
Einw.), hoch über dem Cabo Trafalgar. – Von
hier Abstecher zum südlich gelegenen

In Chiclana de la Frontera

Cabo de Trafalgar (14 km ab Abzweigung),
dem 'Promontorium Iunosis' der Römer und
'Tarafal-ghâr' (= Höhlenkap) der Mauren, bei
dem am 21. Oktober 1805 in der berühmten
Seeschlacht die französisch-spanische
Flotte von den Engländern unter Nelson, der
dabei den Tod fand, entscheidend geschlagen wurde. Etwa 2 km östlich vom Leuchtturm das Dorf *Los Caños*, mit Uferweg und
langem Sandstrand.

Über den *Río Barbate*, schließlich entlang der
Sierra del Niño und mit Blick rechts auf das
marokkanische Gebirge, später auf die
Straße von Gibraltar nach
Tarifa (8 m; 20 000 Einw.), einer maurisch
wirkenden malerischen Stadt, dem 'Iulia Tra-
ducta' der Römer, in der Maurenzeit durch
Tarif Ben Malik befestigt; mit gut erhaltener

Río Barbate bei Vejer de la Frontera

Ummauerung und dem Castillo de Guzmán (Aussicht) sowie der Kirche Santa María y San Mateo. Der Stadt vorgelagert die *Punta Marroquí** (auch *Punta de Tarifa),* die südlichste Spitze des europäischen Festlandes, an der schmalsten Stelle der Meerenge von Gibraltar (14 km bis zur Punta Cires), gegenüber dem marokkanischen Küstengebirge.

Die N-340 führt von Tarifa bergauf (12%) zu dem auf der felsigen Höhe der Sierra del Algarrobo gelegenen **Puerto del Cabrito** (340 m), mit großartigem **Blick über die Meerenge von Gibraltar hinweg auf Afrika. Über den *Puerto del Bujeo* (340 m), wo sich die *Aussicht auf die Bucht von Algeciras und Gibraltar öffnet; von hier in Windungen bergab nach **Algeciras** (s. dort).

Calatayud

Provinz: Zaragoza (Z). – Telefonvorwahl: 976. Höhe: 522 m ü.d.M. – Einwohnerzahl: 22 000.
ⓘ **Centro de Iniciativas Turísticas,**
Puerta Alcántara s/n;
Telefon: 88 15 20.

HOTELS. – *Calatayud,* Carretera Madrid–Barcelona, km 237, II, 63 Z.; Hostal *Fornos,* Paseo Calvo Sotelo 5, P II, 50 Z.; *Marivella* (garni), Carretera N-II, km 241, P II, 39 Z.; *Gimeno* (garni), Luis Guedea 9, P III, 15 Z.; *La Perla,* San Antón 17, P III, 10 Z.

Das im Talgrund des Río Jalón gelegene Calatayud ist eine alte aragonesische Grenzstadt, überragt von maurischen Ruinen aus dem 8. Jahrhundert.

SEHENSWERTES. – Auf dem Burghügel die Ruinen des maurischen **Kalat-Ayub** (= Burg des Ayub). – Im Ort die Kirche **Santa María la Mayor,** eine ehem. Moschee, mit Alabasterportal von 1528 (Skulpturen im Stil der spanischen Renaissance) und achteckigem Turm des 16. Jh. – Ein weiteres Gotteshaus ist die Kirche **San Sepulcro** (12. Jh., später erneuert), einst Hauptkirche der Tempelritter in Spanien.

UMGEBUNG. – 3 km nordöstlich der Stadt, am linken Ufer des Río Jalón, die Ruinen der keltiberischen Stadt **Bilbilis,** Geburtsort des römischen Dichters Martial (40–100 n. Chr.). – Im Süden (27 km), auch auf der C-202 zu erreichen, das **Monasterio de Piedra,** ein Zisterzienserkloster des 12. Jh., mit Burgfried, Kapitelsaal, Refektorium und Apsis der alten Kirche; von einem herrlichen Naturpark mit üppiger Vegetation und mehreren Wasserfällen, Seen und Grotten umgeben, als Sommerfrische viel besucht.

Cartagena

Provinz: Murcia (MU). – Telefonvorwahl: 968. Höhe: 2 m ü.d.M. – Einwohnerzahl: 173 000.
ⓘ **Oficina de Información del C.I.T.,**
Plaza de Castellini 5;
Telefon: 50 75 49.

HOTELS. – *Cartagonova* (garni), Marcos Redondo 3, II, 126 Z.; *Alfonso XIII,* Paseo de Alfonso XIII 30, III, 239 Z.; *Cartagenera* (garni), Jara 32, IV, 46 Z.; Hostal *Los Habaneros,* San Diego 60, P II, 70 Z.; *Manolo* (garni), Muñoz Grandes 7, P II, 95 Z.; *Za-Or* (garni), Alcalde Zamora 1, P III, 12 Z.; u.a.

RESTAURANTS. – *Anibal,* Callejón de la Parra; *Méson Monteria,* Pl. Cuartel del Rey 5; *Mare Nostrum,* Paseo de Alfonso XII (am Hafen); u.a.

VERANSTALTUNGEN. – *Semana Santa* (Karwoche), berühmte Prozession. – *Virgen del Monte Carmel* (Juli), Fest zu Ehren der Schutzpatronin.

WASSERSPORT. – Vielfältige Wassersportmöglichkeiten in Cartagena und dem nördöstlich gelegenen Mar Menor. Cartagena besitzt einen Club Náutico und einen Real Club de Regatas.

SPORT und FREIZEIT an Land. – Tennis, Reiten, Fußball; ferner gibt es den Campo de Golf von La Manga in Los Belones.

Spielkasino: *Casino Azarmenor* in San Javier, nördlich vom Mar Menor.

Das von dem Punier Hasdrubal 221 v. Chr. gegründete Cartagena ist der bedeutendste Handels- und Hauptkriegshafen Spaniens, im Innern einer tief einspringenden Bucht, die von zwei auf schroffen Felshöhen gelegenen Forts geschützt wird. Als römisches Neu-Karthago war die Stadt lange die bedeutendste Niederlassung auf der Iberischen Halbinsel.

SEHENSWERTES. – Hauptstraße der Stadt ist die belebte Calle de Isaac

Alter Küstenwachturm bei Cartagena

Peral (für Autos gesperrt), an deren Südende das *Ayuntamiento* (Rathaus) steht. Von hier aus ziehen sich am Hafen entlang, doch durch Bahnanlagen von ihm getrennt, schöne Promenaden hin, besonders aussichtsreich die auf der ehem. Stadtmauer angelegte A v e n i d a, mit einem Kolumbus-Denkmal. An den Ruinen der Kirche **Santa María la Vieja** (13. Jh.) vorbei gelangt man z.T. auf Treppen zum **Castillo de la Concepción** (70 m), dessen Ruinen von hübschen Anlagen umgeben sind; von hier Aussicht auf die Stadt und den Hafen mit den Ölraffinerien an der Südküste bei *Escombreras*. – Im Norden der Stadt das **Museo Arqueológico**, mit bemerkenswerten römischen Funden.

UMGEBUNG von Cartagena. – Nordöstlich der Stadt befindet sich das Bade- und Touristenzentrum **Mar Menor** (s. bei Murcia); an der N-332 dorthin die alte Bergwerksstadt *La Unión*.

Um den Golfo de Mazarrón. – Von Cartagena führt die N-332 in westlicher Richtung über *Cuesta Blanca* zu dem 15 km entfernten *Puerto de Mazarrón,* mit Badestrand und Touristenzentrum. Von hier weiter landeinwärts nach *Mazarrón* und schließlich entlang der *Sierra de la Almenara* nach **Águilas** (17 600 Einw.), einem Hafenstädtchen mit den Ruinen römischer Thermen und Badestränden an der *Costa Blanca;* in der Nähe alte Festungsanlagen.

Castellón de la Plana

Provinz: Castellón (CS). – Telefonvorwahl: 964. Höhe: 28 m ü.d.M. – Einwohnerzahl: 120 000.
(i) **Oficina Municipal de Turismo,**
    Plaza María Agustina 5;
    Telefon: 22 74 04.

HOTELS. – *Mindoro* (garni), Moyano 4, I, 114 Z.; *Del Golf,* Playa del Pinar (El Grao), II, 127 Z., Sb.; *Myriam* (garni), Obispo Salinas 1, II, 25 Z.; *Turcosa* (garni), Avda. de Buenavista 1, II, 70 Z.; *Amat* (garni), Temprado 15, III, 22 Z.; *Doña Lola* (garni), Lucena 3, III, 24 Z.; *Gabiska* (garni), Plaza del Real 2, III, 35 Z.; Hostal *Brisamar* (garni), Avda. Buenavista 26, P II, 12 Z.; *Marti* (garni), Herrero 19, P II, 28 Z; *Bagan,* Pérez Galdos 13, P III, 24 Z.; u.a. – CAMPINGPLATZ: *Bonterra,* nördlich in Benicasim; u.a. in der Umgebung.

RESTAURANTS. – **Club Náutico,* Escollera Poniente, in El Grao (5 km östlich); *Electra,* Ronda Mijares 20; *Mesón del Cordero,* Carretera nach Alcora (10 km nordwestlich).

VERANSTALTUNGEN. – *Fiesta de Santa Magdalena* (Karwoche), mit Messe und folkloristischen Darbietungen vor der Wallfahrtskapelle auf der Anhöhe der Ermita; Prozession, Regatten, Stierkampf.

WASSERSPORT. – Zwei Sandstrände bei El Grao; ferner Wassersport am Riff Poniente.

Die freundliche Provinzhauptstadt Castellón de la Plana liegt inmitten einer fruchtbaren Ebene und ist Mittelpunkt des Handels mit Orangen, die in großer Menge von dem 5 km östlich gelegenen Hafen El Grao de Castellón ausgeführt werden. Der Hafen liegt an der bekannten Costa del Azahar ('Apfelsinenblüten-Küste').

SEHENSWERTES. – Die urspr. gotische Kirche **Santa María Mayor**, mit einem freistehenden 46 m hohen Glockenturm von 1604 (nach der Zerstörung von 1936 wiederaufgebaut). – **Rathaus** (Ayuntamiento), um 1700 erbaut. – **Diputación Provincial**, mit einem beachtenswerten *Museum*, das u.a. Bilder des hier geborenen Malers Ribalta enthält; sein Denkmal auf dem Paseo de Ribalta, mit *Parque de Ribalta*.

UMGEBUNG. – Von Castellón führen mehrere Haupt- und Nebenstraßen zu interessanten Ausflugszielen, die zumeist bei den nachfolgenden Routenbeschreibungen erwähnt werden.

Z u m P u e r t o E l R e m o l c a d o r. – Man folgt der nach Nordwesten führenden Straße C-232 zu dem etwa 34 km entfernten Ort **Lucena del Cid** (568 m; 2400 Einw.), einem malerischen Städtchen, auf einer Anhöhe über dem Tal des *Río Lucena* gelegen, als Sommerfrische bekannt; mit dem Castillo del Duque de Hijar und einem beachtenswerten Retablo in der Pfarrkirche. – Von Lucena del Cid klettert die C-232 zur Paßhöhe des *Puerto El Remolcador* (1018 m) hinauf. Von hier ggf. Weiterfahrt nach Teruel.

K ü s t e n f a h r t R i c h t u n g T a r r a g o n a. – Nach Norden führt sowohl die Autobahn A 7, die N-340 als auch eine in El Grao beginnende Nebenstraße, die sich mit der N-340 trifft. Die Fahrt geht durch Orangengärten und Felder mit Ölbäumen; links der zerklüftete Kalksteinfelsen *Peña Golosa* (1831 m) und weiter nach **Benicasím** (15 m; 3000 Einw.), einem hübsch zwischen Palmenpflanzungen unweit vom Meer (Strand) gelegenen Ort am Fuß des gebirgigen *Desierto de las Palmas.* Später etwas landeinwärts bergan, dann ziemlich eben nach **Oropesa del Mar** (33 m), in malerischer Lage auf einem von einer Burgruine gekrönten Felshügel; rechts abseits am Meer (1 km) ein alter Wachtturm ('Torre del Rey') und eine Signalstation (Faro de Oropesa) sowie das Badeviertel.

In langen Geraden geht es nun zwischen Feldern hin, mit Blick rechts auf das Meer, nach **Torreblanca** (4000 Einw.); in der Ortsmitte die mit einer Azulejoskuppel geschmückte Kirche aus dem 18. Jh. – An der Küste (3 km) der Badeort *Torrenostra*.

Hinter Torreblanca überquert die N-340 das zumeist trockene Flußbett *Rambla de las Cuevas*; dann rechts auf der *Sierra de Irta* die Burgruine Chivert, weithin sichtbar. Vorbei an *Alcalá de Chivert* und *Santa Magdalena de Pulpis*, letzteres überragt von einer stattlichen Burgruine, kommt man zur Abzweigung einer lohnenden Nebenstraße (Umweg 7 km) durch die Küstenebene zu der südöstlich wie eine Festung aufragenden mit dem Festland durch eine von vielbesuchten Badeständen eingefaßte Landzunge verbundenen kleinen Felsenhalbinsel
Peñiscola, mit dem gleichnam. malerischen Städtchen (3000 Einw.; *Hostería del Mar, I, 85 Z., Sb.), überragt von einem alten Castillo, das 1233 von König Jaime I. den Mauren entrissen wurde und 1415–24 dem abgesetzten Gegenpapst Benedikt XIII. bis zu seinem Tod als Aufenthalt diente; vom Kastell prächtige Aussicht.

Auf der N-340 oder ab Peñiscola den Strand entlang nach
Benicaró (11 m; 14000 Einw.; Parador Nacional, II, 108 Z., Sb., mit Blick auf das Meer; Marynton, III, 26 Z.), einem Städtchen mit altem Schloß und hübscher Kirche von 1743, die einen achteckigen Glockenturm, eine Azulejoskuppel und ein prächtiges Hauptportal hat.
Die Fortsetzung der N-340 führt durch das Trockental des *Río Seco de Benicaló* und durch rebenreiches Gebiet nach **Vinaroz** (6 m; 14000 Einw.), einem lebhaften Fischereihafenstädtchen.

Küstenfahrt Richtung Valencia. – Autobahn und N-340 stellen die Straßenverbindung entlang der Costa del Azahar her. Südlich von Castellón überquert die N-340 auf dem 1794 erbauten steinernen Puente de Ribelles den *Río Mijares* und erreicht kurz darauf
Villarreal de los Infantes (42 m; 30000 Einw.), eine 1272 gegründete Stadt, deren große Hauptkirche (18. Jh.) eine Azulejoskuppel hat.

Es geht weiter durch die mit den Wassern des Mijares bewässerte fruchtbare Ebene von Villarreal und auf der von Blumen und Orangengärten umsäumten Straße nach
Nules (11 m; 9700 Einw.), einem Städtchen mit Resten der alten Stadtmauer. – 3½ km westlich abseits am Fuß des Gebirges das Thermalbad *Villavieja*; ferner 7 km südwestlich das Dorf *Vall de Uxó* mit der prächtigen *Tropfsteinhöhle San José (Führung mit Kahnfahrt; u.a. Konzerte). Von Vall de Uxó

ggf. Weiterfahrt auf der C-225 über den *Collado de Marianet* (400 m) nach **Segorbe**.

Die Küstenstraße erreicht hinter Nules den Ort
Almenara (23 m), überragt von einem felsigen Burgberg mit der Ruine eines Castillo. König Jaime I. von Aragón schlug hier 1238 die Mauren und eroberte damit Valencia. In der Umgebung zahlreiche Reste römischer Bauten, u.a. links die eines Lagers aus dem Jahre 217 v. Chr. ('Monte del Cid').

Ceuta

Provinz: Cádiz (CA). – Telefonvorwahl: 956.
Höhe: Meereshöhe. – Einwohnerzahl: 65000.
ⓘ **Oficina de Información de Turismo,**
   Avenida Cañonero Dato 1;
   Telefon: 511379.

HOTELS. – *La Muralla,* Plaza de África 15, I, 83 Z., Sb.; *Ulises* (garni), Camoens 5, I, 124 Z., Sb.; *África* (garni), Muelle Cañonero Dato s/n, II, 39 Z.; Hostal *Atlante* (garni), Paseo de las Palmeras 1, P II, 40 Z.; *Miramar* (garni), Avda. Reyes Católicos 23, P II, 21 Z.; u.a.

SCHIFFSVERKEHR. – Autofähre täglich von Algeciras (etwa 1½ St. Fahrzeit).

Die Stadt Ceuta liegt an der Straße von Gibraltar auf afrikanischem Boden; als spanisches Hoheitsgebiet (Plaza de Soberanía) besitzt sie einen Freihafen mit lebhaftem Handel.

Hafen von Ceuta (Nordafrika)

SEHENSWERTES. – Mittelpunkt der Stadt ist die mit Palmen bestandene Plaza de África, wo sich neben dem *Rathaus* u.a. auch die **Kathedrale** (1432 geweiht) befindet; mit Renaissance-Portal aus schwarzem Marmor und großem Chor. – Gegenüber dem Rathaus erhebt sich die Kirche **Nuestra Señora de África** des 18. Jh.; am Hochaltar die Statue der Schutzpatronin, ein schönes Bildwerk des 15. Jh. – Am äußersten Ende der Landenge liegt der **Foso de**

San Felipe ('Philipps-Graben'), der die alte Stadt vom Festland trennt, mit Überresten von Türmen, Bollwerken und zinnengekrönten Mauern. – Auf der Landzunge der Berg *Hacho* mit der weithin sichtbaren alten Festung.

UMGEBUNG von Ceuta. – Zu den wichtigsten Städten des benachbarten Königreiches Marokko führen Autobusverbindungen.

Ciudad Real

Provinz: Ciudad Real (CR). – Telefonvorwahl: 926. Höhe: 632 m ü.d.M. – Einwohnerzahl: 45000.
ⓘ **Oficina de Información de Turismo,** Avenida Alarcos 31, Telefon: 21 29 25.

HOTELS. – *Castillos* (garni), Avda. del Rey Santo 8, II, 131 Z.; *El Molino,* Carretera N-420, km 242, II, 18 Z.; *Almanzor,* Bernardo Balbuena s/n, III, 66 Z.; Hostal *Alfonso el Sabio,* Carlos Vázquez 8, P II, 57 Z.; *San Millán* (garni), Ronda de Granada 23, P II, 40 Z.

RESTAURANTS. – *Casa Blanca,* Ronda de Granada 23; *Miami Park,* Ronda Ciruela 48; u.a.

CAFÉS. – *Los Faroles,* Plaza del Pilar 9; *Manchega,* Tinte 35.

VERANSTALTUNGEN. – *Fiestas Virgen del Prado* (August), das Hauptfest zu Ehren der Stadtpatronin, mit Stierkampf, Blumenspielen, Wettbewerb in der Ausgestaltung von Festwagen; Spanien-Festspiele.

Die Provinzhauptstadt Ciudad Real, Sitz eines Bischofs, ist der Mittelpunkt der Mancha, wo Don Quijote, der 'Ritter von der traurigen Gestalt', zu Hause war. Die Stadt liegt zwischen den Flüssen Río Guadiana und Río Jabalón inmitten einer fruchtbaren Landschaft.

GESCHICHTE. – Im Jahre 1252 von Alfonso el Sabio (dem Weisen) an der Stelle der von Mauren zerstörten Stadt 'Alarcos' gegründet und 'Villareal' genannt, wurde sie unter Juan II. 1420 zur Stadt erhoben und trägt seitdem den heutigen Namen.

SEHENSWERTES. – Aus ihrer z. T. sehr kriegerischen Vergangenheit hat sich Ciudad Real einige Bauwerke erhalten, darunter die **Puerta de Toledo** (14 Jh.), eines der alten Stadttore, von zwei quadratischen Türmen flankiert, heute Nationaldenkmal. – Die mächtige gotische **Kathedrale**, 1531 erbaut, ist der 'Virgen del Prado' geweiht; mit altem *Westportal* (12. Jh.) und einem *Retablo* von Giraldo de Merlo (1616); *Sakristei* mit dem Gemälde "Die Enthauptung Johannes des Täufers" von Eugenio Caxès. Vom Turm (17. Jh.) der Kathedrale bietet sich

ein weiter Blick. – Besonderen Kunstwert hat die Kirche **San Pedro** (16. Jh.), mit Portalen in gotischem und mudéjarem Stil; Nebenaltar der 'Virgen de la Guía' mit silbernem Thron; Hauptaltar mit Petrus-Statue.

UMGEBUNG. – In unmittelbarer Nachbarschaft der Stadt findet man zwei lohnende Ziele. Die alte *Ermita de Alarcos* (8 km westlich), zur Erinnerung an die Schlacht von Alarcos erbaut, sowie die *Burg von Calatrava* (15 km nördlich), eine von Alfons VII. von Kastilien eroberte maurische Festung. Natürlich gibt es von Ciudad Real Ausflüge, die den Spuren des berühmten Don Quijote folgen.

In die Sierra de los Molinos. – In nordöstlicher Richtung auf der N-420 nach *Daimiel,* in dessen Nähe Don Quijote den Yanguesen begegnete; weiter über *Puerto Lápice* (Kreuzung mit der N-IV) nach **Alcázar de San Juan** (643 m), einem kleinen Ort mit einer bedeutenden Sammlung römischer Mosaiken und der Kirche Santa María (13. Jh.). – Nach weiteren 8 km Fahrt **Campo de Criptana,** ein freundliches Dorf, wo vermutlich Don Quijotes Kampf mit den Windmühlen stattfand; mehrere Windmühlen in Betrieb, einige mit kleinen Museen, so z. B. El Quimera und El Pilón. – Weiterfahrt auf der N-420 nach *Pedro Muñoz;* hier Abstecher nach Norden zum 13 km entfernten *El Toboso,* freundliches Dorf und Heimat von Don Quijotes Herzensdame Dulcinea. – Von Pedro Muñoz nordöstlich nach *Mota del Cuervo,* einem typischen Dorf der Mancha, an der N-301 gelegen, die Madrid mit Albacete und Alicante verbindet.

Über Manzanares zur Sierra Morena. – Zunächst zum nordöstlich gelegenen *Daimiel;* hier nach Osten auf der N-430 zum 52 km von Ciudad Real entfernten **Manzanares** (645 m; 16000 Einw.), einem freundlichen Städtchen am *Río Azuer,* um die nach der Schlacht bei Navas de Tolosa errichtete Burg erbaut; mit dem *Castillo de Peñas Borras.* Von Manzanares auf einer Nebenstraße zum 27 km entfernten **Argamasilla de Alba,** wo der Dichter Cervantes im Gefängnis saß und seinen berühmten Roman begann; mit der Windmühle Molino Dulcinea und dem Castillo de Peñarroya, einem maurischen Schloß, das 1198 von Alonso Pérez de Sanabria erobert wurde. – In der Nähe von Argamasilla de Alba liegt **Tomelloso,** wichtiges Weinbauzentrum der Mancha; in der Pfarrkirche (16. Jh.) ein schöner Retablo der 'Virgen de la Paz'.

Die N-IV führt von Manzanares in südlicher Richtung (Umgehungsstraße) nach **Valdepeñas** (701 m; 28000 Einw.), einer durch ihren Rotwein und die großen Wein-

Lagunas de Ruidera bei Ciudad Real

kellereien ('Bodegas') bekannte Stadt; mit schöner Plaza Mayor (18. Jh.). Kirche La Asunción (15./16. Jh.) mit beachtenswertem spätgotischen Portal. Museo Gregorio Prieto (in einer großen Windmühle), mit Werken des Malers. Abstecher nach *Almagro* und *Villanueva de los Infantes*.

Weiter südwärts auf der N-IV, vorbei an dem einfachen Ort *Santa Cruz de Mudela*, um 1200 von spanischen Kreuzfahrern gegründet, mit Wallfahrtskirche (14. Jh.); mäßig bergan zur *Sierra Morena* und beim **Puerto de Despeñaperros* (1009 m), dem 'Hundefelsabsturz' über die Grenze nach Andalusien und weiter nach **Jaén** (s. dort).

Zum Campo de Montiel. – Die C-425 führt zunächst zu dem 24 km östlich von Ciudad Real gelegenen
Almagro (Parador Nacional, I, 55 Z., Sb.), inmitten des Campo de Calatrava, an der Stelle des antiken 'Mariana', der ehem. Residenz des Calatrava-Ordens; mit Wohnpalast des Ordensmeisters und den Kirchen San Bartolomé el Real und Madre de Dios; besonders interessant der Corral de Comedias (16. Jh.), ein Komödienhof (Nationaldenkmal).

Über den Ort *Moral de Calatrava*, mit der künstlerisch wertvollen Kirche La Soledad, erreicht man
Valdepeñas und folgt ab hier der weiter nach Osten strebenden C-415 nach
Villanueva de los Infantes; ein vornehmes Städtchen mit wappengeschmückten Haustoren, darunter jenes der Casa del Caballero del Verde Gabán, ebenfalls bekannt aus dem ''Don Quijote''; im Dominikanerkloster das Grabmal für den spanischen Schriftsteller

Francisco de Quevedo (1580-1645). – Weiter auf der C-415 nach *Villahermosa*; von hier nach Süden (5 km) Abstecher zum *Castillo de Montiel*, dem Mittelpunkt des Ordens des 'Campo de Montiel'.

Zur Sierra de Almadén. – Auf der nach Süden führenden N-420 nach *Cañada de Calatrava*; ab hier nach Westen zum 97 km von Ciudad Real entfernten Almadén. – Weiter auf der N-420 erreicht man *Puertollano*, mit dem 7 km rechts abseits liegenden
Almodóvar del Campo, dem Geburtsort des Juan Bautista de la Concepción, des Erneuerers des Karmeliterordens; Pfarrkirche (13. Jh.), mit beachtenswertem Retablo (14. Jh.) am Hochaltar; Palacio Juan de Ávila, mit der Kapelle La Trinidad (16. Jh.); Kirche El Carmen (16. Jh.).

Auf der ab Almodóvar del Campo nach Nordwest führenden C-424 kann man über *Abenojar* den Ort
Almadén (450 m; 15 000 Einw.) erreichen, das arabische 'al-ma'den' (= Bergwerk), Mittelpunkt reicher Quecksilberminen, die schon von den Griechen, Römern und Mauren ausgebeutet wurden sowie 1525-1645 an die Fugger in Augsburg verpachtet waren (seit 1921 Staatsbesitz); Tagebau bis zu 300 m tief.

Ciudad Rodrigo siehe nächste Seite.

Ciudad Rodrigo

Provinz: Salamanca (SA). – Telefonvorwahl: 923. Höhe: 623 m ü.d.M. – Einwohnerzahl: 13000.

ⓘ **Oficina de Información de Turismo,**
Arco de las Amayuelas 6;
Telefon: 460561.
Centro de Iniciativas Turisticas,
Plaza Mayor 1;
Telefon: 460150.

HOTELS. – *Parador Nacional Enrique II,* Plaza del Castillo 1, II, 27 Z.; *Conde Rodrigo,* Plaza de Salvador 9, III, 35 Z.; *El Cruce,* Carretera de Lisboa 4, IV, 40 Z.; *La Llave del Campo,* Carretera de Lisboa 141, IV, 20 Z.; Hostal *Tamarix,* Carretera Salamanca, km 319, P II, 16 Z.; *Fernando Cambronero 'el Pibe',* Lisboa 10, P III, 13 Z.

VERANSTALTUNGEN. – *Fiesta de San Blas* (Februar), mit origineller Wallfahrt zur 3 km entfernten Ermita de la Caridad. – *Fiestas de Carnaval* (Februar); dieses fröhliche Fest, mit Trommlerumzug, Stierkampf, Jungstierkämpfen, ist zu einer großen touristischen Attraktion geworden.

Die im 12. Jh. von dem Grafen Rodrigo Gonzáles gegründete Stadt Ciudad Rodrigo war eine Grenzfestung gegen Portugal und ist heute noch Bischofssitz; in hübscher Lage hoch über dem Río Agueda, über den eine auf römischen Fundamenten ruhende Brücke führt.

SEHENSWERTES. – Ciudad Rodrigo, das römische 'Augustobriga', ist eine der interessantesten Städte der Provinz Salamanca mit reizvollen alten Bauten und steht in seiner Gesamtheit unter Denkmalschutz. – **Ayuntamiento** (*Rathaus;* 16. Jh.), mit Arkaden, Rundtürmchen und Galerie in platereskem Stil. – Romanische **Kathedrale** des 12. Jh., im 16. Jh. umgebaut; mit zwei reich geschmückten Portalen, schönem Chorgestühl von Rodrigo Alemán (16. Jh.) und Kreuzgang aus dem 13./14. Jh., interessante Grabmäler. – In dem **Alcázar,** während des Mittelalters von Enrique II de Trastamara errichtet, befindet sich heute ein Parador Nacional.

Córdoba

Provinz: Córdoba (CO). – Telefonvorwahl: 957. Höhe: 119 m ü.d.M. – Einwohnerzahl: 285000.

ⓘ **Oficina Municipal de Turismo,**
Plaza de Judá Leví 3;
Telefon: 290740.
Patronato Provincial de Turismo,
Plaza de Colón 15;
Telefon: 475785.

HOTELS. – *Adarve,* Magistral González Frances 15, I, 103 Z.; *Husan Gran Capitan,* Avda. América 3/5, I, 99 Z.; *Meliá Córdoba,* Jardines de la Victoria, I, 106 Z., Sb.; *El Califa* (garni), Lope de Hoces 14, II, 46 Z.; *Los Gallos,* Avda. de Medina Azahara 7, II, 105 Z., Sb.; *Maimónides* (garni), Torrijos 4, II, 61 Z.; *Colón* (garni), Alhaken II 4, III, 40 Z.; *Marisa* (garni), Cardenal Herrero 6, III, 28 Z.; *Niza Sur* (garni), Avda. de Cádiz 60, III, 30 Z.; *Riviera* (garni), Plaza de Aladreros 7, III, 29 Z.; *Selu* (garni), Eduardo Dato 7, III, 118 Z.; *Andalucía* (garni), José Zorrilla 3, IV, 40 Z.; *Avenida* (garni), Avda. de Generalísimo 26, IV, 35 Z.; *Granada,* Avda. de América 17, IV, 27 Z.; *El Oasis,* Avda. de Cádiz 78, IV, 31 Z.; u. a.

Parador Nacional de la Arruzafa, I, 83 Z., Sb. (an der Carretera del Brillante, 3 km nördlich), mit Terrassen, Gärten und gutem Restaurant.

CAMPINGPLÄTZE: *Campamento Municipal del Turismo,* Carretera Córdoba-Villaviciosa, 2 km; *Cerca de Lagartijo,* Carretera N-IV, km 398.

RESTAURANTS in den Hotels; ferner *Caballo Rojo,* Cardenal Herrero 28; *Zoco,* Judíos s/n, andalusische Folklore, mit Flamenco; *Castillo de la Albaida,* Carretera de Trassierra, km 4, rustikal; *Imperio,* Victoriano Rivera 6; *Primera el Brillante* (mit Hostal, P II, 27 Z.), Avda. del Brillante 26 (2,5 km nördlich); *El Bosque* (3 km nördlich); u.a.

CAFÉS. – *Galerias Presiados,* Avda. del Generalísimo s/n; *Gran Capitán,* Avda. América 3/5; *Bristol,* Angel de Saavedra 4; *Tifany's,* General Primo de Rivera 31.

VERANSTALTUNGEN. – *Festival de los Patios Cordobeses* (Mai), das Fest der cordobesischen Innenhöfe, zugleich Wallfahrt zu Ehren der 'Virgen Conquistadora' mit Reitern und reich geschmückten Pferdewagen, Ausschmückung der Innenhöfe und Fenster, auf den Straßen und Plätzen Flamenco-Wettbewerb, Tanz und Gesang. – *Feria de Nuestra Señora de la Salud* (Mai). – *Fiestas de Otoño* (September), Herbstjahrmarkt mit folkloristischen Tänzen.

Die Provinzhauptstadt Córdoba, nach Sevilla die bedeutendste Stadt Andalusiens und Sitz eines Bischofs, liegt am Fuße der Sierra de Córdoba, eines Ausläufers der Sierra Morena, auf einer zum Río Guadalquivir sanft abfallenden Ebene.

Enge gewundene Gassen, kleine Plätze, niedrige weißgetünchte Häuser, zumeist mit hübschen Patios, in die man von der Straße hineinsieht, geben dieser Stadt ihren bis heute erhalten gebliebenen maurischen Charakter. Vor allem aber die berühmte ehemalige Moschee, die heutige Kathedrale, die trotz ihrer Umbauten neben der Alhambra von Granada das großartigste Denkmal islamischer Baukunst auf westeuropäischem Boden ist, macht Córdoba auch heute noch zu einem 'abendländischen Mekka'. Außer der Kathedrale besitzt die

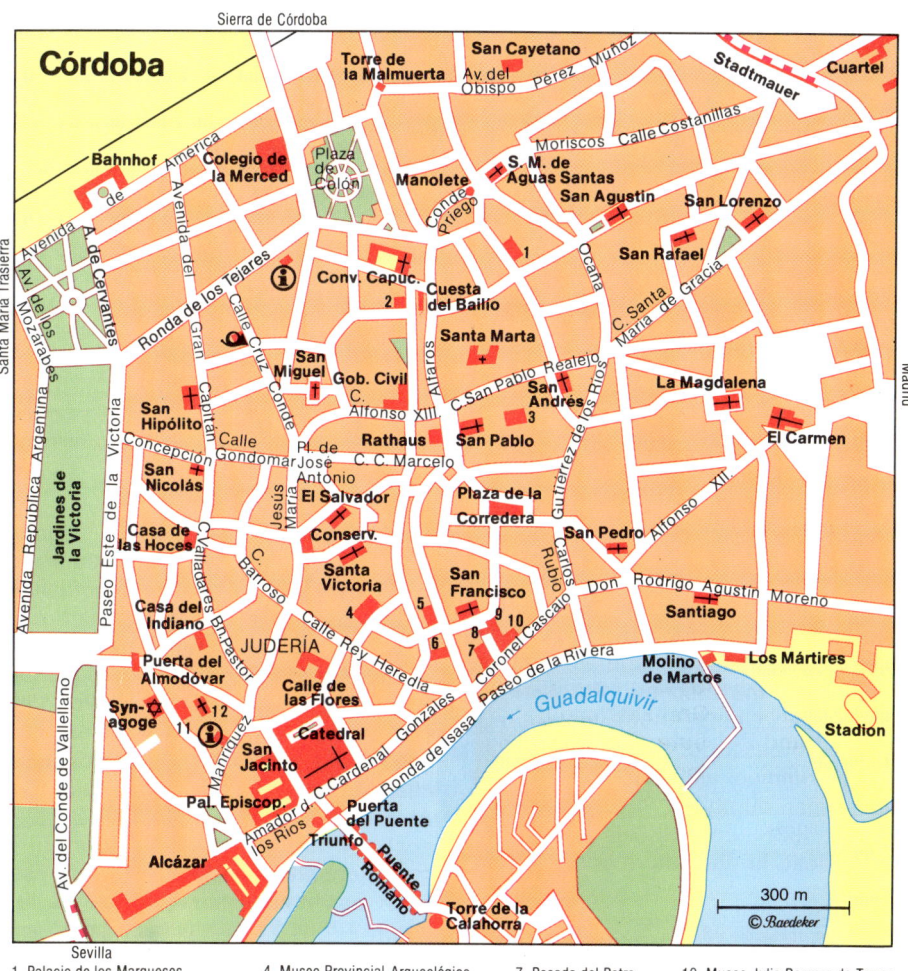

Córdoba

Sierra de Córdoba

Sevilla

Santa María Trasierra

Madrid

Bahnhof · Colegio de la Merced · Plaza de Colón · Manolete · San Cayetano · Av. del Obispo · Stadtmauer · Cuartel · Torre de la Malmuerta · Calle Costanillas · Moriscos · S. M. de Aguas Santas · San Agustín · San Lorenzo · San Rafael · Conv. Capuc. · Cuesta del Bailío · Santa Marta · Gob. Civil · San Miguel · San Hipólito · Rathaus · San Andrés · La Magdalena · El Carmen · San Pablo · San Nicolás · El Salvador · Plaza de la Corredera · Conserv. · Casa de las Hoces · Santa Victoria · San Francisco · San Pedro · Casa del Indiano · Santiago · JUDERÍA · Puerta del Almodóvar · Calle de las Flores · Los Mártires · Molino de Martos · Guadalquivir · Stadion · Syn-agoge · Catedral · San Jacinto · Pal. Episcop. · Puerta del Puente · Alcázar · Triunfo · Puente Romano · Torre de la Calahorra

300 m
© Baedeker

1 Palacio de los Marqueses de Viana
2 Casa de Fernández de Córdoba
3 Casa de los Villalones
4 Museo Provincial Arqueológico
5 Arco del Portillo
6 Casa de los Marqueses del Carpio
7 Posada del Potro
8 Fuente del Potro
9 Museo Provincial de Bellas Artes
10 Museo Julio Romero de Torres
11 Museo de Toros (Stierkampfmuseum)
12 San Bartolomé

Stadt zahlreiche Kirchen und Paläste des 15./16. Jahrhunderts. Córdoba ist berühmt wegen seiner Silberarbeiten.

GESCHICHTE. – Schon in altiberischer Zeit war *Corduba* eine bedeutende Stadt, die 152 v.Chr. zur Hauptstadt der römischen Provinz Hispania Ulterior wurde. In der Kaiserzeit war sie abwechselnd mit Hispalis (Sevilla) und Itálica (nördlich von Sevilla) Hauptstadt der Provinz Baetica. Unter den Westgoten wurde sie Bischofssitz, blieb jedoch ohne größere Bedeutung. Erst nach der entscheidenden Niederlage der Westgoten gegen die Mauren im Jahre 711 begann unter der Araberherrschaft eine neue Glanzzeit, besonders seit 756 mit dem aus Damaskus vertriebenen Emir Abd ar-Rachman I. vom Stamme der Omaijaden. Als Hauptstadt des spanischen Kalifats entwickelte sich Córdoba zu einer der reichsten Städte Europas und zu einem wichtigen Kulturzentrum des Islam, zu dem Studierende des ganzen Abendlandes zogen.

Mit dem Ende des Kalifats im Jahre 1031 begann auch der Niedergang der Stadt. Sie kam nacheinander unter die Herrschaft Sevillas (1078), der Almoraviden (1091) und der Almohaden (1148). Seit der Eroberung Córdobas durch die Christen im Jahre 1236 geriet diese blühende Stadt in Vergessenheit. Die großartigen Bauten, namentlich die Bewässerungsanlagen, verfielen, und die einst so gepriesene Campiña wurde zu einer fast öden Steppe. Erst in neuerer Zeit erlangte Córdoba als Provinzhauptstadt wieder Bedeutung. – Córdoba ist der Geburtsort des Redners *M. Annaeus Seneca* (54 v.Chr. bis 39 n.Chr.) und seines Sohnes, des Stoikers *Lucius Annaeus Seneca* (4 v. Chr. bis 65 n.Chr.) sowie seines Enkels, des Dichters *M. Annaeus Lucanus;* ferner des von Dante gepriesenen Arabers *Averroës* (1126-98), des berühmten Übersetzers und Erklärers des Aristoteles; des Rabbi *Moses Maimónides* (1135-1204); des Dichters *Luis de Góngora* (1561-1627); u.a.

SEHENSWERTES. – Bedeutendstes Denkmal der Stadt ist die ****Kathedrale** (*Mezquita-Catedral*), die ehemalige Hauptmoschee des westlichen Islams und auch heute noch *La Mezquita* genannt, eine der größten Moscheen der Erde und die bedeutendste Schöpfung maurischer religiöser Baukunst in Spanien. Der Bau wurde unter Abd ar-Rachman I. im Jahre 785 an der Stelle einer westgotischen Kirche als Moschee begonnen und im 9./10. Jh. auf den heutigen Umfang (179 m lang; 129 m breit) gebracht, wovon etwa ein Drittel auf den Hof entfällt. Das gesamte Bauwerk wird von einer zinnengekrönten Außenmauer (9–20 m hoch) umgeben, aus der zahllose Strebepfeiler turmartig heraustreten. Nach der Eroberung Córdobas durch die Christen wurde die Moschee christliche Kirche und der 'Virgen de la Asunción' geweiht; aber erst im 16. Jh. erfolgte der Einbau der das alte Bauwerk hoch überragenden Choranlage. – Haupteingang an der Nordseite ist die *Puerta del Perdón* ('Tor der Gnade'), die 1377 im Mudéjarstil erbaut wurde; daneben der 60 m hohe *Campanario* (Glockenturm; lohnende Besteigung) von 1593, gekrönt von einem Standbild des Erzengels Raphael, des Schutzheiligen der Stadt (1664). Durch die Puerta del Perdón tritt man in den mit Orangenbäumen und Palmen bestandenen malerischen *❋Patio de los Naranjos* ('Orangenhof'), wo die vom Islam vorgeschriebenen Waschungen vorgenommen wurden. Von hier gelangt man durch die *Puerta de las Palmas,* 1531 im Mudéjarstil ausgeschmückt, in das Innere der Mezquita-Catedral.

Das eindrucksvolle INNERE des Gotteshauses, das nur 11,5 m hoch ist, bildet einen im Halbdunkel endlos erscheinenden Wald von Säulen, deren Perspektive sich bei jedem Schritt verschiebt. Der Raumeindruck ist überraschend und einzigartig. Ein Teil der insgesamt 856 freistehenden Säulen, die in der Längsrichtung durch weiß-rote Hufeisenbogen verbunden sind, stammt aus antiken Gebäuden und christlichen Kirchen. Bei der Puerta de las Palmas und zwischen den nach Mekka gerichteten Mihrâbs (Gebetsnischen) hat man das farbenschöne, reichgeschnitzte Balkenwerk der alten Moschee wieder freigelegt. Besonders prächtig ist der *❋Dritte Mihrâb* (Mihrâb nuevo), mit dem Vorraum Maksûra, an der Südostwand der Moschee. – Im Herzen der Moschee befindet sich das als Chor dienende gotische *Kreuzschiff* mit der Capilla Mayor; eine Kirche für sich bildend, 1523-99 nach dem Abbruch von 63 Säulen erbaut. Im Chor ein reichgeschnitztes barockes Gestühl (18. Jh.); am Hochaltar aus rotem Marmor (1618) ein Gemälde von Palomino. Südlich neben dem Chor die Capilla Real. In der *Sakristei* (Sala Capitular) neun schöne Heiligenstatuen von Alonso Cano und silberner Tabernakel von Enrique de Arfe (1517). In einem anschließenden Raum der sehenswerte *Kirchenschatz*.

Rund um die Kathedrale. – Gegenüber der Südwestecke der Kathedrale der *Palacio Episcopal* (Bischöflicher Palast) des 15. Jh., 1745 erneuert, auf den Ruinen des alten Kalifenpalastes errichtet. Anschließend das *Seminario de San Pelagio*, und weiter westlich der Camposanto de los Mártires, angeblich die Hinrichtungsstätte christlicher Märtyrer. An seiner Südseite der **Alcázar** (*Alcázar de los Reyes Cristianos*), mit mächtigen Mauern und Türmen (lohnende Besteigung), teilweise noch aus maurischer Zeit, im 16. Jh. durch Alfons XI. den Gerechten zu einem militärischen Bauwerk ausgebaut; prächtiger Garten, an Sommerabenden illuminiert. – Südlich der Kathedrale erhebt sich über dem Río Guadalquivir der

Im Innern der Kathedrale (Mezquita) von Córdoba

Triunfo de San Rafael, eine 1765 errichtete hohe Säule mit dem Standbild des Erzengels. Etwas unterhalb die *Puerta del Puente,* ein im 16. Jh. erbauter dorischer Triumphbogen als Brückentor. Hier beginnt der sechzehnbogige *Puente Romano (römische Brücke) über den Río Guadalquivir, nach dem Sieg Caesars über Pompejus erbaut; später wurde auf diesen Fundamenten eine maurische Brücke errichtet (223 m lang). An ihrem Südende der mächtige arabische Brückenkopf *Torre de la Calahorra,* ein Festungsturm, heute Stadtmuseum; weiterhin die Vorstadt C a m p o d e l a V e r d a d. Von der Brücke bietet sich ein prächtiger *Blick flußaufwärts auf die am rechten Ufer des Río Guadalquivir aufsteigende Stadt, flußabwärts auf verfallene maurische Wassermühlen ('molinos').

Über die Brücke zurück zur Kathedrale, und nordwestlich hiervon an der Plaza Bulas die *Casa Zoco* aus dem 16. Jh. und die *Sinagoga* (14. Jh.). Weiter nördlich die **Puerta de Almodóvar,** ein gut erhaltenes Maurentor, einst der Durchgang zum Getto. Nordöstlich der Kathedrale die C a l l e d e l a s F l o r e s, das anmutige Blumengäßchen.

Um die Plaza José Antonio. – Mittelpunkt der Stadt ist dieser Platz, mit einem *Reiterdenkmal* für den in Montilla bei Córdoba geborenen 'Gran Capitán' Gonzalo Fernández de Cór-

Römische Brücke über den Guadalquivir

doba (1453–1515). Von der Nordwestecke des Platzes führt als neuer Straßendurchbruch die A v e n i d a C r u z C o n d e zu der breiten R o n d a d e l o s T e j a r e s, diese kreuzt unweit südwestlich die A v e n i d a d e l G r a n C a p i t á n, eine besonders an Sommerabenden belebte Promenade, mit Theatern, Klubhäusern, Hotels und Cafés. In ihrem südlichen Teil die festungsartige Kollegiatskirche **San Hipólito,** von Alfonso XI. im Jahre 1340 erbaut, 1729 erneuert, mit den modernen Grabmälern der Könige Ferdinand IV. und Alfonso XI. zu beiden Seiten des Hauptaltars. Am Südende der Avenida die Kirche *San Nicolás* (15. Jh.), mit elegantem achteckigen Turm und stattlicher Schatzkammer.

Südöstlich der Plaza José Antonio, an der Plaza Don Jerónimo Páez, das sehenswerte *Museo Provincial Arqueológico* (Archäologisches Museum), mit

Blumengasse in Córdoba

iberischen, westgotischen und maurischen Altertümern. Unweit östlich, in dem malerischen Stadtviertel B a r r i o de la Judería, die reizvolle P l a z a del Potro, auf der ein Brunnen mit einem Füllen (potro), dem aus Cervantes' Schriften bekannten Wahrzeichen Córdobas, steht. An der Ostseite des Platzes das **Museo Provincial de Bellas Artes** (*Museum der schönen Künste*), im alten Gebäude des Hospital de la Caridad, mit Bildwerken spanischer Meister, darunter von Ribera, Murillo und Goya, sowie zahlreichen Gemälden des in Córdoba geborenen Antonio del Castillo y Saavedra (1616−68); diesem Museum angeschlossen ist das *Museo de Julio Romero de Torres* (Frauenbildnisse).

Östlich der Plaza del Potro die beiden Kirchen *San Pedro* (13.Jh.), von der noch die maurischen Apsiden und zwei Portale erhalten sind, und *Santiago,* aus der Zeit der Reconquista, mit Minarett. − Im Nordosten die Kirche *La Magdalena,* heute eine Ruine, im 13. Jh. gegründet; ferner die Kirche *San Lorenzo,* gotisch-romanisch, mit großartiger Rosette und Turm von 1555, und die *Casa de los Villalones,* ein schöner Renaissancebau. Nördlich hiervon der **Palacio de los Marqueses de Viana,** ein königlicher Besitz mit vierzehn herrlichen Höfen, Sammlung von Lederarbeiten.

UMGEBUNG. − Schon die unmittelbare Nachbarschaft Córdobas bietet einige hochinteressante Ausflugsziele.

Ruinen der Medina Azahara. − Über die neue Puente San Rafael und dann auf einer Nebenstraße südwestlich durch das Tal des Río Guadalquivir zur knapp 10 km entfernten
Medina Azahara (auch *Medina az-Zahrâ*), dem Versailles Córdobas des 10. Jh.s, seit 936 von Abd ar-Rachman III. erbaute, nach seiner Favoritin benannte Palaststadt, die angeblich Raum für 30000 Bewohner hatte, aber schon 1010 zerstört wurde; Fundstücke im Archäologischen Museum und im Museum der Medîna Azahara (z. T. restauriert).

Las Ermitas. − Von der am Nordostende der Ronda de los Tejares gelegenen Plaza de Colón führt nördlich die Carretera del B r i l l a n t e zum Hang der *Sierra de Córdoba* (7 km) und nach
Las Ermitas, mehreren Einsiedeleien, die unter dem Patronat der Kongregation der Brüder Unserer Lieben Frau von Bethelehem stehen; Kirche des 18. Jh. (schöne Aussicht). Säulenhof mit Denkmal für den Dichter Antonio Gribo (1928).

Kloster San Jerónimo (9 km), ebenfalls am Fuß der Sierra de Córdoba, im Jahre 1408 erbaut, schöner gotischer Kreuzgang.
Santa Maria de Trasierra (16 km), am Nordwesthang der Sierra, mit Schloßruine, die eine ehem. Moschee umschließt; Kirche aus der Zeit der Reconquista.

Die Weinroute. − Die 'Ruta del Vino' führt durch ein Gebiet überaus reizvoller Dörfer und Städte, die zum Besuch der Weinkeller, Bodegas und Probierstuben einladen. Über den Puente San Rafael folgt man zunächst der nach Sevilla strebenden N-IV. Sie durchzieht das hügelige Getreideland der Campiña zur Anhöhe *Cuesta del Espino;* ab hier folgt man der N-331 nach
Montemayor (4000 Einw.), dessen Castillo ein interessantes Beispiel der Festungsbaukunst des 14. Jh. darstellt; mit Kirche Nuestra Señora de la Asunción.

Weiter südlich, etwas abseits der N-331, der Ort
Montilla (379 m; 22000 Einw.), das antike 'Munda Baetica', Heimat des als 'Gran Capitán' bekannten Gonzalo Fernández de Córdoba; einige hübsche Kirchen, darunter Santa Clara mit prächtigen Basreliefs; bedeutendes Fest ist die Fiesta de la Vendimia (September), mit Folklore.

An der N-331 folgt
Aguilar de la Frontera (372 m; 13000 Einw.), aus phönizischer Zeit; mehrere Kirchen, darunter Santa María de Soterraño mit schönem Retablo und Nuestra Señora del Carmen mit dem 'Jesús Caído', vermutlich von Montañés; reizvolle achteckige Plaza San José. − Über *Monturque,* das antike 'Hispalis', mit den Resten der alten Stadtmauer, erreicht man
Lucena (485 m; 30000 Einw.), eine traditionsreiche Stadt und Zentrum des andalusischen Weinhandels; mit der Torre del Moral, wo man Boabdil, den letzten König von Granada, gefangen hielt; in dem Ort gibt es mehrere interessante Kirchen, darunter die Pfarrkirche San Mateo mit der Kapelle El Sagrario im Churriguera-Stil.

Bei Lucena verläßt man die N-331 und folgt der nach Nordosten führenden C-327 nach
Cabra (20000 Einw.), dem einstigen 'Egabro'; mit den sehenswerten Ruinen des Castillo de los Condes und der Kirche San Juan Bautista (7.Jh.), einer der ältesten Kirchen Andalusiens. Auf dem *Picacho de la Virgen* die Einsiedelei der Virgen de la Sierra im Naturschutzpark Fuente del Río.

Von Cabra zurück nach Lucena, dann auf der C-338 zum westlich liegenden Industriestädtchen
Puente Genil (171 m; 29000 Einw.), bekannt wegen seiner ausgezeichneten Weine und seiner Ölmühlen. − Auf der C-329 nordöstlich nach Aguilar und zurück nach Córdoba (Gesamtstrecke: rund 170 km).

Córdoba am Río Guadalquivir

Fahrt Richtung Granada. – Gleich nach dem Passieren des Puente San Rafael geradeaus weiter auf der nach Südosten durch die Campiña ziehenden N-432 und über *Espejo* und *Castro del Río* mit seinen Gärten nach
Baena (407 m; 20 000 Einw.), in malerischer Lage am Hang eines Hügels, mit der Torre del Sol als Rest der alten Stadtbefestigung; beachtenswert auch die dreischiffige gotische Kirche Santa María, mit interessantem Kirchenschatz; ferner noch das Kloster Madre de Dios im Mudejarstil, mit geschnitztem Retablo.

Fahrt Richtung Bailén. – In nordöstlicher Richtung auf der N-IV, bald zur Linken die großzügig angelegte *Universidad Católica Laboral Onésimo Redondo*, die Katholische Arbeiteruniversität von Córdoba, mit etwa 1500 Studenten.
Auf dem im 18. Jh. aus schwarzem Marmor erbauten *Puente de Alcolea* über den Río Guadalquivir und vorbei an dem an einem Talrand rechts der N-IV liegenden Dorf *El Carpio* (183 m) nach *Pedro Abad*, einem langgestreckten Ort. Dann durch Baumwollfelder und ausgedehnte Ölbaumkulturen zu dem etwas abseits am linken Flußufer liegenden Ort
Montoro (195 m; 15 000 Einw.), dem römischen 'Epora'; in der Maurenzeit wichtige Festung, mit typischen Straßen und bekannter Wallfahrt zu Ehren der 'Nuestra Señora de la Fuensanta' (April). Die Kirchen stammen aus dem 16. Jahrhundert.

Die Straße führt östlich weiter zu dem ebenfalls am linken Ufer des Río Guadalquivir gelegenen Ort
Villa del Río (163 m; 6000 Einw.), dessen Kirche aus einem maurischen Alcázar entstanden ist.

Costa Blanca

🛈 **Patronato Provincial de Turismo,**
Avda. de General Mola 6, Alicante;
Telefon: (965) 12 35 31.
Dirección Regional de Turismo,
Isidoro de la Cierva 10, Murcia;
Telefon: (968) 21 37 10.

An die bei Setla auf der Landzunge *La Almadraba* endende Costa del Azahar schließt sich nach Süden die *Costa Blanca ('Weiße Küste') an. Sie führt bis zum *Cabo de Gata* und umschließt somit die Küstenzonen der Provinzen Alicante und Murcia sowie einen Teil der Küste Almerías. Die Costa Blanca ist vorwiegend flach und sandig und wird von zahlreichen Badestränden gesäumt. Wegen des ausgezeichneten Klimas wird die Küste sowohl im Sommer als auch im Winter als Feriengebiet geschätzt. – Routen s. bei Alicante und Cartagena.

Costa Brava

🛈 **Mancomunidad Turistica de la Costa Brava,**
Plaça Marqués de Camps 17, Gerona;
Telefon: (972) 20 84 03.
Consejeria de Turismo,
Travessía de la Creu 1, Gerona;
Telefon: (972) 20 13 43.
Weitere lokale *Auskunftsstellen* (Centros de Iniciativas y Turismo) in zahlreichen Orten an der Costa Brava.

HOTELS. – In Cadaqués: *Llane Petit* (garni), II, 35 Z., Sb.; *Playa Sol* (garni), II, 49 Z., Sb.; *Rocamar* (garni), II, 70 Z., Sb.; *Port Lligat*, IV, 30 Z., Sb.; mehre-

Costa Brava bei Tossa del Mar

re Hostales; *Club Mediterranée*, 7 km außerhalb; CAMPINGPLATZ. – In Rosas: *Almadabra Park*, I, 66 Z., Sb.; *Bahia*, II, 52 Z.; *Canyelles Platja* (garni), II, 99 Z.; *Coral Playa*, II, 128 Z.; *Goya Park*, II, 224 Z., Sb.; *Marian*, II, 145 Z., Sb.; *Montecarlo*, II, 126 Z., Sb.; *Monterrey*, II, 138 Z., Sb.; *Univers*, III, 207 Z.; *Victoria*, III, 221 Z., Sb.; u.a.; CAMPINGPLÄTZE. – In La Escala: *Bonaire-Juvines*, II, 31 Z.; *Nieves Mar*, II, 80 Z., Sb.; *Voramar*, II, 40 Z., Sb.; *Dels Pins*, III, 40 Z., Sb.; *El Rem*, III, 16 Z.; *Riomar*, IV, 26 Z.; mehrere Hostales. – In Torroella de Montgri: *Picasso*, IV, 8 Z.; *Vila Vella* (garni), IV, 26 Z.; Hostal *Can Miguel*, P II, 30 Z.; *Tres Delfines* (garni), P II, 30 Z.; *Las Cañas*, P III, 16 Z., Sb.; *Coll* (garni), P III, 24 Z.; *Xicarts*, P III, 26 Z., Sb.; u.a.; CAMPINGPLATZ. – In Estartit: *Bell Aire* (garni), II, 78 Z.; *Club de Campo Torre Grau*, III, 10 Z., Sb.; *Coral*, III, 59 Z., Sb.; *Miramar*, III, 64 Z., Sb.; *Amer* (garni), IV, 57 Z., Sb.; *Club el Catalán* (garni), IV, 112 Z., Sb.; *Flamingo*, IV, 100 Z.; *Las Islas*, IV, 35 Z.; *Panorama*, IV, 154 Z., Sb.; u.a. – In Bagur: *Aiguablava*, I, 85 Z., Sb.; *Bonaigua* (garni), II, 47 Z., Sb.; *Bagur* III, 34 Z.; *Plaja*, IV, 16 Z.; *Rosa* (garni), IV, 18 Z.; u.a. – An der Playa Sa Riera: *Sa Riera*, III, 41 Z., Sb.; u.a.; CAMPINGPLATZ. – In Palafrugell: *Costa Brava*, IV, 30 Z.; Hostal *Anfora*, P III, 14 Z.; *Playa*, P III, 18 Z.; *San Sebastián*, P III, 15 Z.; *Tamariu Playa* (garni), P III, 22 Z.; CAMPING-PLATZ. – In Llafranch: *Paraiso*, II, 55 Z., Sb.; *Terramar*, II, 56 Z.; *Casamar*, III, 20 Z.; *Llevant*, III, 20 Z.; *Marinada*, IV, 12 Z.; *Montecarlo*, IV, 20 Z.; mehrere Hostales. – In Tamariu: *Hostalillo*, II, 70 Z.; *Jano*, III, 49 Z.; *Tamariu*, IV, 24 Z.; Hostal *Sol d'Or*, P II, 20 Z.; *Vora la Mar* (garni), P III, 13 Z.; u.a. – In Palamós: *San Luis*, II, 29 Z.; *Trias*, II, 81 Z., Sb.; *Vostra Llar*, II, 45 Z.; *Ancora*, III, 28 Z., Sb.; *Marina*, III, 62 Z.; *San Juan*, III, 31 Z., Sb.; *El Sosiego*, IV, 40 Z.; Hostal *Vostra Llar*, P I, 30 Z.; *Xamary*, P II, 36 Z.; u.a.; CAMPINGPLÄTZE. – In Playa de Aro: *Columbus*, I, 110 Z., Sb.; *Aromar*, II, 167 Z., Sb.; *Claramar* (garni), II, 36 Z.; *Cosmopolita*, II, 89 Z.; *Rosamar*, II, 61 Z.; *Royal Playa* (garni), II, 42 Z.; *S'Agoita*, II, 70 Z., Sb.; *Acapulco*, III, 64 Z.; *Bell Repós*, III, 34 Z.; *Costa Brava* (garni), auf einem Felsen über dem Meer, III, 59 Z.; *Japet*, III, 48 Z.; *Planamar* (garni), III, 86 Z.; *La

Terraza*, III, 72 Z.; *Clipper*, IV, 35 Z.; mehrere Hostales; CAMPINGPLÄTZE. – In San Feliú de Guixols: *Reina Elisenda*, I, 68 Z.; *Caleta Park*, II, 105 Z., Sb.; *Kurhotel Hippocrates*, II, 87 Z.; *Eden Roc*, II, 104 Z., Sb.; *Montjoi*, II, 64 Z., Sb.; *Murla Park Hotel*, II, 89 Z., Sb.; *Panorama-Park*, II, 69 Z.; *Roca*, II, 70 Z., Sb.; *Avenida* (garni), III, 28 Z.; *Gesoria* (garni), III, 34 Z.; *Jecsalis*, III, 64 Z.; *Montecarlo*, III, 64 Z.; *Nautilus* (garni), III, 22 Z.; *Les Noies*, III, 45 Z.; *Regina*, III, 53 Z.; *Rex I* (garni), III, 25 Z.; *Mediterráneo*, IV, 36 Z.; *Regente* (garni), IV, 36 Z.; mehrere Hostales; CAMPINGPLÄTZE. – In Tossa de Mar: *Gran Hotel Reymar*, ruhige Lage, I, 131 Z., Sb.; *Alexandra*, II, 76 Z., Sb.; *Costa Brava*, II, 182 Z., Sb.; *Delfin*, II, 63 Z.; *Florida*, II, 45 Z.; *Mar Menuda*, II, 40 Z., Sb.; *Vora Mar* (garni), II, 63 Z.; *Alaska* (garni), III, 55 Z.; *Ancora*, III, 58 Z.; *Avenida*, III, 50 Z.; *Cataluña* (garni), III, 33 Z.; *Continental*, III, 63 Z., Sb.; *Diana*, III, 21 Z.; *Flor Tossa*, III, 45 Z.; *Mar d'Or*, III, 51 Z.; u.a.; CAMPING-PLÄTZE. – In Lloret de Mar: *Monterrey*, I, 229 Z., Sb.; *Rigat-Park*, I, 99 Z., Sb.; *Roger de Flor*, I, 98 Z., Sb.; *Santa Marta*, I, 78 Z., Sb.; *Tropic*, I, 40 Z., Sb.; *Alexis*, II, 101 Z., Sb.; *Anabel*, II, 230 Z., Sb.; *Astoria Park*, II, 126 Z., Sb.; *Bahamas*, II, 239 Z., Sb.; *Capri*, II, 155 Z., Sb.; *Clüamarsol*, II, 87 Z., Sb.; *Copacabana*, II, 162 Z., Sb.; *Frigola*, II, 217 Z., Sb.; *Gran Hotel Flamingo*, II, 288 Z., Sb.; *Rosamar*, II, 169 Z., Sb.; *Xaine Park*, II, 183 Z., Sb.; *Maria del Mar II* (garni), III, 207 Z., Sb.; *Oasis Park*, III, 428 Z., Sb.; *Rosamar Park*, III, 306 Z., Sb.; *Samba*, III, 477 Z., Sb.; u.a.; CAMPING-PLÄTZE.

Der nördlichste spanische Küstenstreifen am Mittelmeer hat den Namen **Costa Brava ('Wilde Küste') und gehört zu den besonders von Mitteleuropa aus wegen der verhältnismäßig geringen Entfernung und der großartigen Landschaft am meisten besuchten Gebieten Spaniens. In den Buchten liegen Fischer- und Badeorte.

Die außerordentlich stark zerklüftete Küste ist größtenteils felsig und an den steilen Vorgebirgen meist nicht mit dem Kraftfahrzeug, zum Teil sogar nur mit dem Boot zugänglich. Dazwischen liegen jedoch malerische Fischerorte und kleine Städte mit Sandstränden.

Wer die lange und wegen der vielen Kurven etwas mühsame Fahrt an der Küste entlang scheut, kann die schönsten Orte der Costa Brava auch auf den meist guten Abzweigungen von der N-II erreichen.

Küstenfahrt an der Costa Brava. – Wer von Frankreich anreist, wählt ab *Perpignan* die nach Südosten führende N-114 über *Argelès-sur-Mer* zum französischen Grenzort *Cerbère* (49 km ab Perpignan). Von hier in Kurven aufwärts zum **Col de Balitres** (173 m), über den die französisch-spanische Grenze verläuft; mit schöner *Aussicht und den beiden Grenz- und Zollabfertigungen. Jenseits der Grenze in Windungen bergab nach **Port-Bou** (15 m; 2500 Einw.), dem spanischen Grenz- und Fischereihafen, mit hochgelegener Kirche und bedeutendem Bahnhof; wegen der größeren Spurweite der spanischen Eisenbahnen ist hier zumeist Zugwechsel.

Weiterfahrt hoch über der klippen- und inselreichen Küste hin, mit prachtvollen *Ausblikken nach *San Miguel de Colera,* in malerischer Lage links unterhalb der Straße am Strand, und weiter nach **Llansá** (2500 Einw.), einem rechts etwas abseits gelegenen ummauerten Ort mit festungsartigem Kirchturm; in der Nähe 400 m flacher Badestrand.

Von Llansá folgt man weiter der Küstenstraße auf der aussichtsreichen Steilküste nach **Puerto de la Selva** (900 Einw.), einem reizvoll gelegenen Fischerdorf am Fuß der *Sierra de Roda,* auf der das alte Benediktinerkloster San Pedro de Roda (460 m) liegt, mit Kirche (ursprüngl. aus dem 8. Jh. und somit Beispiel eines romanischen Tonnengewölbes); darüber das Castillo de San Salvador, mit prächtiger *Aussicht; beim Ort ein Strandbad.

Bei der nun folgenden Straßengabelung hält man sich zunächst links und erreicht *Cadaqués (20 m; 1500 Einw.), einen hübschen Ort, der Künstler anzieht und ein Kunstmuseum (u.a. Werke der Moderne) besitzt. Er liegt überaus malerisch an einer muschelförmigen Bucht der hier außerordentlich zerrissenen Steilküste (beschränkte Bademöglichkeit). 1 km nordöstlich erstreckt sich das kleine Vorgebirge *Port-Lligat,* mit dem Haus des Malers Salvador Dalí. – Etwas weiter nördlich (Zufahrt nur mit dem Boot) das *Cabo Creus* (80 m), das Kap Aphrodi-

sium der Griechen, das den östlichsten Punkt der Pyrenäenhalbinsel bildet (Leuchtturm).

Von Cadaqués zurück zu der o.g. Straßengabelung und hier nach links Weiterfahrt bis zum Zubringer des links abseits liegenden **Rosas** (5 m; 7000 Einw.), einem von den Griechen unter dem Namen 'Rhode' gegründeten Fischereihafenstädtchen, wegen seiner hübschen Lage in einer Bucht am Nordrand des *Golfo de Rosas* auch als Seebad besucht, mit breitem Sandstrand, Strandpromenade, Sporthafen und Campingplatz.

Von Rosas führt die hier beginnende C-260 um die Bahía de Rosas, und man erreicht **Castelló de Ampurias** (18 m; 2000 Einw.), einen alten Marktflecken mit der aus dem 14. Jh. stammenden Kirche Santa María, im Innern gotisches Altarbild und beachtenswerte Kunstschätze. In der Nähe liegt *Ampuriabrava,* eine gut gelungene Feriensiedlung in der Form einer Lagunenstadt.

In südlicher Richtung setzt man die Fahrt auf einer Nebenstraße fort. Über *San Pedro Pescador* (5 m; Hotel) und dem jenseits des *Río Fluviá* liegenden *Armentera* erreicht man *Vilademat,* wo die Nebenstraße in die von Figueras kommende C-252 einmündet. Abzweigung einer zur Küste führenden Straße (4 km) nach *Ampurias, dem im 6. Jh.v.Chr. gegründeten griechischen 'Emporion' (= Markt), das auf einer inzwischen landfest gewordenen Insel

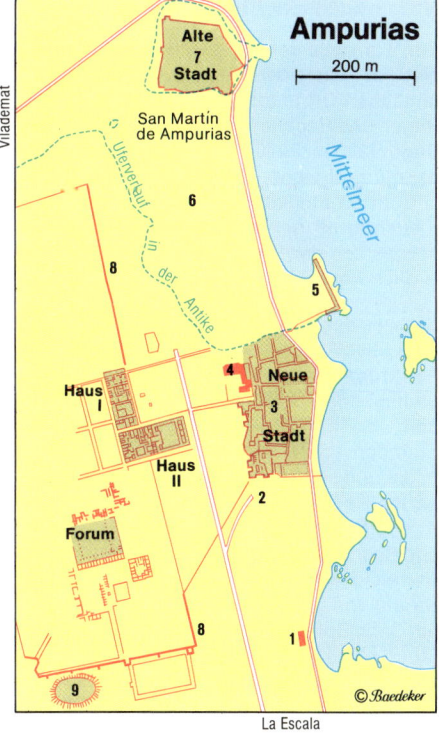

La Escala

1 Hotel Ampurias	4 Museum	7 Palaiapolis
2 Parkplatz	5 Hellenistische Mole	8 Stadtmauern
3 Neapolis	6 Antiker Hafen (versandet)	9 Amphitheater

lag und heute den Namen *San Martín de Ampurias* trägt. Die Ruinenstätte birgt noch die südliche Stadtmauer sowie umfangreiche Häuser- und Tempelreste (großer Mosaikboden), ferner den aus gewaltigen Quadern gefügten Hafendamm. Museum mit zahlreichen Fundstücken. Vom Parkplatz auf der Steilküste prächtige *Aussicht über den Golfo de Rosas und rechts auf La Escala. In der an Klippen und Grotten reichen malerischen Bucht am Fuß der Steilküste schöner Sandstrand. – Südlich von Ampurias

La Escala (3500 Einw.), ein hübsch über dem Meer auf einem kleinen Vorgebirge im Golfo de Rosas gelegenes ehem. Fischereihafenstädtchen, heute ein Zentrum des Familientourismus, mit Sand- und Geröllstrand.

Von La Escala folgt man weiter der nach Süden strebenden Straße, die schließlich in eine von Gerona kommende Nebenstraße einmündet. Auf dieser nach links und via *Ullá* nach

Torroella de Montgrí (30 m; 4500 Einw.) am wasserreichen *Río Ter* in einer wildromantischen Küstenlandschaft. Sehenswerte stattliche gotische Kirche des 14./16. Jh. und der im Renaissancestil erbaute Palacio Marqués de Robert, mit stattlichem Innenhof. Nordöstlich über der Stadt auf dem Montgrí das *Castillo de Torroella* (14. Jh.); weiterhin auf dem Berg *Santa Catalina* (310 m) die gleichnam. Eremitei. – 5 km nordöstlich der zur Gemeinde gehörende Badeort *Estartit;* von hier Bootsfahrt zu den *Islas Medias* (Leuchtturm; Grotten; Sporttauchen) möglich.

Von Torroella geht es durch ein ebenes Gebiet mit Reisfeldern über *Pals*, einen altertümlichen Ort in malerischer Lage an einem Hügel, und *Regencós* nach

Bagur (220 m; 2000 Einw.), einem reizvoll auf der mit zahlreichen Wachttürmen ('atalayas') bewehrten Steilküste über dem *Cabo Bagur* (Leuchtturm) gelegenen Städtchen. – 3 km nordöstlich der Strand von *Sa Tuna*. – 3 km südlich **Aiguablava.**

Südwestlich von Bagur erreicht man direkt oder über Regencós das Städtchen

Palafrugell (65 m; 12000 Einw.), das mit den umliegenden Seebädern Llafranch, Tamariu und Calella de Palafrugell ein bedeutendes Fremdenverkehrszentrum der Costa Brava bildet, mit schönen Stränden in den benachbarten Badeorten. Beachtenswerte gotische Kirche San Martín, mit Retablo des 17. Jh., und Reste der alten Stadtmauer. – Südöstlich führen je zwei Straßen einerseits (3 km) zum Strand von *Calella*, mit Botanischem Garten am Cabo Roig, und zum Strand von *Llafranch* (auch kurze Autobahn); zwischen beiden Orten die *Avenida del Mar; andererseits (4 bzw. 5 km) zu dem malerischen *Cabo de San Sebastián*, mit Leuchtturm und Eremitei sowie zum Strand von *Tamariu*, mit mehreren Grotten (Bootsfahrten). – Hinter Palafrugell

mündet die Küstenroute in die von Gerona kommende C-255, auf der man in südlicher Richtung die Fahrt fortsetzt, bis man

Palamós (10m; 10000 Einw.) erreicht, ein hübsch an einem Vorgebirge der *Sierra de las Gabarras* gelegener, als Seebad besuchter alter Fischerort (Fischauktionen), mit stattlicher Kirche Santa María des 14. Jh. (flämisches Altarbild) und einem kleinen Städtischen Museum.

Fischerboote in Palamós

In geringer Entfernung von der Küste geht es über *San Antonio de Calonge* (rechts abseits der hübsch gelegene Erholungsort *Calonge*) nach

Playa de Aro (1300 Einw.), einem gepflegten und stark besuchten Seebad, mit Hochhausbauten und Einkaufsstätten; guter Strand.

Nur wenige Kilometer südlich gelangen wir nach

San Feliú de Guixols (4 m; 12000 Einw.), einer hübsch an einer Badebucht gelegenen Hafenstadt, die als Hauptausfuhrplatz der in dieser Gegend ansässigen spanischen Korkindustrie von Schiffen aller Nationen angelaufen wird, zugleich eines der vielbesuchten Seebäder an der Costa Brava, mit schöner Strandpromenade und Strandbädern. Südwestlich der Stadt die *Baños de San Telmo*, mit Restaurant und Gartenanlagen, die sich an der von der gleichnamigen Einsiedelei

Bootshafen von San Feliú de Guixols

gekrönten *Punta de Garbi* hinaufzieht. 1 km südlich der Stadt der Strand von *S'Agaró,* mit Gartenanlagen. – In der Stadt Reste der alten Klosterkirche (13. Jh.), an ihrer Westfassade die 1931 freigelegte *Porta Ferrada des 11. Jh. In der Casa Barraguer ein kleines Museum. Romanisch-gotische Pfarrkirche San Feliú (14. Jh.). – Von San Feliú de Guixols führt die Küstenstraße hoch am Hang des *Puig de Cadiretas* (519 m) und weiter auf aussichtsreicher *Strecke in unzähligen Windungen nach

*Tossa de Mar (2500 Einw.), einem vielbesuchten Seebad (Umgehungsstraße), in reizvoller Lage an einer Bucht, mit gutem Strand, aussichtsreicher Uferpromenade. Im Ort Reste römischer Bauten sowie stattliche mittelalterliche Türme und Mauern, welche die sehenswerte hochgelegene Altstadt (Vila Vella; mit Museum) umschließen; darüber auf einem Vorgebirge der Leuchtturm.

Weiterfahrt auf der kurvenreichen Straße, später leicht bergab mit schönem Vorblick auf
Lloret de Mar (5 m; 5000 Einw.), einem als Seebad stark besuchten betriebsamen Fischerort mit langem Strand, Palmenpromenade, zahlreichen Villen, Gast- und Unterhaltungsstätten sowie Einkaufsläden.

Die Küstenstraße führt schließlich nach **Blanes** (s. dort) und somit an die Provinzgrenze zwischen Gerona und Barcelona. Wenig später Einmündung in die von der französischen Grenze kommende N-II.

Costa de la Luz

ⓘ **Patronato para la Promoción Turistica,**
Plaza de España s/n, Cádiz;
Telefon: (956) 22 48 00.

Die südspanische Atlantikküste, die sich zwischen der Mündung des *Río Guadiana* an der portugiesischen Grenze und der Landzunge von *Tarifa* an der Meerenge von Gibraltar erstreckt, trägt den Namen ***Costa de la Luz** ('Küste des Lichtes'). Es ist dies eine Küstenlandschaft, die fast immer in das warme Licht der Sonne getaucht ist; und die riesigen Sandflächen der zahlreichen Badestrände, die abseits der Hauptreiserouten liegen, lösen einander ab. Besonders die Küste der Provinz Huelva mit ihrer ausgedehnten Playa de Castilla bildet ein einzigartiges Badeparadies, landeinwärts von Eukalyptusbäumen begrenzt. Den Hintergrund der Küste von Cádiz bilden Weinberge und knorrige Olivenbäume. In fast allen Dörfern

der Costa de la Luz leben die Bewohner vom Fischfang. – Routen s. bei Algeciras, Cádiz und Huelva.

Costa del Azahar

ⓘ **Servicio Territorial de Turismo,**
Plaza María Agustina 5, Castellón de la Plana;
Telefon: (964) 22 74 04.
**Asociación Provincial
de Promoción del Turismo,**
Gregorio Mayans 3, Valencia;
Telefon: (96) 3 34 16 02.

Die südliche Fortsetzung der Costa Dorada bildet das großartige Küstengebiet der Provinz Castellón und der Provinz Valencia, das einen weiten

Auf der Halbinsel Peñíscola

offenen Golf bildet, den man die ***Costa del Azahar** ('Apfelsinenblüten-Küste') nennt. Es ist dies die ausgedehnteste und flachste Küste der spanischen Halbinsel; sie erhielt ihren Namen wegen der unzähligen Zitronen- und Orangenbäume, die den Reisenden auf seiner Fahrt die Küste entlang begleiten. Die zarten Apfelsinenblüten erfüllen das ganze Land mit ihrem Duft, und das bevorzugte milde Klima läßt aus diesem Küstenstrich gleichermaßen einen idealen Platz für Sommer- und Winterurlaub werden. – Routen s. bei Castellón de la Plana und Valencia.

Costa del Sol

ⓘ **Patronato Provincial de Turismo
de la Costa del Sol,**
Palacio Nacional de Congresos, Torremolinos;
Telefon: (952) 38 57 31.

Balcón de Europa an der Costa del Sol

Die *****Costa del Sol** ('Sonnenküste') umfaßt praktisch die gesamte andalusische
Mittelmeerküste und reicht vom *Cabo
de Gata,* wo die Costa Blanca endet, bis
zur Südspitze Spaniens bei *Tarifa,* wo
sie in die Costa de la Luz übergeht.
Wegen des hier herrschenden überaus
milden Klimas (mittlere Jahrestempera-
tur mehr als 18°C) hat sich auf einer
Länge von fast 300 km ein dicht besie-
deltes Erholungs- und Touristengebiet
mit internationalem Publikum entwikkelt. Starke Farbkontraste der Landschaft, eine unglaubliche Vielfalt an
Bäumen und Wäldern und eine üppige
Flora geben der Costa del Sol ihr cha-
rakteristisches Gepräge. Mit ihren ge-
tünchten Häusern, ihren Agaven und
Kakteen, ihren Bauerngütern und heite-
ren Dörfern ist sie ein echtes Spiegelbild
Andalusiens. – Routen s. bei Almería,
Málaga und Algeciras.

Strand von Salou an der Costa Dorada

tisch die gesamte Küstenlandschaft der
beiden spanischen Provinzen Barcelona und Tarragona. Dieses Gebiet, das
sich rund 260 km an der Mittelmeerküste entlangzieht, ist wegen seiner
sanften Strände und des feinen, goldenen Sandes bekannt; darüber hinaus
wird diese Region besonders wegen ihres milden Klimas geschätzt. Zu den
zahlreichen Badeorten dieser Region
gehört u.a. Sitges (s. dort). – Routen s.
bei Barcelona und Tarragona.

Costa Dorada

ⓘ **Comunidad Turistica
de la Costa Dorada,**
  Levante 10, Salou (bei Tarragona);
  Telefon: (977) 361533.

Der sich südlich an die Costa Brava
anschließende Küstenstreifen am Mittelmeer wird als *****Costa Dorada** ('Goldene Küste') bezeichnet; er umfaßt prak-

Cuenca

Provinz: Cuenca (CU). – Telefonvorwahl: 966.
Höhe: 998 m ü.d.M. – Einwohnerzahl: 40000.
ⓘ **Oficina de Información de Turismo,**
  Dalmacio García Izcarra 8;
  Telefon: 222231.

HOTELS. – *Torremanga,* San Ignacio de Layola 9, I, 115 Z.; *Alfonso VIII* (garni), Parque de San Julián 3, II, 48 Z.; *Figón de Pedro* (garni), Cervantes 17, III, 28 Z.; *Francabel* (garni), División Azul 7, III, 30 Z.; Hostal *Avenida,* Avda. José Antonio 39, P II, 33 Z.

RESTAURANTS. – *Casas Colgadas,* Canónigos, mit eindrucksvoller Aussicht; *Figón de Pedro,* Cervantes 15, in altem kastilischem Stil; *Togar,* República Argentina 3; *Casa Marlo,* Colón 57.

VERANSTALTUNGEN. – *Semana Santa* (Karwoche), mit feierlicher Prozession und Konzertveranstaltungen. – *Fiesta de Nuestra Señora de la Luz* (Mai/Juni), mit Sängerwettbewerb, an dem Gruppen der ganzen Provinz teilnehmen. – *Fiesta de San Julián* (September), mit Stierkämpfen, Sportwettbewerben, Kunstausstellungen.

Die Provinzhauptstadt Cuenca, zugleich Bischofssitz, liegt malerisch auf den steilen Felsen der Serranía de Cuenca über den tiefen Tälern des Río Júcar und des Río Huécar. Sie ist eine der malerischsten spanischen Städte mit mittelalterlichem Gepräge und berühmt durch ihre Casas Colgadas, die 'hängenden Häuser'.

Casas Colgadas in Cuenca

GESCHICHTE. – Schon unter den Römern als 'Conca' bekannt, kam die Stadt später an die Westgoten, dann an die Mauren und konnte von diesen erst 1177 durch Alfonso VIII. befreit werden. Als Grenzstadt genoß sie später besondere Privilegien und wurde Sitz des Ritterordens von Santiago.

SEHENSWERTES. – Die **Altstadt,** mit Fassaden alter Stammhäuser, an denen die Wappen der Adelsfamilien prangen, hat sich viel Mittelalterliches bewahrt. Im Südosten der Stadt drängen sich die bedeutendsten Sehenswürdigkeiten um die Plaza Mayor. Hier steht die gotische **Kathedrale** (12./13. Jh.), heute Nationaldenkmal; im reichdekorierten *In-nern ein *Hochaltar* (18. Jh.) von Ventura Rodríguez, mit herrlichen *Gittern* von 1557; von besonderem Wert die Statue der 'Virgen del Sagrario' aus dem 12. Jh. und eine Kreuzigungsszene, ebenfalls 12. Jh.; wertvoll auch der Kirchenschatz, u.a. mit zwei Gemälden von El Greco. – An der Westseite des Platzes das *Ayuntamiento* von 1762. Von der Plaza Mayor südlich zu den berühmten **Casas Colgadas** ('hängenden Häusern') über dem von acht Brücken überspannten Tal des Río Huécar, deren Balkone direkt über dem Abgrund 'hängen'; im Innern kleines Museum spanischer abstrakter Kunst und Restaurant. – Nördlich der Plaza Mayor die Kirche *San Miguel,* hoch über der Schlucht des Río Júcar; im Innern des Gotteshauses eine Decke im Mudéjarstil. – Am Fuß der

Altstadt auf dem rechten Huécar-Ufer das *Museo Arqueológico,* mit Münzensammlung, römischen Mosaiken, Keramik.

UMGEBUNG. – Die Stadt Cuenca ist Ausgangspunkt für zahlreiche Abstecher zu nahegelegenen Orten. Richtung Norden durch das Júcartal aufwärts (36 km) zur **Ciudad Encantada,** der sog. 'Verzauberten Stadt', einem geologischen Phänomen: ein einer Ruinenstadt ähnliches Felslabyrinth mit Höhlen, Seen und Wasserfällen. Von hier ggf. Weiterfahrt nach *Uña,* mit Aussichtspunkt, und zum Stausee *Embalse La Toba.* – In südöstlicher Richtung auf der N-420, dann auf einer Nebenstraße nach **Las Torcas** (22 km), mit über 20 trichterförmigen tiefen Felsauswaschungen (Durchmesser bis zu 700 m), entstanden durch unterirdische Erosion.

Zum Rincón de Ademuz. – Die landschaftlich reizvolle Straße N-420 führt über Las Torcas (s. o.) hinaus durch die Wälder der südlichen *Serranía de Cuenca* sowie über das alte befestigte Städtchen *Cañete* (1074 m), mit Schloß des 15. Jh., zum **Rincón de Ademuz,** einer geografisch-historischen Enklave der Provinz Valencia zwischen den Gebieten von Cuenca und Teruel, mit dem *Pico Calderón* (1834 m) als höchster Erhebung und dem Ort *Ademuz* als Bezirkshauptort, in pittoresker Lage; in der Nähe des Río Turia die alte Ermita *Nuestra Señora de la Huerta* (13. Jh.), von Jaime I. erbaut.

Über den Puerto de Tordiga. – Auf der nach Südosten strebenden N-320 verläßt man Cuenca; es geht kurvenreich über den *Puerto de Tordiga* (1200 m) zu einer Abzweigung (36 km von Cuenca), auf der man rechts nach 12 km bei *Valera de Arriba* die Ruinen der Römerstadt *Valeria* (bis ins 7. Jh. Bischofssitz) erreicht; von hier 12 km nach Süden zum großen Stausee *Embalse de Alarcón.*

Wir bleiben auf der N-320, auf der man über *Almodóvar del Pinar,* mit Burgruine, das große Straßenkreuz von **Motilla del Palancar** (900 m) erreicht, einem am *Río Valdemembro* gelegenen Städtchen. – Abzweigung der N-III in östlicher Richtung über den *Puerto de Contreras* nach **Valencia.** Abstecher 18 km westlich auf der N-III nach
Alarcón (837 m), einem südlich der Straße malerisch über einer Júcar-Schleife gelegenen Ort, mit einer beachtenswerten Kirche und einem Schloß (*Parador Nacional Marqués de Villena,* II, 11 Z.); jenseits der Straße liegt der 25 km lange Stausee *Embalse de Alarcón,* ein durch Aufstauung des Río Júcar entstandener See, dessen südlichen Arm die N-III kreuzt.

Über den Puerto de Cabrejas. – Die nach Westen führende N-400 überschreitet das Tal des *Río Júcar* und klettert in vielen Windungen hinauf zum *Puerto de Cabrejas* (1150 m). Durch ein entvölkertes Gebiet, mit zahlreichen Kirchen- und Burgruinen, erreicht man *Carrascosa del Campo* (898 m) und am *Santuario de Riánsares* vorbei
Tarancón (700 m; 7000 Einw.), ein Landstädtchen mit gotischer Kirche und einem Schloß der Königin María Cristina; großes Straßenkreuz. – Abstecher in östlicher Richtung auf der N-III nach
Saelices, mit den Resten eines römischen Aquäduktes, der zu der 3 km südwestlich gelegenen, im 2. Jh. v. Chr. gegründeten, einst bedeutenden römischen Stadt *Segobriga* führte, vom 5. bis 8. Jh. westgotischer Bischofssitz, dann von den Mauren zerstört (Ausgrabungen; Amphitheater, kleines Museum; Reste einer westgotischen Basilika). – Auf halbem Weg nach Saelices von der N-III, nach Norden abzweigend, eine Nebenstraße nach
Uclés, mit dem Kloster Uclés ('Kleiner Escorial' genannt), ehem. Sitz des Santiago-Ordens; Refektorium mit prächtigem Tafelwerk (16. Jh.); Klosterkirche von 1529.

Denia

Provinz: Alicante (A). – Telefonvorwahl: 965. Höhe: 12 m ü.d.M. – Einwohnerzahl: 17000.
ⓘ **Oficina de Información de Turismo,**
    Patrocinio Ferrandiz;
    Telefon: 780957.

HOTELS. – In D e n i a : *Denia,* Partida Suertes del Mar, II, 280 Z.; Sb.; *Los Ángeles,* Playa de las Marinas 649, III, 59 Z., Sb.; *Costa Blanca,* Pintor Llorens 3, IV, 53 Z.; *Las Rotas,* Partida les Rotes 47, IV, 27 Z.; Hostal *Rosa* (garni), Partida Marines 197, P II, 19 Z., Sb.; *Villa Amor,* Partida Marines 752, P II, 20 Z.; u.a.; CAMPINGPLATZ an der *Punta de los Molinos* und weitere in der Nähe. – In J á v e a : *Parador Nacional Costa Blanca,* Playa de Arenal 2, I, 65 Z., Sb.; *Toscamar,* Straße zum Cabo de la Nao, 5 km südlich, II, 140 Z., Sb. (Apartment-Hotel); *Miramar* (garni), Al-

mirante Bastarreche 12, III, 26 Z.; *Plata,* Avda. Montañar 83, III, 34 Z.; Villa *Naranjos,* Carretera Montañar, III, 145 Z., Sb.; *Jávea* (garni), Pío X 5, IV, 19 Z.; Hostal *Costa Mar,* Caleta 4, P II, 18 Z.; *Portichol,* Partida Portichol 157, P II, 11 Z.; u.a.; CAMPINGPLATZ nördlich der Stadt.

Das am Mittelmeer gelegene Seebad Denia war schon in griechisch-römischer Zeit bekannt (von den Griechen im 8. Jh. v. Chr. Hemeroskopeion, von den Römern Dianium genannt) und besonders in der Maurenzeit zwischen 715 und 1253 eine blühende Hafenstadt, die zeitweilig sogar Mallorca beherrschte. Heute ist die Stadt durch ihre Rosinenausfuhr von Bedeutung.

SEHENSWERTES. – Der Ort, im Süden von dem mächtigen Kalkberg *Mongó* (735 m) beherrscht, liegt am Fuß eines von einem Castillo gekrönten Hügels; von oben bietet sich eine umfassende Aussicht (Freilichttheater). Denia besitzt einen Wassersportclub und hat zwei große Sandstrände. – Die Kirche Santa María aus dem Jahre 1734, ein barockes Gotteshaus, ist mit Kacheln ausgeschmückt.

UMGEBUNG. – Wanderung zum Gipfel des *Mongó,* mit den Ruinen der Casa de Biot, großartige *Aussicht auf Küste und Meer (Hinweg etwa 4 St.). – Weiter südlich das Seebad
Jávea, ein an der Mündung des *Río Jalón* gelegenes Hafenstädtchen, mit Mauern und Türmen, dem Castillo de San Juan und einer befestigten gotischen Kirche (14. Jh.). – Von Jávea Auffahrt 2 km östlich zum Leuchtturm auf dem *Cabo de San Antonio* (174 m), mit großartiger Aussicht. – 4 km südlich von Jávea das *Cabo de la Nao,* östlichster Punkt des Küstengebirges; südlich hiervon der aus dem Meer aufragende Felsklotz *Peñón de Ifach* (383 m) bei der *Punta de Ifach* (s. bei Benidorm). – In der Nähe von Jávea liegen die beiden Tropfsteinhöhlen *Cueva del Órgano* und *Cueva del Oro.*

Écija

Provinz: Sevilla (SE). – Telefonvorwahl: 954. Höhe: 101 m ü.d.M. – Einwohnerzahl: 53000.
ⓘ **Oficina de Información de Turismo,**
    Avenida Andalucia s/n.

HOTELS. – Hostal *Astigi,* Carretera N-IV, km 450, P II, 18 Z.; *Ciudad del Sol* (garni), Miguel de Cervantes 42, P II, 34 Z.; *Santiago* (garni), Carretera N-IV, km 455,5, P II, 24 Z.; *Vega de la Hermanos* (garni), Carretera N-IV, km 461, P III, 12 Z.

VERANSTALTUNGEN. – *Fiesta de la Primavera* (Mai), mit Umzügen, Stierkampf und reichhaltigem Folklore-Programm; *Fiesta de San Mateo* (September), mit typischen Umzügen.

Das am linken Ufer des ab hier schiffbaren Río Genil gelegene Écija ist ein gewerbereiches altes Städtchen, das 'Astigi' der Römer, mit engen malerischen Straßen und einigen beachtenswerten Kirchen.

SEHENSWERTES. – Kirche **Santa Cruz** (17. Jh.), mit Überresten des arabischen Turmes und dem Bildnis der ''Nuestra Señora del Valle'' (vermutl. 6. Jh.). – Kirche **San Juan** (19. Jh.), mit einem an die Giralda von Sevilla erinnernden Turm, im Innern Christusfigur von Montañés. – Sehenswert ferner der **Palacio Marqués de Cortés**, mit platereskem Portal; zwei weitere Adelshäuser. – In der ehem. Klosterkirche *La Merced* ein Retablo des 16. Jahrhunderts.

El Burgo de Osma

Provinz: Soria (SO). – Telefonvorwahl: 975. Höhe: 850 m ü.d.M. – Einwohnerzahl: 6000.
(i) **Ayuntamiento** (Rathaus), Plaza General Franco 7; Telefon: 340107.

HOTELS. – *Virrey Palafox*, Travesía de Acosta 1, IV, 20 Z.; Hostal *Casa Agapito* (garni), Universidad 1, P II, 7 Z.; *La Perdiz* (garni), Universidad 33, P II, 18 Z.

RESTAURANT. – *La Perdiz*, Universidad 33.

VERANSTALTUNGEN. – *Fiesta Virgen del Espino* (August), Patronatsfest zu Ehren der Schutzpatronin und des hl. Rochus. – *Ferias* (Oktober), mit den typischen Tänzen des Ortes ('triscado', 'la rueda', 'los monitos', 'las chiclaneras' und 'las palomas').

Die Gründung des alten Bischofsstädtchens El Burgo de Osma geht auf die Westgoten zurück, der Ort erlebte seine Blütezeit im 16. Jahrhundert.

SEHENSWERTES. – Das schönste und bedeutendste Bauwerk ist die gotische **Kathedrale,** im 12. Jh. romanisch begonnen, mit barockem Glockenturm (15. Jh.), dem Wahrzeichen der Stadt; in der *Capilla Mayor* ein reicher Retablo von Juan de Juni und seinem Schüler Picardo; ferner schmiedeeiserne *Gitter* (16. Jh.) und *Grabmal* für San Juan de Osma; gotischer *Kreuzgang. Museumsbibliothek* mit wertvoller Sammlung von Miniaturen. – *Universität Santa Catalina*

(1779 eröffnet, 1841 geschlossen), mit Fassade im plateresken Stil. – *Hospital San Agustin* (17. Jh.), mit schöner Barockfassade. – An der Plaza Mayor einige sehenswerte stattliche Bauten, darunter das *Bischöfliche Palais* (17. Jh.), mit eigenwilligem Portal.

UMGEBUNG. – Südlich von El Burgo liegt das alte **Osma**, das 'Uxama Argalae' der Römer, mit Mosaiken und wertvollen Resten der alten Bauwerke. – 16 km nördlich der Ort **Ucero**, mit romanischer Kirche San Bartolomé (13. Jh.) und einem schönen Castillo. – 24 km östlich das historische Städtchen **Berlanga de Duero**, mit großartiger Burg (15. Jh.), zwei Mauerringen und Burgfried; ferner schöne Stiftskirche (1530) mit prächtigem Retablo, der sich aus Gemälden und Skulpturen zusammensetzt; Palacio Marqueses de Berlanga, im plateresken Stil. 9 km südlich die *Ermita San Baudelio*, mit eigenartigem mozarabischen Grundriß. – Etwa 12 km südwestlich an der Straße N-122 das alte befestigte Städtchen **San Esteban de Gormaz**, inmitten historischer Umgebung; mit romanischer Kirche San Miguel und einer arabischen Burg auf dem Hügel über dem Ort.

Elche

Provinz: Alicante (A). – Telefonvorwahl: 965. Höhe: 88 m ü.d.M. – Einwohnerzahl: 160000.
(i) **Oficina de Información de Turismo,** Parque Municipal; Telefon: 452747.

HOTELS. – *Huerto del Cura*, García Sanchiz 14, I, 59 Z., Sb.; *Cartagena* (garni), Residencia Cartagena, II, 34 Z.; *Don Jaime*, Avda. Primo de Rivera 5, III, 64 Z.; Hostal *Candilejas* (garni), Dr. Ferrán 19, P II, 24 Z.; *Galicia*, Playa de Pinet 1, P II, 24 Z.; *Quesada* (garni), Pérez Galdós 2, P II, 13 Z.; *Maruja*, Playa del Pinet 46, P III, 30 Z.; u.a. – Guter CAMPINGPLATZ im Palmenwald (mit Freibad); zwei weitere liegen südwestlich außerhalb.

RESTAURANT. – *Parque Municipal* (in idyllischer Gartenlage), Paseo Alfonso XIII; u.a.

VERANSTALTUNGEN. – *Misterio de Elche* (August), ein Mysterienspiel des 13. Jh., das auf Grund eines Sonderrechts von Papst Urban VIII. in der Kirche Santa María stattfindet; ein herrliches Schauspiel mit Musik und ergreifender Darstellung.

Die durch ihren in Europa einzigartigen *Palmenwald bekannte Stadt Elche liegt in einer der heißesten Gegenden Spaniens zu beiden Seiten des Río Vinalopó. Der Stadtkern mutet mit den am Rande der Palmenoase gelegenen flachgedeckten weißen Häusern und den Kirchenkuppeln orientalisch an.

Im Stadtpark von Elche

SEHENSWERTES. – Die Kirche **Santa María** (17. Jh.), der 'Virgen de la Asunción' geweiht; mit reichem *Hauptportal* und Barockfassade, Werk von Nicolás de Bussi; Schauplatz des Mysterienspiels über die Himmelfahrt Mariens ('Misterio de Elche'); von dem 37 m hohen *Kirchturm* guter Blick über Stadt und Palmengarten. – Nördlich der Kirche der *Palacio de Altamira* (15. Jh.); er diente den Königen als Aufenthaltsort, u.a. Ferdinand dem Katholischen; das Haus ist heute Nationaldenkmal. – Weiter nördlich hiervon der *Parque Municipal* mit dem sich anschließenden *Museo Arqueológico,* Sammlung vorgeschichtlicher und griechisch-römischer Altertümer mit einer Kopie der 1897 bei Elche aufgefundenen 'Dame von Elche', einer iberischen Frauenbüste aus dem 4. oder 3. vorchristlichen Jahrhundert (Original im Museo Arqueológico zu Madrid). – Ein besonders schönes Stadtbild genießt man von der unweit südwestlich der Plaza Baix den Río Vinalopó überschreitenden *Puente de Santa Teresa,* 1705 in gotischem Stil erbaut. Weiter südwärts das *Museo de Arte Contemporáneo.*

Unmittelbar östlich vor der Stadt liegt *El Palmeral de Europa,* ein Palmenwald mit dem größten Palmenbestand in Europa, dessen Besuch etwa 2 St. erfordert (im Sommer am besten frühmorgens; Führer empfehlenswert). Die von den Mauren angelegten Pflanzungen sind von Mauern oder Hecken umgeben. Das Wasser für die künstliche Bewässerung kommt 5 km weit aus einem *Pantano* (Stausee) des Vinalopó-Tales. – Die zahlreichen Palmen, meist 20–25 m und vereinzelt auch bis 33 m hoch, stehen 'den Fuß im Wasser, den Kopf im Feuer des Himmels', wie ein arabisches Sprichwort sagt. Unter ihnen wachsen Granatbäume und in deren Schatten Futterkräuter, Gemüse u.a. Besonders hervorzuheben sind in der *Huerta del Cura* ('Pfarrgarten') die *Palmera Imperial,* eine angeblich 200 Jahre alte männliche Palme, aus deren Hauptstamm sieben Seitenstämme herauswachsen, ferner die *Palmeras Romeo y Julieta* und die *Villa Carmen* mit einem Belvedere (Aussicht). – Die Dattelpalme (phoenix dactylifera; span. palmera) erfordert eine sorgfältige Pflege. Die Früchte, die an Güte hinter den Datteln der Sahara zurückstehen, werden von November bis Frühjahr geerntet, wobei der einzelne Baum nur alle zwei Jahre trägt (etwa 35 kg). Von April an wird ein Teil der männlichen Palmen zum Bleichen eingebunden. Die gebleichten Zweige (ramilletes) werden zum Palmsonntag in ganz Spanien verkauft und an den Balkonen befestigt.

UMGEBUNG. Nur 2½ km südlich von Elche, an der Nebenstraße nach Dolores, die Ausgrabungsstätte **La Alcudia de Elche,** wo die berühmte 'Dame von Elche' (s.o.) gefunden wurde; im kleinen *Museo La Alcudia* Fundstücke iberischer und römischer Zeit aus der Umgebung.

14 km südöstlich von Elche, an der Küstenstraße N-332, die **Albufera de Elche,** eine der Meersalzgewinnung dienende Lagune, nördlich des *Golfo de Santa Pola* gelegen; in der Nähe der Ort
Santa Pola (8700 Einw.; Hotel Pola-Mar, II, 76 Z., Strand; Rocas Blancas, garni, II, 100 Z., Sb.; Espinosa, IV, 39 Z.), ein Fischerhafen mit Bootsvermietung zu der 7 km vor der Küste gelegenen Leuchtturminsel *Tabarca.* Weitere Ausflüge siehe unter Alicante.

Escorial

Provinz: Madrid (M). – Telefonvorwahl: 91. Höhe: 1028 m ü.d.M. – Einwohnerzahl: 8000.
ⓘ **Oficina de Información de Turismo,**
Floridablanca 10, San Lorenzo de el Escorial; Telefon: 8 90 15 54.
Administración del Patrimonio Nacional,
Real Monasterio;
Telefon: 8 96 15 12.

HOTELS. – *Victoria Palace,* Juan de Toledo 4, I, 89 Z., Sb.; *Miranda Suizo,* Floridablanca 20, III, 47 Z.; Hostal *Cristina,* Juan de Toledo 6, P II, 16 Z.; *Jardin,* Leandro Rubio 2, P II, 22 Z.; *Malagón,* San Francisco 2, P II, 10 Z.; *Vasco,* Plaza de Santiago 11, P II, 20 Z.

RESTAURANTS. – *Mesón la Cueva,* San Antón 4, typischer kastilischer Stil; *Alaska,* Plaza San Lorenzo 4; *Mesón Serrano,* Floridablanca 4; *Castilla,*

Kloster San Lorenzo de el Escorial

Plaza de la Constitución 2; *El Parque*, Plaza Virgen de Gracia 1, Gartenrestaurant (nur Sommermonate); *Charolés*, Floridablanca 24; u.a.

San Lorenzo de el Escorial, auch kurz El Escorial genannt, besteht aus dem alten Dorf El Escorial de Abajo (923 m) und dem westlich gelegenen oberen Ortsteil El Escorial de Arriba (1028 m), der von den Madridern als Sommerfrische besucht wird und seine Entstehung dem berühmten Klosterschloß, einer der monumentalsten Bauanlagen Spaniens, verdankt.

Das ****Montasterio de San Lorenzo de el Escorial**, von König Philipp II. dem hl. Laurentius gelobt und als Grabstätte seines Vaters Karl V. sowie als Sommerresidenz bestimmt, wurde 1563 nach den Plänen des in Italien ausgebildeten Baumeisters Juan Bautista de Toledo begonnen und nach dessen Tod (1567) von Juan de Herrera 1584 vollendet. Die Ausschmückung besorgten neben zahlreichen einheimischen Malern beson-ders italienische Meister, u.a. Pellegrino Tibaldi und Luca Giordano sowie der Bildhauer Pompeo Leone. – Der gewaltige Bau aus weißgrauem Granit, ein mit vier Ecktürmen versehenes Rechteck von 207 m Länge und 161 m Breite, gleicht eher einer Festung als einem Fürstensitz. Entstanden unter Anlehnung an den italienischen Klassizismus des 16. Jh., ist er zugleich Auftakt zur spanischen Barockbaukunst. – Den Kern der Anlage bildet die mit ihren beiden Türmen und der Kuppel hochaufragende *Kirche*. Daran schließen sich westlich der Vorhof, südlich der *Kreuzgang* mit der Sakristei und den Kapitelsälen, östlich und nördlich der *Königliche Palast* an. Man zählt 16 Höfe, 2673 Fenster, 1250 Türen, 86 Treppen und 88 Springbrunnen; alle Gänge zusammen haben eine Länge von 16 km.

BESICHTIGUNG. – Hauptplatz der Klosteranlage ist die an der Westseite gelegene L o n j a, westlich begrenzt von der

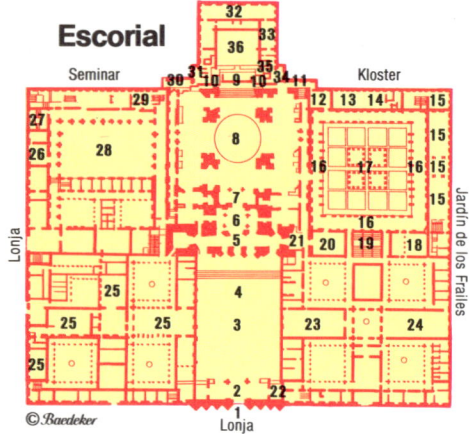

Escorial

Seminar / Kloster / Lonja / Jardín de los Frailes / Lonja

© Baedeker

1 Puerta principal
(Haupteingang)
2 Vestibül (darüber die
Bibliothek)
3 Patio de los Reyes (Hof der
Könige)
4 Freitreppe der Basilika
(Fassade)
5 Vorhalle der Basilika
6 Atrium oder Unterer Chor
7 Chor der Seminaristen
8 Basilika
9 Presbyterium und Hochaltar
10 Königliche Oratorien
11 Treppen zum Chor und
Eingang zur Gruft
12 Antesacristía
13 Sacristía (Sakristei)
14 Altar de la Sagrada Forma
15 Salas Capitulares
(Kapitelsäle)
16 Claustro principal bajo
(Unterer Kreuzgang)
17 Patio de los Evangelistas
(Hof der Evangelisten)
18 Iglesia vieja (Alte Kirche)
19 Escalera principal
(Haupttreppe)
20 Sala de la Trinidad
(Saal der Dreieinigkeit)

21 Sala de los Secretos
(Saal der Geheimnisse;
ehem. Pförtnerstube)
22 Eingang und Aufgang
zur Bibliothek (über
dem Vestibül)
23 Manuskriptbibliothek
24 Refektorium
25 Seminar
26 Eingang zum Palast
der Bourbonen
27 Palasttreppe
28 Palasträume
29 Palastausgang und
Aufgang zu den
Räumen des
16. Jahrhunderts
30 Sala de Batallas (Saal
der Schlachten)
31 Gemächer der Infantin
Isabel Clara Eugenia
32 Gallerie der Königlichen
Gemächer
33 Thronsaal
34 Zelle Philipps II.
35 Alkoven und Oratorium
Philipps II.
36 Patio de los
Mascarones
(Hof der Masken)

angelegte, aber erst 1654 vollendete ***Panteón de los Reyes,** mit den Sarkophagen der Könige (nur wenige der 26 Sarkophage sind noch leer). – Unter der Sakristei das 1862–88 angelegte **Panteón de los Infantes.** – Vom rechten Seitenschiff durch die *Antesacristía* (Deckengemälde von Nic. Granelo) in die *Sacristía,* mit dem Hauptwerk von Claudio Coello, darunter das 'Fest der hl. Hostie' (1684).

Durch die Antesacristía oder die Vorhalle der Kirche gelangt man in den freskengeschmückten **Unteren Kreuzgang** (*Claustro principal bajo*), dessen Hof nach den Statuen an dem Tempelchen *Patio de los Evangelistas* genannt wird. – An der Südseite des Kreuzganges die **Kapitelsäle** (*Salas Capitulares*); in der Südwestecke des Kreuzganges die *Iglesia Antigua* (während der Bauzeit des Klosters benutzt), mit Tizians ''Marter des hl. Laurentius'' (1564). – Große *Haupttreppe* (Escalera principal) mit einem Deckenbild von L. Giordano.

An der Südseite des Patio de los Reyes die ***Bibliothek** (*Biblioteca de Impresos*), in einem 54 m langen Saal, der reich mit Fresken von Pellegrino Tibaldi und Bart. Carducci ausgeschmückt ist, mit 40000 Bänden, darunter der von dem deutschen Kaiser Konrad II. geschriebene 'Codex aureus' (1039 vollendet).

ehem. *Casa de la Compaña* (17. Jh.), der jetzigen Augustiner-Universität. An der Südseite des Platzes die *Galería de Convalecientes,* eine zum aussichtsreichen Klostergarten sich öffnende zweigeschossige Säulenloggia. – Von der Ostseite des Klosterplatzes gelangt man durch das stattliche *Haupttor* (Puerta principal) in den P a t i o d e l o s R e y e s, einen 64 m langen und 38 m breiten Vorhof, den nördlich das *Colegio,* südlich der *Convento* (das eigentliche Kloster) mit der Bibliothek begrenzen. An der Ostseite des Hofes erhebt sich die ***Kirche** *(Basilika),* mit zwei 72 m hohen Glockentürmen und sechs mächtigen Granitstandbildern israelitischer Könige (1584) an der Fassade.

Das INNERE der Kirche betritt man durch den *Unteren Chor.* An den Kugelgewölben Fresken von Luca Giordano (um 1695). – In der *Capilla Mayor* der aus den kostbarsten Marmorarten hergestellte 26 m hohe Hauptaltar, mit vergoldeten ***Bronzefiguren** (1598). In einer Kapelle des *Oberen Chores* ein lebensgroßes Marmorkruzifix von Benvenuto Cellini (1562). – Unter der Capilla Mayor das von Philipp II.

Im Escorial

Nördlich anstoßend an die Kirche der **Königliche Palast** (*Palacio Real*), von den Nachfolgern Philipps II. im Stil des 17./18. Jh. prachtvoll ausgestattet. Den Hauptschmuck bilden 338 Wandteppiche, darunter 150 spanische (u.a. nach Entwürfen von Goya) und 163 flämische. Im Erdgeschoß die ***Gemäldegalerie,** mit bedeutenden Werken, u.a. von Velázquez, Greco, Ribera, Tizian, Tintoretto, Veronese, Giordano, Palma Giovane, Rubens, Bosch, Rogier van der Weyden); im Souterrain das *Architekturmuseum*, u.a. mit Bauplänen von J. de Herrera.

In der *Zelle Philipps II.* (Habitación de Felipe II), die "Sieben Todsünden" von Hieron. Bosch sowie in einem Glasrahmen elf Aquarelle, die Albrecht Dürer zugeschrieben werden. In dem benachbarten Alkoven die Sterbestätte Philipps (13. September 1598).

Östlich vom Kloster die **Jardines del Príncipe,** mit hübschen Baumalleen und mächtigen, etwa 250 Jahre alten Mammutbäumen. Im unteren Teil die*Casita del Principe,* ein 1772 für den späteren König Karl IV. errichtetes landhausartiges Gebäude, das wertvolle Möbel und zahlreiche Gemälde enthält.

UMGEBUNG. – 3 km südlich vom Escorial auf der Höhe die *Silla de Felipe II*, in den Fels gehauene Stufen, von wo aus Philipp II. die Bauarbeiten am Escorial betrachtete.

Zum Valle de los Caídos. – 13 km nördlich vom Escorial, auf der C-600 oder direkt von der Autobahn oder der N-VI (5 km) erreicht man das **Totenmal des Valle de los Caídos** ('Tal der Gefallenen'), amtlich *Monumento Nacional de Santa Cruz del Valle de los Caídos*, eine monumentale Gedenkstätte für die im Spanischen Bürgerkrieg (1936-39) Gefallenen; hier sind auch José Antonio Primo de Rivera, der Gründer der Falange, und Generalísimo Franco beigesetzt. – Die 1950-59 erbaute Anlage besteht aus einer in den Fels gesprengten Krypta ('Basílica') und umfangreichen Klostergebäuden, die einen großen Hof umgeben. Darüber auf einer Felsenhöhe ('Risco de la Nava'; 1393 m) ein 150 m hohes, weithin sichtbares Kreuz.

Estella

Provinz: Navarra (NA). – Telefonvorwahl: 948. Höhe: 426 m ü.d.M. – Einwohnerzahl: 10000.
ⓘ **Oficina de Información de Turismo,** Bajos del Ayuntamiento (Rathaus), Paseo de la Inmaculada 1; Telefon: 550814.

HOTELS. – *San Andrés*, Plaza Santiago 58, P III, 28 Z.; *San Andrés* (garni), José Antonio 1, P III, 10 Z.

RESTAURANTS. – *El Bordón*, San Andrés 6, 1. Stock; *La Cepa*, Plaza de los Fueros 18, 1. Stock; *Tatana*, Don García el Restaurador 3.

VERANSTALTUNG. – *Patronatsfest* (August), zu Ehren der Virgen del Puy und des San Andrés.

Das abseits der Durchgangsstraße am Río Ega gelegene alte Städtchen Estella war im Mittelalter zeitweise Residenz der Könige von Navarra und Pilgerstation am Jakobsweg.

SEHENSWERTES. – Der Ort besitzt mehrere hübsche Herrenhäuser des 16./18. Jh., zahlreiche alte Kirchen und Paläste. – Kirche **San Pedro de la Rúa** (12. Jh.), mit interessanter Fassade und schönem Kreuzgang. – Kirche **San Miguel** (12. Jh.), mit ausgezeichneten Plastiken und einem *Retablo* des 14. Jh. – Kirche *San Sepulcro*, mit gotischem Portal (13. Jh.). – Unter den zahlreichen Palästen der *Palacio Real*, ein bedeutendes Werk vom Ende des 12. Jh. sowie der *Palacio del los Reyes de Navarra* und der *Palacio del Duque de Granada* (12. Jh.).

UMGEBUNG. – Südöstlich (3 km), abseits der N-111, das **Monasterio Santa María de Irache** (12. Jh.), mit platereskem Kreuzgang des 16. Jh. und sehenswerter romanischer Apsis.

Estepona

Provinz: Málaga (MA). – Telefonvorwahl: 952. Höhe: 21 m ü.d.M. – Einwohnerzahl: 24000.
ⓘ **Oficina de Información de Turismo,** Marbella, Avenida Miguel Cano 1; Telefon: 771442.
Oficina de Información de Turismo, Paseo Marítimo Pedro Manrique s/n; Telefon: 800913.

HOTELS. – *Atalaya Park*, Carretera N-340, km 168, I, 239 Z., Golf, Sb.; *Golf el Paraíso*, Carretera N-340, km 167 I, 201 Z., Golf, Sb.; *Santa Marta*, Apardo 2, II, 37 Z., Sb.; *Caracas*, Avda. San Lorenzo 50, III, 27 Z.; *Dobar* (garni), Avda. de España 117, III, 39 Z.; *Hostal Buenavista*, Paseo Marítimo, P II, 38 Z.; *Las Delicias* (garni), Delfin 10, P II, 26 Z.
CAMPINGPLATZ: *La Chimenea,* Carretera N-340, km 162,8.

RESTAURANTS. – *Molino,* Urb. El Saladillo, 10 km östlich, französische Küche; *El Carrusel,* Urb. El Saladillo, 10 km östlich, französische Küche; *Le Castel*, Bahía Dorada, 7 km westlich, französische Küche; *Bahia Dorada,* 7 km westlich.

VERANSTALTUNGEN. – *Fiestas de San Isidro*, mit andalusischer Reiterprozession (Mai); *Fiestas de San Juan,* Jahrmarkt, Feuerwerk, Umzüge (Juni); *Fiestas Virgen del Carmen*, Meeresprozession, Kirmes, Feuerwerk auf dem Wasser (Juli).

WASSERSPORT. – Vielfältige Möglichkeiten an mehreren Stränden (etwa 4 km lang); moderner Sporthafen mit 900 Plätzen, Segelclub, Sportfischerei, Regatten, Wasserski.

FREIZEIT und SPORT an Land. – 2 Golfplätze mit 18 Löchern, Tennis, Reiten.

Dieser kleine Fischerhafen an der Küstenstraße N-340 entlang der Costa del Sol und am Fuß der Sierra Bermeja ist römischen Ursprungs. In der Nähe Ruinen des tausendjährigen Aquädukts von Salduba; im Ort Reste der arabischen Festung und mittelalterliche Wachttürme. Estepona ist heute ein Touristen- und Erholungszentrum mit internationalem Publikum.

Estremadura

Autonome Region.
Regierungsorgan: Junta Regional de Extremadura.
Provinzen: Cáceres und Badajoz.

Estremadura (Extremadura) wird wegen seiner Kargheit oft als 'Cenicienta' (Aschenputtel) Spaniens bezeichnet. Das Land ist trocken und vielfach bedeckt mit steinigen Heiden ('jarales' oder 'tomillares'), besonders am Fuß der Sierra de Gata ('las Hurdes': früher eines der ärmsten Gebiete Spaniens; neuerdings Weizenanbau). Wohl gerade wegen seiner Armut brachte Estremadura zahlreiche Erobererpersönlichkeiten hervor, die nach ihrer Rückkehr die überseeischen Schätze zum Bau prächtiger Paläste verwendeten.

Pizarro-Denkmal in Trujillo

Die Landschaft bildet die westliche Fortsetzung der spanischen Meseta, die im Westen von Portugal begrenzt wird. Das Tafelland wird hier jedoch von den Talfurchen des *Tajo* und *Guadiana* sowie ihrer Nebenflüsse tiefer zerschnitten. Es ist im Norden durch die *Sierra de Gata* (1735 m), das Hochland von *Béjar*

und die *Sierra de Gredos* (2592 m) von León und Altkastilien getrennt, fällt in der hier sanft ansteigenden *Sierra Morena* nach Andalusien ab und wird durch die *Sierra de Guadalupe* (1736 m) in die *Estremadura Alta* (Gebiet des Tajo) und die *Estremadura Baja* (Gebiet des Guadiana) geschieden.

Die wirtschaftliche Grundlage ist der Anbau von Getreide und Hülsenfrüchten, der sich auf die Gegend von Cáceres und Estremadura Baja beschränkt. Außerdem gedeihen in den Tälern Wein, Ölbäume, Feigen und Mandeln. Bekannt ist die Schweinezucht in den Eichenwäldern von Estremadura; die Schinken (jamones) gelten als die besten Spaniens. – Seit altersher wird Estremadura in den Wintermonaten von wandernden Herden feinwolliger Schafe (merinos) durchzogen, die im Herbst von der Meseta herabsteigen und nach dem System der Mesta die Weideplätze wechseln. Zur Vermeidung von Streitigkeiten zwischen den seßhaften Bauern und den Herdenbesitzern wurde 1526 ein besonderer Gerichtshof bestellt (Consejo de la Mesta) und 1834 durch Gesetz bestimmt, daß den Herden auf beiden Seiten der Landstraßen ein 90 Ellen breiter Streifen Weidelandes (cordel, cañada) einzuräumen ist.

In jüngerer Zeit sind in der Estremadura Baja zahlreiche Stauseen ('embalses') entstanden. Nach dem 'Plan von Badajoz' wird z.B. ein ausgedehntes Gebiet längs des Guadiana durch den Bau von 350 km Bewässerungskanälen, fünf Stauseen, Straßen, Eisenbahnen und Siedlerstellen kultiviert.

Fuengirola

Provinz: Málaga (MA). – Telefonvorwahl: 952. Höhe: Meereshöhe. – Einwohnerzahl: 30000.
(i) **Oficina de Información de Turismo,** Plaza de España; Telefon: 476166.

HOTELS. – *Las Palmeras*, Paseo Marítimo Fuengirola, I, 398 Z., Sb., Golf; *Las Pirámides*, Paseo Marítimo, I, 320 Z., Sb.; *Ángela*, Paseo Príncipe de España, II, 260 Z., Sb.; *Florida*, Paseo Marítimo, II, 116 Z., Sb.; *Mare Nostrum*, Carretera N-340, km 207, II, 257 Z., Sb.; *Torreblanca*, Urb. Torreblanca del Sol, II, 198 Z., Sb.; *El Cid* (garni), Avda. del Ejército, III, 46 Z., Sb.; *Mas Playa*, Urb. Torreblanca del Sol, III, 108 Z., Sb.; *Stella Maris*, Paseo Príncipe de España, III, 196 Z., Sb. – CAMPINGPLÄTZE: *Calazul*, an der Carretera N-340, km 200,3; *Playa la Debla*, an der Carretera N-340, km 200,5.

RESTAURANTS. – *Fuengirola Playa,* Paseo Marítimo; *Don Bigote,* Calvo Sotelo 39, andalusischer Stil; *La Langosta,* Francisco, Cano 1; *Sin Igual,* Ramón y Cajal.

VERANSTALTUNGEN. – *Ferienkurse* für Ausländer an der Universität Granada (Sommer); *Fiestas,* mit Jahrmarkt, Wallfahrt und Stierkampf (Oktober).

WASSERSPORT. – Vielfältige Möglichkeiten an den Stränden (insgesamt 6,5 km lang); breite Uferpromenade, Sporthafen und Club Náutico mit Bootsverleih.

FREIZEIT und SPORT an Land. – Golf in Mare Nostrum sowie in Mijas (4 km); Stierkampf.

Das Seebad Fuengirola an der Küstenstraße N-340 der Costa del Sol ist 29 km von Málaga entfernt und war schon den Römern als 'Suel' bekannt; im Norden durch die Sierra de Mijas geschützt, wird es von den Ruinen der maurischen Burg Sohail überragt; in der Umgebung einige Wachttürme.

UMGEBUNG. – Von dem östlich benachbarten Seebad *Santa Fe de los Boliches* Bergstraße (9 km) landeinwärts zu dem malerischen Dorf *Mijas,* am Südhang der Sierra de Mijas.

Galicien

Autonome Region.
Regierungsorgan: Xunta de Galicia.
Provinzen:
La Coruña, Lugo, Orense und Pontevedra.

Galicien (Galicia) erhält seinen besonderen Charakter durch die tief ins Land eingeschnittenen zahlreichen Meeresbuchten oder Rías, Rías Altas an der Nordküste und Rías Bajas an der Westküste, in die die einzelnen Täler münden. Diese Buchten, vielfach mit vorzüglichen Sandstränden, sind nicht nur Zufluchtstätten an der oft sturmgepeitschten Küste, sondern bergen auch wichtige Anlegeplätze des Weltverkehrs wie Vigo und La Coruña.

Galicien umfaßt die ganze Nordwestecke der Iberischen Halbinsel bis zur portugiesischen Grenze im Süden. Hier fehlt die alles beherrschende hohe Gebirgskette. Waldige Tallandschaften (Kiefer, Eiche, Eukalyptus), von langgestreckter Beckenform wie am *Miño,* werden von Gebirgszügen eingerahmt; dazwischen liegen Hochflächen, die in vielen engen und steilen Tälern von Flüssen durchzogen werden.

Blick auf die Ría de Vigo

Im Wirtschaftsleben des rückständigen Galicien spielt die Fischerei eine wichtige Rolle. Täglich sieht man Sardinenfischer in kleinen Flotten auf das Meer hinausziehen. Im Innern des Landes führt der Bauer auf den kleinen stark belasteten Pachtgütern ein einfaches Leben. Er baut Mais, Getreide und im südlichen Teil noch Wein an; das feuchte, milde Klima ist auch für die Viehzucht günstig. – Die Galicier (span. Gallegos; galic. Galegos) ähneln in ihrer Sprache und ihrem Charakter den Portugiesen; sie sind heimatstolz (Separatistenbewegung VPG), gelten aber bei den übrigen Spaniern als etwas schwerfällig.

Gandía

Provinz: Valencia (V). – Telefonvorwahl: 96. Höhe: 22 m ü.d.M. – Einwohnerzahl: 48000.
ⓘ **Oficina Municipal de Turismo,**
    Parque de la Estación;
    Telefon: 2842407.

HOTELS. – *Bayren I,* Paseo de Neptuno, I, 164 Z., Sb.; *Bayren II,* Mallorca 19, II, 125 Z.; *Madrid,* Castilla la Nueva 22, II, 108 Z., Sb.; *Porto* (garni), Avda. María Angeles Suarez, II, 135 Z.; *Riviera* (garni), Paseo de Neptuno 29, II, 72 Z.; *Los Robles,* Formentera, II, 240 Z., Sb.; *Safari,* Legazpi 3, II, 113 Z., Sb.; *San Luis,* Paseo de Neptuno 6, II, 72 Z.; *Tres Anclas,* Playa, II, 333 Z., Sb.; *Gandia Playa,* Devesa 17, III, 90 Z., Sb.; *Ernesto,* Valencia 40, IV, 86 Z.; *Europa,* Levante 12, IV, 23 Z.; *Los Naranjos* (garni), Pio XI 57, IV, 35 Z.; Hostal *Duque Carlos* (garni), P II, 28 Z.; u.a. – Zwei CAMPINGPLÄTZE am Strand.

RESTAURANTS. – *Club Náutico,* Paseo de Neptuno, mit herrlichem Blick; *Marisqueria As de Oros,* Alcira 4, mit Fischspezialitäten; *Mesón de los Reyes,* Calle Mallorca 39.

VERANSTALTUNGEN. – *Fallas de San José* (März), Fest zu Ehren des hl. Josef. – *Strandfest* (Mitte August).

SPORT. – Vielfältige Wassersportmöglichkeiten (Wasserski) an den Stränden um den Hafen *Grao de Gandía*; ferner Segeln, Reiten, Tennis.

Inmitten der reichsten und meistbevölkerten Huerta des ehemaligen Königreichs Valencia liegt Gandía, einst Hauptstadt eines Herzogtums und Sitz des Geschlechts der Borgia. Mit seinen Stränden hat es sich zu einem lebhaften Touristenzentrum entwickelt.

SEHENSWERTES. – Beachtenswerte gotische **Kollegiatskirche** (um 1400), mit bildgeschmückten Portalen, darunter das *Südportal* des 15. Jh. und das *Portal der Apostel*. – **Palacio de los Duques** (*Palast der Herzöge*), seit dem 16. Jh. erbaut; Stammsitz der Borgia, mit reizvollem wappengeschmücktem Patio de Armas, Prunkräumen und kleinem Museum.

Gerona

Provinz: Gerona (GE). – Telefonvorwahl: 972.
Höhe: 70 m ü.d.M. – Einwohnerzahl: 87 000.
ⓘ **Oficina de Información de Turismo,**
Ciudadanos 12;
Telefon: 201694.
Consejeria de Turismo,
Travessía de la Creu 1;
Telefon: 201343.
Oficina Municipal de Turismo,
Plaza del Ví 1;
Telefon: 201694.

HOTELS. – *Costabella* (garni), Avda. Franca 61, II, 22 Z.; *Immortal Gerona* (garni), Carretera Barcelona 31, II, 76 Z.; *Ultonia* (garni), Avda. Jaime I 22, II, 45 Z.; *Europa* (garni), Carrer Julio Garreta 23, III, 26 Z.; *Condal* (garni), Juan Maragall 10, IV, 39 Z.; *Peninsular* (garni), Nou 3, IV, 68 Z.

In Fornells de la Selva (5 km): *Fornells Park*, II, 36 Z; CAMPINGPLÄTZE: zahlreiche Plätze in unmittelbarer Nachbarschaft an der Costa Brava. – In Figueras: *Ampurdán*, Carretera N-11, km 763, II, 42 Z.; *Durán*, Lasauca 5, II, 67 Z.; *Pirineos*, Ronda Barcelona 1, II, 53 Z.; *President*, Ronda Ferial 33, II, 75 Z.; *Rallye*, Ronda Barcelona s/n, II, 15 Z.; *Ronda*, Ronda Barcelona 104, III, 43 Z.; *Trave*, Carretera Olot s/n, III, 73 Z.; Hostal *Bon Retorn*, Carretera N-II, km 759, P II, 53 Z.; *España*, La Junquera 26, P II, 36 Z.; *Bon Repós*, Vilallonga 43, P III, 15 Z.; *San Mar*, Rech Arnau 43, P III, 25 Z.; u.a.; CAMPINGPLATZ: *La Fresca*. – In Junquera: *Porta Catalana* (garni), II, 81 Z.; *Puerta de España*, II, 26 Z.; *Frontera*, III, 28 Z.; *Goya* (garni), III, 36 Z.; *Junquera* (garni), III, 28 Z.; Hostales; CAMPINGPLATZ.

RESTAURANTS. – *La Rosaleda*, Parque de la Dehesa; *Saratoga*, San Juan Bautista Lasalle 15; *Casa Marieta*, Plaza de la Independencia 5; *Selva Mar*, Santa Eugenia 81.

VERANSTALTUNGEN. – *Fiestas de San Narciso* (Oktober/November), bedeutendstes Volksfest der Stadt, mit Jahrmarkt.

Spielkasinos: *Casino de Lloret de Mar; Casino Castillo de Perelada.*

Gerona, die Hauptstadt der gleichnamigen Provinz, Sitz eines Bischofs und vom 16. bis zum 18. Jahrhundert auch einer Universität, liegt in dem fruchtbaren und dichtbesiedelten katalonischen Hügelland etwa halbwegs zwischen Barcelona und der französischen Grenze, unweit der Mündung des Río Oñar in den Río Ter.

GESCHICHTE. – Gerona ist eine Gründung der Iberer und besitzt noch Reste der iberischen Stadtmauer. Zur Römerzeit nannte man die Stadt 'Gerunda'; unter der Herrschaft der Araber, von denen sie Karl der Große im Jahre 785 vorübergehend zurückeroberte, hieß sie 'Dscherunda'. Später gehörte sie zum katalanisch-aragonesischen Königreich. 1809 widerstand die Stadt sieben Monate lang einer napoleonischen Übermacht und erhielt dafür den Ehrennamen 'Inmortal Gerona'.

Plaza Cataluña in Gerona

SEHENSWERTES. – Der *Río Oñar* teilt die Stadt in zwei Teile: Am rechten Ufer die altertümliche Altstadt; ihr Gegenüber am jenseitigen Ufer die Neustadt. Von der Hauptbrücke, die den Fluß überquert, hat man einen schönen Blick auf die **Altstadt,** deren Hauptstraße die links der Brücke beginnende, baumbepflanzte Rambla de la Libertad ist. Unweit östlich hiervon die **Casa Carles**; in ihrem Innern das *Museo Diocesano*, mit bemerkenswerter Sammlung katalanischer Kirchenmalerei des 10./12. Jh. Es folgt das alte *Ayuntamiento* (Rathaus) des 17. Jh. Beide Bauten liegen an der Plaza del Vi, die in nördlicher Richtung in die Calle de Ciudadanos übergeht, mit alten Patrizierhäusern und dem *Historischen Stadtmuseum* (Haus Nr. 13). Nach rechts die 1690 erbaute Freitreppe hinauf zu der hochgelegenen gotischen *Kathedrale (1312 begonnen, Ende des 16. Jh. vollendet; Fassade von 1793), deren einschiffiges Inneres u. a. in der Capilla Mayor einen kostbaren Retablo (1348) sowie zahlreiche Grabdenkmäler enthält. Anstoßend an die Kathedrale ein schöner *Kreuzgang* (Claustro) aus dem 12. Jh., mit reichem Kapitellschmuck. Im *Kirchenschatz* u. a. ein gestickter *Wandteppich des 11./12. Jh. (Weltschöpfung).

Unweit nordwestlich von der Kathedrale die weithin sichtbare Kollegiatskirche **San Feliú** (Chor 1318 vollendet, die Westfassade aus dem 17. Jh.), mit hohem *Glockenturm*; im Innern beim Hochaltar römische und altchristliche *Sarkophage*. Nahebei die sog. *Arabischen Bäder* (12. Jh.). – Nördlich gegenüber der Kathedrale am anderen Ufer des *Río Galligans* die romanische ehem. Kirche **San Pedro de Galligans**, mit interessanten Reliefs und dem *Museo Arqueológico* im Kreuzgang.

Am linken Ufer des *Río Oñar* liegt die **Neustadt.** An ihrem Nordrand erstrecken sich jenseits der arkadenumgebenen Plaza de la Independencia die ausgedehnten Anlagen des **Parque de la Dehesa** bis zum *Río Ter*, mit Brunnen, Denkmälern und Palmenalleen.

UMGEBUNG. – Nördlich der Stadt nach rechts an der Richtung Osten führenden C-255 liegt *La Bisbal* (39 m; 5000 Einw.; Hotels), mit mittelalterlicher Burgmauer und katalanischen Töpfereien.

Fahrt zur französischen Grenze. – Auf Autobahn oder N-II in nördlicher Richtung; letztere über *Sarriá de Ter*, wo nach rechts die oben erwähnte C-255 abzweigt. Weiter auf der N-II über das hübsche Dorf *Mediñá* (85 m), überragt von der gleichnamigen Burg, und vorbei an dem *Castillo de Orriols* zur Rechten nach *Báscarra*. Von hier über den *Río Fluviá* und durch bergige Landschaft mit schönen Ausblicken auf die weinreiche Ebene *Ampurdán* nach **Figueras** (38 m; 22000 Einw.; Umgehungsstraße), Hauptort des Ampurdán, nordwest-

lich überragt von dem fünfeckigen Castillo de San Fernando (18. Jh.). Im Museo del Ampurdán volkskundliche Sammlung über Sitten und Gebräuche dieser Landschaft. Das **Museo Dalí enthält zahlreiche Werke des 1904 in Figueras geborenen surrealistischen Malers Salvador Dalí.

Die N-II zieht hinter Figueras durch die östlichen Ausläufer der Pyrenäen nach *Pont de Molins* (85 m; Hotels), wo man den *Río Muga* überquert, dann den *Río Llobregat*. Vorbei am *Balneario de las Mercedes* erreicht man **La Junquera** (112 m; 2000 Einw.), Grenzort mit dem spanischen Zollamt. – Die Straße führt mäßig bergan zum *Col de Perthus* (290 m), der die spanisch-französische Grenze bildet; zu beiden Seiten der Grenze der belebte halb spanische, halb französische Ort *Le Perthus*. Weiterfahrt nach Perpignan (31 km von der Grenze).

Nach Barcelona. – Autobahn und N-II führen in südlicher Richtung, kreuzen den Río Oñar; letztere erreicht schließlich eine nach links abzweigende Straße zu dem 3 km östlich gelegenen Bad **Caldas de Malavella** (95 m; Hotels), an der *Riera de Caldas*, mit Mineral- und Thermalquellen (35 °C), die schon den Römern bekannt waren. – Weiter südlich erreicht die N-II eine neue Abzweigung, und zwar nach rechts zu dem westlich gelegenen Thermalbad *Santa Coloma de Farnés* (145 m; Hotels). Die Straße passiert die Provinzgrenze zwischen Gerona und Barcelona und führt schließlich zum Meer, wo sie als Küstenstraße über *Arenys de Mar* und **Mataró** weiterführt nach **Barcelona** (s. dort; 104 km von Gerona).

Über Ripoll zum Puigcerdá. – Nördlich der Stadt zweigt von der N-II die nach Nordwesten führende C-150 ab und erreicht nach 18 km die Stadt **Bañolas** (175 m; 10000 Einw.), am *Lago de Bañolas* gelegen; Benediktinerkloster San Esteban, mit Hochaltar des 16. Jh. und romanischem Kreuzgang des 18. Jh.; gotische

Besalú

Pfarrkirche Santa María; ferner ein Archäologisches Museum.

Weiter auf der C-150 nach **Besalú** (151 m), einem alten Städtchen mit mehreren romanischen Kirchen und einer römisch-mittelalterlichen Brücke. Dann zwischen Bergen im Tal des *Río Fluviá* aufwärts nach
Olot (433 m; 21000 Einw.), einer Industriestadt, mit einigen Kirchen und zwei interessanten Museen, darunter das Museo Gelabert (naturwissenschaftl. Sammlungen). In der Umgebung mehrere Einsiedeleien. – Von Olot Abzweigung der C-153 über den *Puerto de Capsacosta* in das Gebiet von *Camprodón* (988 m), einem Sommerferienort in den Pyrenäen; Ausgangspunkt zu Bergtouren.

Die C-150 folgt ab Olot weiter in westlicher Richtung, dann windungsreich über zwei Paßhöhen, den *Collado de Canas* (1130 m) und den *Collado de Coubet* (1010 m), nach **Ripoll** (s. dort) und auf der N-152 weiter zum **Puigcerdá.**

Gibraltar

Gibraltar

Britisches Hoheitsgebiet.
Telefonvorwahl: Handvermittlung.
Höhe: 0–425 m ü.d.M. – Einwohnerzahl: 29 000.
(i) **Gibraltar Government Tourist Office,**
Cathedral Square (Zentrale);
Telefon: 7 64 00.
Auskunftsstelle:
The Piazza, Main Street.

HOTELS. – *Rock Hotel*, 160 Z., Sb.; *Holiday Inn*, 120 Z., Sb.; *Montarik*, 64 Z.; *Queen's Hotel*, 62 Z.; *Bristol*, 60 Z., Sb. – An der Ostküste: *Caleta Palace*, 200 Z., Sb.; *Gibraltar Beach Hotel*, 18 Z. und 103 Appartements.

Die als 'Schlüssel des Mittelmeeres' berühmte Felsenhalbinsel **Gibraltar (6,5 qkm), seit 1704 britisches Hoheitsgebiet (seit 1969 als autonome Stadt), liegt nahe der Südspitze der Iberischen Halbinsel.

Sie besteht aus einem aus dem Meer aufsteigenden, die Bucht von Algeciras an der Ostseite abschließenden und mit dem spanischen Festland durch eine Landenge verbundenen Felsklotz (arab. 'Djebel al-Tarik', engl. 'The Rock'), an dessen terrassenförmig ansteigendem Westhang die Stadt Gibraltar liegt.

Die **Straße von Gibraltar,** im Altertum 'Fretum Gaditanum' oder 'Fretum Herculeum' genannt, bildet die verkehrsgeographisch wie strategisch außerordentlich wichtige Verbindung zwischen dem Atlantik und dem Mittelmeer.

Im Altertum bildete der 'Calpe' genannte Felsen zusammen mit dem auf der afrikanischen Seite liegenden Gebirge 'Abyla' als Tor zum Ozean die *Säulen des Herkules.*

GESCHICHTE. – Im Spanischen Erbfolgekrieg wurde die spanische Festung 1704 durch die Engländer überrumpelt, die seitdem die Felsenhalbinsel als ihr Hoheitsgebiet betrachten. Spaniens Versuche, das Gebiet zurückzuerhalten, blieben bis heute erfolglos. Von 1969 bis 1985 war die Grenze bei La Línea gesperrt.

SEHENSWERTES. – Die **Altstadt** (North Town) beginnt jenseits des auf der flachen Landenge gelegenen britischen Flugplatzes mit dem Kasemattenplatz (Casemates Square), östlich überragt von dem *Maurischen Kastell* (Moorish Castle) des 14. Jh. Unweit nordwestlich der Markt (Market); weiterhin am **Hafen** die 1309 errichtete *Alte Mole.* – Vom Kasemattenplatz führt die Main Street, an der die meisten Hotels, Geschäfte und öffentlichen Gebäude liegen, an *Post* und *Börse* mit dem rückwärts anschließenden *Rathaus* vorbei zur *Katholischen Kathedrale,* einer ehem. Moschee (1502 gotisch erneuert); südwestlich eine Synagoge und das *Gibraltar-Museum.* Weiterhin am Cathedral Square die 1821 im maurischen Stil errichtete *Protestantische Kathedrale* (Church of England). Am Südende der Main Street rechts der *Gouverneuerspalast,* ein 1531 erbautes ehem. Franziskanerkloster. Dahinter durch die *Southport Gates* zu der **Alameda,** einer Anlage mit reichem subtropischem Pflanzenwuchs und einem Freilichttheater; nahebei Schwebebahn zur *Signal Station* (395 m), mit Restaurant.

An der Ostseite der Alameda beginnt die Europa Road, eine 5 km lange aussichtsreiche Höhenstraße, die am Westhang des Felsens zwischen Landhäusern und Gärten der **South Town** stark ansteigt und sich dann zwischen den zerklüfteten Felsen des *Europa Pass* wieder senkt. – Man erreicht an der Südspitze der Halbinsel den ****Europa Point** *(Punta de Europa),* mit Restaurant, Leuchtturm und alter Kapelle *Nuestra Señora de Europa* (prächtige Ausblikke). – An der Ostseite des Felsens zieht sich von Norden nach Süden ein Weg über *Eastern Beach* und *Catalan Bay Village* (Touristenzentrum) unterhalb der Water Catchments (Regensammelanlagen) bis zur *Sandy Bay* hin.

Von der Main Street erreicht man durch Willis's Road nahe am Maurischen Kastell vorbei die aussichtsreich auf halber Höhe entlangziehende schmale Queen's Road. Gleich am Anfang links die *Upper Galleries,* unterirdische Festungsgalerien. Etwa $1^1/_2$ km südlich von den Oberen Galerien folgt an der Queen's Road der *Affenfelsen* (Apes' Rock), mit den Affenkäfigen (noch etwa 30 Affen). Dahinter links ein Treppenweg zum **Highest Point.* An der Queen's Road weiterhin links der Zugangsweg zur *St. Michaels Cave,* der größten Höhle im Felsen von Gibraltar, mit schönen Stalagmiten und Stalaktiten (im Sommer als Konzertsaal genutzt). Die Queen's Road mündet in einer Kehre rechts hinab zur Europa Road.

Gijón

Provinz: Asturias (O). – Telefonvorwahl: 985.
Höhe: Meereshöhe. – Einwohnerzahl: 260000.
ⓘ **Oficina de Información de Turismo,**
General Vigón 1;
Telefon: 341167.
Oficina Municipal de Turismo,
Marqués de San Esteban 1;
Telefon: 346046.

HOTELS. – *Parador Nacional Molino Viejo,* Parque de Isabel la Católica, I, 40 Z.; *Hernán Cortés* (garni), Fernández Vallín 5, I, 109 Z.; *Príncipe de Asturias,* Manso 2, I, 80 Z.; *Robledo* (garni), Alfredo Truán 2, II, 138 Z.; *León,* Carretera de la Costa 45, III, 156 Z.; *Pathos* (garni), Contracay 5, III, 56 Z.; *Asturias* (garni), Plaza Mayor 11, IV, 101 Z.; *Castilla* (garni), Corrida 50, IV, 34 Z.; *París* (garni), Marqués de Casa Valdés 65, IV, 10 Z.; Hostal *América,* Santa Lucia 2, P II, 26 Z.; u.a. – CAMPINGPLATZ: *Gijón,* östlich außerhalb der Stadt.

RESTAURANTS in den Hotels, so z.B. im *Parador Nacional Molino Viejo,* alte Mühle (Rekonstruktion) mit Park; ferner *El Faro del Piles,* Avda. García Bernardo, Blick auf die Bahía; *Bella Vista,* Avda. García Bernardo, Blick auf die Bahía; *Mercedes,* Libertad 6; *Tino,* Alfredo Truán 9; *El Trole,* Álvarez Garaya 6.

TYPISCHE TAVERNEN (alle in Cimadevilla). – *Mesón del Gallo,* Vicaría 11; *Posada Jamaica,* Olavarría 10; *Carrizo,* Olavarría 10; *Casa Zabala,* Viz. Campogrande 2.

CAFÉS. – *Arrango,* Menén Pérez 1; *Hernán Cortés,* Fernández Vallín 5; *Lord Jim,* Plaza Piñole 2; *Mayerling,* Corrida 14; *Palermo,* Rufo Rendueles 12; u.v.a.

VERANSTALTUNGEN. – Gijón und seine Umgebung sind reich an Festen und folkloristischen Veranstaltungen. – *Fiesta Patronal* (Juni), Fest zu Ehren des San Juan Bautista, mit Segnung des Meeres; zugleich Eröffnung der Festsaison. – **Fiestas de la Soledad** (September) im alten Stadtteil Cimadevilla, mit geschmückten Gassen und Plätzen, folkloristischen Darbietungen und Trachtengruppen.

Die lebhafte Hafen- und Industriestadt Gijón ist die größte Stadt Asturiens und einer der besten Häfen der spanischen Nordküste. Sie liegt am Südfuß und auf dem Schwemmland der ehemaligen Felseninsel Santa Catalina zwischen zwei geschützten Buchten.

GESCHICHTE. – Im 8. Jh. war Gijón die Residenz der asturischen Könige. Im Jahre 1588 flüchteten hierher die Reste der 'unüberwindlichen Armada'. Die im Spanischen Bürgerkrieg (1936-39) größtenteils zerstörte Stadt wurde seitdem nach modernen Plänen wiederaufgebaut, so daß von den wenigen alten Bauten fast nichts erhalten ist.

Strand von Gijón

SEHENSWERTES. – Im Mittelpunkt der Stadt liegt die Plaza del 6 de Agosto, mit einem *Denkmal* des um die Stadt sehr verdienten Staatsmannes und Schriftstellers *Gaspar Melchor de Jovellanos* (1744-1811). Unweit nordöstlich das *Instituto Jovellanos,* 1794 als Schule für praktische Naturwissenschaften gegründet, jetzt Provinzialschule für Industrie und Nautik.

Von der Plaza del 6 de Agosto führt die belebte Corrida nördlich zum **Hafen,** der in neuerer Zeit großzügig ausgebaut wurde und sich als *Puerto del Musel* 4 km nach Westen erstreckt (Straße zum Vorort Musel 6 km). Als Hauptausfuhrhafen für die asturische Montanindustrie, als Kohleumschlagplatz und als Anlaufhafen der Überseelinien ist er einer der verkehrsreichsten Häfen Spaniens. Am Ostrand des Hafens die Plazuela Marqués, mit dem zweitürmigen *Palacio de Revillajigedo* (15./16. Jh.).

Von der Plazuela Marqués gelangt man östlich quer über die zur Halbinsel Santa Catalina (s.u.) führende schmale Landenge zu dem 1590 erbauten *Palacio del Conde de Valdés* auf dem Campo Valdés, am Anfang des von Hochhäusern eingerahmten Badestrandes **Playa de San Lorenzo,** der sich über 1 km südöstlich zum *Río Piles* hinzieht. – Von dem oben genannten Campo Valdés erreicht man nördlich durch das Fischerviertel *Cimadevilla* den **Monte de Santa Catalina,** der eine weite Aussicht westlich bis zum Cabo de Peñas, östlich bis zum Cabo de San Lorenzo und südöstlich bis zu den Picos de Europa gewährt. – Am Südostrand der Stadt (5 km von der Stadtmitte) auf einer Anhöhe die umfangreichen Gebäude der *Universidad Laboral* (Arbeiter-Universität; 1955), mit Internat für 2000 Studenten.

Arbeiter-Universität in Gijón

UMGEBUNG von Gijón. – **Zum Cabo de Peñas:** Man folgt zunächst der Richtung Westen führenden N-632, von der man nach etwa 6 km Fahrt auf staubfreier Nebenstraße nach Norden abzweigt. Entlang der Küste erreicht man das Fischerdorf *Candás de Correño;* in der Kirche ein berühmtes irisches Christusbild. Weiterfahrt nach *Luanco de Gozón,* mit einem Museo del Mar; hinter *Bañagues* schließlich nach rechts zum aussichtsreichen *Cabo de Peñas.* Von hier ggf. Weiterfahrt über *Podes* nach *Avilés.*

Granada

Provinz: Granada (GR). – Telefonvorwahl: 958. Höhe: 662–780 m ü.d.M. – Einwohnerzahl: 262000.

ⓘ **Oficina de Información de Turismo,** Casa de los Tiros, Pavaneras 19; Telefon: 225990.
Delegación Provincial de Turismo, Plaza de Isabel la Católica 1; Telefon: 226289.

HOTELS. – Auf dem Alhambrahügel: *Parador Nacional San Francisco,* in einem ehem. Kloster ruhig gelegen, I, 39Z.; *Alhambra Palace,* Peña Partida 2, in aussichtsreicher Lage, II, 121Z.; *Guadalupe,* Avda. de los Alijares, II, 43Z. – In der Stadt: **Luz Granada,* Avda. de la Constitución 18, I, 174Z., mit Blick auf die Alhambra; **Meliá Granada,* Ángel Ganivet 7, I, 221Z.; *Carmen* (garni), Avda. de José Antonio 62, I, 205Z.; *Los Alixares* (garni), Avda. Alixares del Generalife s/n, II, 148Z., Sb.; *Los Ángeles,* Cuesta de Escoriaza 17, II, 100Z., Sb.; *Brasilia* (garni), Recogidas 7, II, 68Z.; *Condor* (garni), Avda. de la Constitución 6, II, 101Z.; *Kenia,* Molinos 65, II, 16Z.; *Rally,* Paseo de Ronda 107, II, 44Z.; *Victoria,* Puerta Real 3, II, 69Z.; *Anacapri* (garni), Joaquín Costa 7, III, 32Z.; *Inglaterra* (garni), Cetti-Marien 10, III, 40Z.; *Montecarlo* (garni), Avda. de José Antonio 44, III, 63Z.; *Sacromonte* (garni), Plaza del Lino 1, III, 33Z.; *Sudán,* Avda. de José Antonio 60, III, 69Z.; *Niza* (garni), Navas 16, IV, 24Z.; u.a.

CAMPINGPLÄTZE: *El Ultimo,* Camino Huétor-Vega 50, *Maria Eugenia,* an der Carretera Málaga, *Reina Isabel,* Carretera La Zubia 49, alle in unmittelbarer Nähe der Stadt.

RESTAURANTS. – *Los Arcos,* Plaza Gran Capitán 4; *Baroca,* Pedro Antonio de Alarcón 34; *Colombia,* Antequeruela Baja 1; *Cunini,* Pescadería 9 (Fischgerichte); *Embarcadero,* Paseo de Ronda 100; *Los Leones,* Acera del Darro 10; *Horno de Santiago,* Plaza de los Campos 8; *Sevilla,* Oficios 12, in andalusischem Stil; u.a.

VERANSTALTUNGEN. – *Dia de la Toma,* Fest der Reconquista, mit feierlichem Umzug und Festakt in der Capilla de los Reyes Católicos (Januar); *Semana Santa,* mit Prozession von außergewöhnlichem Geschmack (Karwoche); *Fiesta de las Cruces de Mayo,* verbunden mit dem 'Tag der Nelken' (Mai); *Festival Internacional de Música y Danza,* mit Konzert- und Tanzveranstaltungen im Palacio de Carlos V (Juni/Juli); *Semana Deportiva Internacional,* mit Skiwettbewerben in der Sierra Nevada (Winter); *Rallye Costa del Sol,* Autorennen in den Provinzen Granada, Almería, Málaga (Dezember).

Panorama von Granada

FREIZEIT und SPORT. – Wintersport in der Sierra Nevada, von November bis Mai in der 2500-m-Zone, das ganze Jahr in höhergelegenen Regionen, Ski- und Sessellifte im Wintersportzentrum Solynieve; Jagd und Angelsport; Unterwasserfischerei an der Costa del Sol; ferner Stierkampf, Tennis, Reiten, Schießen, Flugsport.

Die altberühmte maurische Residenz *Granada, jetzt eine Provinzhauptstadt, Sitz eines Erzbischofs und einer Universität, liegt höchst malerisch am Fuße der Sierra Nevada zwischen zwei Bergvorsprüngen, die zu der überaus fruchtbaren Vega des im Sommer oft ausgetrockneten Río Genil steil abfallen.

Der nördliche der beiden Hügelrücken ist der *Albaicín,* zugleich der ältere Teil von Granada; die südlich gelegene *Alhambrahöhe* wird vom Albaicín durch die tiefe Schlucht des zumeist wasserarmen *Río Darro* getrennt, der in der inneren Stadt unterirdisch verläuft und in den Río Genil mündet. Gekrönt von dem einzigartigen Alhambrapalast, ist Granada wegen seiner zahlreichen gut erhaltenen Überreste einer reichen fremdartigen Kultur und Kunst, aber auch als Schauplatz einer wechselvollen Geschichte zum Nationalmonument erklärt worden.

GESCHICHTE. – Vermutlich eine iberische Gründung, fiel die Stadt 711 n. Chr. nach der Niederlage der Westgoten in die Hände der Araber, die sie 'Gharnátha' nannten und auf dem Alhambrahügel eine Burg erbauten. Nach dem Untergang des Kalifats von Córdoba machte sich 1031 der Statthalter von Granada selbständig. Es regierten die *Almoraviden* und die *Almohaden,* bis 1241 *Ibn al-Ahmed* vom Stamme der *Beni Nasr* als *Mohammed I.* die Dynastie der *Nasriden* gründete und Granada zur reichsten Stadt der spanischen Halbinsel machte. Die Stadt erlebte eine 250 Jahre währende Blütezeit und kam 1491 im Frieden von Santafé an die Katholischen Könige. Sie blieb seitdem in christlicher Hand und erlebte in der Renaissancezeit eine neue Blüte. Der blutigen Niederwerfung des Maurenauf-

standes von 1569 folgte erneut ein Verfall. Der Wiederaufstieg begann mit der Erneuerung der Bewässerungsanlagen in der Vega und der Einführung neuer Anbaugewächse zu Beginn des 20. Jahrhunderts.

SEHENSWERTES. – Verkehrsmittelpunkt von Granada ist die Plaza Isabel la Católica, wo die breite Gran Vía de Colón auf die Calle de los Reyes Católicos stößt; hier erinnert ein Denkmal an den 1492 mit Kolumbus abgeschlossenen Vertrag von Santafé. Man geht in westlicher Richtung und verläßt alsbald die Calle de los Reyes Católicos nach links zu der kleinen Plaza del Carmen mit dem *Ayuntamiento* (Rathaus; 1858). Gegenüber führt die Calle Príncipe zur Plaza de Bib-Rambla mit dem *Palacio Arzobispal* (Erzbischöflicher Palast), größtenteils aus dem 18. Jh. stammend. Östlich dahinter die *Alcaicería,* das 1843 abgebrannte Markt- und Ladenviertel der Araber, heute erneut ein farbenfroher Stadtteil.

Nordöstlich hinter dem Erzbischöflichen Palast erhebt sich die *Kathedrale* *(Santa María de la Encarnación),* das Siegesdenkmal des christlichen Spaniens und der schönste kirchliche Renaissancebau des Landes, 1523 gotisch begonnen, 1525 von Diego de Siloe (†1563) in platereskem Stil weitergeführt und 1561 unvollendet geweiht. Gewaltige Westfassade (1667) von Alonso Cano und seinem Nachfolger. Über der *Puerta Principal* (Hauptportal) ein großes Relief der 'Encarnación', von José Risueño (1717). Nordwestseite mit der *Puerta de San Jerónimo,* Bildwerke von Siloe, Maeda u.a., und die reich dekorierte *Puerta del Perdón* (1537 vollendet).

Das INNERE der Kathedrale kam erst nach 1703 zum Abschluß; fünf Langschiffe und ein Querschiff, reich ausgestattet mit Bildwerken und Gemälden, zumeist von Alonso Cano und Juan de Sevilla. Besonders großartig die 47 m hohe, von einer Kuppel überwölbte *Capilla Mayor,* mit schönen Glasgemälden aus dem 16. Jh. und Bronzestatuen der Apostel (1614). Im *Chor* zwei große Barockorgeln und das Grabmal von Alonso Cano (†1667). – Anstoßend an die Südostseite der Kathedrale das *Sagrario,* an der Stelle der ehem. Hauptmoschee 1705-59 im Barockstil erbaut. – Vom rechten Seitenschiff der Kathedrale erreicht man die *Capilla Real,* die Grabkapelle der Katholischen Könige, 1506-17 in spätgotischem Stil erbaut. Ein schönes Gitter schließt die reich verzierten *Grabmäler* ab: rechts Ferdinand (†1516) und Isabel (†1504), von dem Florentiner Domenico Fancelli (1522); links Philipp der Schöne (†1506) und Johanna die Wahnsinnige (†1555), von Bartolomeo Ordóñez. Einige Stufen abwärts zur *Krypta,* mit Bleisärgen. Hinter den oben gen. Grabmälern der große, schön geschnitzte *Flügelaltar* von Felipe Vigarní; beidseitig reich verzierte, geschnitzte Reliquienaltäre, von Alonso de Mena (1623). – In der anstoßenden **Sakristei** der kostbare Kirchenschatz sowie eine beachtenswerte Sammlung altniederländischer Gemälde (u.a. Dierick Bouts, Rogier van der Weyden, Memling). – Vom nördlichen **Turm** lohnende Aussicht.

Unweit nordöstlich der Kathedrale liegt an der verkehrsreichen Plaza Nueva die 1531-87 erbaute *Audiencia* (Ge-richtshof), einst Real Cancillería, mit hübschem Arkadenhof. Vom Platz führt die Cuesta de Gomérez zu der im Osten aufragenden Alhambra.

Am Nordostende der Plaza Nueva tritt der überwölbte Río Darro zu Tage. Hier steht die **Kirche Santa Ana,** ein 1541-48 errichteter Renaissancebau, mit platereskem Portal und einem minarettartigen Turm von 1563. – Am nördlichen Darro-Ufer beginnt die Carrera del Darro, eine der ältesten Straßen Granadas, mit Ausblicken auf die Alhambra. Vorbei am sog. *Bañuelo,* einem maurischen Bad (Haus 31), und der *Kirche San Pedro y San Pablo,* links gegenüber die **Casa de Castril,** ein Renaissancebau mit dem *Museo Arqueológico.* – Es folgt der Paseo de los Tristes; zur Rechten Blick auf Alhambra und Generalife (steiler Aufstieg); zur Linken die nördliche Vorstadt Albaicín.

Am Ende der Cuesta del Chapiz rechts auf dem aussichtsreichen Ca-

mino del Sacro Monte an der Berglehne hinauf, vorbei an zahllosen ehem. Höhlenwohnungen (Cuevas) der seit 1532 in Granada nachweisbaren Zigeuner ('Gitanos'). Beim ehem. Benediktinerkloster *Sacro Monte* Fußwege z.T. steil durch tiefeingeschnittene geröllreiche Schluchten zur hochgelegenen Ermita **San Miguel de Alto,** mit großartiger Aussicht bis zur Sierra Nevada.

Von der Cuesta del Chapiz führt die Calle del Salvador zu den malerischen Gassen der Vorstadt **Albaicín,** z.T. noch mit maurischem Gepräge. An der auf dem Grund der alten Moschee des Albaicín errichteten Kirche *San Salvador* vorbei gelangt man zu der 1525 erbauten Kirche **San Nicolás,** dem Herz des Albaicín, mit grandioser, oft gemalter *Aussicht auf die Alhambra und die Sierra Nevada. Von der nahen *Puerta de los Estandartes* zieht sich nach Westen eine gut erhaltene *Muralla árabe* (arabische Stadtmauer), die man am besten von der Cuesta de la Alhacaba betrachten kann. Die Straße endet westlich am Paseo del Triunfo, mit dem Arco Elvira. Von hier in nördlicher Richtung (1 km) zur **Cartuja,** einem ehem. Kartäuserkloster des 16. Jh.

Vom Paseo del Triunfo kommt man südwestlich zu dem 1552 gegründeten Hospital **San Juan de Dios;** in der reich ausgeschmückten Kirche das Grab von San Juan de Dios. Unweit südwestlich das ehem. Kloster **San Jerónimo,** 1492 gegr.; in der ganz mit Wandmalereien des 18. Jh. bedeckten Kirche unter der prachtvollen Capilla Mayor das Grab des Gran Capitán Gonzalo Fernández de Córdoba (†1515); beiderseits des Hauptaltares (nach 1570) die knienden Statuen Gonzalos und seiner Gemahlin.

Durch die südöstlich von San Jerónimo liegende Calle de la Duquesa gelangt man zur 1531 gegründeten, 1759 hierher in das ehem. Jesuitenkollegium übertragenen **Universität,** einem Bau des 18. Jh. mit Barockfassade. Jenseits der Plaza de la Trinidad erreicht man auf der Calle de Mesones den Platz Puerta Real mit der Hauptpost. Südöstlich verläuft die Carrera del Genil. Links abseits das *Castillo de Bibataubín* (1752–64), heute Sitz der Provinzdeputation. – Weiterhin rechts die 1664–71 erbaute Kirche *Nuestra Señora de las Angustias,* mit dem Bildnis 'Virgen de las Angustias', der Schutzheiligen von Granada. – Im Osten der Stadt ein *Museum* für den spanischen Komponisten *Manuel de Falla* (1876–1946), der viele Jahre in Granada lebte (Antequeruela).

Auf die Alhambrahöhe gelangt man von der Plaza Nueva zunächst durch die ansteigende Cuesta de Gomérez, die nach 250 m die *Puerta de las Granadas,* den Haupteingang zum Alhambrapark, erreicht. Rechts oberhalb auf dem **Monte Mauror** ein Festungswerk (13. Jh.), mit den *Torres Bermejas.* – Von der Puerta geht es weiter durch den *Alhambrapark, der sich in einer Schlucht zwischen der Alhambrahöhe und dem Monte Mauror weit an den Abhängen hinaufzieht. Fußgänger benutzen den steileren Weg auf der Cuesta Empedrada zur *Puerta de la Justicia;* mit dem Kraftfahrzeug wählen wir die breite Fahrstraße zur *Fuente del Tomate* und weiter bergan zur *Puerta de los Carros,* wo man entweder rechts zum Parador oder links zur *Plaza de los Aljibes* (Zisternenplatz) gelangt; lohnender Blick in die Tiefe des Darrotales sowie auf den Albaicín und den Sacro Monte.

An der Westseite des Platzes die **Alcazaba,** die unter Mohammed I. begonnene ältere Königsburg, von deren ursprünglichem Bau nur die Umfassungsmauern mit den gewaltigen Türmen übrig sind. Die *Puerta de la Alcazaba* führt in den *Jardin de los Adarves* mit prächtiger Aussicht. Eine noch umfassendere *Aussicht bietet der sich am Westende der Terrasse erhebende 26 m hohe *Torre de la Vela.*

An der Ostseite des Zisternenplatzes der *Palacio de Carlos V, ein mächtiges Quadrat (63 m Seitenlänge, 17,4 m Höhe), 1526 von Pedro Machuca begonnen. Wenn auch unvollendet, ist er das bedeutendste Beispiel der Hochrenaissance auf spanischem Boden. Vollendet ist außer den Fassaden der innere Säulenhof, ein zweistöckiger Rundbau. Im Palast das *Museo Provincial de Bellas Artes,* mit spanischen Gemälden und Skulpturen (16./18. Jh.), und das *Museo de la Alhambra,* das u.a. die mit Emailmalerei geschmückte 1,3 m hohe *Alhambra-Vase (el jarro de la Alhambra; 1320) besitzt.

Nördlich vom Palast Carlos' V. der **Alhambrapalast** *(Palacio árabe),* der Wohnsitz der maurischen Herrscher, ein

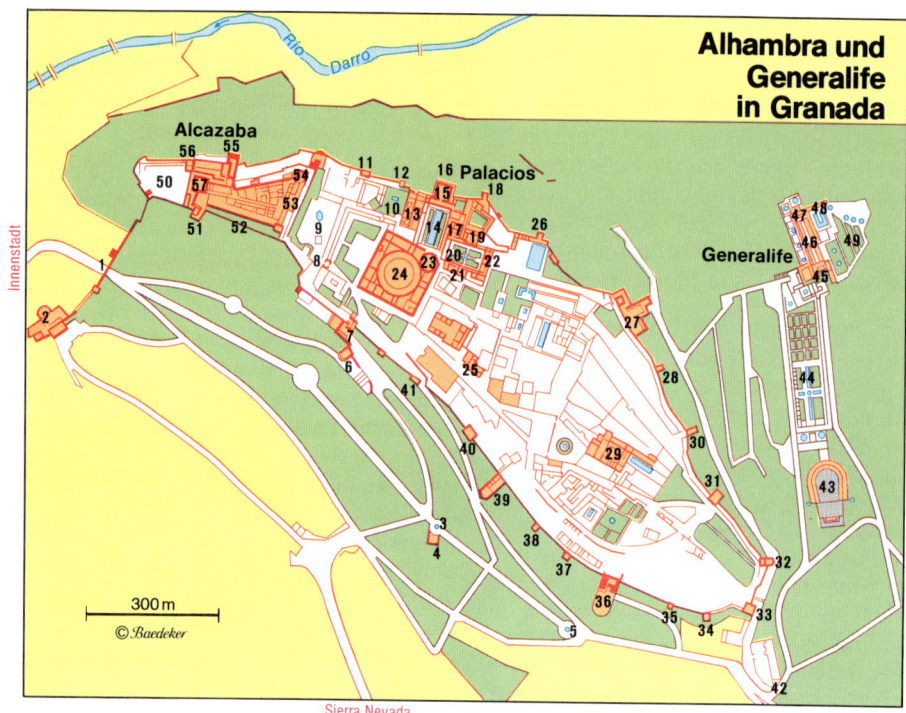

unter Jûsuf I. (1333-54) begonnener, unter Mohammed V. (1354-91) größtenteils vollendeter Bau, der wie alle maurischen Profanbauten äußerlich unscheinbar ist. Die künstlerische Bedeutung der Alhambra liegt in der Grundrißbildung und in der überaus reichen Dekoration, die einen Höhepunkt maurischer Kunst darstellt. Die Araber nannten die von turmreichen Mauern umschlossene Burg 'Medînat al-hambrâ', d.h. die 'Rote Stadt', nach der Farbe des Gesteins.

Das INNERE der Alhambra zeigt in seiner Gliederung ein treffliches Beispiel für den islamischen Palastbau, der sich in drei Hauptabschnitte gliedert: den für öffentliche Rechtsprechung und Versammlungen bestimmten Mexuar, den eigentlichen

Königlichen Palast (Diwân oder El Serrallo) und schließlich die Frauengemächer (Harim oder Harén), in denen sich das private und familiäre Leben der Monarchen abspielte. Alle Räume der Abschnitte münden, wie es schon im alten griechisch-römischen Haus üblich war, auf einen Hof als Mittelpunkt, der im Diwân mit einem größeren Wasserbecken (Myrtenhof), im Harim mit Springbrunnen (Löwenbrunnen) versehen ist.

Durch einen Vorraum gelangt man in den **Mexuar**, den ehem. Audienz- und Gerichtssaal, später als Kapelle benutzt. Vom Vorraum rechts auch durch den *Patio del Mexuar* und den *Zaguán* zum ***Myrtenhof** *(Patio de los Arrayanes* oder *de la Alberca)*, der seinen Namen von dem durch Myrten (arrayanes) eingefaßten Teich (alberca) hat. Am Nordende des Hofes (37 m lang, 23 m breit) jenseits der *Sala de la Barca* (Segenshalle) der 45 m hohe *Torre de Comares* mit der ****Sala de los Embajadores** *(Gesandtensaal),* ein früher als Thronsaal benutzter Raum (11 m im Quadrat, 18 m hoch), prächtige

Myrtenhof in der Alhambra

Kuppel aus Lärchenholz, dessen Ornamentik mit ihren 152 verschiedenen Mustern zu den reichsten in der Alhambra gehört.

Von der Südostecke des Myrtenhofes durch die *Sala de los Mozárabes* in den **Löwenhof** *(Patio de los Leones)*, den Mittelpunkt der unter Mohammed V. erbauten königlichen Winterwohnung, mit dem Harem. In der Mitte des von 124 Säulen umgebenen Hofes (28 m lang, 16 m breit) der *Löwenbrunnen*, mit zwölf steinernen Löwen. – An der Südseite des Löwenhofes der *Saal der Abencerragen,* benannt nach einem mächtigen Adelsgeschlecht; in der Mitte des Saales ein zwölfeckiger Marmorbrunnen, oben ein mächtiges Stalaktitengewölbe. – An der Ostseite des Löwenhofes der *Saal der Könige* *(Sala de los Reyes,* auch *Sala de la Justicia),* eine von hohen Stalaktitenkuppeln überwölbte siebenteilige Halle, deren alkovenartige Nebenräume mit gut erhaltenen Deckenbildern aus dem 15. Jh. geschmückt sind.

Von der Nordseite des Löwenhofes zum **Saal der beiden Schwestern** *(Sala de las Dos Hermanas),* mit den folgenden Räumen wahrscheinlich die Winterwohnung der Frauen, dessen Ausstattung wohl den künstlerischen Höhepunkt in der Alhambra bildet. Das Gewölbe, die größte aller arabischen Stalaktitenwölbungen, hat etwa 5000 Hohlkehlen. – Weiter geradeaus in die **Sala de los Ajimeces;** zwischen den Bogenfenstern (ajimeces) öffnet sich der *Mirador de Daraxa* (oder *de Lindaraja),* ein reizvoller Erkerbau mit drei fast bis zum Boden reichenden Fenstern zum Patio de Daraxa. Schöner Rückblick auf den Löwenhof.

Vom Saal der beiden Schwestern auf die Galerie des Patio de Daraxa, durch zwei weitere Räume auf der nördlichen Außengalerie des Palastes zum *Tocador de la Reina* ('Putzzimmer der Königin'), im Obergeschoß der Torre del Peinador, mit prächtiger Aussicht, besonders nach Osten auf die Torre de las Damas und den Generalife. – Zurück auf der Außengalerie und über die Galerie des Patio de la Reja, eine Treppe hinab in den *Patio de la Reja;* dann östlich in den stimmungsvollen, mit Zypressen und Orangen bestandenen *Patio de Daraxa,* den früheren inneren Schloßgarten. An der Südseite des Hofes der Zugang zu den mächtigen Unterbauten des Palastes, der sog. 'Sala de los Secretos', mit einem Flüstergewölbe. Südlich des Patio de la Reja die *Bäder (Baños),* eine ausgedehnte unterirdi-

sche Anlage aus der Zeit Jûsufs I.; zunächst die *Sala de las Camas,* mit Sängerinnengalerie, dann ein kleines Becken, ein Dampfbad und zwei Frauenbäder. – Alhambra und Generalife sind täglich geöffnet, jedoch bestehen am Sonntag Beschränkungen, da an diesem Tag nicht alle Räume zugänglich sind. Zwischen Mai und September werden an Samstagen von 22.00 bis 24.00 Uhr die Gebäude prächtig illuminiert.

Löwenhof in der Alhambra

Östlich neben dem Palast Karls V. die Kirche **Santa María,** 1581-1618 an Stelle der Alhambra-Moschee errichtet, in der nach Übergabe Granadas die erste Heilige Messe gelesen wurde. Rechts neben dem Hauptportal eine Steinsäule, die vom Tod zweier christlicher Märtyrer des Jahres 1397 berichtet.

Lohnend ist auch ein Besuch der **Türme.** Östlich vom Alhambrapalast die *Torre de las Damas,* ein Festungsturm mit anschließender Bogenhalle, einem Wasserbecken und einer kleinen Moschee. Weiter östlich, neben der *Puerta de Hierro* oder *del Arrabal* (Abstieg zum Paseo de los Tristes), die *Torre de los Picos* ('Zinnenturm'). Nun zur *Torre del Candil;* rechts mit Blick auf den ehem. *Convento de San Francisco,* das 1495 aus einem arabischen Palast umgebaute älteste Kloster Granadas, heute Parador Nacional. Es folgt die *Torre de la Cautiva* ('Turm der Gefangenen'), mit kleinem Patio und einem prächtig dekorierten Hauptraum. Weiter zur *Torre de* *las Infantas,* im Innern eine reich ausgestattete Halle; von der oberen Plattform weite Aussicht. Am Ostende des Alhambrahügels die *Torre del Agua,* mit dem Sammelbecken für die Wasserleitung der Alhambra. An der Südseite des Hügels folgen die beiden kleineren Türme, die *Torre de Juan de Arce* und die *Torre de Baltasar de la Cruz;* dann der Turm der *Puerta de los Siete Suelos* (der 'Sieben Stockwerke'). Nach zwei weiteren kleineren Türmen kommt die *Torre de las Cabezas;* dann folgt die *Torre de los Carros,* in deren Nähe der Ausgang ist.

Der Alhambra östlich gegenüber liegt am Abhang des Cerro del Sol der ***Palacio del Generalife,*** der 1319 vollendete Sommersitz der maurischen Könige. Vom Außentor am Ostende der Alhambrabauten auf einer schönen Zypressenallee zum *Eingangsgebäude* (16. Jh.), dahinter in den mit Myrten- und Lorbeerhecken und Orangenbäumen bepflanzten *Hof* (48,7 m lang, 12,8 m breit), der von der Acequia del Generalife durchflossen wird. Von der Nordseite des Hofes in die *Sala de los Reyes;* im Nebenraum ein Balkonfenster mit prachtvollem Blick auf die Alhambra und das Darrotal; vom Mirador über dem Saal weite Rundsicht. – Östlich oberhalb des Hauptgebäudes erstreckt sich am Berghang ein schöner *Park,* der mit seinen Terrassen, Grotten, Wasserwerken und gepflegten Hecken an die Gärten italienischer Renaissancevillen erinnert.

UMGEBUNG. – Mit Granada und seiner Alhambra sind auch einige weitere Begriffe verbunden, die im Fremdenverkehr einen guten Klang haben. Hierzu gehört nicht zuletzt die *Sierra Nevada* (s. dort) mit der sich nach Süden anschließenden *Alpujarra.* Von Granada lassen sich jedoch auch einige weitere empfehlenswerte Ausflüge unternehmen.

Zur Costa del Sol. – Auf der N-323 in südlicher Richtung zum Vorort *Armilla* und weiter durch fruchtbares Land, mit prächtigem *Rückblick auf Granada, halblinks die *Sierra Nevada;* dann zu der Anhöhe
Puerto del Suspiro del Moro (865 m), dem 'Seufzer des Mauren', wo sich der Maurenkönig Boabdil 1492 beim Abzug aus Granada tränenden Auges nach der Stadt zurückgewandt haben soll.

Leicht abwärts nach *Padul* und durch das bergumrahmte fruchtbare Talbecken *Valle de Lecrín* nach *Dúrcal* und über *Béznar* zu einer Straßengabelung mit Zufahrt zur wil-

den Berglandschaft *La Alpujarra.* Weiter auf der N-323 durch den *Tunel de Izboa* und hoch über dem *Río Guadalfeo* nach
Vélez de Benaudalla, auf einer Terrasse über dem Fluß gelegener Ort, überragt von einem sechseckigen alten Turm. – In Windungen hinauf zur Höhe der *Meseta de los Pelados,* dann abwärts nach
Motril (40 m; 33 000 Einw.; Hotel Costa Nevada II, 52 Z., Sb.; El Carmen, garni, P III, 25 Z.; u.a. – Camping), Hafenstadt in reizvoller Lage am Fuß des Küstengebirges, mit zwei stattlichen Kirchen, deren eine auf einer Anhöhe an der Stelle eines ehem. maurischen Schlosses steht (schöne Rundsicht).

Die Küstenstraße N-340 führt in östlicher Richtung über das Fischerdorf *Calahonda* nach
Castell de Ferro, einem verstreut liegenden Fischerdorf, von einem arabischen Burgturm überragt. – Über *La Rábita* erreicht man die Grenze zur Provinz Almería und das Hafenstädtchen **Adra.**

Folgt man der N-340 Richtung Westen, kreuzt man den *Río Guadalfeo,* passiert das reizvoll gelegene Städtchen *Salobreña* mit seinen weißen Häusern und erreicht
Almuñécar (Hotel Carmen, garni, IV, 24 Z.; Goya, garni, IV, 24 Z. – Camping. – Restaurant Picadilly, 3 km östlich), als Seebad besuchtes malerisches Städtchen, mit maurischer Burgruine und Resten eines römischen Aquäduktes. – Von Almuñécar weiter zur Grenze der Provinz Málaga und zum kleinen Seebad **Nerja** (s. dort).

Landschaft bei Granada

Rund um die Vega de Granada. – In *Armilla* (5 km südlich von Granada) verläßt man die N-323 und folgt der C-340 über *Gabia la Grande* mit dem arabischen Turm El Fuerte zum 54 km entfernten
Alhama de Granada (854–960 m; Hotel Balneario, II, 101 Z., Sb., im Winter geschl.), einer hoch über dem Flüßchen Alhama gelegenen alten maurischen Feste, heute mit seinen Schwefelthermen (42–45° C) ein bedeutender Kurort.

Auf der C-340 nach *Ventas de Zafarraya*

(907 m) in der *Sierra Tejada,* unweit der Grenze zur Provinz Málaga. Von hier bergauf zur Paßhöhe **Puerto de los Alazores** (1040 m), wo der *Río Guadalhorce* entspringt. – Von hier hinab ins Tal des *Río Barracón;* Einmündung in die von Antequera kommende N-342, in östlicher Richtung zu der alten Stadt

Loja (465 m; 35 000 Einw.), dem 'Lôscha' der Mauren, mit der hochragenden Ruine einer maurischen Burg und zwei aus dem 16. Jh. stammenden Kirchen (aussichtsreiche Umgehungsstraße südlich oberhalb der Stadt).

In Windungen östlich am Hang des breiten fruchtbaren Tales des Río Genil entlang, im Vorblick die Sierra Nevada, dann durch die Vega de Granada zur geschichtlich interessanten Stadt

Santafé (580 m; 10 000 Einw.), die von der Königin Isabel 1491 bei der Belagerung Granadas als Hauptquartier in Form eines römischen Lagers erbaut wurde; noch drei Stadttore unter Denkmalschutz. Hier wurde 1491 die Kapitulation von Granada unterzeichnet; hier schloß man 1492 mit Kolumbus den Vertrag für seine Entdeckungsreisen. Mit prächtigem *Blick auf die Stadt kehrt man nach Granada zurück (Gesamtstrecke: rund 175 km). – Nordwestlich von Santafé in *Fuente Vaqueros* das Geburtshaus (Museum) des spanischen Dichters *Federico García Lorca* (1899–1936).

Durch die Sierra Harana. – In nordöstlicher Richtung auf der nach Murcia führenden N-342 über den *Puerto de la Mora* (1360 m), den höchsten Punkt dieser Strecke, zu dem 55 km entfernten

Guadix (949 m; 20 000 Einw.), einer am gleichnamigen Fluß gelegenen Bischofsstadt, von einem maurischen Schloß überragt, mit herrlicher Kathedrale (18. Jh.) auf den Unterbauten einer Moschee; beim Barrio de Santiago zahlreiche *Höhlenwohnungen. – Südlich von Guadix (17 km), abseits der N-324 nach Almería das am Fuß der Sierra Nevada gelegene Städtchen *La Calahorra* (1257 m; 1500 Einw.), mit eindrucksvoller Burgfestung (vier gewaltige Rundtürme).

Über *Venta del Baul* (1259 m) ansteigend, später abwärts durch die Steppe der *Llanos de Cuquillo* nach

Baza (870 m; 24 000 Einw.), einem von den Iberern gegründeten Städtchen, wo 1971 die als 'Dame von Baza' bekannte iberische Frauenbüste ausgegraben wurde; mit Kollegiatkirche (18. Jh.) und arabischen Bädern, die unter Denkmalschutz stehen. – Die N-342 folgt dem *Río Gállego* über *Cúllar de Baza* zur Grenze der Provinz Almería; dann weiter nach **Lorca** (s. dort) in der Provinz Murcia.

Durch die Sierra de Alta Colomna. – Auf der nach Norden führenden N-323 in Richtung Jaén zunächst durch das Jurakalkgebirge der *Sierra de Elvira,* hinter *Venta de las Navas* in windungsreichen Steigungen (12%) zum *Puerto del Zegri* (1080 m), mit *Aussicht auf die Sierra Nevada. Weiter zum Paß **Puerto de Carretero** (1040 m), auf der Höhe der *Sierra de Alta Colomna,* zugleich Grenze zwischen den Provinzen Granada und Jaén. Von hier zur 46 km entfernten Provinzhauptstadt **Jaén** (s. dort).

Guadalajara

Provinz: Guadalajara (GU). – Telefonvorwahl: 911.
Höhe: 641 m ü.d.M. – Einwohnerzahl: 55 000.

ℹ **Jefatura Provincial de Turismo,**
  Travesía de Beladiez 1;
  Telefon: 220698.

HOTELS. – *Pax Hotel,* Carretera N-II, km 57, II, 61 Z., Sb.; *España* (garni), Teniente Figueroa 3, IV, 33 Z.; Hostal *Arroyo* (garni), Gonzalo Herranz 2, P III, 25 Z.; *El Reloj,* Doctor Mayoral 11, P III, 14 Z.; *Venecia* (garni), Doctor Benito Hernando 12, P III, 12 Z.

RESTAURANTS. – **Mesón Hernando,* Carretera de Circunvalación, kastilischer Stil; *La Murciana,* Miguel Fluiters 21, rustikaler Stil; *El Ventorrero,* Alfonso López de Haro 2.

VERANSTALTUNGEN. – *Herbstfest* (September), mit großer Landwirtschaftsmesse, Ausstellungen, Sportwettkämpfen und Stierkampf.

Das über dem linken Ufer des Río Henares gelegene Guadalajara ist Hauptstadt der gleichnamigen Provinz, mit rauhen Wintern und heißen Sommern. Der Name der Stadt geht auf das maurische 'Quad al-Hadschara' zurück, was soviel wie 'Fluß der Steine' oder 'Geröllbett' heißt.

Guadalajara aus der Vogelschau

SEHENSWERTES. – Der **Palacio del Infantado** (15. Jh.), mit spätgotischer Arkadendecke, berühmtem Innenhof und Kunstwerken. – Kirche **San Ginés** (1557 begonnen), mit Grabmälern der Familien Infantado und Tendilla; am

Hauptaltar Basreliefs des 16. Jahrhunderts. – Kirche *Santa María de la Fuente* (13. Jh.), mit minarettartigem Turm im Mudéjarstil und Grabmälern des 15. Jahrhunderts. – Kloster *La Piedad* (heute Institut), mit plateresken Portalen und Doppelarkaden im Kreuzgang, ferner Grab der Klostergründerin Brianda de Mendoza.

UMGEBUNG. – In der näheren und weiteren Umgebung von Guadalajara findet man eine Vielzahl von lohnenden Ausflugszielen, die zumeist nur wenige Kilometer abseits der großen Reiserouten liegen.

Durch die Montes de Encinas. – Diese Route verläuft auf der N-II, die in nordöstlicher Richtung Guadalajara verläßt und in langen Geraden über die kastilische Hochebene weiter nach Zaragoza führt. Nach etwa 18 km erreicht die Straße den Ort **Torija** (964 m), mit einer wiederhergestellten Burg des 13. Jh., die Juan Martín el Empecinado 1811 zerstören ließ; in der Pfarrkirche wertvolle Goldschmiedearbeiten. – In Torija führt eine lohnende Nebenstraße C-201 in das Gebiet der *Sierra de Megorrón*.

In einer langen Geraden durchzieht die N-II nun das Gebiet der *Montes de Encinas* und erreicht schließlich abermals die Abzweigung einer lohnenden Nebenstraße C-204 nach dem über dem linken Ufer des *Río Henares* gelegenen Bischofsstädtchen **Sigüenza** (s. dort). – Von Sigüenza kann man auf der C-114 wieder zur Hauptstraße N-II zurückkehren (Umweg etwa 15 km).

Die N-II führt von der obigen Abzweigung hinauf über *Algora* (1116 m) zur Höhe der *Sierra Ministra,* wo sich ein herrlicher Blick auf Sigüenza bietet; dann weiter über *Saúca* (1200 m) nach **Alcolea del Pinar** (1250 m), wo die Nebenstraße C-114 von Sigüenza in die Hauptroute einmündet. – Ab Alcolea del Pinar setzt die N-II ihre Route in nördlicher Richtung fort, passiert die Provinzgrenze von Soria und erreicht hinter der Paßhöhe der *Cuestas de Esteras* (1150 m) den Ort **Medinaceli** (s. dort), wo die N-111 nach Soria, die N-II über Calatayud nach Zaragoza führt. Von Alcolea del Pinar zweigt nach rechts die N-211 ab; sie klettert hinauf zum *Puerto de Maranchón* (1250 m) und führt weiter nach **Molina de Aragón** (2500 Einw.), einer vorarabischen Siedlung, mit eindrucksvoller Festungsanlage und einem türmebestückten Mauerring auf einem Hügel oberhalb des Ortes; unter Denkmalschutz die Torre de Aragón (11. Jh.); alte Klosterkirche Santa Clara (12. Jh.), mit Grabmal der Klostergründerin Doña Blanca.

In die Sierra de Megorrón. – Bis zu dem 18 km entfernten *Torija* (s.o.) folgt man der N-II; dann verläßt man auf der nach rechts abzweigenden C-201 den Ort und erreicht das alte Festungsstädtchen **Brihuega** (886 m; 4300 Einw.), über dem Tal des *Río Tajuña* gelegen; mit Resten des alten Castillo de Piedra Bermeja des 12. Jh.; Pfarrkirche Santa María de la Peña, mit hübschem Retablo; alte Real Fábrica de Paños (königliche Tuchfabrik), mit interessanter Gartenanlage.

Weiter auf der C-201 zu dem am Fuß der Sierra de Megorrón liegenden **Cifuentes,** das seinen Namen von den zahlreichen Quellen ableitet; auf einem Hügel das 1324 von Juan Manuel errichtete Castillo; im Ort Pfarrkirche (12./13. Jh.) mit spätromanischem Portal.

In südlicher Richtung setzt man auf der C-204 die Fahrt in die *Zona de los Lagos* (Seengebiet) fort und erreicht schließlich den Stausee *Embalse de Entrepeñas,* den man etwa in seiner Mitte überquert. Die Straße mündet bei *Sacedón* in die N-320, der man in westlicher Richtung (Guadalajara) folgt. Von der N-320 nach Süden Abzweigung einer Nebenstraße nach **Pastrana** (3000 Einw.); mit schöner gotischer Stiftskirche (14. Jh.), im Innern Retablo von Joh. von Burgund (16. Jh.), Grabmal der Prinzessin von Eboli, *Wandteppiche aus dem 15. Jh. und weiterer reicher Kirchenschatz. – Südlich von Pastrana der Ort *Zorita de los Canes,* mit maurischem Castillo und romanischer Kirche.
Auf der N-320 Rückkehr nach Guadalajara (Gesamtstrecke: etwa 170 km bzw. 200 km).

Ins Tal des Río Henares. – Von der N-II zweigt schon 5 km hinter Guadalajara die nach Norden strebende C-101 ab; sie führt über *Torre del Burgo* zu dem mittelalterlichen Städtchen **Hita,** mit alter Stadtmauer und den Resten eines Castillo. – Von Hita führt eine Nebenstraße nördlich nach *Cogolludo*, mit dem Renaissanceschloß der Medinaceli (15. Jh.) und der Pfarrkirche Santa María (16. Jh.).

Auf der C-101 gelangt man über *Miralrío* nach dem Ort **Jadraque,** von der Ruine des Castillo de Osuna überragt; in der Pfarrkirche (16. Jh.) das Gemälde ''Christus nach der Geißelung, seine Kleider aufhebend'' von Zurbarán. – Die C-101 führt weiter Richtung Norden. Zur Linken eine Zufahrtsstraße zum Stausee *Embalse de Palmaces,* später die *Sierra de Bodera.* Ebenfalls zur Linken, auf der C-114 zu erreichen, die abseits der Straße liegende Ortschaft **Atienza** (1169 m), ebenfalls ein mittelalterliches Festungsstädtchen, mit mehreren beachtenswerten romanischen und gotischen Kirchen sowie von den Ruinen eines Castillos überragt.

Guadalupe

Provinz: Cáceres (CC). – Telefonvorwahl: 927.
Höhe: 640 m ü.d.M. – Einwohnerzahl: 4000.
(i) Ayuntamiento (Rathaus),
   Plaza del Generalísimo s/n;
   Telefon: 367006.

HOTELS. – *Parador Nacional Zurbarán*, Marqués de
la Romana 10, II, 40Z., Sb., Haus des 16.Jh. mit
herrlichem Garten; *Hospedería Real Monastério*,
Plaza Juan Carlos I, III, 46Z., im alten Kloster.

**Das Dorf Guadalupe ist bekannt durch
sein 1340 gegründetes burgartiges
*Kloster (1389–1832 Hieronymiten; seit
1928 Franziskaner), eines der religiösen Zentren Spaniens (Feste am 8. und
30. September sowie am 12. Oktober).**

Kloster Guadalupe

SEHENSWERTES. – Die ***Klosterkirche**
(17.Jh.) enthält zahlreiche Kunstwerke,
darunter ein reiches *Chorgestühl*
(1744), eine prächtige *Reja* (1524), ein
Retablo von 1618 mit einer vielverehrten
schwarzen Madonnenfigur aus dem
13.Jh., deren Kopfschmuck über 30000
Edelsteine enthält; zwei *Orgeln* aus dem
17.Jh. von Churriguera; ferner Grabmäler, Gemälde u.a. – In dem der schwarzen Madonna geweihten *Camarín* neun
gute Gemälde von Luca Giordano; in
der prächtigen *Sakristei* acht Bilder von
Zurbarán (1638–39), aus dem Leben
des hl. Hieronymus; in der anschließenden *Capilla de San Jerónimo* eine 1571
erbeutete Lampe des türkischen Flagg-
schiffes von der Seeschlacht von Lepanto. – Zwei schöne **Kreuzgänge,** der
Claustro Mudéjar aus dem 14.Jh., mit
einem 1405 errichteten Brunnentempel
in der Mitte, und der *Claustro Gótico*
(14./16.Jh.). – Im Kloster das **Museo de
Bordados** mit reicher Sammlung kirchlicher Gewänder und Altarvorsätze des
15./16.Jh.; sowie das **Museo de Libros
Miniados** im alten Kapitelsaal, mit einer

Sammlung von 86 Choralbüchern des
15./18. Jh. und Miniaturen.

Guernica y Luno

Provinz: Vizcaya (BI). – Telefonvorwahl: 94.
Höhe: 4 m ü.d.M. – Einwohnerzahl: 8000.
(i) Ayuntamiento (Rathaus),
   Plaza Fuero 3;
   Telefon: 6850550 und 6851164.

HOTEL. – *Bolina,* Barrencalle 3, IV, 17 Z.

**Die Stadt Guernica liegt in dem reizvol-
len Tal des Río Mundaca (auch Río de
Guernica genannt) und gilt als die 'heilige Stadt der Basken', einst Mittelpunkt der mit eigenen Landesrechten
('Fueros') ausgestatteten Lehnsherr-
schaft Vizcaya und zugleich Sitz des
Landtages, der hier unter einer alten
Eiche alle zwei Jahre zusammentrat.**

Der Stumpf dieser Eiche steht heute im
Hof der Casa de Juntas. Im Bürgerkrieg
wurde diese Stadt das Opfer des ersten
Terrorbombardements, bei dem 1654
Menschen ums Leben kamen. Unter
dem Eindruck dieses Gemetzels schuf
Pablo Picasso sein berühmtes, ankla-
gendes Werk "Guernica" (während der
Franco-Zeit im New Yorker Museum of
Modern Art; heute im zum Prado gehö-
renden Museum El Casón in Madrid).

In Guernica

SEHENSWERTES. – **Casa de Juntas,**
mit der Schwureiche und dem mit Bildern und Kacheln ausgestalteten Ver-
sammlungssaal; in der Nähe eine Skulptur von Eduardo Chillida zum Gedenken

an den Angriff von 1937. – Kirche **Santa María** (1418 begonnen), mit Werken zeitgenössischer Bildhauer wie Inurria, José Capuz und Moisés Huerta.

UMGEBUNG von Guernica. – Nordöstlich (4 km) die **Cuevas de Basondo** ('Santimamiñe'), Tropfsteinhöhlen mit Felszeichnungen aus der jüngsten Altsteinzeit.

Haro

Provinz: La Rioja (LO). – Telefonvorwahl: 941. Höhe: 470 m ü.d.M. – Einwohnerzahl: 9000.
ⓘ **Ayuntamiento** (Rathaus),
Plaza de la Paz 1;
Telefon: 310105 und 310106.

HOTELS. – Hostal *Higinia*, Vega 31, P II, 21 Z.; *Iturrimurri*, Carretera N-232, km 41, P II, 24 Z.

RESTAURANTS. – *Terete*, Lucrecia Arana 17 (mit Bodega); *Beethoven II*, Santo Tomás 3.

VERANSTALTUNG. – *Fiestas San Juan y San Pedro* (Juni), mit Wallfahrt zur Ermita San Felices de Bilibio und der 'Batalla del Vino' (Weinschlacht), bei der die Burschen den Wein aus ledernen Flaschen ('Botas') auf ihre Gegner spritzen.

Die Stadt Haro, an der Mündung des Río Tirón in den Río Ebro, ist der zweite Hauptort der weinreichen Rioja; im Süden die weite Sierra de la Demanda mit dem Cerro de San Lorenzo (2262 m).

SEHENSWERTES. – Haro hat ein malerisches Stadtbild, mit engen Gassen, Brunnen und hübschen Bürgerhäusern sowie dem **Palacio Conde de Haro** (17./18. Jh.); *Ayuntamiento* (Rathaus) des 18. Jh., mit Arkaden und Galerien; Basilika **Nuestra Señora de la Vega** (17. Jh.), mit einem beachtenswerten Retablo. In der Kirche *Santo Tomás* (16. Jh.) ein Sterngewölbe; hinter dem Hauptaltar ein Tabernakel (1757) mit Statuetten.

UMGEBUNG. – 3 km nördlich liegt **Briñas,** das 'Tor der Rioja' (Weinausstellung). – In der Umgebung von Haro bekannte Bodegas.

Huelva

Provinz: Huelva (H). – Telefonvorwahl: 955. Höhe: 56 m ü.d.M. – Einwohnerzahl: 110000.
ⓘ **Oficina de Información de Turismo,**
Plus Ultra 10;
Telefon: 245092.

HOTELS. – *Luz Huelva* (garni), Alameda Sumdheim 26, I, 105 Z., Sb., Golf; *Tartessos* (garni), Avda.

Martín Alonso Pinzón 13/15, II, 112 Z.; *Costa de la Luz* (garni), José María Amo 8, III, 35 Z.; *Andalucía* (garni), Vázquez López, 22, IV, 23 Z. – CAMPING-PLATZ: *Las Vegas*, in Aljaraque (4 km westlich).

RESTAURANTS. – *Las Meigas,* Plaza América; *La Muralla*, San Salvador 17; *Napoli*, Avenida de Italia 79 (italienische Küche); *Victor*, Rascón 35. – In Aljaraque: *El Don Pepe*, Sargento Pino 54; *Las Vegas*, Carretera Punta Umbria.

CAFÉS. – *Antón, Montana* und *Pelayo*, alle in der Plus Ultra; *La Esquinita*, Gravina 5; u.a.

VERANSTALTUNGEN. – *Fiesta del Descubrimiento de América* (August), das Fest des Kolumbus und der Entdeckung Amerikas, mit Jahrmarkt, kulturellen Darbietungen, Stierkampf, Folklore. – *Feria Nuestra Señora de la Cinta* (September), Fest der Schutzpatronin der Stadt, mit Prozession.

Die zur Römerzeit 'Onuba' genannte Provinzhauptstadt Huelva, Sitz eines Bischofs, liegt nahe der atlantischen Küste von Andalusien ('Costa de la Luz') am linken Ufer des hier 4 km breiten Río Odiel, der für Seeschiffe befahrbar ist.

Der Handelshafen von Huelva ist nach dem Schiffsverkehr einer der größten Spaniens, hauptsächlich durch die Verladung der Erze von Río Tinto und Tharsis. Bedeutend ist auch der Thunfischfang und die Sardinenfischerei (Fischkonservenindustrie); Raffinerien.

Blick auf Huelva

SEHENSWERTES. – Die weitläufig gebaute Stadt hat wenig an beeindruckenden Sehenswürdigkeiten zu bieten. Von den älteren Bauten, die das Erdbeben von 1755 überstanden haben, sind nur ein paar Kirchen erwähnenswert. – Kirche *San Pedro* (16. Jh.), auf den Ruinen einer Moschee erbaut, nach dem Erdbeben restauriert. – Kirche *La Concepción* (16. Jh.), mit zwei kleinen Gemälden von Zurbarán. Kirche *Nuestra*

Señora de la Cinta (2 km entfernt), mit Dach im Mudéjarstil und der Schutzpatronin der Stadt. – *Museo Provincial*, mit kleiner Gemäldesammlung.

UMGEBUNG. – So wenig die Stadt Huelva an Sehenswürdigkeiten zu bieten hat, so zahlreich sind die Möglichkeiten, in der nahen Umgebung historisch bedeutsamen Boden zu betreten.

Rundfahrt nach La Rábida. – Man folgt der nordöstlich nach Sevilla strebenden N-431 bis zum 14 km entfernten *San Juan del Puerto*, biegt kurz dahinter rechts ab, überquert den *Río Tinto* und erreicht wenig später den 21 km von Huelva entfernten Ort **Moguer** (51 m; 8000 Einw.), auf einem Hügel gelegen und im 16. Jh. Ausgangspunkt für viele Fahrten nach Amerika; einst bedeutendes Kloster Santa Clara (1348 gegründet), im Innern der Kirche schöne Alabastergrabmäler von Montañés und beachtenswertes Chorgestühl; ferner Museum für den hier 1881 geborenen Dichter und Nobelpreisträger Juan Ramón Jiménez.

Unweit des Río Tinto führt die Straße südlich zu dem jetzt versandeten und unbedeutenden Hafen *Palos de la Frontera,* mit der sehenswerten Kirche San Jorge (15. Jh.), und weiter stromabwärts zum Franziskanerkloster **La Rábida,** in hübscher Lage auf einem Hügel an der Mündung des Río Tinto in den Atlantik gelegen, wo ein Kreuz von 1892 an den Aufenthalt des Kolumbus erinnert. Nachdem Kolumbus 1485 vergeblich versucht hatte, Johann II. von Portugal für seine Pläne zu gewinnen, fand er im Kloster La Rábida freundliche Aufnahme und in dem Prior Pérez de Marchena, dem Beichtvater der Königin Isabel, einen Fürsprecher. Nach langen Verhandlungen ließ sich Isabel durch die Aussicht auf Verbreitung des Christentums in den neuen Ländern zum Abschluß eines Vertrages bewegen, der dann in Santafé besiegelt wurde. So konnte am 3. August 1492 Kolumbus von dem Hafen Palos de la Frontera mit drei Karavellen seine Entdeckungsfahrt antreten, um am 15. März 1493 aus der Neuen Welt wieder hierher zurückzukehren. Auch Hernán Cortez landete hier 1528 bei seiner Rückkehr aus Mexico. In der Klosterkirche (14. Jh.) ein Kreuzgang im Mudéjarstil sowie ein kleines Museum mit Erinnerungen an die Konquistadoren.

Fortsetzung der Rundfahrt auf der Brücke über den Río Tinto; hier das 34 m hohe *Kolumbusdenkmal* an der *Punta del Cebo.* Auf dem Paseo de la Rábida zurück nach Huelva (Gesamtstrecke: rund 40 km).

Zur portugiesischen Grenze. – Diese Route zum äußersten Südwesten Spaniens bietet mehrere Zufahrtsmöglichkeiten zu den Stränden der Costa de la Luz, zum Seebad *Punta Umbría,* den Badestränden von *La Antilla* und der *Isla Cristina.* – Über *Gibraleón* auf dem linken Ufer des Río Odiel und *Lepe,* der römischen Garnison 'Leptis', erreicht man nach 60 km das spanische Grenzstädtchen **Ayamonte** (0 m; 13000 Einw.; Hotel Parador Nacional Costa de la Luz, El Castellito, II, 20 Z.; Don Diego, Ramón y Cajal s/n, II, 45 Z.), einen Fischerhafen phönizischen Ursprungs an der Mündung des Río Guadiana; sehenswerte Kirchen, darunter Nuestra Señora de las Angustias, mit schöner Fassade und Capilla Mayor mit Mudéjardecke. – Fährschiff (stündlich) mit Autoverladung nach Portugal.

Zu den Kupfergruben von Río Tinto. – Zunächst auf der N-431 zum 14 km entfernten *San Juan del Puerto;* hier nach Norden auf der N-435 der *Sierra Aracena* entgegen, später nach *Trigueros* mit den interessanten 'Dolmen de Soto' (vermutlich 2. Jahrtausend v. Chr.). Über *Valverde del Camino* (270 m; 10000 Einw.), wo das Minengebiet von Río Tinto beginnt, in dem fast aller Pflanzenwuchs abgestorben ist, nach *Zalamea la Real* (387 m; 5000 Einw.); hier nach Osten auf der C-421 in das **Río-Tinto-Gebiet,** mit den Orten *Río Tinto* und *Nerva,* mitten im Gebiet der *Kupfergruben* (nahe an der Oberfläche liegender Pyrit, d.h. Schwefelkies mit 85 % Schwefel und $1/2$ bis 2 % Kupfer), die zu den reichsten der Erde gehören und schon in iberischer und römischer Zeit ausgebeutet wurden; früher englischer, seit 1954 zu 66 % spanischer Besitz.

Weiterfahrt in nördlicher Richtung entweder auf der N-435 oder auf der in Río Tinto beginnenden Lokalstraße; beide führen zu der Europastraße (E01) N-433, die Lissabon mit Sevilla verbindet. An dieser Straße Richtung Sevilla (und von Río Tinto direkt zu erreichen) das Bergstädtchen **Aracena** (682 m; 9000 Einw.), als Luftkurort bekannt wegen des vorzüglichen Klimas, inmitten von Ölbaum-, Feigen- und Mandelgärten gelegen; Kloster Santa Catalina mit schönem Portal. Auf dem *Cerro del Castillo* die Reste einer maurischen Burg mit Schloßkirche (13. Jh.), einer ehem. Moschee, Mudéjarturm (12. Jh.). Im Innern des Berges die *Cuevas de las Maravillas* (1200 m lang), mit prächtigen Tropfsteinen und einem See.

Zu den Bergwerken von Tharsis. – Im 14 km nördlich von Huelva gelegenen *Gibraleón* verläßt man die N-431 und folgt der nach Nordwesten strebenden C-433 über *San Bartolomé de la Torre* nach *Alosno* (6000 Einw.); hier beginnt (47 km ab Huelva) der Minenbezirk von **Tharsis,** in dessen Namen die schon in der Bibel erwähnte Bezeichnung Andalusiens neu auflebt; es ist das 'Tartessos' der Grie-

chen. Tharsis ist der Mittelpunkt eines Berg-
werkgebietes, in dem bereits von Iberern und
Römern Bergbau betrieben wurde (Pyrit,
Schwerspat u.a.).

Huesca

Provinz: Huesca (HU). – Telefonvorwahl: 974.
Höhe: 488 m ü.d.M. – Einwohnerzahl: 38000.
(i) **Oficina de Información de Turismo,**
Coso Alto 23;
Telefon: 225778.
Servicio Provincial de Turismo,
Avda. Santo Grial 6;
Telefon: 221377.

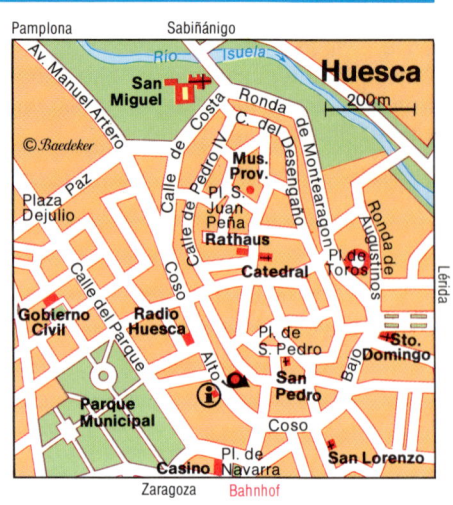

HOTELS. – Pedro I de Aragon, Del Parque 34, II,
52 Z.; Montearagón, Carretera N-240, km 208, III,
27 Z., Sb.; Hostal Mirasol, Paseo Ramón y Cajal 29,
P II, 13 Z.; Niagara, Paseo Ramón y Cajal 67, P II,
18 Z.; Sancho Abarca (garni), Plaza de Lizana 15,
P II, 50 Z.; El Centro, Sancho Ramírez 3, P III, 24 Z.;
Lizana (garni), Plaza de Lizana 8, P III, 19 Z.; Muro
(garni), Ricafort 2, P III, 24 Z.; San Lorenzo, San
Orencio 10, P III, 26 Z.; La Unión Chaure (garni),
Zaragoza 2, P III, 14 Z. – CAMPINGPLATZ: San
Jorge, an der N-123.

RESTAURANTS in den Hotels; ferner *Circulo Os-
cense, Plaza de Navarra 7.

VERANSTALTUNGEN. – Semana Santa (Karwo-
che), mit Prozessionen. – Fiesta de San Jorge
(April), mit Wallfahrt zur Kapelle des Heiligen und
Passionsspielen. – Fiesta de San Lorenzo (August),
mit Stierkampf, Sportwettkämpfen, folkloristischen
Darbietungen, Umzügen prächtig geschmückter
Karossen.

**Das an den Abhängen eines Hügels
über dem Río Isuela gelegene Huesca
ist Hauptstadt der gleichnamigen Provinz und eine typische Pyrenäenstadt;
sie ist Bischofssitz und bedeutender
Markt für die umliegende Landwirtschaft.**

GESCHICHTE. – Aus dem iberischen 'Osca' wurde
im 1. vorchristlichen Jahrhundert während des römischen Bürgerkrieges die Residenz des Rebellen
Quintus Sertorius, der das Land fast zehn Jahre gegen die römische Oberherrschaft verteidigte. Nach
der Vertreibung der Mauren war Huesca von 1096
bis 1118 Hauptstadt von Aragonien. Zur Zeit Napoleons wurde die Stadt von französischen Truppen
besetzt und auch im Bürgerkrieg heftig umkämpft.

SEHENSWERTES. – Auf dem höchsten
Punkt der Stadt erhebt sich an Stelle ei-
ner Moschee die gotische **Kathedrale**
(13./16. Jh.); schönes figurenreiches
Hauptportal (14. Jh.); im sehenswerten
Innern ein alabasterner *Hochaltar von
Damián Forment (1520-33) und Renais-
sance-Chorgestühl (um 1590). In der
Sakristei ein wertvoller Kirchenschatz.
In der sich anschließenden Parroquía
der berühmte Retablo de Monte Aragón

von Gil Morlanes (1495). – Gegenüber
der Kathedrale die Casa Consistorial
(Rathaus) des 16. Jh., mit Renaissancefassade. – Nördlich hiervon das **Museo
Provincial** im Gebäude der ehem. Universität, mit prähistorischen und römischen Sammlungen, gotischen Fresken
und Gemälden des 15./19. Jh. Hier war
der Schauplatz der ''Glocke von Huesca'' (König Ramiro II. ließ im Jahre 1136
die aufständischen Adeligen um sich
versammeln und 16 von ihnen enthaup-
ten; daraufhin legte man 15 Köpfe in
Form eines Glockenrandes auf den Boden und hängte den 16. Kopf als Klöppel
darüber). – Beim Mercado Nuevo steht
die Kirche **San Pedro,** eines der ältesten
romanischen Bauwerke des Landes, auf
den Resten einer Abtei errichtet (12./13.
Jh.), mit sechsseitigem Glockenturm;
im Kreuzgang Grabstätten, darunter
jene Ramiros II. – In der Kirche San Lorenzo (17. Jh.) ein vergoldeter Schnitzaltar.

UMGEBUNG. – Bereits in unmittelbarer
Nachbarschaft von Huesca findet man einige
lohnende Ausflugsziele, die bei den nachfolgenden Routenbeschreibungen erwähnt
sind.
Auf der in südwestlicher Richtung ab Huesca
führenden N-123 erreicht man nach etwa
2 km das Santuario de San Jorge, rechts
oberhalb der Straße auf älteren Mauern 1554
errichtet; schöner Blick auf die Stadt.

Über den Puerto de Monrepós. – Die
größtenteils gute, aber bergige und kurvenreiche Straße C-136 führt nördlich im Tal des
Río Isuela den Pyrenäen entgegen; rechts die
Sierra de Guarra (2076 m). Hinter Nueno folgen einige kurze Tunnels, und am Stausee
Embalse de Arguis vorbei erreicht man **Arguis** (1200 m), als Sommerfrische und Aus-

flugsort viel besucht, mit prächtigem Ausblick. – Dahinter in einer aussichtsreichen Windung bergauf und durch einen Tunnel zum **Puerto de Monrepós** (1262 m). – In Windungen und Kehren wieder hinab in das Tal des *Río Gállego* und schließlich nach **Sabiñánigo**. Nach 2 km ein Straßenknotenpunkt, wo sich die Routen trennen.

R o u t e A : Weiter in nördlicher Richtung und auf der C-136 durch das Tal des Río Gállego aufwärts nach **Biescas** (865 m; 2000 Einw.), einem zu beiden Seiten des Gállego gelegenen Markt. – Von Biescas in östlicher Richtung ein Abstecher auf der C-140 über den *Puerto de Cotefablo* (1423 m) nach *Torla* und weiter zu dem prächtigen
*Parque Nacional de Ordesa** (1320 m), der sich mit reicher Pflanzenwelt sowie zahlreichen Schluchten, Wasserfällen usw. im Tal des *Río de Ordesa* am Fuß des *Monte Perdido* (3352 m) hinzieht; dort sind großartige Touren möglich.

Bleibt man ab Biescas auf der nach Norden ziehenden C-136, fährt man flußaufwärts durch eine schöne Gebirgslandschaft; rechts auf der Höhe das als Wallfahrtsort besuchte Kloster *Santa Elena*. – Dahinter abermals eine Abzweigung nach rechts zu dem nordöstlich gelegenen Schwefelthermalbad **Balneario de Panticosa** (1659 m; Arruebo, III, 14 Z.; Escalar, IV, 27 Z.), in prachtvoller *Lage an einem See in einem Felsenzirkus der Hochpyrenäen.

Die C-136 folgt bei der Abzweigung weiter dem Río Gállego aufwärts nach
Sallent del Gállego (1310 m; Hotel *Formigal, I, 119 Z.; Eguzki-Lore, II, 32 Z., im Sommer geschl.), inmitten eines Berg- und Wintersportgebietes; in Sallent spanische Grenzkontrolle. – Von Sallent geht es nun mäßig bergauf und vorbei an dem Wintersportplatz *El Formigal* (1500 m) zum **Puerto de Portalet** (1792 m), über den die spanisch-französische Grenze verläuft (November bis Mai geschlossen).

R o u t e B : Hinter Sabiñánigo führt die C-134 in westlicher Richtung am Fuß des *Monte Bolas* (1467 m) hin und erreicht **Jaca** (s. dort), auf einem Hügel über dem *Río Aragón* gelegen. – Ab Jaca wählt man die nach Norden strebende N-330, die im Tal des *Río Aragón* bergauf durch eine prächtige Hochgebirgslandschaft führt, nach
Canfranc (1195 m), einem als Luftkurort besuchten Grenzort, überragt von einem Schloß des 16. Jh. Im Ort spanisch-französisches Zollamt. Weiter flußaufwärts der internationale Bahnhof mit dem hier beginnenden 7875 m langen Somport-Tunnel.

Die N-330 führt durch ein vielbesuchtes Wintersportgebiet und erreicht über *Candanchú* (1600 m) den Paß **Puerto de Somport**

(1631 m), auf der Pyrenäenkette unweit des *Pic du Midi,* wo die spanisch-französische Grenze verläuft (im Winter nachts geschlossen).

In Richtung Pamplona. – Die N-240 führt zunächst in nordwestlicher Richtung durch die fruchtbare Ebene *La Hoya*; dann in Windungen bergauf zur Meseta, mit schönem Blick rechts auf die Pyrenäen, nach
Ayerbe (560 m; 2500 Einw.), einem Städtchen mit einem Palacio des Marqués von Ayerbe aus dem 15. Jh. – 8 km nordöstlich der Ort *Loarre,* am Fuß der gleichnamigen Sierra, überragt von einer schönen romanischen *Burgruine (16. Jh.).

Die N-240 überquert schließlich den *Río Gállego* und führt durch ein schluchtartiges Tal; rechts die mächtigen Felsen *Mallos de Riglos,* später der Stausee *Embalse de la Peña*.

Mallos de Riglos

Weiter zum Straßenknotenpunkt **Santa María de la Peña** (542 m), wo nach rechts die N-330 über den *Puerto de Oroel* (1080 m) nach *Jaca* abzweigt. Die N-240 hingegen folgt dem Tal des *Río Asabón;* rechts die *Sierra de San Juan de la Peña*. Über den aussichtsreichen *Puerto de Santa Bárbara (864 m) in das Tal des *Río Aragón* zu einem Straßenknotenpunkt, wo nach rechts die C-134 nach Jaca abzweigt.

In Richtung Lérida. – An der Richtung Osten strebenden N-240 gibt es einige Sehenswürdigkeiten zu beachten, die in unmittelbarer Nähe von Huesca liegen. Bei *Quicena* links die Ruinen des Klosters *Monte Aragón,* im Jahre 1085 gegründet, im 19. Jh. niedergebrannt.

Weiter auf der N-240 mit einer nach Norden führenden Abzweigung zu dem Dorf *Loporizano,* wo man in der Kirche San Salvador den Tabernakel des Klosters Monte Aragón aufbewahrt; weiter nördlich *Santa Eulalia la Mayor* mit den Ruinen des Klosters San Martín de la Val de Onsera (12. Jh.).

Bei der Weiterfahrt auf der N-240 bietet sich in nördlicher Richtung ein weiterer Abste-

Pyrenäenort Torla

cher, nach *Liesa,* mit beachtenswerten Fresken (13. Jh.) in der Kirche Santa María del Monte; weiter nördlich bei *Ibieca* die hübsch gelegene Kirche San Miguel de Foces (13. Jh.), ebenfalls mit Wandmalereien und einer Marienstatue des 12. Jahrhunderts.

Über *Angüés* (544 m) erreicht die N-240 schließlich
Barbastro (215 m; 13000 Einw.; Hotel Rey Sancho Ramírez, III, 78 Z., Sb.), am *Río Vero* gelegene alte Bischofsstadt; sehenswerte spätgotische Kathedrale (16. Jh.) mit Retablo von Damián Forment (1588) und Sterngewölbe; an der Straße von Huesca die Wallfahrtskapelle San Pueyo.

Von Barbastro führt eine Straße nach Norden in die Pyrenäen (Beschreibung siehe unten). – Auf der N-240 setzt man die Fahrt in südöstlicher Richtung fort nach
Monzón (276 m; 14000 Einw.), einem von zwei Burgen überragten Städtchen, einst Versammlungsort der aragonischen und katalanischen Cortes, die in dem 'Juego de Pelota' benannten Gebäude tagten.

Die Straße überquert den *Canal de Zaidín* und führt über *Binéfar* (286 m) nach *Almacellas,* das schon jenseits der Grenze zwischen den Landschaften Aragonien (Provinz Huesca) und Katalonien (Provinz Lérida) liegt.

Über Barbastro in die Pyrenäen. – Man folgt der oben beschriebenen Route auf der N-240 bis Barbastro (51 km von Huesca). Ab hier wählt man die nordöstlich führende

windungsreiche C-138, die als schmale Landstraße dem Tal des aufgestauten *Río Cinca* aufwärts folgt. Die Fahrt geht über *El Grado* und *Naval* (Burgruine) hinauf zur Paßhöhe *Alto del Pino* (857 m); rechts unterhalb der Stausee *Embalse de Mediano.*

Hinter *Ainsa,* mit Kollegiatskirche (12. Jh.), stattlicher Burgruine und den Resten eines Klosters aus dem 9. Jh., erreicht man **Boltaña,** ein im Tal des *Río Ara* gelegenes Städtchen. Weiter in diesem Tal aufwärts; rechts die *Sierra de Bolave.* Hinter *Brotó* erreicht die C-138 die von Biescas kommende Straße und folgt dieser weiter nach Norden zum prächtigen Parque Nacional de Ordesa.

Nach Fraga. – Bereits 2 km hinter Huesca findet man an der nach Südosten strebenden Straße C-1310 das *Santuario de Nuestra Señora de Salas,* mit romanischer Kirche des 12. Jh. Die C-1310 führt über *Albero Alto* und durch das Tal des *Río Guatizalema* abwärts nach
Sariñena, einem auf einem Hügel gelegenen Städtchen in einer fruchtbaren Vega; 9 km südlich die *Cartuja de Monegros* (1731), mit großer Barockkirche; in den Zellen Fresken von Fr. Bayeu.

Die C-1310 verläßt Sariñena in südöstlicher Richtung; bei *Villanueva de Sigena* das gleichnamige Monasterio, mit romanischer Kirche (1188); im Innern plateresker Alabasteraltar (16. Jh.) und Grabmäler; ferner sehenswerte Fresken (13. Jh.) in mehreren Räumen, einer mit Mudéjardecke (13. Jh.).

Auf der C-1310 erreicht man das Tal des *Río Cinca;* die Straße mündet schließlich in die N-II, die Zaragoza mit Lérida verbindet. Auf dieser links ab nach
Fraga (120 m; 7000 Einw.), in malerischer *Lage über dem linken Ufer des *Río Cinca,* als Sommerfrische geschätzt; mit der ursprünglich romanischen Kirche San Pedro (12. Jh.), später umgebaut.

Jaca

Provinz: Huesca (HU). – Telefonvorwahl: 974.
Höhe: 820 m ü.d.M. – Einwohnerzahl: 10000.
ⓘ **Oficina de Información de Turismo,**
Paseo Calvo Sotelo;
Telefon: 360098.

HOTELS. – *Gran Hotel* (garni), Paseo del General Franco 1, II, 98 Z., Sb.; *Conde de Aznar,* Paseo del General Franco 3, III, 23 Z.; *La Paz* (garni), Mayor 41, III, 34 Z.; *Pradas* (garni), Obispo 12, III, 39 Z.; *Mur,* Santa Orosia 1, IV, 68 Z.; Hostal *El Abeto* (garni), Bellido 15, P II, 25 Z.; u.a. – CAMPINGPLÄTZE: *Victoria* (östlich von Jaca); zwei weitere Plätze *Edelweiß* und *Pirineos* (in der Nähe).

RESTAURANT. – *Somport,* Avda. Primo de Rivera 1.

VERANSTALTUNGEN. – *Semana Santa* (Karwoche), mit Prozession. – *Moros y Cristianos* (Mai), Kampfspiele zur Erinnerung an den Sieg der Christen über die Mauren, zugleich Romería de la Victoria (Wallfahrt). – *Fiesta de Santa Orosia* (Juni), zu Ehren der Schutzpatronin der Stadt, mit Prozession. – *Ausländerkurse* (Juli/August) an der Universität Zaragoza.

Die auf einem Hügel über dem Río Aragón gelegene Stadt Jaca ist Sitz eines Bischofs und eines Zweiges der Universität Zaragoza (im Sommer). Sie war einst Pilgerstation am berühmten Jakobsweg (s. dort).

SEHENSWERTES. – Neben den Resten der alten *Stadtmauer* aus dem 10. Jh. und einem 1571 begonnenen *Castillo* im Norden der Stadt ist das bedeutendste Bauwerk die romanische **Kathedrale** von 1040, später umgestaltet und plateresk ausgeschmückt; mit quadratischem *Turm;* im Innern des Gotteshauses *Fresken* von Manuel Bayeu (1792) und unter dem Hochaltar die Gebeine der Santa Orosia, ferner das Grabmal eines Bischofs (16. Jh.). – *Ayuntamiento* (Rathaus) des 16. Jh., mit schmiedeeisernen Fenstergittern.

UMGEBUNG. – **Über den Puerto de Oroel:** Nach Süden führt die N-330 über den am Westhang der *Peña de Oroel* (1769 m; lohnender Aufstieg von Jaca in 3 Std.) gelegenen *Puerto de Oroel* (1080 m), mit reizvoller Aussicht, nach *Bernués.* Von hier 11 km

Apsis der Kathedrale von Jaca

westlich Abzweigung einer Bergstraße zum Kloster *San Juan de la Peña* (1115 m) aus dem 11. Jahrhundert. – Weiter auf der N-330 zum Stausee *Embalse de la Peña;* dahinter der Straßenknotenpunkt **Santa María de la Peña.**

Jaén

Provinz: Jaén (J). – Telefonvorwahl: 953.
Höhe: 573 m ü.d.M. – Einwohnerzahl: 95000.
ⓘ **Oficina de Información de Turismo,**
Avenida de Madrid 10;
Telefon: 222737.
Patronato Provincial de Turismo,
Plaza de San Francisco 2;
Telefon: 262111.

HOTELS. – *Parador Nacional de Santa Catalina,* Castillo Santa Catalina, I, 43 Z.; *Condestable Iranzo,* Paseo de la Estación 32, II, 147 Z.; *Xauen* (garni), Plaza Deán Mazas 3, II, 35 Z.; *Europa* (garni), Plaza de Belén 1, III, 36 Z.; *Rey Fernando* (garni), Plaza de Coca de la Piñera 7, III, 36 Z; Hostal *Reyes Católicos* (garni), Avda. de Granada 1, P I, 28 Z.; *La Yuca* (garni), Carretera N-323, km 340, P I, 23 Z.

RESTAURANTS. – *Dover,* Maestro Cebrián 1; *Los Mariscos,* Nueva 2. – An der Carretera N-323: *Ruta del Sol* (2 km nördlich).

VERANSTALTUNGEN. – *Fiestas de la Patrona* (April), Wallfahrt zu Ehren der 'Nuestra Señora de la Cabeza', eines der bedeutendsten Feste der Marienverehrung in Andalusien. – *Semana Santa* (Karwoche), mit stimmungsvoller Prozession. – *Fiestas Virgen de la Capilla* (Juni). – *Fiestas y Ferias de San Lucas* (Oktober), das Hauptfest der Stadt, mit

Stierkampf, Ausstellungen, Reitveranstaltungen. – *Lumbres de San Antón* (Januar), typisches Volksfest, bei dem die traditionellen Feuer ('lumbres') angezündet werden. – *Festividad de Santa Catalina* (November).

Die Provinzhauptstadt Jaén, ein alter Bischofssitz, liegt am Fuße der sich südlich der Stadt ausbreitenden Sierra Jabalcuz und Sierra de la Pandera, deren Abhänge sich durch Fruchtreichtum (Oliven) auszeichnen.

GESCHICHTE. – Die Römer nannten die Stadt 'Auringis'; sie unterhielten hier Silberminen, und so wird die Stadt noch heute das 'silberne Jaén' genannt. Während der Maurenzeit war sie Hauptstadt des Königreiches Dschaiján und bildete nach der Rückeroberung durch Ferdinand den Heiligen (1246) einen Vorposten der Reconquista.

SEHENSWERTES. – Auf der höchsten Erhebung der Stadt die mächtige **Kathedrale** (16.-18. Jh.), ein gutes Beispiel der spanischen Renaissance; sie entstand an der Stelle einer Moschee, mit ihrem Bau wurde um 1500 unter Andrés de Vandelvira begonnen. Hauptfassade mit Zwillingstürmen und einem Steinrelief von Pedro Roldán. Beachtenswertes Inneres, mit vortrefflichem *Chorgestühl* (15. Jh.); in einem Schrein neben dem Hauptaltar das 'Schweißtuch der hl. Veronika'. – In dem von der Kathedrale getrennten *Sagrario* ein Albrecht Dürer zugeschriebenes Bild sowie ein Jesús Nazarenus von Montañés, der in der Osterprozession mitgeführt wird.

Nordwestlich der Kathedrale der *Arco de San Lorenzo,* ein zum Nationaldenkmal erklärter Torbogen von geschichtlicher Bedeutung. Auf dem sich nordwestlich erhebenden Hügel das *Castillo de Santa Catalina,* heute Parador Nacional, von der Altstadt kommend noch Teile der alten Befestigungsmauern. – Am Fuß des Hügels die Kirche *La Magdalena,* über einer arabischen Mo-

Castillo de Santa Catalina in Jaén

schee errichtet und wohl das älteste Gotteshaus der Stadt, mit spätgotischem Portal. Weiter östlich hiervon die *Santa Capilla de San Andrés* (1515), von Gutiérrez González Doncel, dem Schatzmeister von Papst Leo X., gegründet, vermutlich eine frühere Synagoge, in der Capilla la Purísima eine Marienstatue aus der andalusischen Schule sowie ein Tafelbild der Virgen del Pópulo. Ganz in der Nähe das *Real Monasterio de Santa Clara* (13. Jh.), das älteste Kloster der Stadt, mit schönem Kreuzgang und der wertvollen Darstellung des Cristo de Bambú. In der Calle Santa Clara auch der *Palacio del Obispo Sanmartín;* zudem überall in der Stadt zahlreiche Paläste und Stammhäuser bedeutender Familien. – Im Norden das **Museo Provincial,** Av. del Ejército Español, mit Archäologie, Kunstwerken sowie Sammlungen der Volkskunst.

UMGEBUNG. – Schon die unmittelbare Nachbarschaft von Jaén hat einige lohnende Ziele zu bieten, so z.B. die *Baños de Jabalcúz* (6 km südlich auf der C-3221), Badeort und Sommerfrische; ferner *La Guardia de Jaén* (11 km südöstlich auf einer Nebenstraße), mit den Resten einer alten Burg und sehenswerter Pfarrkirche; aber auch *Otiñar* (14 km südlich auf der Nebenstraße zum Stausee von Quiebrajano), im Ort am Fuße der Sierra de la Pandera ein Denkmal aus der Zeit Karls III.

Route der Renaissance. – Sie entspricht der Fahrt nach Albacete, und so folgt man der nach Nordosten führenden N-321, die bei Puente del Obispo den Río Guadalquivir überquert und zum 48 km entfernten **Baeza** (s. dort) führt sowie nach weiteren 9 km auf einer Umgehungsstraße **Úbeda** erreicht. Hier mündet die N-321 in die vom westlichen Bailén kommende N-322, auf der man weiter in nordöstlicher Richtung die Fahrt fortsetzt nach **Villacarillo** (810 m; 20000 Einw.), mit stattlicher Kirche (16. Jh.), einem der bedeutendsten Renaissancewerke der Provinz, von Vandelvira; sowie Kloster des 17. Jahrhunderts.

Auf der Weiterfahrt zur Linken, auf kurzer Bergstraße zu erreichen, das Bergdorf **Iznatoraf** (1032 m), mit alter Pfarrkirche von 1602 und einer grandiosen Aussicht auf zahlreiche Dörfer und Berge. – Die N-322 folgt weiter in nordöstlicher Richtung durch die *Sierra de Alcaraz* und schließlich über **Alcaraz** und den *Puerto de los Picicos* (2058 m) nach Albacete (267 km von Jaén).

Route der Schlachten. – Die 'Ruta de las Batallas' verläßt Jaén in nördlicher Richtung auf der N-323 und ist zugleich die Fahrt nach Manzanares. Zunächst in Windungen über dem Tal des *Río Guadalbullón* zum 24 km entfernten *Mengíbar* (323 m), dem alten 'Ossigi', mit arabischem Turm; schließlich über den Río Guadalquivir nach

Bailén (349 km; 14 000 Einw.; Hotel Parador de Turismo, II, 86 Z., Sb.), an einem wichtigen Straßenknotenpunkt gelegener stattlicher Ort, wo im Jahre 208 v. Chr. der römische Konsul Scipio d.Ä. den karthagischen Feldherrn Hasdrubal besiegte; hier kämpften 1808 auch spanische Truppen gegen die Armee Napoleons. Kirche La Encarnación (15. Jh.), mit Skulptur von Alonso Cano. – Von Bailén in östlicher Richtung auf der N-322 zum 15 km entfernten

Linares (418 m; 60 000 Einw.), Industriestadt in unmittelbarer Nähe des alten 'Castulo', der bedeutendsten altiberischen Niederlassung in einem Bergwerksgebiet am oberen Río Guadalquivir. Kirche Santa María la Mayor des 12./13. Jh. in gotischem Stil; ferner Kirche San Francisco, mit schönem Retablo (16. Jh.). In der Nähe (5 km) die Ruinen des alten Castulo. – Von Bailén westwärts auf der N-IV zum 30 km entfernten

Andújar (212 m; 33 000 Einw.), der am rechten Ufer des Río Guadalquivir gelegenen alten Stadt, unweit des altiberischen 'Illiturgi' (los Villares), bekannt durch schöne Tonwaren (alcarrazas, jarras). In der gotischen Kirche Santa María ein Gemälde ''Christus im Olivengarten'' von El Greco.

Auf der Route der Schlachten weiter nordwärts (N-IV); zur linken Zubringerstraße nach *Baños de la Encina* (6 km), mit alter Burg. Auf der N-IV über *Guarromán* (349 m) nach

La Carolina (605 m; 15 000 Einw.), einem links abseits gelegenen, von deutschen Kolonisten angelegten Städtchen, mit den Ruinen ehemals blühender Bleierzbergwerke. – In unmittelbarer Nachbarschaft, 2½ km rechts der N-IV

Navas de Tolosa (694 m), ebenfalls ein freundliches ehemals deutsches Kolonistendorf, wo am 16. Juli 1212 ein Kreuzheer der Kastilier, Aragonesen und Deutschen die Almohaden besiegte; Denkmal vor dem Ort.

Auf der N-IV allmählich aufwärts nach

Santa Elena (742 m), auf aussichtsreicher *Höhe gelegener sauberer Ort, in der Nähe der Grenze zwischen Andalusien und Neukastilien gelegen, unter Karl III. in den Jahren 1767-69 neben einer Reihe anderer Ortschaften hauptsächlich von deutschen Kolonisten gegründet, die heute ganz in der spanischen Bevölkerung aufgegangen sind.

Route der Reconquista. – Diese Route deckt sich nicht ganz mit der südlicheren Fahrt nach Córdoba, jedoch liegen einige der interessantesten Stationen an diesem Weg. Auf der nach Westen führenden N-321 gelangt man zunächst zu der Straßengabelung

in *Torredonjimeno.* Man folgt weiter der N-321 nach

Martos (747 m; 22 000 Einw.), in ibero-römischer Zeit gegründet, mit dem Castillo de la Peña und der Kirche Santa María, darin Grabmal der Gebrüder Carvajal. – In der Nähe die *Baños de Martos* (5 km).

Weiter auf der N-321 südwestlich nach *Alcaudete,* mit arabischer Burg und der Casa del Almirante. – Von hier Abstecher auf der N-432 zum südöstlich gelegenen

Alcalá la Real (900 m; 22 000 Einw.), das alte 'Al-Kalaat Be Zayde', mit Türmen und Befestigungswerken, dem *Castillo de la Mota* (13.-15. Jh.), der Kirche Santa María mit stattlichem Turm und schönem plateresken Brunnen (16. Jh.). Von Alcalá la Real führt die N-432 nach Granada. – Die Fortsetzung der Fahrt nach Córdoba bildet jedoch die von Alcaudete nach Westen strebende N-432 über **Baena** (s. dort) nach **Córdoba** (s. dort; 138 km ab Jaén).

Jakobsweg
Camino de Santiago
Ruta Jacobea

ⓘ **Oficina Archicofradía del Apóstol Santiago** (Erzbruderschaft des Apostels Jacob), Plaza de la Quintana, Santiago de Compostela; Telefon: (9 81) 58 16 30.

Der traditionsreiche *Jakobsweg war die Route der Wallfahrer aus Mitteleuropa zum Grabe des Apostels Jakob (Apóstol Santiago) in Galicien, gesäumt von Klöstern, Stiften und Andachtsstätten sowie von Hospitälern und Rasthäusern, die von den Benediktinern, aber auch von weltlichen Ordensgemeinschaften und von den Bischöfen unterhalten wurden.

GESCHICHTE. – Der Ursprung des Pilgerwegs geht zurück auf die Entdeckung des Apostelgrabes im westlichen Teil Galiciens um das Jahr 813. Die ersten Pilger aus Mitteleuropa wanderten in der Mitte des 10. Jh. von Frankreich über die Pyrenäen nach Santiago de Compostela, jedoch fällt die Blütezeit der Wallfahrt in die Zeit zwischen Anfang des 11. Jh. und des 12. Jh., d.h. in die Epoche der romanischen Kunst, die auf diesen Strecken bis heute zahlreiche Baudenkmäler hinterlassen hat.

VERLAUF. – Der Jakobsweg ist nicht so eng wie es die dargestellte Route vermuten ließe; vielmehr zog er sich praktisch wie ein breites Band von Ost nach West. Die meisten Pilger kamen über den *Roncesvalles-Paß* oder über den *Somport-Paß;* beide Wege vereinigten sich in *Puente de la Reina,* von wo die

Wallfahrt auf der von hier fast 740 km langen Route des 'Camino de Santiago' über *Logroño, Santo Domingo de la Calzada, Burgos* und *Astorga* nach *Santiago de Compostela* führte (s. bei diesen Orten).

Játiva

Provinz: Valencia (V). – Telefonvorwahl: 96. Höhe: 110 m ü.d.M. – Einwohnerzahl: 21000.
ⓘ **Oficina Municipal de Turismo,**
   Alameda Jaume I. 35;
   Telefon: 2275561.

HOTELS. – *Vernisa* (garni), Académico Maravall 1, III, 39 Z.; *Murta,* Angel Lacalle 1, IV, 21 Z.; *Hostal Moreno,* San Francisco 36, P III, 7 Z.

Die reizvolle alte Stadt Játiva, das schon im Altertum durch seine Gewebe berühmte römische 'Saetabis' und das maurische 'Xateba', liegt prächtig am Nordfuß des doppelgipfligen Monte Bernisa, den zwei Burgen krönen. Játiva ist die Geburtsstadt des Malers Jusepe de Ribera (1588–1652).

SEHENSWERTES. – In der Stiftskirche **La Colegiata,** auf den Fundamenten einer arabischen Moschee errichtet, wertvolle Altarbilder, darunter am Hochaltar eine 'Nuestra Señora de la Seo', die Schutzpatronin der Stadt; 60 m hoher Glockenturm. – In der malerischen Calle de Moncada zahlreiche alte Paläste und Brunnen. – Pfarrkirche *San Pedro,* mit einem wertvollen Retablo in gotischem Stil. – *Museo Municipal* (Städtisches Museum), u.a. mit reich gearbeitetem maurischen Marmorbekken (11. Jh.) und historischer Sammlung. – Schöne Aussicht von dem zypressenreichen Kalvarienberg, von der

Ermita San Feliú (13. Jh.) und von dem auf iberische und römische Anlagen zurückgehenden *Castillo Mayor,* wo einst bedeutende Persönlichkeiten gefangengehalten wurden; heute Nationaldenkmal.

UMGEBUNG. – Südwestlich von Játiva, auf einer Nebenstraße (8 km) zu erreichen, das an der C-3316 liegende Dorf **Canals,** in dessen Schloß 1378 *Alfonso Borja,* der Gründer des italienischen Nepotengeschlechts der Borgia und spätere Papst Calixtus III., geboren wurde († 1458).

Jerez de la Frontera

Provinz: Cádiz (CA). – Telefonvorwahl: 956. Höhe: 55 m ü.d.M. – Einwohnerzahl: 180000.
ⓘ **Oficina de Información de Turismo,**
   Alameda Cristina;
   Telefon: 342037.

HOTELS. – *Jerez,* Avda. Alcalde Álvaro Domecq 35, L, 121 Z., Sb.; *Capele* (garni), General Franco 58, II, 30 Z.; *El Coloso* (garni), Pedro Alonso 13, IV, 25 Z.; *Garaje Centro* (garni), Doña Blanca 10, IV, 23 Z.; Motel *Aloha,* Umgehungsstraße, km 637, II, 27 Z., Sb.; u.a.

RESTAURANTS. – *El Bosque,* Avda. Alcalde Álvaro Domecq 26; *El Buen Comer,* Zaragoza 38; *Gaitán,* Gaitán 3; *San Francisco,* Plaza de Esteve 2.

VERANSTALTUNGEN. – *Feria del Caballo,* das Fest der Pferde (Mai); *Feria del Vino,* Weinfest mit Flamenco-Tänzen (September).

FREIZEIT. – Stierkampf; Parque Zoológico 'Alberto Durán'.

BODEGAS: Zu empfehlen ist der Besuch einer der berühmten *Bodegas (Weinlager). Besichtigungen zumeist 9.30–12.30 Uhr, in einigen auch nachmittags. Am bekanntesten sind folgende Firmen: Bodega Bobadilla,* Umgehungsstraße; *Bodega Garvey,* Guadalete 14; *Bodega González Byass,* María González 12; *Bodega Pedro Domecq,* San Ildefonso 3; *Bodega Sandeman,* Pizarro 10.

Bodega in Jerez de la Frontera

In fruchtbarer Hügellandschaft am Südrand der Andalusischen Tiefebene liegt nicht weit von Cádiz die Stadt Jerez de la Frontera, bekannt durch ihren Wein 'Jerez', den Sherry der Engländer.

GESCHICHTE. – Der Raum zwischen Jerez und dem Cabo de Trafalgar war 711 der Schauplatz des großen Entscheidungskampfes zwischen Westgoten und Mauren, in dem das christliche Spanien für viele Jahrhunderte den orientalischen Völkerschaften unterlag. Hier verhinderte 1340 eine andere große Schlacht mit einem Sieg der christlichen Truppen die letzte Invasion aus Nordafrika. Den Beinamen 'de la Frontera' ('an der Grenze') führt diese Stadt ebenso wie andere nach dem maurischen Osten zu gelegene Grenzstädte seit 1379.

SEHENSWERTES. – Hauptanziehungspunkte dieser Stadt sind natürlich die berühmten Weinkellereien mit ihren Bodegas (s.o.). – Im südlichen Teil der Stadt befindet sich der Hauptplatz, die Alameda Fortún de Torres, mit Anlagen. An ihrer Südseite der Alcázar, ein bis in das 11. Jh. zurückreichender mächtiger Bau, mit gotischer Kirche und arabischen Bädern; vom Bergfried schöne Aussicht. Unweit nordwestlich der Festungsanlage die seit 1695 im Barockstil erbaute Kirche La Colegiata, auf den Grundmauern einer Moschee entstanden; vom Glockenturm ebenfalls vortreffliche Aussicht. – Nordöstlich von Kirche und Alcázar der Renaissancebau des Ayuntamiento (Rathaus) von 1575 und bei der Plaza de la Asunción das Museo Arqueológico, heute Nationalmonument, mit platerker Fassade, im Innern reichhaltige Sammlungen und wertvolle Stadtbibliothek. Östlich hiervon die Kirche San Dionisio, 1430 im Mudéjarstil erbaut, mit künstlerisch wertvollem Barock-Retablo. Durch die

Calle San Cristóbal zum palmenbestandenen Hauptplatz der Altstadt, der Plaza General Primo de Rivera, mit einem Reiterstandbild des in Jerez geborenen ehem. Staatschefs Miguel Primo de Rivera (1870-1930).

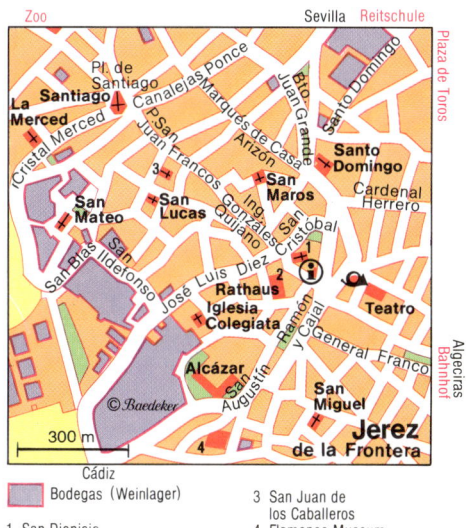

Im Norden der Altstadt weitere beachtenswerte Kirchen, darunter Kirche Santo Domingo des 12. Jh., mit eindrucksvollem Kreuzgang. Westlich hiervon die Kirche San Marco (begonnen 1613), ebenfalls Nationalmonument. – Südöstlich des Alcázar die Kirche San Miguel (1430–1512), mit einer Westfassade von 1672; im harmonischen Innern am Hochaltar ein Retablo mit Reliefs von Montañés (1625). – Außerhalb der Stadt eine neu errichtete Autorennstrecke (Rundkurs, u.a. Formel-I-Weltmeisterschaftsläufe).

UMGEBUNG. – Südöstlich von Jerez (4½ km) liegt die Cartuja, ein 1477 gestiftetes ehem. Kartäuserkloster, seit 1876 z. T. Gestüt ('Depósito de Caballos sementales'), mit prächtigem Renaissancetor (1571) und gotischer Kirche (reiche Fassade von 1667; schöne Reja von 1760). Karl III. schenkte Mitte des 18. Jh. der Kaiserin Maria Theresia mehrere Cartuja-Hengste, die den Stamm der Lipizzaner bildeten.

Kanarische Inseln siehe nächste Seite.

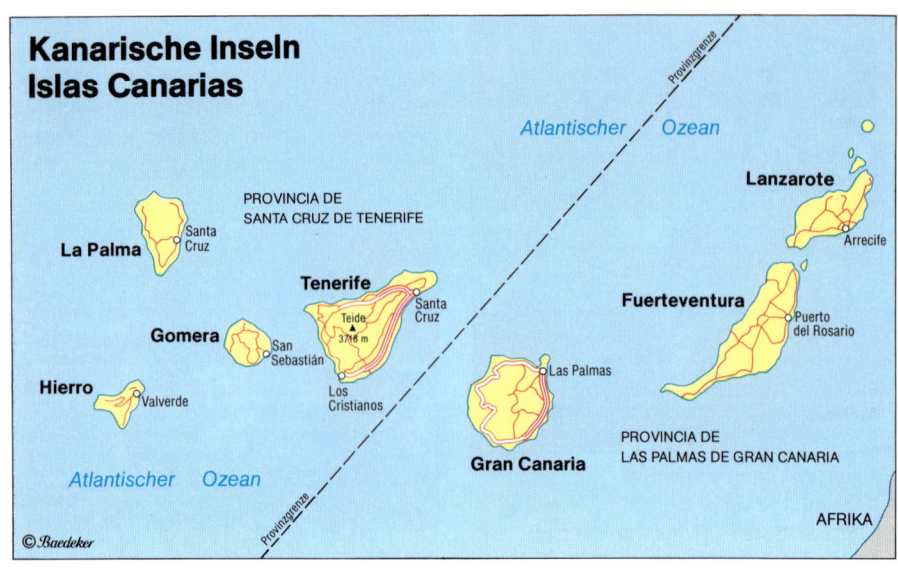

Kanarische Inseln

Autonome Region.
Regierungsorgan: Junta de Canarias.
Provinzen: Las Palmas de Gran Canaria, Santa Cruz
de Tenerife.

Die im Atlantischen Ozean der afrikanischen Westküste vorgelagerten **Kanarischen Inseln (Islas Canarias) bestehen aus sieben großen und mehreren kleineren Inseln, die dank ihrer Lage subtropisches Klima haben. Der Kanarische Archipel bildet zwei Provinzen: zur Provinz Las Palmas de Gran Canaria gehören die Inseln Gran Canaria, Fuerteventura und Lanzarote; die Provinz Santa Cruz de Tenerife setzt sich aus den Inseln Tenerife, La Palma, Gomera und Hierro zusammen.

GESCHICHTE. – Die Urbevölkerung der Guanchen gehörte zu einer hellhäutigen, hochgewachsenen Rasse. Mit dem Jahr 1402 begann Kastilien damit, sich die Inseln einzuverleiben, und nach einer Reihe von Kämpfen brach 1496 der letzte Widerstand der Guanchen (auf Tenerife) zusammen. Von der Insel Gomera stach Kolumbus zu seiner ersten Entdeckungsreise in See. Seit dem 19. Jh. entwickelte sich die Wirtschaft durch Schaffung von Freihäfen, und das angenehme Klima des 'ewigen Frühlings' sorgte für den Aufschwung des Fremdenverkehrs.

Gran Canaria

Provinz: Las Palmas (GC). – Telefonvorwahl: 928.
ⓘ **Oficina de Información de Turismo,**
Casa del Turismo, Parque Santa Catalina,
Las Palmas; Telefon: 264623.

Patronato Provincial de Turismo,
León y Castilla 17, Las Palmas;
Telefon: 362422.

HOTELS. – Aus dem großen Hotelangebot kann nur eine bescheidene Auswahl vorgestellt werden. In Las Palmas de Gran Canaria: **Cristina,* L, 316 Z., Sb.; **Reina Isabel,* L, 234 Z., Sb.; **Santa Catalina,* L, 208 Z., Sb.; *Los Bardinos,* I, 215 Z., Sb.; *Concorde,* I, 127 Z., Sb.; *Iberia Sol* (garni), I, 298 Z., Sb.; *Imperial Playa,* I, 173 Z.; *Rocamar,* I, 87 Z.; *Sansofe,* I, 101 Z.; *Tigaday* (garni), I, 160 Z., Sb.; *Astoria Club,* II, 160 Z., Sb.; *Atlanta* (garni), II, 58 Z.; *Bañosol* (garni), II, 40 Z.; *Cantur* (garni), II, 124 Z.; *Fataga,* II, 92 Z.; *Gran Canaria,* II, 90 Z.; *Lumi* (garni), II, 61 Z.; *Miraflor* (garni), II, 78 Z.; *Parque* (garni) II, 119 Z.; *Pinito del Oro* (garni), Portugal 30, II, 73 Z.; *Rosalia* (garni), II, 45 Z.; *Sol* (garni), II, 35 Z.; *Trocadero,* II, 82 Z.; *Utica,* II, 79 Z.; *Funchal* (garni), III, 35 Z.; *Majorica* (garni), III, 38 Z.; *Pez Espada* (garni), III, 38 Z.; *Pujol* (garni), III, 48 Z.; *Valencia* (garni), III, 35 Z. – In Maspolamas: **Maspalomas Oasis,* L, 342 Z., Sb.; *Apolo,* I, 115 Z., Sb.; *Corona Caserio* (garni), I, 106 Z.; *Ifa Dunamar,* I, 184 Z., Sb.; *Ifo Hotel Faro de Maspalomas,* I, 188 Z., Sb.; *Lucana,* I, 167 Z., Sb.; *Las Margaritas,* I, 323 Z., Sb.; *Maspalomas Palm Beach,* I, 358 Z.; *Rio Palmera,* I, 231 Z., Sb.; *Parque Tropical,* II, 235 Z., Sb.; Apartment-Hotel *Rey Carlos,* II, 160 Z.; *Inter Club Atlántic* (garni), III, 105 Z., Sb.; u.a.

RESTAURANTS. – *Acuario,* Plaza de la Victoria 3; *Canario,* Perojo 2; *El Coto,* Alfredo Calderón 21; *La Guitarra,* Dr. Miguel Rosas 21; *Hamburg,* General Orgaz 54, deutsch; *Julio,* La Naval 132, Fischgerichte; *Mesón la Paella,* José Maria Durán 47; *House Ming,* Paseo de las Canteras 30, chin.; *Montreal,* 29 de Abril; *Nanking,* Francy Roca 11, chin.; *El Novillo Precoz,* Portugal 9; *Samoa,* Valencia 46; *Mesón Casa Nicolás,* Avda. Mesa y López 43; u.v.a.

VERANSTALTUNGEN. – *Los Reyes Magos* (Januar), Drei-Königs-Umzug in Las Palmas. *Festivales de Invierno* (Februar/März), mit Oper und Winterspielen in Las Palmas. – *Semana Santa* (Karwoche) in Las Palmas. – *Festivales de España* (April/Mai) mit

Hafen von Las Palmas auf Gran Canaria

Theater, Ballett, Konzert in Las Palmas. – *Nuestra Señora de la Luz* (Oktober), mit Wallfahrt und Meeresprozession.

Spielkasino: *Casino Tamarindos* in San Agustín.

SCHIFFSVERKEHR. – Autofähren zwischen den Inseln sowie mit dem spanischen Festland (Cádiz, Málaga); zudem Verbindung mit europäischen und überseeischen Häfen.

Nach Tenerife und Fuerteventura ist **Gran Canaria (1532 qkm) die drittgrößte Insel des Archipels. Ihr Hauptmerkmal sind die Schluchten, die sich von den zentralen und fast 2000 m hohen Gipfeln bis ans Meer erstrekken. Die höchste Erhebung der fast kreisrunden Insel ist der Pozo de las Nieves (1949 m). Die Insel ist reich an weiten, goldgelben Sandstränden, darunter die Playa del Inglés (2,7 km lang) und der Strand von Maspalomas (6 km lang).

*Las Palmas (Meereshöhe; 366 000 Einw.), größte Stadt der Kanarischen Inseln und Provinzhauptstadt, mit internationalem Hafen *Puerto de la Luz* und dem auf einer Halbinsel vorgelagerten *Castillo de la Luz,* einem Festungsbau von 1492. Auf der gegenüberliegenden Stadtseite, die hier nur ein paar Häuserzeilen breit ist, die berühmte *Playa de las Canteras (3 km lang), mit Restaurants, Cafés, Hotels etc. Etwas weiter südlich bei der Mole der *Parque de Santa Catalina. Von hier in südlicher

Richtung und vorbei an der *Playa de las Alcaravaneras* zur *Ciudad Jardín* ('Gartenstadt'), mit schönen Häusern, dem Pueblo Canario und dem Museo de Néstor (Werke des Malers), dicht dabei das berühmte Hotel Santa Catalina mit dem Parque Doramas und einigen Tiergehegen. Abermals weiter südlich die *Vegueta* (Altstadt) mit der *Kathedrale Santa Ana,* einem gotischen Bau (1570 geweiht); im Innern barocker Hochaltar, Schatzkammer in der Sakristei (wertvolle Emaillearbeiten), malerische Kreuzgänge; von den Türmen schöner Ausblick. In der Nähe das *Museo Canario,* mit reichhaltiger Sammlung aus der Zeit der Guanchen. Etwas nördlich der Kathedrale die *Casa de Colón* ('Kolumbushaus', Wohnung von Columbus vor seinen Amerikafahrten), mit prächtigem Portal, stattlicher Innenausstattung und Gegenständen aus der Zeit der Entdeckung Amerikas. Von hier wenige Schritte zur *Ermita San Antonio Abad,* Kapelle des 15. Jh., im 18. Jh. erneuert.

GRAN CANARIA. – Südlich (14 km) von Las Palmas der Ort **Telde** (116 m) in fruchtbarem Obstanbaugebiet, mit Basilika Santo Cristo und Kirche San Juan Bautista (flämisch-gotischer Schnitzaltar, kostbarstes Kunstwerk der Insel); in der Umgebung in *Tara* sehenswerte Höhlen der Ureinwohner sowie in *Cuatro Puertas* der heilige Berg der Guanchen. – Von Telde (45 km) nach *Tejeda* (958 m), dem Mittelpunkt der Insel; in der Nähe der majestätische *Roque Nublo,* mit der *Cruz de Tejeda* (Parador).

16 km südlich von Telde der Ferienort **Agüimes** (259 m), mit nahegelegenen Stränden; von hier aus auf windungsreicher Straße nach *San Bartolomé de Tirajana* (22 km), in der Mulde eines Kraters, von den höchsten Gipfeln der Insel eingerahmt.

Auf der ab Las Palmas nach Süden führenden Küstenstraße C-812 (48 km) gelangt man zu der Ferienkolonie **San Agustín** (Spielkasino) mit Gärten, Hotels, Bungalows, einem Vergnügungszentrum und der *Playa de San Agustín;* südwärts anschließend die *Playa del Inglés* sowie die Ferienkolonie **Maspalomas** mit ausgedehntem Strand. 2 km westlich *Pasito Blanco* mit Yachthafen.

Tenerife

Provinz: Santa Cruz de Tenerife (TF).
Telefonvorwahl: 922.
ⓘ **Oficina de Información de Turismo,**
Calle de la Marina 57, Santa Cruz;
Telefon: 287254.
Oficina de Información de Turismo,
Plaza de la Iglesia 3, Puerto de la Cruz;
Telefon: 384328.

HOTELS. – Natürlich können auch hier aus dem Angebot nur die wichtigsten genannt werden. In Santa Cruz de Tenerife: *Mencey,* L, 298 Z., Sb.; Apartment-Hotel *Colón Rambla* (garni), II, 40 Z.; *Diplomático* (garni), II, 38 Z., Sb.; Apartment-Hotel *Plaza* (garni), II, 64 Z.; *Anaga,* III, 126 Z.; *Pelinor* (garni), III, 67 Z.; *Taburiente* (garni), III, 90 Z.; *Tamaide* (garni), III, 65 Z.; *Horizonte,* IV, 55 Z.; *San José,* IV, 53 Z.; Hostal *Peceño* (garni), P I, 49 Z.; u. a. – In Puerto de la Cruz: *Botánico,* L, 282 Z., Sb.; *San Felipe,* L, 260 Z., Sb.; *Semiramis,* L, 275 Z., Sb.; *Atalya Gran Hotel,* I, 183 Z., Sb.; *Atlantis Playa,* I, 326 Z., Sb.; *Bonanza Canarife,* I, 411 Z., Sb.; *La Chiripa,* I, 276 Z.; *Dania Park,* I, 227 Z., Sb.; *Florida,* I, 315 Z., Sb.; *Gran Hotel los Dogos Sol,* I, 237 Z., Sb.; *Interpalace,* I, 291 Z., Sb.; *Meliá Puerto de la Cruz,* I, 300 Z., Sb.; *Orotava Garden,* I, 241 Z., Sb.; *Parque San Antonio-Sol,* I, 211 Z., Sb.; *Puerto Playa,* I, 168 Z., Sb.; *Tenerife Playa,* I, 339 Z., Sb.; *El Tope,* I, 216 Z.; *Las Vegas,* I, 223 Z., Sb.; *Las Aguilas Sol,* II, 500 Z., Sb.; Apartment-Hotel *Guajara,* II, 335 Z., Sb.; *Internacional,* II, 111 Z.; *Magec-Park,* II, 154 Z., Sb.; *Miramar,* II, 143 Z., Sb.; *Nopal,* II, 68 Z., Sb.; *Los Principes,* II, 55 Z.; *San Telmo,* II, 91 Z., Sb.; *Trovador,* II, 80 Z., Sb.; *Maquesa,* III, 92 Z.; *Pinocho* (garni), III, 29 Z., Sb.; *Alfomar* (garni), IV, 25 Z.; u. a. – In Las Cañadas del Teide (La Orotava): *Parador Nacional Cañadas del Teide,* III, 16 Z., Sb. – In Bajamer (La Laguna): *Nautilus,* I, 268 Z., Sb.; *Delfin-Laguna* (garni), II, 66 Z.; *Neptuno,* II, 97 Z., Sb.; *Tinquaro,* II, 112 Z., Sb.; u. a. – In Los Cristianos (Arona): *Princesa Dacil,* II, 366 Z., Sb.; Apartment-Hotel *Tenerife-Sur,* II, 137 Z., Sb.; *Andrea* (garni), III, 42 Z.; mehrere Hostales.

RESTAURANTS. – *La Riviera,* Rambla General Franco 155, elegant; *La Estancia,* Méndez Núñez 116; *Corynto,* Avda. de Anaga 19; u. a. in Santa Cruz de Tenerife. – Restaurant *El Pescado,* Avda. Venezuela 3; *Marina,* José Antonio 2; *Cockpit,* Cólogan 6; *Cochino de Oro,* Zamora 23, belgisch; *El Pajar,* in Santa Úrsula, Cuesta de la Villa, rustikaler Stil, schöner Ausblick; *Oscar,* Cuesta de la Villa, schöner Ausblick; u. a. in Puerto de la Cruz. – Restaurant *De Paris,* Camino San Bartolomé de Geneto 8, in La Laguna.

VERANSTALTUNGEN. – *Los Reyes Magos* (Januar), Drei-Königs-Umzug in Santa Cruz. – *Carneval* (Februar), der Karneval wird besonders in Santa Cruz mit großem Aufwand gefeiert. – *Semana Santa* (Karwoche) in Santa Cruz und La Laguna. – *Festivales de España* (April/Mai), mit Theater, Ballett, Konzert in Santa Cruz. – *Fiestas de Primavera* (Mai), Frühlingsfest mit Oper, in Santa Cruz. – *Fundación de La Ciudad* (Mai), Gründungsfest der Stadt, in Santa Cruz. – *Corpus Cristi* (Fronleichnam) mit Prozession in La Laguna und La Orotava. – *Virgen del Carmen* (Juli), Volksfest zu Ehren der Virgen del Carmen, in Santa Cruz. – *Fiesta del Santisimo Cristo* (September) in La Laguna. – Opernveranstaltungen (Nov./Dez.) in Santa Cruz.

Spielkasino: *Casino de Taoro* in Puerto de la Cruz.

SCHIFFSVERKEHR siehe bei Gran Canaria.

Die größte Insel des Kanarischen Archipels ist **Tenerife (2053 qkm), die eine große landschaftliche Vielfalt bietet. In ihrem Innern verläuft ein zentraler Gebirgszug, an dessen Seiten sich weite und fruchtbare Täler entlangziehen; besonders hervorzuheben sind die Täler von Orotava und Güimar. Aus der Hochebene der Cañadas steigt der Pico de Teide (3718 m) als höchste Erhebung der Insel und ganz Spaniens empor. Tenerife besitzt zudem eine überaus vielfältige Flora. Die felsige und an manchen Stellen zerklüftete Küste geht häufig in sanfte Sandstrände über.

Santa Cruz de Tenerife (Meereshöhe; 191000 Einw.) ist Insel- und Provinzhauptstadt, mit schönen Gärten, darunter der Stadtpark *García Sanabria.* Beim betriebsamen Hafen die Plaza de España mit einem Denkmal für die Gefallenen des Bürgerkrieges. Westlich schließt sich die Plaza de la Candelaria an, mit dem Denkmal der Schutzheiligen der Insel ('Madonna de la Candelaria') von 1778. Nördlich die Kirche *San Francisco* (1680), mit schönem Hochaltar und Deckenfresken. Westlich der Kirche das *Museo Municipal,* mit bedeutenden Werken, darunter auch von kanarischen Malern. Von der Plaza del Príncipe gelangt man auf der Calle del Pilar zur Kirche *Nuestra Señora del Pilar* (18. Jh.) mit dem Standbild der 'Virgen de las Angustias' (1804). – Von der Plaza de España kommt man auf der

Avda. de Anaga – am Hafen entlang – zum *Castillo de Paso Alto,* wo fünf alte Kanonen stehen.

TENERIFE. – 9 km nordwestlich von Santa Cruz die zweitwichtigste Stadt der Insel **La Laguna** (550 m), frühere Inselhauptstadt, heute Bischofssitz und Universitätsstadt. In der Kathedrale (16. Jh.) interessante Schnitzereien und Gemälde. Die Kirche La Concepción, die älteste Kirche des Ortes (1502), steht unter Denkmalschutz. Im Ort viele Adelshäuser mit typischen Balkonen. In der Nähe der Stadt der Berg *Las Mercedes* mit wundervoller Vegetation. – Von La Laguna durch den *Bosque de la Esperanza* (58 km) nach *Las Cañadas* (Parador); Seilbahn und Bergwanderung zum *Pico de Teide.*

Puerto de la Cruz auf Teneriffa

***Puerto de la Cruz** (Meereshöhe; 16 500 Einw.), größtes Fremdenverkehrszentrum der Insel, mit riesigen Meerwasserschwimmbädern. Beachtenswerte Kirche San Telmo (1626), das Wahrzeichen der Stadt, mit der Statue (Nachbildung) des Schutzpatrons der Fischer. Sehenswert auch die Kirche Nuestra Señora de la Peña (17. Jh.) mit Kunstwerken der Barockzeit, darunter Hochaltar von Luis de la Cruz. – An der Straße nach Orotava der berühmte *Botanische Garten,* mit Bäumen und Pflanzen aus allen Teilen der Welt. Weiter hinauf (6 km) nach **La Orotava** (600 m), dem Mittelpunkt des herrlichen *Valle de la Orotava,* einer Landschaft von unbeschreiblichem Zauber. In der Stadt viele Stammhäuser mit Balkonen, die Kirche La Concepción mit Barockfassade; in den Casas de los Balcones (17. Jh.) kunstgewerbliche Sammlungen. – Von La Orotava zu den südwestlich benachbarten **Los Realejos,** zwischen Bananenstauden und Äckern; in der Kirche Nuestra Señora de la Concepción ein herrliches Barock-Retablo, die Pfarrkirche Santiago (1498) ist das älteste Gotteshaus der Insel. – Auf der nördlichen Uferstraße weiter nach **Icod** (6250 m), am Fuß des Teide, berühmt

wegen des tausendjährigen Drachenbaumes; sehenswerte Kirche San Marcos mit Renaissance-Portal und Barock-Retablo. – Hinter Icod die kleine Hafenstadt **Garachico,** die 'Perle am Meer', ein schöner Ort mit Castillo de San Miguel und Naturschwimmbädern. – Im Süden der Insel die Fremdenverkehrszentren *Playa de las Américas* und **Los Cristianos.**

Fuerteventura

Provinz: Las Palmas (GC). – Telefonvorwahl: 928.
(i) **Oficina de Información de Turismo,**
General Franco 33, Puerto del Rosario;
Telefon: 85 10 24.

HOTELS. – *Parador Nacional de Fuerteventura,* II, 50 Z., Sb.; *Las Gabias* (garni), II, 64 Z.; u. a. – Feriendörfer *Club Aldiana, El Castillo.*

Die zweitgrößte der Kanarischen Inseln, Fuerteventura (1722 qkm), das 'Alte Kanarische Land', ist jene mit der längsten Küste, weiten Ebenen und endlosen Stränden.

Hauptort der Insel ist **Puerto del Rosario** (4300 Einw.), zugleich bedeutendster Hafen; südlich der Stadt der Badestrand Playa Blanca.

Lanzarote

Provinz: Las Palmas (GC). – Telefonvorwahl: 928.
(i) **Oficina de Información de Turismo,**
Parque Municipal, Arrecife;
Telefon: 81 18 60.

HOTELS. – *Arrecife Gran Hotel,* I, 150 Z., Sb.; *Lancelot Playa* (garni), II, 123 Z.; *Miramar* (garni), II, 90 Z.; *San Ginés* (garni), IV, 28 Z.; Hostal *Cardona* (garni), P I, 62 Z.; *España,* P III, 26 Z.; u. a.

Die östlichste Insel Lanzarote (795 qkm) ist die eigenartigste mit ihrer fast beängstigend anmutenden geheimnisvollen 'Mondlandschaft', von Vulkanausbrüchen des 17./18. Jh. gekennzeichnet.

Auf Lanzarote

Die Inselhauptstadt **Arrecife** (18000 Einw,) wird von zwei Burgen – dem *Castillo San Gabriel* (Archäolog. Museum) und dem *Castillo San José* (Kunstmuseum) – überragt; in der Stadt alte Gassen und ein arkadengeschmückter Marktplatz. Im Südwesten der Insel die **Montañas del Fuego** ('Feuerberge'), mit über 300 Vulkankegeln; Aufstieg mit Kamel, vom Refugio herrlicher Ausblick.

La Palma

Provinz: Santa Cruz de Tenerife (TF).
Telefonvorwahl: 922.

ⓘ **Oficina de Información de Turismo,** Calle O'Daly 22, Santa Cruz de la Palma; Telefon: 412106.

HOTELS. – *Parador Nacional de Santa Cruz,* II, 32 Z.; *San Miguel,* II, 72 Z.; u.a.

Die grüne Insel La Palma (728 qkm) besitzt in ihrer Mitte die Caldera de Taburiente, einen der größten Krater der Welt, der zum Nationalpark erklärt wurde, von riesigen Pinienwäldern bewachsen. Der höchste Gipfel ist der Roque de los Muchachos (2426 m).

Die Hauptstadt der Insel heißt **Santa Cruz de la Palma** (15000 Einw.) und liegt an einem östlichen Gebirgsausläufer und am Rande des Vulkankraters 'La Caldera'. Die malerische Calle O'Daly (Calle Real) ist Mittelpunkt des Verkehrs und mündet in die Plaza de España, mit einem Renaissance-Rathaus und der Kirche El Salvador (1503). – An der Westküste der Insel das Handels- und Landwirtschaftszentrum **Los Llanos de Aridane;** nahebei liegt *Tazacorte,* mit kleinem Hafen und Strand.

Santa Cruz auf La Palma

Gomera

Provinz: Santa Cruz de Tenerife (TF).
Telefonvorwahl: 922.

ⓘ **Oficina de Información de Turismo,** Calle de la Marina 57, Santa Cruz de Tenerife; Telefon: 287254.

HOTEL. – *Parador Nacional,* I, 40 Z., Sb.

Die fast kreisrunde Insel Gomera (378 qkm) besitzt eine üppige Vegetation; in ihrer Mitte das Bergmassiv des Alto de Garajonay (1487 m).

Hauptstadt und Hafen der Insel ist **San Sebastián** (7000 Einw.), eine malerische Ortschaft, wo Kolumbus seine Schiffe ausrüstete und belud. Kirche La Asunción, wo der Entdecker Amerikas vor seiner Reise die Messe hörte. Wichtigstes historisches Bauwerk ist die Torre del Conde ('Grafenturm') des 16. Jh. – Großer Beliebtheit erfreut sich bei den Touristen das Tal *Valle Gran Rey.*

Hierro

Provinz: Santa Cruz de Tenerife (TF).
Telefonvorwahl: 922.

ⓘ **Oficina de Información de Turismo,** Calle de la Marina 57, Santa Cruz de Tenerife; Telefon: 287254.

HOTEL. – *Parador Nacional,* II, 47 Z., Sb.

Die westlichste Insel des Archipels ist Hierro (278 qkm); sie hat die Form eines Dreiecks, in seiner Mitte ein Hochplateau mit rund 1500 Aschenkegeln und dem Mal Paso (1500 m).

Die Inselhauptstadt heißt **Valverde** (5000 Einw.), ein malerisches Städtchen, von Obst- und Ziergärten geschmückt, mit alter Kirchenfestung.

In der Nähe (östlich) der kleine Hafen *Puerto de la Estaca,* mit Sandstrand.

Kantabrien

Autonome Region.
Regierungsorgan: Diputación Regional de Cantabria.
Provinz: Cantabria.

Die spanische Region Kantabrien, nördlich des gleichnamigen Gebirges, grenzt an den Atlantischen Ozean, an dessen Küste ihre Hauptstadt Santander liegt (s. dort).

Kastilien

Autonome Regionen: Kastilien – León;
Kastilien – La Mancha.
Regierungsorgane:
Consejo General de Castilla y León; Junta de Comunidades de Castilla – La Mancha.
Provinzen von Kastilien – León: Ávila, Burgos, León, Palencia, Salamanca, Segovia, Soria, Valladolid und Zamora.
Provinzen von Kastilien – La Mancha: Ciudad Real, Albacete, Cuenca, Guadalajara und Toledo.

Kastilien (Castilla) mit seinen endlosen Hochflächen ist bis heute das Kernland Spaniens. Die düsteren, aus ungebrannten Lehmziegeln (adobes) erbauten Dörfer haben die fahle Farbe des Erdreiches. Hier und in den unscheinbaren Landstädten wohnen die von den Großgrundbesitzern verdrängten Bauern (labradores), oft gastfreie Menschen, wie sie von Cervantes ("Don Quijote de la Mancha") und Calderón geschildert wurden. So eintönig die innerspanische Hochfläche meist wirken mag, können doch landschaftlich reizvolle Bilder entstehen, wenn die Sonne sich senkt und das Rot der Erde übergeht in die abgestuften Farbschattierungen des Himmels.

Diese spanische Landschaft bildet ein durch die Randgebiete abgeschlossenes, größtenteils meerfernes Binnenland, die sogenannte *Meseta* (Große Tafel). Die ehemals durch zahlreiche Burgen und Kastelle gesicherte Hochfläche wird durch das *Kastilische Scheidegebirge,* mit Sierra de Guadarrama, Sierra de Gredos und Sierra de Gata, in die historischen Regionen **Altkastilien** *(Castilla la Vieja)* im Norden und **Neukastilien** *(Castilla la Nueva)* im Südosten getrennt. Diesen beiden westwärts geneigten Hochflächen folgen die großen Ströme Duero und Tajo, wobei sie den Westrand in felsigen Schluchten queren.
Die bedeutende Höhenlage der Meseta (Altkastilien bis über 900 m, Neukastilien bis 700 m) verleiht dem Klima einen kontinentalen Charakter, mit heißen Sommern und strengen Wintern. Die Frühjahrs- und Herbstregen ermöglichen die sommerliche Beweidung durch die aus Estremadura herüberziehenden Merinoschafe. Wie in anderen Landesteilen ist Landwirtschaft stellenweise nur durch künstliche Bewässerung möglich.

Katalonien

Autonome Region.
Regierungsorgan: Generalitat de Catalunya.
Provinzen:
Barcelona, Gerona, Lérida und Tarragona.

Katalonien (Cataluña), die nördlichste der spanischen Mittelmeerlandschaften, erhält durch Natur, Menschenschlag und geschichtliche Entwicklung ein eigenes Gepräge. Hier finden sich wilde, menschenarme Gebirgslandschaften neben dichtbesiedelten und fruchtbaren Tälern, in deren Gärten, Olivenhainen und Weinbergen die fleißigen Katalanen reiche Ernten erzielen, und gewerbereichen Städten, unter denen Barcelona als Mittelpunkt des Handels und der Industrie herausragt. Hinzu kommen die Ferienziele an der Costa Brava.

Das *Katalonische Gebirge* läuft parallel zur Küste und verbindet die östlichen Pyrenäen mit dem nordöstlichen Randgebirge der Meseta. Ursprünglich ein Kettengebirge, ist es später in isolierte Bergstöcke aufgelöst worden, wie den *Montseny* (1745 m) im Norden sowie den berühmten *Montserrat* (1241 m) und den *Montsant* (1071 m) im Süden. – Zwischen dem Hauptzug des Gebirges und einer niedrigeren Küstenkette erstreckt sich in einer Faltenmulde das *Katalonische Längstal.* Hier gedeihen Oliven, Wein und Gemüse. Die im Mündungsgebiet des *Llobregat* gelegene Hauptstadt *Barcelona* hat einen starken Aufschwung genommen. – Im Norden und im Westen hat Katalonien Anteil an den Pyrenäen und im Süden am Ebrobecken.
Durch die Tüchtigkeit der Bevölkerung ist das Gebirgsland Katalonien zum wirtschaftlichen Brennpunkt, zu einem dichtbesiedelten und zum fortschrittlichsten Teil Spaniens geworden. An erster Stelle steht die Textilindustrie in Barcelona sowie in Sabadell und Tarrasa; bedeutend sind ferner Lederverarbeitung, Papierfabrikation, Seifenerzeugung aus Olivenöl, Herstellung von Eisenwaren und Korkverarbeitung. – Die Katalanen (span. Catalanes; katalan. Catalans) sind rege und geschäftstüchtig. Das Katalanische (Català) ist eine selbständige, aus dem Provenzalischen entwickelte romanische Sprache, die in ganz Katalonien und auf den Balearen gesprochen wird.

La Coruña

Provinz: La Coruña (C). – Telefonvorwahl: 981.
Höhe: Meereshöhe. – Einwohnerzahl: 232000.

ⓘ **Oficina de Información de Turismo,**
Dársena de la Marina s/n;
Telefon: 221822.
Delegación Provincial de Turismo,
Meruelos s/n;
Telefon: 298122.

HOTELS. – *Atlántico* (garni), Jardines de Méndez
Nuñez 2, I, 200 Z.; *Finisterre*, Paeso del Parrote, I,
127 Z., Sb.; Apartment-Hotel *Ciudad de la Coruña*, II,
131 Z. Sb.; *Riazor* (garni), II, 176 Z.; *España* (garni),
Juana de Vega 7, III, 84 Z.; *Rivas* (garni), Avda.
Fernández Latorre 45, III, 70 Z.; *Los Lagos*, Polígono
Residencial de Elviña, IV, 35 Z., Sb.; Hostal *Almiran-
te* (garni), Paseo de Ronda 54, P I, 20 Z.; u. a. – An der
Playa de Santa Cristina (Gemeinde Perillo; 6 km
östlich der Stadt): *Rias Altas*, II, 103 Z. – An der Playa
de Santa Cruz (etwa 6 km weiter östlich): *Porto-
Cobo*, II, 58 Z., Sb. – CAMPINGPLATZ: *Valdoviño*,
Valdoviño bei El Ferrol.

RESTAURANTS in den Hotels; ferner *Coral*, Estrella
5; *Duna 2*, Estrella 2; *El Rápido*, Estrella 7; *Naveiro*,
San Andrés 129; u. a.

VERANSTALTUNGEN. – *Semana Santa* (Karwo-
che), mit Prozession. – *Fiesta Virgen del Carmen*
(Juli), mit Schiffsprozession. – *Fiesta de María Pita*
(August), zugleich Sommerfestwochen mit Sport-
wettkämpfen, Blumenschlachten, Stierkämpfen,
Konzerten. *Galicische Wallfahrt* (September).

WASSERSPORT. – Vielfältige Wassersportmöglichkeiten an den zahlreichen Stränden in unmittelbarer Nachbarschaft der Stadt; bei der Ensenada
del Orzán die beiden Strände *Playa de Riazar* und
Playa de Orzán; beim Herkulesturm die *Ensenada
de San Amaro* u. a. Im Sommer Bootswettkämpfe;
La Coruña hat zudem einen Segelclub und mehrere
Wassersportclubs.

SPORT und FREIZEIT an Land. – Fast alle Sportarten, wie Reiten, Tennis, Golf, Fischen, Pelota,
Jagd; es gibt zahlreiche Clubs für die verschiedensten Sportrichtungen.

**Die im äußersten Nordwesten Spa-
niens auf einer Landzunge zwischen
zwei Buchten des Atlantik malerisch
gelegene Stadt La Coruña ist die
größte Galiciens.**

Sie ist ein wichtiger Überseehafen und
Handelsplatz sowie Hauptstadt der
gleichnamigen Provinz. Eine Eigentümlichkeit der Altstadt von La Coruña sind
die als Windschutz dienenden vergla-
sten Galerien ('Miradores').

GESCHICHTE. – Die Stadt La Coruña ist iberischen
Ursprungs und wurde bis zum Mittelalter 'Coro-
nium' genannt. Im Jahre 1588 segelte von hier die
'unüberwindliche Armada' gegen England, um den
Tod der Maria Stuart zu rächen. Ein Jahr später
brannten die Engländer dafür die Stadt nieder, so
daß keine bedeutenden alten Baudenkmäler mehr
erhalten sind.

SEHENSWERTES. – Auf der Landzunge
liegt die **Neustadt** *(La Pescadería),*
aus einer Fischersiedlung entstanden
und besonders interessant wegen ihrer
'Miradores' (s.o.), die ihr auch den Namen 'Kristallstadt' eingebracht haben.
An der Hafenbucht erstreckt sich der
aus der Autohochstraße übergehende
Paseo de los Cantones; südlich
hiervon die schönen denkmalge-
schmückten Grünanlagen der *Jardines
de Méndez Nuñez*. In Fortsetzung der
Cantones führen die belebte Calle
Real und der Riego de Agua zur
Plaza de María Pita. An der Nordseite des Platzes der *Palacio Municipal*
(Rathaus), mit Galerie zeitgenössischer
Maler und dem Archiv der Real Academia Gallega. Westlich des Rathauses die
Kirche *San Nicolás* (18. Jh.), mit dem
Gnadenbild der 'Virgen de los Coru-
ñeses'. Abermals westlich hiervon das
Museo Provincial, im Innern Gemälde
und Keramiken, Funde und eine Biblio-
thek für Überseehandel. Unweit des Mu-
seums die barocke Klosterkirche *Las
Capuchinas,* mit einer Franziskusfigur
von Zurbarán.

Östlich der Plaza de María Pita liegt auf
einer Anhöhe nördlich über dem Hafen
die enggebaute **Altstadt** *(Ciudad Vieja),* deren Mittelpunkt die Plaza de la
Harina bildet. Südlich von hier die *Capitanía General,* zugleich Gerichtsge-
bäude (1748); westlich die Kirche *Santiago,* eine romanische Basilika (12./13.
Jh.), somit ältestes Gotteshaus der
Stadt, mit beeindruckendem Kirchenschatz. Unweit nördlich die Kirche
Santa María del Campo (13./15. Jh.), mit
Glockenturm des 14. Jh., skulpturenge-
schmückten Portalen und interessanter
Rosette. Östlich die Kirche *Santo Domingo,* mit Barockfassade und churri-
gueskem Altar; ferner der *Jardín de San
Carlos,* mit Aussicht auf den Hafen. Südlich vom Park das *Castillo San Antón,*
mit dem *Museo Histórico-Arqueológico.*

Von der Plaza de María Pita gelangt man
auf einer am Friedhof vorüberführenden
Straße bergan zu dem etwa 2 km nördlich gelegenen Leuchtturm *Torre de
Hércules* (Unterbau römisch, oberer Teil
von 1792), der auf einem 58 m hohen
Felsen an der Nordwestküste der Halbinsel aufragt; vom Turm prächtige
*Rundsicht. Eine in den Stein gemei-
ßelte große Inschrift nennt den römischen Architekten. – Westlich der Stadt

Torre de Hércules bei La Coruña

die eleganten Badestrände der *Ensenada del Orzán;* in der Nähe die freundliche *Ciudad Jardín* (Gartenstadt).

UMGEBUNG. – Der ausgedehnte Küstenstreifen von La Coruña, aber auch die beeindruckende Landschaft der Rías bieten vielfältige Möglichkeiten zu Ausflügen in die nähere und weitere Umgebung der Stadt.

Nach Lugo. – Die Richtung Südosten führende N-VI ist die große Verkehrsader, die La Coruña mit der spanischen Hauptstadt verbindet. Von ihr zweigen verschiedene Nebenstraßen ab. – Man verläßt die Stadt auf der Avenida del General Sanjurjo und überquert wenig später den zur Ría verbreiterten *Río Mero.* Hinter *El Burgo* geht es durch freundliches Gartenland; dann zweigt nach Norden eine Straße nach El Ferrol ab. Die N-VI passiert den *Río Mendo* und erreicht **Betanzos** (s. dort), reizvoll auf einem Hügel gelegen.

Bei der Weiterfahrt auf der N-VI zur Linken auf einem Bergvorsprung die Ruine der im 12. Jh. erbauten Kirche *La Espenuca.* Es folgt rechts der *Monte del Gato;* dann geht es durch Wald und in Windungen bergan und durch das Tal des *Río Mandeo* hinauf zum kleinen Paß *Portobello* (510 m), der die Grenze zwischen den Provinzen La Coruña und Lugo bildet. – Über *Baamonde* erreicht man **Lugo** (s. dort; 98 km von La Coruña).

Nach El Ferrol. – Man folgt der N-VI bis zu der oben erwähnten Abzweigung einer Nebenstraße (etwa 13 km von der Stadtmitte), der man über *Bergondo* folgt und schließlich wieder in einen Zweig der N-VI einmündet. Nach kurvenreicher Fahrt erreicht man **Puentedeume** (5000 Einw.), den Hafen- und Fischerort an der Ría de Ares; in der Kirche Santiago das Grabmal des Fernando de Andrade; ferner Ruinen eines Palastes und eines Castillo der Grafen von Andrade.

In nördlicher Richtung überquert man auf der *Puente de Andrade* (14. Jh.) den *Río Eume;* vorbei an dem Sommerferienort *Cabañas* kommt man nach

El Ferrol (15 m; 87 000 Einw.; Hotel Parador Nacional, II, 39 Z.), eine im Jahre 1726 gegründete Stadt (Geburtsort von General Franco, 1892–1975), versteckt in der gleichnamigen Bucht gelegen, Hauptkriegshafen Spaniens am Atlantik, mit Werften, Docks, Seeakademie usw. Sehenswerte Befestigungsanlagen. Altstadt mit engen Gassen; in der Nähe 'Denkmal für die Leber'. – Von El Ferrol Ausflug zum *Cabo Priorino,* mit dem Castillo de San Felipe; am jenseitigen Ufer der Ría de Ferrol das alte Fort *Castillo La Palma.*

Fortsetzung der Küstenfahrt auf der C-646, die El Ferrol in nördlicher Richtung verläßt, nach *Valdoviño,* mit Badestrand und Campingplatz sowie der vorgelagerten aussichtsreichen Punta Frouxeira; dann weiter auf kurvenreicher Fahrt nach *Cedeira,* mit benachbartem feinsandigen Badestrand in einer fjordartigen Umgebung der Ría gleichen Namens; die ab hier wiederum kurvenreiche Küstenstraße mündet schließlich in die Straße, die via *San Saturnino* direkt von El Ferrol kommt; auf ihr setzt man die Fahrt in Richtung Norden fort nach **Ortigueira** (22 000 Einw.), einem Fischerstädtchen in prächtiger Lage auf einer Halbinsel der *Ría de Santa Marta,* an der man zuvor entlangfuhr.

Die Küstenstraße erreicht schließlich die *Ría del Barquero;* 7 km nördlich die *Punta Estaca de Bares,* der nördlichste Punkt Spaniens, mit Leuchtturm. – Eine Eisenbahnbrücke überquert die Ría, die die Grenze zwischen den Provinzen La Coruña und Lugo darstellt; weiter über **Vivero.**

Nach Santiago de Compostela. – Man verläßt die Stadt in fast südlicher Richtung auf der N-550; schon bald schöner Blick auf die Bucht. Durch fruchtbares Hügelland geht es in Windungen bergauf und bergab und über *Rutis* und *Carral* zum Höhenzug der *Montes del Xalo* (440 m), anschließend über die bewaldete Höhe des *Monte de Chamarde* nach **Ordenes** (285 m), einem Landstädtchen über dem Río Lavandeira, und weiter nach *Siqueiro,* wo man auf einer römischen Brücke den *Río Tambre* überquert. Dann erreicht man **Santiago de Compostela** (s. dort).

Zum Cabo Finisterre. – Auf der Avenida de Finisterre beginnt die C-552, die schon bald einen schönen Rundblick auf La Coruña bietet; dann weiter in einiger Entfernung vom Meer mit Zugängen zu den Badeständen an den 'Rías bajas'. Über das Städtchen *Carballo* (22 000 Einw.) kommt man nach *Bayo,* wo die Straße den *Río del Puerto* passiert; bald darauf rechts Abzweigung (16 km) zur *Ría Camariñas,* mit dem gleichnamigen Badeort (Hotel; Herstellung von 'encajes' = Klöppelspitzen). – Auf der C-552 kommt man schließlich nach

Corcubión (1500 Einw.; Hotel El Hórreo, II, 40 Z., Sb., in schöner Lage über der Bucht), einem Hafenstädtchen, mit Parque und Palacio del Príncipe. Von hier gelangt man auf aussichtsreicher Küstenstraße zum 12 km entfernten
*Cabo Finisterre ('Ende des Landes'), einem felsigen Vorgebirge (Leuchtturm), das den westlichsten Punkt Spaniens bildet.

Etwas nördlich von Corcubión beginnt die Küstenstraße C-550. Begleitet von weiteren prächtigen Ausblicken auf das Meer kann man die Fahrt fortsetzen über *Ezaro* und *Louro,* beide mit Strand, zu dem reizvollen Hafenstädtchen *Muros* (11000 Einw.), mit gotischer Kirche. Nun an der *Ria de Muros y Noya* entlang und vor *Cando* auf dem mittelalterlichen, im 19. Jh. erneuerten *Puente Alonso* (galic. Nafonso) über den *Río Tambre* nach
Noya (10000 Einw.), einem jahrhundertealten Städtchen, hübsch an der gleichnam. Bucht gelegen, mit drei Kirchen sowie vornehmen Herrenhäusern (Säulengänge, Spitzbogenfenster), darunter die Casa de los Churruchaos, Wohnsitz der Feudalherren.

Von Noya kann man die Küstenfahrt auf der C-550 zum *Cabo Carreiro* fortsetzen; von dort Rückfahrt über Padrón nach Santiago de Compostela. Oder man wählt ab Noya die C-543 landeinwärts (36 km) nach **Santiago de Compostela** (s. dort).

La Rioja

Autonome Region.
Regierungsorgan: Gobierno de la Comunidad Autónoma.
Provinz: La Rioja.

Am Oberlauf des Ebro erstreckt sich die Landschaft La Rioja, eine bekannte Weinbaugegend. Hauptort der Region, in der man auf zahlreiche Klöster und Burgruinen stößt, ist Logroño (s. dort).

León

Provinz: León (LE). – Telefonvorwahl: 987.
Höhe: 837 m ü.d.M. – Einwohnerzahl: 120000.
ⓘ **Oficina de Información de Turismo,**
Plaza de Regla 4;
Telefon: 237082.
Delegación Provincial de Turismo,
General Sanjurjo 15;
Telefon: 227712.

HOTELS. – *San Marcos, Plaza de San Marcos 7, L, 258 Z.; *Conde Luna* (garni), Independencia 7, I, 154 Z., Sb.; *Quindos* (garni), Avda. José Antonio 24, III, 96 Z.; *Riosol* (garni), Avda. de Palencia 3, III, 141 Z.; u. a.

RESTAURANTS in den Hotels, u.a. *El Mesón* im Hotel Conde Luna; ferner **Novelty,* Independencia 4.

VERANSTALTUNGEN. – *Fiesta de las Cabezadas* (zweiter Sonntag nach Ostern), in der Basílica San Isidoro; typisches Fest mit eigenartiger Zeremonie. – *Fiestas San Juan y San Pedro* (Juni), mit zahlreichen Wettkämpfen, Stierkämpfen, Karossenumzügen; teils mit Spanien-Festival. – *Foro u Oferta* (August), im Kreuzgang der Kathedrale; farbenprächtiges Schauspiel mit Volkssängerinnen (Cantaderas). – *Wallfahrten* (September und Oktober) zur Kapelle der Virgen del Camino; mit typischen Tänzen und Trachten der ganzen Region.

Am Südfuß des Kantabrischen Gebirges im nordwestlichen Teil des innerspanischen Hochlandes ('Meseta') liegt am Zusammenfluß von Río Torío und Río Bernesga die Provinzhauptstadt León, zugleich Bischofssitz.

Sie verdankt ihren Namen der VII. römischen Legion, aus deren Lager sie im 1. Jh. n.Chr. entstand. Seine Glanzzeit hatte León im 10. bis 12 Jh. als zeitweilige Hauptstadt des gleichnamigen Königreichs, das vom Atlantischen Ozean bis zur Rhone reichte, bis dann im Jahre 1230 die Königreiche León und Kastilien wieder vereinigt wurden. Im Mittelalter war die Stadt zudem eine wichtige Station am Jakobsweg (s. dort), also auf

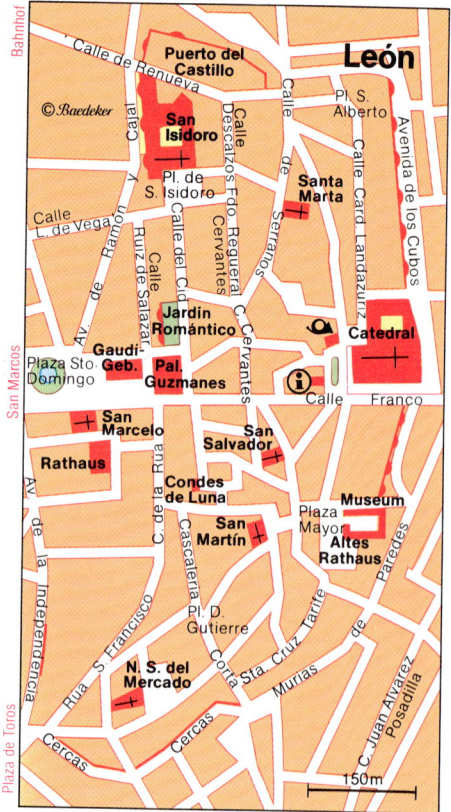

den Pilgerfahrten nach Santiago de Compostela.

SEHENSWERTES. – An der Plazuela de San Marcelo, dem Verkehrsmittelpunkt der Stadt, erheben sich einige bedeutende Bauwerke; darunter die Kirche *San Marcelo* (1588–1627), mit einem Reliquiar des Heiligen; ferner die 1585 errichtete *Casa del Ayuntamiento* (Rathaus), mit dem anschließenden *Theater* sowie die *Casa de Botines,* ein 1894 von Antonio Gaudí fertiggestellter stattlicher Bau (privat). – An der Nordostseite des Platzes befindet sich in der an italienische Paläste erinnernden 'Casa de los Guzmanes' (1560) die *Diputación Provincial;* das Gebäude hat schmiedeeiserne Balkone und eine eindrucksvolle Fassade.

Von hier erreicht man auf der Calle del Generalísimo Franco, der Hauptstraße der Stadt, die Plaza de Regla. Hier erhebt sich die im 13./14. Jh. von mehreren Baumeistern erbaute ****Kathedrale** *(Santa María de Regla).* Das eindrucksvolle Gotteshaus ist 91 m lang und eines der hervorragendsten Werke der Frühgotik auf spanischem Boden, eng verwandt mit den Kathedralen von Reims und Amiens. Besonders beeindruckend ist die Westfassade mit ihren beiden stattlichen Glockentürmen (65 m bzw. 68 m hoch), der mächtigen Fensterrose und den drei reich mit Skulpturen geschmückten Portalen. Ebenfalls beachtenswert ist die ähnlich gegliederte Südfassade.

Das harmonische INNERE der Kathedrale ist besonders durch die überraschende Lichtwirkung der bis zu 12 m hohen Maßwerkfenster von unvergleichlicher Schönheit. Von den aus dem 13. bis 20. Jh. stammenden *Glasgemälden* sind die ältesten der der mittleren Chorkapelle und jene in den Rosenfenstern der West- und Nordseite. Im *Chor* (15./16. Jh.) prachtvolles **Gestühl.* Der alabasterne und reich vergoldete *Trascoro* wurde 1575 ausgeführt. In der *Capilla Mayor* ein gotischer Retablo mit Gemälden aus dem 15. Jh. (Geschichte des hl. Froilán, 900-905 Bischof von León). – In den Kapellen des *Chorumganges* zahlreiche schöne Grabmäler, besonders beachtenswert an der Rückwand der Capilla Mayor das reiche Grabmal des ersten Königs Ordoño II. († 924) aus dem Anfang des 14. Jh. – Nördlich schließt der platereske *Kreuzgang an, der selbst zwar unzugänglich, jedoch von dem in angrenzenden Räumen untergebrachten **Kirchenmuseum** einzusehen ist.

Unweit südlich von der Kathedrale liegt jenseits des *Seminario Mayor,* mit dem *Diözesanmuseum,* die rings von Arkaden eingefaßte Plaza Mayor; an deren

Kathedrale von León

Westseite das stattliche zweitürmige *Alte Rathaus* (Consistorio viejo; 1677), dahinter die Kirche *San Martín* (13. Jh.).

Vom Chor der Kathedrale folgt man nördlich der wohlerhaltenen **Ringmauer** *(Muralla),* die z.T. aus dem 3. Jh. n.Chr. stammt und zahlreiche Rundtürme (cubos) besitzt, bis zur *Puerta del Castillo,* einem Stadttor von 1759. Von hier südwestlich über die Plaza del Castillo zu der ***Colegiata de San Isidoro** (1149 vollendet), mit mächtigem romanischem Turm und zwei skulpturenreichen Südportalen; in der spätgotischen Capilla Mayor ein Retablo des 16. Jh. und die Reliquien des hl. Isidor. – Neben der Kirche das **Panteón,* die ehem. Königsgruft, mit hervorragenden romanischen Deckenmalereien (um 1160/80) und mehreren romanischen Reliquienschreinen in der Schatzkammer.

Am Nordwestrand der Stadt, am Río Bernesga, das ehem. ***Kloster San Marcos** (jetzt Hotel), dessen nach Süden gewandte Hauptfassade (Osthälfte 1533-41, Westhälfte mit Portal 1708-16) an Reichtum und Feinheit der plat7resken Dekoration unübertroffen ist. – Östlich neben dem Kloster die 1541 geweihte Kirche *San Marcos;* im Innern schönes Chorgestühl (1543); in der Sakristei, dem Kreuzgang und den angrenzenden Kapitelsälen das reichhaltige *Museo Arqueológico Provincial,* u.a. mit einem Elfenbein-Christus des 11. Jahrhunderts.

UMGEBUNG. – Die Umgebung Leóns ist wie viele geschichtsträchtige Landschaften Spaniens reich an historischen Denkmälern, die z.T. von den Hauptstraßen schnell zu erreichen sind.

Über den Puerto de Pajares. – Die Fahrt auf der N-630 nach Norden führt durch das Kantabrische Gebirge nach Oviedo. Die Straße folgt dem Flußlauf des *Río Bernesga* und klettert schließlich zur Höhe des *Alto del Rabizo* (1160 m) hinauf; dahinter der Ort *La Robla,* mit Kohlenbergwerken. Weiter durch das Bernesgatal nach *La Pola de Gordón,* ebenfalls mit Kohlengruben, und durch eine malerische Felsschlucht nach **Villamanín** (1129 m), einem Bergdorf im Kantabrischen Gebirge; Ausgangspunkt zum Besuch der Klosterruine *San Antón,* mit romanischer Capilla de Poladura.

Die N-630 steigt nun weiter hinauf zum Gebirgskamm des Kantabrischen Gebirges mit dem **Puerto de Pajares** (1364 m; Hotel Parador Nacional, II, 28 Z.), mit prächtigen Ausblicken, zugleich Grenze zwischen León und Asturien. – Am Nordhang des Gebirges führt die Straße nun über *Mieres* nach **Oviedo** (s. dort; 120 km von León).

Nach Valladolid. – Die N-601 verläßt León auf der Avenida de Madrid und führt über die Meseta zum 13 km entfernten *Río Porma,* wo links eine Straße nach *Mellanzos* abzweigt; in der Nähe die kunstgeschichtlich bedeutende mozarabische Kirche *San Miguel de Escalada* (10. Jh.), heute Nationaldenkmal.

Vor *Mansilla de las Mulas,* einem Ort mit alter Ummauerung, überquert man den *Río Esla;* weiterhin links die *Montes del Payuelo* (965 m), von dort nach links Abzweigung der N-120 zu der 28 km entfernten alten Stadt *Sahagún* (836 m; 2600 Einw.), mit vier romanischen Backsteinkirchen (12./13. Jh.). – Die N-601 erreicht schließlich die Grenze zwischen den Provinzen León und Valladolid und führt über **Medina de Rioseco** nach **Valladolid** (s. dort; 134 km von León).

Nach Benavente. – Die nach Süden strebende N-630 folgt dem Tal des *Río Bernesga,* später dem des *Río Esla,* zum etwa 32 km entfernten *Villamañán;* hier Abzweigung der C-621 zum abseits liegenden **Valencia de Don Juan** am Río Esla, mit dem Castillo (15. Jh.) der Grafen von Oñate, von Mauern und Burggräben umgeben; ferner sehenswert die Kirche San Pedro. Weiter in südlicher Richtung überschreitet die N-630 die Grenze zwischen den Provinzen León und Zamora und erreicht **Benavente** (s. dort).

Über den Puerto del Manzanal. – Die nach Südwesten strebende N-120 überquert schon bald den *Río Bernesga;* kurz dahinter eine Zufahrtsstraße zur Wallfahrtskirche *Virgen del Camino* von 1960. – Weiter der N-120 folgend überquert man den *Canal del Páramo,* später den *Río Orbigo,* und erreicht

Hospital de Orbigo (Campingplatz), mit der nach Süden führenden Abzweigung (2,5 km) zu der 20bogigen Brücke bei *Veguellina,* auf der 1434 Suero de Quiñones mit neun Rittern vielbesungene Kämpfe ausfocht.

Zwischen Feldern führt die N-120 weiter nach **Astorga** (s. dort), wo die N-120 mit der N-VI zusammentrifft. – Die nach Nordwesten strebende N-120/N-VI führt in das Gebiet der Maragatería und durch Heidelandschaft zu einer Paßhöhe (1105 m) sowie vorbei an *Rodrigatos* hinauf zum **Puerto del Manzanal** (1230 m), auf den Höhen der *Montañas de León* gelegen (Rasthaus mit Tankstelle). – Weiter in aussichtsreichen Windungen durch ein reizvolles Bergtal nach *Torre del Bierzo* (656 m), am *Río Tremor* gelegen; dann durch ein Steinkohlengebiet mit seinen Schachtanlagen und Halden nach **Bembibre,** einem etwas abseits liegenden Ort, mit Schloßruine und ehem. Synagoge des 15. Jh., jetzt Kirche San Pedro. – Durch das sich allmählich erweiternde Tal des *Río Boeza* erreicht die Straße die Industriestadt **Ponferrada** (s. dort), wo sich N-120 und N-VI wieder trennen.

León (Landschaft)

Provinzen: León, Zamora und Salamanca.

Die drei Provinzen der historischen Landschaft León werden heute geographisch und verwaltungsmäßig zu Kastilien – León gerechnet. Sie umfassen den Hauptteil der Nordmeseta, die im Norden vom Kantabrischen Gebirge und im Süden von der Sierra de Gredos begrenzt wird. Den mittleren Teil der Region nimmt das Duerobecken ein, das durch den Río Duero und seine Nebenflüsse mehr oder weniger stark zerschnitten wird.

In den Höhenlagen erlauben karge Böden und ungünstige Witterungsverhältnisse neben bescheidenem Feldbau nur Viehzucht (Rinder, auch Kampfstiere, und Schafe) auf den meist locker mit Korkeichen bestandenen Weiden ('dehesas'). In den Tälern der Flüsse, die durch Stauseen immer mehr für die Bewässerung und zur Gewinnung elektrischer Energie genutzt werden, gedeiht Weizen (Zamora) und Roggen (León). Die Bevölkerung ist entsprechend der kargen Natur der Landschaft zäh und ausdauernd. Die ältere Generation hält beharrlich am Althergebrachten fest, während die jungen Leute im Zuge der starken Landflucht in die Städte oder in andere Regionen abwandern; nur wenige gehen ins Ausland.

Die ruhmreiche Geschichte Leóns geht auf die Westgoten zurück, von denen sich auch noch kunstgeschichtliche Spuren finden. Nach der Gründung des Königreichs Asturien durch Pelayo, den Besieger der Mauren, schiebt Alfons III. (866–919) die Grenze nach Süden bis an den Duero vor und verlegt die Hauptstadt von Oviedo nach León, dessen Namen das Königreich annimmt. Mit Aragón und Navarra vereint, erlebt das Reich eine Blütezeit, wird aber immer wieder durch Zwistigkeiten mit dem durch die Reconquista erstarkten Kastilien geschwächt. Unter Alfons VI. (1065–1109), dessen Vasall Rodrigo Díaz del Vivar im Heldenlied als 'el Cid' gefeiert wird, kann auch Kastilien der Krone von León unterworfen werden, und der König beansprucht den Titel eines Imperators. Die Unabhängigkeit Leóns geht schließlich im Jahre 1230 unter Ferdinand III., Sohn Alfons IX. von León und einer Tochter Alfons VIII. von Kastilien, endgültig verloren.

Lérida

Provinz: Lérida (L). – Telefonvorwahl: 973. Höhe: 154 m ü.d.M. – Einwohnerzahl: 102000.
ⓘ **Oficina de Información de Turismo,**
Arc. del Pont s/n;
Telefon: 248120.
Conserija de Turismo,
Avenida Blondell 1;
Telefon: 267415.

HOTELS. – *Condes de Urgel II* (garni), Avda. de Barcelona 17, I, 105 Z.; *Sansi Park,* Alcalde Porqueres 4, II, 26 Z.; *Llerda,* Carretera Barcelona, km 467, III, 110 Z.; *Jamaica,* Carretera Madrid, km 462,5, III, 24 Z.; *Principal* (garni), Plaza de la Pahería 8, III, 53 Z.; *Ramón Berenguer IV* (garni), Plaza Ramón Berenguer IV 3, IV, 60 Z.; *Rexi* (garni), Avda. Blondel 56, IV, 25 Z.; Hostal *España,* Rambla-Ferrán 20, P II, 30 Z.; *Estación Renfe,* Estación Renfe, P II, 9 Z.; *Goya* (garni), Alcalde Costa 9, P II, 19 Z.; *Peninsular,* Plaza Berenguer IV 5, P II, 20 Z.; *Santiago,* Alcalde Costa 15, P II, 19 Z.; u.a. – Südwestlich (2 km) an der Straße nach Zaragoza: Hostal *Bimba,* P III, 29 Z., Sb.; *La Jamaica* (garni), P III, 29 Z. – CAMPINGPLATZ: Les Basses (6 km nordwestlich).

RESTAURANTS in den Hotels; ferner *La Rada,* Avda. Blondel 40; *Estación Colavidas,* beim Bahnhof. – An der Carretera N-II: *Palermo* (1,5 km südwestlich). – An der Carretera C-1313: *Molí de la Nora* (10 km südöstlich).

VERANSTALTUNGEN. – *Semana Santa* (Karwoche), mit Umzügen. – *Fanalets de Sant Jaume* (Juli), mit Kinderprozession und Wallfahrt. – *Feria* (September), großer Jahrmarkt, zugleich Landwirtschaftsausstellung.

Das im Westen von Katalonien zwischen Barcelona und Zaragoza am Río Segre, zu Füßen eines burgbekrönten Hügels gelegene Lérida ist Hauptstadt der gleichnamigen Provinz und seit 1149 Bischofssitz; von 1300 bis 1717 war die Stadt Sitz einer Universität, die von Jaime II. gegründet wurde.

GESCHICHTE. – Die Stadt Lérida ist eine iberische Gründung, die im 2. Jh. v.Chr. unter dem Namen 'Ilerda' römisch wurde, in den Jahren zwischen 713 und 1117 meist unter maurischer Herrschaft stand und im 12./13. Jh. Residenz des Königs von Aragonien war.

SEHENSWERTES. – Von der Segre-Brücke hat man einen guten Überblick. In der Nähe dieser Brücke liegt im Mittelpunkt der Stadt und am Fuße des Burghügels die Plaza de España; an ihrer Nordseite die Kirche *San Juan.* – Westlich des Platzes die arkadenumsäumte Plaza de la Pahería, wo die Calle Mayor beginnt (für Kfz gesperrt). Gleich links das ursprünglich romanische *Ayuntamiento* (Rathaus), mehrmals erneuert, mit hübscher Fassade und einem Museum. Am Ende der Straße rechts die 1781 erbaute klassizistische **Neue Kathedrale** *(Catedral Nueva),* mit korinthischem Portikus; im *Museum* u.a. Kirchengeräte und Teppiche. Gegenüber dem Portikus das ehem. *Hospital de Santa María,* ein Bau des 15./16. Jh., mit eindrucksvollem Innenhof; heute Sitz eines *Archäologischen Museums* und einer modernen *Gemäldegalerie.*

Unweit nordwestlich von der Neuen Kathedrale steht bei dem modernen *Bischöflichen Palast* die kleine Kirche *San Lorenzo,* angeblich unter Verwendung eines in eine Moschee verwandelten römischen Tempels 1270-1300 erbaut, mit achteckigem Glockenturm; im Innern einige Retablos aus dem 14./15. Jh. – Westlich vom Bischofspalast liegt an der Rambla de Aragón das *Seminario,* mit dem *Diözesanmuseum* (Bildwerke, Gemälde, Kirchengerät).

Vom Bischofspalast kommt man auf der Calle de Tallada und später bergan zu dem **Castillo** (12. Jh.), einem mächtigen Festungsbau mit vier Türmen, der den Burghügel krönt; innerhalb der Burganlage die aus dem 13. Jh. stammende, im 18. Jh. verbaut gewesene **Alte Kathe-**

Kreuzgang der Alten Kathedrale in Lérida

drale *(Seo Antigua),* mit schönen Portalen, einem achteckigen Kuppelturm über der Vierung und hohem Glockenturm von 1416 an dem gotischen *Kreuzgang. Die Anlage ist heute spanisches Nationaldenkmal.

UMGEBUNG. – Die Stadt Lérida ist ein idealer Ausgangsort für Ausflüge in die Täler der Pyrenäen und somit auch nach Andorra.

Über Tremp in die Pyrenäen. – Man fährt zunächst zu der 27 km entfernten Straßenkreuzung der C-1313 mit der C-148. Hier biegt man nach links ab und erreicht den jenseits des *Río Segre* gelegenen Ort **Balaguer** (235 m; 12 000 Einw.; Hotel Conde Jaime de Urgel, I, 60 Z., Sb.; Mirador del Segre, III, 33 Z.), ein von der Kirche San Almater beherrschtes Städtchen inmitten einer fruchtbaren Umgebung. – 8 km westlich *Castelló de Farfaña,* mit Schloßruine und sehenswerter gotischer Kirche. – Nach Tremp folgt man von Balaguer entweder einer lohnenden Nebenstraße über Las Avellanes, die vor dem Stausee Embalse de Terradets in die C-147 einmündet, oder man benutzt gleich die nördlich am linken Ufer des Río Segre verlaufende C-147, an Stauseen vorbei. – Die erwähnte Nebenstraße verläßt Balaguer in nordwestlicher Richtung und führt durch die *Sierra de Montroig* nach *Las Avellanes;* dort rechts auf der Höhe das 1166 gegründete Prämonstratenserkloster, mit einem romanischen Kreuzgang, einst Grabstätte der Grafen von Urgel. – Die Straße klettert hinter *Font de Pou* (Fontdepou) zum *Puerto de Ager* (912 m) hinauf und führt dann in das Tal von **Ager,** einer alten Stadt, mit Resten römischer Mauern und den Trümmern der im 12. Jh. gegründeten Kollegiatskirche San Pedro. Die Nebenstraße geleitet nun am Hang der *Sierra de Montsech* (1677 m) hinab in das Tal des *Río Noguera Pallaresa,* der flußabwärts durch eine 151 m lange und 92 m hohe Sperrmauer zum *Embalse de Camarasa* auf-

gestaut ist (Kraftwerk mit 700 000 kW). Jenseits des Flusses mündet von rechts die direkt von Balaguer kommende C-147 ein; auf der Fortsetzung dieser Straße in die Tunnels des *Portell dels Terradets* zwischen den Höhen der Sierra de Montsech hinein und weiter zum Stausee *Embalse de Terradets;* diesen entlang nach **Tremp** (459 m; 4000 Einw.), einem auf einem Hügel über dem rechten Ufer des *Río Noguera Pallaresa* gelegenen gewerbereichen Städtchen, mit Resten ehemaliger Befestigungen und einem Kraftwerk (300 000 kW) bei der 206 m langen und 82 m hohen Sperrmauer des großen Stausees, über dessen Westufer die Straße nun hinzieht.

Über den mittelalterlichen Ort *Talarn* erreicht man die Straßengabelung bei **Pobla de Segur** (540 m; 3000 Einw.), wo der *Río Flamisell* in den *Río Noguera Pallaresa* mündet; Ausgangpunkt für Bergtouren und Paradies der Sportfischer.

R o u t e A: Ab Pobla de Segur wählt man den linken Zweig der Straßengabelung und folgt der C-144 über *Senterada* auf kurvenreicher Strecke zum *Puerto de Perves* (1350 m); zur Linken der Gipfel der *Sierra de San Gervás* (1839 m). Anschließend über den *Puerto de Viu* (1325 m) und hinunter zu dem im 8 km langen *Embalse de Escalas* aufgestauten *Río Noguera Ribagorzana* mit dem Ort **Pont de Suert,** wo die C-144 in die aus Lérida kommende N-230 (s. u.) einmündet. – Auf ihr fährt man talaufwärts über *Vilaller* und am Ostfuß der *Maladeta* (Pico de Aneto; 3404 m), dem höchsten Gipfel der Pyrenäen, vorbei und durch den *Tunel de Viella* nach **Viella** (975 m; 1000 Einw.; Hotel Tuca, I, 118 Z.; Parador Nacional Valle de Arán, II, 135 Z., Sb.), dem Hauptort des Tales von Arán; schöne Kirche (13. Jh.), mit Glockenturm aus dem 16. Jahrhundert.

Von Viella geht es auf der N-230 weiter im Garonatal aufwärts nach *Bosost* (765 m), mit guterhaltener romanischer Kirche (12. Jh.). –

Pyrenäenort Viella

Von hier an dem kleinen Thermalbad *Lés* (635 m) vorbei, wo die spanische Grenzkontrolle stattfindet, weiter bis zu dem über den Garona gespannten *Pont de Rey* (580 m), der die spanisch-französische Grenze bildet. Weiter im Garonnetal nach Toulouse.

Route B: Ab Pobla de Segur wählt man den rechten Zweig der Straßengabelung und folgt der C-147 durch das Tal des *Río Noguera Pallaresa;* unterwegs zahlreiche Wasserfälle. Es geht talaufwärts zu der wilden Schlucht *Desfiladero de Collegats;* rechts der *Bou Mort* (2082 m). – Man erreicht **Gerri**.

Gerri de la Sal

de la Sal, mit einem ehem. Benediktinerkloster des 12. Jh. Dahinter wieder durch eine große Schlucht nach

Sort (692 m), einem Dorf mit einer Schloßruine. – Nordwestlich des Dorfes (12 km) der Wintersportplatz *Llesúy* (1400 m), mit Skilift zur Loma de Sauri.

Nach einem Engpaß (Tunnel) mündet rechts der *Río Cardós,* der an der *Pica d'Estax* (3141 m), dem höchsten Gipfel Kataloniens, entspringt. – Weiterfahrt nach *Escaló,* mit den Ruinen des Klosters Sant Pere del Burgal (10. Jh.; romanische Wandmalereien). Dahinter rechts der fast 4 km lange Stausee *Embalse de la Torrasa.* Links 6 km abseits der Wintersportort

Espot (1340 m), mit Sesselbahn und Skilift sowie der *Ermita de San Mauricio* (mit See); der Ort ist östlicher Zugang zum *Parque Nacional Aigües de Tortes.*

Die C-147 führt hinter *Esterri de Áneu* (1000 m; Hotels) in das Tal des *Río Bonaiga,* dann wieder bergauf am *Parador Farga de los Abetos* (im Winter geschl.) und am *Santuario de los Ares* (1728 m; Gasthof) vorbei und hinauf zum **Puerto de la Bonaiga** (2072 m), der Paßhöhe auf der Wasserscheide zwischen Mittelmeer und Atlantik. – Nun in Windungen und Kehren wieder abwärts (bis 9%) in das zum Wintersport be-

suchte Tal *Valle de Arán,* mit * Blick auf die Hochpyrenäen, und weiter nach

Tredós (1295 m), einem links abseits liegenden Dorf, mit ehem. Templerkirche des 12. Jh. (gotisches Altarbild). – Weiter kurvenreich bergab nach *Salardú* (1265 m), wo man das Tal des *Río Garona (Garonne)* erreicht. Talabwärts links das *Balneario Artiés,* mit Schwefelquelle; dann rechts das Dorf *Betrén,* mit Sessellift zum Wintersportzentrum 'La Tuca' (1560 m) – Die C-147 mündet schließlich in Viella in die von Lérida kommende N-230.

Über Benabarre in die Pyrenäen. – Die von Lérida in nördlicher Richtung größtenteils am *Río Noguera Ribagorzana* entlang führende neue Straße N-230 ist zwar kürzer als die oben beschriebene Route via Tremp, aber keineswegs so interessant und abwechslungsreich.

Man erreicht zunächst das 25 km entfernte *Alfarrás,* mit der Straßenkreuzung der C-148. Westlich hiervon und schon jenseits der Provinzgrenze (13 km) der Ort

Tamarite de Litera (357 m; 4500 Einw.), mit einigen sehenswerten Gotteshäusern; darunter die Kollegiatskirche San Nicolás des 12. Jh., mit Turm (14. Jh.) und einem barocken Westportal, im Innern eine Alabasterstatue der Jungfrau von 1504; ferner die romanische Kirche San Miguel des 13. Jh., später umgebaut, mit guten Altarbildern.

Hinter Alfarrás passiert die N-230 die Provinzgrenze von Huesca und führt durch die *Sierra de Coscollá* schließlich nach

Benabarre (701 m; 1200 Einw.), einem Bergstädtchen östlich der *Sierra de Carrodilla,* überragt vom Castillo der Grafen Ribagorza; sehenswerte moderne Hospitalkirche, mit einem Altarbild des 15. Jh. Die N-230 überquert den *Río Cagigar* und erreicht abermals den *Río Noguera Ribagorzana,* an dessen Westufer die Straße nach Norden zieht, vorbei an den beiden Stauseen *Embalse de Sopeira* und *Embalse de Escalas,* nach **Pont de Suert,** wo die von rechts kommende C-144 von Pobla de Segur einmündet.

Richtung Barcelona. – Die in östlicher Richtung die Stadt Lérida verlassende N-II führt zunächst über den *Río Segre* und dann durch steppenartiges Hügelland via *Mollerusa* zu dem etwas rechts abseitsliegenden **Bellpuig** (373 m; 4000 Einw.), einem altertümlichen Landstädtchen, mit Burgruine und beachtenswerten Gotteshäusern; darunter die Pfarrkirche, mit prächtigem Renaissance-Grabmal (von Giov. da Nola; 1525) des Don Ramón de Cardona, des Vizekönigs von Neapel; im ehem. Franziskanerkloster ein dreigeschossiger Kreuzgang des 16./17. Jahrhunderts.

Bei der Weiterfahrt überquert die N-II den *Canal de Urgel* und führt nach

Tárrega (358 m; 8000 Einw.), einem alten Städtchen, mit einigen beachtenswerten Bauten wie dem Palacio Sobies des 13. Jh. – Ab Tárrega folgt die N-II dem *Río Cervera,* der die künstlich bewässerte Ebene *Llano de Urgel* durchfließt, nach
Cervera (565 m; 6000 Einw.), einem ebenfalls altertümlichen Städtchen, das 1718-1842 Sitz einer Universität war; der Ort liegt auf einem von der Kirche Santa María (12./13. Jh.) beherrschten Hügel, den die Straße durchtunnelt; beachtenswert das am Cervera gelegene Rathaus aus dem 17. Jh. – Die N-II erreicht hinter Cervera den *Puerto de Panadella* (702 m), in dessen Nähe die Grenze zwischen den Provinzen Lérida und Barcelona überschritten wird.

Zur Sierra de la Llena. – Die nach Südosten strebende N-240 zweigt unmittelbar hinter dem *Río Segre* von der N-II ab und führt zunächst weiter durch die vom Fluß bewässerte Landschaft und streckenweise am Canal de Urgel entlang nach
Borjas Blancas (296 m; 7000 Einw.), einem alten Städtchen, im Altertum 'Borgiarum Albarum' genannt, mit hübschen Parkanlagen und typischen, arkadengeschmückten Gassen. Die N-240 führt nun zur *Sierra de la Llena,* wo die Grenze zwischen den Provinzen Lérida und Tarragona überschritten wird.

Logroño

Provinz: La Rioja (LO). – Telefonvorwahl: 941. Höhe: 384 m ü.d.M. – Einwohnerzahl: 110000.
ⓘ **Oficina de Información de Turismo,** Miguel Villanueva 10; Telefon: 255497.
Consejería de Turismo, Gran Vía 41; Telefon: 227654.

HOTELS. – *Los Bracos* (garni), Bretón de Los Herreros 29, I, 72Z.; *Carlton Rioja* (garni), Gran Via 5, I, 120Z.; *Gran Hotel* (garni), General Vara de Rey 5, II, 69Z.; *Murrieta,* Marqués de Murrieta 1, II, 113Z.; *El Cortijo,* Carretera del Cortijo, km 2, III, 40Z., Sb.; *Isasa* (garni), Doctores Castroviejo 13, IV, 30Z.; Hostal *La Numantina* (garni), Sagasta 4, PI, 17Z.; *Marqués de Vallejo* (garni), Marqués de Vallejo 8, PII, 28Z.; u.a. – CAMPINGPLATZ: *El Ruedo* in Nájera, südwestlich der Stadt.

RESTAURANTS. – *Dólar,* Márques de Murrieta 50; *Milán,* General Vara de Rey 16; u.a.

VERANSTALTUNGEN. – *Fiesta de San Bernabé* (Juni), Fest des Schutzpatrons der Stadt. – *Fiestas de la Vendimia Riojana* (September), das große Weinlese- und Winzerfest, mit Stierkampf, volkstümlichen Veranstaltungen, Reiterumzügen und Blumenspielen.

Die am Ufer des Río Ebro in der weinreichen Rioja gelegene Provinzhauptstadt Logroño hat Textil- und Metallindustrie.

Logroño aus der Vogelperspektive

SEHENSWERTES. – Einige Beachtung verdient die Kaiserkirche *Santa María del Palacio* (11. Jh.), mit einem Hochaltar von Schülern Berruguetes sowie dem 45 m hohen Glockenturm Aguja de Palacio. – Erwähnenswert ferner die Kirche *Santa María de la Redonda* (15./18. Jh), deren Name noch an die frühere runde Grundrißform erinnert, mit Barocktürmen; im Innern schöne Schnitzaltäre. – Kirche *San Bartolomé* (12. Jh.), mit romanisch-gotischem Portal, eines der bedeutendsten Beispiele in der Rioja.

UMGEBUNG. – Logroño und seine Provinz stehen in enger Beziehung zu dem berühmten *Jakobsweg* (s. dort), der durch einige dieser Ortschaften führt. Mit diesem bedeutenden Pilgerweg bringt man auch den kleinen Ort **Clavijo** in Verbindung, den man auf einer Nebenstraße 16 km südlich der Stadt über *Alberite* erreicht. Auf einem Felsen das befestigte *Castillo de Clavijo;* hier schlug nach der Überlieferung Ramiro I. im Jahre 844 die Mauren, wobei sich nach der Legende der Apostel Jakobus als 'Matamoros' (Maurentöter) bewährt haben soll. In der *Basílica del Monte Laturce* ein großes Gemälde dieser Schlacht.

Auf dem Jakobsweg. – Den Spuren der Wallfahrer folgt man ab Logroño in westlicher Richtung auf der N-120 über *Navarrete,* mit einem alten Reiterstandbild des Apostels Jakobus, nach
Nájera (481 m; 4000 Einw.), einem kleinen Städtchen am *Río Najerilla* und zugleich geschichtliche Hauptstadt der Rioja; Kloster Santa María la Real (11. Jh.), mit sehenswertem Pantheon der Könige, Grabstätte der Doña Blanca de Navarra und gotischem Kreuzgang (1522), wo im Juni historische Theateraufführungen stattfinden. – Rund 16 km südlich des Ortes die Pilgerstation

San Millán de la Cogolla (738 m), am Nordhang der *Sierra de la Demanda* gelegen; berühmt wegen der beiden zu Nationaldenkmälern erklärten Klöster. Kloster *Yuso,* der als 'Escorial der Rioja' bezeichnete gewaltige Bau von 1053, mit mehreren Kreuzgängen und künstlerisch wertvollen Schreinen der Heiligen San Millán und San Felice. Kloster *Suso,* mit kleiner mozarabischer Kirche (11. Jh.), Grabmälern von sieben Infanten und einem Grabbild des San Millán. – Zurück zur N-120 und auf dieser weiter Richtung Westen nach **Santo Domingo de la Calzada.**

In Richtung Zaragoza. – Diese Route führt auf der N-232 durch das Ebrotal zum 49 km entfernten
Calahorra (322 m; 15000 Einw.), einer über dem *Río Cidacos* gelegenen alten Bischofsstadt, mit Resten eines römischen Circus und eines Aquädukts; in der ursprünglich westgotischen Kathedrale (1485 erneuert) auf dem Hochaltar zwei Urnen mit den Gebeinen der hier enthaupteten Heiligen Emeterius und Celedonius, ferner reiche Innenausstattung; in der Kirche San Andrés (14./15. Jh.) ein churrigueresker Retablo am Hochaltar.

In südöstlicher Richtung Fortsetzung der Fahrt auf der N-232; jenseits des Río Ebro (links) die Schloßruine von *Milagro,* und weiter nach
Alfaro (8000 Einw.), einem alten Städtchen, einst der Schlüssel Navarras, inmitten von Weingärten und einem Getreideanbaugebiet; mit Klöstern und schönen Kirchen, darunter die Kollegiatskirche San Miguel (17. Jh.), mit monumentaler Architektur.

In Richtung Vitoria. – Die Straße N-232 folgt in westlicher Richtung dem sich verengenden Ebrotal und führt durch das weinreiche Gebiet der *Rioja Alta;* rechts die mächtige *Sierra de Cantabria,* das Grenzgebirge gegen das Plateau von Álava, links die *Sierra de la Demanda* mit dem Cerro de San Lorenzo (2262m). Vorbei an *Cenicero* (3000 Einw.) und dem terrassenförmig am Río Ebro gelegenen *Briones,* mit Burgruine, erreicht man **Haro** (s. dort).

Lorca

Provinz: Murcia (MU). – Telefonvorwahl: 968.
Höhe: 327 m ü.d.M. – Einwohnerzahl: 65000.
ⓘ **Oficina de Información y Turismo,**
Calle López Gisbert 12 (Palacio de Guevara);
Telefon: 466157.

HOTELS. – *Alameda* (garni), Musso Valiente 8, II, 43 Z.; *La Hoya,* Carretera N-340, km 280, III, 36 Z.; Hostal *La Alberca* (garni), Plaza de Juan Moreno 1, P II, 21 Z.; *Félix* (garni), Avda. Fuerzas Armadas 146, P II, 28 Z.

VERANSTALTUNGEN. – *Semana Santa* (Karwoche), mit eindrucksvoller Prozession.

Die zu beiden Seiten des Río Guadalantín gelegene Stadt Lorca ist das 'Illurco' der Römer und das 'Lurka' der Mauren und war schon zu westgotischer Zeit Bischofssitz.

SEHENSWERTES. – Die Stadt besitzt zahlreiche alte Kirchen und Paläste. Über der an den Berghang gelehnten Altstadt ein teilweise erhaltenes maurisches *Castillo* (465 m), von hier schöne Aussicht. – In der neueren Unterstadt die Stiftskirche *San Patricio* (16./17. Jh.), mit Turm von 1772 und schönem Barockportal; ferner die *Casa Consistorial,* das Rathaus aus dem 17./18. Jh., mit einem Schlachtengemälde von Miguel Muñoz (1723). – Im nördlichen Stadtteil am Hang Höhlenwohnungen.

Lugo

Provinz: Lugo (LU). – Telefonvorwahl: 982.
Höhe: 465 m ü.d.M. – Einwohnerzahl: 68000.
ⓘ **Oficina de Información de Turismo,**
Plaza de España 27;
Telefon: 231361.
Delegación Provincial de Turismo,
Doctor García Portela 7;
Telefon: 222070.

HOTELS. – *Gran Hotel Lugo,* Avda. Ramón Ferreiro s/n, I, 168 Z., Sb.; *Méndez Núñez* (garni), Reina 1, II, 94 Z.; *España* (garni), Villalba 2 bis, IV, 17 Z.; Hostal *Buenos Aires* (garni), Plaza Comandante Manso 17, P II, 15 Z.; *Rivera* (garni), General Sanjurjo 94, P II, 13 Z.

RESTAURANTS. – *Portón do Recato,* La Campiña; *La Barra,* San Marcos 27; *Casa Paco,* Tolda de Castilla; *Covadonga,* Cruz 20; *Verruga,* Cruz 12; *Mesón de Alberto,* Cruz 4; u.a.

VERANSTALTUNGEN. – *Semana Santa* (Karwoche), mit Prozession. – *Fiestas de San Froilán* (Oktober), mit literarischen Wettbewerben und der Feria del Pulpo, bei der leckere Gerichte aus Pulpos (Tintenfische) zubereitet werden.

Das im Nordwesten von Spanien in der Mitte des Berglandes von Galicien am oberen Río Miño (portug. Minho) gelegene Lugo ist Hauptstadt der gleichnamigen Provinz sowie Bischofssitz. – Lugo war das römische 'Lucus Augusti', dessen turmreiche Ringmauer größtenteils erhalten ist.

SEHENSWERTES. – Reizvoll ist ein Rundgang (45 Minuten) um die alte *Stadtmauer,* die etwa im 3. Jahrhundert n.Chr. erbaut und im 14. Jh. erneuert wurde. Sie besitzt vier Tore und

Stadtmauer von Lugo

85 Türme, ist 2131 m lang und durchschnittlich 11 m hoch. Aufgang zur Stadtmauer an der Puerta Nueva und gegenüber der Kathedrale. Von der Mauerkrone weite Ausblicke; ferner führt unmittelbar außerhalb der Mauern eine Ringstraße um die Altstadt.

Auf der Plaza de España, dem Hauptplatz der Stadt und daher auch Plaza Mayor genannt, steht ein Brunnenstandbild der Hispania; an der Ostseite des Platzes erhebt sich das um 1700 erbaute *Ayuntamiento* (Rathaus), mit schöner Rokokofassade.

An der Westseite der Plaza de España steht die **Kathedrale,** ein bedeutender Bau des 12. Jh., seit dem 15. Jh. wiederholt erweitert, mit einer stattlichen zweitürmigen Fassade aus dem 18. Jh. Im Innern ein reichhaltiges Chorgestühl von 1625; ferner in der Capilla Mayor ein Retablo im Rokokostil, mit ständig ausgestelltem Sakrament. Schöner barokker Kreuzgang des 18. Jh. von Gabriel und Fernando Casas y Novoa.

Von der Plaza de España gelangt man durch die Calle de la Reina zu der Plaza de Santo Domingo, mit der 1280 begonnenen Klosterkirche *Santo Domingo* (schönes romanisches Portal; im Innern churriguereske Retablos). Unweit westlich hiervon das *Museo Provincial,* mit galicischem Kunsthandwerk, Münzen und Keramiken.

UMGEBUNG. – Lugo lag einst im Bereich des berühmten Jakobsweges (s. dort), und so findet man in unmittelbarer Nachbarschaft der Stadt etliche alte Pilgerstationen. 31 km südlich von Lugo, auf einer Nebenstraße zu erreichen, das Dorf *Puertomarín;* die ursprüngliche Pilgerstation verschwand in den Fluten des Stausees Embalse de Belesar, jedoch wurde der Ort unmittelbar bei seinem alten Standort mit den kunsthistorisch wertvollen Bauten neu aufgebaut. Wehrkirche San Juan (12. Jh.). – Etwa 16 km westlich von Lugo die Kirche *Santa Eulalia de Bóveda,* einstmals römisches Nymphäum, später christliches Gotteshaus; vorchristliche Katakomben mit Wandmalereien, heute Nationaldenkmal.

Nach Monforte de Lemos. – Man verläßt die nach Südosten strebende N-VI bei der Ortschaft *Nadela* und erreicht nach insgesamt 31 km
Sarría (16000 Einw.), ein modernes Städtchen, mit dem benachbarten Thermalbad Celticos, vermutlich das römische 'Flavia Lambrio', im Mittelalter Pilgerstation; mit Kirche San Salvador des 13. Jh. – 12 km südöstlich das *Monasterio de Samos,* im 8. Jh. gegründet, später ebenfalls Pilgerstation; Kirche des 18. Jahrhunderts.

Die C-546 führt in südlicher Richtung über die Paßhöhe des *Gural* (412 m) nach
Monforte de Lemos (384 m; 22000 Einw.), einem alten Städtchen auf einer Anhöhe über dem *Río Cabe,* teilweise noch von Mauern umgeben, überragt von dem Turm eines Castillo der Herren von Lemos; in der unteren Stadt nahe am Fluß das ehem. Jesuitenstift (Colegio de la Compañía), dessen Kirche einen prächtigen Retablo von Francisco Mouro (17. Jh.) sowie drei Bilder von El Greco enthält; ferner beachtenswert das ehem. Benediktinerkloster San Vicente del Pino, mit schönen Renaissanceportalen des 16. Jahrhunderts.

Die Straße steigt nun durch das schluchtartig verengte Tal des *Río Cabe* hinauf zur *Sierra de San Payol* und führt dann in Windungen bergab zum Stausee *Embalse Los Peares,* an dessen Südspitze die Provinzgrenze nach Orense überschritten wird. Beim Dorf *Peares* links auf der Höhe das verlassene Kloster *San Esteban de Ribas de Sil,* mit Friedhofskapelle des 10. Jh., gotischer Kirche und zwei hübschen Kreuzgängen.

Nach Orense. – In südwestlicher Richtung überquert die N-640 den *Río Miño* und erreicht hinter der kleinen Paßhöhe *El Picato* (660 m) den etwa 20 km entfernten Ort *Guntín,* mit der anschließenden Abzweigung der C-547 zur 15 km westlich liegenden alten Pilgerstation *Palas de Rey;* sehenswerte Kirche Vilar de Doñas und Castillo des 14. Jh. – Von Guntín folgt man weiter der N-540; nach 8 km links Abzweigung der C-535 nach *Puertomarín.*

Über *Taboda* erreicht die N-540
Chantada, eine kleine alte Stadt, mit beachtenswerten Kirchen in ihrer unmittelbaren Nachbarschaft; darunter San Salvador de

Asma (2 km) mit romanischem Portal; ferner San Esteban de Ribas de Miño (7 km), Kirche eines ehem. Benediktinerklosters; schließlich noch erwähnenswert die *Sepulturas Célticas* (6 km), keltische Gräber, sowie eine *Römerbrücke* (6 km) über den Rio Miño. – Die N-540 überquert den *Rio Bubal* und erreicht die Provinzgrenze zur Weiterfahrt nach **Orense** (s. dort; 95 km von Lugo).

Nach La Coruña. – Die N-VI folgt zunächst dem Flußlauf des *Rio Miño* in nordwestlicher Richtung nach *Rabadé;* hier Abzweigung der nach *Villalba* führenden C-641 (Routenbeschreibung s. u.). Wenig später erreicht man über *Begonte* das rechts abseits liegende **Baamonde** (409 m), einen wichtigen Straßenknotenpunkt, mit romanischer Kirche; hier Abzweigung der N-634 über *Villalba* nach *Mondoñedo.*

Zwischen Wiesen und steinigem Ackerboden geht die Fahrt weiter nach **Guitíriz** (460 m; Hostal La Casilla, P III, 38 Z.), einem kleinen Thermalbad, mit einer hauptsächlich gegen Leberleiden wirksamen Thermalquelle und Freischwimmbad. – Weiter auf guter Straße durch Heidelandschaft erreicht man den kleinen Paß *Portobello* (510 m), der die Grenze zwischen den Provinzen Lugo und La Coruña bildet. – Über **Betanzos** (s. dort) erreicht man die N-VI **La Coruña** (s. dort; 98 km von Lugo).

Über Villalba zum Atlantik. – Bei Rabadé verläßt man die nach La Coruña führende N-VI und folgt der nach Norden strebenden C-641 nach **Villalba** (480 m; 21000 Einw.), dem Hauptort der ‘Terra Cha’, mit turm- und mauerbewehrtem Castillo der Condes de Villalba (Hotel Parador Nacional Condes de Villalba, II, 6 Z.).

Aufwärts durch Wiesen und Felder geht es nun auf der N-634 über den *Puerto de la Xesta* (590 m), dann mäßig bergab, mit herrlichem Blick vorwärts, nach **Mondoñedo** (200 m; 9000 Einw.), einem alten Bischofsstädtchen, mit Kathedrale des 13./16. Jh. (beachtenswerter plateresker Chor); ferner Kloster und Priesterseminar, beide aus dem 17. Jahrhundert.

Über *Lorenzana,* mit stattlicher Klosterkirche San Salvador, und durch schön bewaldetes Hügelland geht es schließlich in das fruchtbare Tal des *Rio Masma* hinein nach *Bareiros,* wo die Küstenstraße C-642 einmündet. – Es folgt **Ribadeo** (150 m; 9000 Einw.; Hotel Parador Nacional, II, 47 Z.; Eo, II, 20 Z., Sb.), ein Hafenstädtchen an der Mündung der gleichnamigen Ría, mit bedeutender Eisenerzausfuhr. – Die N-634 überquert die Ría de Ribadeo auf der Brücke ‘Puente de los Santos’, die nach Figueras führt; von hier weiter nach **Oviedo** (s. dort).

An der Küste nach Vivero. – Die Küstenstraße C-642 beginnt bei *Bareiros,* wo sie die N-634 in nordwestlicher Richtung über den *Rio Masma* verläßt, der sich hier zur *Ría de Foz* erweitert. An ihr entlang geht es zu dem hübschen Fischerdorf *Foz,* mit kleinem Seebad; dann über den *Rio Oro* und an der galicischen Küste entlang nach **Vivero** (14000 Einw.; Hotel Las Sirenas, II, 29 Z.; Orfeo, III, 27 Z.), einem alten Hafenstädtchen, an der gleichnamigen Ría gelegen, mit romanischer Kirche. – Weiterfahrt zur *Ría del Barquero,* die man auf einer Eisenbahnbrücke überquert, zugleich die Grenze zwischen den Provinzen Lugo und La Coruña; über **El Ferrol** (s. dort) nach **La Coruña** (s. dort).

Madrid

Autonome Region.
Regierungsorgan: Consejo de Gobierno de la Comunidad de Madrid.
Provinz: Madrid (M). – Telefonvorwahl: 91.
Höhe: 655 m ü.d.M. – Einwohnerzahl: 3188000.

ⓘ **Oficina de Turismo de la Comunidad de Madrid,**
Flughafen Barajas;
Telefon: 2058656.
Plaza de España,
Torre de Madrid;
Telefon: 2412325.
Calle Duque de Medinaceli 2;
Telefon: 4294951.
Oficina Municipal de Información Turística,
Plaza Mayor 3;
Telefon: 2665477.

DIPLOMATISCHE VERTRETUNGEN (Botschaften). – *Bundesrepublik Deutschland,* Calle de Fortuny 8; *Deutsche Demokratische Republik,* Calle Prieto Ureña 6; *Republik Österreich,* Paseo de la Castellana 91; *Schweizerische Eidgenossenschaft,* Calle Núñez de Balboa 35. – DEUTSCHE EINRICHTUNGEN. *Kulturinstitut,* Calle Zurbarán 21, *Archäologisches Institut,* Calle de Serrano 159.

HOTELS. – Zwischen Hauptpost und Südbahnhof: **Ritz,* Plaza de la Lealtad 5, L, 156 Z.; **Palace,* Plaza de las Cortes 7, L, 517 Z.; *Carlton,* Paseo de las Delicias 26, I, 133 Z.; *Inglés* (garni), Echegaray 8, II, 58 Z.; *Mercator* (garni), Atocha 123, II, 90 Z.; *Reyes Católicos* (garni), Ángel 18, II, 38 Z.; *Sur,* Paseo de la Infanta Isabel 9, III, 49 Z.; *Mediodía* (garni), Plaza del Emperador Carlos V 8, IV, 161 Z.

Zwischen Hauptpost und Nordbahnhof: **Eurobuilding,* Padre Damián 23, L, 420 Z., Sb.; **Meliá Madrid,* Princesa 27, L, 266 Z.; **Princesa Plaza,* Serrano Jover 3, L, 406 Z.; *Alcalá* (garni), Alcalá 66, I, 153 Z.; *Emperador* (garni), Gran Vía 53, 232 Z., I, Sb.; *Liabeny* (garni), Salud 3, I, 158 Z.; *Mayorazgo* (garni), Flor Baja 3, I, 200 Z.; *Menfis* (garni), Gran Vía 74, I, 122 Z.; *Suecia,* Marqués de Casa Riera 4, I, 67 Z.; *Capitol* (garni), Gran Vía 41, II, 95 Z.; *Carlos V* (garni), Maestro Vitoria 5, II, 67 Z.; *Cortezo* (garni), Doctor Cortezo 3, II, 90 Z.; *Gran Vía* (garni), Gran Vía 25, II, 163 Z.; *Moderno* (garni), Arenal 2, II, 98 Z.; *Opera* (garni), Cuesta Santo Domingo 2, II, 81 Z.; *Principe Pío,* Cuesta de San

Vicente 14, II, 157 Z.; *Regente* (garni), Mesonero Romanos 9, II, 124 Z.; *Regina* (garni), Alcalá 19, II, 142 Z.; *Rex* (garni), Gran Vía 43, II, 147 Z.; *Victoria,* Plaza del Angel 7, II, 110 Z.; *Francisco I,* Arenal 15, III, 58 Z.; *Paris,* Alcalá 2, III, 114 Z.; u. a. – Apartment-Hotel *Eurobuilding,* Juan Ramón Jimenez 8, I, 154 Z., Sb.

In den nördlichen Stadtteilen: *Villa Magna,* Paseo de la Castellana 22, L, 194 Z.; *Luz Palacio,* Paseo de la Castellana 67, L, 182 Z.; *Meliá Castilla,* Capitan Haya 43, L, 936 Z., Sb.; *Miguel Angel,* Miguel Angel 31, L, 304 Z., Sb.; *Mindanao,* Paseo San Francisco de Sales 15, L, 289 Z., Sb.; *Welling-ton,* Velázquez 8, L, 261 Z., Sb.; *Aitana* (garni), Paseo de la Castellana 152, I, 111 Z.; *Castellana Inter-Continental* (garni), Paseo de la Castellana 57, I, 313 Z.; *Cuzco,* Paseo de La Castellana 133, I, 330 Z.; *Emperatriz* (garni), Lopez de Hoyos 4, I, 170 Z.; *Florida Norte* (garni), Paseo de la Florida 5, I, 399 Z.; *Los Galgos-Sol,* Claudia Coello 139, I, 359 Z.; *Gran Versalles* (garni), Covarrubias 4, I, 96 Z.; *Sanvy* (garni), Goya 3, I, 141 Z.; *Velázquez,* Velázquez 62, I, 130 Z.; *San Antonio de la Florida* (garni), Paseo de la Florida 13, II, 96 Z.; *Tirol* (garni), Marqués de Urquijo 4, II, 93 Z.; u. a.

In den östlichen Stadtteilen: *Colón,* Doctor Esquerdo 117, I, 389 Z., Sb.; *Pintor* (garni), Goya 79, I, 176 Z.; *Claridge* (garni), Plaza del Conde de Casal 6, II, 150 Z.; u. a.

Im Universitätsviertel: *Monte Real,* Arroyo Fresno 17 (Puerta de Hierro), L, 77 Z., Sb.; u. a.

In den südlichen Stadtteilen: *Puerta de Tole-do* (garni), Glorieta Puerta de Toledo 4, II, 152 Z.; *Finisterre* (garni), Toledo 111, IV, 97 Z.; u. a.

Beim Flughafen Barajas: *Barajas,* Avda. Lo-groño 305, L, 230 Z., Sb.; *Alameda,* Avda. Logroño 100, I, 145 Z., Sb.

CAMPINGPLÄTZE. – *Aterpe Alai,* von der Stadtmitte ca. 7 km nördlich, nahe der N-I (Burgos–Madrid); *Osuna,* 7,5 km nordöstlich (beim Flughafen Bara-jas); u. a. in der Umgebung.

RESTAURANTS in den Hotels; ferner *Aymar,* Fuen-carral 138 (Fisch und Meerestiere); *Basque,* Alcalá 66; *Cabo Major,* Juan Hurtado de Mendoza 11; *Edelweiss,* Jovellanos 7; *El Amparo,* Alvarez de Baena 4; *El Bodegon,* Pinar 15; *El Pescador,* José Ortega y Gasset 75 (Fisch und Meerestiere); *El Viejo 1,* Ribera del Manzanares 123 (Wild); *Esteban,* Cava Baja 36; *Fass,* Rodriguez Marin 84 (deutsche Küche); *Guria,* Huertas 12 (baskische Küche); *Horcher,* Alfonso XII 6; *Jockey,* Amador de los Ríos 6; *Korynto,* Preciados 36; *L'Alsace,* Doménico Scar-latti 10; *La Dorada,* Orense 60; *La Fuencisla,* San Mateo 17; *La Marmite,* Plaza de San Amaro 9 (franz. Küche); *O'Pazo,* Reina Mercedes 20 (galicische Spezialitäten); *Zalacain,* Alvarez de Baena 4.

SHOPPING. – Die wichtigste Einkaufsstraße Ma-drids ist die Gran Vía, die eleganteste aber wohl die Calle Serrano; auch an der Calle Preciados und an der Calle Fuencarral liegen viele große Geschäfte.

Kaufhäuser: Arias, Montera 29 und Plaza del Car-men 7; Aurrera, Doctor Fléming 31 und Velázquez 136; Bobo y Pequeño, Atocha 20; Cortefiel, Gran Vía 27 und 76 sowie Preciados 13; Drug-Store, Fuen-carral 101; El Corte Inglés, Preciados 20 und Goya 76; Eleuterio, Fuencarral 14; Flómar, Gran Vía 52

und Preciados 20; Galerías Preciados, Preciados 28 sowie Carmen 29 und 31; Iregua, Carretas 10; Los Sótanos, Gran Vía 55; Mazón, Fuencarral 103 und Esparteros 5; Prats, Atocha 24 und Plaza de Cas-corro 4; Progreso, Plaza Tirso de Molina und Alcalá 123; Rodríguez, Gran Vía 19 und Goya 20; Ruiz, Hor-taleza 19 und Montera 12; San Mateo, Fuencarral 70 und 72; Sarma, Conde de Peñalver 38 und Fuencar-ral 158; Sears, Serrano 47 und Paseo de la Castella-na 86; Sederías Carretas, Carretas 6; Sepu, Gran Vía 32 und Virgen del Sagrario 6; Simago, Ronda de Valencia 9 und Avda. de la Albufera 9; Simeón, Plaza Santa Ana 14 und Avda. de Aragón 1.

Antiquitäten findet man an der Calle del Prado, der Plaza de las Cortes und der Carrera de San Jeróni-mo; den *Flohmarkt* auf dem Rastro (südl. von San Isidro el Real; am lohnendsten am Sonntagvor-mittag).

Münzen- und Briefmarkenbörse unter dem Nord-bogen der Plaza Mayor, sonntags von 11–13 Uhr.

VERANSTALTUNGEN. – Madrid hat selbstverständ-lich ein reichhaltiges Angebot; neben den Karne-valsveranstaltungen, der Karwoche, Ostern und Weihnachten haben jedoch nur noch die nachfol-gend aufgeführten Feste etwas von ihrem alten Glanz bewahrt. – *Fiesta de San Antonio* (Januar), mit Umzug der Tiere bei der Kirche San Antón Abad. – *Romeria de San Isidro Labrador* (Mai), Fest des Schutzheiligen der Stadt; die *Fiesta* (Mitte Mai), mit großem Stierkampfprogramm. – *Corpus Cristi* (Fronleichnam), mit Prozession, am besten auf der Puerta del Sol zu sehen. – Madrid hat mehrere *Stierkampfarenen.* – Authentische Flamenco-Vor-führungen im *Tablao del Flamenco 'Zambra',* Ruiz de Alarcón 7.

Spielkasino: *Casino de Juego Gran Madrid* in Torrelodones.

Die spanische Hauptstadt Madrid, mit ihren rund 3,2 Mio. Einwohnern auf 531 qkm auch die größte Stadt des Landes, ist königliche Residenz, ferner Sitz der Regierung sowie einer Universität und eines Erzbischofs; sie liegt im Herzen Spaniens auf einer Hochfläche am Südfuß der Sierra de Guadarrama, 80 m über dem wasserarmen und z. T. ka-nalisierten Flüßchen Río Manzanares.

Madrid ist eine politische Schöpfung der spanischen Könige, der alle natürli-chen Voraussetzungen für eine schnelle Entwicklung fehlten. Erst der Bau der Eisenbahnen und modernen Straßen, der Madrid zum Verkehrszentrum des Landes machte, ermöglichte im 19./20. Jh. den sprunghaften Aufstieg der Stadt, die heute nächst Barcelona der zweitgrößte Industrieplatz Spaniens ist. – Der Flughafen Barajas liegt 14 km nordöstlich; von dort fahren Busse in die Stadt.

Die hohe Lage der Stadt verursacht star-ke Temperaturschwankungen (täglich bis 17°). Der Sommer ist heiß (bis

Madrid – Denkmal Alfons' XII. im Parque del Retiro

43° C), der Winter ziemlich kalt (bis −12° C), die Luft so scharf und fein, daß sie nach einem Sprichwort 'einen Menschen tötet, aber kein Licht auslöscht'. Man hüte sich vor Erkältungen ('hasta el cuarenta de Mayo no te quites el sayo', d. h. 'vor dem 40. Mai lege man den Mantel nicht ab!').

GESCHICHTE. − Im 10. Jh. lag an der Stelle des jetzigen Schlosses die kleine maurische Stadt und Festung 'Madschrît', die im Jahre 1103 durch König Alfons VI. erobert wurde. Im Jahre 1239 versammelte Ferdinand IV. die ersten Cortes in 'Madrit', das seitdem öfter Residenz war. Aber erst Kaiser Karl V. ließ den alten Alcázar zum Stadtschloß umbauen. Philipp II. verlegte 1561 den Hof von Toledo endgültig nach Madrid, das damals 30 000 Einwohner zählte. − In jene Zeit fällt die Blüte der spanischen Literatur und Kunst: *Miguel de Cervantes Saavedra* (1547−1616) schrieb hier den zweiten Teil des Don Quijote, *Lope de Vega* (1562−1635), *Diego Velázquez* (1599−1660) und *Pedro de la Barca* (1600−1681) hielten sich mehr oder weniger lange in der Hauptstadt auf. Während der Herrschaft von Joseph Bonaparte (1808−13) wurden zahlreiche Klöster und ganze Stadtviertel niedergerissen, um in der Stadt Platz zu schaffen. Im Spanischen Bürgerkrieg (1936−39) erlebte die Stadt eine schwere Belagerung durch Franco-Truppen.

Besuchsordnung

Die Öffnungszeiten der Museen, Schlösser und Kirchen sind sehr unterschiedlich und oft wechselnd. Während der langen Mittagsstunden ('siesta') muß mit geschlossenen Häusern gerechnet werden. Überdies sind die meisten Museen montags geschlossen.

Die offiziellen Feiertage, an denen fast alle Einrichtungen geschlossen bleiben, sind: 1. Januar (*Año Nuevo*), 6. Januar (*Reyes Magos* = Dreikönigstag), 19. März (*San José*), 1. Mai (*Dia del Trabajo* = Tag der Arbeit), 15. Mai (*San Isidro* = Schutzheiliger Madrids), 29. Juni (*San Pedro y San Pablo*), 25. Juli (*Santiago* = St. Jakob), 15. August (*Asunción* = Mariae Himmelfahrt), 12. Oktober (*Dia de la Hispanidad* = Entdeckung Amerikas), 1. November (*Todos los Santos* = Allerheiligen), 8. Dezember (*Immaculada Concepción* = Mariae Empfängnis), 25. Dezember (*Natividad del Señor* = Weihnachten); bewegliche Feiertage: *Viernes Santo* = Karfreitag, *Corpus Christi* = Fronleichnam.

Academia de Bellas Artes de San Fernando,
Calle Alcalá 13;
10−14 Uhr.

Amerika-Museum
s. Museo de América.

Archäologisches Museum
s. Museo Arqueológico Nacional.

Armería
s. Palacio Real.

Biblioteca Nacional,
Paseo de Recoletos 20
(Palacia de la Biblioteca y Museos Nacionales).

Botica Real
s. Palacio Real.

Casa de Lope de Vega
(Nachbildung vom Haus des Dichters),
Calle Cervantes 11;
Di.−Do. 11−14 Uhr, 15. 7.−15. 9. geschlossen.

Centro de Arte Reina Sofía
s. Kulturzentrum Königin Sophia.

Colección Municipal,
Plaza de la Ville 4 und 5;
vormittags (nach Voranmeldung).

Eisenbahnmuseum
s. Museo Nacional Ferroviario.

El Casón (Malereimuseum),
Calle Felipe IV.;
Di.−Sa. 9−18.45, So. 9−13.45 Uhr.

Estudio de Zuloaga (Atelier des Malers)
s. Museo Español de Arte Contemporáneo.

Ethnologisches Museum
s. Museo Nacional de Etnología.

Fábrica de Tapices (Gobelinweberei),
Calle Fuenterrabía 2.

Getränke-Museum
s. Museo de Bebidas.

Heeresmuseum
s. Museo del Ejército.

Königliches Schloß
s. Palacio Real.

Kulturzentrum Königin Sophia,
Calle de Santa Isabel 52;
Mi.−Mo. 10−21 Uhr.

Marinemuseum
s. Museo Naval.

Museo Arqueológico Nacional,
Calle Serrano 13;
Di.−So. 9.30−13.30 Uhr.

Museo de América,
Avenida de los Reyes Católicos 6
(Ciudad Universitaria);
Di.−So. 10−14 Uhr.

Museo de Bebidas,
Calle de Fuencarral.

Museo de Carruajes
s. Palacio Real.

Museo de Cerralbo (Gemälde u. a.),
Calle Ventura Rodríguez 17;
Di.−Sa. 10−14 und 16−19, So. 10−14 Uhr,
im August geschlossen.

Museo de Escultura al Aire Libre
(Freilichtmuseum; Skulpturen),
Paseo de la Castellana 38;
ständig zugänglich.

**Museo de la Fábrica Nacional
de Moneda y Timbre**
(Münzen und Briefmarken),
Calle de Jorge Juan 106;
vormittags (nach Anmeldung).

Museo de las Figuras de Cera,
Paseo de Recoletos 41;
10.30–14 und 16–21 Uhr.

Museo del Ejército,
Calle Méndez Núñez 1;
Di.–Sa. 10–15, So. 10–14 Uhr.

Museo de Reproducciones Artísticas
(Kunstreproduktionen),
Avenida de los Reyes Católicos 6
(Ciudad Universitaria);
Mo.–Fr. 10–17, So. 10–13 Uhr.

Museo Español de Arte Contemporáneo,
Avenida Juan de Herrera 2
(Ciudad Universitaria);
Di.–Sa. 10–18 und So. 10–15 Uhr.

Museo Lázaro Galdiano,
Calle Serrano 122;
Di.–So. 10–14 Uhr.

Museo Municipal
Calle de Fuencarral 78;
Di.–Sa. 10–14 und 17–21, So. 10–14.30 Uhr.

Museo Nacional de Arte del Siglo XIX
s. Museo Español de Arte Contemporáneo.

Museo Nacional de Artes Decorativas,
Calle de Montalbán 12;
Di.–Fr. 10–17, Sa. und So. 10–14 Uhr.

Museo Nacional de Ciencias Naturales,
Paseo de la Castellana 82;
Mo.–Sa. 9–14 und 15–18, So. 10–14 Uhr.

Museo Nacional de Etnología,
Calle Alfonso XII 68;
Di.–Sa. 10–14 und 16–19, So. 10–14 Uhr.

Museo Nacional del Prado,
Paseo del Prado;
im Sommer Di.–Sa. 10–18 Uhr,
im Winter Di.–Sa. 10–17 Uhr
sowie So. 10–14 Uhr.

Museo Nacional Ferroviario,
Paseo de la Delicias 61;
Di.–Sa. 10.30–13.30 und 16.30–19.30,
So. 10.30–14 Uhr.

Museo Naval,
Calle Montalbán 2;
Di.–So. 10.30–13.30 Uhr.

Museo Pedagógico de Arte Infantil
(Kunst von Kindern),
Ciudad Universitaria;
Mo.–Do. (Voranmeldung).

Museo Romántico,
Calle de San Mateo 13;
Di.–Sa. 10–18, So. 10–14 Uhr.

Museo Sorolla (Atelier des Malers),
Paseo General Martínez Campos 37;
Di.–So. 10–14 Uhr.

Museo Taurino,
Plaza Monumental de las Ventas;
Di.–So. 9–15 Uhr.

Museum Lope de Vega
s. Casa Lope de Vega.

Nationalbibliothek
s. Biblioteca Nacional.

Nationalmuseum für Dekorative Kunst
s. Museo Nacional de Artes Decorativas.

Naturwissenschaftliches Museum
s. Museo Nacional de Ciencias Naturales.

Observatorio Astronómico Nacional,
Calle Alfonso XII 3;
Mo.–Sa. 9–14 Uhr.

Palacio Real,
Calle de Bailén s/n;
Besichtigung im Sommer 10–12.45 und 16–17.45,
im Winter 10–12.45 und 15.30–17.15 sowie sonn-
und feiertags 10–13.30 Uhr. Ständige Sonderaus-
stellungen sind die *Armería* (Waffensammlung), das
Museo de Carruajes (Wagenmuseum), die *Botica
Real* (Histor. Apotheke), das Münzkabinett sowie
eine Ausstellung von Porzellan, Gläsern und Gemälden.

Panteón de Hombres Ilustres
(berühmte Persönlichkeiten),
Calle de Julián Gayarre 3;
Mo.–Sa. 9.30–13.30 Uhr.

Prado-Museum
s. Museo Nacional del Prado.

Romantisches Museum
s. Museo Romántico.

Spanisches Museum für zeitgenössische Kunst
s. Museo Español de Arte Contemporáneo.

Stadtgeschichtliche Sammlung
s. Colección Municipal.

Stadtgeschichtliches Museum
s. Museo Municipal.

Stierkampfmuseum
s. Museo Taurino.

Wachsfigurenmuseum
s. Museo de las Figuras de Cera.

Wagenmuseum
s. Palacio Real.

KIRCHEN UND KLÖSTER
Die Gotteshäuser Madrids haben meist keine festen
Öffnungszeiten. Günstig für einen Besuch ist der
späte Vormittag nach den Morgenmessen und der
Nachmittag etwa zwischen 16 und 19 Uhr.

Almudena,
Calle Mayor 92.

Basílica de Atocha,
Avenida Ciudad de Barcelona 1.

Capilla del Obispo,
Plaza Marqués de Comillas 9.

Convento de Concepcionistas
s. Convento de Santa Isabel.

Convento de Santa Isabel,
Calle de Santa Isabel.

Convento de la Encarnación,
Plaza de la Encarnación.

Convento de las Benedictinas de San Plácido,
Calle San Roque 9.

Convento de las Descalzas Reales,
Plaza de las Descalzas;
Mo., Mi., Sa. 10–13.30 und 16–18, Fr. 10–13.30
sowie So. 11–14 Uhr.

Convento de las Madres Mercedarias,
Calle Valverde 15.

Ermita de San Antonio de la Florida
(Goya-Fresken),
Paseo de la Florida;
mittwochs geschlossen.

Ermita Virgen del Puerto,
Paseo Virgen del Puerto.

Escuelas Pías de San Antón,
Calle Hortaleza 63.

Iglesia de Montserrat,
Calle San Bernardo 79.

Iglesia del Carmen y San Luis,
Calle Carmen 10.

Iglesia del Sacramento,
Calle Sacramento 7.

Iglesia de las Calatravas,
Calle Alcalá 25.

Iglesia de las Comendadoras de Santiago,
Plaza Comendadoras 11.

Iglesia de las Mercedarias Descalzas,
Calle Góngora 5.

Iglesia de las Salesas Nuevas,
Calle San Bernardo 72.

Oratorio del Caballero de Gracia,
Calle Caballero de Gracia 5.

San Andrés,
Piaza Marqués de Comillas 9.

San Andrés de los Flamencos,
Calle Claudio Coello 89.

San Antonio de los Alemanes,
Calle Puebla 22.

San Antonio de los Pobres,
Calle San Pablo 16.

San Cayetano,
Calle Embajadores 15.

San Francisco el Grande,
Plaza San Francisco;
Di.–So. 11–13 und 16–19 Uhr.

San Ginés,
Calle Arenal 13.

San Jerónimo el Real,
Calle Moreto 4.

San José,
Calle Alcalá 41.

San Luis de los Franceses,
Calle Tres Cruces 8.

San Marcos,
Calle San Leonardo 10.

San Miguel,
Calle Sacramento 4.

San Nicolás,
Plaza San Nicolás.

San Pedro,
Calle Nuncio 12.

Santa Bárbara,
Calle General Castaños 2.

SEHENSWERTES. – Die spanische Hauptstadt hat viel an Sehenswertem zu bieten. Es empfiehlt sich daher, die Besichtigung Madrids in kleinere Sektionen aufzuteilen, wie sie mit den nachfolgenden Abschnitten empfohlen werden.

Der alte Mittelpunkt der Stadt sowie die Hauptkreuzung der Untergrundbahnen ist die Puerta del Sol, ein nach dem 1570 abgebrochenen Osttor benannter Platz, von dem zehn Straßen ausgehen, darunter die sechs Fernstraßen zu den Landesgrenzen. An der Nordseite des Platzes Hotels und Banken, an der Südseite die *Generaldirektion für Sicherheitswesen,* 1786 von Jacques Marquet als Postgebäude errichtet, mit dem 1847 hinzugefügten Uhrturm.

Nach Osten zum Prado. – Von der Puerta del Sol führt die von Bank- und Clubhäusern gesäumte Calle de Alcalá, die breiteste Straße der inneren Stadt, nordöstlich zur Plaza de la Cibeles (s.u.). Gleich links das *Finanzministerium,* daneben die *Academia de Bellas Artes de San Fernando,* mit einer bedeutenden Gemäldegalerie (span. Gemälde u.a. von Goya, Zurbarán sowie ital. und niederl. Gemälde). Weiterhin links die *Iglesia de las Calatravas* (17. Jh.), die Ordenskirche der Calatrava-Ritter. Rechts schräg gegenüber das *Unterrichtsministerium* (1928) und der von einem hohen Turm gekrönte Monumentalbau des *Circulo de Bellas Artes* (1926; Kunstausstellungen). Es folgt links an der Einmündung der Gran Vía die Kirche *San José* (1742). – Am Ende der inneren Calle de Alcalá liegt rechts, mit der Hauptfront zur Prado-Promenade, der 1891 errichtete Palast des *Banco de España.* Links gegenüber in einem großen Garten der ehem. *Palacio de Buenvista,* 1782 für die Herzogin von Alba erbaut, 1805–08 Eigentum des 'Friedensfürsten' Godoy, heute das *Wehrministerium.*

Die innere Calle de Alcalá mündet auf die *Plaza de la Cibeles, den verkehrsreichsten Platz der Stadt, mit der

Hauptpost in Madrid

Blick zur Plaza de la Cibeles

Fuente de Cibeles (18. Jh.), einer Marmorgruppe der kleinasiatischen Naturgöttin Kybele. An der Südostecke des Platzes das 1918 erbaute staatliche *Hauptpostamt* (Correos). Unweit östlich hiervon in der Calle de Montalbán Nr. 12 das interessante *Nationalmuseum für Dekorative Kunst* (Museo Nacional de Artes Decorativas), mit reicher Sammlung an Möbeln, Keramik und Volkskunst. – Von der Plaza de la Cibeles führt die östliche Fortsetzung der Calle de Alcalá zu der Plaza de la Independencia (s. u.), während nördlich der Paseo de Recoletos, südlich der Paseo del Prado abzweigt.

Der *Prado ('Wiese') ist eine von breiten Fahrbahnen gesäumte Promenade mit hübschen Anlagen. In dem nördlichen Straßenabschnitt des Paseo del Prado das stattliche *Marineministerium* (1928), mit einem interessanten *Marinemuseum* (Museo Naval). Weiterhin

die *Fuente de Apolo* von 1780; schräg gegenüber das 1840 errichtete *Monumento del Dos de Mayo* für die am 2. Mai 1808 bei einem Aufstand gegen die Franzosen gefallenen 'Märtyrer der Freiheit'. An der Nordostecke der Plaza de la Leaitad die *Börse* (1893). – Am Südende des nördlichen Abschnitts des Paseo del Prado die Plaza Cánovas del Castillo, mit der *Fuente de Neptuno* (18. Jh.) sowie zwei Luxushotels. Bei diesen rechts die langgestreckte Plaza de las Cortes, deren Nordseite das 1850 erbaute Abgeordnetenhaus *Palacio de las Cortes Españolas* einnimmt. Unweit südlich dieses Platzes, in der Calle Cervantes Nr. 11, das *Museum Lope de Vega,* eine Nachbildung des Hauses des spanischen Dramatikers. – An der südlichen Fortsetzung des Paseo del Prado liegen das Prado-Museum und der Botanische Garten.

Das ****Prado-Museum** *(Museo de Prado),* in einem 1785-1819 errichteten und mehrfach erweiterten Gebäude, enthält eine der ältesten, berühmtesten und umfangreichsten Gemäldegalerien der Erde sowie eine bedeutende Skulpturensammlung.

Die ****Gemäldegalerie** mit über 2500 Bildern (von insgesamt etwa 5000) hat ihre Hauptstücke im 1. Stock. Besonderer Schatz ist die Spanische Schule, in der vor allem *J. Ribera* mit etwa 60 und *El Greco* mit 34 Gemälden vertreten sind; von *Diego Velázquez* besitzt das Museum etwa 50 Werke. Hervorzuheben sind ferner *Murillo, Goya, Berruguete, Morales, Ribalta, Zurbarán, Cano* und *Coello.* Weitere Sammlungen: Italiener des 15. Jh. mit *Fra Angelico, Raffael, Tintoretto, Tiepolo, Tizian* u.a.; die älteren Niederländer; die Deutsche Schule mit *Albrecht Dürer, Lucas Cranach* u.a.; die Flämische Schule mit *Rubens* (86 Gemälde), *van Dyck, Jan*

Prado-Museum   **Madrid**
Museo del Prado

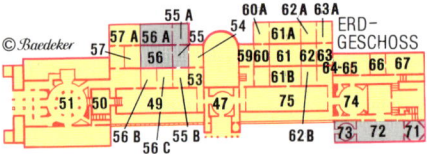

Wegen des Einbaus einer Klimaanlage sind verschiedene Säle des Prado z. Z. geschlossen, andere provisorisch eingerichtet. Auf eine Lokalisierung der Bilder wird deshalb verzichtet. Einige der Hauptwerke sind:

El Greco: "Die Auferstehung"   Rubens: "Die Drei Grazien"
Velázquez: "Las Meniñas"   Rembrandt: "Selbstbildnis"
Goya: "Die Familie Karls IV.",   Mantegna: "Der Tod Mariae"
die beiden Majas   Tintoretto: "Die Fußwaschung"

Brueghel; die Holländer mit *Rembrandt* u.v.a. – Im Erdgeschoß des Prado-Museums die *Skulpturensammlung. – In dem nahegelegenen Museum *El Casón* das Bild 'Guernica' von Picasso.

Östlich hinter dem Museum die im 16. Jh. erbaute, 1882 erneuerte Kirche *San Jerónimo el Real,* 1528–1833 Versammlungsraum der Cortes und Vereidigungsstätte des Kronprinzen (Príncipe de Asturias). – Nördlich gegenüber der Kirche die *Akademie,* 1713 zur Pflege der spanischen Sprache und Literatur gegründet, 1893 hierher verlegt. Unweit nördlich das Heeresmuseum (Museo del Ejército) mit einer Sammlung von Waffen und Modellen.

Südlich vom Prado-Museum liegt der **Botanische Garten** *(Jardín Botánico),* mit großen Gewächshäusern an der Nord- und Ostseite. – Östlich davon erstreckt sich der hochgelegene **Parque del Retiro,** eine prächtige Anlage, die eine von Philipp II. angelegte, 1734 abgebrannte gleichnamige Sommerresidenz umgab. In der Mitte des Parks der Teich *Estanque Grande,* an dessen Ostseite sich das von einer Säulenhalle umgebene hohe *Denkmal* für König *Alfons XII.* erhebt. Südöstlich vom Teich liegen die beiden Ausstellungspaläste Palácio de Velázquez und Palácio de Cristal. An der Ostseite des Parks liegt der *Zoologische Garten.*

Nach Norden zum Stadtteil Salamanca. – An der Nordwestecke des Parque del Retiro die belebte P l a z a d e l a I n d e p e n d e n c i a, mit der **Puerta de Alcalá,** einem 1778 erbauten mächtigen Triumphbogen. Von hier zieht nördlich die elegante Geschäftsstraße C a l l e d e S e r r a n o durch das vornehme Stadtviertel **Salamanca.** Bald links das Archäologische Nationalmuseum (s.

Madrid – Puerta de Alcalá bei Nacht

unten). Weiter nördlich (1½ km) liegt links, Ecke Calle de María de Molina, das **Museo Lázaro Galdiano,** die bedeutendste private Sammlung Spaniens, die beim Tode des Gründers dem Staat vermacht wurde und neben Porzellan, Keramik und Bronzen des 12.Jh. die reichste Sammlung englischer Gemälde außerhalb Englands sowie zahlreiche Bilder spanischer, italienischer und niederländischer Meister enthält (u. a. El Greco, Goya, Velázquez, Murillo, Zurbarán, Cano, Coello, Tiepolo, Leonardo da Vinci, Rembrandt). – Am Ostende der Calle de María de Molina das eindrucksvolle Haus *Edifico María de Molina.*

Weiter an der Calle de Serrano links die modernen Gebäude des *Consejo Superior de Investigaciones Científicas* (Forschungsrat), mit dem *Nationalarchiv* (Archivo Histórico Nacional; 20000 Urkunden), und die Kirche *Espíritu Santo* (1946), ein Beispiel neuerer spanischer Kirchenbaukunst.

Westlich parallel zur Calle de Serrano verläuft der von der Plaza de la Cibeles ausgehende Paseo de Recoletos, einst die vornehmste Promenade Madrids, an der früher viele Adelspaläste standen. An der links abgehenden Calle de Doña Bárbara de Braganza der *Justizpalast,* 1758 als Salesianerinnenkloster erbaut. In der angrenzenden *Salesianerinnenkirche* befindet sich das Marmorgrabmal Ferdinands VI. Weiter nordwestlich, in der Calle de San Mateo 13, das *Museo Romántico,* mit Möbeln, Gemälden und Erinnerungen aus dem zweiten Drittel des 19. Jahrhunderts.

Am Ende des Paseo de Recoletos rechts das 1866-94 errichtete **Bibliotheks- und Museumsgebäude** *(Palacio de la Biblioteca y Museos Nacionales),* das in seinem Westteil u.a. die 1711 von Phillipp V. gegründete *Nationalbibliothek* enthält, eine der hervorragendsten Büchersammlungen Europas (etwa 2 Mio. Druckbände, darunter etwa 800 Don-Quijote-Ausgaben, ferner zahlreiche Handschriften, Urkunden, Handzeichnungen, über 100000 Kupferstiche sowie Holzschnitte). In der östlichen Hälfte des Gebäudes das *Archäologische Nationalmuseum* (Museo Arqueológico Nacional), mit vorgeschichtlichen Gegenständen, Werken der Kunst und des Kunsthandwerks vom Altertum bis zur

Neuzeit: iberische Altertümer, darunter die berühmte "Dame von Elche" aus dem 4. oder 3.Jh. v.Chr. und die "Dame von Baza", ferner solche ägyptischer, etruskischer, phönizischer, griechischer, westgotischer, römischer und ostasiatischer Herkunft; Münzsammlung; Nachbildung der Höhle von Altamira. – Nördlich neben diesem Gebäude an der mit einem 17 m hohen Standbild des Kolumbus geschmückten Plaza de Colón die *Münze* (Casa de la Moneda) von 1861 sowie zwei Bürohochhäuser. In der Nähe, Paseo de Recoletos 41, ein *Wachsfigurenmuseum* (Museo de las Figuras de Cera), mit über 300 Figuren und 28 Ensembles.

Von der Plaza de Colón führt nach Norden der 2½ km lange Paseo de la Castellana (Freilichtmuseum moderner Plastik) durch den Stadtteil Salamanca zu den ausgedehnten Gebäudegruppen der **Neuen Ministerien,** dem Sitz von drei Ministerien. Südöstlich gegenüber auf der Höhe das 1771 gegründete reichhaltige **Naturwissenschaftliche Museum,** das u.a. große Meteorsteine enthält. Nördlich anschließend an die Neuen Ministerien der **Bahnhof Chamartín,** die Kopfstation für wichtige Linien in den Norden und mit dem Südbahnhof durch eine Schnellbahn verbunden. Etwa 1 km nördlich von den Neuen Ministerien liegt an dem großzügig angelegten, nördlichen Abschnitt des Paseo de la Castellana rechts das mächtige *Stadion Bernabeu.*

Nach Nordwesten zur Universitätsstadt. – Von der Puerta del Sol nordöstlich durch die belebte Calle de la Montera an der 1689 erbauten Kirche *San Luis* vorbei zur *Gran Vía,* der Hauptgeschäftsstraße von Madrid, mit vielstöckigen Hotel- und Warenhausbauten, Theatern, Banken und Geschäftshäusern. Gleich links an der Ecke der die Calle de la Montera nördlich fortsetzenden Calle de Fuencarral das sechzehnstöckige Hochhaus *Telefónica* (1928). Unweit östlich das *Getränke-Museum* (Museo de Bebidas), mit 23000 Flaschen aus vielen Ländern und den verschiedensten Zeiten. In der Calle de Fuencarral Nr. 78 das ehem. *Hospicio de San Fernando* (1729), mit prächtigem platereskem Portal; im Innern das interessante *Stadtgeschichtliche Museum* (Museo Municipal) mit

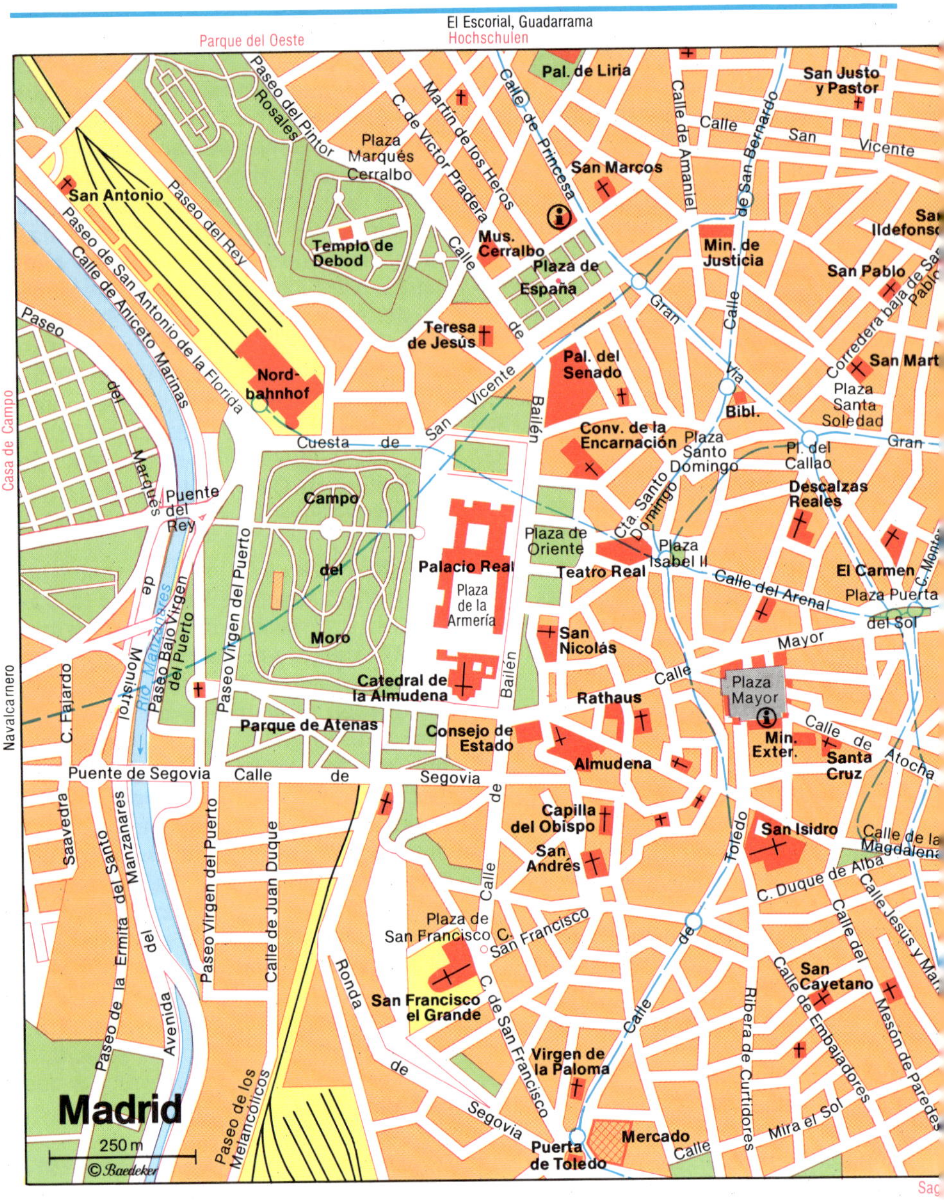

El Escorial, Guadarrama
Hochschulen
Parque del Oeste

Madrid

250 m

© Baedeker

prachtvollem Barockportal von Pedro
Ribera.

Von der Telefónica führt die Gran Vía
westlich zu der verkehrsreichen Plaza
de España, mit zahlreichen Hochhäusern, vor allem dem *Edificio de España
(107 m hoch, 26 Stockwerke, Aus-
sichts-Café, und in 96 m Höhe ein
Schwimmbad). An der Nordwestseite
des Platzes die 1959 errichtete Torre de
Madrid, ein 124 m hohes Geschäfts- und
Wohnhochhaus (auch Kino), mit 35
Stockwerken und einem 3 Stockwerke
tiefen unterirdischen Parkplatz für 350
Autos. In der Mitte der Plaza de España
das Cervantes-Denkmal (1928), mit den

Plaza de España

Figuren des Don Quijote und seines Knappen Sancho Pansa. In der an der Südwestseite des Platzes beginnenden Calle Ventura Rodríguez das interessante *Museo de Cerralbo,* u. a. mit einer bedeutenden Gemäldesammlung, bes. spanischer, italienischer und flämischer alter Meister. – Westlich vom Museum im Parque de la Montaña der beim Aufbau ergänzte ägyptische **Tempel von Debod,** im 1. Jh. v. Chr. 22 km südlich von Assuan am Nil errichtet, 1972 als Geschenk des Präsidenten Nasser hier wiederaufgebaut (schöne Wandreliefs, u. a. Isiskult).

Unweit nordöstlich der Plaza de España liegt die alte **Universität,** 1836 aus Alca-

lá de Henares mit dem Titel *Universidad Central de España* nach Madrid verlegt und seit 1842 in einem früheren Jesuitennoviziat untergebracht.

Nordwestlich von der Plaza de España gelangt man durch die Calle de la Princesa zur Plaza de la Moncloa (oder Plaza de los Mártires de Madrid), mit dem seit 1950 errichteten mächtigen Bau des *Luftfahrtministeriums.* – Nordwestlich beginnt bei dem weithin sichtbaren 39 m hohen *Arco de la Victoria* (auch Arco del Triunfo; 1956) der ausgedehnte **Parque del Oeste** (Westpark), in dessen Südteil in jedem Frühjahr eine internationale Rosenschau abgehalten

Madrid – Palacio Real (Königliches Schloß)

wird. Nordöstlich gegenüber dem Arco das *Museo de América,* eine vorzügliche ethnographische Sammlung der alten Kulturen Mexikos sowie Mittel- und Südamerikas. In demselben Gebäude das *Museum der Abgüsse,* mit Gips- und Bronzeabgüssen älterer Kunstwerke. – Weiter nordwestlich die runde P l a z a d e l a C i u d a d (amtlich Glorieta del Cardenal Cisneros). Nördlich und südlich hiervon erstreckt sich die *Ciudad Universitaria (Universitätsstadt), mit ihren großzügigen Gebäudekomplexen. Gleich rechts an der Avenida Complutense, der breiten Hauptallee der Universitätsstadt, die G r a n P l a z a (amtlich Plaza de Ramón y Cajal), mit der *Medizinischen Fakultät;* am Nordende der Allee die *Aula (Paraninfo).* – In der südwestlich von der Plaza de la Ciudad abzweigenden Avenida Juan de Herrera befindet sich das **Spanische Museum für zeitgenössische Kunst** *(Museo Español de Arte Contemporáneo),* mit Werken von Dalí, Miró, Gris, Rusiñol, Solana, Tapiès, Saura u. a.

Nach Westen zum Königlichen Schloß. – Von der Südecke der Plaza de España kommt man durch die C a l l e d e B a i l é n am ehem. *Senatsgebäude* und am *Spanischen Volkskundemuseum* (Museo del Pueblo Español) vorbei zu der mit Anlagen geschmückten P l a z a d e O r i e n t e, dem größten Platz

der inneren Stadt, der unter Joseph Bonaparte geschaffen wurde und von 44 Standbildern westgotischer und spanischer Könige umgeben ist. In der Mitte das 1640 nach Plänen des I.M. Montañés von dem Florentiner Tacca gegossene *Reiterstandbild Philipps IV.* An der Nordostecke des Platzes das alte Augustinerinnenkloster *La Encarnación,* jetzt Kunstmuseum. An der Ostseite des Platzes das *Teatro Real,* seit 1966 auch Konservatorium. Östlich hinter dem Theater liegt die Plaza de Isabell II, von der die C a l l e d e l A r e n a l (mit Kirche *San Ginés)* zur Puerta del Sol führt.

An der Westseite der Plaza de Oriente erhebt sich das *Königliche Schloß (Palacio Real),* nach Entwurf von F. Juvara († 1735) für Philipp V. 1738-64 an Stelle des alten Alcázar und des 1734 abgebrannten alten Palastes von Giov. Batt. Sacchetti erbaut und 1845 durch die südlich vorgeschobenen Flügel ergänzt. Im quadratischen Innenhof die Statuen der in Spanien geborenen vier römischen Kaiser Trajan, Hadrian, Theodosius und Honorius. Im prunkvoll ausgestatteten Innern des Schlosses besonders beachtenswert etwa 2500 Wandteppiche, neben der in Wien wohl die reichste Sammlung (vorwiegend flandrische Arbeiten aus dem Besitz Karls V.). In der Nordostecke des Schlosses die 1716 von Philipp V. gegründete *Königliche Bibliothek* (300 000 Bände, 4000 Manuskripte und 3500 Karten). – Zwischen den Südflügeln des Schlosses liegt die Plaza de la Armería, wo sich von der Bogenhalle auf der Westseite des Platzes ein großartiger Blick auf den Schloßgarten, die Manzanares-Niederungen und das Guadarrama-Gebirge bietet. Der südwestliche Nebenflügel des Schlosses enthält die **Armería, die von Karl V. gegründete weltberühmte Waffensammlung der spanischen Könige, mit vielen vortrefflichen Werken von Waffenschmieden aus verschiedenen Ländern.

Südlich gegenüber der Plaza de la Armería erhebt sich die seit 1895 im Bau befindliche zweitürmige **Catedral de Nuestra Señora de la Almudena,** mit klassizistischer Fassade. – Unweit nördlich vom Schloß das *Wagen-Museum* (Museo de Carruajes). Westlich hinter dem Schloß erstreckt sich bis zum Paseo de la Virgen del Puerto der *Schloßgarten,* nach der maurischen Belagerung des Alcázar im Jahre 1109 'Campo del Moro' genannt. Vom Paseo de la Virgen führt der *Puente del Rey* über den kanalisierten *Rio Manzanares* zu der am jenseitigen Ufer liegenden **Casa de Campo,** einem ausgedehnten Erholungs- und Vergnügungspark mit Teichen, Festhalle, Freilichttheater, Zoo, Stierkampfarena und Gaststätten (vom Paseo del Pintor Rosales Kabinenseilbahn). – Am Nordende des Paseo de la Virgen der **Nordbahnhof.** Von hier führt der Paseo de la Florida nahe am Manzanares hin zur **Ermita de San Antonio de la Florida,** einer 1792 von J. Villanueva erbauten Kapelle; im Innern *Gewölbemalereien von Francisco Goya (1799); im Chor das Grab des Meisters. – Von hier erreicht man in wenigen Minuten den Parque del Oeste.

Zur südlich gelegenen Plaza Mayor. – Von der Puerta del Sol gelangt man auf der Calle Mayor in südlicher Richtung zur links etwas abseitsliegenden *Plaza Mayor (Fußgängerzone), einem 1619 geschaffenem großen Platz von bemerkenswerter architektonischer Geschlossenheit, der vielfach zu Festlichkeiten, Turnieren, Pferderennen und Stierkämpfen benutzt wurde; in der Mitte ein *Reiterstandbild *Philipps III.,* von Giovanni Bologna modelliert und 1613 von seinem Schüler Pietro Tacca in Florenz gegossen. An der Nordseite des Platzes die freskengeschmückte *Casa Panadería* (1672), ursprünglich Verkaufsstelle für Brot, jetzt Sitz städtischer Behörden. Gegenüber an der Südseite der Plaza Mayor die *Casa Consistorial,* die ebenfalls Gemeindezwecken dient. Sonntags findet unter den Nordbogen der Plaza Mayor eine Münzen- und Briefmarkenbörse statt. Von der Südwestecke der Plaza Mayor führt der malerische Arco de los Cuchilleros und weiter die Calle de los Cuchilleros hinab in einen enggebauten Altstadtbereich. – Unweit südöstlich der Plaza Mayor an der kleinen Plaza de Jacinto Benavente das *Ministerium für Auswärtige Angelegenheiten,* 1643 als Gefängnis erbaut. Von hier führt die verkehrsreiche Calle de Atocha zum Südbahnhof.

Weiter westlich der Plaza Mayor findet man die Plaza de la Villa, mit dem dreitürmigen **Rathaus** *(Casa del Ayuntamiento),* das seit 1644 erbaut und mehrmals erweitert wurde. Dem Rathaus östlich gegenüber die altertümliche *Torre de los Lujanes* (16. Jh.; erneuert). – Südlich der Plaza de la Villa die *Capilla del Obispo,* 1520 über dem ursprünglichen Grab des hl. Isidor errichtet, mit platereskem Retablo (1547). Daneben die aus dem 17. Jh. stammende Kuppelkirche *San Andrés.* Von hier südwestlich durch die Carrera de San Francisco zu der Kirche *San Francisco el Grande,* einem 1784 errichteten Kuppelbau, der 1869 zum Panteón Nacional bestimmt wurde; seit 1881 ruhen hier jedoch keinerlei Gebeine mehr. In dem glänzend in dorischem Stil ausgestattetem Innern in der ersten Kapelle links ein Altarbild von Francisco Goya (1782).

An der Südweite der Plaza Mayor beginnt die Calle de Toledo, eine Hauptverkehrsstraße im südlichen Teil des alten Madrid, mit zahlreichen kleinen Läden. Links die Kirche **San Isidro el Real,** ein 1622-51 errichteter, bis zur Fertigstellung der Kathedrale als Hauptkirche dienender stattlicher Granitbau, der 1769 dem Schutzpatron von Madrid, dem hl. Isidor 'dem Ackersmann' (San Isidro Labrador, † 1170) geweiht wurde; im Chor die Gebeine des Heiligen. – 300 m südlich beginnt der sog. **Rastro,** ein besonders an Sonntagvormittagen belebter Trödelmarkt (auch Antiquitäten). – Die Calle de Toledo führt von San Isidro weiter zu der **Puerta** de Toledo, einem in napoleonischer Zeit begonnenen und 1827 vollendeten Torbogen, von wo man auf der Ronda de Toledo und der Ronda de Atocha zum Südbahnhof gelangt; die Ronda de Atocha mündet in die Glorieta de Atocha (amtlich Plaza del Emperador Carlos V.). An der Südseite dieses Platzes liegt der **Südbahnhof;** gegenüber das **Centro de Arte Reina Sofía,** Madrids neues Zentrum für zeitgenössische Kunst. – Von der Glorieta zieht südöstlich der breite Paseo de la Infanta Isabel am *Ethnologischen Museum* vorbei zur *Basílica de Nuestra Señora de Atocha,* 1890 an der Stelle einer alten Ermita begonnen, aber außer dem Glockenturm und einem Pantheon für berühmte Spanier unvollendet.

UMGEBUNG von Madrid. – **Zum Monte de El Pardo:** Ausfahrt in nordwestlicher Richtung auf der N-VI zur 6 km entfernten *Puerta de Hierro;* hier rechts ab auf der C-601 durch den wegen seiner Steineichen berühmten ehem. königlichen *Wildpark* nach
El Pardo, einem inmitten des Parks gelegenen Städtchen, dessen 1543 erbauter und 1772 vergrößerter *Palacio* lange Zeit Sommerresidenz der spanischen Könige war und in dem Franco bis zu seinem Tode residierte. In der Nähe des Schlosses die hübsch ausgestattete Casita del Príncipe und die Hofkirche, beide aus dem Ende des 18. Jh. – Westlich hiervon der *Convento del Santo Cristo;* im Innern ein farbiges Holzschnitzbild.

Über Colmenar zur Sierra de Guadarrama. – Ausfahrt auf der nach Norden strebenden N-I, dann kurz hinter dem 9 km entfernten Fuencarral links ab, auf der autobahnähnlichen C-607 weiter und vorbei am ehem. königlichen Wildpark nach
Colmenar Viejo (885 m; 8500 Einw.), einem malerisch gelegenen Städtchen; in der Pfarrkirche des 14. Jh. ein beachtenswerter plateresker Retablo von 1579.

In nördlicher Richtung auf einer Nebenstraße, von der 8 km hinter Colmenar links eine Abzweigung zum Stausee *Embalse de Santillana* (800 m lange und 28 m hohe Staumauer) führt. Von hier ggf. weiter nach **Manzanares el Real.**

Verbleibt man hinter der genannten Abzweigung auf der weiter nach Norden führenden Nebenstraße, erreicht man
Miraflores de la Sierra (1150 m; 2500 Einw.), ein als Sommeraufenthalt der Madrider beliebtes Städtchen, in schöner Lage am Südfuß der *Sierra de Guadarrama.* – Von hier in Windungen über den *Puerto de la Morcuera* (1796 m) nach *Rascafría* (918 m) und durch das schöne Tal des *Río Lozoya* zum

Monasterio de El Paular (1153 m), als Kartäuserkloster 1390 gegründet, mit einem schönen Kreuzgang und einer nach dem Erdbeben von 1755 barock wiederaufbauten Kirche; im Innern beachtenswert die reich ausgestattete Capilla del Tabernáculo von 1724 sowie ein niederländischer Marmorhochaltar des 15. Jahrhunderts.

Vom Kloster auf der aussichtsreichen C-604 zum *Puerto de Navacerrada,* gegebenenfalls auf der N-601 Rückfahrt nach Madrid (Rundfahrt: etwa 170 km).

Nach San Lorenzo del Escorial. – Ausfahrt in nordwestlicher Richtung auf der N-VI und nach Gabelung von Straße und Autobahn Abzweigung links zur C-505; weiter auf dieser und via *Las Rozas* (717 m; mit Gartenrestaurants) und später über den Stausee *Embalse de Granjilla II* nach
El Escorial (s. dort), mit dem großartigen Klosterschloß. Nördlich von El Escorial Zufahrtstraße zum 13 km entfernten Totenmal des *Valle de los Caídos.*

Zu den Montes Carpetanos. Die Madrid Richtung Norden verlassende N-I ist die Hauptroute über Burgos nach San Sebastián. Sie führt durch den Madrider Vorort *Chamartín* via *San Sebastián de los Reyes* (678 m; links) und den Ort *San Agustín de Guadalix* (684 m; links), vorbei an der Auto-Rennstrecke *Jarama* (3,4 km), nach
El Molar (817 m), einem kleinen Thermalbad, wo rechts eine Nebenstraße (15 km) zu dem am Südfuß der Sierra de Guadarrama gelegenen mauerumgebenen alten Städtchen *Torrelaguna* (774 m), mit beachtenswerter Pfarrkirche des 13./15. Jh. und Geburtshaus des Kardinals Jiménez, führt.

Weiterfahrt auf der N-I, später in Windungen über einen kleinen Paß (1140 m) nach
Buitrago del Lozoya (977 m), einem am Westufer des vielverzweigten *Lozoya-Stausees* gelegenen alten Städtchen, mit Mauern und Türmen, einem Schloß des 14./15. Jh. und einer Kirche des 15. Jahrhunderts.

Hinter dem Dorf *Somosierra* klettert die Straße hinauf zum
Puerto de Somosierra (1404 m), wo im Jahre 1808 Napoleon den Übergang über die Sierra de Somosierra erkämpfte; Teil der *Montes Carpetanos* (Guadarrama-Gebirge), zugleich Grenze zwischen Neu- und Altkastilien. Schöner Ausblick: rechts die Sierra de Ayllón, im Süden die weite Hochfläche von Neukastilien.

In Richtung Cuenca. – Von der nach Südosten führenden Hauptroute N-III zweigt unterwegs die N-400 nach Cuenca ab. Die autobahnähnliche Straße strebt zunächst durch den Vorort *Vallecas* und schließlich an *Vaciamadrid* vorbei. Sie überquert den *Río Jarama* und erreicht

Arganda del Rey (618 m), mit hübscher Renaissancekirche San Juan Bautista (1525), dem Castillo von 1400 und der von Gartenanlagen umgebenen Casa del Rey, einst Besitz des spanischen Königshauses.

In Windungen geht es durch das Hügelland der neukastilischen *Meseta*, mit Rückblick auf die Sierra de Guadarrama. Hinter *Perales de Tajuña* (583 m) klettert die N-III über die Höhe der *Peñas Gordas* (794 m) und führt nach *Villarejo de Salvanés* (758 m), mit einem Burgturm und einer Kirche des 13. Jh. Durch die Niederungen des *Río Tajo* kommt man nach *Fuentidueña de Tajo* (563 m), mit der Ruine einer Burg des 11. Jh., und schließlich zur Grenze zwischen den Provinzen Madrid und Cuenca.

Nach Aranjuez. – Die nach Süden strebende Hauptroute N-IV ist zugleich der Ausgangspunkt für die über Albacete nach Murcia führende N-301. Als Autobahn geht es zunächst zur Abzweigung *Corro de los Ángeles*, dem im Mittelpunkt Spaniens gelegenen Kegelberg (670 m), mit dem von einer 9 m hohen Christusstatue überragten weithin sichtbaren 'Monumento al Corazón de Jesús' und einer Kirche; schöne *Aussicht nach Norden auf Madrid und das Guadarrama-Gebirge, nach Süden auf die kastilische Ebene.

Man kommt zur Abzweigung *Pinto*, mit einer alten Burg, die 1578–81 der durch höfische Intrigen zur Zeit Philipps II. bekannten Fürstin Eboli als Gefängnis diente. Danach überquert die N-IV den *Canal del Jarama*, dann den *Río Jarama*, schließlich den *Río Tajo* und erreicht **Aranjuez** (s. dort).

Zum Puerto de Guadarrama. – Die in nordwestlicher Richtung durch das Guadarrama-Gebirge führende N-VI ist die Hauptroute, die Madrid mit Galicien und somit mit La Coruña verbindet. Als Autobahn verläßt sie die spanische Hauptstadt über *Las Rozas* (717 m) und erreicht **Torrelodones** (845 m), als Sommerfrische von Madrid aus viel besucht. 8 km nördlich des Ortes der im aussichtsreichen Hochtal des Manzanares gelegene Luftkurort *Hoyo de Manzanares* (1000 m; Hotels).

Es folgt rechts die Abzweigung der nach Norden und über den *Puerto del Navacerrada* führenden N-601 nach **Segovia.** – Die N-VI dagegen erreicht **Guadarrama** (965 m), wo man die rechts vom Navacerrada-Paß herabkommende und links zum *Escorial* führende Straße kreuzt; von hier auch Abstecher zum Totenmal des *Valle de los Caídos*, dem 'Tal der Gefallenen'.

Nun in zahlreichen Kehren und Windungen bergauf (bis 12%) zum durchtunnelten *Puerto de Guadarrama** (1511 m; Gebühr), der den Kamm des Guadarrama-Gebirges

überwindet und nach den hier zur Erinnerung an den Bau der Straße unter Ferdinand VI. (1749) aufgestellten steinernen Löwen amtlich *Alto de los Leones de Castilla* genannt wird; Grenze zwischen den Landschaften Neu- und Altkastiliens. *Aussicht.

Nach Cuacos de Yuste. – Die N-V führt in südwestlicher Richtung; bei Navalmoral de la Mata (150 km) rechts abbiegend, erreicht man nach ca. 30 km – nahe dem Dorf Cuacos de Yuste – den einzigen *deutschen Soldatenfriedhof* in Spanien.

Málaga

Provinz: Málaga (MA). – Telefonvorwahl: 952. Höhe: 8 m ü.d.M. – Einwohnerzahl 503000.
Oficina de Información de Turismo, Calle Marqués de Larios 5; Telefon: 213445. **Delegación Provincial de Turismo,** Avenida de la Aurora s/n; Telefon: 347300. **Officina de Turismo,** Flughafen; Telefon: 312044.

HOTELS. – *Málaga Palacio* (garni), beim Stadtpark, L, 228 Z., Sb.; *Guadalmar,* Apdo. de Correos 568, I, 195 Z., Sb.; *Parador Nacional de Gibralfaro,* in aussichtsreicher Lage auf dem Gibralfaro, II, 12 Z., gute Küche; *Bahía Málaga* (garni), Somera 8, II, 44 Z.; *Casa Curro,* Sancha de Lara 7, II, 105 Z.; *Husa Las Vegas,* Paseo de Sancha 22, II, 73 Z., Sb.; *Los Naranjos* (garni), Paseo de Sancha 35, II, 41 Z.; *California,* Paseo de Sancha 19, III, 26 Z.; *Lis* (garni), Córdoba 7, III, 53 Z.; *Olletas* (garni), Cuba 1–3, III, 66 Z.; *Astoria* (garni), Avda. del Comandante Benítez 3, IV, 61 Z.; *Lynda Mar,* Canales 6, IV, 30 Z.; *Niza* (garni), Larios 2, IV, 52 Z.; u.a. – CAMPINGPLATZ: *Balneario del Carmen,* Carretera N-340 Richtung Almería, bei der Torre de San Telmo.

RESTAURANTS in den meisten Hotels; ferner *Gibralfaro,* auf dem gleichnamigen Berg; *La Alegría,* Marín García 10; *Cortijo de Pepe,* Plaza de la Merced 2; *La Espuela,* Trinidad Grund 14; *Baños del Carmen,* in Pedregalejo, Torre de San Telmo; *Casa Pedro,* Playa de El Palo, 5 km westlich; u.v.a.

VERANSTALTUNGEN. – *Semana Santa,* berühmte Feierlichkeiten mit besonders eindrucksvollen und farbenprächtigen nächtlichen Prozessionen (Karwoche), anschließend bedeutender Stierkampf (Ostersonntag); *Corpus Christi* (Fronleichnam), ebenfalls mit feierlicher Prozession, Stierkampf, Feuerwerk, *Fiestas Virgen del Carmen,* mit Meeresprozession zu Ehren der Gottesmutter (Juli); *Feria,* mit volkstümlichen Sommerfesten (August); *Spanien-Festspiele,* mit internationalen Musik- und Theater-Aufführungen (August/September); *Rallye Costa del Sol,* Automobilrennen in den Provinzen Málaga, Granada und Almería (Dezember).

STIERKAMPFARENA *(Plaza de Toros;* 11000 Plätze) am Paseo de Reding, im Stadtteil Malagueta.

WASSERSPORT. – Málaga besitzt einen großen Sporthafen; in unmittelbarer Nachbarschaft die

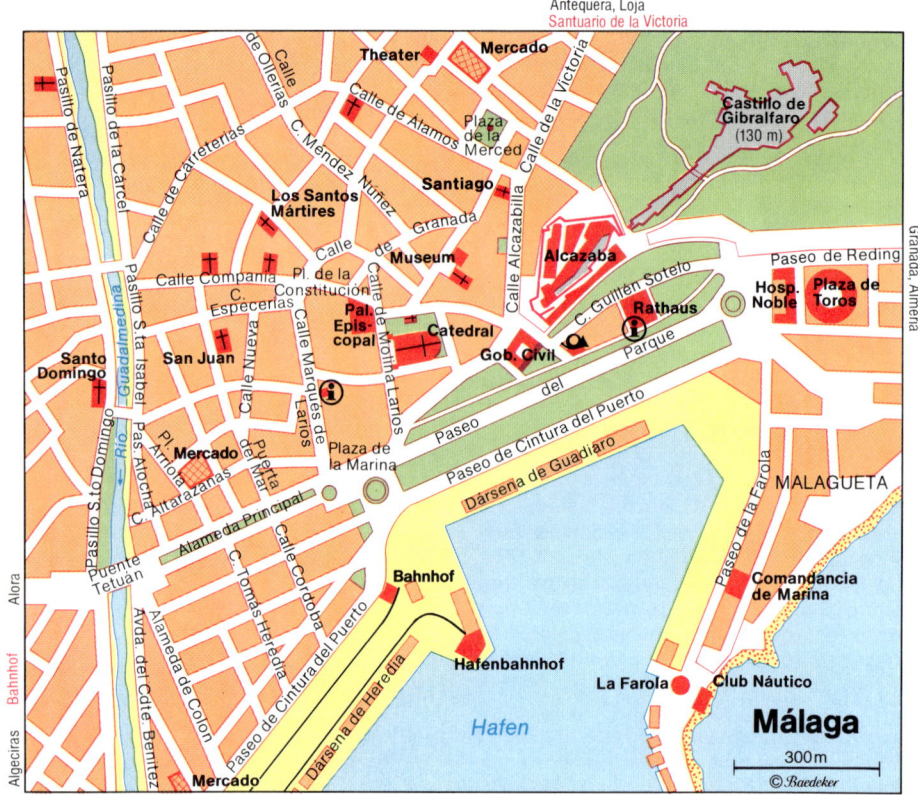

Strände Baños del Carmen, El Palo, Acacias, Pedregalejo und El Chanquete mit feinem Sand, ferner San Andrés (6 km Strand).

FREIZEIT und SPORT an Land. – Stierkampf, Golf (mehrere Plätze), Tennis, Reitsport, Sportanlagen und Schwimmbäder in mehreren Stadtteilen; ferner Jagd in Málagas Nachbarschaft und im Coto Nacional de Sierra Blanca (Ojén), Fluß- und Meeresfischerei; Luftsport durch den Aero Club.

Das an der spanischen Südküste am Fuß der Montes de Málaga malerisch und inmitten von üppiger subtropischer Vegetation gelegene *Málaga, Hauptstadt der gleichnamigen Provinz und Bischofssitz, ist einer der ältesten Mittelmeerhäfen.

Die weite Bucht der *Bahía de Málaga* wird östlich von der *Punta de los Cántales* und westlich von der *Torre de Pimentel* geschlossen sowie in der Mitte von dem burggekrönten *Gibralfaro* überragt.

Im Westen Málagas erstreckt sich die üppige *Vega* oder *Hoya de Málaga,* in der Orangen, Feigen, Bananen, Zuckerrohr, Baumwolle u.a. gedeihen. Besonders berühmt ist die Stadt wegen ihrer Rosinen (pasas; latein. uvae passae) und ihrer vortrefflichen und schon von den Mauren gepriesenen Weine, unter

denen vor allem der süße 'Pedro Ximenes' sowie die Muskateller 'Dulce' und 'Lágrimas' bekannt sind; wegen ihres Gehalts an phosphorsaurer Magnesia auch als Medizinalweine geeignet. Das sprichwörtliche milde Klima der Stadt hat Málaga zum Mittelpunkt der Costa del Sol gemacht, der auch als Winterkurort viel besucht wird. Industrie und Hafen haben Bedeutung.

GESCHICHTE. – Málaga ist eine Gründung der Phönizier, die hier eine Niederlassung für gesalzene Fische besaßen; vermutlich stammt von diesen ersten Siedlern auch der Name der heutigen Stadt, denn aus *Malaca* (malac = salzen) wurde schließlich Málaga. Die Stadt wurde karthagische Festung und bewahrte noch lange ihren punischen Charakter. Sie wurde römische Kolonie, dann kamen die Westgoten (571-711), danach die Mauren, die sie ein Paradies auf Erden nannten. Im Jahre 1487 wurde Málaga von den Katholischen Königen zurückerobert. In diese Zeit fällt der Bau vieler Gotteshäuser, von denen im Mai 1931 über 40 angezündet und zerstört wurden; auch im Bürgerkrieg hat die Stadt stark gelitten. – Málaga ist Geburtsort des Malers Pablo Picasso; hier lebte und starb der Bildhauer Pedro de Mena.

SEHENSWERTES. – Hauptverkehrsader von Málaga ist die 420 m lange und 42 m breite A l a m e d a   P r i n c i p a l; sie erstreckt sich von der P l a z a d e l a M a r i n a in die Altstadt bis zum Stadtfluß, dem *Río Guadalmedina,* wo die breite

Straße jenseits des *Puente de Tetuán* in die westlichen Vororte hinein ihre moderne Fortsetzung findet. Von der Alameda führen Nebenstraßen nördlich zu der nahen *Markthalle* (Mercado), wo besonders morgens der Fischmarkt sehenswert ist.

Östlich der Plaza de la Marina erstreckt sich am Hafen entlang der von hübschen Palmen- und Platanen-Promenaden gesäumte Paseo del Parque, mit tropischer Vegetation. An seiner Nordseite das *Gobierno Civil,* die *Aduana* (Zollamt), das *Postamt* und das 1911-19 erbaute **Ayuntamiento** *(Rathaus);* gegenüber die *Fuente de Neptuno,* von 1560. – An dem den Paseo del Parque fortsetzenden Paseo de Reding rechts die *Plaza de Toros* (Stierkampfarena), von 1874.

Nördlich des Paseo del Parque, unweit der Plaza de la Marina und durch die Calle Molina Larios zur Altstadt mit der **Kathedrale,** einem an der Stelle einer Moschee 1538 nach den Plänen von Diego de Siloé begonnenen, 1680 durch ein Erdbeben teilweise zerstörten und seit 1719 weitergeführten mächtigen Kalksteinbau, mit zweitürmiger Westfassade (von dem 86 m hohen Nordturm weite Rundsicht).

In dem 115 m langen dreischiffigen INNEREN, das sich durch großartige Proportionen auszeichnet, im *Chor* (1592-1631) ein schönes Gestühl von 1658, mit holzgeschnitzten *Heiligenstatuen und anderen Figuren von Pedro de Mena und Guiseppe Micaeli. In der *Capilla del Rosario* (dritte Kapelle im rechten Seitenschiff) eine Madonna mit Heiligen von Alonso Cano. An der linken Wand der *Capilla de los Reyes* (erste Chorkapelle rechts) die knienden Statuen der Katholischen Könige, ein Werk von Pedro de Mena, und eine Marienstatuette, die die Könige angeblich auf ihren Kreuzzügen stets mit sich führten. In der *Capilla Mayor* ein moderner Altar mit Passionsbildern von 1580.

Unweit nördlich der Kathedrale in der Calle San Agustín das *Museo de Bellas Artes* (Provinzialmuseum), mit Altertümern und einer kleinen Gemäldegalerie, u.a. mit Frühwerken von Picasso und Werken des 16.-20. Jh.; Spezialbibliothek über das Werk Picassos. – Durch die Calle Granada links mit der 1490 erbauten Kirche *Santiago el Mayor* zur großen Plaza de la Merced mit dem schlichten *Geburtshaus von Pablo Picasso* (kleine Gedenktafel; Museum geplant). – Weiter nördlich, auf der Calle de la Victoria zu erreichen, die Kirche

Nuestra Señora de la Victoria, ein schönes barockes Bauwerk an der Stelle, wo Ferdinand V. sein Feldlager aufschlug; in der Kirche die *'Virgen de la Victoria'* (15. Jh.), die Schutzpatronin der Stadt, und zwei Bildwerke von Pedro de Mena.

Südöstlich von der Plaza de la Merced steigt die Calle del Mundo Nuevo hinauf zur Einsattelung Coracha ('Ledersack') und zu der an der Stelle der ältesten Siedlung erbauten, vielfach restaurierten **Alcazaba** *(Festung)*, dem Sitz der maurischen Könige, von der u.a. die *Torre de la Vela* und der *Arco de Cristo* erhalten sind; sehenswert das *Museo Arqueológico* (Fundstücke und Sammlung spanisch-arabischer Keramik) und die prächtigen *Gartenanlagen in den Höfen der Burg. An der Nordseite die Reste eines *Teatro Romano.* – Von der

Römisches Theater in Málaga

Corache gelangt man nordöstlich, zwischen Mauern hindurch, zum **Gibralfaro** (170 m; 'dschebel' = Berg, 'pharos' = Leuchtturm), dessen Befestigung bis ins 13. Jh. zurückgeht. Von der alten Ringmauer herrliche *Aussicht auf Stadt, Hafen und Umgebung. Am Südhang der Parador de Gibralfaro.

Von der Plaza de la Marina, am Ostende der Alameda, führt die Calle Marqués de Larios nach Norden. Sie ist die Hauptgeschäftsstraße der Stadt, an ihr liegt auch das Informationsbüro. Die Straße mündet nördlich in die Plaza de la Constitución, mit Springbrunnen und der schönen *Casa del Consulado,* Portal des 17. Jh. aus weißem und graugrünem Marmor; das Haus ist Sitz der *Sociedad Económica de Amigos del País.*

UMGEBUNG. – Málaga, an der reizvollen und vielbesuchten *Costa del Sol gelegen, bietet natürlich vielfältige Ausflugsmöglichkeiten in die zahlreichen Touristenzentren mit ihren Stränden und internationalem Leben. Aber auch die Bergwelt lockt zu interessanten Touren.

In Richtung Granada. – Auf dem Paseo del Parque und dem sich anschließenden Paseo de Reding hinaus auf der N-340 und durch Zuckerrohrpflanzungen zum 10 km entfernten
Rincón de la Victoria (5 m; 5000 Einw.), einem hübsch gelegenen Fischerdorf. Über dem Ort in einem Park eine große Höhle, einst Zufluchtsort für Christen und Mauren, mit jungsteinzeitlichen Felszeichnungen; im Ort 3 km Strand.

Nach weiteren 21 km Küstenfahrt zu dem kleinen Hafen- und Badeort *Torre del Mar,* in dessen Nähe die Reste des antiken 'Mainake' (von den Karthagern zerstörte griechische Kolonie) gefunden wurden. – Von hier kurvenreiche Bergstraße C-335 über die alte Maurenstadt *Vélez-Málaga* (116 m; 45000 Einw.) und durch die *Sierra Tejada* nach *Ventas de Zafarraya* (907 m) an der Grenze zur Provinz Granada; die Route führt weiter über *Alhama de Granada* nach **Granada** (s. dort; 109 km).

Bergfahrt nach Ronda. – Auf dem Paseo de los Tilos in westlicher Richtung durch die Vega de Málaga; links abseits am jenseitigen Flußufer das alte maurische Städtchen *Cártama,* das römische 'Cartima'. Durch das Tal des *Rio Guadalhorce* nach *Pizarra* (80 m); von hier nach links über die *Sierra de la Robla,* und unweit des abseits liegenden *Alozaina* Anschluß an die C-344; auf dieser über *Yunquera* und das malerische *Burgo* hinein in die *Serranía de Ronda* nach **Ronda** (s. sort; 96 km von Málaga).

Marbella

Provinz: Málaga (MA). – Telefonvorwahl: 952.
Höhe: 14 m ü.d.M. – Einwohnerzahl: 65000.
ⓘ **Oficina de Información de Turismo,**
Avenida Miguel Cano 1;
Telefon: 771442.

HOTELS. – *El Fuerte,* Llano de San Luis, I, 146 Z., Sb.; *San Cristóbal* (garni), II, Ramón y Cajal 18, 102 Z.; *Lima* (garni), Avda. Antonio Belón 2, III, 64 Z. – An der Carretera Málaga: *Don Carlos,* Urb. Elviria, 10 km östlich, L, 236 Z., Sb.; *Los Monteros,* 7 km östlich, L, 171 Z., Sb.; *Artola,* 12 km östlich, II, 19 Z., Sb.; *Bellamar,* 2½ km östlich, II, 66 Z., Sb.; *Las Chapas,* 10½ km östlich, II, 117 Z., Sb.; *Estrella del Mar,* 10 km östlich, II, 98 Z., Sb. – An der Carretera Cádiz: *Meliá Don Pepe,* Finca Las Merinas, 1 km westlich, L, 218 Z., Sb.; *Puente Romano,* 3,5 km westlich, L, 198 Z., Sb.; *Marbella Club,* 3 km westlich, I, 76 Z., Sb.; *Marbella-Dinamar-Club 24,* 6 km

westlich, I, 117 Z., Sb.; *Guadalpín,* 1,5 km westlich, II, 103 Z., Sb. – *Club Mediterranée 'Don Miguel',* Sb.

CAMPINGPLÄTZE: *La Buganvilla,* an der N-340, km 188,8; *Marbella Playa,* an der N-340, km 192,9.

RESTAURANTS. – *El Cenador,* Urb. La Merced, 1 km westlich, gegenüber Hotel Meliá Don Pepe; *Beach Club,* 3 km westlich, im Hotel Marbella Club; *Chez Charlemagne,* 8 km östlich; *Derby,* Torre de Marbella, Avda. del Fuerte; *El Faro,* Paseo Marítimo; *La Hacienda,* 11 km östlich; *Metropol,* Avda. Ricardo Soriano, Edificio Globus; *Siete Puertas,* Avda. Ricardo Soriano 33; *Kai-Alde,* Avda. Ricardo Soriano (baskische Spezialitäten); *Marisqueria Santiago,* Avda. Antonio Belón 1 (Meeresfrüchte); *La Fonda,* Plaza Santo Cristo 10; u.v.a.

VERANSTALTUNGEN. – *Fiesta del Sol,* mit verschiedenen Sportwettkämpfen und Ausstellungen (Januar); *Wallfahrt* nach La Cruz de Juaná (Mai); *Fiestas de San Bernabé,* mit Markt, Prozession zum Cruz del Humilladero und Stierkampf (Juni); *Wallfahrt* nach Guadalpin (Juni); *Semana del Sol,* mit Festspielen, Sportveranstaltungen und Folklore (August); *Rallye Costa del Sol,* Automobilrennen (Dezember).

Spielkasino: *Casino Nueva Andalucía Marbella.*

WASSERSPORT. – Alle Arten des Wassersports an ausgedehnten herrlichen Stränden: Las Chapas (8 km), El Ancón (2 km), La Fontanilla (1,5 km), El Fuerte (5 km) u.a. Drei Sporthäfen: in Marbella, Nueva Andalucía (Puerto José Banus) und am Cabo Pino; Sportfischerei (Verleih von Booten und Ausrüstungen); Segelsport.

FREIZEIT und SPORT an Land. – Stierkampf (drei Plätze), Golf (mehrere Plätze), Tennis, Reitsport, Jagd in der Sierra Blanca auf Rebhühner, Wachteln und Kaninchen.

Am Strand von Marbella

Marbella ist eine betriebsame Hafenstadt und ein international bekanntes Seebad an der Costa del Sol, zwischen Málaga und Algeciras; ein Wohn- und Touristenzentrum mit Hotel- und Bungalowkolonien in der weiteren Umgebung, das sich zu einem Mittelpunkt

der spanischen Mittelmeertouristik entwickelt hat, mit weiten guten Badestränden und ausgedehnten Geschäfts- und Vergnügungsvierteln.

Im Norden durch die Sierra Blanca geschützt, hat Marbella während des ganzen Jahres eine milde Temperatur. Der alte Ortskern mit seinen weißen Häusern besitzt noch Überreste der mittelalterlichen Wehrmauer mit zwei zinnenbewehrten Türmen; oberhalb des Ortes findet man noch guterhaltene Reste eines maurischen Kastells (Mauern, Patio, Bergfried).

Medinaceli

Provinz: Soria (SO).
Telefonvorwahl: 975.
Höhe: 1160 m ü.d.M.
ⓘ **Centro de Iniciativas y Turismo,**
    Plaza Mayor;
    Telefon: 50.

HOTELS. – *Nico Hotel 70,* Carretera N-II, km 151, II, 22 Z.; *Duque de Medinaceli* (garni), Carretera N-II, km 150, IV, 12 Z.; Hostal *Catalán*, Carretera N-II, km 150, P II, 9 Z.; *Medinaceli*, Del Portillo 1, P II, 7 Z.; *Torremar*, Carretera N-II, km 154, P III, 22 Z.

RESTAURANT im Hotel *Duque de Medinaceli.*

Der malerische Ort Medinaceli ist das 'Ocilis' der Römer und das 'Medina Selim' der Araber, mit den aus der Römerzeit (1./3. Jh. n. Chr.) stammenden Resten. Die Stadt war im Mittelalter eine wichtige maurische Grenzfestung sowie Stammsitz der gleichnamigen spanischen Herzogsfamilie.

SEHENSWERTES. – Ein römischer **Triumphbogen** mit drei Bögen. Im Norden der Stadt Überreste einer alten arabischen *Burgfeste.* – In der Stadt zahlreiche Herrenhäuser, darunter der *Palacio Duques de Medinaceli* (18. Jh.); sowie Kirchen und Klöster, bedeutend ist die Stiftskirche *Santa María* (16. Jh.), mit den Grabmälern der herzoglichen Familie.

UMGEBUNG. – Etwa 11 km westlich liegt die prähistorische Siedlung *Ambrona,* mit einem interessanten Museo 'in situ'. – 27 km nordöstlich das vom *Cerro de la Cruz* überragte **Santa María de Huerta,** mit einem Nationaldenkmal, dem Real Monasterio (12. Jh.), einem von Mauern umgebenen Zisterzienser-Kloster von festungsartigem Aussehen (gotisches Refektorium, platereske Kreuzgang); ferner der Palacio Marqués de Cerralbo.

Medina del Campo

Provinz: Valladolid (VA). – Telefonvorwahl: 983.
Höhe: 721 m ü.d.M. – Einwohnerzahl: 15000.
ⓘ **Ayuntamiento** (Rathaus),
    Plaza de España;
    Telefon: 800001 und 800227.

HOTELS. – *La Mota* (garni), Fernando el Católico 4, III, 40 Z.; *San Roque* (garni), Carretera la Coruña, km 157, III, 40 Z.; *Medina,* Isabel la Católica 3, IV, 14 Z.; Hostal *Europa,* Padilla 40, P II, 33 Z.

VERANSTALTUNGEN. – *Semana Santa* (Karwoche), mit feierlicher Prozession, während der herrliche Statuen durch die Straßen getragen werden. – *Sommerfest* (Juni).

Das am Río Zapardiel gelegene Städtchen Medina del Campo ist ein wichtiger Eisenbahn- und Straßenknotenpunkt an der N-VI, die Madrid mit La Coruña verbindet.

SEHENSWERTES. – Der Ort wird von dem **Castillo de la Mota** (15. Jh.), einem der schönsten Bauten dieser Art in Spanien und Lieblingssitz der hier 1504 gestorbenen Königin Isabel der Katholischen, mit Kerker des Caesare Borgia (1504–06), überragt. – In der Kollegiatskirche *San Antolín* (1503) mehrere gute Retablos, teils von Berruguete. – Im Renaissancebau der *Casa de las Dueñas* schöner Innenhof.

Melilla

Provinz: Málaga (ML). – Telefonvorwahl: 952.
Höhe: Meereshöhe. – Einwohnerzahl 47000.
ⓘ **Oficina de Información de Turismo,**
    General Aizpuru 20;
    Telefon: 684013.

HOTELS. – *Parador Nacional Don Pedro de Estopiñán* (garni), Apartado Correos 312, II, 35 Z.; *Anfora* (garni), Pablo Vallesca 8, III, 145 Z.; *Rusadir San Miguel* (garni), Pablo Vallesca 5, III, 27 Z.

SCHIFFSVERBINDUNG. – Autofähren täglich von Málaga und Almería (je etwa 8 St. Fahrzeit).

Die Stadt Melilla, spanisch 'Plaza de Soberanía', liegt an der nordafrikanischen Mittelmeerküste und ist seit 1863 Freihafen. Sie ist eine moderne Stadt mit interessanten historischen Resten im alten Stadtkern. Das Klima ist wie am ganzen Mittelmeer mild.

SEHENSWERTES. – Das alte Stadtviertel E l P u e b l o besteht aus drei ummauerten Teilen, die durch tiefe, mit Zugbrücken versehene Gräben voneinander getrennt sind. Das Tor *Santiago* und die gleichnamige Brücke mit dem Wappen Karls V. gewähren Zugang zum interessantesten der Stadtteile. – Die älteste Kirche Melillas ist **La Purísima Concepción** (16. Jh.), mit Barock-Retablo und den sog. Cuevas del Conventico unter der Kirche.

Mérida

Provinz: Badajoz (BA). – Telefonvorwahl: 924.
Höhe: 196 m ü.d.M. – Einwohnerzahl: 50 000.
ⓘ **Oficina de Información de Turismo,**
Calle El Puente 9;
Telefon: 315353.

HOTELS. – *Parador Nacional Via de la Plata,* Plaza de la Constitución 3, I, 44 Z.; *Las Lomas,* Carretera N-V, km 338, I, 139 Z., Sb.; *Emperatriz,* Plaza de España 19, II, 41 Z.; *Nova Roma* (garni), Suárez Somonte 42, III, 28 Z.; *Zeus* (garni), Carretera N-V, km 341, III, 44 Z. – CAMPINGPLATZ: am *Lago Prosérpina.*

VERANSTALTUNGEN. – *Feria* (September), mit Kirmes und großem Viehmarkt. – *Fiesta de Santa Eulalia* (Dezember).

Die Stadt *Mérida liegt in der an Portugal grenzenden, dünn besiedelten Hochflächenlandschaft Estremadura (Extremadura), auf einem flachen Hügelrücken am rechten Ufer des Río Guadiana. Mérida ist die an römischen Bauwerken reichste Stadt Spaniens.*

GESCHICHTE. – Als 'Augusta Emérita' um 25 v. Chr. von den Römern gegründet, gelangte Mérida als Hauptstadt Lusitaniens zu großer Blüte, die auch während der Westgotenzeit noch anhielt. Im Jahre 713 unterlag die Stadt den Mauren; nach der Rückeroberung durch Alfons IX. von León im Jahre 1229 wurde sie dem Santiago-Orden überlassen, verlor jedoch an Bedeutung.

SEHENSWERTES. – Mittelpunkt des Verkehrs ist die arkadenumgebene Plaza de España (auch Plaza Mayor), mit der Kirche *Santa María* (13./15. Jh.) an der Nordwestseite. – Nordöstlich des ehem. Klosters Santa Clara steht der **Arco de Trajano** (auch *Arco de Santiago),* ein fast 13 m hoher römischer Triumphbogen, mit vierfacher Säulenreihe; das ehem. Nordtor der Stadt.

Südlich der Plaza de España steht am Ufer des Río Guadiana der frühere **Alcázar,** ursprünglich westgotisch, im Jahre 855 von den Mauren erweitert, von den Santiago-Rittern in ein Kloster umgewandelt. Im Garten ein westgotisches Schöpfwerk. An der Westseite des Alcázars steht eine Hauptsehenswürdigkeit der Stadt: Hier beginnt der wahrscheinlich unter Augustus erbaute, jedoch

mehrmals erneuerte **Puente Romano** *(Römerbrücke)* über den Río Guadiana, 792 m lang mit 64 Bogen aus Granit.

Im nordöstlichen Teil der Stadt liegt beim Bahnhof der *Convento de Santa Eulalia,* mit einer angeblich im 4. Jh. gegründeten Kirche. – Auf der hier vorbeiführenden Calle Teniente Coronel Yagüe gelangt man östlich zum **Acueducto moderno** *(Neue Wasserleitung)* aus maurischer Zeit, mit 140 Bogen. In der Nähe das gotische Kirchlein *San Lázaro* und Reste des stattlichen römischen *Circus Maximus.* Vom Acueducto in südlicher Richtung und an den Trümmern eines römischen Aquädukts entlang zu den freigelegten Überresten des aus dem Jahre 8 v. Chr. stammenden *Anfiteatro Romano* (Amphitheater, mit 15 000 Plätzen) und zum *Teatro Romano,* von dem römischen Feldherrn Agrippa im Jahre 16 v. Chr. erbaut, nach einer Feuersbrunst unter Hadrian erneuert; mit gut erhaltenen Sitzreihen und dem z. T. wiederaufgebauten Bühnenhaus; von der Höhe des Zuschauerraumes (für 6000 Personen) schöne

Römisches Theater in Mérida

Aussicht. In der Umgebung weitere Reste spätrömischer Bauten und der Stadtmauer. – Westlich vom Teatro Romano steht das neue **Museum für römische Kunst** mit archäologischen Fundstücken aus römischer, westgotischer und maurischer Zeit sowie Skulpturen, Mosaiken und Inschriften.

Im Nordwesten der Stadt liegt der von der Eisenbahn durchschnittene mächtige *Acueducto Romano* (auch *Los*

Milagros = 'der Wunderbau' genannt), von dem 37 Pfeiler mit zehn Bogen bis zu drei Stockwerken erhalten sind. Unweit westlich überquert die *Puente de Albarregas,* eine zweite Römerbrücke von 125 m Länge, das Flüßchen Albarregas.

UMGEBUNG. – Auch in der unmittelbaren Nachbarschaft von Mérida stößt man auf Römisches, so z.B. die römischen Stauseen *Pantano Cornalvo* (10 km nordöstlich) und *Pantano de Prosérpina* (10 km nordwestlich), letzteres ein großes römisches Sammelbecken für die Wasserleitung, mit 426 m langer Sperrmauer und zwei Treppentürmen des 17. Jh., in denen man zum Wasser hinabsteigen kann.

Die nach Süden strebende N-630 führt über die fast baumlose Hochfläche *Tierra de los Barros* und erreicht nach 29 km
Almendralejo (336 m; 30 000 Einw.), eine malerische Stadt in andalusischem Stil; im Palacio Marqués de Monsalud eine weithin bekannte Sammlung römischer Altertümer.

Über *Villafranca de los Barros* erreicht die N-630 eine Abzweigung zu der rechts der Straße liegenden Ortschaft
Los Santos de Maimona (545 m; 10 000 Einw.), in der Römerzeit als 'Segeda-Angurina' bekannt; mit Resten eines Castillos aus der Zeit Trajans. In der Nähe die Einsiedelei *Nuestra Señora de la Estrella,* mit einem Bild von Zurbarán.

Montserrat

Der etwa 60 km nordwestlich von Barcelona aufragende ** Montserrat (1241 m), d.h. 'gesägter Berg', der Montsagrat ('heiliger Berg') der Katalanen, ist sowohl landschaftlich als auch wegen seines berühmten Klosters (Monasterio de Montserrat; 721 m) eine der größten Sehenswürdigkeiten in Spanien.

Es ist ein mächtiger Bergstock von 22 km Länge, der sich über dem rechten Ufer des *Río Llobregat* fast isoliert und nach allen Seiten steil abfallend aus der katalanischen Hügelebene erhebt und mit seinen durch Auswaschungen entstandenen phantastischen Felsbildungen von fern wie eine ungeheure Burg erscheint; so wurde er denn auch früher für den Monsalvatsch der Gralssage gehalten.

GESCHICHTE. – Das Kloster wurde nach der Legende im Jahre 880 zu Ehren eines wundertätig geglaubten Marienbildes gegründet, 976 dem Bene-

Kloster Montserrat

diktinerorden übergeben und mit Mönchen aus Ripoll besetzt. Papst Benedikt XIII. erhob es 1410 zur unabhängigen Abtei, die aber wieder dem Bischof von Barcelona unterstellt wurde. Die ungeheuren Reichtümer des Klosters gingen während der Befreiungskriege (1808-14) und während seiner Schließung (1835-60) infolge der karlistischen Unruhen größtenteils verloren. Seit dem 15. Jh. leiten die Mönche eine Schule für geistliche Musik.

ANREISE. – Von Barcelona kommend, wählt man die durch die westlichen Industrievororte der Stadt führende N-II oder die Autobahn nach Martorell. – Beim Dorf *Collbató* (380 m) folgt man nach rechts dem Wegweiser. Auf der Zubringerstraße geht es um einen Talschluß herum, in dem die Salpeterhöhle *Cuevas del Salitre* liegt. Weiter am Fuß des über 400 m steil aufragenden Montserrat zu einer hohen Brücke über den *Río Llobregat* zur Talstation der *Schwebebahn* zum Kloster (7½ Min.).

Die Straße auf den Montserrat zieht an der Häusergruppe *Colonia Gomis* vorbei nach *Monistrol* (145 m), einem von Wein- und Olivenhainen umgebenen Dorf; von hier in Windungen am Hang der *Valle de Santa María* empor (bis 16%), von prächtigen Ausblicken begleitet, bis zur Einmündung in die Zufahrtstraße zu den Parkplätzen beim Kloster.

BESICHTIGUNG DES KLOSTERS. – Vom Ende der Straße gelangt man rechts zum Klosterplatz; links einige Reste des *Alten Klosters* (Monasterio antiguo), mit einem wiederhergestellten Flügel des gotischen *Keuzganges* von 1460. Die Ostseite des Platzes begrenzt das *Neue Kloster* (Monasterio actual), 1765 begonnen, jedoch infolge der karlistischen Unruhen nicht weitergeführt und erst kurz nach dem Zweiten Welt-

krieg vollendet, u. a. auch der Glockenturm. Durch einen von Bogengängen
umgebenen Hof (Claustro) erreicht man
die stattliche **Basílica,** 1560-92 im Renaissancestil erbaut und im 19. Jh. erneuert, mit neuromanischer Apsis von
1860 und Fassade von 1901. In dem
dunklen Innern der Kirche thront hoch
über dem Hochaltar das altersschwarze
Holzbild der Jungfrau (wohl 12. Jh.),
"Santa Imagen" genannt (katal. S. Imat-
ge), nach der Legende ein Werk des hl.
Lucas, das durch den hl. Petrus nach
Spanien kam und 880 in der Santa
Cueva gefunden wurde.

Zum Kloster gehören eine große *Biblio-*
thek (über 200 000 Bände) sowie einige
Museen (Bibelmuseum, Vorgeschichtli-
ches Museum, Ägyptologisches Museum, Museum für Naturkunde, Kunst-
gewerbemuseum, Gemäldegalerie u.a.).

UMGEBUNG. – Das Gebiet des Montserrat ist
durch Wege und vier Bergbahnen gut erschlossen: **Seilschwebebahn** (1¹/₂ km) von
der Talstation (Eisenbahn von Barcelona) in
7¹/₂ Min. zum Kloster. – **Standseilbahn** (¹/₂
km) vom Kloster in 6 Min. auf den Kamm von
San Juan (970 m; 10 Min. westl. Restaurant
und Aussichtsterrasse). In der Nähe zwischen den Felsen zahlreiche Ruinen ehem.
Einsiedeleien. Lohnender Fußweg nach *San*
Jerónimo (3¹/₂ km). – **Standseilbahn** (800 m)
vom Kloster in 2 Min. hinab, dann in 20 Min.
auf einem Stationsweg unter Felsen entlang
zur *Santa Cueva,* in der das zur Maurenzeit
verborgen gehaltene Marienbild entdeckt
worden sein soll. Darüber das *Santuario de la*
Cueva (17. Jh.) – **Seilschwebebahn* (die älteste Spaniens; 680 m lang, Höhenunter-
schied 535 m), 3¹/₄ km nordwestlich des Klosters unweit der *Ermita Santa Cecilia* (872
gegr.), mit Restaurant, in 9 Min. hinauf bis zur
Bergstation nahe bei der *Ermita San Jeró-*
nimo (katalan. San Jeroni), 5 Min. unterhalb
des *Turó de San Jerónimo* (1241 m), mit Aus-
sichtspavillon, dem höchsten Gipfel des ganzen Bergstocks, mit **Rundsicht* über die katalanischen Berge und Ebenen, im Norden
bis zu den Pyrenäen, im Südosten bei ganz
klarem Wetter bis zu den Balearen. Von der
Ermita gelangt man in etwa 1 St. zwischen
Felstürmen hin ('Wächter des heiligen Gral'
oder 'Finger Gottes') nach *San Juan.* – Den
besten Überblick auf die Klosteranlage hat
man von dem 20 Min. südöstlich gelegenen
Aussichtspunkt *Mirador* (781 m); nahebei die
Capilla de San Miguel (821 m).
Auf der C-1411 erreicht man die 17 km nördlich gelegene industriereiche alte Stadt **Man-**
resa (234 m; 60 000 Einw.), von deren gotischen Kirchen Santa María de la Seo (14./15.
Jh.) hervorzuheben ist.

Morella

Provinz: Castellón (CS). – Telefonvorwahl: 964.
Höhe: 1004 m ü.d.M. – Einwohnerzahl: 2500.
ⓘ **Ayuntamiento** (Rathaus),
Segura Barreda 58;
Telefon: 160034.

HOTEL. – *Cardenal Ram,* Cuesta Súñer 1, III, 19 Z.

Die alte Grenzfeste Morella liegt hoch
im Gebirge des Gebietes El Mae-
strazgo auf einem Kegel inmitten eines
Bergkessels an der Grenze zwischen
Aragonien und Valencia.

Das mauerumgebene Städtchen besitzt
eine gotische Kirche **Santa María la**
Mayor (13. Jh.) mit schönen Portalen,
einem Chor des 15. Jh. und einer churri-
guéresken Capilla Mayor; ferner beachtenswertes Gemälde von Ribalta. – Von
der *Schloßruine* herrlicher Rundblick. –
Aquädukt aus dem 15. Jahrhundert. – In
der Umgebung werden Trüffel geerntet.

Murcia

Provinz: Murcia (MU). – Telefonvorwahl: 968.
Höhe: 43 m ü.d.M. – Einwohnerzahl: 289000.
ⓘ **Oficina de Información de Turismo,**
Alejandro Séiquer 4;
Telefon: 213716.
Dirección Regional de Turismo,
Isidoro de la Cierva 10;
Telefon: 213710.

HOTELS. – **Siete Coronas Meliá,* Ronda de Garay 5,
I, 122 Z.; *Conde de Floridablanca* (garni), Corbalán
7, II, 60 Z.; *Fontoria* (garni), Madre de Dios 4, II, 120
Z.; *Hispano II,* Radio Murcia 3, II, 35 Z.; *Rincón de*
Pepe (garni), Apóstoles 34, II, 122 Z.; u.a.

RESTAURANTS. – **Rincón de Pepe,* Apóstoles 34,
kastilischer Stil; *Hispano,* Lucas 7, rustikaler Stil;
Zarauz, Plaza Luxmarina 1; u.a.

VERANSTALTUNGEN. – **Semana Santa** (Karwoche), berühmte Veranstaltungen mit eindrucksvollen nächtlichen Prozessionen, bei denen die 'Pasos' von Salzillo herumgetragen werden; besonders ergreifend die Prozession am Karfreitagmorgen, ebenfalls mit den Prozessionsfiguren aus der
Ermita de Jesús; nach Ostern Blumenschlachten
und Reiterumzüge etc. – *Nuestra Señora de la*
Fuensanta (September), Fest mit Wallfahrt und
Jahrmarkt.

Die in der heißen Küstenebene der
südostspanischen Landschaft Murcia
gelegene Provinzhauptstadt Murcia ist
Sitz einer Universität und eines Bi-
schofs. Die Altstadt liegt am linken Ufer
des Río Segura, die neueren Stadtteile
am rechten Ufer des Flusses.

GESCHICHTE. – Murcia bildete seit 1224 ein selbständiges maurisches Königreich, das 1243 an Kastilien fiel. Im Spanischen Erbfolgekrieg wurde die Huerta zur Verteidigung der Stadt gegen die Österreicher unter Wasser gesetzt. Im Bürgerkriegsjahr 1936 wurden die meisten Kirchen, die zahlreiche Werke des hier geborenen Bildhauers Francisco Salzillo (Zarcillo; 1707–83) enthalten, beschädigt.

SEHENSWERTES. – Am Nordende des zur Neustadt führenden *Puente Viejo* (Alte Brücke) liegt die Plaza de Martínez Tornel, von der die Gran Vía Escultor Salzillo, die Hauptverkehrsader Murcias, nach Norden führt. Westlich anschließend an die Plaza de Martínez Tornel der Plano de San Francisco und weiterhin der Paseo del Malecón, eine schattenlose Promenade auf dem Uferdamm ('Malecón'), die eine hübsche Aussicht bietet. – Östlich von der Plaza de Martínez Tornel erstreckt sich am Fluß die hübsche Anlage *Glorieta de España,* mit dem **Ayuntamiento** *(Rathaus)* und dem *Bischöflichen Palast* (18. Jh.). Hier ein Flußübergang und weiter flußabwärts die *Puente Nuevo.*

Apostelportal der Kathedrale von Murcia

Nordöstlich hinter dem Bischöflichen Palast erhebt sich die *Kathedrale (Santa María),* ein 1358 an der Stelle einer Moschee gegründeter stattlicher gotischer Bau, im 16. Jh. z. T. erneuert, mit einer 1748 errichteten Westfassade und reichen Seitenportalen: am südlichen Querschiff die gotische Portada de los Apóstoles, am nördlichen Querschiff die Portada de las Cadenas (16. Jh.). Im Innern des Gotteshauses in der Capilla Mayor (Reja von 1497; vergoldeter Retablo des 19. Jh.) in Nischen links ein Sarkophag mit den Eingeweiden Alfons' des Weisen, rechts die Gebeine des hl. Fulgentius und der hl. Florentina; im Chor ein schönes platereskes Gestühl von 1571, im Umgang mehrere reich ausgestattete Kapellen, hervorzuheben die vierte ('Capilla de los Vélez'). – Im Kreuzgang und Kapitelsaal das *Diözesanmuseum.* Von dem 95 m hohen Turm (16./17. Jh.; Eingang auf der Nordseite der Capilla Mayor) prächtige Aussicht über die Stadt und ihre Huerta.

Von der Kathedrale führt die 'Trapería' (Calle del Príncipe Alfonso), die frühere Hauptstraße Murcias, nördlich durch die Altstadt. Zusammen mit der von ihr links abzweigenden 'Platería' bildet sie den Kern der geschäftigen, ladenreichen Fußgängerzone. Die Trapería endet an der Plaza de Santo Domingo, mit der stattlichen zweitürmigen Kirche *Santo Domingo* (17./18. Jh.). Westlich dahinter das *Theater;* unweit östlich durch die Calle de la Merced zur *Universität.* Von dort gelangt man in wenigen Minuten zur Calle Obispo Frutos mit dem *Museo de Bellas Artes,* das u. a. Fresken und Gemälde des in Murcia geborenen Velázquez-Schülers Nicolá Villacís (1616–94) enthält. – Nördlich der Plaza de Santo Domingo das *Museo Arqueológico* (Casa de Cultura), mit prähistorischen, iberischen und römischen Sammlungen sowie Keramiken. Von den zahlreichen Kirchen der westlichen Stadtteile sind erwähnenswert die barock ausgestattete Kirche *San Nicolás,* mit Bildwerken von Alonso Cano, Pedro de Mena und Salzillo, sowie die Kirche *San Miguel,* mit mehreren Altarfiguren von Salzillo und seiner Familienwerkstatt. Gegenüber von San Miguel, an der Calle Acisto Díaz, im ehem. Kloster San Esteban, das *Museo Internacional del Traje Folklórico,* u.a. mit Volkstrachten aus allen Provinzen Spaniens. Weiter westlich, an der Plaza de San Agustín, in dem barocken Rundbau der *Ermita de Jesús* (1777), das *Museo Salzillo,* mit den berühmten Prozessionsfiguren ('Pasos') des Meisters und der figurenreichen Weihnachtskrippe.

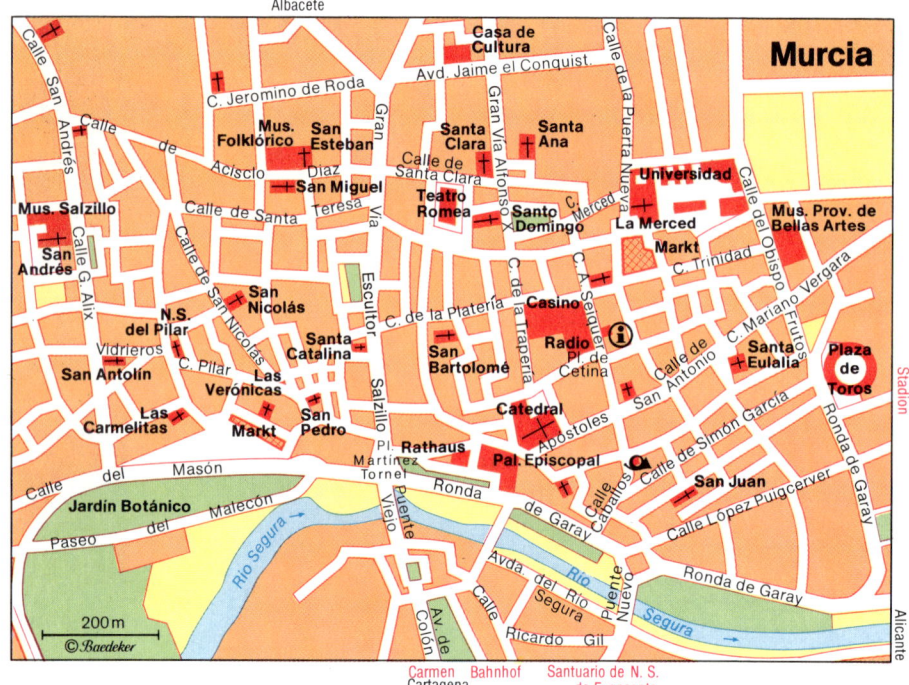

UMGEBUNG. – Bereits in unmittelbarer Nachbarschaft hat die Stadt Murcia einige interessante Ausflugsziele zu bieten. – Etwa 5 km westlich der Stadt liegt das 1578 gegründete, im 18. Jh. erneuerte barocke Kloster **San Jerónimo,** dessen Kirche einen vorzüglichen hl. Hieronymus von Salzillo (1755) besitzt. – Etwa 5 km nördlich findet man bei **Monteagudo** die Reste einer römischen Festung, auf dem Gipfel eine 15 m hohe Statue des *Sagrado Corazón* (Aussicht). – 6 km südlich steht das Kloster **La Fuensanta** aus dem 17. Jh., eine Wallfahrtsstätte mit einem Brunnen vor 1577. – Über *Alcantarilla* erreicht man auf der C-415 das rund 33 km entfernte **Mula,** einen malerischen Ort der Huerta, mit der Kirche San Miguel (1618) und anderen beachtenswerten Gotteshäusern; südlich von Mula die *Ermita del Niño.*

Zur Mar Menor. – Über die südliche N-301 erreicht man die Abzweigung der C-3319 und auf dieser nach 45 km den Ort **Santiago de la Ribera** (3000 Einw.) am *Mar Menor,* einem durch einen 22 km langen schmalen Landstreifen ('La Manga') vom Meer abgeschlossenen, 180 qkm großen jod- und salzhaltigen Binnensee (mittlere Tiefe 7 m; Wassersport mit fast ganzjährigen Bademöglichkeiten). Zu beiden Seiten der Manga zahlreiche Strandbäder und Touristenzentren mit Bungalows, Hotels und Apartment-Hochhäusern. Am Südufer der Manga das steil abfallende *Cabo de Palos* (Leuchtturm).

Nach Almería. – Auf der N-340 verläßt man in fast westlicher Richtung die Stadt. Die Straße überquert den *Río Segura* und erreicht die Umgehungsstraße von

Alcantarilla (66 m; 18000), der industriereichen Vorstadt von Murcia am Eingang in die üppige Huerta (Huerta-Museum; s. Murcia, Landschaft). Hier wendet sich die N-340 nach Südwesten und folgt in einiger Entfernung dem linken Ufer des *Río Sangonera* nach *Librilla,* zu beiden Seiten einer Schlucht gelegen und von Orangen- und Zitronenhainen umgeben. Durch Getreidefelder geht es schnurgerade nach **Alhama de Murcia** (176 m; 12000 Einw.), einem Städtchen mit warmen Schwefelquellen, die am Fuß des von einem maurischen Burgturm gekrönten Burgfelsens entspringen.

Rechts abseits auf der Höhe das weinberühmte Städtchen *Aledo* (604 m), dessen Burg im 11. Jh. ein Hauptstützpunkt der Kastilier gegen die Mauren war. Die N-340 erreicht die Umgehungsstraße von **Totana** (233 m; 10000 Einw.), einem Städtchen von maurischer Bauart, am Fuß des südlichen Ausläufers der *Sierra de España* (1584 m).

Man erreicht die *Huerta de Lorca,* deren Fruchtbarkeit auf der Bewässerung aus dem 14 km westlich gelegenen großen Stausee *Embalse de Puentes* (30000000 cbm) beruht. Die Staumauer wurde 1789 erbaut und nach einem Dammbruch 1802 im Jahre 1884 wiederhergestellt.

Die Straße führt fast schnurgerade weiter über **Lorca;** links die *Sierra de Almenara,* rechts die *Sierra del Caño.* Sie mündet schließlich in den Ort **Puerto Lumbreras** (466 m; 7000 Einw.), hübsch am Talhang gelegen. Hinter Puerto

Lumbreras passiert die N-340 die Provinzgrenze von Almería und mündet hier in die 'Route der Acantilados', auf der man über *Sorbas* und *Tabernas* die Fahrt fortsetzt nach **Almería** (s. dort; 219 km von Murcia).

Über die Sierra de las Cabras. – Es ist dies zugleich die Route nach Albacete, die man auf der Richtung Nordwesten führenden N-301 beginnt. Nach 10 km erreicht man **Molina de Segura** (34 m; 15000 Einw.), einen Ort mit Salinen und Konservenfabriken, am linken Ufer des *Río Segura*. – Es folgt die Straßenkreuzung zu dem 4 km westlich abseits am Segura gelegenen Schwefelbad *Archena* (122 m).

Weiter auf der N-301 kommt man durch das *Valle de Ricote* genannte Tal des Segura; links unten am Fluß der Ort *Blanca,* am Fuß der Peña Negra, mit den Ruinen einer Maurenburg. Es folgt die Umgehungsstraße von **Cieza** (180 m; 25000 Einw.), einer Stadt in malerischer Lage am linken Ufer des *Río Segura;* in der Nähe Reste einer römischen Befestigung. Nun geht es bergauf über die *Sierra de las Cabras;* dann führt die Route weiter über *Hellín* nach **Albacete** (s. dort; 143 km von Murcia).

Murcia (Landschaft)

Autonome Region.
Regierungsorgan: Consejo de Gobierno de la Región de Murcia.
Provinz: Murcia.

Das Land der im Südosten Spaniens am Río Segura gelegenen Region Murcia ist von Natur aus trocken (Sommertemperatur bis zu 45° C; weniger als 300 mm Niederschlag im Jahr), wurde jedoch durch künstliche Bewässerung in ein fruchtbares Gartenland (Huerta) umgewandelt, wo Obst und Frühgemüse gedeihen. Mittelpunkt der Region ist die Stadt Murcia (s. dort).

Navarra

Autonome Region.
Regierungsorgan: Diputación Foral de Navarra.
Provinz: Navarra.

Reich gegliedert durch die südlichen Ausläufer der Pyrenäen, bietet Navarra eine große landschaftliche Vielfalt. Nordwestlich erstreckt es sich gegen Guipúzcoa bis in Meeresnähe und ähnelt dort den höher gelegenen Teilen des kantabrischen Baskenlandes, östlich grenzt es an Aragón und wird **landschaftlich von den aus den Pyrenäen kommenden Flußläufen bestimmt. Es steigt vom Tal des Ebro (La Ribera) bis zum westlichen Hauptkamm der Pyrenäen auf; Niederschläge und Bewaldung nehmen zu.**

Von der staubtrockenen Hochebene Logroños, die Ähnlichkeit mit Aragón aufweist, gelangt man in die grünen Täler, wo das ehemals weit nach Frankreich hineinreichende Königsreich Navarra als Paßstaat seinen Ursprung hat.

Am Puerto de Erro

Diese Täler waren jahrhundertelang wegen ihrer Bedeutung für die Verteidigung der Nordgrenze Spaniens mit weitgehender Selbstverwaltung ausgestattete Gemeinwesen ('universidades' oder 'repúblicas'). Zeugnisse dieser wehrhaften Vergangenheit in den wohlhabenden und schmucken Dörfern sind viele Stammhäuser mit Adelswappen und Zeughäuser, in denen die noch immer äußerst selbstbewußten Navarresen, die meist baskischen Ursprungs sind, ihre Waffen aufbewahrten. Die interessantesten Talschaften sind der an Frankreich grenzende Talkessel von Baztán (nach dem hier Baztanzubi oder Baztán genannten Bidasoa), nördlich der in einem baumlosen Becken gelegenen Hauptstadt Pamplona; östlich Pamplonas die nordsüdlich verlaufenden Längstäler von *Roncesvalles* (südlich fortgesetzt durch das Tal von Irati), *Salazar* und *Roncal.*

In Navarra liegen auch einige der wichtigsten Pilgerstationen des Jakobswegs (s. dort), hier 'Camino francés' genannt, wie Roncesvalles, Leyre, Yesa, Javier, Sangüesa, Monreal, Puente la Reina, Estella und Los Arcos, alle reich an romanischen Baudenkmälern und Erinnerungen an die Zeit der großen Pilgerzüge.

Nerja

Provinz: Málaga (MA). – Telefonvorwahl: 952.
Höhe: 21 m ü.d.M. – Einwohnerzahl: 11000.
ⓘ **Ayuntamiento** (Rathaus),
　General Franco 29;
　Telefon: 520400 und 520404.

HOTELS. – *Parador Nacional*, El Tablazo, I, 60 Z.,
Sb.; *Mónica*, Playa Torrecilla s/n, I, 234 Z., Sb.;
Balcón de Europa, Paseo Balcón de Europa 1, II,
105 Z., Strand; *Cala-Bella*, Puerta del Mar 10, IV, 9 Z.;
Portofino, Puerta del Mar 2, IV, 12 Z.; u.a.

RESTAURANTS. – *Cueva de Nerja*, 4,5 km nordöstlich, Meeresblick; *Rey Alfonso*, Balcón de Europa.

VERANSTALTUNGEN. – *Fiestas de San Isidro*, Wallfahrt mit Karossen und Feuerwerk (Mai); *Fiestas
Virgen del Carmen*, mit Meeresprozession (Juli);
Spanien-Festspiele, in der Cueva de Nerja, mit Musik und Tanz (August); *Patronatsfest* (Oktober).

FREIZEIT und SPORT. – Vielfältige Wassersportmöglichkeiten an den Stränden von Burriana (1 km
lang) und Umgebung sowie El Playazo (2 km lang),
teils malerische Badebuchten mit Felsklippen; Ru-
derboote, Unterwasserfischerei. – Bergsteigen und
Wanderungen in Gebirge.

**Dieser vielbesuchte Fischerort an der
Mündung des Río Chillar und an der
Küstenstraße N-340 der Costa del Sol
liegt auf einem steil abfallenden Gelände der Sierra de Mijara. Unter den
Arabern war er als 'Naricha' (= was-
serreiche Quelle) bekannt.**

Costa del Sol bei Nerja

SEHENSWERTES. – *Balcón de Europa:* Nahe der Ortsmitte auf einem Vorsprung hoch über dem Meer gelegene
Aussichtsterrasse, mit herrlichem Blick
auf die abwechslungsreiche Küste; von
hier empfehlenswerte Spaziergänge.

UMGEBUNG. – *Cuevas de Nerja:* Tropfsteinhöhle, mit vorgeschichtlichen Felsmalereien,
im Sommer Schauplatz der Spanien-Fest-

spiele; beim Eingang ein Restaurant und ein
kleines archäologisches Museum (7 km von
Nerja).

Oña

Provinz: Burgos (BU).
Telefonvorwahl: Handvermittlung.
Höhe: 559 m ü.d.M. – Einwohnerzahl: 1700.
ⓘ **Diputación Provincial,**
　Plaza del Santorio Convento;
　Telefon: Oña 200.

HOTEL. – Hostal *Morales*, Carretera N-232, km 99,
P III, 6 Z.

**Der kleine Ort Oña liegt an der land-
schaftlich reizvollen Straße N-232, die
Santander mit Logroño verbindet, im
Norden der Provinz Burgos.**

SEHENSWERTES. – Bedeutendste Se-
henswürdigkeit ist das berühmte Benediktinerkloster **San Salvador,** dessen
Gründung auf das 11. Jh. zurückgeht.
Reiche Innenausstattung der Kirche;
darunter ein Gestühl des 15. Jh., zahlreiche Königsgräber sowie ein romanischer Christus des 12. Jh. – Sehenswertes *Sakristei-Museum*, mit einer liebli-
chen Madonna (17. Jh.), sowie gotischer
Kreuzgang (15. Jh.).

Orense

Provinz: Orense (OR). – Telefonvorwahl: 988.
Höhe: 125 m ü.d.M. – Einwohnerzahl: 80000.
ⓘ **Oficina de Información de Turismo,**
　Curros Enríquez 1;
　Telefon: 234717.
　Delegación Provincial de Turismo,
　Avenida Habana 105;
　Telefon: 228090.

HOTELS. – *San Martin*, Curros Enríques 1, I, 60 Z.;
Sila, Avda. de la Habana 61, II, 64 Z.; *Padre Feijoo*
(garni), Eugenio Montes 1, III, 53 Z.; *Barcelona*,
Avda. de Pontevedra 13, IV, 47 Z.; *Parque* (garni),
Parque de San Lázaro 24, IV, 57 Z.; Hostal *Riomar*
(garni), Mateo de Prado 15, P II, 39 Z.; *La Confianza*
(garni), Juan XXIII 4, P III, 40 Z.; *Lido* (garni), Juan
XXIII 6, P III, 66 Z.; u.a.

RESTAURANTS. – *Sanmiguel*, San Miguel 12. – An
der Carretera N-120: *Caracoles,* in La Derrasa
(10 km östl.).

**Die Provinzhauptstadt Orense, deren
Name sich vermutlich von dem sagen-
haften Gold ('oro') des Río Miño her-
leitet, wurde von den Römern 'Aurium'
genannt. Sie ist Bischofssitz und war
im 6./7. Jahrhundert Residenz der sue-
bischen Könige. Orense liegt im Süden**

von Galicien und ist schon im Altertum durch seine Schwefelthermen bekannt geworden.

SEHENSWERTES. – Den Mittelpunkt der Stadt bildet die arkadenumgebene Plaza Mayor, mit dem *Bischöflichen Palast,* einem unter Denkmalschutz stehenden romanischen Bau, in dessen Arkadenhof das *Museo Arqueológico* und das *Provinzarchiv* untergebracht sind. – In der Nähe, in einem altertümlichen Stadtviertel, erhebt sich die **Kathedrale San Martín,** im 12./13. Jh. erbaut, nach schweren Schäden durch Erdbeben und Krieg im 16./17. Jh. erneuert. Beachtenswert die reiche romanische Bauplastik an der Paradiespforte (Vorhalle) und an den Seitenportalen, wie z.B. dem platereseken Südportal des 13. Jh. Im Innern der Kathedrale ein sehenswertes platereskes Gitter des Presbyteriums mit dem Reiterbild des San Martín; im linken Querschiff das Grabmal **des** Bischofs Vasco Mariño (1333-43); in der Capilla Mayor schönes Chorgestühl des 16. Jh. und ein großer gotischer Retablo; in der Capilla del Cristo (1567-1574) ein altes Kruzifix, nach der Überlieferung 1330 an die Küste Galiciens geschwemmt. Das *Diözesanmuseum* im Kapitelsaal enthält wertvolle Emailarbeiten, die im 13. Jahrhundert geschaffen worden sind.

Im südlichen Teil der Stadt die romanische Kirche *La Trinidad* des 13. Jh., mit zwei Rundtürmen und gotischem Portal. – Südwestlich der Plaza Mayor befinden sich in einer Anlage am Südfuß des Stadthügels die schon im Altertum bekannten drei heißen Quellen *Las Burgas* (66-68° C).

Nördlich der Plaza Mayor, gegen den Bahnhof zu, der 1230 erbaute, aber wiederholt erneuerte *Puente Viejo* (Alte Brücke) über den Río Miño; der mittlere Bogen hat eine Höhe von 38 m und eine Spannweite von 43 m. Der *Puente Nuevo* (Neue Brücke) überquert den Fluß stromaufwärts. Südwestlich der alten Brücke der Campo de los Remedios, mit der gleichnamigen Wallfahrtskirche; im Innern das Gnadenbild der 'Virgen de los Remedios'.

UMGEBUNG. – **Nach Ribas de Sil:** Etwa 30 km nordöstlich von Orense, auf einer Nebenstraße oder auf der C-546 zu erreichen, liegt beim Dorf *Peares* auf einer Höhe das verlassene Kloster *San Esteban de Ribas de Sil,* mit Friedhofskapelle des 10. Jh., gotischer Kirche und zwei hübschen Kreuzgängen. – An der Südspitze des Stausees *Embalse Los Peares* überschreitet die Straße die Provinzgrenze nach Lugo.

Nach Ponferrada und Astorga. – Die nach Osten führende N-120 erreicht nach rund 19 km Fahrt den Ort *Esgos;* auf der Höhe die Felskirche *San Pedro de Rocas.* Hinter *La Iglesia* geht es über den *Río Arnoya* und in zahlreichen Windungen hinauf zur Paßhöhe **Alto de Rodicio** (949 m), mit weiter Aussicht. – Nun wieder abwärts und über den Stausee *Embalse del Mao* zu der kleinen Sommerfrische *Castro-Caldelas* (890 m), mit Schwefelquelle, überragt von einer Burg des 14. Jh. Weiter bergauf und bergab in Windungen zum **Alto de Cerdeira** (890 m). – Hinter dem Paß in vielen Kehren hinunter zur Talschlucht des *Río Navea;* rechts der Stausee *Embalse de Guistolas.* Nach einer weiteren Höhe (790 m) erreicht man **Puebla de Trives** (746 m), einen als Sommerfrische besuchten Ort inmitten mehrerer Stauseen und in hübscher Lage, im Süden vom 1778 m hohen waldreichen Cabeza de Manzaneda überragt.

In zahlreichen Kurven geht es hinter Puebla de Trives hinab in die *Codos de Laroco,* wo die N-120 einer Römerstraße folgt; links der *Embalse de Montefurado,* später die Ortschaft *Petín,* wo man auf einer römischen Brücke den hier aufgestauten *Río Sil* passiert. Im Siltal aufwärts kommt man nach **El Barco de Valdeorras** (324 m; 9000 Einw.), einen durch seinen Wein bekannten Ort, mit Kohlengruben. – Die N-120 führt nun am rechten Ufer des *Río Sil* weiter, dessen Tal sich z.T. schluchtartig verengt. Beim *Embalse de Pumares* überschreitet man die Provinzgrenze nach León und erreicht über das Dorf *Carucedo* am gleichnamigen See die Stadt **Ponferrada** (s. dort). Weiterfahrt in nordöstlicher Richtung über **Astorga** nach **León** (s. dort).

Zum Portillo de la Canda. – Die nach Südosten strebende N-525 ist die Route nach Zamora. Nachdem man hinter Orense die Eisenbahn passiert hat, geht es in Windungen über das Tal des *Río Barbaña* und durch ein z.T. bewaldetes Hügelland dem Gebirge entgegen. Man erreicht **Allariz** (470 m; 10000 Einw.), ein teilweise noch ummauertes altertümliches Städtchen, mit romanischer Pfarrkirche. – Allmählich aufwärts durch fruchtbare Gegend, dann über den *Río Limia* nach *Ginzo de Limia* (620 m) und schließlich durch das Tal des *Río Támega* nach **Verín** (612 m; 9000 Einw.; Hotel Parador Nacional de Monterry, II, 23 Z., Sb., 4 km außerhalb), einem hübsch an der Vereinigung mehrerer Täler gelegenen Städtchen, mit Thermalquellen. Die N-525 führt weiter ostwärts durch eine Gebirgslandschaft über den *Alto de Fumaces* (855 m); links die kahle *Peña Nofre* (1548 m). Es geht in Kehren hinauf nach *La Gudiña* (980 m) und wenig später über den *Alto de Cañizo* (1067 m) zum rechts abseits liegenden *Pereiro,* mit romanischer Kirche; dann in Windungen und Kehren hinauf zum **Portillo de la Canda** (1262 m), der die Grenze zwischen Galicia (Provinz Orense) und Kastilien (Provinz Zamora) darstellt. – Über Puebla de Sanabria kann man auf landschaftlich reizvoller Strecke **Zamora** (s. dort) erreichen.

Richtung Portugal. – Man verläßt Orense auf der nach Süden führenden N-540 zum etwa 26 km entfernten

Celanova (645 m; 2500 Einw.), einem Marktort, mit einem berühmten Benediktinerkloster (936 gegründet), Barockkirche mit herrlicher Fassade, schönem Kreuzgang und holzgetäfelten Treppenhäusern. – Etwa 12 km westlich von Celanova *Mosteiro,* mit romanisch-gotischer Kirche.

Die N-540 überschreitet mit dem *Alto de Vieiro* (850 m) die Montes de Bande und erreicht gleich darauf den Ort *Bande,* in römischer Zeit 'Aquis Querquinnis' genannt. In *Baños* am *Embalse de Las Conchas* eine sehenswerte westgotische Kirche des 7. Jh., die Santa Comba de Bande. – Über *La Herdadiña* erreicht die N-540 die spanisch-portugiesische Grenze.

Nach Vigo. – Zunächst führt die N-120/N-541 in westlicher Richtung zur 13 km entfernten Straßengabelung, wo die N-541 nach Nordwesten abzweigt, auf der man das von Wäldern umgebene Thermalbad *Caballino* erreicht. – Verbleibt man auf der weiter nach Westen führenden N-120, geht es über *Razamonde* durch das prächtige Miñotal nach

Ribadavia (180 m; 7000 Einw.), einem altertümlichen Städtchen mit beachtenswerten Kirchen, darunter die romanische Kirche San Juan (13. Jh.) und die frühgotische Kirche Santiago; sehenswert auch die gotische Klosterkirche Santo Domingo, mit interessanten Grabmälern. Hinter Ribadavia verläßt die N-120 den *Rio Miño* und überschreitet schließlich die Grenze zur Provinz Pontevedra. Über *Puenteáreas* geht die Fahrt nach **Vigo** (s. dort; 106 km von Orense.)

Orihuela

Provinz: Alicante (A). – Telefonvorwahl: 965. Höhe: 24 m ü.d.M. – Einwohnerzahl: 48000.
ⓘ **Oficina de Información de Turismo,** Francisco Diez 25; Telefon: 302747.

HOTELS. – *La Zenia,* Urbanización la Zenia, I, 220 Z., Sb.; *Montepiedra,* Dehesa de Campoamor, II, 64 Z.,

Sb.; Hostal *Casa Corro* (garni), Avda. Teodomiro 1, P II, 16 Z.; *Rey Teodomiro* (garni), Avda. Teodomiro 10, P II, 30 Z.; u.a.

RESTAURANT. – *Venta de Martín,* 5 km nördlich an der N-340 (auch Übernachtung möglich).

Die alte Bischofsstadt Orihuela liegt am Fuß des Cerro de Oro und am linken Ufer des Río Segura, von herrlichen Orangenplantagen umgeben. Der Ort war unter den Römern als 'Aurariola', unter den Mauren als 'Origüela' bekannt und wird von einem großen Priesterseminar (Aussicht) überragt.

SEHENSWERTES. – *Kathedrale* (14. Jh.), mit schönem Nordportal; im Innern beachtenswerte Retablos (16. Jh.), darunter jener der Santa Catalina. – *Diözesanmuseum* mit der "Versuchung des hl. Thomas von Aquin" von Velázquez; zwei Kreuzgänge. – Spätgotische Kirche *Santiago* (15. Jh.), mit eindrucksvollem Portal und Skulpturen von Salzillo.

UMGEBUNG. – 15 km südöstlich von Orihuela, in der *Sierra del Cristo,* der Stausee *La Pedrera.*

Oviedo

Provinz: Asturias (O). – Telefonvorwahl: 985. Höhe: 228 m ü.d.M. – Einwohnerzahl: 182000.
ⓘ **Oficina de Información de Turismo,** Plaza de Alfonso II El Casto 6; Telefon: 213385. **Fomento del Turismo,** Hermanos Pidal 32; Telefon: 230533.

HOTELS. – *La Reconquista,* Gil de Jaz 16, L, 139 Z., Sb.; *Gran Hotel España,* Jovellanos 2, I, 89 Z.; *La Jirafa,* Pelayo 6, I, 89 Z.; *Ramiro I* (garni), Calvo Sotelo 13, I, 83 Z.; *Regente,* Jovellanos 31, I, 88 Z.; *La Gruta* (garni), Alto de Buenavista s/n, II, 55 Z.; *Principado,* San Francisco 6, II, 55 Z.; *Barbón* (garni), Covadonga 7, III, 40 Z.; *Ramos* (garni), Carta Puebla 6, IV, 40 Z.; *Tropical* (garni), 19 de Julio 6, IV, 44 Z.; u.a.

RESTAURANTS in den Hotels; ferner *La Ronda Jirafa-Club,* Pelayo 4; *Pelayo,* Pelayo 15; *Marchica,* Dr. Casal 10; *Casa Fermín,* San Francisco 8; *La Goleta,* Covadonga 32 (Fischgerichte); *La Campana,* San Bérnabe 7.

CAFÉS. – *Arizona,* Gles. Beseda 57; *El Café de Alfonso,* P. Valdés 15; *La Paloma,* Argüelles 25; *San Remo,* Avda. Galicia 7; u.a.

VERANSTALTUNGEN. – *Fiesta de la Ascensión* (Mai), mit Ferias. – *Fiesta de San Mateo* (September), mit Ferias, Reit- und anderen Sportveranstaltungen, Stierkampf, folkloristischen Tänzen.

Das heutige Oviedo, Hauptstadt der Provinz Asturias, Bischofssitz und Uni-

versitätsstadt, war Hauptstadt des ehem. Königreichs Asturien. Die Stadt liegt etwa 30 km von der spanischen Nordküste entfernt auf einem Hügelabhang in einer von den Ausläufern des Kantabrischen Gebirges umschlossenen fruchtbaren Hochebene.

GESCHICHTE. – An der Stelle des antiken 'Ovetum' entwickelte sich im 8. Jh. aus einem Mönchskloster die Stadt, von 810 bis 924 Hauptstadt des den Mauren Widerstand leistenden Königreichs Asturien, das dann mit León und Kastilien vereinigt wurde. Bei dem im Jahre 1934 ausgebrochenen Aufstand der asturischen Bergarbeiter sowie bei der fast zweijährigen Belagerung im Spanischen Bürgerkrieg (1936/37) wurden zahlreiche Gebäude der industriereichen Stadt schwer beschädigt. Im Südwesten von Oviedo ist seitdem ein neuer Stadtteil entstanden.

SEHENSWERTES. – Mittelpunkt der Stadt ist der große *Parque de San Francisco,* an dessen Nordostecke die Plaza de la Escandalera liegt, mit der *Consejo Regional de Asturias.* Die von hier nach Südosten führende belebte Calle de Fruela mündet auf die von Arkaden umgebene Plaza Mayor, mit der 1578 erbauten ehem. Jesuitenkirche *San Isidoro* und dem *Ayuntamiento* (Rathaus), einem Bau von 1662.

Von der Plaza Mayor gelangt man auf der Calle la Rúa zu der im nördlichen Teil der Altstadt gelegenen *Kathedrale (Basílica del Salvador),* ein 1388 begonnener und im Innern 1498 fertiggestell-

Blick zur Kathedrale von Oviedo

ter bedeutender gotischer Bau, mit beachtenswertem Mittelportal (barockes Relief der Verklärung Christi) und einem 1539 vollendeten Turm (82 m hoch), einem der schönsten Kirchtürme Spani-

ens (lohnender Rundblick). In dem harmonischen Innern der Kathedrale im linken Seitenschiff die Capilla de Santa Eulalia, die eine vergoldete Silberkassette des 11. Jh. mit den Gebeinen der hl. Eulalia enthält; in der Capilla Mayor ein Hochaltar mit einem Retablo von 1520 sowie das gotische Grabmal für Erzbischof Arias de Villar (um 1500); an das nördliche Querschiff anschließend die Capilla del Rey Casto, die Alfonso II. (†842) zum 'Panteón de los Reyes', der Grabstätte der asturischen Könige machte (alter Königssarkophag des 8. Jh.). Vom südlichen Querschiff gelangt man über Treppen und durch einen Vorraum in die *Cámara Santa,* in deren hinterem Raum der prächtige *Reliquienschatz ausgestellt ist (Cruz de los Ángeles, Cruz de la Victoria, 9. Jh., Achatschrein von 910; Führungen). An das südliche Querschiff schließt sich ein stimmungsvoller *Kreuzgang* (9./15. Jh.) an, mit mehreren Grabmälern und Pilgergrabsteinen.

In der Umgebung der Kathedrale liegen mehrere beachtenswerte Gebäude; südlich der *Bischöfliche Palast* (16./18. Jh.) sowie die Kirche *San Tirso* (9. Jh.). Im Palacio de Velarde nahe der Kirche befindet sich das *Kunstmuseum,* mit Werken aus Renaissance und Barock sowie Bildern zeitgenössischer Maler Asturiens.

Nördlich der Kathedrale die Kirche *San Pelayo,* ebenfalls auf das 9. Jh. zurückgehend und unter Alfonso II. gegründet, im 18. Jh. erneuert; sowie die Kirche *Santa María la Real,* ein Spätrenaissancebau von 1592, mit Grabstätten bedeutender Persönlichkeiten.

Westlich der Kathedrale mehrere Paläste, darunter die *Audiencia,* der ehem. Palacio Marqués de Camposagrado des 17. Jh., jetzt Landgericht. Weiter westlich die *Universität,* im Jahre 1608 von Erzbischof Fernando Valdés Sala gegründet; Bronzestatue des Gründers im Hof.

Von der Plaza de la Escandalera führt die Calle de Uría, der besonders nachmittags und abends belebte Hauptstraßenzug der Stadt, zu dem am Nordwestende der Straße gelegenen *Nordbahnhof* (Estación del Norte). – Unweit nördlich von der Plaza de la Escandalera an der anschließenden Plaza del Progreso das *Theater.*

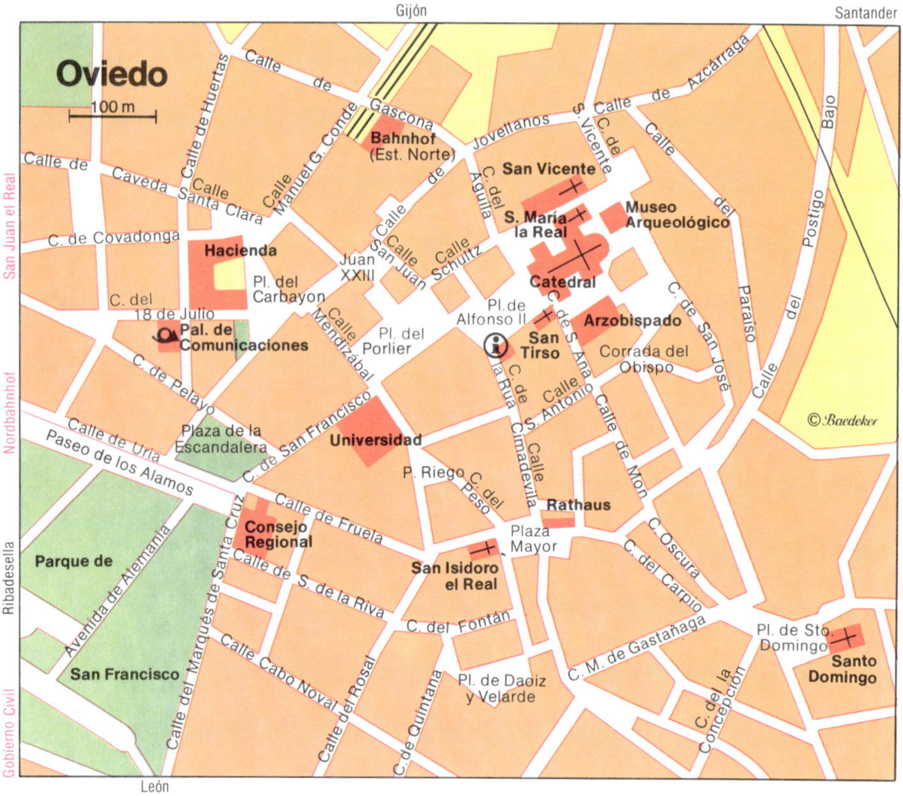

Oviedo

[map of Oviedo]

Gijón · Santander

Calle de Huertas · Calle de Azcárraga

Calle de Gascona · Jovellanos · S. Vicente · Calle de · Calle · del · Postigo Bajo

Bahnhof (Est. Norte)

Calle de · Caveda · Calle Santa Clara · Calle Manuel G. Conde · Calle de Aguila · San Vicente

C. de Covadonga · S. María la Real · Museo Arqueológico

Hacienda · Calle San Juan · Calle Schultz · Juan XXIII

Pl. del Carbayon · Catedral · Calle del Paraiso

C. del 18 de Julio · Pl. de Alfonso II · Arzobispado · Calle de San José

Pal. de Comunicaciones · Pl. del Porlier · Calle Mendizábal · San Tirso · Corrada del Obispo

C. de Pelayo · Calle de Sta. Ana · La Rúa

Plaza de la Escandalera · Calle de San Francisco · Universidad · Calle Cimadevilla · Calle de Antonio

Calle de Uría · Paseo de los Alamos · P. Riego · C. del Peso · Calle de la Mon · C. Oscura

Calle de Fruela · Rathaus

Consejo Regional · Plaza Mayor · C. del Carpio

Parque de · Calle de S. de la Riva · Calle del Marqués de Santa Cruz · San Isidoro el Real · C. M. de Gastañaga · Pl. de Sto. Domingo

Avenida de Alemania · C. del Fontán · Santo Domingo

San Francisco · Calle Cabo Noval · Calle del Rosal · Pl. de Daoiz y Velarde · C. de la Concepción

C. de Quintana

San Juan el Real · Nordbahnhof · Ribesella · Gobierno Civil

León

© Baedeker

100 m

UMGEBUNG von Oviedo. – 2 km nordwestlich der Stadt liegt am **Abhang** der *Sierra de Naranco* (1233 m) der kleine Ort **Naranco,** mit zwei geschichtlich wie kunstgeschichtlich bedeutenden Kirchenbauten: Die Kirche *Santa María de Naranco,* ursprünglich Empfangshalle im Palast des asturischen Königs (850), später in ein Gotteshaus umgewandelt, mit mozarabischem Altar unter dem Tonnengewölbe; ferner die Kirche *San Miguel de Lillo,* die königliche Palastkirche des 9. Jh., später erneuert. Vom Gipfel des Hügels bieten sich herrliche Ausblicke.

Direktroute nach Santander. – Man verläßt die Stadt Oviedo auf der Calle de Azcárraga und der nach Osten strebenden N-634. Beim Ort *Colloto* schöner Rückblick auf die Stadt; weiter nach **Pola de Siero,** von vielen Kohlengruben umgeben, bekannt wegen der an den Ostertagen veranstalteten Fiesta de Huevos Pintos (Fest der bemalten Eier), mit folkloristischem Festzug und Trachtengruppen.

Die N-634 erreicht das alte Städtchen *Nava,* mit der romanischen Kirche eines ehem. Benediktinerklosters sowie der Abzweigung einer Straße zum *Monasterio de Valdediós,* weiter zur Rechten (1,5 km) der abseitsliegende kleine Badeort *Baños de Fuensanta,* mit heißen Schwefelquellen; schließlich nach **Infiesto** (150 m; 16 000 Einw.), einer Kleinstadt mit dem Santuario Virgen de la Cueva;

ca. 27 km östlich bei *Cangas de Onís* eine römische Bogenbrücke.

An den Ruinen des Klosters Santa María (12. Jh.) vorbei und über *Villamayor* folgt die Straße nun dem Piloñatal abwärts nach **Arriondas** (261 m; 1000 Einw.), einem Städtchen an der Mündung des *Río Piloña* in den Sella; bedeutende Salm-, Forellen- und Aalfischerei. – Von Arriondas sehr lohnender Abstecher zu den *Picos de Europa* (s. dort), mit dem Wallfahrts- und Fremdenort Covadonga. – Zwischen teilweise bewaldeten Höhenzügen führt die N-634 durch das hübsche

Westgotische Kapelle San Miguel de Lillo

Tal des Río Sella nach *Llovio,* wo die Küstenstraße N-632 von Gijón und Ribadesella einmündet. Weiterfahrt Richtung Osten und durch mehrere kleinere Orte; dann links die Reste eines Benediktinerklosters (11. Jh.) und *San Antolín de Bedón,* mit dem kleinen Sandstrand der Playa de San Antolín. Über *Celorio* erreicht man das etwas abseitsliegende

Llanes (21000 Einw.; Hotel Don Paco, II, 42 Z., im Winter geschlossen; Montemar, II, 40 Z.), die alte gewerbetreibende Hafenstadt (Ausfuhr aus den nahen Eisen- und Kupferminen), mit Resten der Stadtbefestigung (an der Nordseite) und einem alten Castillo des 13. Jh. sowie der Kirche Santa María des 15. Jh., die ein flämisches Altarbild (16. Jh.) besitzt.

Ohne Blick auf das Meer führt die Küstenstraße N-634 durch bewaldetes Hügelland, mit zahlreichen Dolmen (frühgeschichtliche Steingräber), nach *La Franca.* Links auf der Höhe der Ort *Pimiango;* in der Nähe die Cueva del Pindal mit bedeutenden altsteinzeitlichen Deckenmalereien.

Bei *Unquera,* über eine weitere Abzweigung der Zufahrtstraße zu den *Picos de Europa, erreicht die Küstenstraße die Grenze zur Provinz Santander. Weiterfahrt über *San Vicente de la Barquera* nach **Santander** (s. dort; 213 km von Oviedo).

Küstenroute nach Santander. – Diese Route führt in nordöstlicher Richtung zunächst durch die Vorstadt *Santullano,* mit der Basílica San Julián de los Prados (9. Jh.; im Innern romanisierende Ausmalung). Man wählt dann die Autobahn A-66 oder die N-630; beide führen durch ein freundliches Hügelland zum etwa 27 km entfernten **Gijón**. – Hier mündet die Straße in die Küstenroute N-632, der man auf der Fahrt nach Santander in östlicher Richtung folgt. Über den *Alto del Infanzón* geht es auf bergiger und windungsreicher Strecke, mit schönem Blick rechts auf das Gebirge, nach

Villaviciosa (5 m; 3000 Einw.), einem an der gleichnamigen Ría gelegenen altertümlichen Hafen- und Fischerstädtchen, mit der gotischen Kirche Santa María des 13. Jh. und ihrem figurengeschmückten Portal. – Abstecher zu dem 10 km südwestlich gelegenen alten Zisterzienserkloster *Santa María de Valdediós;* nördlich neben der Hauptkirche die präromanische Kirche San Salvador (urspr. 893 geweiht), unter Alfonso III. erbaut, mit deutlich mozarabischem Einschlag.

Die Küstenstraße klettert nun über den *Alto de Buenos Aires* (170 m) und erreicht den auf einer Anhöhe gelegenen stattlichen Ort *Colunga.* Das Meer kommt in Sicht, und über die Badeorte *La Isla* und *Caravia* (beide mit Strand und Unterkünften) führt die N-632 schließlich nach

Ribadesella (27 m; 8000 Einw.; Hotel *Gran Hotel del Sella, I, 74 Z., Sb.; Playa, III, 12 Z., beide im Winter geschl.), einem an der Mündung des fischreichen *Río Sella* gelegenen Hafenstädtchen, mit halbkreisförmiger Badebucht (gute Wassersportmöglichkeiten, mit Unterwasserjagd). Nahebei die *Höhlen von Tito Bustillo,* mit 15000-20000 Jahre alten Tiermalereien. – Die Küstenstraße mündet in *Llovio* in die Direktroute N-634, die Oviedo mit **Santander** (s. dort) verbindet.

Über den Puerto de Pajares. – Die Fahrt auf der nach Süden führenden N-630 ergibt eine Reise durch das Kantabrische Gebirge bis León. Die Straße erreicht zunächst eine Höhe mit schönem Rückblick auf Oviedo, führt dann stark bergab (12%) nach *Olloniego,* wo man den *Río Nalón* überquert, und weiter nach

Mieres (207 m; 68000 Einw.), einer Industriestadt im Mittelpunkt der asturischen Montanindustrie, mit Eisen-, Schwefel- und anderen Gruben sowie vielen Hochöfen, Stahl- und Zinkwerken.

Die N-630 führt weiter in Richtung des Kantabrischen Gebirges und gelangt nach *Pola de Lena,* dem Geburtsort von Gonzalo Bayón, dem Eroberer von Florida (1565), in einem weiten schönen Tal. Dahinter auf einem Hügel links (4 km von Pola) die westgotische *Ermita de Santa Cristina de Lena* (9. Jh.). Nun mit einer Steigung bis zu 15% über Pajares hinauf zum

Puerto de Pajares (1364 m; Hotel Parador Nacional, III, 28 Z.) auf der Hauptkette des kantabrischen Gebirges, in prächtiger Aussichtslage, mit Wintersport und Skilift; Grenze zwischen Asturien und León. – Am Südhang des Gebirges führt die N-630 nun bergab und über *La Pola de Gordón* nach **León** (s. dort; 120 km von Oviedo).

Über den Puerto de La Espina. – Von der N-634 aus, die in Richtung Westen auf der Avenida de Galicia die Stadt verläßt, bietet sich zunächst nach rechts ein Blick auf *Naranco* mit seinen beiden bedeutenden westgotischen Kirchen. In Windungen geht es durch ein hübsches Hügelland; links die Höhen des Puerto del Aramo (1715 m). Wenig später eine Abzweigung zu dem abseits am Río Nalón gelegenen Thermalbad *Caldas de Oviedo.*

Die N-634 überquert den *Río Nalón;* zur Linken abseits das Industriestädtchen *Trubia,* mit Geschützgießerei und Gewehrfabrik. Flußabwärts über Peñaflor nach

Grado (14000 Einw.); 12 km nördlich die *Höhle von Candamo,* mit vorgeschichtlichen Malereien. – Ab Grado stark bergauf (10%) und wieder hinab, dann über den *Río Narcea* nach *Cornellana,* mit ehem. Klosterkirche (12./17. Jh.). Dann zwischen den Vorhöhen des Kantabrischen Gebirges hin nach

Salas (241 m; 14 000 Einw.), einem Städtchen mit der Kollegiatskirche Santa María, die das Grabmal des Großinquisitors Fernando de Valdés enthält (von P. Leoni, 1568).

Hinter Salas wiederum bergauf (10%) und weiter nach *La Espina,* wo links kurvenreiche Bergstraßen über die Cordillera Cantábrica nach Lugo (153 km) bzw. nach Ponferrada (151 km) abzweigen. – Die Straße führt wiederum stark bergab in das reizvolle Tal des *Río Ore,* dem man zur Küste folgt bis *Canero.*

Entlang der Küste setzt die N-634 die Route fort; unten ein hübscher felsumrahmter Strand. Später bergab, mit malerischem Blick auf Luarca und seinen den *Río Negro* überquerenden hohen Eisenbahnviadukt, unter dem man hindurchfährt nach
Luarca (6 m; 25 000 Einw.; Hotel Gayosa, II, 26 Z.; Hostal Casa Consuelo, P II, 26 Z.), einer altertümlichen Stadt, mit schönem Badestrand und einer Burgruine.

Weiter in Windungen mittelmäßig bergauf zur Hochfläche; links die *Sierra de Ranadoiro* und später wieder in Windungen abwärts, mit hübschem Blick auf den *Río Navia* und die gleichnamige Stadt
Navia (9000 Einw.), reizvoll am rechten Ufer der von bewaldeten Bergen umsäumten Ría des Flusses Navia gelegen.

Dahinter über den Fluß und bergauf, mit malerischem Rückblick. Über *Valdepares* erreicht man den kleinen Hafenort *Tapia* unweit der felsumrahmten Bucht neben dem *Cabo Cebes.* Wenig später abwärts, mit reizvollem *Blick auf Castropol (charakteristischer Turm) und das gegenüber auf dem anderen Ufer der Ría des Flusses Eo gelegene Städtchen Ribadeo; bald darauf scharf rechts über eine schmale Brücke und aufwärts zum hohen Ostufer der *Ría de Ribadeo,* mit
Castropol (7000 Einw.), einem Hafenstädtchen, mit Holzhandel. Von dem nordwärts gelegenen *Figueras* führt die Brücke 'Puente de los Santos', der die N-634 folgt, über die Bucht zu der Hafenstadt *Ribadeo* (150 m, 9000 Einw.). Zuerst verläuft die N-634 parallel zur Küste, biegt dann nach Südwesten ab, kreuzt bei Villalba die nach Lugo führende N-641 und stößt bei Baamonde auf die N-VI. Von hier aus in nordwestlicher Richtung nach **La Coruña** (s. dort).

Palencia

Provinz: Palencia (P). – Telefonvorwahl: 988.
Höhe: 700 m ü.d.M. – Einwohnerzahl: 75000.
ⓘ **Oficina de Información de Turismo,**
Calle Mayor 105;
Telefon: 720068.
Delegación Territorial de Turismo,
Jardinillos de la Estación s/n;
Telefon: 740187.

HOTELS. – *Castilla la Vieja* (garni), Casado del Alisal 26, II, 87 Z.; *Rey Sancho de Castilla* (garni), Avda. Ponce de León s/n, II, 100 Z.; *Colón-27,* Colón 27, IV, 22 Z.; *Los Jardinillos,* Eduardo Dato 2, IV, 39 Z.; Hostal *Monclus* (garni), Menéndez Pelayo 3, P I, 40 Z.; *Roma* (garni), Alonso Fernández de Madrid 8, P II, 23 Z.

RESTAURANTS. – *Gran San Bernardo,* Avda. República Argentina 14; *Mesón del Concejo,* Martínez de Azcoitia 5, kastilischer Stil; *Carlos V,* Don Sancho 2; *Casa Damián,* Martínez de Azcoitia 9; *Lorenzo,* Casado del Alisal 10; *Braulio,* Alonso Fernández des Pulgar 6; u.a.

VERANSTALTUNGEN. – *Semana Santa* (Karwoche), mit farbenprächtiger Prozession. – *Romería Santo Cristo de Otero* (April), Wallfahrt zur nördlich der Stadt liegenden Ermita, mit folkloristischen Darbietungen und Trachtentänzen. – *Feria* (Mai), mit großem Viehmarkt. – Internationale Paddelbootfahrt auf dem Pisuerga, zugleich Paddelbootfest von Palencia, in Alar del Rey (zumeist im August).

Die alte Stadt Palencia, das 'Pallatia' der Vakkäer, ist Hauptstadt der gleichnamigen Provinz und Bischofssitz. Die Stadt liegt zwischen Burgos und Valladolid auf der Meseta (Hochebene) von Altkastilien, am linken Ufer des Río Carrión.

Palencia am Río Carrión

GESCHICHTE. – Die Blütezeit dieser Stadt fiel in das 12. Jh., als die kastilischen Könige und Cortes hier ihren Sitz nahmen. Im 13. Jh. gründete König Alfons VIII. von Kastilien in Palencia die erste Universität Spaniens.

SEHENSWERTES. – Hauptstraße von Palencia ist die quer durch die Stadt von Nord nach Süd verlaufende Calle Mayor. Westlich hiervon steht an der kleinen Plaza de San Antolín die *Kathedrale *(San Antolín), eine der schönsten spätgotischen Kirchen Spaniens (1321–1516), deren unvollendeter Südturm eine weite Rundsicht bietet. Beachtenswert die Portale: die Puerta del Obispo (15. Jh.), ein Werk von Diego Hurtado de Mendoza; und die Puerta de los Novios (16. Jh.); ferner am linken Querschiff die platereske Puerta de los Reyes, mit Skulpturen.

Im INNERN der Kathedrale (130 m lang, 28 m hoch) wertvoller Skulpturenschmuck von Simon von Köln und Gil de Siloe sowie eine platereske Treppe zur Krypta. **Capilla Mayor** mit schöner *Reja* von 1520 und prachtvollem platereskem *Hochaltar* sowie zwölf Gemälden von Juan de Flandes; in der *Capilla Mayor Vieja* die Grabstätten der Inés de Osorio (1492) und der Königin Urraca von Navarra (12. Jh.). – Auch der **Chor** hat eine reiche *Reja* von 1555 und *Chorgestühl* von 1519. An dem mit spätgotischem Relief- und Skulpturenschmuck reich ausgestatteten *Trascoro* ein Altarbild von Juan de Holanda (1505). – Im südlichen *Querschiff* ein interessantes Uhrwerk. In der *Capilla del Sagrario* ein plateresker *Retablo* (16. Jh.). – In der **Schatzkammer** u. a. eine silberne *Custodia von Juan de Benavente (16 Jh.) sowie ein Bild von Lucas Cranach, Karl V. darstellend. – Im **Kreuzgang** und Kapitelsaal ein *Museum*, mit flämischen Gobelins, Gemälden von El Greco, Zurbarán und Cerezo sowie Skulpturen und Grabmälern.

Südlich der Kathedrale findet man an der kleinen Plaza Isabel la Católica die bescheidene Kirche *Nuestra Señora de la Calle* (16. Jh.); im Innern die ʻVirgen de la Calleʼ, Schutzpatronin der Stadt, ferner barocke Altäre. – Weiter südlich hiervon die gotische Pfarrkirche *San Miguel* (13./14. Jh.), mit einem mächtigen zinnengekrönten Turm; in diesem Gotteshaus wurde der spanische Nationalheld El Cid getraut. – Überquert man in östlicher Richtung die Calle Mayor, entdeckt man in der Calle San Bernardo die *Capilla San Bernardo*, deren eindrucksvolle Fassade als historisch-künstlerisches Monument unter Denkmalschutz steht. – In der weiter nordöstlich liegenden Calle de Burgos findet man das *Convento de Santa Clara* des späten 14. Jh., mit einem schönen Kirchenportal; im Innern der Kirche ein eindrucksvoller liegender Cristo. In der Calle de Burgos befindet sich auch die *Diputación Provincial* mit dem *Museo Arqueológico,* das wertvolle iberische und römische Sammlungen besitzt.

Im nördlichen Teil der Stadt erhebt sich nahe dem Bahnhof die Kirche *San Pablo* (15. Jh.), mit einer Fassade des 17. Jh.; in der Capilla Mayor ein großer plateresker Retablo sowie Grabmäler der Familie Rojas (16. Jh.), ferner im Chor ein spätgotischer Schnitzaltar.

UMGEBUNG. – Nördlich der Stadt erhebt sich die kleine **Ermita Cristo de Otero,** Ziel der im April stattfindenden Wallfahrt; das Gotteshaus ist ein Werk des Kanonikus Juan de Tordesillas und besitzt eine 20 m hohe Statue des Santo Cristo Rey, von Victorio Macho (†1966).

Nach Santander. – Auf der nach Norden strebenden N-611 kommt man hinter der Ermita Cristo de Otero zunächst zu dem etwas abseits liegenden *Fuentes de Valdepero*, mit historisch bedeutsamem Castillo, dann weiter nach **Monzón de Campos,** mit dem Castillo de Monzón (heute Hotel Parador Nacional, II, 10 Z.); in unmittelbarer Nachbarschaft der Königspalast Altamira.

Die N-611 führt weiter nördlich zu dem jenseits des *Canal de Castilla* liegenden **Frómista**, einer ehem. Pilgerstation am Jakobsweg; von dem einstigen Benediktinerkloster (11. Jh.) steht noch die Kirche San Martín (1066), heute unter Denkmalschutz, ein bedeutendes Denkmal des romanischen Stils in Spanien; in der Kirche Santa María ein großer Retablo des 15. Jahrhunderts.

Vorbei an *Marcilla de Campos* und über *Santillana de Campos,* mit einem 40 m hohen mittelalterlichen Wachtturm, erreicht man durch die getreidereiche *Tierra de Campos* den Ort **Osorno**, einen Straßenknotenpunkt in unmittelbarer Nähe der Provinzgrenze nach Burgos; Kreuzung der N-120.
Über *Herrera de Pisuerga* (840 m), einem Städtchen mit Burgruine, und *Alar del Rey* führt die N-611 nach **Aguilar de Campóo** (s. dort). Hinter Aguilar de Campóo erreicht die N-611 die Grenze zur Provinz Cantabria und führt über den *Puerto de Pozazal* (987 m) und Reinosa nach **Santander** (s. dort; 203 km von Palencia).

Nach Valladolid. – Die nach Südosten führende N-611 mündet schon bald in die von Burgos kommende N-620, die weiter dem Lauf des *Río Pisuerga* folgt. In unmittelbarer Nähe dieser Straßengabelung der Eisenbahnknotenpunkt.
Venta de Baños (731 m), eine industriereiche Ortschaft; 2$^1/_2$ km östlich das Bad *Baños de Cerrato,* dessen Quelle schon den Westgotenkönig Recceswinth von einem Steinleiden befreite, mit kleiner Basilika *San Juan Bautista (661 von Recceswinth gestiftet, im 9. Jh. erneuert), wohl eine der ältesten Kirchen der Iberischen Halbinsel.

Weiter in südlicher Richtung auf der N-620 zur Linken das 10. Jh. gegründete Trappistenkloster *San Isidro de Dueñas,* mit stattlicher romanischer Kuppelkirche, im Innern geschnitzter Retablo des 16. Jh.; anstoßend eine 1963 ausgebrannte römische Villa (*Mosaik). – Die Straße gelangt nach
Dueñas, wo man den im 18. Jh. angelegten *Canal de Castilla* erreicht; romanisch-gotische Kirche Santa María (13. Jh.), mit flämischem Retablo des 15. Jh. – Die Straße folgt

weiter dem Lauf des *Río Pisuerga* und führt jenseits der Provinzgrenze nach **Valladolid** (s. dort; 47 km von Palencia).

Durch das Tal des Río Carrión. – Auf den nach Nordwesten führenden Straßen C-613/615 erreicht man ab Palencia einige beachtenswerte Ortschaften. Die C-613 führt zu dem historisch bedeutsamen Ort **Paredes de Nava,** der zur Zeit Johannes II. Sitz eines Grafen war; bedeutendstes Baudenkmal ist der romanische Turm der Kirche Santa Eulalia, im Innern Pfarrmuseum mit einer beachtenswerten Gemäldesammlung. – Bleibt man auf der durch das Tal des Río Carrión führenden C-615, erreicht man **Carrión de los Condes,** eine ehem. Pilgerstation am Jakobsweg; Benediktinerkloster San Zoilo (11. Jh.) mit sehenswertem *Kreuzgang in platereskem Stil; ferner Kirche Santa María del Camino (11. Jh.), mit Stierkopfskulpturen an der Fassade. – 7 km südöstlich *Villalcázar de Sirga*, mit Templerkirche des 12. Jahrhunderts.

Pamplona

Fiesta de San Fermín in Pamplona

Provinz: Navarra (NA). – Telefonvorwahl: 948. Höhe: 449 m ü.d.M. – Einwohnerzahl: 186000.
ⓘ **Oficina de Información de Turismo,**
Duque de Ahumada 3;
Telefon: 220748.
Servicio de Turismo,
Arrieta 11;
Telefon: 227200.
Dirección Provincial de Turismo,
Paseo de Sarasate 9.

HOTELS. – *Los Tres Reyes,* Jardines de la Taconera s/n, I, 168 Z., Sb.; *Ciudad de Pamplona* (garni), Iturrama 21, II, 117 Z.; *Nuevo Hotel Maisonnave,* Nueva 20, II, 160 Z.; *Orhi* (garni), Leyre 7, II, 55 Z.; *Yoldi* (garni), Avda. de San Ignacio 11, II, 48 Z.; *Eslava* (garni), Plaza Virgen de la O 7, III, 28 Z.; *La Perla* (garni), Plaza de Castillo 1, IV, 67 Z.; Hostal *Sancho Ramírez,* Sancho Ramírez 11, P I, 82 Z.; u.a. – CAMPINGPLATZ: *Ezcaba,* bei Eusa, an der Carretera N-121 (8 km nördlich).

RESTAURANTS in den Hotels; ferner *Hostal del Rey Noble,* Paseo Sarasate 6; *Josetxo,* Plaza Príncipe de Viana 1; *Grill Don Pablo,* Navas de Tolosa 19; *Rodero,* Arrietta 3; *Vista Bella,* Jardines de la Taconera s/n; u.v.a.

CAFÉS. – *Iruñaberri,* Avda. Pio XII 7; *Tres Reyes,* Jardines de la Taconera s/n; *Koppo,* Plaza de Vínculo 5; *Ibiza 5,* Avda. Pio XII 5; *Reta,* Plaza Conde de Rodezno 8; *Shanti,* González Tablas 4; u.v.a.

VERANSTALTUNGEN. – *Semana Santa* (Karwoche), berühmte und eindrucksvolle Karfreitags-Prozession ('Santo Entierro'). – **Feria und Fiesta de San Fermín** (Juli), die 'Sanfermines', mit eigenartigen Umzügen der 'Gigantes' (Riesen) und 'Cabezudos' (Großköpfe), einer Prozession zu Ehren des hl. Firmian (7. Juli), und Stierkämpfen, vor denen die jungen Burschen, verfolgt von den Kampfstieren, zwischen Absperrungen durch die Straßen laufen ('Encierros'). – *Chiquita* (September), die Feria im Herbst, mit besonders malerischen Umzügen, Viehmarkt und Feuerwerk.

Das zur Römerzeit 'Pompaelo' (= Stadt des Pompeius) genannte Pamplona war vom 10. bis zum Anfang des 16. Jh. die Hauptstadt des Königreiches Navarra und ist jetzt Hauptstadt der gleichnamigen Provinz und Sitz eines Erzbischofs. Die Stadt liegt hübsch am Westrand der Pyrenäen auf einem Hügel am linken Ufer des Río Arga.

SEHENSWERTES. – Den Mittelpunkt der teilweise noch von alten Festungsmauern umgebenen Stadt bildet die große Plaza del Castillo. In der Südwestecke dieses Platzes die *Diputación Foral,* das Haus des Provinziallandtages (1847 erbaut, 1932 erweitert); im prächtigen Thronsaal u.a. zwei Porträts von Goya, das des *Marquis von San Adrián, eines der besten Werke des Meisters (1804), und jenes Ferdinands VII. – Südlich anstoßend an die Diputación Foral das sehenswerte *Archivo General de Navarra,* u.a. mit einer wertvollen Handschriftensammlung. Daran anschließend die kleine Kirche *San Ignacio* (1694).

Von der Plaza del Castillo führt der P a s e o d e S a r a s a t e als Hauptpromenade der Stadt in südwestlicher Richtung,

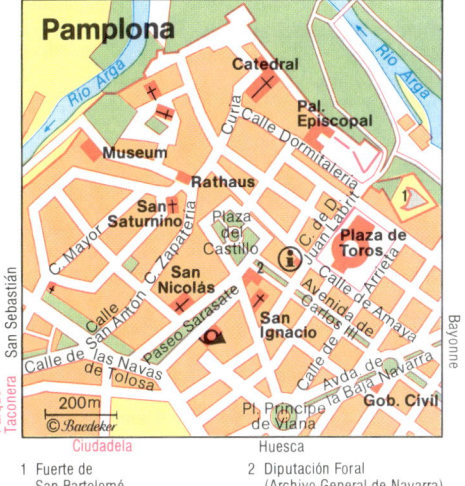

Pamplona

1 Fuerte de
San Bartolomé

2 Diputación Foral
(Archivo General de Navarra)

vorbei am *Monumento de los Fueros* zu
der festungsartigen Kirche *San Nicolás*
(urspr. romanisch; 13. Jh.), mit interessanter Christusfigur und schönen Altären. Der Paseo mündet in den aussichtsreichen *Parque de la Taconera,* mit mehreren Denkmälern und der Kirche *San
Lorenzo;* im Innern die Kapelle San
Fermín.

Von der Südseite der Plaza del Castillo
zieht die von modernen Gebäuden eingefaßte Avenida de Carlos III südöstlich über die breite Avenida de la Baja
Navarra hinweg zu der großen
Plaza del Conde de Rodezno, mit
dem *Monumento de los Muertos,* einer
1959 zum Gedächtnis an die Toten des
Bürgerkrieges errichteten, von einer
freskengeschmückten mächtigen Kuppel gekrönten Denkmalskirche. Östlich
hiervon das *Museo de Sarasate,* in einem Saal des Conservatorio de Música.

Unweit nordwestlich von der Plaza del
Castillo erhebt sich an der kleinen
Plaza Consistorial das im 17. Jh. erbaute, 1953 erneuerte **Ayuntamiento**
(Rathaus), mit schöner Barockfassade.
Westlich von hier die mit zwei romanischen Türmen versehene gotische Kirche *San Saturnino* (13./14. Jh.), das älteste Gotteshaus der Stadt; beachtenswertes Nordportal und ein Retablo in
der Taufkapelle. Nordwestlich vom Rathaus, in dem Gebäude eines alten Spi-
tals, das sehenswerte *Museo de Navarra,* mit plateresker Fassade von 1556;
im Innern interessante römische Bo-
denmosaike, romanische Kapitelle und
gotische Wandmalereien.

Nordöstlich von der Plaza del Castillo an
der Stadtmauer die mächtige *****Kathedrale,** größtenteils aus dem 15. Jh., die
klassizistische Fassade mit den Türmen
von 1780. Im Mittelschiff die Sarkophage Karls III. und seiner Gemahlin
Eleonore von Aquitanien, mit Alabaster-
statuen von einem flämischen Meister
(um 1420); im Chor ein prächtiges Gestühl von Miguel de Ancheta (1530) und
in der Capilla Mayor ein Retablo von
1507. Aus dem rechten Seitenschiff
führt ein reich vergoldetes Portal mit einem schönen Tympanon (14. Jh.) mit
dem "Tod Mariens" in den *Kreuzgang,*
einen der schönsten Spaniens, aus dem
14. Jh., der mit den anstoßenden Sälen
das *Diözesanmuseum* bildet. An der
Ostseite des Kreuzgangs die Capilla
Barbazano, mit einem Grabmal ihres
Stifters (†1355); an der Südseite das aus
dem 14. Jh. stammende Portal zu der
Sala Preciosa, dem ehemaligen Sitzungssaal der Cortes von Navarra; daneben das frühere Refektorium; reicher
Kirchenschatz.

Östlich der Plaza del Castillo liegt an der
Calle de Amaya die *Plaza de Toros*
(Stierkampfarena); davor steht ein
Denkmal für den bekannten amerikani-
schen Schriftsteller *Ernest Hemingway*
(1899–1961; "Fiesta").

UMGEBUNG. – **Über den Puerto de Velate:** Die N-121 führt zunächst nach *Villava,*
wo in nordöstlicher Richtung die C-135 zum
Puerto de Roncesvalles (s.u.) abzweigt, während die N-121 im Tal des *Río Ulzama* aufwärts und über den *Puerto de Matacola*
(662 m) schließlich den **Puerto de Velate**
(847 m) erreicht, der eine schöne Aussicht
bietet. Von hier in vielen aussichtsreichen
Windungen hinab in das Tal des Flüßchens
Bidasoa zu dem Straßenknotenpunkt **Mugaire,** wo sich die Routen trennen.

Route A: Von Mugaire weiter auf der N-121
nordöstlich talaufwärts in dem malerischen
baskischen *Val de Baztán* mit dem altertümlichen Städtchen
Elizondo (196 m; 2000 Einw.; Hotel Baztán, II,
84 Z., Sb), mit wappengeschmückten Häusern, schönen Palästen und dem Palacio-
Ayuntamiento. – Weiter auf der kurvenreichen N-121 über den *Puerto de Otsondo*
(602 m) zur spanisch-französischen Grenze
am *Puente de Dancharinea;* von hier über
Espelette und Ustaritz nach Biarritz.

Route B: Ab Mugaire folgt man der C-133
nordwestlich durch das hübsche Tal des *Río
Bidasoa* und über den Ort *Oyerequi* zu dem
etwas abseits liegenden

Santesteban (125 m), einer malerischen Ortschaft, als Sommerfrische besucht.

Weiter auf reizvoller Strecke in vielen Windungen in dem von Waldbergen umrahmten, teilweise felsigen Tal nach
Vera de Bidasoa (56 m), in einem besonders schönen Talabschnitt.

Hinter *Endarlaza* verengt sich das Tal; rechts die den Fluß folgende französische Grenze. Weiter zur spanischen Grenzstelle *Behobia,* dahinter die internationale Brücke über den *Río Bidasoa,* der an dieser Stelle die spanisch-französische Grenze bildet; von hier über St-Jean-de-Luz nach Biarritz.

Über den Puerto de Roncesvalles. – Von *Villava* folgt man in nordöstlicher Richtung der C-135 und dem *Río Arga* talaufwärts und erreicht hinter *Zubiri* den *Puerto Erro* (801 m), mit schöner Aussicht. – Durch den gleichnamigen Ort und das hübsche Tal des *Río Urrobi* nach
Burguete (910 m), einem als Sommerfrische besuchten alten Markt. – Weiter talaufwärts nach
Roncesvalles (981 m), am Eingang des durch Rolands Heldentod berühmten Pyrenäenpasses; mit der im 12. Jh. gegründeten Augustinerabtei, in deren *Kirche (13. Jh.) man prächtige vergoldete Retablos, eine reiche Schatzkammer und auf dem Hochaltar eine holzgeschnitzte Muttergottes des 13. Jh. findet. Unweit von der Klosterkirche die vielbesuchte gotische Wallfahrtskirche Zum Heiligen Geist, die nach der Überlieferung von Karl dem Großen als Grab für Roland erbaut worden sein soll.

Im Kloster Roncesvalles

Die Fortsetzung der Straße führt durch den
*Puerto de Roncesvalles** (1057 m), das Einfallstor der nordeuropäischen Völker im frühen Mittelalter, im Jahre 778 nach dem Rolandslied Schauplatz der Niederlage der unter dem Befehl des kaiserlichen Paladins Roland stehenden Nachhut des von Zaragoza zurückmarschierenden Heeres Karls des Großen, wobei Roland und seine Gefährten ums Leben kamen. Paßhöhe mit schöner Aussicht und einer Säule zur Erinnerung an Karl den Großen und seine Paladine. – In Windungen durch die Schlucht abwärts zu dem spanischen Grenzort *Valcarlos* und weiter zur spanisch-französischen Grenze beim Flüßchen *Nive;* von hier über St-Jean-Pied-de-Port nach Biarritz.

Zum Monasterio de Leyre. – Dieser empfehlenswerte Ausflug führt über die N-240, die Pamplona mit Huesca verbindet. Man folgt zunächst der nach Süden strebenden autobahnähnlichen Ausfahrt und erreicht bei *Noain* die in südöstliche Richtung strebende N-240 über *Salinas de Ibargoiti,* am Fuß der Peña de Izaga (links), nach *Liédena.* Kurz zuvor Abzweigung einer Nebenstraße (5 km) zum südlich gelegenen
Sangüesa (404 m; 4600 Einw.), einem alten Städtchen mit beachtenswerten Monumenten; darunter die romanische Kirche Santa María La Real (11./13. Jh.), die Kirche Virgen del Carmen und die Kirche San Francisco mit gotischem Kreuzgang; ferner Castillo del Príncipe de Viana und mehrere Paläste. Weiter über eine Hochfläche nach **Yesa** (492 m), am westlichen Ausgang des Stausees *Embalse de Yesa* (500 Millionen cbm) gelegen, mit Club Náutico. – Zur Linken Abzweigung zu dem 4 km nordöstlich auf der Höhe gelegenen
Monasterio de Leyre, am Südfuß der Sierra de Leyre; Klosterbau (größtenteils 17./18. Jh.) mit romanischer Kirche (9./11. Jh.), deren Krypta die Grabstätte der Könige von Navarra ist; reich verziertes Westportal (11. Jh.).

Südlich von Yesa (4 km) der Ort *Javier* (476 m), mit mittelalterlichem Castillo (14. Jh.), Geburtsstätte des San Francisco Javier (Franz Xaver). – Hinter Yesa überschreitet die N-240 die Grenze zwischen Navarra und Aragonien und führt nördlich des 11 km langen Stausees nach *Tiermas,* einem kleinen Ort mit Thermalquelle, und weiter über *Berdún* in die Provinz Huesca.

Nach Tudela. – Die nach Süden strebende autobahnähnliche Ausfahrt wird bei *Noain* zur N-121. Vorbei an *Tiebas* (links), mit Burgruine, führt sie hinauf zur Höhe des *Puerto del Carrascal* (591 m) und weiter nach **Tafalla** (s. dort), am Westufer des *Río Cidacos.*

Südlich anschließend das altertümliche Städtchen

Olite (388 m; 3000 Einw., Hotel Parador Nacional Príncipe de Viana, II, 48 Z.), mit alten Mauern und dem Castillo-Palacio der Könige von Navarra (15. Jh.); ferner Kirche Santa María La Real (13 Jh.) mit skulpturengeschmücktem Hauptportal und Retablo des 16. Jahrhunderts.

Weiter in südlicher Richtung und vorbei an dem rechts abseits gelegenen Städtchen *Caparroso* (3000 Einw.), mit Burgruine, und über *Arguedas,* mit dem Monasterio Nuestra Señora del Yugo, über den *Río Ebro* nach **Tudela** (s. dort).

Nach Logroño. – Die von Pamplona nach Südwesten führende N-111 folgt dem alten Pilgerweg nach Santiago de Compostela. Die aussichtsreiche Straße klettert alsbald in Windungen bergan zum *Puerto del Perdón* (679 m), einer Paßhöhe der gleichnamigen Sierra; dann hinunter in das Tal des *Río Arga* mit dem Ort
Puente la Reina (347 m; 2000 Einw.), wo sich im Mittelalter die Pilgerwege aus Mitteleuropa vereinigten; ehem. Templerkirche (11. Jh.) mit berühmtem Kruzifix (um 1400); ferner fünfbogige Pilgerbrücke über den Río Arga; schöne Adelspaläste an der Calle Mayor.

Die N-111 führt nun in westlicher Richtung durch hügeliges Gelände nach **Estella** (s. dort). – Am Südrand von Estella überquert die N-111 den *Río Ega* und führt nach einem kurzen Tunnel weiter durch Hügelland nach *Los Arcos* und vorbei an *Sansol* nach
Viana (469 m; 3000 Einw.), einem alten Städtchen, wo Cesare Borgia (geb. 1475 als Sohn des späteren Papstes Alexander VI.), der gewalttätigste des spanisch-italienischen Nepotengeschlechtes der Borgia (span. Borja), im Jahr 1507 im Dienst des Königs von Navarra fiel und in der Kırche Santa María bestattet wurde; im Ort ein *Denkmal* für Cesare Borgia und zahlreiche schmucke befestigte Adelshäuser. – Die N-111 führt hinunter in das Tal des *Río Ebro* nach **Logroño** (s. dort; 92 km von Pamplona).

Über den Puerto de Aspiroz. – Die N-240 zieht ab Pamplona nordwestlich durch eine Ebene, mit Blick rechts auf die westlichen Pyrenäen, die hier in das Kantabrische Gebirge übergehen. Man erreicht die Straßengabelung von
Irurzun (461 m), wo die rechte Abzweigung der N-240 weiterführt über den *Alto de Olagain* (613 m) zu dem Luftkurort **Lecumberri** (560 m), in aussichtsreicher Lage zwischen den Ketten des Kantabrischen Gebirges.

Puerto de Aspiroz (616 m), mit prächtigem Ausblick. – Von hier in Windungen steil bergab (bis 18 %) zu dem Dörfchen *Betelú,* in hübscher Lage mitten zwischen hohen Waldbergen. Die N-240 erreicht die Provinz-

grenze zwischen Navarra und Guipúzcoa und führt nach *Tolosa*, wo man auf der N-I die Fahrt fortsetzt nach San Sebastián (92 km von Pamplona).

Picos de Europa

(i) **Federación Española de Montañismo** (Spanischer Bergsteigerverband), Alberto Aguilera 3, Madrid-15; Telefon (91) 2 23 47 82.

HOTELS.– In A r e n a s d e C a b r a l e s : Fonda *Picos e Europa,* 6 Z. – In C a n g a s d e O n i s : Hotel *Ventura,* III, 22 Z.; *Eladia,* IV, 24 Z.; u.a. – In C o v a d o n g a : Hotel *Pelayo,* II, 55 Z. – In F u e n t e D é : *Parador Nacional Rio Deva,* I, 78 Z. – In P a n e s de P e ñ a m e l l e r a : Hostal *Covadonga,* P II, 10 Z.; *Lama,* P III, 7 Z. – In P o t e s : Hotel *La Cabaña* (garni), 24 Z., Sb.; *Picos de Valdecoro* (garni), II, 24 Z.; Hostal *Picos de Europa* (garni), P II, 26 Z.

Im Norden Spaniens bilden die * **Picos de Europa ein zwischen den Flüssen Deva und Sella aufragendes wildes und majestätisches Gebirgsmassiv mit tiefeingeschnittenen Tälern und steil-**

Picos de Europa

wandigen Gipfeln, die in der Torre de Cerredo (2648 m) die höchste Erhebung des Kantabrischen Gebirges erreichen, das die Verlängerung der Pyrenäen und die nördliche Grenze der Meseta Kastiliens darstellt. Diese fast 40 km lange, zur Küste parallel laufende Felsenschranke wird durch die niedrigere Sierra de Cuera vom Meer getrennt; die kürzeste Entfernung zum Golfo de Vizcaya beträgt 20 km.

RUNDFAHRT. – Die gesamte Region der Picos de Europa, die auf dem Gebiet der Provinzen Asturias, Cantabria und León liegt, wird von mehreren Landstraßen durchzogen.

Neben den erwähnten Unterkünften in den umliegenden Ortschaften gibt es Berg- und Schutzhütten, zum Teil bewirtschaftet, mit und ohne Übernachtungsmöglichkeit.

Von Oviedo kommend wählt man die C-634, die man in *Arriondas* verläßt. Man folgt ab hier auf der C-637 dem Lauf des Río Sella nach dem alten Städtchen **Cangas de Onís** (195 m; 10000 Einw.; 68 km ab Oviedo), dem historischen Ausgangspunkt der 'Reconquista', dem Kampf gegen die Araberherrschaft; mit dem Puente Romano über die malerische Schlucht des Río Sella und hübschen Adelshäusern.

In Cangas de Onís beginnt die am Nordfuß der Picos de Europa verlaufende Nebenstraße über *Arenas de Cabrales* (s.u.) nach Santander. Bei *Soto de Cangas* führt eine Zubringerstraße südöstlich durch ein schönes Gebirgstal bergan zu dem auf einem Bergsporn gelegenen vielbesuchten Wallfahrtsort **Covadonga* (260 m; 7 km ab Cangas de Onís); mit einer Basilika (im 11. Jh. begonnen), der Grotte Santa Cueva und dem für die spanische Geschichte so bedeutungsvollen Standbild der 'Virgen de Covadonga'. – Vom Hotel Pelayo führt eine sehr lohnende, aber steile Straße (13 km; bis 18% Steigung) in Windungen weiter südöstlich bergan, nach 8 km am **Mirador de la Reina* vorüber (prächtige Aussicht auf das Gebirge und das Meer); nach weiteren 3½ km abwärts zum *Lago Enol* und noch 1½ km zum *Lago de la Encina,* inmitten der steilen Montaña de Covadonga, einem besuchenswerten Naturschutzgebiet.

Bleibt man auf der in Cangas de Onís beginnenden Nebenstraße, so erreicht man schließlich das Tal des *Río Cares;* diesem folgt man abwärts nach **Arenas de Cabrales** (120 m; 31 km ab Cangas de Onís), bekannt wegen seines Käses; Abzweigung einer schmalen und steilen Bergstraße (Tunnel) durch das obere Carestal zu dem 6 km südlich am Fuß des Gebirges gelegenen Ort *Poncebos,* von wo man mit Führer über das Bergdorf *Bulnés* und weiter auf schwierigen Bergpfaden über das *Refugio de Camburero* (1375 m) in etwa 10 St. die Torre de Cerredo ersteigt.

Die Nebenstraße folgt weiter dem Flußlauf des Río Cares, und wo dieser mit dem *Río Deva* zusammentrifft, erreicht man **Panes de Peñamellera** (30 km) an der C-621, die von Santander kommend in das östliche Gebiet der Picos de Europa führt. In südlicher Richtung fährt man auf dieser Straße durch das Tal des Río Deva nach *La Hermida,* einem Thermalbad (49°C), und weiter nach **Potes** (27 km ab Panes; 115 km von Santander), einem freundlichen kleinen Ort und Stützpunkt für Ausflüge zu den Picos de Eu-

ropa; südwestlich 3 km abseits das Kloster *Santo Toribio de Liébana,* mit dem größten Stück des Golgatha-Kreuzes. – Von Potes westlich in das Gebiet der Picos de Europa, über *Espinama* (Fonda), dem letzten Pfarrdorf im Tal, nach *Fuente Dé* (25 km ab Potes), mit Parador Nacional und der Talstation der Schwebebahn zum *Balcón del Cable* (1840 m). Von der Bergstation auf einem Maultierpfad östlich in 1½ Std. nach *Áliva* (1780 m), Ausgangspunkt für Hochtouren (mit Führer!). Ab Potes führt die C-621 in einem Nebental des Río Deva weiter aufwärts und über *La Vega de Liébana* in Windungen und Kehren ziemlich bergauf zum *Puerto de San Glorio* (1609 m); von hier bergab und durch das Tal des Río Lechada nach *Portilla de la Reina,* wo in nördlicher Richtung ebenfalls eine Straße über den Puerto de Pandetrave ins Gebiet der Picos de Europa führt. Weiter durch das Tal des Río Lechada kommt man zu dem in der Provinz León liegenden **Riaño** (1040 m; 56 km ab Potes), einem kleinen Städtchen im oberen Eslatal; Ausgangspunkt der C-637, die in nördlicher Richtung über den *Puerto del Pontón* (1296 m) wiederum die Verbindung nach Cangas de Onís herstellt.

Plasencia

Provinz: Cáceres (CC). – Telefonvorwahl: 9 27.
Höhe: 316 m ü.d.M. – Einwohnerzahl: 27 000.
ⓘ **Oficina Municipal de Información,**
  Trujillo 17;
  Telefon: 41 27 66.

HOTELS. – *Alfonso VIII,* Alfonso VIII 32, II, 56 Z.; Hostal *Mi Casa* (garni), Maldonado 13, P II, 40 Z.; *Real,* Carretera Salamanca, km 128, P II, 32 Z.; *Rincón Extremeño* (garni), Vodrieras 6, P II, 30 Z.; u.a.

Die im Jahr 1189 unter dem Namen 'Ut Deo placeat '('Möge es Gott gefallen') gegründete altertümliche Bischofsstadt Plasencia steht auf einer vom Río Jerte in tiefer Schlucht umzogenen Bergkuppe.

SEHENSWERTES. – Aus dem Mittelalter stammt der **Acueducto,** mit 53 Bogen. – Sehenswerte **Kathedrale,** die aus Teilen des Erstbaues (13./14. Jh.) stammt, der 1498 fortgesetzt, aber nie vollendet wurde; plptereske Nordfassade, am nördlichen Querschiff die schöne Puerta del Enlosado; im Innern hervorzuheben die Capilla Mayor, von Juan de Álava, Diego de Siloe und Alonso de Covarrubias, die prächtige Reja von 1604, das Chorgestühl von 1520 und der Retablo mit einem Relief der ''Himmelfahrt Mariae'' von Gregorio Hernández (1629); Kreuzgang des 15. Jh.; über der

Sakristei ein Museum (Gemälde von Ribera u.a.). – Die Stadt ist umgeben von einer aus der Gründungszeit stammenden doppelten Stadtmauer mit 68 Türmen; auf dieser eine aussichtsreiche Promenade, namentlich auf der Nordostseite.

UMGEBUNG von Plasencia. – Nordöstlich auf der C-501 zum alten Hieronymitenkloster *Yuste (46 km von Plasencia), oder *San Jerónimo de Yuste,* 1404 gegründet, 1809 von den Franzosen verwüstet, später z.T. wiederhergestellt; berühmt als letzter Aufenthalt Kaiser Karls V., der 1556 zugunsten seines Sohnes Philipp II. der Krone entsagte, sich hierher zurückzog und 1558 hier starb; lohnende Besichtigung des Palastes, von der gedeckten Terrasse schöner Blick über die fruchtbare Landschaft bis zur Sierra de Guadalupe. – In der Nähe der Ort **Jarandilla** (Hotel Parador Nacional Carlos V, II, 53 Z.).

Ponferrada

Provinz: León (LE). – Telefonvorwahl: 987.
Höhe: 543 m ü.d.M. – Einwohnerzahl: 52000.
ⓘ **Oficina Municipal de Información,**
   Avenida de la Puebla 1;
   Telefon: 412250.

HOTELS. – *Del Temple* (garni), Avda. Portugal 2, II, 114 Z., Sb.; *Conde Silva* (garni), Avda. de Astorga 2, III, 60 Z.; *Madrid,* Avda. José Antonio 46, III, 54 Z.; Hostal *Lisboa,* Jardines 3, P II, 16 Z.; *Marán* (garni), Antolín López Peláez 29, P II, 24 Z.; *Santa Cruz* (garni), Marcelo Macías 4, P II, 32 Z.; u.a.

RESTAURANTS in den Hotels; ferner *Rugantino,* Fueros de León 12; *Azul Montearenas,* 6 km nördlich.

VERANSTALTUNGEN. – *Patronatsfest* (September), Fest zu Ehren der Jungfrau von der Eiche, mit folkloristischen Darbietungen, Ausstellungen und Wettbewerben, Musik, Blumenschlachten und Feuerwerk; zugleich 'Tag des Bierzo'.

Die Industriestadt Ponferrada, vielleicht das römische 'Interamnium Flavium', befindet sich in hoher aussichtsreicher Lage zwischen den beiden Flüssen Río Sil und Río Boeza, überragt von einer großen Templerburg des 13. Jh., ehem. Sitz der Ritter des Templerordens.

SEHENSWERTES. – Beachtenswert ist die gotische Kirche *Santa María de la Encina,* mit Retablo des 17. Jh. und einer Magdalenenstatue von Greg. Fernández u.a. – *Casa Consistorial* (Rathaus) von 1692. – Etwas außerhalb des Ortes die Kirche **San Tomás de las Ollas,** im mozarabischen Stil um 930

errichtet; in ihrer Umgebung die Ruinen eines Monasterios des 10. Jh.

UMGEBUNG von Ponferrada. – **Nach Peñalva de Santiago:** Eine Landstraße führt südlich über den *Río Boeza* und erreicht über die Dörfer *San Lorenzo* und *San Estebán* das in den Bergen liegende **Santuario de Santiago de Peñalva,** mit mozarabischer Kirche von 930.

Über den Puerto Piedrafita del Cebrero. – Die N-VI, die Ponferrada in nordwestlicher Richtung verläßt, klettert eine kleine Höhe (510 m) hinauf und führt später an *Pieros,* mit alten Befestigungsmauern, vorbei nach
Villafranca del Bierzo (504 m; 6000 Einw., Hotel Parador Nacional, II, 40 Z.), einem alten Städtchen und Hauptort des Bierzo, einst Pilgerstation am Jakobsweg (s. dort); mit beachtenswerter Jesuitenkirche Santa María (1726) und dem mit vier Rundtürmen bestückten Castillo Marqués de Villafranca des 15./16. Jh. 4 km südlich der Ort *Corullón,* mit Festungsruine und Kirche San Esteban (12. Jh.).

Die Straße führt in nordwestlicher Richtung weiter durch die reizvolle, infolge ihres milden Klimas recht fruchtbare Landschaft des Bierzo (Kastanien, Kirschbäume, Akazien, Maisfelder). Im Tal des *Río Valcárcel* steigt die N-VI hinauf zur Paßhöhe des **Puerto de Piedrafita del Cebrero** (1109 m), auf dem Kamm der zum Kantabrischen Gebirge gehörenden *Sierra de Ancares,* zugleich Grenze zwischen León und Galicia; rechts die *Peña Rubia* (2214 m). – Vom Paß weiter auf der N-VI über **Lugo** nach **La Coruña** (s. dort).

Pontevedra

Provinz: Pontevedra (PO). – Telefonvorwahl: 986.
Höhe: 19 m ü.d.M. – Einwohnerzahl: 60000.
ⓘ **Oficina de Información de Turismo,**
   General Mola 3;
   Telefon: 850814.

HOTELS. – *Parador Nacional Casa del Barón,* Maceda s/n, II, 47 Z.; *Rias Bajas* (garni), Daniel de la Sota 7, II, 100 Z.; *Virgen del Camino* (garni), Virgen del Camino 55, II, 53 Z.; *Comercio* (garni), A. González Besada 3, IV, 26 Z.; *México* (garni), Andrés Murvais 8, IV, 28 Z.; u.a. – CAMPINGPLATZ: *Paxariñas,* westlich der Stadt bei Sangenjo (ca. 22 km).

RESTAURANTS in den Hotels, insbesondere im *Parador Nacional;* ferner *Calixto,* Benito Corbal; *El Castaño,* Rúa de la Paja; *Los Robles,* Padre Luís; *Titón,* García Camba; u.a. sowie Cafetería *Pub Lord Nelson,* Peregrina.

VERANSTALTUNGEN. – *Fiesta Virgen de la Peregrina* (August), zugleich Auftakt zu einer Serie von festlichen Veranstaltungen während des Monats, darunter die Feria mit folkloristischen Darbietun-

Panorama von Pontevedra

gen und Blumenschlachten sowie das Festival für Tanz, Musik und Theater. – *Wallfahrten* im Mai und zu Fronleichnam.

Spielkasino: *Casino Isla de La Toja* in El Grove, auf der C-550 westlich von Pontevedra (34 km) zu erreichen.

WASSERSPORT. – Bademöglichkeiten am Sandstrand Placeres; ferner Unterwassersport, Hochseefischerei, Wasserski; Pontevedra besitzt einen Club Marítimo und einen Yachtclub.

SPORT und FREIZEIT an Land. – Verschiedene Sportarten wie Schießen, Jagen, Angeln (Forelle, Lachs), Tennis, Bergsteigen.

Die lebhafte Stadt Pontevedra, in reizvoller Lage im Delta der Flüsse Río Lérez, Río Alba und Río Tomeza an der Ría de Pontevedra, ist Hauptstadt der gleichnamigen Provinz und war einst ein bedeutender Hafenplatz; aus dieser Zeit stammen noch die Reste der alten Stadtumwallung.

SEHENSWERTES. – Neben drei beachtenswerten Gotteshäusern verdient das *Museo Provincial* in der *Casa de los Monteagudos* (1760) Aufmerksamkeit; im Innern eine Sammlung wertvoller keltiberischer Edelsteine sowie Prozessionskreuze des 13. bis 19. Jh. und Gemälde (Zurbarán, Giordano, Veronese u.a.). – Kirche *Santa María Mayor,* gotische Basilika des 16. Jh.; prachtvolle Hauptfassade von Cornelius von Hol-

land, beim Seitenportal rechts ein Cristo del Buen Viaje; im Innern mehrere gotische Grabstätten. – Kirche *San Francisco* (14. Jh.) des Bettelmönchordens, mit älterem Portal des 13. Jh.; im Innern gotische Grabmäler. – Kapelle *La Peregrina*, ein eigenartiger Rundbau von 1776, eines der schönsten Bauwerke des galicischen Barocks, mit schlanken Türmen. – Die Ruinen von *Santo Domingo* mit hohen Apsiden des 14. Jh. beherbergen heute das *Museo Arqueológico;* im Museum römische und mittelalterliche Sammlungen, darunter bedeutende Steinmetzarbeiten.

UMGEBUNG. – Pontevedra bietet eine Fülle von Ausflugsmöglichkeiten in die nähere und weitere Umgebung, besonders zu den Bade- und Ferienorten der zerklüfteten Westküste mit ihren Rías.

Südliche Rundfahrt. – Man folgt der autobahnähnlichen C-550 zu dem Hafen- und Badeort *Marín,* mit der hübschen Kirche Santa María del Puerto und der Escuela Naval Militar (Marineschule). Entlang zahlreicher Badestrände erreicht man **Bueu,** an der Ensenada de Bueu gelegen, mit Badestrand, Marinemuseum und Leuchtturm.

In dem Dorf *Beluso* zum vorgeschobenen *Cabo Udra,* mit herrlicher Aussicht. In kurvenreicher Küstenfahrt über mehrere kleinere Orte und entlang weiterer Badestrände nach

Cangas, an der Ría de Vigo und mit dem gegenüberliegenden Vigo durch Fähre verbunden. – Über *Moaña* auf der C-550 zurück nach Pontevedra (Rundfahrt: rund 70 km).

Nördliche Rundfahrt. – Auch diese Straße trägt die amtliche Bezeichnung C-550. Auf ihr passiert man unmittelbar im Westen von Pontevedra das Kloster *San Juan de Poyo,* mit klassizistischer Kirche. Entlang der Ría de Pontevedra und vorbei an Badestränden kommt man dann über *Sangenjo* und *Portonovo* nach

El Grove (34 km ab Pontevedra), einem aufstrebenden Bade- und Kurort, mit Internationalem Spielkasino; der Ort ist durch eine Brücke mit der Insel *La Toja* verbunden. Die C-550 führt von El Grove in einem weiten Südbogen zum östlich der Bucht gelegenen **Cambados**, einem typischen Dorf dieser Küste; mit interessanten Herrenhäusern, einem schönen Badestrand und einer an Krusten- und Schalentieren reichen Speisekarte (Hotel Parador Nacional, II, 63 Z.). Von Cambados Schiffsverbindung zur Insel La Toja.

Vorbei an *Villanueva de Arosa* kommt man schließlich nach

Villagarcía de Arosa (22 000 Einw.), einem als Seebad vielbesuchten Hafenort; ebenfalls mit mehreren Herrenhäusern und einem Angebot an köstlichen Krusten- und Schalentieren. – Von Villagarcía weiter auf der C-550 nach *Puentecesures* oder via *Caldas de Reyes* zurück nach Pontevedra (Rundfahrt: etwa 120 km).

Nach Vigo und Túy. – Die weiter nach Süden strebende N-550 führt von der Alameda zunächst durch die südlichen Vororte von Pontevedra, dann durch Hügelland mit zahlreichen Woingärten; schon bald auf einer Anhöhe herrlicher Blick auf die malerische Bucht von Vigo. In Windungen abwärts und weiter von prächtigen *Ausblicken begleitet nach

Redondela (10 m; 17 000 Einw.), einem alten Fischerstädtchen mit Badestränden an der *Ría de Vigo.* – Am Ortsende unter einer 318 m langen Eisenbahn-Gitterbrücke hindurch zur Gabelung der N-550.

R o u t e A: Bei der Straßengabelung nach rechts und entlang der Küste nahe dem Ufer der Bucht von Vigo und durch eine reizvolle Landschaft nach **Vigo** (s. dort).

R o u t e B: Bei der erwähnten Straßengabelung weiter geradeaus; zur Linken der Höhenzug des *Monte Sallir,* dann zur Umgehungsstraße von

Porriño (10 m; 9000 Einw.), einem Industriestädtchen, wo die von Vigo kommende Straße in die N-550 wieder einmündet. Von hier weiter kurvenreich bergauf und bergab

durch ein waldreiches Bergland mit Rebengelände nach **Túy** (s. dort).

Nach Santiago de Compostela. – Die nach Norden führende N-550 überquert zunächst den *Río Lérez* und klettert dann in Windungen aufwärts; hierbei schöner Rückblick auf die Ría de Pontevedra. Es geht weiter durch eine anmutige Gartenlandschaft und über den *Río Umia* nach

Caldas de Reyes (40 m), einem schon zur Römerzeit bekannten Bad mit Schwefelthermen bis zu 60° C. 8 km nordöstlich an der Richtung Orense führenden N-640 das gleichartige Bad *Cuntis O'Baño.* – Hinter Caldas de Reyes führt die N-550 nach *Puentecesures* (Umgehungsstraße), mit stattlicher Kirche. Jenseits des *Río Ulla* beginnt die Provinz La Coruña. Die Straße führt über Padrón nach **Santiago de Compostela** (s. dort; 54 km von Pontevedra).

Reus

Provinz: Tarragona (T). – Telefonvorwahl: 977.
Höhe: 190 m ü.d.M. – Einwohnerzahl: 80 000.
ⓘ **Centro de Iniciativas y Turismo,**
San Juan 36;
Telefon: 310061.

HOTELS. – *De France,* Vicaria 8, III, 39 Z., Sb.; Hostal *Gaudi,* Arrabal Robuster 49, P II, 71 Z.; *Olle* (garni), Paseo de Prim 45, P II, 32 Z.; *Giralt,* Carretera Tarragona, P III, 36 Z.; *Simonet,* Arrabal de Santa Ana 18, P III, 45 Z.

RESTAURANTS. – *San Remo,* Carretera Salóu 3–5; *Alpino,* Paseo de Prim 34; *Llanes,* Generalísimo 80; u. a.

Die Industrie- und Handelsstadt Reus liegt am Fuß der Sierra de la Musara; sie ist ein bedeutender Markt für Trokkenfrüchte und Geflügelzucht. Reus ist der Geburtsort des katalanischen Architekten Antonio Gaudí (1852–1926).

SEHENSWERTES. – Die Kirche *San Pedro* besitzt einen 66 m hohen achteckigen Turm (schöne Aussicht auf das Meer). – Im *Museo Municipal* Sammlung archäologischer Funde und eine kleine Gemäldegalerie; Gewerbeabteilung.

Ripoll

Provinz: Gerona (GE). – Telefonvorwahl: 972.
Höhe: 679 m ü.d.M. – Einwohnerzahl: 10 000.
ⓘ **Centro de Iniciativas y Turismo,**
Plaza de l'Abat Oliba 3;
Telefon: 702351.

HOTELS. – *Monasterio,* Plaza Gran 4, IV, 40 Z.; *Payet* (garni), Plaza Nueva 2, IV, 22 Z.; Hostal

Canaulas (garni), Puente de Olot 1, P II, 15 Z.; *Ripollés,* Plaza Nueva 11, P III, 13 Z. – An der N-152 (2 km südl.): *Solana del Ter,* III, 28 Z., Sb.

Die kleine Industriestadt Ripoll, mit Eisenindustrie und Waffenfabrikation, liegt an der Mündung des Río Freser in den Río Ter, östlich der Sierra de San Marcos.

SEHENSWERTES. – Die Stadt besitzt das bedeutende ehem. **Benediktinerkloster Santa María,** schon 874 gegründet, dessen im 19. Jh. erneuerte *Kirche* in der Vorhalle eine mit romanischen Skulpturen aus dem 12. Jh. bedeckte Fassade sowie ein schönes Inneres besitzt (Chor des 16. Jh.); anschließend ein schöner romanischer *Kreuzgang* und ein 40 m hoher Glockenturm. Ein kleines *Museum* enthält Volkskunst.

Romanische Kirche in Berguedá

UMGEBUNG. – Südwestlich von Ripoll (Abzweigung hinter der Stadt rechts) auf der C-149 (46 km) nach *Berga* (720 m; 11000 Einw.) und in das Tal des Río Llobregat. Im Süden die idyllische Landschaft **Berguedá,** mit mehreren romanischen Kirchen aus dem 10., 11. und 12. Jahrhundert.

Ronda

Provinz: Málaga (MA). – Telefonvorwahl: 952. Höhe: 850 m ü.d.M. – Einwohnerzahl: 30000.
ⓘ **Oficina de Información de Turismo,** Plaza de España 1; Telefon: 871272.

HOTELS. – *Reina Victoria,* Jerez 25, in aussichtsreicher Lage westlich vor der Stadt, I, 89 Z., Sb.; *Polo* (garni), Mariano Soubirón 8, II, 33 Z.; Hostal *Royal* (garni), Virgen de la Paz 42, P I, 25 Z.; u.a.

VERANSTALTUNGEN. – *Fiesta de Reconquista,* Gedenktag der Wiedereroberung, mit Stierkampf und Viehmarkt (Mai); *Fiesta,* mit Jahrmarkt (September).

Die mitten im Andalusischen Gebirge gelegene Stadt Ronda gehört durch ihre einzigartige **Lage zu den besuchenswertesten Orten in Südspanien.

Aus einer fruchtbaren Vega am Fuß der *Serranía de Ronda* (Torrecilla, 1919 m) steigt ein nach Süden zugespitztes Plateau auf, das durch die 40-90 m breite, bis 150 m tiefe Schlucht des *Río Guadalevín* in zwei Teile geschieden wird und nach Westen in fast senkrechten Felswänden abstürzt. Auf der Südspitze des Plateaus die an der Stelle des römischen 'Arunda' erbaute Altstadt (Ciudad); südlich unterhalb die Vorstadt San Francisco; auf dem nördlichen Teil des Plateaus die Neustadt (Mercadillo), eine Gründung der Katholischen Könige, die Ronda 1485 von den Mauren zurückeroberten.

SEHENSWERTES. – Hauptgeschäftsstraße der **Neustadt** ist die Carrera de Espinel (Fußgängerzone), die in

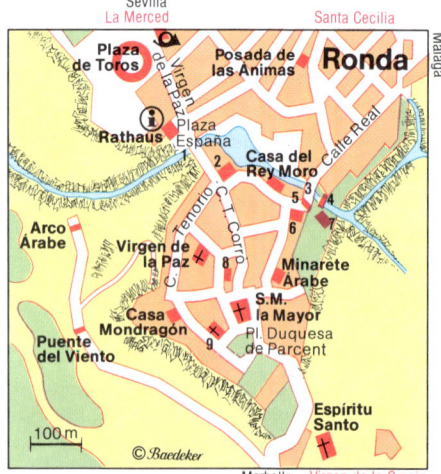

1 Puente Nuevo Mesón
2 Convento
  Santo Domingo
3 Puente Romano
4 Puente Árabe
5 Puerta Felipe V
6 Palacio Salvatierra
7 Baños Árabes
8 Casa del Gigante
9 Iglesia de la Caridad

die Calle Virgen de la Paz mündet. Nahebei die *Plaza de Toros*, die 1785 erbaute und zweitälteste Stierkampfarena Spaniens. Durch die Calle Virgen de la Paz zur *Alameda de José Antonio,* einer hübschen Anlage; von den vergitterten Vorsprüngen prächtiger *Blick auf das fast 200 m tief eingeschnittene Flußtal sowie über die Vega auf das Gebirge. An der Kirche *La Merced* vorbei zum Hotel Reina Victoria, in dem *Rainer Maria Rilke* 1912-13 wohnte (Erinnerungen im Zimmer 208); im Hotelgarten eine Bronzestatue des Dichters von dem Bildhauer N. Díaz Piquero (1966).

Auf der Calle Virgen de la Paz in entgegengesetzter Richtung zur Plaza España mit dem *Ayuntamiento* (Rathaus) und dem Informationsbüro; weiter zum 1788 erbauten *Puente Nuevo*, der die über 100 m tiefe Schlucht des Río Guadalevín an ihrer schmalsten Stelle in einer Länge von 70 m überspannt (*Ausblick; rechts unten einige Mühlen).

Auf der Höhe über der Schlucht liegt die **Altstadt** *(Ciudad).* Jenseits der Brücke durch die Calle del Teniente Gordo zur Plaza de la Ciudad mit der Kirche **Santa María la Mayor,** ursprünglich Moschee und noch mit vier maurischen Kuppeln überwölbt, in christlicher Zeit um die gotischen Seitenschiffe und die hochragende Capilla Mayor im plateresken Stil erweitert; im Innern hübsches Renaissance-Stuhlwerk sowie ein alter maurischer Mihrâb; vom Turm, dem ehem. Minarett, umfassende Aussicht. Unweit der Kirche die 1808 von den Franzosen zerstörte **Alcazaba**, die Burg der maurischen Könige. Von hier führt der Paseo de San Francisco hinunter zur Vorstadt San Francisco mit einem maurischen Tor (Puerta árabe).

Von der Plaza de la Ciudad zur Plaza del Campanillo beim Abhang des Stadtfelsens, mit Aussicht auf die Berge im Norden. Fußweg zu den verfallenen *Mühlen* am Río Guadalevín: entweder auf dem Hauptweg in Kehren hinab zu den unteren Mühlen ($\frac{1}{2}$St.); oder auf einem rechts abzweigenden Weg durch ein kleines maurisches Tor am Abhang hin zum Elektrizitätswerk (20 Min.) sowie zu den oberen Mühlen, mit prächtiger Aussicht auf die Wasserfälle und den Puente Nuevo.

Von dem Puente Nuevo gelangt man nach links durch die Calle del Coman-

Maurisches Tor in Ronda

dante Linares zur *Casa del Rey Moro*, einem mit Kunstgegenständen vorzüglich ausgestatteten Adelshaus, mit aussichtsreichem Terrassengarten; unterirdische Felsentreppe (365 Stufen) zum Fluß. – Die Calle del Comandante Linares senkt sich weiter und führt durch einen Torbogen zu den unteren Flußbrükken, dem *Puente Viejo* (oder *Puente de la Mina)* und dem *Puente de San Miguel.*

UMGEBUNG. – In der weiteren Umgebung von Ronda liegen einige interessante Ausflugsziele, die man bei einem Besuch von Ronda nicht auslassen sollte.

Cuevas de la Pileta. – Auf der Richtung Jerez führenden C-339 nordwestlich über den Fluß; nach 12 km zur linken Abzweigung (11 km) über *Montejaque* nach *Benaoján;* nahebei die sehenswerte Tropfsteinhöhle, mit interessanten, realistischen Tiermalereien aus der Steinzeit (ca. 10000 und 25000 v.Chr.), ähnlich denen von Altamira.

Zum Mittelmeer. – In südöstlicher Richtung auf der windungsreichen C-339 die *Sierra de las Nieves* mit dem Wildgehege *Coto de la Serranía de Ronda* (Steinbockrevier) zur Küstenstraße N-340 an der Costa del Sol mit dem Ferienort **San Pedro de Alcántara** (s. dort; 54 km).

Sagunto

Provinz: Valencia (V). – Telefonvorwahl: 96. Höhe: 46 m ü.d.M. – Einwohnerzahl: 55000.
ⓘ **Oficina Municipal de Turismo,**
La Autonomia 2;
Telefon: 2461230.

HOTELS. – *Azahar,* Avda. País Valenciá 8, III, 25 Z.; *Bergantin,* Plaza del Sol s/n, IV, 27 Z.; Hostal *Teide,* Nueve Octubre 53, P II, 28 Z.; *California,* Buenavista 35, P III, 30 Z. – CAMPINGPLATZ.

RESTAURANT. – *Los Valles,* Carretera N-340, 6 km nördlich.

Spielkasino: *Casino Monte Picayo* in Puzol.

Etwa 25 km nördlich von Valencia nahe der spanischen Mittelmeerküste und am rechten Ufer des Río Palancia liegt inmitten ausgedehnter landwirtschaftlicher Gebiete die Stadt Sagunto, überragt von einem nach allen Seiten steil abfallenden Bergrücken (170 m) mit den mächtigen Ruinen der berühmten antiken, von den Iberern gegründeten Festung 'Saguntum'.

GESCHICHTE. – Die Zerstörung von Sagunt, das mit Rom verbündet war, durch den 28jährigen punischen Feldherrn Hannibal, löste im Jahre 219 v. Chr. den Zweiten Punischen Krieg aus. Von der Bedeutung der 214 v.Chr. durch die Römer zurückeroberten Stadt zeugen noch das Theater und andere Reste. Bei den Mauren, die schon 1099 durch den Cid vorübergehend vertrieben wurden, hieß die Stadt 'Murbiter' ('muri veteres', altes Gemäuer), dann bis 1877 'Murviedro'. Die antiken Bauten wurden z.T. wiederhergestellt. – Im Jahre 1874 wurde Alfonso XII. in Sagunt zum König proklamiert.

SEHENSWERTES. – An der Plaza Mayor, dem Mittelpunkt der Stadt, erhebt sich die gotische Pfarrkirche *Santa María* (1334 begonnen); im Innern Alabasterfenster und ein vergoldeter Hochaltar des 18. Jh. mit Perlmutterkreuz.

Von der bogengeschmückten Plaza Mayor führt die Calle del Teatro Romano südöstlich bergan zu dem gut erhaltenen *Teatro Romano,** auf halber Höhe des Burgfelsens; der Zuschauerraum (50 m Durchmesser) umfaßt 8000 Plätze.

Vom Römischen Theater gelangt man auf einer aussichtsreichen Fahrstraße in Windungen hinauf zum *Castillo de Sagunto,** das sich in einer Länge von 800 m auf dem Burgberg hinzieht und noch beträchtliche Reste iberischer, karthagischer und römischer Bauten birgt. Die ausgedehnten Mauern, die hübsche Blicke auf die Stadt und die Küste bieten, stammen im wesentlichen aus arabischer und späterer Zeit. Nahe beim Eingang ein kleines *Museo Arqueológico,* mit Fundstücken aus dem römischen und phönizischen Sagunto.

UMGEBUNG von Sagunto. – Auf der C-237 zum 6 km östlich gelegenen **Grao de Sagunto,** dem Hafen der Stadt, mit Orangenhainen und Badestrand, zudem wichtiges Industriezentrum.
Nördlich von Sagunto erstreckt sich in Richtung Barcelona bis etwa Vinaroz der viel befahrene Küstenabschnitt der *Costa del Azahar* ('Apfelsinenblüten-Küste'; s. dort).

Salamanca

Provinz: Salamanca (SA). – Telefonvorwahl: 923.
Höhe: 802 m ü.d.M. – Einwohnerzahl: 135000.
ⓘ Oficina de Información de Turismo,
Gran Vía 41;
Telefon: 243730.
Delegación Territorial de Turismo,
España 39;
Telefon: 246693.
Oficina Municipal de Información,
Plaza Mayor 10;
Telefon: 218342.

HOTELS. – *Parador Nacional de Salamanca,* Teso de la Feria 2, I, 108 Z., Sb.; *Gran Hotel* (garni), Plaza del Poeta Iglesias 5, I, 100 Z.; *Monterrey* (garni), Azafranal 21, I, 89 Z.; *Alfonso X* (garni), Toro 64, II, 66 Z.; *Castellano III* (garni), San Francisco Javier 2, II, 73 Z.; *Ceylán,* San Teodoro 7, III, 32 Z.; *Condal* (garni), Santa Eulalia 3, III, 70 Z.; *Emperatriz,* Compañía 4, III, 37 Z.; *Pasaje,* Espoz y Mina 23, III, 62 Z.; *Castellano* (garni), Avda. de Portugal 29, IV, 22 Z.; *Clavero,* Consuelo 21, IV, 26 Z.; *Las Torres,* Plaza Mayor 26, IV, 33 Z.; Hostal *Barcelona* (garni), Paseo San Vicente 24, P II, 36 Z.; u.a. – Hotel *Regio y Mesón Lazarillo de Tormes,* Carretera N-501, km 204, I, 118 Z., Sb.
CAMPINGPLÄTZE: *Regio,* Carretera N-501 (4 km östlich); *Don Quijote,* Carretera N-501 (4 km östlich); *El Cruce,* Carretera Ciudad Rodrigo (55 km südwestlich).

RESTAURANTS in den Hotels; ferner *Candil Nuevo,* Plaza de la Reina 1, kastilischer Stil; *Chez Victor,* Espoz y Mina 26; *Venecia,* Plaza del Mercado 5, 1. Stock; *Roma,* Ventura Ruiz Aguilera 10; *Rio de la Plata,* Plaza del Peso 1; *La Posada,* Aire y Azucena 1; *Al Mesón,* Plaza del Poeta Iglesias 10; u.a. – An der Carretera N-620: *El Quinto Pino* (2,5 km).

CAFÉS. – *Feudal,* Plaza del Poeta Iglesias 3; *Las Torres,* Plaza Mayor 45; *Altamira,* Plaza Mayor 21.

VERANSTALTUNGEN. – *Semana Santa* (Karwoche), mit feierlicher Prozession. – *Fiesta Patronal* (Juni), Fest zu Ehren des Schutzheiligen San Juan de Sahagún; mit Stierkampf und Folklore. – *Ferias y Fiestas* (September), mit Stierkampf, internationalem Reiterwettbewerb, Kunstausstellung u.a.

Die altberühmte spanische Universitätsstadt *Salamanca, Hauptstadt der gleichnamigen Provinz und Sitz eines Bischofs, liegt im südlichen Teil der westspanischen Landschaft León, inmitten einer fast baumlosen Hochebene am rechten Ufer des Río Tormes.

Die Stadt wurde wegen der Fülle ihrer alten Bauten, darunter besonders schöne Beispiele des plateresken Stils, in ihrer Gesamtheit zum Nationaldenkmal erklärt. Das Klima weist scharfe Gegensätze auf: Der Winter ist fast ebenso rauh wie in Burgos und Avila; der Sommer zuweilen ziemlich heiß. Geschätzt sind die Filigranarbeiten aus Salamanca.

GESCHICHTE. – Salamanca ist das römische 'Salmantica', das im Jahre 217 v.Chr. von Hannibal, im 8. Jh. n.Chr. von den Mauren erobert wurde. Während der anhaltenden Kämpfe zwischen Christen und Mauren wurde die Stadt fast vollständig zerstört und gelangte erst um 1100 unter der Herrschaft des Königs Alfons VI. von Kastilien zu neuer Bedeutung. Den Weltruf Salamancas begründete jedoch die von Alfons IX. von León (†1230) gegründete Universität, die mit den Hochschulen von Bologna, Paris und Oxford wetteiferte und dem übrigen Europa die arabische Wissenschaft vermittelte. Im 16. Jh. zählte die Universität Salamanca über 7000 Studenten. Mit der Errichtung eines Bistums in Valladolid (1593), das bis dahin Salamanca untergeordnet war, sowie der Austreibung der Moriscos (1610) begann Salamancas Niedergang, von dem sich die Stadt erst in neuerer Zeit wieder erholte.

SEHENSWERTES. – Mittelpunkt von Salamanca ist die von einheitlichen Häusern mit Arkaden umgebene quadratische **Plaza Mayor, 1720 von Alberto de Churriguera begonnen; sie ist in ihrer Geschlossenheit ein prächtiger 'städtischer Festsaal' und einer der schönsten Plätze Spaniens. An der Nordseite das *Ayuntamiento* (Rathaus), im Stil des José de Churriguera (1650-1723), mit einem 1852 hinzugefügten Glockenstuhl.

Plaza Mayor in Salamanca

Unweit südwestlich von der Plaza Mayor die Kirche **San Martín** (12. Jh.), ein spätromanischer Bau, mit einem Relief des San Martín (13. Jh.) am Nordportal; im Innern mehrere gotische Grabmäler und ein Retablo von A. Churriguera (1731). – Von hier führt die Rúa Mayor weiter südwestlich; rechts an einem kleinen Platz die 1514 erbaute **Casa de las Conchas** *(Haus der Muscheln),* benannt nach den Pilgermuscheln an den Fassaden und an den Fenstergittern; beachtenswert der Hof und die Kassettendecke des Treppenhauses. – Gegenüber **La Clerecía** (1617), eine weiträumige kuppelgekrönte Barockkirche, mit wirkungsvoller zweitürmiger Fassade; an-

stoßend die *Universidad Pontífica* (Theologie, Philosophie, kanonisches Recht), mit schönem Barockhof. – Die Rúa Mayor endet südlich auf der Plaza de Anaya, dem 1811 angelegten Domplatz, der westlich von der Universität und südlich von der Neuen Kathedrale begrenzt wird.

Die *Neue Kathedrale *(Catedral Nueva) ist ein 1513 von Juan Gil de Hontañón begonnener, aber erst 1733 vollendeter stattlicher Bau, mit spätgotischen, platteresken und barocken Formenelementen; besonders reich die platteresken Portale, darunter das dreiteilige *Westportal sowie das Nordportal mit Relief "Christi Einzug in Jerusalem". Der 110 m hohe Turm, mit reizvoller Kuppel (vermutlich von J. de Churriguera), wurde 1755 zum Schutz gegen Erdbeben in den unteren Geschossen ummauert. Das reich ausgestattete Innere der Kirche (104 m lang, 48 m breit) ist trotz des Choreinbaus durch seine Weiträumigkeit und Höhe (38 m) von großer Wirkung. Im Chor ein schön geschnitztes barockes Gestühl und barocke Skulpturen von Alberto de Churriguera. In den Kapellen zahlreiche Kunstwerke, darunter in der Capilla Dorada das Grabmal des Stifters Sanchez de Palenzuela sowie in der Capilla del Mariscal die Virgen de la Cueva, die Schutzheilige Salamancas. Beachtenswert auch die Sakristei und das Relicario.

Unmittelbar südlich an die Neue Kathedrale (Zugang von deren rechtem Seitenschiff) stößt die romanische *Alte Kathedrale *(Catedral Vieja oder Santa María de la Sede), um 1100 gegründet und wohl noch vor 1200 vollendet, eine der glänzendsten Schöpfungen dieser Zeit in Spanien. Von dem an der Südseite der Neuen Kathedrale gelegenen Platz Patio Chico Blick auf die Chorpartie mit der prachtvollen turmartigen Vierungskuppel, die nach dem Hahn auf der Spitze *Torre del Gallo* genannt wird. Im Innern in der Hauptapsis ein Retablo mit 53 Darstellungen aus der Geschichte Christi und dem Leben Mariae, ebenso wie das große Fresko des Jüngsten Gerichts, von Nicolás Florentino ab 1445 gemalt; in der Mitte des Retablo die Virgen de la Vega (12. Jh.). Beim *Claustro* (Kreuzgang) von 1178, im Jahre 1785 ausgebaut, die großen Grabkapellen und das *Dommuseum,* mit Triptychen aus dem 15. Jahrhundert.

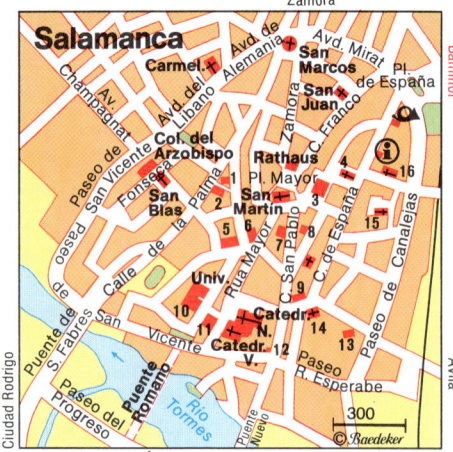

Salamanca

1 Palacio de Monterrey
2 Convento de Agustinas
3 Mercado
4 San Julián
5 Clerecía
6 Casa de las Conchas
7 Palacio de la Salina
8 Torre del Clavero
9 Convento de Dueñas
10 Escuelas Menores
11 Palacio Episcopal
12 Puerta de San Pablo
13 Seminario Diocesano
14 San Esteban
15 San Cristóbal
16 Espíritu Santo

Südwestlich von der Alten Kathedrale kommt man auf der Plaza del Puente zum **Puente Romano**, die den Río Tormes überspannende Römerbrücke, von deren 27 Bogen die 15 auf der Stadtseite noch römisch sind. Vom linken Ufer schönster Blick auf die Stadt. – Etwas flußaufwärts der *Puente Nuevo* (Neue Brücke), von dessen Südwestende die Straßen nach Madrid, Plasencia und Ciudad Rodrigo ausgehen.

Nordöstlich von der Neuen Brücke die *Puerta de San Pablo,* von der die gleichnahmige Straße zur Plaza Mayor führt. Etwas östlich dieser Straße die 1524-1610 erbaute Dominikanerkirche *San Esteban, mit reicher platereker Fassade. Im Innern ein vergoldeter Hauptaltar von José de Churriguera (1693) und drei Nebenaltäre von seinen Schülern; an der Westwand über dem Hochchor ein großes Fresko von Ant. Palomino "Triumph der Kirche" (1705). Anstoßend an die Kirche Kreuzgang, Sakristei und Kapitelsaal. – Nördlich gegenüber von San Esteban liegt das *Convento de Dueñas* (1533), mit zweigeschossigem schönem *Renaissance-Kreuzgang.

Von der Südwestecke der Plaza Mayor führt die Calle del Prior westlich zu dem stattlichen **Palacio de Monterrey** (um 1540), mit langer Galerie an der Südseite und zwei reich ausgebildeten kurzen Türmen. – Südwestlich gegenüber das *Convento de las Agustinas*

(1598-1636), dessen Kirche gute Bilder von Ribera enthält, darunter am Hauptaltar "La Concepción", eines seiner Hauptwerke (1635). – Weiter westlich das ehem. **Colegio Mayor Arzobispo Fonseca** (1527-78), mit platereskem Portal; in der Kirche ein Retablo von Alonso de Berruguete und Gemälde von seinen Schülern; in dem zweistöckigen Hof reizvolle Säulenkapitelle und Medaillonbüsten. – Südlich des Convento de las Agustinas, auf der Calle de Cervantes zu erreichen, an der Ostseite des Patio de Escuelas die **Universität**, ein 1415-33 in einfachen Formen errichteter Bau, dessen spätere *Westfassade mit verschwenderischer Fülle in platereskem Stil geschmückt ist. Bemerkenswert der kreuzgangartige Hof, die Kapelle und die Aula Magna (Führung). Im 1. Stock die 1254 gegründete *Universitätsbibliothek* (über 250000 Bände, 3500 Manuskripte und 350 Inkunabeln). Unweit nördlich der Universität liegt das *Museo Provincial* (Altertümer, Gemälde). – Auf dem Patio de Escuelas die *Statue* von *Luis de León* (1528-91), einem berühmten Universitätslehrer seiner Zeit. An der Südseite des Platzes die ehem. *Escuelas Menores,* jetzt Rektorat der Universität, mit zwei reizvollen platereken Portalen.

Einige weitere sehenswerte Bauwerke der Stadt sind die nördlich der Plaza Mayor stehende romanische Rundkirche *San Marcos* (um 1200) und östlich die Kirche **Sancti Spiritus** *(Espíritu Santo)* des 16. Jh.; letztere mit platereskem Portal, im Innern mit besonders beachtenswertem Hochaltar von 1659 und Sakramentskapelle; Kreuzgang des 13. Jh. Ferner südöstlich der Plaza Mayor die nach einem Kolumbusdenkmal benannte Plaza de Colón, mit der 1480 errichteten *Torre del Clavero* und dem 1516 erbauten *Palacio de la Salina* oder *de Fonseca,* mit schönem Hof; heute Diputación Provincial.

UMGEBUNG. – In der Nachbarschaft von Salamanca finden sich zahlreiche Baudenkmäler und reizvolle alte Ortschaften, die einen Besuch lohnen.

Auf der nach Norden Richtung Zamora führenden N-630 erreicht man das 28 km von Salamanca etwas abseits der Straße liegende **Villanueva de Cañedo;** sehenswertes Castillo de Buen Amor (13. Jh.), mit Rundtürmen, Innenhof und prachtvoller Ausstattung (Deckentäfelung im Mudéjarstil).

Eine Nebenstraße führt nordwestlich (34 km) nach
Ledesma, einem vielbesuchten Badeort am Río Tormes und mauerumwehrten alten Städtchen; Kirche Santa María (13./16. Jh.), mit beachtenswerten Grabmälern. – In der Nähe die ehemalige Festung La Fortaleza, die Beltrán de la Cueva errichten ließ.

Die Route der Stauseen. – Dieser Ausflug – auch die Route der 'Arribes del Duero' genannt – führt zum westlichen Teil der Provinz Salamanca. Auf der nach Westen strebenden C-517 gelangt man über *Vitigudino* zu dem nordwestlich hiervon gelegenen **Aldeadávila de la Ribera,** in einer wechselvollen Landschaft am Ufer des *Río Duero*, der hier die sogen. 'arribes' (= große Krümmungen) bildet. In der Nähe der Stausee *Embalse* oder *Pantano de Aldeadávila*, mit Talsperre. Im Ort zwei alte Kirchen und der Palacio Marqués de Caballeros (18. Jh.), mit wappengeschmückter Fassade.

Auf Nebenstraßen unweit des Río Duero kommt man über *Saucelle*, ebenfalls mit großer Talsperre, nach
La Fregeneda, inmitten von Mandel-, Apfelsinen- und Zitronenhainen; hier feiert man die Fiestas del Almendro (März). Auf der C-517 einige Kilometer landeinwärts nach *Lumbrales;* von hier zum südlich gelegenen **San Felices de los Gallegos**, einem kleinen Städtchen, das in seiner Gesamtheit unter Denkmalschutz steht; mit Wehrmauer, den Resten einer alten Burg und einiger Herrenhäuser.

Unweit des Río Duero zieht die Nebenstraße weiter Richtung Südosten nach **Ciudad Rodrigo** (s. dort). Die Rückkehr nach Salamanca erfolgt auf der nach Nordosten führenden N-620 durch die *Montañas de Caraza*. Einfahrt oberhalb der Römerbrücke über den Río Tormes nach Salamanca.

Nach Béjar. – Die nach Süden führende N-630 durchquert die Huerta de Salamanca, die bei *Mozárvez* endet. Kurz dahinter nach links Abzweigung einer Nebenstraße nach **Alba de Tormes** (s. dort). Die Carretera erreicht *Guijuelo* und klettert in vielen Windungen an felsigen Hängen hinauf zum Paß **Vallejera** (1200 m), mit prächtigem Blick über die von Sierras umgrenzte Hochebene; dann abwärts nach **Béjar** (s. dort), in reizvoller Lage. – Weiter über den **Puerto de Béjar** (980 m), am westlichen Hang der *Sierra de Béjar*.

Nach Ávila. – Oberhalb der Römerbrücke über den Río Tormes und auf der N-501 in östlicher Richtung über *Calvarrasa de Abajo* durch eine anfangs baumlose Hochebene nach
Peñaranda de Bracamonte (900 m; 6000 Einw.), einem abseitsliegenden Städtchen (Umgehungsstraße); in der stattlichen Kirche beachtenswerter Hochaltar. Kurz dahinter die Grenze zwischen den Landschaften León (Provinz Salamanca) und Altkastilien (Provinz Avila). – Durch das Hügelland der *Moraña*, einen Ausläufer der *Sierra de Avila*, kommt man zu der durch die heilige Therese bekannten Stadt **Avila** (s. dort; 97 km von Salamanca).

San Pedro de Alcántara

Provinz: Málaga (MA). – Telefonvorwahl: 952. Höhe: 20 m ü.d.M. – Einwohnerzahl: 4000.

(i) **Oficina de Información de Turismo,** Marbella, Avenida Miguel Cano 1; Telefon: 771442.

HOTELS. – *Golfhotel Guadalmina*, Hacienda Guadalmina, I, 80 Z., Golf, Sb.; *El Pueblo Andaluz*, Carretera N-340, km 172, III, 179 Z., Sb.; *Alcotán*, Urbanización Cortijo Blanco, km 179, IV, 84 Z., Sb. – In der Urbanización Nueva Andalucia: *Golfhotel Nueva Andalucia* (garni), Campo de Golf, L, 22 Z., Golf, Sb.; *Andalucia Plaza*, Carretera N-340, km 180, I, 424 Z., Golf, Sb. – Apartment-Hotel *Las Fuentes del Rodeo*, Carretera N-340, km 180, II, 85 Z., Sb.

RESTAURANTS. – *Benamara*, Carretera N-340, 4 km westlich; *Pepe Romero*, Carretera N-340 (Meeresfrüchte).

VERANSTALTUNGEN. – *Fiestas*, mit Jahrmarkt, Konzert und Wettkämpfen (Oktober).

SPORT. – Mehrere Golfplätze, Reitclub; Wassersportmöglichkeiten aller Art, Tennis, Tontaubenschießen; Sportplätze in den modernen Siedlungen.

Dieser malerische Ort an der N-340 der Costa del Sol gehört zum Gemeindebereich von Marbella. Er liegt an den landschaftlich reizvollen Ausläufern der Sierra Bermeja und der Sierra de Tolox.

SEHENSWERTES. – In dem Ort, der nach dem heiligen Petrus von Alcántara (1499-1562) benannt ist, findet man Überreste einer römischen Siedlung mit einem fünfbogigen Rundbau; beachtenswert ferner eine frühchristliche Basilika mit einem Taufbecken, das die Form eines Fisches hat (beide stehen unter Denkmalschutz).

Zwischen Marbella und San Pedro de Alcántara liegt das Touristenzentrum *Nueva Andalucía*, mit Villen, Bungalows, Golfplätzen und Schwimmbädern.

Von San Pedro de Alcántara führt eine Bergstraße (54 km) durch die Sierra Bermeja nach **Ronda** (s. dort).

San Sebastián

Provinz: Guipúzcoa (SS). – Telefonvorwahl: 943.
Höhe: Meereshöhe. – Einwohnerzahl: 167000.

Oficina de Información de Turismo,
Miramar/Calle Andía;
Telefon: 426282.
Centro de Atracción y Turismo,
Reina Regente s/n;
Telefon: 420102.
Oficina de Información,
an der internationalen Brücke in Irún;
Telefon: 622239.

HOTELS. – *María Cristina,* Paseo República Argentina s/n, L, 139 Z.; *Costa Vasca* (garni), Avda. Pío Baroja 15, 203 Z., Sb.; *Londres y Inglaterra,* Zubieta 2, I, 120 Z.; *Monte Igueldo* (garni), Monte Igueldo, I, 125 Z., Sb.; *Orly* (garni), Plaza de Zaragoza s/n, I, 63 Z.; *San Sebastían* (garni), Avda. de Zumalacárregui 20, I, 94 Z., Sb.; *Avenida* (garni), Subida al Igueldo, II, 47 Z., Sb.; *Gudamendi,* Barrio de Igueldo, II, 20 Z.; *Niza,* Zubieta 56, II, 41 Z.; *Arana* (garni), Vergara 7, III, 56 Z.; *Parma* (garni), General Jáuregui 11, III, 21 Z.; *Codina,* Avda. Zumalacárregui 21, III, 77 Z.; *Pellizar* (garni), Barrio de Intxaurrondo, III, 33 Z.; *Isla,* Miraconcha 17, IV, 38 Z.; Hostal *Buena Vista* (garni), Barrio de Igueldo s/n, P I, 12 Z.; *José Mari,* San Bartolomé 3, P I, 30 Z.; *Alameda,* Alameda del Boulevard 23, P II, 30 Z.; *Bahía* (garni), San Martín 54, P II, 60 Z.; *La Estrella* (garni), Plaza de Sarriegui 1, P II, 27 Z.; *Lasa,* Vergara 15, P II, 33 Z.; *Terminus,* Avda. de Francia s/n, P II, 20 Z.; u.v.a.

CAMPINGPLATZ. – *Igueldo,* am Westfuß des Monte Igueldo.

RESTAURANTS in den Hotels; ferner: *Casa Nicolasa,* Aldamar 4, 1. Stock; *Aita Mari,* Puerto 23; *Monte Igueldo,* auf dem Monte Igueldo, in eindrucksvoller Lage; *Monte Ulía,* auf dem Monte Ulía; *Arzac,* Alto de Miracruz 21, östlich 3 km; *Azaldegui,* Paseo de Miraconcha 23; *Barandiarán,* Alameda del Boulevard 26; *Equía,* Fermín Calbetón 28; *Echeverria,* Iñigo 8; u.a.

CAFÉS. – *Dover,* Avda. de la Libertad 21 und Loyola 4; *Gaviria,* Avda. de la Libertad 40; *Ondarreta,* Avda. Zumalacárregui 20; *Orly,* Triunfo 2; *Kansas,* Alameda del Boulevard 20; *Avenida 3,* Avenida 3; *California,* Hernani 17; *California 27,* Avda. de la Libertad 27; *Café Madrid,* Avda. de la Libertad 35; u.v.a.

VERANSTALTUNGEN. – San Sebastián ist eine der festfreudigsten Städte Spaniens, so daß hier zu jeder Jahreszeit irgendeine Festivität auf dem Programm steht. – *Tamborada* (Januar), Trommlerumzug mit Maskengruppen, zugleich Fest des Schutzheiligen der Stadt. – *Semana Santa* (Karwoche), mit Prozession, Festprogramm und Zyklus für Kirchenmusik. – **Semana Grande** (August), Festwochen mit Stierkampf, Sportveranstaltungen, Sommerfestspielen, Sommerkursen für Ausländer, baskischen Volksfesten, Filmfestspielen, Festspielen für volkstümliche Musik und Folklore; auch *Fiesta de la Asunción.*

Spielkasino: *Nuevo Gran Casino,* Kursaal de San Sebastián.

WASSERSPORT: Badegelegenheiten an den feinsandigen Stränden der Playa de la Concha, der Playa de Ondarreta und der Playa de Gros; Segelregatten durch den Real Club Náutico; Regatta der Schleppnetzboote.

FREIZEIT und SPORT an Land. – Neben Spielplätzen für Hand-, Korb- und Volleyball, Rugby und Tennis gibt es Ballspielhallen für den baskischen Pelotasport; Reiten, Golf, Tontaubenschießen.

Die am Golf von Biscaya nahe der französischen Grenze gelegene Stadt San Sebastián (baskisch 'Donostia') ist die Hauptstadt der baskischen Provinz Guipúzcoa und Sitz eines Bischofs.

Sie ist das vornehmste Seebad Spaniens und im Spätsommer Sitz der spani-

1 Basílica de Santa María del Coro
2 Museo de San Telmo
3 Plaza de la Constitución
4 Castillo de Santa Cruz de la Mota mit Museo Histórico Militar
5 Parque de Atracciones

schen Regierung sowie des Diplomatischen Korps. Die Stadt liegt reizvoll auf dem Schwemmland zwischen dem kanalisierten *Río Urumea* und der muschelförmigen Meeresbucht **La Concha,* der die als Wassersportzentrum benutzte Insel *Santa Clara* vorgelagert ist, während sie östlich vom *Monte Urgull,* westlich vom *Monte Igueldo* begrenzt wird.

SEHENSWERTES. – Mittelpunkt des städtischen Lebens ist die mit Tamarisken bepflanzte A l a m e d a   d e l   B o u l e - v a r d, umrahmt von Geschäftshäusern, Restaurants und Cafés. Am Westende der Allee der Fischerhafen und die *Casas Consistoriales* (Rathaus) im ehem. Gran Casino, dessen Westfassade der weiten Bahía mit der Playa de la Concha zugekehrt ist. – Südlich vom Rathaus der Garten *Alderdi-Eder* ('Schöner Platz'), mit dem Informationsbüro. Südwestlich hieran anschließend der P a s e o   d e   l a   C o n c h a, der die Bahía halb umschließt und sich zum großen Strandbad *La Perla* und dem königlichen Badehaus *Caseta Real* zieht; von hier nordwestlich weiter zum Monte Igueldo.

Östlich von Paseo de la Concha liegt die N e u s t a d t, mit der A v e n i d a   d e   l a   L i - bertad und der P l a z a   d e   G u i p ú z - c o a, an der Westseite der stattlichen *Palacio de la Diputación* von 1885, mit Büsten bedeutender Persönlichkeiten an der Fassade; im Inneren Gemälde von Ignacio Zuloaga (1870-1945). – Unweit nordöstlich beim Puente del Kursaal das *Teatro Victoria Eugenia.* – Im südlichen Teil der Neustadt erhebt sich jenseits der ebenfalls verkehrsreichen C a l l e   d e   S a n   M a r t í n die 1897 vollendete neugotische *Kathedrale Buen Pastor,* mit einem die Stadt beherrschenden 75 m hohen Turm.

Nördlich von der Alameda erstreckt sich bis zum Monte Urgull die **Altstadt,** deren Mittelpunkt die von Arkaden umgebene P l a z a d e l a C o n s t i t u c i ó n (früher Schauplatz für Stierkämpfe) bildet. – Östlich davon der *Fischmarkt* (Pescadería), nordöstlich die 1507 erbaute gotische Kirche *San Vicente,* das älteste Gotteshaus der Stadt, mit einem figurenreichen geschnitzten Retablo von 1584. Nordwestlich hinter der Kirche in dem ehem. Kloster **San Telmo** (Renaissancebau des 16. Jh.) die *Stadtbiblio-*

thek und das *Museo de la Ciudad,* mit historischen und ethnographischen Sammlungen sowie einer wertvollen Galerie älterer und neuerer spanischer Meister. – Südwestlich von San Telmo die 1764 vollendete Kirche *Santa María,* ein Barockbau mit reicher churrigueresker Fassade; im Innern Flügelaltar mit Gemälden von Robert Michel, Skulpturen.

Von der Kirche Santa María Stufenweg (keine Auffahrt) zum **Monte Urgull** (135 m), einer landfest gewordenen Sandsteininsel; oben das ehem. *Castillo de la Mota,* mit einem *Museum für Geschichte des Militärwesens* und einer Herz-Jesu-Kapelle, die von einer 12 m hohen Christusstatue gekrönt wird. – Am Südfuß des Monte Urgull liegt an der Westseite der Altstadt der **Hafen,** von dem man nach der Insel *Santa Clara* (mit

Im Hafen von San Sebastián

Leuchtturm) übersetzen kann. Unweit westlich vom Hafen steht am Ausgang der Concha das interessante *Museo Oceanográfico* (Meeresmuseum), u.a. mit Schiffsmodellen und dem Aquarium. – Hier beginnt der aussichtsreiche *Paseo N u e v o,* der den Monte Urgull über dem felsigen Ufer bis zur Mündung des Río Urumea umzieht, der unweit südlich vom Puente Zurriola überbrückt wird. Jenseits des Flusses beginnt eine ostwärts bis dicht an den Monte Ulía führende Strandpromenade.

Zum Monte Igueldo. – Vom Westende des Paseo de la Concha führt die Miraconcha als Fortsetzung der Straße westlich in einem Tunnel unter dem *Palacio de Miramar,* der früheren Sommerresidenz der spanischen Könige, hindurch zur Vorstadt A n t i g u o, mit der schönen *Playa de Ondarreta*. – Von hier gelangt man mit einer Standseilbahn (Funicular; 3 Min.) sowie auf einer windungsreichen Straße (2 km, von der Stadtmitte 4 $^{1}/_{2}$ km; kleine Benutzungsgebühr) auf den ***Monte Igueldo** (184 m), mit gutem Terrassenrestaurant, Vergnügungspark, Rundfunksender, Observatorium und Aussichtsturm (Aufzug), der einen prachtvollen Blick auf die Stadt, das Meer und das baskische Bergland bietet. Nördlich unterhalb des Gipfels ein Leuchtturm (Faro; 120 m).

Zum Monte Ulía. – Östlich von der Stadtmitte (7 km) erhebt sich über der Vorstadt Gros der durch kurvenreiche Auffahrt erreichbare ***Monte Ulía** (230 m), mit einem Antennenmast, einem Gartenrestaurant (200 m) und drei Aussichtsterrassen, von denen die *Peña del Águila* den besten Überblick auf die Stadt und die Küste bietet.

In Fuenterrabía

UMGEBUNG von San Sebastián. – **Z u r französischen Grenze:** Autobahn und N-I führen in östlicher Richtung über den *Río Urumea* und durch die Vorstadt *Pasajes de San Pedro* (links der belebte Hafen) nach **Rentería** (10 m; 18000 Einw.), einer Industriestadt am *Río Oyarzun;* 3 km nördlich hiervon an der einem Alpensee gleichenden hübschen Bucht von Pasajes das alte Hafenstädtchen **Pasajes de San Juan,* von wo 1776 Lafayette nach Amerika segelte.

Die Straße führt durch das baskische Hügelland; links der *Alto de Jaizquibel* (584 m), rechts die *Peña de Aya* (816 m) nach **Irún** (20 m; 30000 Einw., Hotel Alcázar, II, 48 Z.), spanische Grenzstadt, mit der beachtenswerten Kirche Nuestra Señora del Juncal (16. Jh.) und Ayuntamiento (Rathaus) aus dem 17. Jh. an der Plaza de San Juan. 3 km nördlich von Irún an der Mündungsbucht des *Río Bidasoa* das als Seebad besuchte alte baskische Städtchen ***Fuenterrabía** (10000 Einw.), einst eine wichtige Festung gegen Frankreich, heute mit malerischen Gassen und altertümlichen Häusern; Kirche Nuestra Señora de la Asunción, gotisch, im 16. Jh. erweitert. Vom Palacio del Rey Carlos V (12. Jh.), heute Parador Nacional El Emperador (II, 16 Z., ganzjährig), lohnende Aussicht. – 4 km weiter das *Cabo Higuer* (Leuchtturm), mit schöner Aussicht, wahrscheinlich die Stelle eines antiken Venusheiligtums. – Von Fuenterrabía ferner sehr lohnende *Straße auf den kahlen Sandsteinrücken des Jaizquibel, mit der Wallfahrtskirche *Nuestra Señora de Guadalupe* und dem aussichtsreichen Hostal Provincial de Jaizquibel (448 m).

Von Irún zur spanischen Grenzstelle *Behobía,* dahinter die internationale Brücke über den *Río Bidasoa,* der an dieser Stelle die spanisch-französische Grenze bildet. Nach Süden Abzweigung der C-133 nach Pamplona.

Über den Puerto de Echegárate. – Von der Vorstadt Antiguo führt die breite N-I landeinwärts nach *Lasarte* (30 m; 1000 Einw.); 4 km östlich der hoch über dem rechten Ufer des *Río Urumea* gelegene Ort **Hernani** (14000 Einw.), mit balkongeschmückten Häusern und Rathaus von 1874 an der schönen Plaza Mayor; in der großen Pfarrkirche berühmte Holzschnitzereien und das Grabmal des Juan de Urbieta (†1553).

Weiter auf der nach Süden strebenden N-I über *Andoain* und *Irura* nach **Tolosa** (s. dort). – In Tolosa Abzweigung der N-240 nach Pamplona. – Die N-I führt weiter durch das Tal des *Río Oria* aufwärts; zur Linken die Sierra de Aralar mit dem Felskegel des *Aralar* (1427 m), einer der höchsten Erhebungen des Baskenlandes. – Über *Icazteghuetta* (92 m) und *Legorreta* (115 m), mit Kirche des 16. Jh., erreicht man **Villafranca de Oria** (165 m), mit malerischen engen Gassen; weiter an dem industriereichen Ort *Beasín* vorbei nach *Idiazabal*, mit stattlicher Kirche.

Dahinter auf einer besonders reizvollen *Strecke in Windungen bergauf, mit prächtigen Rückblicken auf das baskische Bergland, zum **Puerto de Echegárate** (658 m), der den wichtigen Paß über das östliche *Kantabrische*

Gebirge bildet, mit kleinem Restaurant und prächtigem Vorblick auf die Hochebene von Navarra; rechts die *Sierra de San Adrián,* links die *Sierra de Aralar.*

Etwa 2 km hinter der Paßhöhe überschreitet die N-I die Grenze zwischen den Provinzen Guipúzcoa und Navarra. Über *Alsasua* erreicht sie die Straßengabelung mit der Abzweigung der nach Osten führenden N-240 Richtung Pamplona.

Über den Puerto de Aspiroz. – Man folgt zunächst der Route der N-I bis **Tolosa** (s. dort) und wählt ab hier die nach Südosten strebende N-240, die über *Lizarza* die Provinzgrenze zwischen Guipúzcoa und Navarra erreicht. Über *Betelú* klettert die Straße steil bergan (bis 18 %) hinauf zum **Puerto de Aspiroz** (616 m), mit prächtigem Ausblick. – Von hier weiter nach **Pamplona** (s. dort; 92 km vom San Sebastián).

Auf der Kantabrischen Küstenstraße. – Hinter der Vorstadt Antiguo verläßt man die nach Süden strebende N-I (hier auch Autobahn-Auffahrt nach Bilbao) und folgt nun der N-634 weiter durch das Baskische Bergland. Über *Usúrbil* (45 m), mit stattlicher Kirche und dem alten Stammhaus des Geschlechtes Soroa, geht es in die Talsohle des nun ziemlich breiten *Río Oria* nach
Orio (34 m), einem Fischer- und Schifferstädtchen am rechten Ufer des hier fjordartigen Flusses; dahinter der *Col d'Orio,* mit Blick auf den Golf von Biskaya, und abwärts nach
Zarauz (3 m; 11000 Einw., Hotel La Perla, II, 72 Z.; Zarauz, II, 82 Z.; París, III, 28 Z.; Hostal Alameda, P II, 26 Z. – Zwei Campingplätze), einem an der hier flachen und sandigen Küste am Westende einer hügelumkränzten Ebene gelegenen hübschen Städtchen, das im Sommer von der vornehmen Madrider Gesellschaft als ruhiges Seebad besucht wird; mit schönem Strand und Golfplatz. Die Stadt war im 16. Jh. berühmt durch ihre Werft, auf der u. a. die "Victoria" erbaut wurde, mit der Juan Sebastián Elcano († 1526), der Fahrtgenosse des Magalhães, 1519–22 die erste Erdumsegelung ausführte. In den malerischen Gassen beachtenswerte Häuser, darunter die Casa Consistorial (18. Jh.), der Palacio del Marqués de Narros (15. Jh.), mit schönem Park, sowie die Torre Lucea (15. Jh.; heute Nationaldenkmal); alles überragt von dem *Monte de Santa Bárbara.*

In Zarauz beginnt die prächtige ****Kantabrische Küstenstraße (Cornisa Cantábrica)**, auf der man nun hart auf der felsigen Küste entlangfährt, mit schönem Blick auf
*Guetaria (2 m), einem sehr malerisch auf einer Landzunge gelegenen Fischereihafen, den die mit dem Ort durch einen Damm verbundene befestigte Insel *San Antonio* schützt; Auffahrt zum Leuchtturm, mit präch-

tiger Aussicht. An der Hauptstraße ein 1922 errichtetes hochragendes Denkmal für den hier geborenen Juan Sebastián Elcano. Im Rathaus Fresken von Zuolaga (1922), mit Darstellungen der Erdumsegelung. Unterhalb der gotischen Kirche San Salvador (13. Jh.) führen Tunnels zum Hafen (lohnend).

Weiter auf der reizvollen Küstenstraße, mit schönem Rückblick auf Guetaria, nach
Zumaya (2 m; 6000 Einw.), einem als Seebad besuchten Städtchen am Fuß des Berges *Santa Clara,* mit gotischer Kirche. Am Ortseingang die Villa Zuloaga (ehem. Kloster Santiago Echea des 12. Jh.), ein von dem Maler Ignacio Zuloaga gegründetes Museum (Gemälde u. a. von El Greco, Goya und Zuloaga sowie Keramiken). Nach windungsreicher Strecke erreicht die N-634 über das abseitsliegende *Iciar* (160 m), mit der Wallfahrtskirche der Hl. Jungfrau von Iciar (12. Jh.), den als Seebad besuchten Ort
Deva (3 m; 5000 Einw., Hotel Miramar, II, 60 Z.) an der Mündung des gleichnamigen Flusses; mit hübscher Kirche Nuestra Señora de la Asunción aus dem 14. und 17. Jh. (Portal 13. Jh.), im Innern romanische Basreliefs (13. Jh.); ferner Klosterruine von San Antonio. – Ab Deva führt die Küstenstraße nun als Lokalstraße C-6212 zur Provinzgrenze von Vizcaya und erreicht über *Lequeitio* **Guernica y Luno** (s. dort).

Direktroute nach Bilbao. – Ab Deva folgen Autobahn und N-I zunächst dem Lauf des *Río Deva* flußaufwärts nach *Alzola* (70 m), mit Thermalquellen, nach
Elgóibar (82 m; 7000 Einw.), einem im Jahre 1346 gegründeten Städtchen, mit Waffenfabriken.

In *Málzaga* (95 m), einem Eisenbahnknotenpunkt, verläßt die N-I das Tal des *Río Deva;* dahinter rechts auf der Höhe die aussichtsreiche Eremitei *Nuestra Señora de Arrate* (532 m). Dann folgt
Eibar (120 m; 17000 Einw.), eine Stadt, die im Bürgerkrieg stark zerstört und seither wiederaufgebaut wurde, mit großen Waffenfabriken; von hier Auffahrt zur Eremitei (8 km).

In Windungen geht es zunächst über die Grenze zwischen den Provinzen Guipúzcoa und Vizcaya, später in einem waldreichen Bergtal aufwärts zum *Puerto de Areitio* (625 m). Über *Durango* erreicht man **Bilbao** (s. dort; 119 km von San Sebastián).

Über den Puerto de Descarga. – Man folgt der Kantabrischen Küstenstraße bis *Zumaya;* kurz dahinter die nach Süden strebende Lokalstraße C-6317 durch das von hohen bewaldeten Bergen umrahmte Urolatal und über *Cestona* (Thermalbad) nach
Azpeitia (85 m; 11000 Einw.), einem industriereichen Städtchen mit hübschen Her-

renhäusern. In der gotischen Kirche San Sebastián wurde Ignatius von Loyola getauft; beachtenswerter Portikus von Ventura Rodriguez (1767). – Von Azpeitia lohnender Abstecher 13 km östlich auf der durch das schöne Régiltal ziehenden C-6324 zur Paßhöhe *Alto de Vidania* (532 m), von hier weiter nach *Tolosa* (s. dort).

Die Fortsetzung der C-6317 zieht im Urolatal weiter aufwärts zum links abseitsliegenden Kloster

Loyola *(Monasterio de San Ignacio de Loyola;* 115 m), einem 1689 bis 1888 nach Plänen des Carlo Fontana errichteten weitläufigen Jesuitenkolleg, dessen 55 m hohe *Kuppelkirche, reich an Marmor, eines der bedeutendsten Bauwerke dieser Art in Spanien ist; sie wurde erst um die Mitte des 18. Jh. vollendet. Der linke Flügel umschließt die Santa Casa, das Geburtshaus des Ordensgründers Ignatius von Loyola (eigentlich Iñigo López de Recalde, um 1491-1556; Ordensgründung 1534).

Über *Azcoitia* (130 m), einen alten Marktflekken in hübscher Lage, erreicht die Straße nach windungsreicher Fahrt

Zumárraga (357 m; 3500 Einw.), hübsch am rechten Ufer des *Río Urola* gelegener Straßen- und Eisenbahnknotenpunkt, Geburtsort des Miguel López de Legazpi, des Eroberers der Philippinen (1569; Denkmal von 1897).

Als C-6322 klettert die Straße nun in Windungen hinauf zum **Puerto de Descarga** (487 m), wo sich eine schöne Aussicht bietet und die Fahrt bergab weiterführt nach

Vergara (145 m; 13000 Einw.), einer an der Mündung des Anzuola in den *Río Deva* gelegenen kleinen Stadt. In der Kirche San Pedro eine Christusstatue von Montañés (1657). Sehenswerter Palacio Jauregui (16. Jh.) mit eigenwilliger Fassade.

In südlicher Richtung folgt man nun der C-6213 nach

Mondragón (210 m; 21000 Einw.), einer aufblühenden Industriestadt, am Fuß der *Peña Udala* (1092 m) gelegen. Am Hauptplatz die alte Kirche San Juan sowie das Rathaus von 1746.

Santander

Provinz: Cantabria (S). – Telefonvorwahl: 942.
Höhe: 15 m ü.d.M. – Einwohnerzahl: 184000.

ⓘ **Patronato de Turismo,**
Plaza de Velarde 1;
Telefon: 212425.
Oficina de Información de Turismo,
Plaza Porticada 1;
Telefon: 310708.

HOTELS. – In der Stadt: *Bahia* (garni), Avda. de Alfonso XIII 6, I, 181 Z.; *Rex* (garni), Avda. Calvo Sotelo 9, II, 54 Z.; *Mexico* (garni), Mendez Nuñez 2,

III, 35 Z.; Hostal *Arenal* (garni), Emilio Pino 7, P II, 63 Z.; *Ignacia* (garni), General Mola 5, P II, 57 Z. – Am Sardinero (die meisten Hotels im Winter geschlossen): *Real,* Paseo de Pérez Galdós 28, in erhöhter aussichtsreicher Lage (1 km vom Strand), L, 124 Z.; *Santemar* (garni), Avda. Joaquín Costa 28, I, 350 Z.; *María Isabel* (garni), Avda. de Manuel García Lago s/n, II, 63 Z.; *Sardinero* (garni), Plaza de Italia 1, II, 113 Z.; *Roma* (garni), Avda. de los Hoteles 5, III, 52 Z.; *Castilla* (garni), Avda. de Joaquín Costa 43, IV, 30 Z.; *Colón* (garni), Plaza de las Brisas 1, IV, 33 Z.; Hostal *Paris* (garni), Avda. de los Hoteles 6, P II, 71 Z.; u.a. – CAMPINGPLATZ: *Bella Vista,* an der Straße zum Faro (Leuchtturm).

RESTAURANTS in den Hotels; ferner *Cañadio,* Gomez Oreña 15; *Casa Valentín,* Calle de Isabell II 19; *Iris,* Castelar 5; *Posada del Mar,* Juan de la Cosa 3 (rustikale Ausstattung); *Puerto,* Hernán Cortés 63, 1. Stock; *Vivero,* Puerto Pesquero (Fischgerichte).

CAFÉS. – *Arenal,* Emilio Pino 7; *Dover,* Paseo de Pereda 13-14; *Kansas,* Calvo Sotelo 23; *Mónaco,* Calvo Sotelo 3; *Suizo,* Paseo de Pereda 29; u.a.

VERANSTALTUNGEN. – *Fiesta de Santiago* (Juli/August), Festveranstaltungen zu Ehren des hl. Jakob, mit nächtlichem Reiterumzug und großem Festprogramm. – *Semana Grande* (August), internationale Theater- und Musikfestspiele.

Spielkasino: *Gran Casino del Sardinero.*

WASSERSPORT. – Vielfältige Bade- und Wassersportmöglichkeiten in den Strandzonen von Santander, mit der Bucht El Sardinero (3 km vom Stadtzentrum entfernt) und den Stränden Castañeda (1800 m lang), Sardinero (900 m) und Concha (200 m), die bei Ebbe miteinander in Verbindung stehen; ferner in der Nähe des Cabo Mayor der malerische Strand Mataleñas sowie das Strandgebiet von La Magdalena. Santander besitzt einen Real Club Marítimo in Puerto Chico.

FREIZEIT und SPORT an Land. – Neben dem Wassersport stehen hier auch der Berg- und Wintersport in den Picos de Europa (s. dort) und im Alto Campoo an erster Stelle; ferner Tennis, Golf, Polo, Hockey, Reiten (Pferderennbahn), Angeln und Jagd sowie Fliegen (Aéro Club); Stierkampf.

Die altkastilische Hafenstadt Santander ist Hauptstadt der Provinz Cantabria und Bischofssitz. Sie liegt an einer von Hügeln umkränzten malerischen Bucht der spanischen Nordküste, unweit der höchsten Erhebungen des Kantabrischen Gebirges, den Picos de Europa.

Der schon in römischer Zeit bekannte Hafen ist einer der wichtigsten Aus- und Einfuhrplätze des spanischen Nordens; wegen seines prächtigen Strandes und seines milden Klimas wird Santander aber auch als Seebad viel besucht.

SEHENSWERTES. – Mittelpunkt von Santander ist die Avenida de Alfonso XIII. Unweit westlich liegt am Ortsrand der ehem. Altstadt die ursprünglich aus dem 13. Jh. stammende gotische **Kathedrale** (nach Brand von 1941 wiederhergestelllt); im Innern große Krypta (Iglesia del Cristo), um 1200, mit den Gebeinen der beiden Märtyrer Celedonis und Emeterius; im Kreuzgang die Ruhestätte des spanischen Schriftstellers Marcelino Menéndez y Pelayo (1856-1912). – Östlich und besonders südwestlich der Avenida de Alfonso XIII erstreckt sich z.T. längs des *Muelle de Maliaño* und weiter südwestlich der **Hafen,** mit dem Zollamt und den Anlegerampen für die Verladung von Eisenerz u.a.; bei klarem Wetter Blick auf die Picos de Europa.

Von der Avenida de Alfonso XIII nach Westen durch die Avenida de Calvo Sotelo, die nach dem Brand neu aufgebaut wurde und heute die Hauptverkehrsstraße der Stadt bildet; von hier weiter westlich zur Calle Rubio, mit dem **Museo Municipal de Bellas Artes** *(Stadtmuseum),* das u.a. ein Bildnis Ferdinands VII. von Goya enthält; ferner reiche Sammlung von Werken italienischer, flämischer und spanischer Künstler des 17./18. Jh. In demselben Haus die *Biblioteca Menéndez y Pelayo,* mit 40 000 Bänden und dem vollständig erhaltenen Studierzimmer des Gelehrten; durch einen Garten getrennt das Haus, in dem Menéndez y Pelayo arbeitete und starb. Vom Westende der Calle de Calvo Sotelo führt ein Tunnel unter dem Altstadthügel hindurch zu den Bahnhöfen.

Östlich von der Avenida de Alfonso XIII ziehen sich die schönen Anlagen des aussichtsreichen *Paseo de Pereda* bis zum *Puerto Chico* (kleiner Hafen). An seinem Ostende die *Estación de Biología Marítima* (Biologische Station), ein interessantes Museum und Aquarium, mit Ausstellung präparierter Meerestiere. Unweit nördlich vom kleine Hafen die *Diputación Provincial* (Provinzverwaltung), mit dem *Museo de Prehistoria,* das mit seinen zahlreichen Höhlenfunden (u.a. aus Altamira) zu den bedeutendsten seiner Art in Europa zählt.

Die den Paseo de Pereda fortsetzende Calle Castelar und die anschließende aussichtsreiche Avenida de la Reina Victoria sowie der Paseo de Ramón Pelayo führen zu dem nordwestlich der Stadtmitte gelegenen prächtigen Badestrand *El Sardinero,* mit Strandterrassen, dem Gran Casino und zahlreichen Hotels. Vom Ostende der Avenida de la Reina Victoria gelangt man zu der Halbinsel *Magdalena,* mit einem 1912 erbauten königlichen Sommerpalast.

UMGEBUNG von Santander. – 3 km nördlich von El Sardinero **Cabo Mayor,** mit einem Leuchtturm und dem *Puente forado,* einer natürlichen Kalkfelsbrücke von beträchtlicher Höhe und Spannung.

Zur Cueva de Altamira. – Man folgt der N-611 landeinwärts, mit Blick auf die z.T. schneebedeckten Picos de Europa, nach *Barreda,* wo man die nach Westen führende C-6316 erreicht. Dieser folgt man nach **Santillana del Mar** (s. dort). Von der Straßenkreuzung in Santillana führt ein Abstecher (2 km) erst links und nach 300 m rechts bergan zu einem Parkplatz unweit der berühmten **Cueva de Altamira** (da die Wandmalereien durch den Atem der vielen Besucher im Laufe der Zeit Schaden genommen haben, werden nur etwa 35 Personen am Tag hineingelassen); im 270 m tiefen Innern an den Wänden und an der Decke naturgetreue Darstellungen von Jagdtieren der Altsteinzeit eingeritzt und farbig gestaltet (etwa 13 000 – 25 000 Jahre alt; 1974 restauriert), wegen der prächtigen Ausgestaltung auch die 'Sixtinische Kapelle der Felsmalerei' genannt. Neben der Höhle ein Museum; in der Nähe eine zweite Höhle, mit Tropfsteinen.

Folgt man weiter der nach Westen strebenden C-6316, so erreicht man 2 km hinter Santillana eine Höhe; von hier Blick auf das Meer sowie Abzweigung zu den piniengesäumten Badesträngen von *Suances.* Die Lokalstraße führt über *Oreña* und schließlich in zahlreichen Windungen zu dem burgartigen Städtchen
Comillas (4000 Einw., Hotel *Casal del Castro, II, 45 Z.; Paraíso, II, 36 Z.), malerisch auf einer Anhöhe über dem Meer gelegen, mit schönem Badestrand, beherrscht von dem mächtigen Gebäude eines Priesterseminars.

Die Straße mündet schließlich in die N-634, auf der man über *La Revilla* die Fahrt fortsetzten kann nach
San Vicente de la Barquera (4000 Einw.), einem altertümlichen Hafenstädtchen, das wegen seines großen Strandes auch als Seebad besucht wird; mit einer z.T. erhaltenen Zinnenmauer, überragt von einer Burgruine und der mächtigen Kirche Santa María de los Ángeles (13./16. Jh.), im Innern beachtenswerte Grabmäler des 15./16. Jahrhunderts.

Fahrt nach Bilbao. – Die Straße N-634 führt zunächst in südlicher Richtung und schließlich in weitem Bogen um die *Bahía de Santander* nach

Solares (50 m), einem Thermalbad in freundlicher Lage am Río Miera, bekannt auch wegen seines Tafelwassers.

Auf gut ausgebauter Straße geht es durch Hügelland über *Praves* zur Abzweigung der Lokalstraße C-629 zum 5 km abseits liegenden

Santoña (11 000 Einw.), einem auf einer kleinen Halbinsel angesiedelten ehemals befestigten Hafenstädtchen, das Napoleon zu einem Gibraltar des Nordens machen wollte. In der romanischen Kollegiatskirche (12./13. Jh.) ein Retablo aus dem 16. Jh.; im Kloster San Sebastián de Anó werden die Gebeine der 1597 in Colindres gestorbenen Regensburger Bürgerstochter Barbara Blomberg (Mutter des Don Juan de Austria, einem der Söhne Kaiser Karls V. und Sieger von Lepanto 1571) aufbewahrt. 2 km nördlich der Strand *Playa Berria*.

Die N-634 führt durch das fruchtbare Delta des *Río Asón* und erreicht *Colindres* (30 m), von wo rechts eine Straße (7 km) im *Asóntal* aufwärts zu dem Wallfahrtsort *Limpias* führt; in der Pfarrkirche das wundertätige Christusbild Santo Cristo de la Agonía (17. Jh.). – Dann kommt man auf der N-634 nach

Laredo (35 m; 8000 Einw., Hotel El Ancla, II, 25 Z., Cosmopol, II, 60 Z., beide mit Strand), einem reizvoll an der Bucht von Santoña gelegenen Städtchen, das als Seebad viel besucht wird (Ferienzentrum; 5 km Strand); mit beachtenswerter Kirche Nuestra Señora de la Asunicón (13. Jh.), deren Portal aus dem 16. Jh. stammt, ferner hübschen alten Häusern und Villen.

Hinter Laredo steigt die Straße bergan; herrlicher *Rückblick auf die Stadt und die weite Bucht von Santoña. Weiter in Windungen zum Kap der *Punta de Sonabia* und auf prächtiger *Strecke über dem Meer und entlang der felsigen Küste nach

*****Castro-Urdiales** (2 m; 13000 Einw., Hotel Lad Rocas, II 61 Z.; Miramar, III, 33 Z.), einem malerisch gelegenen, als ruhiges Seebad besuchten alten Hafenstädtchen, wohl die älteste Siedlung der kantabrischen Küste und unter den Römern als 'Flaviobriga' bekannt. Bedeutende gotische Kirche Nuestra Señora de la Asunción (13./15. Jh.), mit der Puerta del Perdón und wertvollem Kirchenschatz. Castillo de Santa Ana, mit Leuchtturm, auf aussichtsreichem Felsvorsprung. – Hinter *Mioño* kommt man schließlich zur Provinzgrenze zwischen Santander und Vizcaya und fährt über *San Juan de Somorrostro* nach **Bilbao** (s. dort; 110 km von Santander).

Nach Burgos. – Man folgt der von *Muriedas* fast nach Süden strebenden N-623 durch Hügelland; halblinks die *Peña Gabarga*, halbrechts die Höhe des *Monte Garona*. – Bei *Renedo* in das Tal des *Río Pas* und diesen talaufwärts nach

Vargas, mit der Straßenkreuzung der N-634, die Bilbao mit Oviedo verbindet; südöstlich abseits (1$\frac{1}{2}$ km) der Ort *Socobio,* mit einer romanischen Kuppelkirche (12. Jh.).

Die Straße nach Burgos führt weiter im Tal des Río Pas aufwärts nach

Puente Viesgo (62 m), einem hübsch gelegenen kleinen Thermalbad (35°C); in der Nähe mehrere Höhlen mit prähistorischen Felsmalereien, darunter die *Cueva del Castillo* (1903 entdeckt) und die *Cueva de la Pasiega* (1911 entdeckt), beide lohnen eine Besichtigung.

Weiterhin im Tal des Río Pas aufwärts und über *Ontaneda* (170 m) nach *Entrambasmestas* (192 m), wo man den Río Pas verläßt. Die N-623 klettert hinauf zum **Puerto del Escudo** (1011 m), auf dem mit Weiden bedeckten Kamm des *Kantabrischen Gebirges,* wo man die Grenze zwischen den Provinzen Santander und Burgos überquert. – Weiter über den *Puerto de Carralas* und den *Puerto de Páramo de Masa* nach **Burgos** (s. dort; 156 km von Santander).

Nach Palencia. – Zunächst führt die N-611 in südwestlicher Richtung und erreicht über Barreda den Ort

Torrelavega (16 m; 40000 Einw.), eine Industriestadt und Mittelpunkt der Eisenproduktion der Provinz Santander. Die Straße N-611 führt nun südlich durch das Tal des *Río Besaya* aufwärts in das meist bewaldete prächtige *Kantabrische Gebirge;* zunächst nach

Las Caldas de Besaya (65 m), einem malerisch gelegenen Kurort mit Thermalquellen von 37°C.

Es folgt der Ort *Bárcena del Pie de Concha* (287 m); dahinter durch die wilde Schlucht *Hoces de Bárcena* weiter in Windungen stark bergauf nach

Reinosa (847 m; 12000 Einw.), einem alten Städtchen, auch als Sommerfrische besucht, im Hochtal des *Río Ebro,* der 4 km westlich bei *Fontibre* entspringt und östlich zu dem großen *Pantano de Ebro* aufgestaut ist; nach Osten Abzweigung der Landstraße C-6318 am Nordufer des Stausees entlang nach *Corconte*.

Weiter in südlicher Richtung nach *Cervatos,* mit bedeutender romanischer Kollegiatskirche (12. Jh.), heute Nationaldenkmal. Dahinter über den Kamm des Gebirges (987 m), und dann abwärts zur innerspanischen Hochfläche der Meseta, mit der Grenze zur Provinz Palencia. Über *Aguilar de Campóo* und *Frómista* nach **Palencia** (s. dort; 203 km von Santander).

Zu den Picos de Europa. – Um zu dem wilden und majestätischen Gebirgsmassiv der *Picos de Europa (s. dort) zu gelangen, wählt man ab Santander entweder die über *Santillana del Mar* führende Küstenroute;

jenseits der Provinzgrenze folgt man dann ab *Unguera* der N-621 in südwestlicher Richtung nach *Panes*. – Oder man folgt der N-611 über *Torrelavega;* verläßt in *Cabezón de la Sal* die Nationalstraße, folgt nach Süden zunächst der C-625 bis *Cabuérniga,* dann der windungsreichen C-6314 nach Westen bis *La Hermida*.

Santiago de Compostela

Provinz: La Coruña (C). – Telefonvorwahl: 981.
Höhe: 260 m ü.d.M. – Einwohnerzahl: 90000.
(i) **Oficina Municipal de Turismo,**
Plaza del Obradoiro s/n;
Telefon: 582900.
Oficina Archicofradia del Apóstol Santiago
(Erzbruderschaft des Apostels Jakob),
Plaza de la Quintana.

HOTELS. – *Los Reyes Católicos,* Plaza de España 1, L, 157 Z.; *Araguaney,* Alfredo Brañas 5, L, 57 Z., Sb.; *Compostela* (garni), Hórreo 1, I, 99 Z.; *Peregrino,* Avda. Rosalía de Castro s/n, I, 148 Z., Sb.; *Gelmirez* (garni), Hórreo 92, II, 138 Z.; *Santiago Apóstol,* La Grela 6, II, 91 Z.; *Rey Fernando,* Fernando III El Santo 30, III, 24 Z.; *Universal* (garni), Plaza de Galicia 2, III, 54 Z.; Hostal *Windsor* (garni), República de El Salvador 16, P I, 50 Z.; *Alameda* (garni), San Clemente 32, P II, 20 Z.; u. a. – CAMPINGPLATZ: *Puente Sionilla,* an der N-550, etwa 7 km nördlich.

RESTAURANTS in den Hotels; ferner *Alameda,* Avda. Figueroa 15, 1. Stock; *Anexo Vilas,* Avda. Villagarcía 21; *Chitón,* Rua Nueva 40; *Don Gaiferos,* Rua Nueva 23; *El Caserio,* Bautizados 13, 1. Stock; *La Trinidad,* San Clemente 6; *Retablo,* Nueva 13; *Don Quijote,* Galeras 20; u. a.

VERANSTALTUNGEN. – Auf Grund eines besonderen päpstlichen Privilegs unter Papst Callxlu II. gelten als *Heiliges Jahr* alle diejenigen, in denen das Namensfest des Apostels Jakob (25. Juli) auf einen Sonntag fällt. Das nächste Heilige Jahr ist 1993 und beginnt traditionsgemäß mit der Öffnung der Puerta Santa am Abend des Silvestertages 1992. – *Fiestas de Santiago Apóstol* (Juli), mit großer Prozession, Schwenken des großen Räucherfasses 'botafumeiro' in der Kathedrale. – Ferner werden *Christi Himmelfahrt, Fronleichnam* und der *31. Dezember* besonders feierlich begangen.

Die einstige Hauptstadt des Königreiches Galicia, Santiago de Compostela, Sitz eines Metropolitanerzbischofs und einer alten Universität, liegt im Nordwesten Spaniens etwa 35 km von der atlantischen Küste entfernt. Nordwestlich über der Stadt, die zu den regenreichsten in Spanien gehört, der Monte Pedros (735 m).

Santiago de Compostela ist der berühmteste spanische Wallfahrtsort und wegen seiner großartigen Kathedrale eine der besuchenswertesten Städte des Landes. Nach der Legende wirkte hier der Apostel Jakobus d.Ä. (span. Santiago), der Bruder des Evangelisten Johannes und Schutzpatron der Spanier, dessen Gebeine nach seinem Martertod (44 n.Chr.) aus dem Orient nach Spanien zurückgebracht und im Jahre 813 an der Stelle der heutigen Kathedrale wiederaufgefunden sein sollen. Seither strömten die Pilger auf dem sog. *Jakobsweg* (s. dort) zu Tausenden aus allen Ländern Europas herbei.

SEHENSWERTES. – Ziel aller Besucher ist die von stattlichen Gebäuden umgebene *Plaza del Obradoiro (auch Plaza de España genannt), an deren Ostseite sich die Kathedrale erhebt. Die Plaza liegt im westlichen Teil der an Kirchen und Klöstern reichen Altstadt mit ihren arkadenumsäumten altertümlichen Straßen und ist einer der eindrucksvollsten und besterhaltenen Plätze Spaniens.

An der Südseite des Platzes das ehem. *Colegio de San Jerónimo,* jetzt Institut für galicische Studien; mit schönem Figurenportal von 1490. Südlich dahinter das 1544 errichtete *Colegio Fonseca,* jetzt pharmazeutische Fakultät; mit zweigeschossigem Patio. – Die Westseite des Platzes beherrscht der 1777 erbaute mächtige **Palacio de Rajoy** (Rathaus), daher auch *Palacio Consistorial* genannt. – An der Nordseite des Platzes das 1489 von den Katholischen Königen gegründete *Hospital Real (jetzt Hotel de los Reyes Católicos), mit wappengeschmücktem platereskem Portal, vier Höfen aus dem 16./18. Jh. und gotischer Kapelle (schöne skulptierte Vierungspfeiler und ein Gitter von 1556). – An der Ostseite des Platzes, links neben der Kathedrale, der schlichte *Palacio del Arzobispo* (Erzbischöflicher Palast), über dem wiederhergestellten *Palacio de Gelmírez* des 12./13. Jh. errichtet; rechts neben der Kathedrale der Kreuzgang, mit offener Säulengalerie.

Die **Kathedrale,** eines der hervorragendsten Denkmäler frühromanischer Baukunst, wurde 1060-1211 an der Stelle einer Kirche des 9. Jh. erbaut und im 16./17. Jh. an den Außenseiten barock gestaltet. Die der Plaza del Obradoiro zugekehrte *Westfassade,* eine der eindrucksvollsten Fassaden Spaniens,

Kathedrale von Santiago de Compostela

1738-1747 von Fernando Casas y Novoa in verschwenderischem Barockstil ausgeführt und mit dem Standbild des Jakobus am Mittelgiebel, wird von zwei 76 m hohen reich gegliederten Türmen flankiert. Von den Portalen sind besonders beachtenswert an der Plaza de la Inmaculada das 1769 erbaute *Nordportal* (la Azabachería), an der Plaza de los Literarios das nur in Jubiläumsjahren geöffnete *Ostportal* (Puerta Santa), mit Skulpturen aus dem 12. Jh., ferner das mit zahllosen Bildwerken (12./13. Jh.) geschmückte **Südportal* (Puerta de Platerías), das älteste, links neben der 75 m hohen *Torre de la Trinidad* (Aussicht). Der Eingang an der Westseite wird nur den höchsten geistlichen und weltlichen Würdenträgern geöffnet. – Sammeleintrittskarten für Kirchenschatz und Museen.

Das romanische INNERE der Kathedrale (94 m lang, Mittelschiff 24 m, Kuppel 33 m hoch), besonders wirkungsvoll beim Eintritt durch das Südportal, wird beherrscht von der über dem Grab des Apostels Jakobus errichteten **Capilla Mayor**. Der *Hauptaltar* besteht aus einem figurenreichen Aufbau aus Jaspis, Alabaster und Silber (1665-69) und dem 1715 von Figuera fertiggestellten eigentlichen Altar, mit der *Statue des Apostels* (Kopf aus dem 13. Jh.), in reichem Silber-, Gold- und Edelsteinschmuck. – Unter dem Hauptaltar die *Krypta,* mit den Gräbern des Apostels und seiner beiden Schüler; die silberne Kassette mit den Gebeinen des Apostels ist modern. – In der 1445 vollendeten Vierungskuppel eine 1604 angebrachte Vorrichtung zum Schwingen des nebst Zubehör 2 m hohen Räucherfasses (botafumeiro). – Die Kapellen im *Querschiff* und in der *Apsis* enthalten hauptsächlich barocke Skulpturen und Retablos sowie einige beachtenswerte Grabdenkmäler. – Im *Relicario,* der ersten Kapelle des rechten Seitenschiffs, Grabmäler von Königen und Königinnen des 12. bis 15. Jh. Weiterhin in der Capilla de San Fernando der *Kirchenschatz* (Tesoro), mit einer silbernen Custodia von Antonio de Arfe (1545). – Unmittelbar hinter dem Westportal der **Pórtico de la Gloria,* eine dreiteilige Vorhalle mit überaus reichem, ehem. bemaltem *Skulpturenschmuck,* einem der umfangreich-

sten erhaltenen Zyklen romanischer Plastik, zwischen 1166 und 1188 von Meister Mateo ausgeführt. Aus dem südlichen Querschiff der Kathedrale gelangt man bei der Puerta de Platerías in den 1521-86 in platereskem Stil erbauten **Kreuzgang (Claustro;* Führungen), einen der größten und schönsten in Spanien (Flügellänge 35 m, Breite 5,8 m). – In der anschließenden *Sala Capitular* u.a. Gobelins von Raés (17. Jh.). Im Obergeschoß des Kreuzganges ein *Teppich-Museum* mit flandrischen und in Madrid nach Entwürfen von Teniers, Rubens, Goya, Bayeu u.a. angefertigten Wandteppichen. In der *Bibliothek* wird der oben erwähnte 'botafumeiro' bewahrt. – Im Zwischenstock des Kreuzganges ein kleines *Archäologisches Museum.* – Von der Freitreppe erreicht man die sehenswerte *Unterkirche* (Catedral Vieja), aus dem 12. Jahrhundert.

Nördlich der Kathedrale liegt an der Plaza de la Inmaculada das im Jahre 899 gegründete ehem. Benediktinerkloster **San Martín Pinario,** jetzt Seminar, mit mächtigem Säulenportal (1590 begonnen), stattlichem Hof und einer 1645 vollendeten Kirche (schönes Chorgestühl von 1644). – Weiter nordwestlich die Gebäude der Medizinischen Fakultät und nahebei das Kloster *San Francisco* (13. Jh.; 1613-1783 erneuert), mit zweitürmiger Kirche und einem gotischen Kreuzgang.

Südlich der Kathedrale die parallel laufenden Straßen Rúa del Villar und Rúa Nueva, die Hauptverkehrsadern der Stadt, von Arkaden umrahmt. Bei der Rúa Nueva die romanische Kirche *Santa María Salomé* des 12. Jh. Weiter östlich steht an der Plaza del Instituto die zu Ende des 18. Jh. erbaute **Universität** (1532 gegründet), mit klassizistischer Fassade und großer Treppe; im Innern wertvolle Bibliothek mit Werken des 16. Jahrhunderts.

Am Südwestrand der Altstadt erstreckt sich rechts von der breiten Alameda der mit Anlagen geschmückte Paseo de la Herradura, mit **Aussicht auf die Stadt. In der Mitte des Parks die Kirche *Santa Susana* (1105 begonnen). Südlich die Universitätsstadt.

UNMITTELBARE NACHBARSCHAFT von Santiago de Compostela. – In der südöstlichen Vorstadt Barrio de Sar (1 km) steht die im 12. Jh. erbaute Kirche *Santa María de Sar,* deren Säulen und Wände wahrscheinlich infolge des schlechten Baugrundes beträchtlich schief stehen; beachtenswert ist der teilweise erhaltene Kreuzgang (13. Jh.), mit reichen Ornamenten des Meisters Mateo.

Westlich der Stadt steht in San Lorenzo (2 km) die Kirche *San Lorenzo de Transouto* des frühen 13. Jh., mit Marmoraltar von 1525 und Steinfiguren von Montañés.

UMGEBUNG von Santiago de Compostela. – **Zum Cabo de Finisterre:** Dieser lohnende Ausflug führt entweder über *Padrón* und das *Cabo Carreiro* oder direkt über *Noya* zum *Cabo Finisterre,* ggf. Weiterfahrt nach *Carballo* und **La Coruña** (s. dort).

Zum Sobrado de los Monjes. – Auf der nach Osten führenden C-547 kommt man am Flugplatz vorbei nach *Arzúa,* einer ehem. Pilgerstation am Jakobsweg; von hier in nordöstlicher Richtung auf einer Nebenstraße zum **Sobrado de los Monjes,** einem unter Denkmalschutz stehenden, ursprünglich romanischen Kloster, mit mehreren Kreuzgängen des 17./18. Jh., einer Sakristei in Renaissancestil und eleganter Barockfassade.

Nach Pontevedra. – Die N-550 verläuft in südlicher Richtung auf der Alameda, später durch anmutiges Hügelland und erreicht nach ungefähr 16 km die Wallfahrtskirche *Nuestra Señora de la Esclavitud.* Auf einem langen Damm geht es über die Niederung des *Río Ulla* nach

Padrón (6 m; 9000 Einw.), dem römischen 'Iria Flavia', an der Mündung des *Río Sar* in den Ulla; mit alten Adelshäusern und der schon im 11. Jh. gegründeten Kirche Colegiata Santa María (zahlreiche Bischofsgräber); nahebei eine alte Burgruine. – Jenseits des *Río Ulla* beginnt die Provinz Pontevedra. Über *Caldas de Reyes* erreicht man die Provinzhauptstadt **Pontevedra** (54 km von Santiago de Compostela).

Santillana del Mar

Provinz: Cantabria (S). – Telefonvorwahl: 942. Höhe: 100 m ü.d.M. – Einwohnerzahl: 4000.
ⓘ **Oficina de Turismo de Santillana,** Plaza de Ramón Pelayo; Telefon: 818251.

HOTELS. – *Parador Nacional Gil Blas,* Plaza de Ramón Pelayo 11, II, 28 Z.; *Los Infantes,* Avda. Le Dorat 1, II, 30 Z.; *Altamira,* Cantón 1, III, 30 Z.; *Santillana,* Santo Domingo 1, III, 38 Z.; *Conde-Duque* (garni), Campo de Revolgo s/n, IV, 14 Z.; *Los Hidalgos* (garni), Campo de Revolgo s/n, IV, 18 Z.; Hostal *Castillo* (garni), Plaza de Ramón Pelayo 6, P III, 4 Z.

Das reizvolle historische Städtchen Santillana del Mar, etwa im 6. Jh. um das Monasterio de Santa Juliana gebaut, steht heute unter Denkmalschutz.

SEHENSWERTES. – Der inzwischen vom Tourismus stark gezeichnete Ort zeigt mit seinen wappengeschmückten alten Herrenhäusern ein einzigartiges Bild vom Leben des alten spanischen Landadels. Santillana gilt als die Heimat von Gil Blas, dem Helden des gleichnamigen französischen Schelmenromans von Alain René Lesage (1668–1747). Beachtenswert ist die aus dem 12. Jh. stammende **Kollegiatskirche** des Klosters, ein bedeutendes Bauwerk der kantabrischen Region; im Innern das *Grab* der Santa Juliana sowie ein *Retablo* mit Gemälden von Jorge Inglés (1453); Nordseite mit prächtigem romanischen *Kreuzgang* (Ende 12. Jh.).

Kollegiatskirche in Santillana del Mar

UMGEBUNG von Santillana del Mar. – In unmittelbarer Nachbarschaft die berühmte *Cueva de Altamira* (s. bei Santander). Nördlich von Santillana (10 km) die piniengesäumten Badestrände von *Suances.*

Santo Domingo de la Calzada

Provinz: La Rioja (LO). – Telefonvorwahl: 941. Höhe: 638 m ü.d.M. – Einwohnerzahl: 5000.
ⓘ **Oficina de Información de Turismo,** Plaza del Beato Hermosilla.

HOTELS. – *Parador Nacional,* Plaza del Santo 3, II, 27 Z.; Hostal *Santa Teresita,* General Mola 2, P II, 78 Z.; *Río* (garni), Etchegoyen 2, P III, 12 Z.

RESTAURANT. – *Mesón El Peregrino,* Zumalacárregui 18, rustikaler Stil.

Das kleine Städtchen Santo Domingo de la Calzada liegt am Río Oja und an der bedeutendsten Pilgerstraße Spaniens, dem Jakobsweg. Die alte 24bogige Steinbrücke erinnert noch heute an den Straßenbauer und Eremiten Domingo de Viloria, der sie für die Pilger erbaute.

SEHENSWERTES. – Die romanisch-gotische **Kathedrale** (1180) steht an der

Stelle der von Domingo de Viloria errichteten Kirche; mit barockem Glockenturm (1767); im Innern großartiger Hochaltar mit Retablo von Damián Forment; in der Capilla de Santa Teresa der Sarkophag eines Ritters; in der Krypta die Grabstätte des heiliggesprochenen Domingo de Viloria. – Das älteste Gotteshaus ist die romanische Kapelle *Nuestra Señora de la Plaza.* – Kloster *San Francisco,* mit Kirche des 16. Jh.; im Innern ein skulpturengeschmückter Retablo (16. Jh.).

UMGEBUNG von Santo Domingo de la Calzada. – Etwa 14 km südlich des Ortes liegt die Pilgerstation **Ezcaray,** heute ein malerischer Sommerferienort in der Nähe des *Monte San Lorenzo* (2262 m), inmitten ausgedehnter Pinienwälder.

Segovia

Provinz: Segovia (SG). – Telefonvorwahl: 911. Höhe: 1000 m ü.d.M. – Einwohnerzahl: 50000.

Oficina de Información de Turismo, Plaza Mayor 10; Telefon: 430328. **Dirección Provincial de Turismo,** Plaza de San Facundo 1; Telefon: 432711.

HOTELS. – *Parador Nacional,* Apartado de Correos 106, I, 80 Z., Sb.; *Acueducto,* Avda. del Padre Claret 10, II, 73 Z.; *Los Linajes* (garni), Doctor Velasco 9, II, 55 Z.; *Victoria,* Plaza Mayor 5, IV, 30 Z.; Hostal *Las Sirenas,* Juan Bravo 30, P I, 39 Z. – An der Carretera N-110 (Richtung Soria): *Puerto de Segovia,* II, 118 Z., Sb.

RESTAURANTS. – *Mesón de Cándido,* Plaza del Azoguejo 5, *Casa Duque,* Cervantes 12, *La Oficina,* Cronista Lecea 10, alle drei in segovianischem Stil; *Solaire,* Santa Engracia 3; *El Cordero,* Carmen 4; *La Taurina,* Plaza Mayor 8. – In Cuéllar: *Florida,* Las Huertas 4. – In Sepúlveda: *Cristóbal,* Conde Sepúlveda 9. – In San Ildefonso: *Mesón Mariben,* Cuartel Nuevo 2.

VERANSTALTUNGEN. – *Semana Santa* (Karwoche), mit Prozession; *Fiestas de Santa Agueda,* das Fest der hl. Agathe, in fast allen Orten der Provinz, besonders eindrucksvoll mit der Wahl der 'alcaldesas' (Bürgermeisterinnen) und folkloristischen Tänzen in Zamarramala (NW, 4 km).

Am Nordhang der Sierra de Guadarrama auf einem von den Flüßchen Eresma und Clamores umflossenen, fast 100 m hohen Felshügel erhebt sich Segovia, Provinzhauptstadt und Bischofssitz. Die Stadt bietet mit dem einzigartigen römischen Aquädukt und der Fülle mittelalterlicher Bauwerke ein malerisches Stadtbild.

1 Convento de San Juan de la Cruz
2 Moneda
3 Palacio del Marqués del Arco
4 Casa de Hércules
5 La Trinidad
6 San Nicolás
7 San Agustín
8 Corpus Christi
9 San Juan de los Caballeros (Museo Zuloaga)
10 Torreón de los Lozoya
11 Palacio de los Condes de Alpuente
12 Casa de los Picos
13 San Sebastián
14 Academia de Artillería

GESCHICHTE. – Als eine Gründung der Iberer erlangte diese Stadt durch mehrere Jahrhunderte hindurch oftmals große Bedeutung. Unter den Römern wurde Segovia zum Schnittpunkt zweier Heerstraßen. Man baute das Wunderwerk des Aquädukts. Nach der Herrschaft der Westgoten und der Araber begann unter den kastilischen Grafen eine Neubesiedlung, und Segovia wurde für lange Zeit bevorzugte Residenz der kastilischen Könige. Hier wurde 1474 Isabel die Katholische zur Königin von Kastilien ausgerufen. Es folgten weitere Glanzzeiten unter dem Geschlecht der Trastamara, und nach einer Periode der Vergessenheit kam mit den Bourbonen im 18. Jh. neuer Glanz in diese Stadt, die von vielen Künstlern besungen wurde.

SEHENSWERTES. – Rings um den Stadthügel ziehen sich fast lückenlos die alten Stadtmauern, die in ihren Fundamenten iberisch sind, von den Römern ausgebaut und im 11./12. Jh. wiederhergestellt wurden; mit 86 halbrunden Türmen ('cubos') und drei stattlichen Toren.

Mittelpunkt des Verkehrs ist der östlich unterhalb der Oberstadt gelegene Platz El Azoguejo. Den Platz überquert der ****Römische Aquädukt,** ein eindrucksvolles Bauwerk aus der Römerzeit, vermutlich unter Kaiser Trajan im späten 1. Jh. n. Chr. errichtet und neben den Mauern von Tarragona das größte erhaltene Römerdenkmal in Spanien. Eine noch heute aus der Sierra de Fuenfría kommende 17 km lange Wasserleitung überschreitet mit 118 aus Granitquadern ohne Mörtel und Klammern erbauten Bogen (7–28,5 m Höhe) und 818 m

Gesamtlänge (davon 276 m mit 43 zwei-stöckigen Bogen) das von den Vorstäd-ten eingenommene tiefe Tal und führt bis zur Oberstadt, wo sie unterirdisch beim Alcázar endet.

Von der Plaza del Azoguejo nordöstlich Auffahrt zur Oberstadt; bei der Plaza Colmenares steht die ehem. Kirche *San Juan de los Caballeros,* einst Begräbnis-stätte der vornehmen Familien Sego-vias; heute *Museo Zuloaga,* mit Werken des Malers Ignacio Zuloaga und des Keramikers Daniel Zuloaga. An der Calle San Agustín weiter das *Museo Provin-cial de Bellas Artes,* mit Gemälden und Druckgraphik.

Vom Azoguejo durch die Calle Cervan-tes zunächst zu der *Casa de los Picos,* dem ehemaligen Palast des Pedro Ló-pez de Ayala (15. Jh.), benannt nach den facettierten Quadern; von der Terrasse vor dem Gebäude Blick auf die Sierra de Guadarrama. Weiter durch die Calle Juan Bravo: rechterhand zu einem auf Treppen ansteigenden malerischen Platz mit zwei Meerjungfrauen und dem *Torreón de los Lozoya* (16. Jh.); hier vor-bei zur **Kirche San Martín,** einem roma-nischen Gotteshaus des 12. Jh., an der Süd- und Westseite mit romanischer Säulenhalle, zudem reiches Museum mit Gemälden, Skulpturen und Barock-altären. Unweit westlich, außerhalb der Stadtmauer, die aussichtsreiche Pro-menade P a s e o d e l S a l ó n.

Von der Martinskirche nordwestlich, am *Convento Corpus Cristi* vorbei, zur P l a z a M a y o r, dem Mittelpunkt der Altstadt, mit Informationsbüro; Nordsei-te mit schlichtem *Ayuntamiento* (Rat-haus; 17. Jh.), Südostseite mit der 1558 vollendeten gotischen *Kirche San Mi-guel,* im Innern beachtenswerter Haupt-altar (1572) und Grabmäler.

Die sich auf dem höchsten Punkt der Stadt erhebende ***Kathedrale** ist eine spätgotische Basilika, 1525—93 von Ju-an und Rodrigo Gil de Hontañón errich-tet, durch ihr lebhaft gegliedertes Äuße-res und den 100 m hohen Glockenturm (1558) von starker Wirkung.

Die Kathedrale besitzt ein weiträumiges INNERES (105 m lang) mit reichem Sterngewölbe, farben-prächtigen Glasgemälden und beachtenswerten Bildwerken und Altären. Marmorner Hochaltar mit Elfenbein-Madonna 'Virgen de la Paz' (14. Jh.). Rechts vom Chorumgang die Capilla del Santísimo Sacramento mit kostbarem Altar. Im linken Seiten-schiff (5. Kapelle) die Capilla de la Piedad mit einer farbigen Holzgruppe der 'Beweinung Christi', von Juan de Juni (1571). In der gegenüberliegenden Capilla del Consuelo ein reiches Portal und Grab-mäler der Bischöfe Raimundo de Losana (1249-59) und Diego de Covarrubias (1564-77).

Von der Capilla del Consuelo kommt man zum *Kreuzgang* (Claustro), der 1524-30 größtenteils mit dem Material des beim Alcázar gelegenen Kreuz-gangs der im 16. Jh. zerstörten alten Kathedrale er-baut wurde. In den an den Kreuzgang anstoßenden Räumen sowie eine Treppe höher im Archiv das se-henswerte *Museo Catedralicio* (Diözesanmuseum); wertvolle Ausstattungsstücke, u.a. Gemälde und Brüsseler Gobelins (16./17. Jh.), in der Sala Capitu-lar eine hübsche Artesonadodecke.

Man folgt von der Plaza Catedral nord-westlich der C a l l e M a r q u é s d e l A r c o, vorbei an der romanischen *Kirche San Andrés* (12. Jh.) durch die Calle de Daoiz zur aussichtsreichen P l a z a d e l A l c á z a r. Der auf einem stei-len Felsvorsprung zwischen den sich vereinigenden Tälern des Eresma und Clamores aufragende ***Alcázar,** ein vor-treffliches Beispiel altkastilischer Burg-

Alcázar von Segovia

anlagen, wurde im 12. Jh. erbaut und später durch prachtvolle Ausgestaltung erweitert. Die von zehn halbrunden Cu-bos umkränzte *Torre de Juan II* im Osten, mit weiter Aussicht auf die Stadt und die Sierra de Guadarrama, sowie die *Torre del Homenaje* im Westen stammen aus dem 14. Jahrhundert. Im sehenswerten Innern der Burg zwei In-nenhöfe, Aussichtsterrasse und kunsthistorisch ausgestaltete Säle mit Möbeln, Gobelins, Waffen und Rüstungen.

Unweit nördlich von der Kathedrale die Plaza San Esteban mit dem einfachen *Palacio Episcopal* (Bischofspalast) und der aus dem 13. Jh. stammenden romanischen **Kirche San Esteban**, berühmt wegen des hohen Turmes, der aus sechs Bauteilen besteht und mit einem Helm abschließt. In unmittelbarer Nachbarschaft die Plaza de la Trinidad mit der *Torre de Hércules* und der *Kirche La Trinidad.*

Außerhalb der Stadtmauer. – Von der Plaza del Azoguejo führt die Avenida de Fernández Ladreda südwestlich zur romanischen *Kirche San Clemente* (13. Jh.), innen barock, interessante Apsis; dann weiter zur **Kirche San Millán**, ebenfalls romanisch, zwischen 1111 und 1124 erbaut und somit eine der ältesten Kirchen der Stadt, mit beachtenswertem Innern. – Am Südrand der Stadt, beim Ende des Aquädukts, liegt das *Kloster San Antonio El Real,* eine Gründung Heinrichs IV. (15. Jh.); Kirche mit einer schönen Artesonadodecke und flämischen Retablos.

Von Azoguejo nordostwärts gelangt man hinunter zur Vorstadt San Lorenzo mit der romanischen *Kirche San Lorenzo,* deren Turm ein hervorragendes Beispiel des Mudejarstils ist. Westlich weiter unterhalb der Stadtmauer am *Kloster Santa Cruz* vorbei und über die Eresma-Brücke zu dem rechts am Hang gelegenen **Monasterio El Parral**, dem 1459 gegründeten Hieronymitenkloster, einer Gründung des Marqués de Villena; Kirche mit mächtigem Retablo (16. Jh.) und zwei Alabaster-Grabmälern von 1528, darunter auch jenes des Klostergründers. Westlich gegenüber am linken Eresma-Ufer (bei der Brücke) die alte *Münze* (Moneda), wo bis 1730 das spanische Geld geprägt wurde. Weiter westlich von El Parral und auf der Calle Marqués de Villena zu erreichen, steht auf einem aussichtsreichen Hügel die **Kirche Vera Cruz**, eine nach dem Vorbild der Grabeskirche von Jerusalem 1208-17 erbaute ehemalige Templerkirche (Nationaldenkmal); im Innern Wandmalereien des 13. Jh. Westlich unterhalb das *Convento de Carmelitas Descalzos,* das Kloster der Barfüßigen Karmeliter, dessen Gründung (1588) auf den Mystiker Johannes vom Kreuz zu-

rückgeht, der hier zeitweilig als Prior wirkte und als San Juan de la Cruz begraben wurde. In der Nähe die Wallfahrtskirche *Virgen de la Fuencisla* aus dem 17. Jahrhundert.

UMGEBUNG von Segovia. – Was die Stadt an Kirchen, das hat die Provinz an majestätischen Burgen zu bieten. Von Segovia gehen zwei Burgenrouten und ein Schloßroute aus:

Burgenroute 1. – Von Segovia in nördlicher Richtung auf der N-601 über Carbonera el Mayor zum 61 km entfernten **Cuéllar** (775 m; 7000 Einw.), einem interessanten Städtchen, das schon 96 v. Chr. von den Römern als 'Colenda' erobert wurde und später wiederholt Residenz der kastilischen Könige war; mit gut erhaltener Ummauerung, einem Castillo des 15. Jh. sowie zahlreichen alten Palästen und romanischen Backsteinkirchen, die zu den ältesten dieses Baustils zählen.

Auf schmaler Landstraße gelangt man in südwestlicher Richtung zu dem 32 km entfernten, im Delta zwischen Eresma und Voltoya gelegenen alten Städtchen **Coca** (790 m; 2000 Einw.), der ehem. Hauptstadt 'Cauca' des iberischen Stammes der Vakkäer, wo 346 n.Chr. der römische Kaiser Theodosius geboren wurde; Ort mit stattlichem Haupttor 'Arco de la Villa' und dem im 15. Jh. erbauten Castillo de Fonseca, das zu den schönsten Burgbauten in Spanien gehört; in der Kirche Santa María vier Grabmäler der angesehenen Familie der Fonseca.

In südlicher Richtung erreicht man über *Nava de la Asunción* den 17 km entfernten Ort *Santa María la Real de Nieva,* dessen Kirche einen besonders schönen Kreuzgang besitzt. Auf der C-605 kehrt man nach Segovia zurück (Gesamtstrecke: rund 145 km).

Burgenroute 2. – In nordöstlicher Richtung verläßt man die nach Norden strebende N-601 und folgt der C-603 zum 34 km entfernten **Turégano** (936 m), einem Bischofsstädtchen mit laubenumgebener Plaza Mayor, am Fuß der teilweise verfallenen Kirchenburg des 13./15. Jh.; zinnenbewehrter Mauerring mit Bergfried, die romanische Kirche San Miguel einschließend.

Zunächst weiter der C-603 folgend, erreicht man nach weiteren 15 km den Ort *Cantalejo;* 24 km nördlich *Fuentidueña* mit den Resten zweier romanischer Kirchen und einer mächtigen Burg. Von Cantalejo auf einer Nebenstraße 15 km nordöstlich zu dem malerischen Städtchen **Sepúlveda** (1032 m; 2000 Einw.), das hoch über einer Schlinge des Duratón liegt und als ehemaliges 'Septem Portale' (= Sieben Tore) noch wohlerhaltene römische Befestigungen und mehrere romanische Kirchen besitzt, darunter El Salvador (11. Jh.) in beherrschender Lage, mit Arkadengang und freistehendem Glockenturm (überwältigender Panoramablick); das Castillo ist eine Gründung von Fernán González.

Bei der Straßenteilung 'Las Cuatro Carreteras' folgt man der Nebenstraße südlich in Richtung Pedraza, wo zur Linken das ursprüngliche maurische Schloß Castilnovo (12./15. Jh.) zu sehen ist. Etwas abseits der Straße liegt das altertümliche
Pedraza, das als der Geburtsort des Kaisers Trajan gilt; mit mächtiger Burg auf einem riesigen Felsblock, hübscher Plaza Mayor, der romanischen Torre San Juan und einer Hostería in der sog. 'Casa de la Inquisición'.

Nach weiteren 10 km erreicht man die N-110, auf der man über *Collado Hermosa* nach Segovia zurückkehrt (Gesamtstrecke: rund 135 km).

Schloßroute. – Man gelangt auf der nach Süden führenden N-601, von schönen Blikken auf die Sierra de Guadarrama begleitet, zum 12 km entfernten
San Ildefonso o La Granja (1156 m; 5000 Einw.), reizvoll am Fuß der gewaltigen *Peñalara* (2430 m) gelegen und berühmt wegen seines stattlichen Schlosses und der Parkanlagen mit ihren großartigen Wasserkünsten, in Anlehnung an Versailles im 18. Jh. entstanden. Führungen durch das Schloß, mit Thronsaal und hervorragender Teppichsammlung. Schloßkirche mit Grabmal Philipps V. und seiner Gemahlin Isabella Farnese. Schloßgarten mit Springbrunnen und künstlichen Wasserfällen. – Von hier Weiterfahrt zur Sierra de Guadarrama mit der Paßhöhe *Puerto de Navacerrada* (1860 m) mit Anschluß nach Madrid.

Nach Avila. – Man folgt der nach Südwesten strebenden N-110 zur großen Straßenkreuzung mit der N-VI; kurz dahinter
Villacastín (1040 m; 1700 Einw., Hotel Hostería del Pilar, IV, 21 Z.), Ortschaft am Westhang der *Sierra de Guadarrama,* mit einigen Adelshäusern und einer beachtenswerten Pfarrkirche (15./17. Jh.), im Innern stattlicher Retablo und Grabmäler. – Hinter Villacastín überschreitet die nun N-501 genannte Carretara die Provinzgrenze und führt an dem rechts liegenden *Aldeavieja* (1215 m) vorbei nach **Ávila** (s. dort; 65 km von Segovia).

Richtung Soria. – Die in nordöstlicher Richtung führende N-110 verläuft entlang der *Sierra de Guadarrama* und mündet schließlich in die N-I bei *Santo Tomé del Puerto.* Nördlich des Ortes setzt die N-110 die Route fort nach
Riaza (1200 m), einem zwischen den Waldhö-

hen der *Sierra de Allyón* hübsch gelegenen Städtchen und Wintersportplatz, mit wohlerhaltenen Stadtmauern und den umfangreichen Ruinen eines Castillos. In der Nähe das Kloster *Nuestra Señora de Hontanares.* – Über den Ort Ayllón erreicht die N-110 die Provinzgrenze, überschreitet die Paßhöhe *Altos de Ayllón* (1100 m) und führt dann über *El Burgo de Osma* nach **Soria** (194 km von Segovia).

Seo de Urgel

Provinz: Lérida (L). – Telefonvorwahl: 973. Höhe: 700 m ü.d.M. – Einwohnerzahl: 10000.
ⓘ **Oficina Municipal de Turismo,**
Paseo de José Antonio;
Telefon: 350010.

HOTELS. – *El Castell,* Carretera Lleida s/n, I, 39 Z., Sb.; *Parador Nacional,* Santo Domingo s/n, II, 84 Z., Sb.; *Nice* (garni), Avda. Pau Clarís 4, III, 50 Z.; *Andria,* Paseig Brudieu 24, IV, 25 Z.; *Cadi,* Duque de Seo de Urgel 4, IV, 42 Z.; *Mundial,* San Dot 2, IV, 69 Z.; u.a.

VERANSTALTUNGEN. – *Fiesta de San Odón* (Juli), Patronatsfest mit berühmten Trachtentänzen und Folklore. – *Retaule de Sant Ermengol* (Juli/August), eine Art Mysterienspiel, das sonntags im Kreuzgang der Kathedrale aufgeführt wird.

Die Grenzstadt Seo de Urgel (Provinz Lérida) liegt unweit der Grenze zu Andorra reizvoll in einem von den Pyrenäenbergen umrahmten weiten Talbecken des Río Segre; die Stadt, zumeist kurz 'La Seo' genannt, ist Bischofssitz.

SEHENSWERTES. – Bedeutendstes Bauwerk ist die romanische **Kathedrale** (11. Jh.; später mehrmals erneuert), mit einem Kreuzgang des 12. Jh.; darinnen das *Diözesanmuseum;* im Kircheninnern gotischer Hochaltar und Reliquienschreine. – Gotischer *Bischofspalast,* mit der Kapelle San Miguel (11. Jh.). – Weitere mittelalterliche Häuser, darunter das *Ayuntamiento* (Rathaus) des 15. Jahrhunderts.

UMGEBUNG. – Seo de Urgel ist das südliche Eingangstor zu der Pyrenäenrepublik **ANDORRA** (s. dort) und liegt an der C-1313, die in südlicher Richtung dem Tal des *Río Segre* folgt und die Verbindung nach Lérida und Barcelona herstellt.

Sevilla siehe nächste Seite

Sevilla

Provinz: Sevilla (SE). – Telefonvorwahl: 954.
Höhe: 10 m ü.d.M. – Einwohnerzahl: 654000.
ⓘ **Oficina de Información de Turismo,**
Avenida de la Constitución 21;
Telefon: 221404.
Oficina Municipal de Turismo,
Paseo de las Delicias s/n;
Telefon: 234465.
Delegación Provincial de Turismo,
Avenida de la Constitución 21;
Telefon: 228990.

HOTELS. – *Alfonso XIII,* San Fernando 2, L, 149 Z.,
Sb.; *Colón,* Canalejas 1, I, 262 Z.; *Doña María*
(garni), Don Remondo 19, I, 61 Z., Sb.; *Gran Hotel
Lar,* Plaza de Carmen Benitez 3, 137 Z.; *Inglaterra,*
Plaza Nueva 7, I, 120 Z.; *Los Lebreros,* Luis Morales
2, I, 439 Z., Sb.; *Macarena,* San Juan Ribera 2, 305 Z.,
Sb.; *Pasarela* (garni), Avda. de la Borbolla 11, I,
82 Z.; *Porta Coeli* (garni), Avda. Eduardo Dato 49, I,
246 Z.; *Alcázar* (garni), Menendez Pelayo 10, II,
96 Z.; *América* (garni), Jesus del Gran Poder 2, II,
100 Z.; *Bécquer* (garni), Reyes Católicos 4, II, 126 Z.;
Corregidor (garni), Morgado 17, II, 69 Z.; *Don Paco,*
Plaza Jerónimo de Córdoba 4, II, 220 Z., Sb.; *Fernan-
do III* (garni), San José 21, II, 156 Z.; *Giralda,* Sierra
Nevada 3, II, 90 Z.; *Monte Carmelo* (garni), Turia 9, II,
68 Z.; *Reyes Católicos* (garni), Gravina 57, II, 26 Z.;
Venecia (garni), Trajano 31, II, 24 Z.; *Virgen de los
Reyes,* Luis Montoto 131, II, 80 Z.; *Ducal* (garni),
Plaza de la Encarnación 19, II, 51 Z.; *International*
(garni), Aguilas 17, III, 26 Z.; *Montecarlo,* Gravina 51,
III, 25 Z.; *Murillo* (garni), Lope de Rueda 7, III, 61 Z.;
Niza, Reyes Católicos 5, III, 56 Z.; *La Rábida,* Caste-
lar 24, III, 87 Z.; *Sevilla* (garni), Daoiz 6, III, 32 Z.;
Lyon, Vidrio 15, IV, 33 Z.; *Simón,* García de Vinuesa
19, IV, 47 Z.; Hostal *Itálica* (garni), Antonio de la
Peña Lopez 5, P I, 27 Z.; *Madrid* (garni), San Pedro
Martir 22, P I, 23 Z.; *El Paraíso,* Gravina 27, P I, 29 Z.;
Sierpes, Corral del Rey 22, P I, 39 Z.; *Zaida* (garni),
San Roque 26, P I, 27 Z.; *Central* (garni), Zaragoza
18, P II, 22 Z.; *Duque,* Trajano 15, P II, 35 Z.; *Jentoft*
(garni), Benidorm 2, P II, 58 Z.; *Los Naranjos* (garni),
San Roque 11, P II, 25 Z.; *Prado* (garni), Avda. de
Málaga 6, P II, 43 Z.; *Zahira,* San Eloy 43, P II, 19 Z.;
Alvertos, Cervantes 4, P III, 20 Z.; u.v.a. – CAMPING-
PLÄTZE: *Sevilla,* Carretera N-IV, 6 km östlich; *Vill-
som,* Dos Hermanas, 12 km südlich.

RESTAURANTS in den Hotels; ferner *El Burladero,*
José Canalejas 2; *Río Grande,* Betis s/n, am Gua-
dalquivir, Blick auf Torre del Oro; *Méson del Moro,*
Méson del Moro 6; *La Dorada,* Virgen de Aguas
Santas 6; *El Figón de Cabildo,* Plaza del Cabildo;
Hostería del Laurel, Plaza de los Venerables 5;
Rincón de Curro, Virgen de Luján 45; *Or-Iza,* San
Fernando 41; *San Marco,* Cuna 6 (italien. Küche);
Maitre, Avenida San Francisco Javier 7; *Jamaica,*
Jamaica 16; *Venta de los Reyes,* Carretera Aero-
puerto, 5 km östlich; u.v.a.

CAFÉS. – *Huerta del Rey,* Avda. Eduardo Dato 10;
Vía Veneto, Avda. de la Constitución 32; *Catunam-
bu,* Ronda de Capuchinos 3; *La Reja,* Santa María
de Gracia 15; u.v.a.

VERANSTALTUNGEN. – **Semana Santa,** eines der
eindrucksvollsten Feste Spaniens, besonders die
am Palmsonntag beginnenden Aufzüge der Bruderschaften (cofradías oder hermandades) der einzelnen Stadtviertel, bei denen reichgeschmückte

Heiligenstatuen ('pasos') mitgeführt werden, ferner
die Hauptprozession in der Nacht zum Karfreitag
sowie am Karfreitagmorgen; Feierlichkeiten in der
Kathedrale. *Feria de Abril,* das weltliche Hauptfest
Sevillas, das sechs Tage dauert. – *Festivales de
España* (Herbst), mit Ballett- und Konzertvorfüh-
rungen von Künstlern internationalen Ranges. –
Fiesta del Santísimo Corpus (Fronleichnam), glanz-
volle Prozession von der Kathedrale über die Plaza
de San Francisco zur Kirche San Salvador; zuvor
vor der Kathedrale der eigentümliche "Tanz der
Seises". – *Fiesta Virgen de los Reyes* (August), Fest
der Schutzpatronin der Stadt. – *Feria de San Miguel*
(September), mit Stierkämpfen und Jungstierkämpfen (Novilladas). – *Romería del Rocío* (Pfingst-
woche), eine der berühmtesten Wallfahrten in Spanien, an der Wallfahrtsgruppen aus Sevilla, Huelva,
Cádiz, Jerez und anderen Orten zu Pferde, mit
Maulesel und Ochsenkarren aufbrechen, um im
Beisein des Erzbischofs von Sevilla der Virgen de
Rocío in ihrer keramikgeschmückten Kirche zu
huldigen.

FREIZEIT und SPORT. – Sevilla verfügt über ein
modernes Stadion, eine Pferderennbahn, einen
Golfplatz und einen Club Náutico; ferner gibt es
Aeroclub, Tennisclub, Judoclub, Unterwasser-
sportclub und einen Schießstand. Stierkampf; Fischen im Guadalquivir und den anderen Flüssen,
Jagd in der Sierra durch die Sociedad Caza Deportiva und die örtlichen Jagdvereine.

***Sevilla, die Hauptstadt Andalusiens
und der gleichnamigen Provinz, Sitz
einer Universität und eines Erzbischofs, ist die viertgrößte Stadt Spaniens (nach Madrid, Barcelona und Valencia). Sie liegt in einer fruchtbaren
Ebene am linken Ufer des Río Guadalquivir.**

Der Fluß erreicht hier das andalusische
Tiefland und gestattet bei Flut, die sich
über 100 km flußaufwärts bemerkbar
macht, selbst größeren Seeschiffen die
Zufahrt zum 87 km vom Meer entfernten
Hafen von Sevilla, zuletzt durch einen
die Krümmung des Flusses abschnei-
denden Kanal. In den Jahren 1948/49
wurde der Hauptarm des Guadalquivir
westlich um die Stadt geleitet, wobei jedoch die Hafenanlagen im alten Flußbett verblieben. Die *Huerta de Sevilla*
beginnt im Norden, jenseits der die gesamte Altstadt umziehenden Vorstädte.

Das Klima von Sevilla gehört zu den heißesten des europäischen Festlandes
(bis 48°C). Wie im antiken oder orientalischen Haus dient deshalb als Aufenthalt
meist der mit Springbrunnen und Pflanzen geschmückte Patio (Innenhof), in
den man oft von der Straße aus einen
reizvollen Einblick hat. – Eine Fülle eindrucksvoller Kunstdenkmäler aus allen
Epochen der lebendigen Geschichte
dieser Stadt sowie das in Sevilla beson-

Plaza de España mit Palacio Central

ders stark ausgeprägte südländische Volksleben, verbunden mit der Eigenart einer Hafenstadt, rechtfertigen den alten Spruch "Quien no ha visto Sevilla, no ha visto maravilla" (Wer Sevilla nicht gesehen hat, hat noch kein Wunder gesehen).

GESCHICHTE. – Als die Römer gegen 205 v.Chr. kamen, bestand schon 'Hispalis', vielleicht eine Gründung der Iberer oder Phönizier. Unter Caesar wurde Sevilla eine bedeutende Hafenstadt, die den Namen 'Colonia Iulia Romula' erhielt. Nacheinander wurde sie Hauptstadt der Vandalen (411) und der Westgoten (441); dann kamen die Mauren (712) und nannten die Stadt 'Ichbilîja', die dann ab 913 von den Umaijaden, nach 1091 von den Almoraviden und seit 1147 von den Almohaden beherrscht wurde. Unter *Jûsuf Abu Ja'kub* (1163–84) und *Ja'kub Ibn Jûsuf* (1184–98) war Sevilla Schauplatz glänzender Bautätigkeit und übertraf selbst Córdoba zeitweise an Einwohnerzahl. – *Ferdinand III.* von Kastilien eroberte die Stadt 1248 und wählte sie zur Residenz. Der volkstümlichste König in Sevilla war *Peter I.* der Grausame (1350–69). – Am 3. August 1492 brach der Seefahrer Christoph Kolumbus von Palos, einem Ort an der Südwestküste Spaniens, mit seinen Karavellen auf und entdeckte u.a. Kuba und Haiti. Bei seiner Rückkehr am 31. März 1493 wurde er in Sevilla festlich empfangen. In der folgenden Zeit brachte es Sevilla zur Monopolstellung im Überseehandel und entwickelte sich zum Haupthafen Spaniens. Nachdem die Bedeutung der Stadt später zurückgegangen war, zog die Regulierung des Río Guadalquivir den Seehandel erneut nach Sevilla. – Im Jahre 1992 soll in Sevilla eine Weltausstellung – "Expo 92" – stattfinden; parallel dazu wird die 500-Jahr-Feier zum Gedenken an die Entdeckung Amerikas begangen werden.

Sevilla ist die Geburtsstadt der berühmten Maler *Diego Velázquez* (1599–1660) und *Bartolomé Esteban Murillo* (1617–82). Zahlreiche Gedenkta-

feln in den Straßen erinnern an Szenen aus Dichtungen von *Cervantes.* Bekannt ist Sevilla als Schauplatz berühmter Opern: Mozarts 'Don Juan' und 'Figaros Hochzeit' sowie Bizets 'Carmen' spielen hier; um den Laden von Rossinis 'Barbier von Sevilla' streiten sich mehrere Straßen.

SEHENSWERTES. – Mittelpunkt der Stadt ist die Plaza San Francisco, wo früher Turniere, Stierkämpfe u.a. stattfanden. An der Westseite des Platzes das *Ayuntamiento *(Rathaus),* ein stattlicher Renaissancebau (1527-64), dessen reichverzierter östlicher Teil als eine der reizvollsten Schöpfungen des platereken Stils gilt. Vor der Westfront des Rathauses liegt die weite Plaza Nueva, die mit Palmen geschmückt und von Bank- und Bürohäusern umgeben ist.

Unweit südlich vom Rathaus an der Stelle der maurischen Hauptmoschee die **Kathedrale (1402-1506), einer der größten und reichsten gotischen Dome der Christenheit, unübertroffen in der Raumwirkung und in der Fülle der Kunstschätze. Von den reich mit Statuen und Reliefs geschmückten Portalen sind besonders beachtenswert die Puerta Mayor (Mittelportal der Westfassade), die Puerta de San Cristóbal, auch 'Puerta de la Lonja' genannt (südliches Querschiff) sowie die Puerta de las Campanillas und die Puerta de los Palos (Ostseite). – Zwischen der Puerta de los

Palos und der in den Orangenhof führenden Puerta de Oriente erhebt sich an
der Norseite der Kathedrale die ****Giralda,** das 93 m hohe, weithin sichtbare berühmte Wahrzeichen Sevillas, als Minarett der maurischen Hauptmoschee
1184-96 errichtet, mit einer 1568 aufge-
setzten Glockenstube, deren Spitze die
4 m hohe Windfahne, den *Giraldillo,*
eine den Glauben darstellende weibli-
che Figur mit dem Banner Konstantins,
trägt. Von der ersten Galerie, mit
24 Glocken, weite Aussicht über Stadt
und Umgebung, besonders abends.
Über der Galerie die 'Matraca' (unzugänglich), ein 70 m hohes Holzgehäuse
mit den in der Karwoche statt der Glok-
ken benutzten Klappern.

Kathedrale von Sevilla

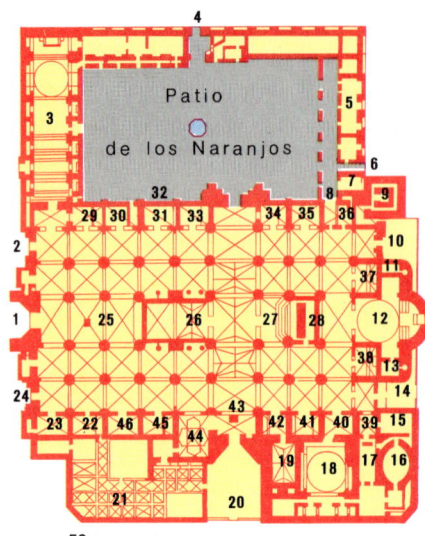

1 Puerta Mayor (Hauptportal)	21 Dependencias de la Hermandad Sacramental (Räume der
2 Puerta del Bautismo (Portal der Taufe)	Sakramentsbruderschaft)
3 Sagrario	22 Capilla de Santa Ana
4 Puerta del Perdón (Portal der Gnade)	23 Capilla de San Laureano
5 Biblioteca Colombina (Kolumbusbibliothek)	24 Puerta del Nacimiento (Portal der Geburt Christi) oder Portal de San Miguel
6 Puerta de Oriente (Ostportal)	25 Grabstein des Fernando Colón
7 Capilla de la Granada (Granatapfelkapelle)	26 Coro (Chor)
8 Puerta del Lagarto (Eidechsenpforte)	27 Capilla Mayor
9 Giralda	28 Sacristía Alta
10 Puerta de los Palos	29 Capilla del Bautisterio (Taufkapelle)
11 Sala Capitular (Kapitelsaal)	30 Capilla de Escalas
12 Capilla Real (Königliche Kapelle)	31 Capilla de Santiago
13 Sakristei	32 Capilla Sacramental (Sakramentskapelle)
14 Puerta de las Campanillas (Portal der Glöckchen)	33 Capilla de San Francisco
15 Contaduría Mayor	34 Capilla de las Doncellas (Kapelle der Jungfrauen)
16 Sala Capitular (Kapitelsaal)	35 Capilla de los Evangelistas
17 Antecabildo	36 Capilla del Pilar
18 Sacristía Mayor (Hauptsakristei)	37 Capilla de San Pedro
19 Sacristía de los Cálices (Sakristei der Kelche)	38 Capilla de la Concepción Grande
20 Puerta de San Cristóbal (Puerta de la Lonja)	39 Capilla del Mariscal (Kapelle des Marschalls)
	40 Antesala (Vorraum)
	41 Capilla de San Andrés
	42 Capilla de Dolores
	43 Grabdenkmal des Kolumbus
	44 Capilla de la Antigua
	45 Capilla de San Hermenegildo
	46 Capilla de San José

Das INNERE der fünfschiffigen Kathedrale (117 m
lang, 76 m breit, 40 m hoch) gehört zu den eindrucksvollsten gotischen Kirchenräumen Spaniens
und zeichnet sich besonders durch die Klarheit seiner Proportionen und die Schönheit der Linienfüh-
rung sowie durch die Fülle der Kunstwerke aus, von
denen nur eine Auswahl genannt werden kann. Von
den 75 Glasgemälden (16.-19. Jh.) seien die ältesten
von Cristóbal Alemán (1504) und Arnao de Flandes
(1525-57) hervorgehoben. Zahlreiche *Altargemäl-
de,* besonders beachtenswert bei der Puerta Mayor
rechts das Schutzengelbild von Murillo sowie von
demselben Maler in der zweiten Kapelle des linken
Seitenschiffs die "Taufe Christi" und *"Das Christ-
kind erscheint dem heiligen Antonius von Padua".
Vorn im Mittelschiff gleich der *Grabstein des Fernando Colón,* des Sohnes des Kolumbus († 1539). –
Am **Chor** schönes Gitter (Reja) von 1519 und ein gotisches Chorgestühl (Sillería) von 1475-79. – In der
sich anschließenden **Capilla Mayor,** ebenfalls mit
reicher großer Reja (16. Jh.), der mächtige *Retablo
(um 1550), ein Hauptwerk gotischer Holzskulptur in
Spanien; in der Mitte das silberne Bild der Virgen de
la Sede, umgeben von 45 holzgeschnitzten Darstellungen aus dem Leben Christi und Mariä.

Im südlichen Querschiff bei der Puerta de San
Cristóbal das *Grabdenkmal des Kolumbus* von Art.
Mélida, zunächst 1892 in der Kathedrale zu Habana
errichtet und nach dem Abfall Kubas 1898 hierher
überführt. In der *Sacristía de los Cálices* ein berühmtes *Kruzifix von Montañés; ferner zahlreiche
Gemälde. u.a. von Goya und Zurbarán. – Die von einer Antesala aus gegen Gebühr zugängliche ***Sacristía Mayor,** ein seit 1532 erbauter Prachtbau mit
schöner Kuppeldecke, enthält neben einigen beachtenswerten Bildern den reichen *Kirchenschatz*
(Relicario y Tesoro), darunter den Schlüssel von
Sevilla (1248). In der Südostecke der Kathedrale die
Sala Capitular (1530-92) in platereskem Stil.

An der Ostwand der Kathedrale die **Capilla Real,** ein
38 m langer Renaissancebau mit hoher Kuppel, an
Stelle der alten königlichen Grabkapelle (1551-75);
hinter dem Gitter von 1773 die *Gräber* des Königs
Alfons des Weisen († 1284) und seiner Mutter
Beatrix von Schwaben. In der Apsis vorn ein *Altar*
mit dem 1729 verfertigten silbernen *Reliquien-
schrein des hl. Ferdinand;* hinten ein weiterer *Altar*
mit der Virgen de los Reyes (13. Jh.), der Schutzpatronin der Stadt. Neben dem vorderen Altar auf Stu-

fen hinauf in das *Panteón* mit den Gräbern Peters
des Grausamen, seiner Gemahlin María de Padilla
und mehrerer Infanten. Links von der Capilla Real
die Puerta de los Palos.

An der Nordseite der Kathedrale links das als Pfarrkirche dienende **Sagrario** (1618-62), ein schöner
Barockbau, durch die Puerta del Sagrario zu erreichen; Retablo mit der "Kreuzabnahme" von Pedro
Roldán. – Neben dem Sagrario der durch die
schöne Puerta de los Naranjos zugängliche * *Patio
de los Naranjos* ('Orangenhof'), der ehem. Hof der
Moschee. Der achteckige westgotische Brunnen in
der Mitte ist der Rest der islamischen *Midhâ,* des
Brunnens für die religiösen Waschungen. An der
Nordseite die noch aus der Maurenzeit stammende
stattliche *Puerta del Perdón,* die den Hauptzugang
von außen bildet. In der Südostecke des Hofes liegt
als Rest der alten Moschee die *Capilla de la Granada,* mit Hufeisenbogen. – Auf der Ostseite des Patio
die im 13. Jh. gegründete, durch eine Stiftung von

Fernando Colón vermehrte **Biblioteca Colombina,** mit wertvollen Werken über die Entdeckung Amerikas sowie mit kostbaren Handschriften.

Südlich vor der Kathedrale die Plaza del Triunfo, mit einem Denkmal der Unbefleckten Empfängnis (1917). An der Südwestseite des Platzes die **Casa Lonja** (ehem. Börse), 1583–98 nach den Plänen von Juan de Herrera im Hoch-

Straßenszene in Sevilla

renaissancestil erbaut; im ersten Stock das *Archivo General de Indias* (1781; Generalarchiv von Indien), das die spanischen Urkunden enthält, die sich auf die Entdeckung und Eroberung Amerikas und der Philippinen beziehen (Autographen von Magalhães, Pizarro, Cortéz, Kolumbus). – Unweit östlich das *Museo de Arte Contemporáneo.*

Der an der Südostseite der Plaza del Triunfo gelegene *Alcázar war ursprünglich das Schloß der maurischen, später der christlichen Könige und wurde in seiner jetzigen Gestalt, die noch mittelalterlichen Burgencharakter hat, in der zweiten Hälfte des 14. Jh. unter Peter dem Grausamen durch maurische Architekten errichtet. Von der Südostseite des Platzes gelangt man in den mit Orangen bepflanzten *Patio de las Banderas,* weiter durch den *Jardin del Crucero* in den *Patio de la Montería,* den Hof der königlichen Leibgarde. An

seiner Südseite die reich gegliederte *Hauptfassade des inneren Alcázar.

Das *INNERE des Alcázar betritt man durch die *Puerta Principal;* dann durch einen Gang in den *Patio de las Doncellas* (Mädchenhof) von 1369–79, mit prachtvollen Zackenbogen und durchbrochenen Oberwänden, getragen von 52 Marmorsäulen. Weiter in den *Salón de Carlos V,* das Zimmer der *Maria de Padilla* und den *Salón de Embajadores (Gesandtensaal), mit drei schönen Eingängen und prachtvoller Kuppel von 1420. Hinter dem langgestreckten *Comedor* (Speisezimmer) folgt der *Patio de las Muñecas* ('Puppenhof'), in den oberen Teilen modern. Anschließend das *Dormitorio de Isabel la Católica* (Schlafzimmer der Königin), das *Cuarto de los Principes* sowie das *Dormitorio de los Reyes moros.* – Im Obergeschoß unter anderem beachtenswerte Gobelins. – Die von Karl V. angelegten *Gärten des Alcázar sind durch eine Grottenwand in zwei Hälften geteilt und enthalten u.a. unterirdische *Baños* (Badeanlagen) sowie den *Pabellón de Carlos V,* im Jahre 1540 von Juan Hernández errichtet.

An der Nordseite der Plaza San Francisco beginnt die enge *Calle de las Sierpes ('Schlangenstraße'), die Hauptgeschäftsstraße der Stadt (Fußgängerzone), mit Läden, Cafés und Klubhäusern. Unweit östlich hiervon die Kirche **San Salvador** aus dem 16. Jh., zu Ende des 18. Jh. umfassend erneuert und im Stile Churrigueras ausgestattet. An der von der Plaza San Salvador nördlich verlaufenden Calle de la Cuna der *Palacio Lebrija,* mit kleinem Privatmuseum römischer Skulpturen. Weiterhin rechts die 1502 gegründete **Universität** (Alte Universität), mit der *Universitätskirche* (16. Jh.), darin großer Retablo und Gemälde von Roelas, Alonso Cano, Pacheco u.a. – 500 m östlich von San Salvador, auf der Calle de Águilas zu erreichen, an der Plaza del Pilatos die im 16. Jh. von christlich-maurischen Baumeistern errichtete *Casa de Pilatos, im Volksmund als eine Nachahmung des Hauses des Pilatus in Jerusalem bezeichnet, mit Abwandlung des Mudéjarstils durch Bauelemente der Gotik und Renaissance; im schönen Patio einige antike Skulpturen. – Von der Plaza de Pilatos nordwestlich durch die Calle de Caballerizas zu der zweitürmigen Barockkirche *San Ildefonso,* dann durch die Calle de los Descalzos zu der Plaza del Cristo de Burgos; an der Nordwestseite die gotische Kirche **San Pedro** (14. Jh.), mit schönem Glockenturm im Mudéjarstil und beachtenswertem Inneren, darunter die "Befreiung des hl. Petrus aus dem Gefängnis" von Roelas. Unweit östlich von San Pedro die Kirche *Santa Catalina,* deren

Glockenturm ein altes Minarett ist. Nordwestlich der *Palacio de las Dueñas,* mit schönem *Patio im Mudéjarstil.

Die nördliche Fortsetzung der Calle de las Sierpes führt an der Plaza del Duque vorbei zur Alameda de Hércules, einer stattlichen Promenadenanlage, an deren Südseite seit 1574 zwei von einem römischen Tempel stammende hohe Granitsäulen mit den Statuen des Herkules und Julius Caesars stehen. Westlich von hier die Kirche **San Lorenzo**, mit einem schönen Hochaltar und der vielverehrten Christusstatue 'Nuestro Señor de Gran Poder' in einer Seitenkapelle. – Am Nordrand der Altstadt ist zwischen der *Puerta de Córdoba* und der *Puerta Macarena* ein ansehnliches Stück der alten, noch auf römische Anlagen zurückgehenden *Stadtmauer* erhalten; bei der Puerta Macarena in einem Anbau der Kirche *San Gil* das volkstümliche Madonnenbild 'Virgen de la Macarena'.

Im westlichen Teil der Altstadt, auf der Calle de Alfonso XII von der Plaza del Duque zu erreichen, der ehem. *Convento de la Merced* (17. Jh.), mit dem ***Museo de Bellas Artes,** das in über 20 Räumen eine hervorragende Sammlung von Gemälden spanischer Maler, vor allem des 17. Jh., enthält.

Im Saal IV des Museo de Bellas Artes von *El Greco* das ''Bildnis seines Sohnes Jorge Manuel''. In den drei Kirchensälen VI, VII und VIII Werke von *Juan de Roelas, Zurbarán* (u.a. ''Apotheose des hl. Thomas von Aquín'', 1631) und *Murillo,* der mit den drei 'Inmaculadas' und der ''Vision des hl. Franziskus'' gut vertreten ist. Im Kreuzgang Arbeiten weiterer andalusischer Barockmeister; im Obergeschoß mehrere Werke von *Valdés Leal* sowie eine Galerie spanischer Meister des 19. Jahrhunderts.

Im Südwesten der Altstadt erstreckt sich am linken Ufer des Río Guadalquivir der bei dem *Puente de Isabel II* beginnende Paseo de Cristóbal Colón, mit den sich bis zum Paseo de las Delicias erstreckenden Hafenanlagen. Links die *Plaza de Toros* (Stierkampfarena); weiter links die mit Anlagen geschmückte Plaza de Jurado. An der Ostseite des Platzes das **Hospital de la Caridad** (1661-64), eine Stiftung des Miguel de Mañara, der als Urbild des 'Don Juan' der Legende gilt. Vom Säulenhof betritt man die *Kirche,* deren Fassade mit fünf Azulejosgemälden geschmückt ist; im Innern am Eingang Bilder von Valdés Leal, im Schiff sechs *Gemälde von Mu-

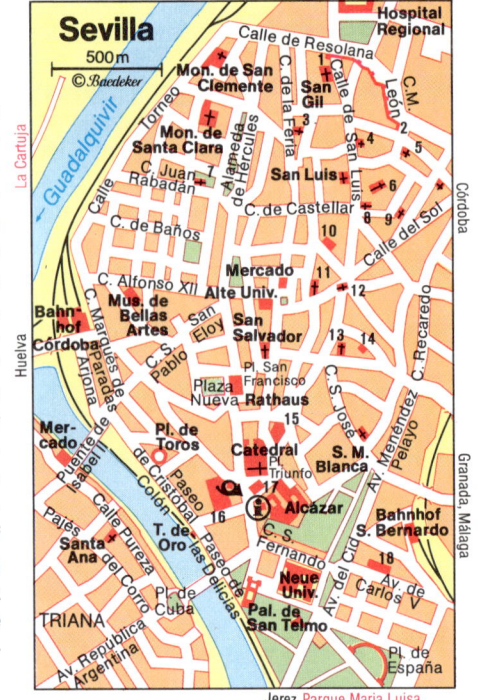

1 Puerta Macarena
2 Puerta de Córdoba
3 Omnium Sanctorum
4 Santa Marina
5 San Julián
6 Santa Isabel
7 San Lorenzo
8 San Marcos
9 Convento de Santa Paula
10 Palacio de las Dueñas
11 San Pedro
12 Santa Catalina
13 San Ildefonso
14 Casa de Pilatos
15 Palacio Arzobispal
16 Hospital
　 de la Caridad
17 Casa Lonja
　 (Archivo General de Indias)
18 Autobushof

rillo. – Unweit südlich von der Plaza Jurado am Fluß die **Torre del Oro** (1220, z.T. 1760), ursprünglich ein mit Goldazulejos geschmückter maurischer Befestigungsturm, später unter Peter dem Grausamen als Schatzhaus und Gefängnis benutzt, heute *Marinemuseum,* mit *Aquarium und Aussicht.

Im Süden der Stadt erhebt sich unweit des *Puente de San Telmo* an dem sich lang hinziehenden Paseo de las Delicias der **Palacio de San Telmo,** als Seemannsschule 1734 erbaut, jetzt *Priesterseminar* (Universidad Pontificia), mit hohem Barockportal. Östlich davon an der Calle de San Fernando die ehem. *Tabakfabrik* (Fábrica de Tabacos), ein 1757 errichteter Barockbau (heute Hörsäle der Universität). – Die Calle de San Fernando mündet in die verkehrsreiche Plaza de Juan de Austria; nördlich hiervon die ausgedehnten Alcázargärten. Jenseits der Gärten links der malerische Stadtteil *Santa Cruz, in arabischer Zeit das Judenviertel (Judería), mit blumengeschmückten Plätzen und Gassen, zahlreichen Patios und der Kir-

In der Judería von Sevilla

che *Santa María la Blanca,* bis 1391 Synagoge; im Innern Kuppelmalereien von 1659.

Südlich der Plaza de Juan de Austria der Haupteingang zum *Parque de María Luisa**, einer ausgedehnten Gartenanlage, Stiftung der Infantin von Spanien, María Luisa Fernanda de Bourbón. Von den Bauten der hier 1929/30 abgehaltenen Ibero-Amerikanischen Ausstellung noch erhalten die halbkreisförmige Plaza de España mit dem *Palacio Central* (zwei 82 m hohe Ecktürme) sowie an der Plaza de América der *Pabellón Mudéjar,* der *Pabellón Real* und der *Palacio del Renacimiento;* in letzterem das sehenswerte **Museo Arqueológico,** mit prähistorischen und römischen Altertümern, u.a. Dianastatue und Funde aus Itálica.

Auf dem rechten Ufer des Río Guadalquivir liegt die westliche Brückenvorstadt **Triana,** hauptsächlich von Arbeitern und Zigeunern bewohnt, auch Heimat vieler bekannter Stierkämpfer und seit altersher Wohnsitz der Töpfer, von denen die besten Azulejos Sevillas gefertigt werden. Links von dem Puente de Isabel II die Kirche *Santa Ana,* von Alfons dem Weisen im Mudéjarstil errichtet; im Innern die 'Virgen de la Rosa' von Alejo Fernández. – Flußaufwärts die **Cartuja,** ein 1401 gegründetes ehem. Kartäuserkloster; in der dazugehörigen Kirche *Nuestra Señora de las Cuevas* interessanter Kreuzgang.

UMGEBUNG von Sevilla. – Als Haupstadt Andalusiens ist Sevilla natürlich Mittelpunkt eines geschichtsträchtigen Landes mit historischen Orten in unmittelbarer Nachbarschaft.

Zu den Ruinen von Itálica. – Von Sevilla zunächst in westlicher Richtung über das alte Guadalquivir-Becken; dann nach Norden auf der N-630 zum 8 km entfernten **Santiponce** (18 m), einem Dorf mit dem 1298 von Guzmán el Bueno gegründeten, heute verfallenen Kloster San Isidoro del Campo, mit schönem gotischen Schnitzaltar in der Kirche sowie den Grabmälern des Gründers und seiner Gemahlin. Links der Straße (etwa 1 km weiter) *Itálica,** die Ruinen einer um 205 v. Chr. von Scipio Africanus d.Ä. gegründeten römischen Stadt, mit archäologisch interessanten Überresten eines Amphitheaters und Spuren von Häusern und Brunnen; die wertvollen hier gefundenen Mosaiken befinden sich im Museum von Sevilla. Aus Itálica stammen die Kaiser Trajan (53 n. Chr.) und Hadrian (76 n. Chr.).

Nach Sanlúcar la Mayor. – Ebenfalls in westlicher Richtung und auf der N-431 Richtung Huelva zunächst nach *Castilleja de la Cuesta* (3500 Einw.), dem Sterbeort des Hernán Cortez (1485-1547), des Eroberers von Mexiko. Nach etwa 20 km ab Sevilla das auf einem Hügel gelegene Städtchen **Sanlúcar la Mayor** (145 m; 6000 Einw.), eine maurische Siedlung mit verfallener Burg und der Kirche Santa María (1214) mit einstigem Minarett als Glockenturm.

Nach Córdoba. – Auf der Autobahn und am Flughafen vorbei fogt man der nach Nordosten strebenden N-IV durch fruchtbares Hügelland zum fast 30 km entfernten **Carmona** (215 m; 30000 Einw.), einem über der reichen Vega des Corbones auf einem kahlen Hügelrücken gelegenen altertümlichen Landstädtchen, dem römischen 'Carmo' und maurischen 'Karmuna', beherrscht von seinem aussichtsreichen Alcázar; an der Durchgangstraße rechts die Kirche San Pedro, deren Turm der Sevillaner Giralda ähnelt. Beim Ort links die Zufahrt (Wegweiser 'Necrópolis Romana') zu einer nahegelegenen *römischen Necropole* mit über 900 Gräbern, z.T. mit Vorhöfen und Triklinen (Ruhebänke) für die Leichenmahle, darunter das Triclinio del Elefante; große Tumba de Sevilla. Von der Terrasse des kleinen Museums (Fundstücke und Vasensammlung) schöne Aussicht.

Bei der Weiterfahrt schöner *Rückblick auf Carmona, dann durch das Straßendorf *La Luisiana* und ein flachwelliges Land, wegen seiner Sommerhitze 'la sartén' (die Bratpfanne) genannt. Man erreicht die Umgehungsstraße von *Écija (s. dort). Dann überquert man den Río Genil und erreicht über *La Carlota* die Provinzhauptstadt **Córdoba** (139 km von Sevilla).

Nach Antequera. – Auf der autobahnähnlichen N-334 in südöstlicher Richtung durch

die fruchtbare andalusische Tiefebene zum 16 km entfernten
Alcalá de Guadaira (37 m; 35 000 Einw.), einer am rechten Ufer des Río Guadaira gelegenen Stadt (Umgehungsstraße), überragt von den umfangreichen Ruinen eines maurischen Kastells mit unterirdischen Getreidekammern und der Kirche San Miguel (früher Moschee); in der Umgebung alte maurische Mühlen.

Durch die Getreideebene, die nördlich von der *Sierra Morena,* südlich von der *Serranía de Ronda* begrenzt wird, weiter über das alte Städtchen *El Arahal,* dahinter Abzweigung (7 km) zu der auf einer Anhöhe gelegenen Stadt *Marchena* (103 m, 20 000 Einw.), mit alten Mauern, Palast der Herzöge von Arcos und der beachtenswerten Kirche San Juan (Retablo von 1500). Hinter *La Puebla de Cazalla* die Stadt
Osuna (450 m; 25 000 Einw.), hübsch an einen Hügel gelehnt, den Römern als 'Urso' bekannt, von den Mauren 'Oxuna' genannt; mit den Resten eines Palastes der Herzöge von Osuna und hochgelegener Kollegiatskirche (1534), im Innern ein "Christus am Kreuz" von Ribera; in der im Don Quijote erwähnten viertürmigen ehem. Universität (1549-1824) jetzt eine Schule. In der Umgebung römische *Nekropolis.*
Kurz vor *Aguadulce* überquert die N-334 den Río Blanco und erreicht
Estepa (604 m; 10 000 Einw.), ein kleines, am Fuß der gleichnamigen Sierra gelegenes altes Städtchen, mit mehreren Kirchen.

Bei dem Eisenbahnknotenpunkt *La Roda de Andalucía* erreicht die Straße die Hochebene der *Sierra de Yeguas* und zugleich die Grenze zur Provinz Málaga; weiter nach
Antequera (510 m; 40 000 Einw.; Parador Nacional, II, 55 Z.), einer im fruchtbaren Tal des *Río Guadalhorce* und am Fuß der *Sierra del Torcal* gelegenen Stadt, überragt von den Trümmern einer Maurenburg; Kirche Santa María La Mayor mit interessanter Fassade; kleiner Arco de Santa María (1585) mit römischen Inschriften; Palacio Nájera mit stadtgeschichtlichem Museum. – In der Umgebung die *Dolmen* von Menga, Vera und El Romeral.

Nach Cádiz. – Entweder Autobahn oder N-IV in südlicher Richtung, zunächst gemeinsam zu dem links etwas abseitsgelegenen
Dos Hermanas (42 m; 35 000 Einw.), bekannt wegen seiner Wallfahrt am dritten Oktober-Sonntag; weiter nach *Los Palacios,* mit der Abzweigung (13 km) nach
Utrera (6 m; 36 000 Einw.); wohlhabendes Städtchen, mit mehreren gotischen Kirchen, darunter Santa María de la Asunción (14. Jh.); große Wallfahrt zu der am Stadtrand liegenden Wallfahrtskirche Nuestra Señora de la Consolación (September) und Vereh-

rung der wundertätigen Madonna. – Weiter über **Jerez de la Frontera** nach **Cádiz** (s. dort; 133 km von Sevilla).

Sierra de Gredos

Federación Española de Montañismo (Spanischer Bergsteigerverband), Alberto Aguilera 3, Madrid-15; Telefon: (91) 2 23 47 82.

Gleich einer mächtigen Felsmauer schiebt sich die *Sierra de Gredos zwischen die beiden kastilischen Hochebenen. Mit den niedrigeren Gebirgszügen der benachbarten Sierra de Guadarrama und Sierra de Béjar bildet die Sierra de Gredos einen Teil der mittelspanischen Gebirgskette.*

Das Zentralmassiv der Sierra mit seinen stets schneebedeckten Gipfeln bietet eine großartige Landschaft und gehört zu den beliebtesten Bergsteigergebieten. Im *Almanzor* (2592 m) besitzt es seine höchste Erhebung. Am Nordfuß des Almanzor die *Laguna de Gredos,* die man vom Refugio des Club Alpino (nicht bewirtschaftet) auf einem schönen, gut markierten Wanderweg erreicht. Von der Laguna de Gredos führen schlecht markierte Wege (Vorsicht!) zu den malerischen fünf Bergseen, den *Cinco Lagunas,* sowie zu dem südlich über ihnen aufragenden Almanzor.

Die Sierra de Gredos liegt vorwiegend im Süden der Provinz Ávila und ist von der Provinzhauptstadt auf der C-502 über den *Puerto de Menga* (1570 m) auf der Sierra de la Paramera und den Ort *Venta del Obispo* zu erreichen. An der nördlich zur Sierra parallel laufenden C-500 im Hochtal des *Río Alberche* der *Parador Nacional de Gredos* (1650 m; 62 km von Ávila), in großartiger Lage in dem hier waldreichen Vorgelände der Sierra, als Luftkurort und zum Wintersport viel besucht, mit schöner Gebirgsaussicht. Ein Großteil der wildreichen Landschaft (Steinböcke) wurde zum Nationalpark erklärt.

Im Bereich der Sierra de Gredos findet man einige beachtenswerte Ortschaften:
El Barco de Ávila (1014 m), hübsch am rechten Ufer des Tormes gelegenes Städtchen mit gotischer Kirche und Schloß des 14. Jahrhunderts.
Mombeltrán, ebenfalls mit schöner gotischer Kirche und dem Castillo der Herzöge von Al-

El Barco de Ávila

buquerque (14. Jh.), einem der typischsten in
ganz Kastilien.
Arenas de San Pedro (510 m), Luftkurort
und Ausgangspunkt für Bergtouren; mit gotischer Pfarrkirche (14. Jh.), dem Kloster San
Pedro de Alcántara (17. Jh.) und seiner
schmucken Kapelle sowie dem Castillo de la
Triste Condesa, der traurigen Gräfin.

Im äußersten Südwesten der Sierra (64 km
von Arenas) das
*Monasterio de Yuste *(San Jerónimo de Yuste),* 1404 gegründet, 1809 von den Franzosen verwüstet, später z.T. wiederhergestellt;
berühmt als letzter Aufenthaltsort Kaiser
Karl V., der 1556 zugunsten seines Sohnes
Philipp II. der Krone entsagte und sich 1557
regierungsmüde hierher zurückzog, wo er
bis zu seinem Tode 1558 lebte. Lohnende Besichtigung des *Palastes;* von der gedeckten
Terrasse schöner Blick über die fruchtbare
Landschaft bis zur Sierra de Guadalupe.

Sierra Nevada

(i) **Estación de Esquí Sierra Nevada,**
Plaza de Pradollano s/n (Sierra Nevada),
Grandada;
Telefon: (958) 481000.

HOTELS. – In S o l y n i e v e : *Meliá Sierra Nevada,* I,
221 Z.; *Meliá Sol y Nieve,* II, 178 Z.; *Nevasur* (garni),
III, 50 Z. – An der S t r a ß e z u m P i c o d e V e l a t a :
Parador Nacional Sierra Nevada, II, 32 Z. – A n d e r
S t r a ß e n a c h G r a n a d a (km 21): Hostal *El Nogal,*
P I, 37 Z.

**Als eine gewaltige Gebirgskette von
fast 110 km Länge dehnt sich die
**Sierra Nevada zwischen dem Río
Almería und dem Valle de Lecrín (Le-
crín-Tal). Aus ihrem Massiv ragen die
höchsten Berggipfel der Iberischen
Halbinsel empor: der Cerro de Mulhacén (3481 m) und der *Pico de Veleta
(3428 m).**

Vom November bis in den Juni hinein ist
die Sierra Nevada ein hervorragendes

Wintersportgebiet; dieses liegt, da es
das südlichste Europas ist, meist unter
blauem Himmel mit strahlender Sonne.
Im gesamten Bereich der Sierra werden
die Maßnahmen zur Förderung des Win-
tersports vorangetrieben. Es gibt Skilifts und Skischulen; die vorhandenen
Skipisten werden ständig überwacht
und weiterentwickelt. Neben den Hotels
gibt es viele Schutzhütten der verschiedenen spanischen Ski- und Bergsteiger-
Organisationen.

Sierra Nevada im Sommer

Fahrt zum Pico de Veleta. – Dieser einzigartige Ausflug in die bezaubernde Bergwelt der Sierra Nevada (auch Autobus) führt
über eine gut asphaltierte Landstraße, die
von 640 m ü.d.M. auf eine Höhe von 3392 m
klettert und somit eine der höchsten Bergstraßen Europas ist. Wegen der fast 35 km
langen ununterbrochenen und schattenlo-
sen Steigung möglichst frühzeitige Abfahrt;
oben warme Kleidung gegen Kälte und Wind
empfehlenswert. Besonders eindrucksvoll ist
der Übergang von der südlichen Landschaft
der grünen Vega von Granada zu der
schneebedeckten Gipfelregion des Gebirges.

Von Granada fährt man zunächst in östlicher
Richtung am Hang über dem rechten Ufer
des *Río Genil* talaufwärts und erreicht nach
6 km den Ort *Cenes de la Vega* (737 m). Weiter talaufwärts überquert man den Río Genil,
passiert zur Linken die Abzweigung nach *Pinos Genil* und steigt dann in vielen Windungen mit mittlerer Steigung (8-12%) an dem
anfangs noch mit Olivenbäumen bestandenen Hang bergan; hierbei prächtiger **Rückblick ins Tal, z.T. bis Granada. Nach etwa
20 km Fahrt wird die 1500-m-Grenze überschritten; wenig später hört der Baumwuchs
auf. Nach weiteren 8 km ist die 2000-m-
Grenze erreicht. Hier beginnt das Wintersportgebiet

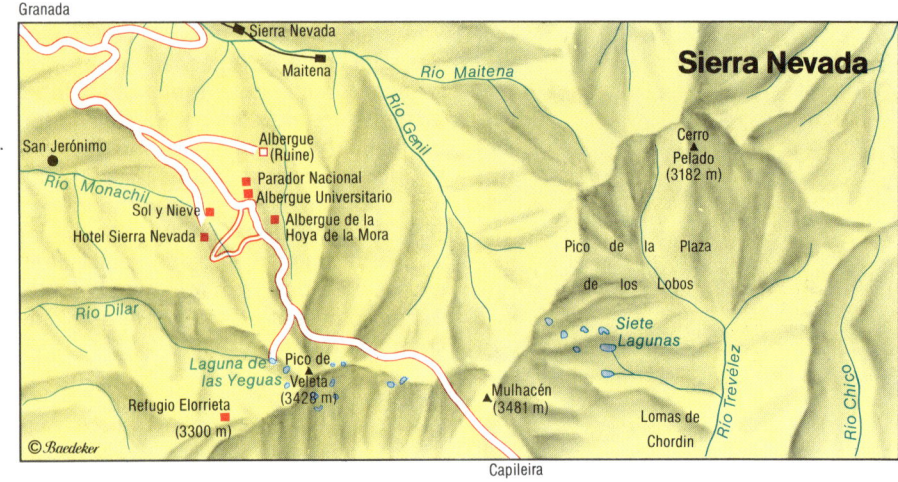

Sierra Nevada im Winter

Solynieve (auch Sol y Nieve = Sonne und Schnee, 2000-2600 m), mit Hotels, Bungalow-Siedlungen und Apartmenthäusern, Schutzhütten, Skilifts und Bergbahnen. – Von Solynieve Zubringerstraße (4 km) zur Hotelsiedlung *Pradollano* (2100 m); von hier Sesselbahn östlich zum *Parador Nacional* (2500 m) sowie Kabinenbahn südlich zur Hotelsiedlung *Borreguiles* (2600 m) mit Umsteigen zum Pico de Veleta.

Man kann das Gebiet von Solynieve auch umfahren, bleibt auf der Hauptstraße und erreicht zur Linken den *Parador Nacional Sierra Nevada;* kurz dahinter links abseits die *Residencia Universitaria* (2550 m). Die Straße zum Veleta zieht weiter durch die kahle Hochgebirgslandschaft und erreicht schließlich rechts die Abzweigung (2 km) zu dem schönen Bergsee *Laguna de las Yeguas* (2970 m; Schutzhütte). Nach weiteren 5 km endet die Fahrstraße in einer Höhe von 3392 m auf einer Felsplatte wenig unterhalb vom *Pico de Veleta (3428 m), dem zweithöchsten Berg der Sierra Nevada, mit Restaurante Giratorio.

Vom Pico de Veleta schmale und nicht asphaltierte Straße zunächst weiter aufwärts um den Veleta und dann in Serpentinen südlich unterhalb des Mulhacén-Gipfels abwärts zu dem malerischen Dorf *Capileira* (1436 m; 37 km vom Veleta) im Bereich der wilden Berglandschaft **Las Alpujarras.** Von hier auf guter Straße zum 20 km entfernten *Órgiva* (417 m; 6000 Einw.) in reizvoller Lage und mit dem Palacio de los Condes de Sástago. Über das besuchte Stahlbad *Lanjarón* (687 m) Anschluß an die N-323 nach Granada oder auf der landschaftlich reizvollen C-333 zum Mittelmeer (53 km von Órgiva).

Sigüenza

Provinz: Guadalajara (GU). – Telefonvorwahl: 911.
Höhe: 982 m ü.d.M. – Einwohnerzahl: 6000.
Oficina de Información de Turismo,
Cardenal Mendoza 2;
Telefon: (911) 391262.

HOTELS. – *Parador Nacional Castillo de Sigüenza,* Plaza del Castillo, I, 77 Z.; Hostal *El Doncel,* General Mola 1, P II, 16 Z.; *Elías,* Alfonso VI 6, P III, 15 Z.; *El Mesón,* Román Pascual 14, P III, 12 Z.; *Venancio,* San Roque 1, P III, 17 Z.

RESTAURANT. – *El Motor,* Calvo Sotelo 12.

Das über dem linken Ufer des Río Henares gelegene Bischofsstädtchen Sigüenza kann auf eine lange Geschichte zurückblicken. Im Kampf gegen die Römer war 'Segontia' 195 v.Chr. Stützpunkt der Keltiberer; der Ort wurde unter den Westgoten Sitz eines Bischofs.

SEHENSWERTES. – Die *Kathedrale (12./14.Jh.) von Sigüenza gehört zu den bedeutendsten spätromanischen Bauten Spaniens; sie sieht aus wie eine Festung und läßt sowohl romanische als

Parador Nacional 'Castillo de Sigüenza'

auch gotisch-platereske Elemente erkennen. In dem prächtigen Innern die Capilla de Santa Librada, mit dem Grab der Stadtheiligen, sowie die Capilla del Doncel, mit dem Grabmal des Edelknappen Vázquez de Arce († 1486); in der Capilla Mayor ein Retablo von Giraldo de Merlo (1619); beachtenswerte Sakristei, Kapitelsaal mit einer "Verkündigung" von El Greco, gotischer Kreuzgang. Im Süden der Kathedrale die Plaza Mayor mit dem *Ayuntamiento* (Rathaus) von 1511. Von der Plaza an der Kirche *San Vicente* und dem *Arco de San Juan* vorbei zum *Castillo* (12. Jh.), heute Parador Nacional; von hier schöne Aussicht.

Sitges

Provinz: Barcelona (B). – Telefonvorwahl: 93. Höhe: Meereshöhe. – Einwohnerzahl: 11000.
ⓘ **Oficina de Información de Turismo,**
Paseo Vilafranca;
Telefon: 8 94 12 30.

HOTELS. – *Calipolis* (garni), Paseo Marítimo s/n, I, 163 Z.; *Terramar* (garni), Paseo Marítimo s/n, I, 209 Z., Sb.; *Antemare,* Avda. Verge Montserrat 48, II, 72 Z., Sb.; *Galeón,* San Francisco 44, II, 47 Z., Sb.; *Los Pinos,* Paseo Marítimo s/n, II, 42 Z., Sb.; *Arcadia* (garni), Socias 22, III, 38 Z.; *Bahia,* Parelladas 27, III, 37 Z.; *Caramelles* (garni), Francisco Guma 22, III, 28 Z.; *Londres,* Juan Maragall 3, III, 20 Z.; *Picadilly* (garni), Espalter 29, III, 20 Z.; *Platjador,* Paseo Ribera 35, III, 44 Z.; *Sitges Park Hotel,* Jésus 12, III, 87 Z., Sb.; *Subur,* España 1, III, 95 Z.; *Alexandra* (garni), Pasaje Termes 1, IV, 26 Z.; *Bertrán* (garni), Marqués de Montroig 11, IV, 67 Z.; *Don Pancho* (garni), San José 2, IV, 85 Z.; *Romantic,* San Isidro 23, IV, 55 Z.; *San Francisco,* Santiago Rusiñol 8, IV, 48 Z.; *Sitges* (garni), San Gaudenci 5, IV, 52 Z.; Hostal *La Reserva,* Paseo Marítimo 62, P I, 24 Z.; *Casa Munich,* Enrique Morera 16, P II, 29 Z., Sb.; u. v. a.

RESTAURANTS in den Hotels; ferner *El Greco,* Paseo de la Ribera 72, in englischem Stil; *Fragata,* Paseo de la Ribera 1; *Mare Nostrum,* Paseo de la Ribera 60; *Vivero,* Paseo Balmins. – An der Straße

nach San Pedro de Ribas: *Vallpineda,* mit Garten und Terrasse.

CAMPINGPLÄTZE. – Mehrere Plätze in und um Sitges, wie *El Rocá, Sitges* und *Garraf.*

WASSERSPORT. – 4 km langer Badestrand mit feinem Sand und ruhigem Wasser; Sporthafen.

Das freundliche Hafenstädtchen Sitges, als Seebad viel besucht, ist auch durch seinen Wein (Malvasier) berühmt. Es liegt an der Costa Dorada zwischen Barcelona und Tarragona.

SEHENSWERTES. – An der Playa befindet sich in dem ehem. Wohnhaus des Malers Santiago Rusiñol das *Museo Cau Ferrat,* mit spanischen Metallarbeiten, Keramik, Gemälden von El Greco, Zeichnungen von Picasso u. a. – Bei der hochgelegenen *Barockkirche* (18. Jh.) schöne Aussicht und in einem alten Patrizierhaus das *Museo Romántico Provincial,* mit Kunstgewerbe, Möbeln, Puppen u. a.

Soria

Provinz: Soria (SO). – Telefonvorwahl: 975. Höhe: 1063 m ü.d.M. – Einwohnerzahl: 28000.
ⓘ **Oficina de Información de Turismo,**
Plaza Ramón y Cajal;
Telefon: 21 20 52.
Delegación Territorial de Turismo,
Alfonso VIII 1;
Telefon: 22 48 55.

HOTELS. – *Parador Nacional Antonio Machado,* Parque del Castillo, II, 34 Z.; *Alfonso VIII,* Alfonso VIII 10, II 103 Z.; *Caballeros* (garni), Eduardo Saavedra 4, II, 04 Z.; *Mesón Leonor,* Paseo del Mirón s/n, II, 32 Z.; *Las Heras,* Plaza Ramón y Cajal 5, IV, 24 Z.; Hostal *Cadosa,* Carretera N-122, km 146, P I, 76 Z.; *Comercio,* Plaza de los Jurados, P II, 30 Z.; *Casa Diocesana Pio XII,* San Juán 5, P III, 51 Z.; u. a. – CAMPINGPLATZ: *Fuente de la Teja,* Carretera N-111.

RESTAURANTS. – *El Arco,* Zapatería 23; *Casa Garrido,* Vicente Tutor 8; *Mesón Castellano,* Plaza Mayor 2; u. a. – An der Straße N-122: *Cadosa* (6 km östlich).

VERANSTALTUNGEN. – *Fiestas de San Juan* (Juni), Festlichkeiten zu Ehren des hl. Johannes und der Mutter Gottes; Stierkampf, bei dem jede 'cuadrilla' der Stadt einen Stier zum Kampf stellt.

Das am rechten Ufer des Río Duero in einem rauhen Hochtal gelegene Soria ist eine altertümliche Stadt und zugleich Hauptstadt der gleichnamigen Provinz. Sie ist reich an romanischen Baudenkmälern.

GESCHICHTE. – Die Ursprünge der Stadt sind ungewiß. Alfonso el Batallador, König von Aragonien, entriß sie den Arabern, und kurze Zeit später ging Soria in den Besitz des Königreiches Kastilien über. In dieser Stadt lebten und wirkten bedeutende Schriftsteller; hier arbeitete der große Lyriker Antonio Machado (1875–1939).

SEHENSWERTES. – Von den zahlreichen Kirchen, die die Stadt besitzt, ist die Kirche **San Juan de Duero** (13. Jh.) des ehem. Klosters des Templerordens, die außerhalb des Ortes am linken Flußufer steht, besonders beachtenswert; eigenwilliger *Kreuzgang* (romanisch-gotisch) und kleines *Museo Celtibérico*. – Über den Fluß in westlicher Richtung zur Stadt und somit zur Nebenkathedrale *San Pedro* (12./16. Jh.), mit schönem platereskem Portal und romanischem Kreuzgang (12. Jh.), in der Capilla San Saturio ein flämisches Triptychon (1559) mit der Kreuzigung. – Weiter westlich auf der Calle Obispo Agustín zu dem großartigen *Palacio Condes de Gómera,* einem Renaissancebau des 16. Jh., mit elegantem viereckigem Turm. In der Nähe des Palastes das Gotteshaus **San Juan de Rabanera** (12. Jh.) in byzantinisch-romanischem Stil, mit dem aus der Kirche San Nicolás stammenden *Tympanon;* im Innern ein

San Juan de Rabanera in Soria

Retablo von Juan de Baltanás und Francisco de Agreda. – Nördlich hiervon die Kirche **Santo Domingo,** aus der zweiten Hälfte des 12. Jh., mit reichhaltiger romanischer *Fassade;* im Innern ein stattlicher *Retablo* und sehenswerte Skulpturen. – Bei der Plaza General Yagüe das *Museo Numantino,* ein archäologisches Museum, mit iberischen und römischen Funden aus dem nahen Numancia. – Auf der Höhe die Ruinen

des Castillos (schöne Aussicht), mit dem Parador Nacional.

UMGEBUNG. – Die Umgebung von Soria birgt zahlreiche archäologische Funde der keltiberischen und römischen Kultur. 8 km nördlich der Stadt liegen auf einem steilen Hügel die **Ruinen von Numancia,** einer alten befestigten Stadt der Keltiberer, mit einem 17 m hohen Obelisken; historisch bedeutsam durch ihren langjährigen heldenmütigen Widerstand gegen die Römer (133 v.Chr.), der erst mit der Zerstörung der Stadt durch den Konsul P. Cornelius Scipio Aemilianus ein Ende nahm. Ausgrabungen des Erlanger Professors A. Schulten (1905-12).

Nach Agreda. – Man folgt der nach Osten führenden Carretera, die sich nach 5 km gabelt. Danach zieht die N-122 nordöstlich über den *Puerto del Madero* (1140 m) nach dem auf einem Felsen gelegenen
Agreda (950 m; 4000 Einw.), einem alten Grenzstädtchen zwischen Kastilien und Aragonien, mit mannigfaltigen Kunstdenkmälern; vom alten Castillo la Muela überragt. – In der Kirche Nuestra Señora de la Peña gotische Bildtafeln. Kirche San Miguel mit Gemälde aus der Renaissance. Kirche Nuestra Señora de los Milagros (16. Jh.), mit gotischem Retablo (15. Jh.). In der Nähe ein mittelalterlicher Wachtturm.

In Richtung Madrid. – Die Carretera N-111 folgt zunächst dem *Río Duero* und zieht dann über die ziemlich einförmige Hochfläche der *Pinares de Almazán* und auf einer 163 m langen dreizehnbogigen Brücke nach
Almazán (950 m; 5000 Einw.), einem über dem linken Ufer des Río Duero gelegenen Städtchen, mit den Resten seiner alten Mauern und Tore und mehreren ursprünglich romanischen Kirchen; darunter die Kirche San Miguel (unter Denkmalschutz), an der Altarfront Steinreliefs aus dem Märtyrertum des hl. Thomas von Canterbury; ferner Palacio Hurtado de Mendoza (16. Jh.). Weiter nach Süden über *Adradas,* an der *Sierra de Ontalvilla,* und den *Puerto de Radona* (1150 m) nach **Medinaceli** (s. dort).

Die von Soria kommende N-111 mündet bei Medinaceli in die N-II und führt auf ihrer Fortsetzung nach Madrid zunächst über die Paßhöhe der *Cuestas de Esteras* (1150 m) zur Grenze zwischen den Provinzen Soria und Guadalajara.

In Richtung Segovia. – Nachdem die N-122 in westlicher Richtung Soria verlassen hat, zweigt sie nach Südwesten ab, klettert über die Paßhöhe *Altos de Villaciervos* (1200 m) und erreicht das rechts abseitsliegende mittelalterliche Städtchen **Calatañazor,** auf einem Hügel gelegen, mit den alten Stadtmauern, reizvollen Fachwerkbauten und den Resten eines alten Castillos.

Die Straße führt weiter zum südwestlich hiervon gelegenen **El Burgo de Osma** (s. dort). Hinter *San Esteban de Gormaz* überschreitet die N-110 den *Río Duero,* anschließend die Paßhöhe *Altos de Ayllón* (1100 m) und wenig später die Provinzgrenze nach **Segovia** (s. dort; 194 km von Soria).

Tafalla

Provinz: Navarra (NA). – Telefonvorwahl: 948. Höhe: 426 m ü.d.M. – Einwohnerzahl: 8000.
ⓘ **Ayuntamiento** (Rathaus),
Plaza Navarra 7;
Telefon: 700092.

HOTELS. – *Tafala,* Carretera Pamplona-Zaragoza, P II, 30 Z.; ferner i n Olite *Parador Nacional Príncipe de Viana,* II, 48 Z.; Hostal *Castillo,* P III, 8 Z.

RESTAURANT. – *Tubal,* Plaza de Navarra 2, 1. Stock.

VERANSTALTUNGEN. – *Ferias de Ganado* (Februar), mit Landwirtschaftsmesse. – *Patronatsfest* (August), das Hauptfest der Stadt, mit folkloristischen Darbietungen und Jungstierkampf.

Die Stadt Tafalla liegt am Westufer des Río Cidacos, überragt von den hochgelegenen Ruinen eines königlichen Castillo aus dem 14. Jahrhundert.

SEHENSWERTES. – Neben mehreren Palästen besitzt die Stadt einige beachtenswerte Kirchen, darunter die Kirche **Santa María,** ein romanisches Gotteshaus mit einem hervorragenden *Retablo* von Juan de Anchieta (16. Jh.); ferner im *Monasterio de la Oliva* (um 1740) einen Hochaltar des flämischen Künstlers Roland de Moys.

UMGEBUNG. – Östlich an der C-132 (8 km) der Ort **San Martín de Unx,** mit stattlicher Wehrkirche des 12. Jh. – Südlich an der N-121 (6 km) das altertümliche Städtchen **Olite** (s. bei Pamplona).

Talavera de la Reina

Provinz: Toledo (TO). – Telefonvorwahl: 925. Höhe: 351 m ü.d.M. – Einwohnerzahl: 60000.
ⓘ **Ayuntamiento** (Rathaus),
General Primo de Rivera s/n;
Telefon: 805300.

HOTELS. – *Beatriz,* Avda. Madrid 1, II, 161 Z.; *León,* Carretera Extremadura, km 119, II, 30 Z.; *Perales* (garni), Avda. Pío XII 3, III, 65 Z.; *Talavera,* Avda.

Gregorio Ruiz 1, III, 80 Z.; *Auto-Estación,* Avda. de Toledo 1, IV, 40 Z.; Hostal *Edán,* Avda. General Yagüe, P II, 12 Z.; *Sierra* (garni), Ronda del Cañillo 31, P III, 11 Z.

Das schon zur Römerzeit als 'Caesarobriga' bekannte Städtchen Talavera de la Reina liegt am Río Tajo, südlich der Sierra de Gredos; es ist berühmt durch seine Stickereien und Keramiken.

SEHENSWERTES. – Beachtenswert die quadratischen maurischen *Torres Alberranas,* mit dem dreifachen Mauersystem der Araberzeit und den Resten der römischen Ringmauer. – Gotische Kollegiatskirche *Santa María la Mayor* (13./15. Jh.), im Mudéjarstil; mit gotischer Fensterrose. – Im Norden die alte Klosterkirche **Santo Domingo** (14. Jh.), mit interessanter Fassade und Renaissancegrabmälern. – Im Osten der Stadt die Ermita *Virgen del Prado;* Verkleidung der Kapelle mit Talavera-Kacheln des 16./18. Jh., im Innern Retablo von 1571. – Im **Museo Ruiz de Luna** Keramiken des 15./19. Jh. – Über den Río Tajo führt eine Brücke aus dem 15. Jahrhundert, mit 35 Bogen.

Tarazona

Provinz: Zaragoza (Z). – Telefonvorwahl: 976. Höhe: 475 m ü.d.M. – Einwohnerzahl: 12000.
ⓘ **Ayuntamiento** (Rathaus);
Telefon: 640100.

HOTELS. – *Brujas de Becquer* (garni), Carretera N-122, km 44, III, 60 Z.; Hostal *Maria Cristina* (garni), Carretera Castilla 3, P III, 5 Z.

Das Bischofsstädtchen Tarazona liegt malerisch am Río Queiles im Norden der über 2300 m hohen Sierra de Moncayo.

SEHENSWERTES. – Beachtenswerte *Kathedrale (12./13. Jh.), mit schönem Nordportal sowie wertvollen Retablos und Grabmälern; großer *Kreuzgang* im Mudéjarstil des 14. Jh. – *Palacio Episcopal* (Bischöflicher Palast) des 14./15. Jh., einst Palast der aragonesischen Könige; im Innern ist eine Artesonado-Decke beachtenswert. – *Ayuntamiento* (Rathaus) des 16. Jh.; an der Fassade ein Hochrelief. – Ferner kann man noch mehrere alte Kirchen besichtigen; darunter *San Francisco* (16. Jh.), *La Magdalena,* mit Glockenturm im Mudéjarstil, und *La Merced* (17. Jh.).

Tarragona

Provinz: Tarragona (T). – Telefonvorwahl: 977.
Höhe: 60 m ü.d.M. – Einwohnerzahl: 100 000.
ⓘ **Oficina de Turismo,**
Calle Fortuny 4;
Telefon: 23 34 15.
Oficina Municipal de Turismo,
Calle Mayor 39;
Telefon: 23 48 12.

HOTELS. – *Imperial Tarraco,* Rambla Vella 2, I,
170 Z., Sb.; *Astari,* Vía Augusta 95, II, 83 Z., Sb.;
Lauria (garni), Lauria 4, II, 72 Z., Sb.; *Paris* (garni),
Maragall 4, III, 45 Z.; *Sant Jordi* (garni), Vía Augusta
s/n, III, 40 Z.; *España* (garni), Rambla Nova 49, IV,
42 Z.; *Marina* (garni), Vía Augusta 151, IV, 26 Z.;
Nuria, Vía Augusta 217, IV, 61 Z.; *Urbis* (garni),
Reding 20, IV, 58 Z.; Hostal *El Callejón* (garni), Vía
Augusta 213, P III, 18 Z.; u. a. – Mehrere CAMPING-
PLÄTZE.

RESTAURANTS in den Hotels; ferner *Roger de
Lauria,* Rambla Nova 20, 1. Stock; *Iruña,* Cartagena
1, rustikaler Stil; *La Puda,* Muelle Pescadores 25
(Fischspezialitäten, Ausblick zum Hafen); *Club
Náutico,* Muelle de Costa, am Hafen; *Las Palmeras,*
Paseo del Milagro, etwas unterhalb des Balcón Me-
diterráneo; *Mesón del Mar,* Playa Larga (4 km öst-
lich); u. a.

VERANSTALTUNGEN. – *Fiesta de San Magín* (August), Prozession mit dem 'heiligen Wasser' in geschmückten Wagen, folkloristische Darbietungen.
– *Fiesta de Santa Tecla* (September), Fest der
Schutzpatronin, ebenfalls mit Prozession und folkloristischen Veranstaltungen.

WASSERSPORT. – Seebäder an der sich unterhalb
des Balcón del Mediterráneo erstreckenden *Playa
del Milagro* und weiter in nordöstlicher Richtung
über *Rabasada* und *Sabinosa* bis zur *Punta de la
Mora;* in südöstlicher Richtung an der *Playa de la
Pineda* und im benachbarten *Salou.*

**Die weinberühmte alte Hafenstadt Ta-
rragona ist Hauptstadt der gleichnamigen katalanischen Provinz und Sitz eines Erzbischofs. Sie liegt malerisch
etwa 100 km südwestlich von Barcelona auf einem bis 160 m über dem Mittelmeer ansteigenden Hügel, dessen
höchsten Punkt an Stelle der im Altertum hier gelegenen Burg die Kathedrale krönt.**

Dem für diese Region wichtigen Handel
mit Wein aus dem Campo de Tarragona,
der Campiña von Reus und dem Priorato dienen große oberirdische Spei-
cher (bodegas). Die aus der Grande
Chartreuse bei Grenoble vertriebenen
Mönche fabrizierten hier 1903-29 den
vorzüglichen Kartäuserlikör.

GESCHICHTE. – Die Ursprünge der Felsenfeste
'Tarraco' gehen bis ins 3. Jahrtausend v.Chr. zurück. Die ersten Stadtmauern stammen von den iberischen Kessetanern. Nach der Eroberung durch
die Römer im Zweiten Punischen Krieg (218 v.Chr.)

wurde die Stadt Hauptstützpunkt der römischen
Macht in Spanien und seit Augustus Hauptstadt der
ganzen spanischen Provinz. Noch heute zeugen
Reste vieler Prachtbauten vom Reichtum des alten
Tarraco. Später wurde die Stadt mehrfach zerstört,
so von den Westgoten (475), den Mauren (713), die
bis zu Beginn des 8. Jh. hier herrschten, und zuletzt
1811 von den Franzosen.

SEHENSWERTES. – Hauptverkehrs-
straße ist die breite baumbestandene
R a m b l a   N o v a. Am Südende dieser
Straße der ***Balcón del Mediterráneo,**
mit weiter Aussicht auf das Meer und die
Küste. Von hier ziehen sich aussichtsreiche Promenaden hoch über dem
Meer hin, östlich bis zu den Badestränden. Vom Balcón gelangt man über Stufen hinab zum *Bahnhof* und weiter zum
Hafen *(Puerto),* der durch einen 1700 m
langen Damm (Dique de Levante) mit
Leuchtturm geschützt ist. Unterhalb des
Balcón der *Parque del Milagro* (Stadtpark), in dem die 1952 ausgegrabenen
Ruinen des *römischen Amphitheaters*
aus der Zeit des Augustus zu sehen sind.
Östlich der prachtvolle, in Terrassen angelegte P a s e o   d e   l e s   P a l m e r e s. An
seinem Ende links die Einmündung der
R a m b l a   V e l l a, der zweiten Hauptstraße der Stadt, mit der stattlichen Barockkirche *San Agustín* und der Kirche *San
Francisco.*

Von der Mitte der Rambla Vella gelangt
man östlich zu der langgestreckten
P l a z a   d e   l a   F u e n t e, wo der römische
Circus angelegt war, von dem noch
Fundamente und Gewölbe in den an-
grenzenden Häusern erhalten sind. An
der Nordseite des Platzes, steht das am
Anfang des 19. Jh. erbaute **Rathaus**
(Casa Consistorial).

Von der Südseite der Plaza de la Fuente
führen die B a j a d a   d e   l a   M i s e r i c o r-
d i a und die anschließende enge *Calle
Mayor,* im Altertum die Hauptstraße der
Stadt, bergan zur Kathedrale. – Die an
der Stelle eines römischen Jupitertem-
pels und einer Moschee im wesentlichen im 12./13. Jh. erbaute ***Kathedrale**
ist eines der glänzendsten Werke des
sog. Übergangsstils (romanisch-gotisch) in Spanien. An der 1278 begonnenen, oben unvollendeten Westfassade
ein von mächtigen Strebepfeilern einge-
faßtes tiefes gotisches *Giebelportal* mit
reichem Skulpturenschmuck; darüber
eine prachtvolle Fensterrose. Auch die
romanischen Seitenportale sind beachtenswert.

Mon. Santes Creus

Tarragona

200 m

Reus, Lérida
Acueducto Romano

Cristina

Campo
de Marte

Palacio
Arzobispal

Rovita

Avenida

Paseo
Arqueo
lógico

Seminar

Avenida

de

María

Cataluña

Claustro

San Pablo

de

Rambla Nova

Av. Ramón
y Cajal

Av. Pau Casals

Navarra

Avenida

Jardines
de Saavedra

Puerta del
Rosario

Vía del Imperio

Catedral

Necrópolis
Paleocristiana

M. Anido

Rambla Nova

Gobern

Asalto

Rathaus

Pl. J.
Antonio

San
Francisco

S. Francisco

Conde de Rius

Plaza
Fuente

A

Mayor

Mercería

Plaza S.
Antonio

Torre Escipiones

Cañellas

Plaza
Corsini
González

Rambla

S. Agustín

A

Museum

San Antonio

Pal. de
Augusto

B

Barcelona
Arco de Bará

Plaza de Toros

Soler

Reding

Fortuny

D

Hermanos Landa

Méndez
Núñez

Vella

San Agustín

Museo
de Arqueológico

Zaragoza

Com. Rivadulla

Pons

Gerona

Paseo

Vía Augusta

Adriano

Armaña

Icart

Rambla Nova

Laurla

P. de
Palmeres

Parque del
Milagro

Plaza
Prim

Apodaca

Oroslo

Contreras

Gen.

Av. Conde
de Argelejo

Balcón
del Medi-
terráneo

C

Playa de Milagro

Plaza
Pedrera

Bahnhof

Mittelmeer

Pl. dels
Carros

© Baedeker

Hafen

Ibero-römische Mauer	A Zirkusgewölbe	C Amphitheater
Antike Reste (z. T. unterirdisch)	B Antike Gebäudereste	D Forum

Das INNERE der Kathedrale macht einen überaus ernsten Eindruck. Im *Chor* (14. Jh.) ein 1478-93 gearbeitetes Gestühl sowie eine Orgel von 1563. Die reich ausgestatteten Seitenaltäre der Kathedrale stammen aus verschiedenen Stilepochen. Im *Querschiff*, dessen Vierung von einer achteckigen Kuppel überwölbt wird, in den beiden Fensterrosen prächtige Glasmalereien von 1574. – In der *Capilla*

Portal der Kathedrale von Tarragona

Mayor der *Hochaltar mit Statuen der hl. Jungfrau mit dem Kinde sowie der Heiligen Thekla und des Paulus; fein ausgeführte Alabasterreliefs von Johan de Valfogona (1434); rechts vom Hauptaltar das *Grabmal des Erzbischofs Juan de Aragón († 1334). – Am Ende des linken Seitenschiffs die von Wandmalereien geschmückte *Capilla de los Sastres* (14. Jh.), mit einem frühgotischen Marienaltar. Links daneben ist der Zugang zu dem *Kreuzgang (13. Jh.), einem der schönsten in Spanien. – In der Nordostecke das **Diözesanmuseum** mit Bildern, Meßgewändern, 52 *Wandteppichen des 15.-17. Jh. sowie antiken und mittelalterlichen Bildwerken. – In der anstoßenden kleinen Kirche **Santa Tecla** (12. Jh.) die Grabstein- und Skulpturensammlung des Museums.

Unweit nördlich von der Kathedrale steht an der Plaza del Palacio der *Erzbischöfliche Palast* (Palacio Arzobispal), aus dem Anfang des 19. Jh., mit dem alten Festungsturm Torre del Paborde, der auf dem höchsten Punkt der Stadt an der Stelle des römischen Castrums errichtet ist und eine schöne Aussicht bietet. Im Hof des Palastes einige Grabsteine.

Archäologischer Rundgang. – Vom Nordende der Rambla Vella gelangt man auf der Vía del Imperio östlich zu der *Puerta del Rosario* (6. oder 5. Jh. v.Chr.). Von hier zieht der Paseo Arqueológico entlang der gewaltigen ****antiken Mauern** *(Murallas Ciclópeas* = 'Zyklopenmauern')*, die den höchsten Teil der Stadt umgeben und fast ohne Unterbrechung in einer Länge von 1000 m mit 3-10 m Höhe erhalten sind. Die unterste Schicht, der Rest der etwa aus dem 6. Jh.v.Chr. stammenden iberischen Stadtmauer, besteht aus mächtigen unregelmäßigen Werkstücken (bis 4 m lang). Darüber liegt die nach 218 v.Chr. von den Scipionen durch einheimische Werkleute ausgeführte römische Mauer (zahlreiche Quader tragen iberische Steinmetzzeichen), über der sich der Festungsbau aus der Zeit des Augustus erhebt, während die sechs erhaltenen Tore aus der ältesten Zeit stammen. Bei der Puerta del Rosario liegt innerhalb der Mauern an der Plaza Pallol das *Stadtmuseum* (Museo de la Ciudad), mit römischen und mittelalterlichen Altertümern. Westlich der Puerta del Rosario bezeugen die Blöcke in Stampferde die Zeit der maurischen Herrschaft. – Der von Zypressen gesäumte und am Anfang sowie am Ende eine weite Aussicht bietende Paseo Arqueológico führt an einer 1934 von Italien gestifteten Bronzestatue des *Kaisers Augustus,* an der Torre del Paborde sowie am *Priesterseminar* vorbei zum Ostende des Stadthügels. Weiter auf dem Paseo Torroja und dem *Paseo de San Antonio* an der 1757 erbauten *Puerta de San Antonio* vorüber zu dem * **Archäologischen Museum** *(Museo Arqueológico),* das zusammen mit dem anstoßenden *Prätorenpalast* (Pretorio Romano; auch Terreón de Pilatos) eine der bedeutendsten Sammlungen Spaniens von antiken und mittelalterlichen Gegenständen enthält; besonders beachtenswert Mosaikböden und Keramik sowie eine 23 cm große Elfenbeinpuppe des 4. Jh., die einem Kindergrab beigegeben war. – Nordöstlich, an der Straße Santa Ana, das *Museum für moderne Kunst.*

Unweit südwestlich von hier das Südostende der Rambla Vella. – Lohnend ist auch eine Autorundfahrt von der Puerta del Rosario nördlich am Park *Campo de Marte,* mit einem Freilichttheater, vorbei und außen um die Altstadt herum zur Puerta de San Antonio.

Im Westen von Tarragona. – Westlich von der Rambla Nova die Plaza Corsini, in deren Nähe noch Reste von einem römischen *Forum* (Zugang Calle Lérida) und zahlreicher römischer Wohnhäuser zu sehen sind. Sie stammen aus der Zeit, als Tarragona die Hauptstadt der spanischen Provinz war.

Im Westen der Stadt liegt jenseits der *Stierkampfarena* (Plaza de Toros, für 17 500 Zuschauer; von der oberen Galerie prächtige Aussicht) auf dem Gelände einer Tabakfabrik eine **altchristliche Nekropole** (3./6. Jh.), mit dem 1930 erbauten *Altchristlichen Museum,* das Blei- und Marmorsärge, Urnen, Mosaike, Schmuckgegenstände u.a. enthält.

UMGEBUNG. – In der Umgebung von Tarragona gibt es einige besuchenswerte Ziele. – 1½ km nordöstlich von der Puerta del Rosario, am Friedhof vorbei, erhebt sich das zerstörte Fort *Alto del Olivo,* mit prächtiger *Aussicht auf die Stadt und die Küste.

6 km nordwestlich vom Stadtzentrum in Richtung Constantí befindet sich das spätantike **Mausoleum von Centcelles,** ursprünglich wohl Constans, dem Sohn Kaiser Konstantins, gewidmet. Das römisch-frühchristliche Bauwerk, von deutschen Archäologen sorgfältig restauriert, enthält eine gut erhaltene Mosaikkuppel.

Nach Barcelona. – Dem Touristen stehen Autobahn und gute Landstraße zur Verfügung, wobei letztere sich kurz vor der Grenze zur Provinz Barcelona gabelt: auf der N-340 weiter über den Cruz de Ordal oder auf der C-245 die Küste entlang.

Zunächst verläßt man in östlicher Richtung die Stadt, unterwegs schöner Rundblick, dann durch die Küstenzone mit Badestränden und Campingplätzen. Etwa 6 km hinter Tarragona zur Linken das sogenannte **Grabmal der Scipionen** *(Torre de los Escipiones),* ein 8 m hoher viereckiger Bau des 1. Jh. n.Chr.; die Bezugnahme auf die bei Amtorgis gefallenen römischen Feldherren und Brüder Gnaeus und P. Cornelius Scipio ist unbegründet. – 2 km weiter links Abzweigung zu dem *römischen Steinbruch* (Cantera Romana) von *El Medol.*
Durch eine schöne Allee an Zitronengärten entlang; rechts abseits, nahe dem Meer, das altertümliche
Tamarit, mit teilweise erhaltener Stadtmauer des 14. Jh., einer romanischen Kirche und dem Castillo Tamarit (12./13. Jh.; Museum). – Wenig später

Torredembarra (16 m), ein unweit von *Cabo Gros* gelegener Fischer- und Badeort (Umgehungsstraße), mit hohem Kirchturm. Weiter durch fruchtbares Land (Schöpfräder); später umfährt man den schon zuvor sichtbaren
*Arco de Bará, ein 12 m hohes Triumphtor des 2. Jh.n.Chr., das dem reichen Lucius Licinius Sura, einem Freund des römischen Kaisers Trajan, gewidmet war. Nahebei *Roda de Bará,* mit einem *Pueblo Español* am Strand. – Abzweigung rechts zu den vielbesuchten Badestränden von *Comarruga.*

Die N-340 verläßt die Küste und erreicht
Vendrell (50 m; 9000 Einw.), ein hübsch auf einer Anhöhe in einer berühmten Weingegend gelegenes Städtchen, überragt von einem Glockenturm; Geburtsort des spanischen Cellisten Pablo Casals (1876–1973).

Hinter dem Ort gabelt sich die Route nach Barcelona: Küstenstraße der Costas de Garraf; über den Cruz de Ordal (Beschreibungen s. bei Barcelona); beide nach **Barcelona** (s. dort; je 99 km ab Tarragona).

Nach Lérida. – In nördlicher Richtung passiert die N-240 zunächst die Autobahn; 4 km hinter Tarragona ein Fußweg zum
*Römischen Aquädukt *(Acueducto de las Ferreras),* im Volksmund Puente del Diablo, d.h. 'Teufelsbrücke' genannt, der das aus dem *Río Gayá* abgeleitete Wasser über ein Seitental des Francolí führte. Der wahrscheinlich zu Anfang der Kaiserzeit errichtete zweistöckige Bau mit 25 Bogen (unten 73 m, oben 217 m lang) ist eines der stattlichsten römischen Bauwerke in Spanien. Die ganze Länge der Leitung beträgt 35 km.

Römischer Aquädukt bei Tarragona

Die Straße folgt weiter dem Tal des *Río Francolí* nach
Valls (215 m; 13000 Einw.), mit der Pfarrkirche (vielverehrte Madonna 'Nuestra Señora de la Candela'). Abzweigung einer Nebenstraße zum 18 km nördlich gelegenen Zisterzienserkloster
Santes Creus, 1157 gegründet und neben Poblet der bedeutendste Klosterbau Kataloniens; besonders beachtenswert die 1254

vollendete romanische Kirche mit festungsartiger Fassade und achteckiger Vierungskuppel sowie mit den Grabmälern der Könige Pedro III. von Aragonien und Jaime II., ferner der **Neue und Alte Kreuzgang,* der Kapitelsaal, das Dormitorium und der Palacio Real.

Von Valls geht es in Windungen über die *Sierra de Cogulla* und den *Puerto de Lilla* (581 m) nach
Montblanch (310 m; 5000 Einw.), einem Städtchen, mit alten Mauern, Toren und Türmen, einer gotischen Kirche sowie einem Stadtmuseum.

Die N-240 wendet sich nun nach Westen; links abseits der Straße das kleine Radiumbad *Espluga de Francolí.* Von hier lohnender Abstecher zu dem südwestlich (3 km) gelegenen
*Kloster Poblet (Santa María), von Benediktinern 1151 gegründet und im wesentlichen bis zum Ende des 14. Jh. vollendet, Anfang des 19. Jh. z.T. zerstört, seit 1940 von Zisterziensern bewohnt (Führung). Das Kloster ist berühmt als Gruftstätte der aragonesischen Könige und noch heute von größter Wirkung; in der ganz von Mauern umgebenen Anlage hervorzuheben die romanische Kirche mit alabasternem **Hochaltar* (16. Jh.) und dem marmornen Grabmal des Königs Jaimes I. von Aragón (†1276), der frühgotische **Kreuzgang,* der anschließende prächtige Kapitelsaal mit den Grabmälern zahlreicher Äbte, die Bibliothek, das Dormitorium und der aus dem 14./15. Jh. stammende königliche Palast.

Die N-240 führt nun zur *Sierra de la Llena,* wo die Grenze zwischen den Provinzen Tarragona und Lérida überschritten wird. Von hier weiter über *Borjas Blancas* nach **Lérida** (s. dort; 92 km von Tarragona).

Richtung Zaragoza. – Die nach Westen strebende N-420 führt durch die Küstenebene *Campo de Tarragona,* mit ihren Weingärten, Öl-, Mandel- und Nußbäumen, nach **Reus** (s. dort); und von hier weiter kurven- und windungsreich über einige Paßhöhen nach
Falset (362 m; 2500 Einw.), einem in dem schönen Tal am Abhang des Monte Mola (919 m) gelegenen Städtchen, Hauptort des reichen Weinlandes *El Priorato,* mit Resten eines Palastes der Herzöge von Medinaceli und Burgruine.

Durch ein reich bebautes Bergland, rechts die *Sierra de Montsant* (1071 m), zum *Río Ebro,* der hier das Küstengebirge durchbricht. Jenseits des Flusses das Örtchen *Mora de Ebro* (200 m), und weiter auf der N-240 nach
Gandesa (368 m; 3000 Einw.), ein im Bürgerkrieg stark zerstörtes und danach wieder aufgebautes Städtchen. – Ab Gandesa zu-

nächst weiter auf der N-420; dann rechts Abzweigung der nach Nordwesten über Caspe führenden C-221 Richtung Zaragoza; oder Weiterfahrt zur Provinz Teruel und Einmündung in die N-232 und über *Alcañiz* nach **Zaragoza** (s. dort; 238 km von Tarragona).

Küstenfahrt nach Castellón. – Für die Küstenfahrt zum südlichen Teil der *Costa Dorada ('Goldenen Küste') stehen dem Reisenden ab Tarragona zunächst zwei Ausfallstraßen zur Verfügung. Man folgt entweder direkt der N-340 in westlicher Richtung oder der kurzen Autobahn, die die Stadt südwestwärts verläßt und jenseits des Río Francolí weiterführt zum 7 km entfernten **Salóu** (9000 Einw., Hotel Salóu Park, I, 102 Z., Sb.; Cala Font, II, 318 Z., Sb.; Calavíña, II, 70 Z., Sb.; Europa Park, II, 352 Z., Sb.), einem Hafenort und vielbesuchten Seebad an der vom *Cabo Salóu* geschützten Bucht, mit Bungalows, Hotel- und Apartment-Hochhäusern sowie Sporthafen. Von Salóu aus segelte im Jahre 1229 König Jaime I. zur Eroberung Mallorcas.
Ein autobahnähnlicher Zubringer führt von Salóu zu der Straßenkreuzung *Cuatro Carreteras,* wo er in die von Tarragona kommende N-340 einmündet. 6 km nördlich hiervon **Reus** (s. dort). – Man folgt der N-340 nach **Cambrils** (7000 Einw.), einem Fischerdorf mit festungsartigem Kirchturm und dem Badestrand *Cambrils Playa* (Hotel Augustus I, II, 243 Z., Sb.; Centurión Playa, II, 233 Z., Sb.).

Nun in geringer Entfernung vom Meer und an mehreren Campingplätzen vorbei, später durch *Miami Playa* und vorüber an weiteren Stränden nach
Hospitalet del Infante, mit einem ehem. Pilgerhospital, das dicht am Meer liegt.

Bald auf der Höhe das *Castillo de Balaguer;* vorbei an den Fischerdörfern *La Atmella de Mar* und *Ampolla* (beide mit Hotels und Camping) folgt die Straße nun dem Westrand des Ebro-Deltas. Bei *Amposta-Aldea* rechts Abzweigung der C-235 zum 14 km westlich liegenden *Tortosa.* Wenig später erreicht die N-340 jenseits des *Río Ebro* den Ort
Amposta (8 m; 12 000 Einw.), ein Städtchen (Umgehungsstraße), das durch seinen Reis bekannt ist; der Ort liegt an dem zum Reisanbau genutzten sumpfigen *Ebro-Delta* mit seinen unzähligen Kanälen und Teichen, an dessen Spitze der Ebro in zwei Mündungen, der 'Gola del Norte' und der 'Gola del Sur', zwischen denen die Insel Buda liegt, das Meer erreicht (Vogelparadies).

An der Südspitze des Ebro-Deltas erreicht die N-340 den Hafenort San Carlos de la Rápita an dem weiten *Puerto de los Alfaques* ('Sandbank-Hafen') und schließlich die Provinzgrenze bei *Alcanar.* – Weiter über *Torreblanca* nach **Castellón de la Plana** (s. dort; rund 190 km von Tarragona).

Tarrasa

Provinz: Barcelona (B). – Telefonvorwahl: 93. Höhe: 277 m ü.d.M. – Einwohnerzahl: 160 000.
ⓘ **Oficina de Información de Turismo,**
Barcelona,
Gran Vía de les Corts Catalanes 658;
Telefon: 30 17 4 43.

HOTEL. – Hostal *Egara* (garni), Onésimo Redondo 1, P II, 22 Z.

RESTAURANT. – *Burrull-Hostal del Fum*, Carretera de Moncada 19 (August geschl.).

Die Industriestadt Tarrasa liegt in der fruchtbaren Landschaft Vallés am rechten Ufer des Río Palau; sie ist ein Ort mit bedeutender Seidenindustrie, einst Bischofssitz von Egara (gegr. 450).

SEHENSWERTES. – Südöstlich vom Bahnhof auf einem Hügel drei berühmte frühchristliche Kirchen. Kirche ***Santa María,** eine ehem. westgotische Basilika, im 12. Jh. katalanisch-romanisch erweitert, mit Resten eines Mosaiks aus dem 4. Jh.; Kirchenmuseum. Kirche ***San Miguel,** ursprünglich im 6. Jh. als Taufkapelle erbaut, byzantinischer und westgotischer Einfluß, später restauriert; in der Krypta Ausmalungen des 7. Jh. Kirche ***San Pedro,** ursprünglich Begräbniskapelle; mit byzantinischer Apsis, antiken Säulen, romanischem Hauptschiff des 12. Jh., ferner mit westgotischen, romanischen und frühgotischen Fresken sowie prachtvollen Retablos aus dem 15. Jh. von Jaime Huguet, Luis Borrassá, Jaime Cirera und Guillermo Talarn. – *Textilmuseum* mit Sammlungen alter Webstühle etc.

UMGEBUNG von Tarrasa. – In nordöstlicher Richtung auf der C-1415 zum 23 km entfernten *Caldas de Montbuy* (oder *Mombuy*), mit wiederhergestelltem römischen Bad (Thermalquellen).

Teruel

Provinz: Teruel (TE). – Telefonvorwahl: 974. Höhe: 915 m ü.d.M. – Einwohnerzahl: 24 000.
ⓘ **Oficina de Turismo,**
Tomás Nogués 1;
Telefon: 60 22 79.
Servicio Provincial de Turismo,
Tomás Nogués 1;
Telefon: 60 20 62.

HOTELS. – *Parador Nacional*, 2 km außerhalb von Teruel, II, 60 Z.; *Reina Cristina*, Paseo Generalísimo 1, II, 62 Z.; *Civera* (garni), Avda. Sagunto 37, III, 73 Z.;

Goya (garni), Tomás Nogués 4, IV, 24 Z.; Oriente (garni), Avda. de Sagunto 5, IV, 31 Z.; Hostal Utrillas, Ronda Dámaso Torán 23, P III, 41 Z.

Die am Río Turia auf einer von Schluchten umgebenen Höhe gelegene Provinzhauptstadt Teruel, zugleich Bischofssitz, ist iberischen Ursprungs ('Turba'), wurde 218 v.Chr. von den Römern verwüstet und war noch lange nach der 'Reconquista' von Mauren bewohnt; erst 1502 wurde die letzte maurische Moschee geschlossen.

SEHENSWERTES. – Aus der Maurenzeit stammen noch zahlreiche Mudéjar-Bauten und -Türme, die dieser Stadt ihr

Mudéjar-Kirchturm in Teruel

eigenartiges Gepräge geben; ferner gibt es noch viele Reste der mittelalterlichen Befestigungen. – Die **Kathedrale** (16. Jh.) besitzt einen Glockenturm mit Kuppel aus bunten Ziegeln (1538); im Innern ein prächtiger Retablo (1535) auf dem Hauptaltar und in der Sakristei zwei kunstvoll gestaltete 3 m hohe Silbermonstranzen. – Neben den schönen Mudéjar-Türmen der Kirchen San Salvador und San Martín (beide aus dem 12. Jh.) in der Kirche **San Pedro** (13. Jh.) ein schöner Retablo des 16. Jh. und die Glassärge mit den Mumien der von spanischen Dichtern besungenen 'Lieben-den von Teruel' (13. Jh.). – Im Norden der Stadt der Aquädukt **Los Arcos,** 1558 nach römischem Muster erbaut, zugleich Fußgängerbrücke.

UMGEBUNG von Teruel. – Reizvolle Rundfahrt durch das westlich der Stadt gelegene Gebiet der Sierra de Albarracín und Besuch der rund 40 km von Teruel entfernt gelegenen Stadt

Albarracín (1182 m; 2000 Einw.), teilweise noch von Mauern umgeben, mit malerischen Gassen und einer beachtenswerten Kollegiatskirche (im Innern kostbare Brüsseler Wandteppiche aus dem 16. Jh.). Der gesamte Ort steht unter Denkmalschutz. – Südlich der Stadt (4 bzw. 6 km) die Höhlen El Callejón de Plou und Cueva del Navazo (Fahrwege), mit interessanten vorgeschichtlichen Malereien (Jagdszenen).

Nach Valencia. – Die N-234 führt in süd-östlicher Richtung und in zahlreichen Windungen über den Puerto Escandón (1242 m) nach La Puebla de Valverde, mit alten Mauern. Hinter Sarrión (2000 Einw.) erreicht sie schließlich die Provinzgrenze von Castellón; von hier geht es über Barracas (980 m), auf dem gleichnam. Hochplateau, wo das Meer sichtbar wird, bergab durch das fruchtbare Tal des Río Palacia nach

Jérica (490 m; 3000 Einw.), einem alten Städtchen in malerischer Lage am Abhang eines steilen Kalkhügels, mit den Ruinen einer Maurenburg und zwei beachtenswerten Kirchen.

Nach weiteren 11 km und südlich des Stausees Embalse del Regajo kommt man nach **Segorbe** (362 m; 8000 Einw.), dem iberischen bzw. römischen 'Segobriga', einem Bischofsstädtchen in prächtiger Lage zwischen zwei von Burgen gekrönten Hügeln, mit Kathedrale des 15./16. Jh., mehrfach erneuert (im Innern Bilder von Vicente Macip sowie ein gotischer Kreuzgang); in der Kirche San Martín de las Monjas (17. Jh.) eines der besten Bilder von Ribalta ("Christus in der Vorhölle"). In der Umgebung ein römischer Aquädukt.

Die N-234 überschreitet nun die Provinzgrenze von Valencia und mündet südlich von **Sagunto** in die Küstenstraße N-340 der Costa del Azahar nach **Valencia** (s. dort; rund 145 km ab Teruel).

Nach Zaragoza. – Von Teruel strebt die N-234 in nordwestlicher Richtung über Torrelacárcel nach

Monreal del Campo (940 m; 3500 Einw.), einem Ort am Ostfuß der Sierra Menera, in der die reichen Eisenminen Ojos Negros liegen. – Von hier nach Westen Abzweigung der N-211 über Molina de Aragón ggf. weiter nach Madrid.

Weiter auf der N-234 erreicht man das 7 km nördlich von Monreal del Campo entfernt liegende **Caminreal** mit der nach Osten abzweigenden N-211 über den Puerto Minguez (1270 m) nach **Alcañiz** (s. dort).

Die N-234 führt weiter in nördlicher Richtung nach

Calamocha (884 m; 3000 Einw.), einem in einer weiten Ebene gelegenen Städtchen, mit maurischer Burgruine; auf einer Anhöhe die *Ermita de Santa Bárbara.*

Durch das Tal des *Río Jiloca* abwärts geht es über *Báguena,* in einer prächtigen Vega, mit Burgruine in der Nähe, und die Provinzgrenze von Zaragoza nach *Daroca,* und nördlich auf der N-330 nach **Zaragoza** (s. dort; 181 km von Teruel).

Toledo

Provinz: Toledo (TO). – Telefonvorwahl: 925.
Höhe: 529 m ü.d.M. – Einwohnerzahl: 53000.
ⓘ **Oficina de Información de Turismo,**
Puerta de Bisagra;
Telefon: 220843.
Dirección General de Turismo,
Cuesta de Carlos V 10;
Telefon: 210900.

HOTELS. – *Parador Nacional Conde de Orgaz,* 2½ km südöstlich, Paseo de los Cigarrales, I, 57 Z., Sb.; *Alfonso VI* (garni), General Moscardó 2, II, 80 Z.; *Cardenal* (garni), Paseo de Recaredo 24, II, 27 Z.; *Carlos V,* Trastamara 1, II, 55 Z.; *Maria Cristina,* Marqués de Mendigorria 1, II, 43 Z.; *Almazara* (garni), Carretera Toledo – Arges y Guerva, km 3,4, III, 21 Z.; *Maravilla,* Barrio Rey 7, III, 18 Z.; *Imperio* (garni), Cadenas 7, IV, 21 Z.; *Lino,* Santa Justa 9, IV, 12 Z.; u.a. – CAMPINGPLÄTZE: *El Greco, Toledo* und *Circo Romano* (alle drei in unmittelbarer Nachbarschaft der Stadt).

RESTAURANTS in den Hotels, besonders gelobt im *Carlos V;* ferner *Aurelio,* Plaza del Ayuntamiento 8; *La Cubana,* Paseo de la Rosa 2; *Hostal del Cardenal,* Paseo Recaredo 24; *El Mirador,* Nuñez de Arce 11; *Chirón,* Paseo Recaredo 1; *Plácido,* Santo Tomé 6;

Siglo XIX, Cardenal Tavera 10; *Trocadero,* Avda. de la Reconquista 10; *San Antonio,* Avda. de América 6; *Venta de Airez,* Circo Romano 25, nordwestlich außerhalb der Puerta Vieja de Bisagra; u.a.

VERANSTALTUNGEN. – *Semana Santa* (Karwoche), mit feierlichen Prozessionen am Karfreitag und Ostersonntag. – *Fiesta del Olivo* (April), mit Wallfahrt zu der Ermita de la Cabeza (Mora de Toledo); Umzug mit Karossen, Festwagen, folkloristischen Gruppen. – *Maifest* (Mai), mit Wallfahrt zur Ermita der Virgen del Valle. – *Feria* (August), mit Kirmes und Stierkämpfen; großes Feuerwerk.

Die über dem Río Tajo gelegene neukastilische Provinzhauptstadt Toledo, Sitz des Erzbischof-Primas von Spanien, sollte man wegen ihrer prächtigen *Lage, ihres malerischen Stadtbildes und auch wegen ihrer großartigen *Bauwerke auf einer Spanienreise unbedingt besuchen.

Die Stadt liegt auf einer an drei Seiten vom Río Tajo in tiefer Schlucht umflossenen Granithöhe und bietet mit ihrem Kranz gotisch-maurischer Befestigungen, dem hochgelegenen Alcázar und der Kathedrale ein Bild von unvergleichlicher Wirkung.

Der Grundriß der Stadt mit den regellosen engen Straßen und den zahlreichen Sackgassen weist auf die maurische Grundlage zurück. Auch die Häuser mit ihrer geringen Zahl von Fenstern, den vergitterten Erkern und den offenen Innenhöfen lassen den orientalischen Einfluß erkennen, während in christ-

Panorama von Toledo

licher Zeit zahlreiche Kirchen, Klöster und Hospitäler entstanden. So bildet die Stadt im ganzen auf engstem Raum ein einzigartiges Freilichtmuseum altspanischer Geschichte, dessen Baudenkmäler seit 1970 nach und nach restauriert werden. – Toledaner Stahlklingen und Einlegearbeiten in Gold und Silber sind sehr bekannt.

GESCHICHTE. – Toledo, eine der ältesten Städte Spaniens, war einst die Hauptstadt der iberischen Carpetaner und wurde 192 v. Chr. von den Römern erobert, die es 'Toletum' nannten. Unter den Westgoten war die Stadt von 534 bis 712 erneut Hauptstadt und Stätte zahlreicher Konzile. In maurischer Zeit (712–1085) erhielt sie den Namen 'Tolaitola' und war bis 1035 Sitz eines Emirs unter der Oberherrschaft des Kalifen von Córdoba; anschließend selbständiges Königreich, gelangte sie durch Waffenfabrikation, Seiden- und Wollindustrie zu hohem Wohlstand; auch die Wissenschaften fanden eifrige Pflege. Die christlichen Einwohner, Mozaraber genannt (d.h. 'Araberknechte' oder auch 'unechte Araber'), nahmen die arabische Sprache an, die auch späterhin lange Zeit neben dem Spanischen in Gebrauch war und erst 1580 verboten wurde. Im Jahre 1087 wurde die Stadt Residenz der Könige von Kastilien und zugleich kirchlicher Mittelpunkt von ganz Spanien. Mit dem Namen der Kardinal-Erzbischöfe Mendoza, Jiménez, Albornoz u. a. sind die bedeutendsten Ereignisse der damaligen spanischen Geschichte verknüpft. Von hier ging auch der Kampf der Comuneros aus. Erst mit der Verlegung der Residenz nach Madrid durch Philipp II., der 1559–61 wieder in Toledo residierte, verlor die Stadt ihre politische Bedeutung. Im Spanischen Bürgerkrieg (1936–39) wurde Toledo durch die Verteidigung seines Alcázar berühmt.

SEHENSWERTES. – Es ist unmöglich, alle Sehenswürdigkeiten der Stadt aufzuführen und gar in einem einzigen Rundgang zu besuchen. Man wähle daher die dreieckige Plaza de Zocodover (kurz Zoco genannt), den Mittelpunkt des städtischen Verkehrs, als Ausgangspunkt, von dem man südlich zum Alcázar, östlich zum Hospital de Santa Cruz (Museum; u.a. Gemälde El Grecos) und nördlich zu dem nahen Miradero gelangt.

Südwestlich des Platzes führt die belebte Calle del Comercio zum eigentlichen Zentrum der Stadt, der Plaza del Ayuntamiento mit dem *Palacio Arzobispal* (Erzbischöfl. Palais) an ihrer Nordwestseite. An der Südwestseite dieses Platzes das 1618 erbaute **Ayuntamiento** *(Rathaus),* mit zwei stattlichen Ecktürmen und einem schönen Kachelfries von 1595 im Kapitelsaal.

An der Ostseite der Plaza del Ayuntamiento die ****Kathedrale,** das Wahrzei-

Nordturm der Kathedrale von Toledo

chen der Stadt und die 'Catedral Primada' Spaniens, 1227-1493 an Stelle der maurischen Hauptmoschee erbaut und nächst der von Burgos die bedeutendste gotische Kathedrale des Landes. Der 90 m hohe Nordturm (1380-1440; Aussicht) enthält die 1753 gegossene berühmte Glocke 'Campana gorda' (17515 kg). Der Südturm blieb unvollendet und trägt eine Barockkuppel. An der Hauptfassade drei stattliche gotische Portale (1418-50), mit reichem Skulpturen- und Reliefschmuck, das mittlere Portal, die Puerta del Perdón, von Hans dem Deutschen (Juan Alemán). Von den schönen Seitenportalen besonders beachtenswert am Ende des südlichen Querschiffs die 1458-66 in reichstem gotischen Stil erbaute Puerta de los Leones (an der Innenseite *Holzreliefs des 16. Jh., darüber die 'Kaiserorgel' von 1594, mit steinernem Resonanzboden; restauriert); ferner zwei weitere Portale an der Nordseite der Kathedrale zum Kreuzgang hin, von dem man auch (Zugang links vom Nordturm) das Innere betritt.

Das INNERE der Kathedrale (ohne die Capilla de San Ildefonso 110 m lang) ist mit seinen 88 reichgegliederten Bündelpfeilern überaus wirkungsvoll. Die prächtigen *Glasgemälde* stammen aus dem 16. Jh. An der reich vergoldeten *Capilla Mayor eine prächtig verzierte platereske *Reja* von 1548. Der 1504 vollendete riesige *Retablo* aus vergoldetem und bemaltem Lärchenholz stellt in vier Abteilungen übereinander in lebensgroßen Figuren Szenen aus dem Neuen Testament dar; in der Mitte eine prachtvolle pyramidenförmige *Custodia*. Zu beiden Seiten des Hauptaltars alte *Königsgräber* (Sepulcros Reales) von 1289. An der Rückseite der Capilla Mayor, deren Wände mit zahlreichen Heiligenfiguren und Reliefs geschmückt sind, das Grab des Kardinals Diego de Astorga, mit dem *Transparente*, einem mächtigen marmornen Muttergottesaltar, der in eine bemalte und durchbrochene Kuppel übergeht (1722). Am Chor eine *Reja* von 1548 sowie eine aus Walnußholz gefertigte *Sillería* (Gestühl), unten die 'Sillería baja' (1495) mit 54 geschichtlichen Reliefdarstellungen aus dem damals eben beendeten Krieg gegen Granada, oben die 1543 vollendete reich geschnitzte 'Sillería alta', die *Epistelseite (rechts) von Berruguete, die Evangelienseite von Felipe Vigarní. Auf dem im Chor freistehenden Altar die Steinfigur der *Virgen Blanca* (um 1300). – Gleich rechts vom Haupteingang liegt im Südturm die **Capilla Mozárabe** (1504), wo täglich gegen 9.45 Uhr Gottesdienst nach westgotischem (mozarabischem) Ritus stattfindet.

Vom Chorumgang erreicht man die *Sala Capitular* (1512), mit prächtiger Artesonado-Decke, dreizehn Wandgemälden und Bildnissen der Toledaner Erzbischöfe. In der *Capilla de San Ildefonso*, der mittleren Chorkapelle, zahlreiche Grabmäler. Links daneben die *Capilla de Santiago*, in reichem gotischen Stil, mit prachtvollen gotischen Marmorgrabmälern von 1488; besonders reich das Grab des Stifters Álvaro de Luna sowie das seiner Gemahlin. Gleich neben dieser Kapelle der Zugang zu der *Capilla de Reyes Nuevos*, prachtvoll in platereskem Stil ausgestattet. – Links hiervon der Zugang zu der 1592-1616 erbauten **Sacristía**, mit einem kunstvollen Portal; auf dem Altar die ''Entkleidung Christi'' (1579) von El Greco; rechts vom Altar die ''Gefangennahme Christi'' (1788) von Francisco Goya; an den Wänden ferner ein Zyklus von 16 Apostelbildern von El Greco. – Westlich grenzt an die Sakristei das *Ochavo*, ein Achteckraum mit hoher, 1670 von F. Ricci und Carreño ausgemalter Kuppel, die als Relicario dient (etwa 400 Reliquien). Die anschließende *Capilla Virgen del Sagrario* enthält ein kostbar bekleidetes hochverehrtes Standbild der thronenden Jungfrau (um 1200). – In der **Capilla de San Juan** unter dem Nordturm der *Domschatz* (Tesoro mayor). Hauptstück des Schatzes ist die berühmte *Custodia von Enrique de Arfe (1524), fast 3 m hoch und 172 kg schwer, mit 260 Statuetten aus vergoldetem Silber. – An der Nordseite der Kathedrale der 1389 begonnene **Kreuzgang** (*Claustro*). Im 'Claustro bajo' (unterer Kreuzgang) an der Süd- und Ostseite Fresken von Francisco Bayeu und Maella (1776). In der Nordostecke die *Capilla de San Blas* (unzugänglich), mit florentinischen Gewölbemalereien des frühen 15. Jh. In einem Nebenraum des 'Claustro alto' (oberer Kreuzgang), mit Zugang von der Calle Hombre de Palo, die sog. *Gigantones*, etwa 6 m hohe, mit Kleidern des 18. Jh. bekleidete Prozessionsfiguren.

Westlich der Kathedrale, an der Plaza Santo Tomé, die Kirche **Santo Tomé**, ursprünglich eine Moschee, im 14. Jh. durch den Grafen von Orgaz in gotischem Stil umgebaut, mit einem schöner Turm im Mudéjarstil; in einem Kirchenanbau das **''Begräbnis des Grafen von Orgaz''**, ein Hauptwerk von El Greco (1586). – In dem etwas südlich der Kirche liegenden Gebäude *Taller del Moro* ein kleines *Museo de Arte Mudéjar*. – Von der Thomaskirche weiterhin westlich durch die Calle del Ángel zu dem Franziskanerkloster *San Juan de los Reyes,** das 1476 als Gruftstätte für die Katholischen Könige und ihre Nachkommen gegründet, aber erst im 17. Jh. vollendet wurde. An den Außenwänden der 1553 begonnenen Kirche (reiches Hauptportal) viele Fesseln von aus maurischer Gefangenschaft befreiten Christen. Der südöstlich anstoßende *Kreuzgang* (1504) ist eine der glänzendsten Schöpfungen des spätgotischen Stils in Spanien. Von der Terrasse vor dem Hauptportal der Kirche weiter Ausblick. – Nordwestlich der Kirche hinab zu dem 1102 erbauten stattlichen Doppeltor *Puerta del Cambrón* ('Dornbusch'); und weiter nordwestlich unterhalb in der *Vega baja* die Ermita *El Cristo de la Vega* des 4. Jh., die später im Mudéjarstil erneuert wurde.

Südwestlich von der Kirche San Juan und der Puerta del Cambrón gelangt man auf der aussichtsreichen Stadtmauer zum 30 m hohen **Puente de San Martín** (1212; im Jahre 1390 erneuert), der einen großartigen Blick in die Schlucht des Río Tajo bietet.

Südöstlich von San Juan liegt die Kirche *Santa María la Blanca,** im 12./13. Jh. im Mudéjarstil als Synagoge erbaut, seit 1405 christliche Kirche; im Innern prächtige Artesonado-Decke und Kapitelle in Pinienzapfenform mit 28 Hufeisenbogen. – Von der Kirche über die Plaza de la Judería, einst Mittelpunkt des Judenviertels, zu der 1366 im Mudéjarstil erbauten *Sinagoga del Tránsito,* die nach der Vertreibung der Juden (1492) dem Calatrava-Ritterorden übergeben wurde. In den anschließenden Räumen das *Museo Sefardí*, mit einer Sammlung zu Geschichte und Kultur der Juden in Spanien, darunter der Sarcófago de Tarragona mit dreisprachiger Inschrift in Hebräisch, Latein und Griechisch. – Etwas nordöstlich der Synagoge steht die **Casa El Greco**, wo der aus Kreta stammende Maler Domenikos Theotokopulos, genannt 'El Greco', gewohnt hat und 1614 starb; im Innern Möbel und Bildwerke von El Greco u.a. Nördlich hieran anstoßend das **Museo El Greco**, das u.a. 20 Originalgemälde des Meisters enthält, darunter eine Ansicht von Toledo und einen Christus mit

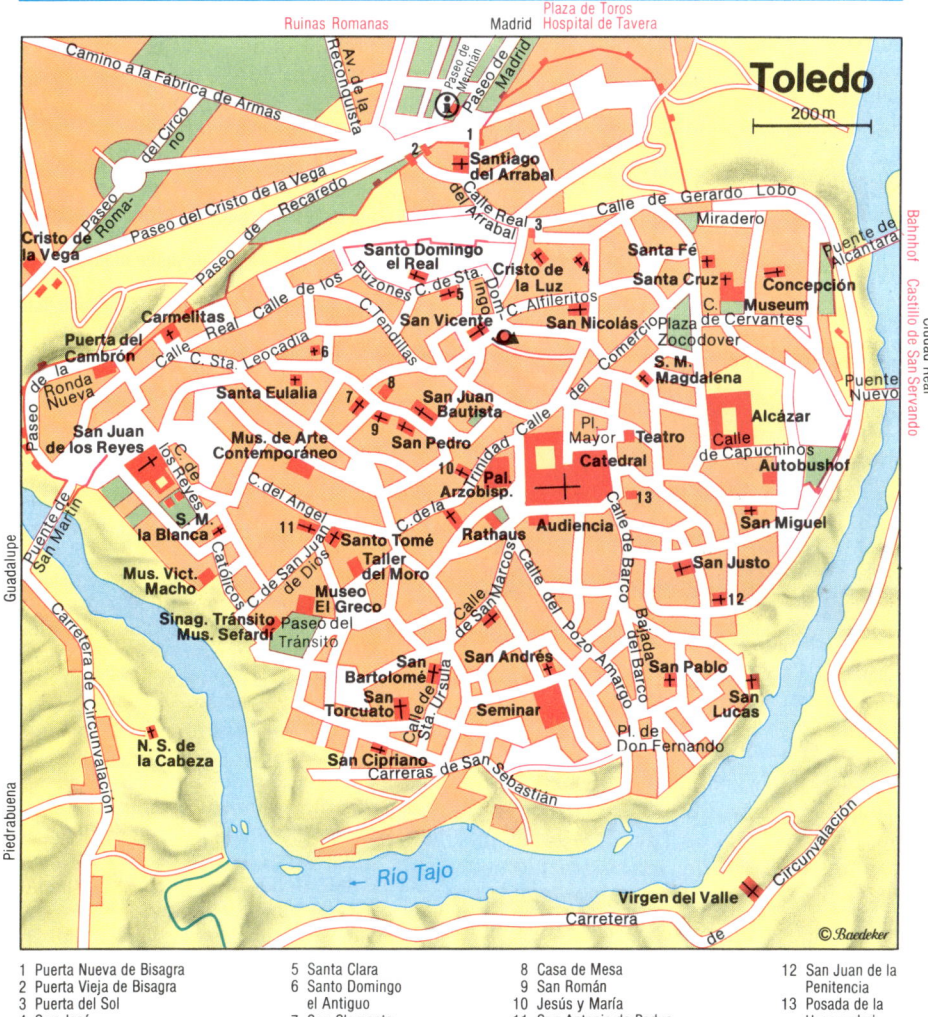

Toledo

200 m

© Baedeker

1 Puerta Nueva de Bisagra
2 Puerta Vieja de Bisagra
3 Puerta del Sol
4 San José

5 Santa Clara
6 Santo Domingo
  el Antiguo
7 San Clemente

8 Casa de Mesa
9 San Román
10 Jesús y María
11 San Antonio de Padua

12 San Juan de la
  Penitencia
13 Posada de la
  Hermandad

den zehn Aposteln. – Südlich der Synagoge der aussichtsreiche Paseo del Tránsito; weiterhin der *Calvario*, hoch über dem Río Tajo.

Nordwestlich der Kathedrale findet man einige beachtenswerte Kirchen der Stadt. Durch die Calle del Nuncio Viejo zur Calle Alfonso X; hier steht die zweitürmige Kirche *San Ildefonso*, mit stattlicher Barockfassade; im Innern zwei Werke von El Greco. Unweit westlich die ehem. Kirche *San Román* (13. Jh.), mit maurischem Turm; das Innere enthält das *Museo Concilios* mit Fresken aus der Bauzeit und einer Sammlung westgotischer Altertümer. Weiter nordwestlich die 1576 vollendete Kirche *Santo Domingo el Antiguo*; an den Altären ebenfalls Bilder von El Greco, der hier bestattet wurde. – Nordöstlich von San Ildefonso steht an der Pla-

zuela de San Vicente die ehem. Kirche *San Vicente*, heute ein *Museum sakraler Kunst*, mit Bildwerken vom 17. Jh. an und liturgischem Gerät. Von hier weiter nordöstlich durch die steile Cuesta del Seminario hinab zu der Ermita **Santo Cristo de la Luz**, einer kleinen ehem. Moschee mit 9 Kuppeln und Säulen aus einer westgotischen Kirche; Chor in christlicher Zeit hinzugefügt, mit Resten von Wandmalereien des 12. Jh. – Unweit unterhalb die *Puerta Cristo de la Luz* und der mächtige zweitürmige Torbau *Puerta del Sol* (14. Jh.), im Mudéjarstil. Zur Rechten der Paseo del Miradero, eine Promenade mit hochgelegener Aussichtsterrasse, von der man bei klarem Wetter bis zur Sierra de Gredos sehen kann.

Von der Puerto del Sol führt die Calle Real del Arrabal in nordwestlicher

Richtung hinab in die Vorstadt ('arra-bal') **Santiago** zu der im Mudéjarstil erbauten Kirche *Santiago del Arrabal,* mit maurischem Glockenturm. Weiter-hin das Doppeltor **Puerta Nueva de Bisagra** (1550 erneuert). Nun südwestlich an der Stadtmauer entlang zu der nahen maurischen *Puerta Vieja de Bisagra (9. Jh.) – Von der Puerta Nueva auf dem

Puerta Vieja de Bisagra

hier beginnenden hübschen **Paseo de Merchán** (Aussicht von der westlichen Allee) zur Vorstadt **Las Covachuelas** mit dem **Hospital de Tavera** (1541), mit plateresker Fassade; im Innern Wohn-räume im Stil des 17. Jh., mit bedeuten-den Bildern von El Greco, Tintoretto, Zurbarán u.a. sowie eine originalgetreu rekonstruierte Apotheke des 16. Jh. (un-zugänglich). In der Kirche unter der Kuppel das Grabmal des Stifters Erzbi-schof Juan de Tavera, von Berruguete (1561; Zutritt auf Anfrage).

Von der Plaza de Zocodover führt süd-lich die **Cuesta del Alcázar** zu dem auf dem höchsten Punkt der Stadt an der Stelle eines römischen Kastells ge-legenen **Alcázar,** der mächtigen ehem. Zitadelle, die seit 1882 als Kriegsschule diente und zu Beginn des Spanischen Bürgerkrieges 68 Tage lang verteidigt wurde; heute wiederhergestellt, mit schönem Arkadenhof (Schauräume mit militärischer Sammlung im Aufbau).

Östlich vom Zocodover gelangt man durch den maurischen *Arco de la Sangre* zum ehem. *Hospital de Santa Cruz,* im 15./16. Jh. von Enrique de Egas im Renaissancestil erbaut, mit beach-tenswertem frühplatereskem Portal; im Innern das **Museo Santa Cruz,** mit prähistorischen, römischen und west-gotischen Ausgrabungsfunden sowie Brüsseler Gobelins und Gemälden, dar-

unter über 20 Bilder von *El Greco, fer-ner von Ribera, Murillo u.a. – Unweit öst-lich unterhalb des Hospitals liegt der den tiefeingeschnittenen Río Tajo über-brückende *Puente de Alcántara (für Kfz gesperrt), ursprünglich ein römi-scher Bau, von den Mauren 866 voll-ständig erneuert, in seiner jetzigen Ge-stalt im wesentlichen aus dem 13./14. Jh. Am Westende der 1484 er-baute Torturm *Puerta de Alcántara,* am Ostende ein Barocktor (1721). Von der Brücke prächtiger Blick auf die steil auf-steigende Stadt mit dem Alcázar. Fluß-abwärts der 1933 erbaute *Puente Nuevo* und Reste des *Acueducto Romano.* Hoch über dem linken Flußufer das im 11. Jh. erbaute *Castillo de San Servan-do,* jetzt Internat (Aussicht).

UMGEBUNG von Toledo. – Außerordentlich lohnend ist eine **Rundfahrt** um die Stadt (6½ km): von der *Puerta del Sol* zur *Puerta de Visagra,* weiter südwestlich auf dem **Paseo de Recaredo** an der *Puerta Vieja de Visagra* und der *Puerta del Cambrón* vorbei zum *Pu-ente de San Martín;* auf diesem über den Río Tajo und hinauf zur Höhe unweit westlich der Ermita **Nuestra Señora de la Cabeza** (präch-tige *Aussicht); weiter links entlang der **Ca-rretera de Circunvalación** auf der aus-sichtsreichen Höhe südlich über dem Tajotal und der Stadt hin zur Ermita **La Virgen del Valle;** dann nördlich in einer Windung hinab zum *Puente Nuevo* (Neue Brücke) und noch etwas weiter am östlichen Flußufer zum *Puente de Alcántara;* von hier zurück zum Puente Nuevo, über den Tajo und an der *Puerta de Alcántara* vorbei sowie durch die Calle Gerardo Lobo wieder zur Puerta del Sol.

Durch die Toledaner Mancha. – Diese klassische 'Ruta de la Mancha Toledana' führt zu zahlreichen Orten einer Landschaft, durch die einst Don Quijote reiste.

Man verläßt Toledo durch die Vorstadt *Las Covachuelas* und folgt der Richtung Madrid führenden N-401 zum 34 km entfernten **Illescas** (588 m; 2000 Einw.), das von der Hauptstraße rechts umgangen wird; in der Kirche des Hospitals La Caridad fünf *Bilder von El Greco.

Etwas nördlich des Ortes verläßt man die N-401 und folgt der nach rechts abzweigen-den Nebenstraße zum nahen *Esquivias,* in dessen Kirche Santa María die Heiratsur-kunde von Cervantes aufbewahrt wird. Wei-ter über **Aranjuez** (s. dort), das auf Madrider Gebiet liegt, erreicht man schließlich **Ocaña** (730 m; 7000 Einw.), ein altes Städt-chen, nur z.T. noch von verfallenen Mauern umgeben, jedoch mit einer glanzvollen Geschichte; außer einer schmucken Plaza Mayor des 18. Jh. besitzt der Ort meherere beachtenswerte Kirchen, darunter San Juan, San Martín und Santa María sowie den Palast der Herzöge von Frías u.a. – Von Ocaña erreicht man auf der nach Südost strebenden N-301 über *Villatobas* (723 m) und den *Río Cigüela* den Ort

Quintanar de la Orden (691 m; 7700 Einw.), ein Städtchen des Santiago-Ordens, in der getreide- und weinreichen Landschaft *La Mancha*, die der Dichter Miguel de Cervantes in seinem Roman "Don Quijote" naturgetreu geschildert hat. Auf einer Nebenstraße zu erreichen das 9 km südlich gelegene Dorf *El Toboso*, die Heimat von Don Quijotes Herzensdame Dulcinea; Museum und Bibliothek.

Von Ocaña folgt die Route der Toledaner Mancha der nach Süden führenden N-IV über die steppenartige Hochebene der neukastilischen Meseta, vorbei an dem auf einer Anhöhe liegenden *La Guardia* (665 m) nach **Templeque** (635 m), einem typischen Ort der Mancha, mit hübscher Plaza Mayor und dem barocken Palacio de las Torres; beachtenswerte gotische Pfarrkirche.

Vorbei an drei typischen Windmühlen erreicht die N-IV **Madridejos** (674 m; 10000 Einw.), ein Städtchen mit niedrigen Häusern. Von hier führt die N-IV über *Puerto Lápice* nach **Manzanares** (s. bei Ciudad Real).

Die Route der Toledaner Mancha folgt von Madridejos der nach Westen führenden C-400 zum 8 km entfernten **Consuegra** (704 m), einst Mittelpunkt des Johanniter-Ordens, überragt von einer Burgruine und dreizehn Windmühlen (*Aussicht); in einer Windmühle befindet sich ein Molino-Museum.

Die C-400 schlägt nun die Nordwest-Richtung ein und zieht an den Montes de Consuegra vorbei nach **Mora** (717 m; 12000 Einw.), Städtchen mit beachtenswerter gotischer Kirche und interessanten römischen Überresten.

Von hier aus auf der C-402 zum 10 km südwestlich gelegenen **Orgaz** (744 m; 4000 Einw.), mit weithin sichtbarer, wuchtiger Burg (14. Jh.), römischer Brücke und typischer Plaza Mayor. – Auf der N-401 zurück nach Toledo.

Route der Burgen. – Toledo ist ein Land der Burgen, und die 'Ruta de los Castillos' bringt den Besucher mit der wehrhaften Vergangenheit dieses Landstrichs in Berührung.

Auf der von Toledo nach Nordwesten ziehenden N-403 überquert man den *Río Guadarrama* und erreicht **Torrijos** (526 m; 5000 Einw.), ein malerisches Städtchen, mit spätgotischer Kirche (schönes platereskes Portal) und dem Palacio de Altamira. – In der Nähe, an der Straße von Toledo, eine Nebenstraße nach *Barcience*, mit besonders hoher gotischer Burg des 15. Jahrhunderts.

Die N-403 erreicht das Straßenkreuz mit der N-V; jenseits hiervon **Maqueda** (483 m), ein altertümliches, archäologisch interessantes Städtchen; beachtenswerte Kirche Santa María (15./16. Jh.) mit geschnitztem Retablo (1554); arabisches *Castillo* mit Zinnen und Mauergängen. – Wenige Kilometer nördlich von Maqueda liegt der Ort *Escalona*, mit den Ruinen eines Alcázar des 15. Jahrhunderts.

Man folgt ab Maqueda der nach Südwesten strebenden N-V über *Santa Olalla* nach **Talavera de la Reina** (s. dort). – Man verbleibt auf der N-V und erreicht **Oropesa** (420 m; 5000 Einw.), eine kleine Stadt mit mittelalterlicher Atmosphäre, bekannt wegen ihrer Stickereien; mit prächtigem Castillo Duques de Frías (14. Jh.), heute Parador Nacional Virrey Toledo (I, 44 Z.), mit schöner Aussicht. – Südlich hiervon der Ort *El Puente del Arzobispo,* mit schöner Capilla Mayor in der Pfarrkirche.

Tolosa

Provinz: Guipúzcoa (SS). – Telefonvorwahl: 943.
Höhe: 79 m ü.d.M. – Einwohnerzahl: 18000.
ⓘ **Centro de Iniciativas Turísticas,**
  Calle San Juan s/n;
  Telefon: 67 40 19.

HOTELS. – Hostal *Atxondo* (garni), Polígono Arkante 8, P III, 5 Z.; *Oyarbide,* Plaza de Gorriti 1, P III, 19 Z.

RESTAURANTS. – *Mesón Idiaquez,* Plaza Idiaquez 1, in einem alten Herrenhaus des 16. Jh.; *Venta Aundi,* an der Carretera N-I, etwa 1½km südlich.

Die Stadt Tolosa, in schöner Lage im grünen Talkessel des Río Oria, in den hier der Río Azpiroz mündet, war von 1844 bis 1854 Hauptstadt der Provinz. Sie besitzt heute eine lebhafte Industrie.

SEHENSWERTES. – In dem von der Durchgangsstraße umgangenen Stadtinnern die beachtenswerte Kirche *Santa María*, über deren Hauptfront eine Kolossalstatue Johannes' des Täufers steht; an der Straße nach Madrid die Kirche *San Francisco* (16. Jh.), mit einem Retablo von Bengoechea; ferner sehenswerte *Armería* (Rüstkammer) des 16. Jahrhunderts.

Tordesillas

Provinz: Valladolid (VA). – Telefonvorwahl: 983. Höhe: 702 m ü.d.M. – Einwohnerzahl: 6000.
(i) Ayuntamiento (Rathaus), Plaza Mayor 1; Telefon: 770061.

HOTELS. – *Parador Nacional*, Carretera N-620, km 153, II, 73 Z.; *El Montico*, Carretera N-620, km 145, II, 34 Z., Sb.; *Jambrina*, Carretera N-122, km 320, IV, 15 Z.

RESTAURANT im *Parador Nacional*, gelobt, in kastilischem Stil.

VERANSTALTUNG. – *Sommerfest* (Juni), typisches Fest, mit folkloristischen Darbietungen.

Der auf einer Anhöhe über dem Río Duero gelegene alte kastilische Markt Tordesillas ist ein bedeutender Straßenknotenpunkt und war einst häufig Aufenthalt der spanischen Könige, Witwensitz Johannas der Wahnsinnigen und Sitz der 'Heiligen Junta' der Comuneros (Bürgeraufstand).

SEHENSWERTES. – In der Kirche *San Antolín*, mit anmutigem Turm, ein beachtenswerter Retablo und ein Grabmal von Gaspar de Tordesillas (1550). – In dem ursprünglich als Königspalast errichteten **Monasterio de Santa Clara** (14./18. Jh.) mehrere im Mudéjarstil erbaute Höfe und eine gotische *Kirche* mit prächtiger Artesonado-Decke und Altar des 15. Jahrhunderts. Im Kloster wurde 1494 der **Vertrag von Tordesillas** zwischen Spanien und Portugal geschlossen, der nach einem Schiedsspruch Papst Alexanders VI. die Einflußsphären der beiden damaligen Kolonialmächte, insbesondere in Südamerika, umriß.

Westportal von Santa María la Mayor

SEHENSWERTES. – Stiftskirche **Santa María la Mayor** (12./13. Jh.), mit schöner Kuppel und großartigen Portalen, darunter der *Pórtico de la Gloria*; im Innern das Gemälde "La Virgen de la Mosca" und reicher Kirchenschatz. – Bemerkenswert ist auch die Kirche *San Lorenzo*, ein Backsteinbau des 12. Jh., mit Grabmälern und einem Retablo von Fernando Gallego. – Das 1316 gegründete Nonnenkloster *Sancti Spiritus* besitzt ein Alabastergrabmal der Beatriz von Portugal, Witwe Juans I. von Kastilien (†1432). – Beachtenswertes Portal des sog. *Palacio de las Leyes* (oder *de las Cortes*), wo im Jahre 1505 die Cortes einberufen wurden. – Sehenswert sind ferner die Stadttore sowie Profanbauten, Kirchen und das Ayuntamiento (Rathaus) von 1778.

Toro

Provinz: Zamora (ZA). – Telefonvorwahl: 988. Höhe: 754 m ü.d.M. – Einwohnerzahl: 10000.
(i) Ayuntamiento (Rathaus), Plaza de España s/n; Telefon: 690100.

HOTELS. – *Juan II*, Plaza del Espolón 1, II, 42 Z., Sb.; Hostal *Doña Elvira*, Antonio Miguelez 47, P III, 19 Z.

Das malerisch auf einem steil zum Río Duero abfallenden Plateau gelegene alte Städtchen Toro ist von fruchtbaren Weingärten und Obstplantagen umgeben. In dem Ort, der 220 v. Chr. von Hannibal erobert wurde, gibt es bedeutende Bauwerke.

Torremolinos

Provinz: Málaga (MA). – Telefonvorwahl: 952. Höhe: 40 m ü.d.M. – Einwohnerzahl: 29000.
(i) Oficina de Información de Turismo, Bajos de la Nogalera 517; Telefon: 381578.

HOTELS (meist am Strand). – *Meliá Torremolinos*, L, 283 Z., Sb.; *Parador Nacional del Golf*, I, 40 Z.; *El Andalus*, I, 164 Z., Sb.; *Cervantes*, I, 393 Z., Sb.; *Don Pablo*, I, 443 Z., Sb.; *Pez Espada*, I, 149 Z., Sb.; *Tropicana*, I, 86 Z., Sb.; *Alta Vista*, II, 107 Z.; *Camino Real*, II, 144 Z., Sb.; *Lago Rojo*, II, 144 Z., Sb.; *Nautilus*, II, 116 Z., Sb.; *Las Palomas*, II, 294 Z., Sb.; *Principe-Sol*, II, 577 Z., Sb.; *Los Arcos*, III, 51 Z., Sb.; *Piscis* (garni), III, 49 Z., Sb.; u.v.a. – Apartment-Hotel *Aloha Puerto-Sol*, I, 418 Z., Sb.; *Meliá Costa del Sol*, I, 540 Z., Sb.; *La Barracuda*, Avda. España s/n, II, 220 Z., Sb.; sowie zahlreiche andere. – CAMPING-PLATZ: *Torremolinos*, Carretera Cádiz, km 235.

RESTAURANTS. – An der Carretera Málaga: *La Parrilla*, Urb. La Colina; *Chez Lucien* (*Casa París*), Carretera Cádiz (französische Küche). – Im Zentrum: *Las Rejas*, Urb. Playamar; *La Chalana*, Paseo Marítimo, Playamar-Lido; *La Tortuga*, San Miguel 14, rustikal; *Chipén*, San Miguel 3; *Cantón*, Plaza de la Gamba Alegre; *Montmartre*, Avda. de Palma de Mallorca; *El Bodegón*, Cauce (französische Küche); *Hong-Kong*, Cauce (chinesisch); *La Taberna Roja*, Cauce; *Saghora*, Carretera de Benalmádena 1, marokkanischer Stil; *Molino de la Torre*, Mirador San Miguel, rustikal, Meeresblick. – In La Carihuela: *Siete Mares*, Galerías Eurosol; *Portofino,* Casa Marco, Playa Montemar, Sonnenterrasse (Meeresfrüchte); *Mesón de la Pimienta,* Bulto; *Prudencio,* Carmen 43, Sonnenterrasse; u.v.a.

VERANSTALTUNGEN. – *Fiesta de San Miguel*, mit typischer Wallfahrt, Volksfest, Stierkampf (September); *Rallye Costa del Sol*, Automobilrennen (Dezember); moderner Kongreß- und Ausstellungspalast.

WASSERSPORT. – Alle Arten des Wassersports, Sport- und Unterwasserfischerei (Verleih von Booten und Ausrüstungen); Segeln.

FREIZEIT und SPORT an Land. – Weinmuseum, Wachsfiguren-Kabinett; ferner Stierkampf, Golf (mehrere Plätze), Tennis, Reitsport, Jagd auf Rebhühner, Hasen und Kaninchen.

Torremolinos ist ein vielbesuchtes, besonders vom organisierten Massentourismus bevorzugtes Seebad an der Küstenstraße N-340, die Málaga mit Algeciras verbindet. Das ausgezeichnete Klima verdankt dieser Badeort mit seinem fast 9 km langen Strand inmitten einer weiten Bucht dem Schutz der Sierra Tejada im Norden und der im Westen aufragenden Sierra Nevada.

Zahlreiche Hotels, Apartment-Hochhäuser und Vergnügungsstätten bestimmen heute das Bild dieses Ortes an der Costa del Sol, der im 19. Jh. aus einer neben den Türmen und Mühlen gegründeten Siedlung hervorging, die Torremolinos den Namen gaben. Das Zentrum des Ortes wird durch das Leben um die alte Straße San Miguel bestimmt, und aus den beiden früheren Fischervierteln *La Carihuela* und *El Bajondilla* wurden inzwischen lebhafte Siedlungsgebiete und Ferienzentren. In der näheren Umgebung von Torremolinos befinden sich zahlreiche Urbanisationen mit Ferienwohnungen.

Tortosa

Provinz: Tarragona (T). – Telefonvorwahl: 977. Höhe: 10 m ü.d.M. – Einwohnerzahl: 46 000.
Oficina Municipal de Turismo, Calle de la Rosa 10; Telefon: 44 19 23.

HOTELS. – *Parador Nacional Castillo de la Zuda,* Castillo de la Zuda, I, 82 Z., Sb.; *Berenguer IV,* Cervantes 23, III, 54 Z.; Hostal *Siboni,* Calle del Angel 6, P III, 35 Z.

RESTAURANTS Im Parador Nacional; ferner *Rosa,* Marqués Bellet 4; *Bodegón Bartolomé,* Lonja 16; *La Rambla,* Rambla Cataluña 66; u.a.

Der Ort Tortosa ist eine alte Bischofsstadt am Río Ebro, zwischen hohen Bergen gelegen. Durch die C-235 wird er mit der etwa 15 km entfernten Küstenstraße N-340 entlang der *Costa Dorada ('Goldenen Küste') verbunden.

SEHENSWERTES. – Gotische **Kathedrale** (1347), mit maurischem Turm, Chorgestühl von 1588 und Kreuzgang aus dem 14. Jahrhundert. – Weitere beachtenswerte *Kirchen*, der *Bischofspalast* (14. Jh.) und stattliche *Paläste* aus dem 15./16. Jh., ansehnliche Reste der alten Mauern, ferner hochgelegene Ruine einer Burg. – Das aus dem 16. Jahrhundert stammende Kloster *San Luis* besitzt einen schönen Innenhof.

Trujillo

Provinz: Cáceres (CC). – Telefonvorwahl: 927.
Höhe: 485 m ü.d.M. – Einwohnerzahl: 15 000.
ⓘ **Oficina Municipal de Turismo,**
Plaza de España s/n;
Telefon: 32 06 53.

HOTELS. – *Parador Nacional de Trujillo,* Plaza Santa Clara, I, 46 Z., Sb.; *Las Cigüeñas,* Carretera N-V, 1
km nordöstlich, III, 78 Z.; Hostal *Emilia,* General
Mola 26, P III, 29 Z.; *La Estación* (garni), Carretera
N-V, km 252, P III, 28 Z.; u.a.

RESTAURANTS in den Hotels Parador Nacional
und Las Cigüeñas; ferner *Mesón Pillete,* Plaza
Mayor; *El Túnel,* General Mola; *Figón Luciano,*
Sillería 8; u.a.

VERANSTALTUNGEN. – *Domingo de Gloria* (April),
zur Zeit des Osterfestes. – *Fiesta de la Patrona*
(September).

**Die von einem maurischen Castillo
überragte alte Stadt Trujillo hat noch
viel von ihrem Charakter einer Stadt
der Konquistadoren bis in die Gegenwart bewahrt.**

GESCHICHTE. – Aus dem römischen 'Turgalium'
hervorgegangen, ist Trujillo die Stadt, in der 1475
der Eroberer von Peru, Francisco Pizarro, zur Welt
kam; hier wurden aber auch weitere Eroberer geboren, die ihre Schätze in dieser Stadt zur Errichtung
großer Paläste verwendeten.

Trujillo

SEHENSWERTES. – Mittelpunkt der Altstadt ist die Plaza Mayor, mit einem
Reiterstandbild Pizarros, umgeben von
dem *Palacio Marqueses de la Conqui-
sta,* einem plateresken Bau, mit großem
Wappen und kunstvoll vergitterten Fenstern; dem *Palacio Duques de San Carlos,* einem Renaissancebau mit zwei-
stöckigem Patio; dem *Palacio de Santa
María* (16. Jh.); der *Casa Piedras Albas*
u.a. – In der gotischen Hauptkirche **Santa María la Mayor** (13. Jh.) das Grabmal
des 1466 in Trujillo geborenen Diego
García de Paredes, des 'Simson von

Estremadura'. – In der Kirche *Santiago*
eine Statue des hl. Jakobus, des Schutzheiligen der Stadt, und ein gotischer
Retablo. – In der Stadt viele weitere
Adelspaläste, teils mit wappengeschmückten Portalen. Unweit der Stadt
ein altes *Hieronymitenkloster* mit hohem Glockenturm.

Tudela

Provinz: Navarra (NS). – Telefonvorwahl: 948.
Höhe: 275 m ü.d.M. – Einwohnerzahl: 20 000.
ⓘ **Oficina de Información de Turismo,**
Plaza de los Fueros;
Telefon: 82 15 39.

HOTELS. – *Santamaria,* San Marcial 14, III, 51 Z.;
Hostal *De Tudela,* Carretera N-232, P I, 16 Z.; *Navarra,* Avda. Zaragoza 29, P II, 39 Z.; *Remigio,* Gaztam-
bide 4, P II, 39 Z.; u.a.

VERANSTALTUNGEN. – *Fiestas de Santa Ana* (Juli),
mit Stierkampf, sportlichen und folkloristischen
Darbietungen.

**Das am rechten Ufer des Río Ebro gele-
gene Tudela ist eine altertümliche Bischofsstadt, die im Laufe ihrer vielhun-
dertjährigen Geschichte mehrmals erobert und geplündert wurde.**

SEHENSWERTES. – Neben zahlreichen
Palästen und Kirchen ragt als bedeutendstes Bauwerk die **Kathedrale**
(1135–68) hervor, mit schönem *Westportal* (großartige Figurengruppe); im
Innern ein Gemälde von Diego Ortiz aus
Oviedo (1489–94) und Reste romanischer Wandmalereien, ferner mehrere
Kapellen mit hervorragenden Retablos.
– Sehenswert auch die *Kirche de la
Magdalena* (13./16. Jh.), mit Portal des
12. Jh.; im Innern ein bemerkenswerter
Retablo des 16. Jh. – Kirche *San Nicolás*
(12. Jh.), ein Backsteinbau mit romanischem Portal; im Innern Grab des Königs Sancho el Fuerte († 1234).

Túy

Provinz: Pontevedra (PO). – Telefonvorwahl: 986.
Höhe: 45 m ü.d.M. – Einwohnerzahl: 13 000.
ⓘ **Oficina de Información de Turismo,**
Puente de Tripes;
Telefon: 60 17 85.

HOTELS. – *Parador Nacional San Telmo,* Carretera
de Túy (1 km), II, 16 Z.; Hostal *Generosa,* P III, 16 Z.

VERANSTALTUNGEN. – *Fiesta de San Telmo*
(April). – *Fiesta de San Julián* (Juli)

Die malerisch auf einem Hügel über dem rechten Ufer des Río Miño (portugies. Minho) gelegene alte spanische Grenzstadt Túy ist Sitz eines Bischofs. Hier stand schon zur Römerzeit ein Kastell ('Tude'), und im 8. Jh. war die Stadt gotische Königsresidenz.

SEHENSWERTES. – Die Stadt wird überragt von einer festungsartigen **Kathedrale** des 11./13. Jh., romanisch begonnen, später mehrmals verändert; Vorhalle mit gotischem *Hauptportal* (14. Jh.); im Innern mehrere Grabmäler, Chorgestühl mit interessanten Schnitzarbeiten und ein Kreuzgang des 14./15. Jh. – Túy besitzt mehrere weitere beachtenswerte Gotteshäuser.

Südlich von Túy befindet sich die spanische Grenzstelle für Paß- und Zollkontrolle; dahinter die 333 m lange Eisengitterbrücke über den die spanisch-portugiesische Grenze bildenden *Río Miño* (portug. *Rio Minho*).

Úbeda

Provinz: Jaén (J). – Telefonvorwahl: 953. Höhe: 757 m ü.d.M. – Einwohnerzahl: 30000.
ⓘ **Oficina de Información de Turismo,**
   Plaza de los Caídos;
   Telefon: 750897.

HOTELS. – *Parador Nacional Condestable Dávalos,* II, 26 Z.; *Consuelo* (garni), III, 39 Z.; Hostal *La Paz* (garni), P II, 53 Z.; *Casa Castillo,* P III, 24 Z.

RESTAURANT. – *Mesón Pintor,* V. de Guadalupe 4.

Das Renaissance-Städtchen Úbeda, von ausgedehnten Olivenpflanzungen umgeben und unweit des oberen Río Guadalquivir gelegen, hat sich seinen altiberischen Namen bewahrt. Wegen seiner zahlreichen Baudenkmäler wird es auch das 'andalusische Salamanca' genannt.

SEHENSWERTES. – Renaissancekirche **El Salvador,** im 16. Jh. nach den Plänen von Diego de Siloe erbaut; am Hauptaltar ein Retablo "Die Verklärung" von Alonso Berruguete; ferner Altäre der flämischen Schule. – An der hübschen Plaza de Vázquez de Molina die Kirche **Santa María,** aus dem 13. Jh., später umgestaltet; im Innern reiche gotische Kapellen und ein beachtenswertes Chorgitter von Maestro Bartolomé (16. Jh.). – Kirche **San Pablo,** im Norden der Stadt, ein Bau aus der Zeit der Reconquista, mit Apsis von 1380 und interessantem in die Wand eingelassenen Brunnen von 1559. – *Palacio de las Cadenas,* heute Rathaus und Staatsarchiv. – *Palacio Marqués de Mancera,* einst im Besitz des Vizekönigs von Peru; und weitere Paläste, ferner Reste der alten Wehrmauer mit Türmen.

UMGEBUNG von Úbeda. – 8 km nordöstlich das reizvolle **Sabiote,** mit großem arabischem Kastell und einer Kirche (16. Jh.), einem Werk von Vandaelvira; ferner ein Kloster der Karmeliterinnen. – 9 km südwestlich die altertümliche Stadt **Baeza** (s. dort). – 50 km südöstlich über *Peal de Becerro* erreicht man den typischen Bergort **Cazorla** (790 m; 14000 Einw.), Ausgangspunkt für Bergtouren in die *Sierra de Cazorla* (Parador Nacional el Adelantado, II, 33 Z.), einen Gebirgszug von fast 20 km Breite und rund 70 km Länge, mit dem Naturpark *Coto Nacional de Cazorla.* – Im Süden von Cazorla das typische andalusische Dorf *Quesada,* mit Zabaleta-Museum (vollständigste Sammlung von Werken dieses Malers). – Nördlich von Cazorla das Dorf *La Truela,* mit einer über dem Abgrund hängenden Burg.

Valencia

Provinz: Valencia (V). – Telefonvorwahl: 96. Höhe: Meereshöhe. – Einwohnerzahl: 752000.
ⓘ **Oficina de Información de Turismo,**
   Plaza del País Valenciano 1 (Rathaus),
   Telefon: 3510417;
   Calle de la Paz 46,
   Telefon: 352287.
   Asociación Provincial de Promoción del Turismo,
   Gregorio Mayans 3;
   Telefon: 3341602.

HOTELS. – *Astoria Palace,* Plaza Rodrigo Botet 5, I, 208 Z.; *Dimar* (garni), Gran Via Marqués del Turia 80, I, 95 Z.; *Reina Victoria,* Barcas 4, I, 92 Z.; *Rey Don Jaime,* Avda. Baleares 2, I, 314 Z., Sb.; *Excelsior* (garni), Barcelonina 5, II, 65 Z.; *Expo Hotel,* Avda. Pio XII 4, II, 396 Z., Sb.; *Feria Sol,* Avda. de Feria 2, II, 136 Z.; *Inglés,* Marqués de Dos Aguas 6, II, 62 Z.; *Lehos* (garni), General Urrutia s/n, II, 104 Z., Sb.; *Llar* (garni), Colón 46, II, 50 Z.; *Metropol* (garni), Játiva 23, II, 108 Z.; *Oltra* (garni), Plaza del Pais Valenciano 4, II, 93 Z.; *Recati,* Carretera Valencia-Oliva, km 18, II, 44 Z., Sb.; *Renasa* (garni), Avda. Cataluña 5, II, 73 Z.; *Sorolla* (garni), Convento Santa Clara 5, II, 50 Z.; *Bristol* (garni), Abadía San Martín 3, III, 40 Z.; *Continental* (garni), Correos 8, III, 43 Z.; *La Marcelina* (garni), Playa de Levante 72, III, 40 Z.; *Patilla* (garni), Pinares 10, II, 28 Z.; *Alcázar,* Mesón Femades 11, IV, 18 Z.; *Europa,* Ribera 4, IV, 81 Z.; *Internacional* (garni), Bailén 8, IV, 55 Z.; *La Pepica* (garni), Avda. de Neptuno 2, IV, 53 Z.; *Valencia* (garni), Convento San Francisco 7, IV, 59 Z.; Hostal *Florida* (garni), Padilla 4, P I, 45 Z.; *Londres* (garni), Barcelonina 1, P I, 57 Z.; *Mediterráneo,* Avda. Barón de Cárcer 45, P I, 30 Z.; u.v.a. – CAMPINGPLÄTZE:

Voramar, in Meliana, 6 km nördlich; *El Saler* und *Valencia,* beide 8 km südlich; weitere Plätze südlich der Stadt an der Carretera Alicante.

RESTAURANTS in den meisten Hotels; ferner **Los Viveros,* Jardines del Real; **Les Graelles,* Plaza Galicia 10; *La Hacienda,* Avda. de Navarro Reverter 12; *Mesón del Marisquero,* Félix Pizcueta 7; *Siona,* Pizarro 9; u.a. – An der Playa de Levante: *Las Arenas;* u.a.

VERANSTALTUNGEN. – **Fallas** (März), Fest zu Ehren des San José, zugleich Frühlingsfest, an dem große Aufbauten ('fallas') mit Stoff- und Pappfiguren ('ninots') in den Straßen errichtet und am letzten Tag um Mitternacht verbrannt werden. – Fest der

Fallas in Valencia

Verbrennen der Figuren

Virgen de los Desamparados (Mai) und *Fronleichnam,* beide mit Prozessionen. – *Feria de San Jaime* (Juli), mit Stierkämpfen, einem Dichterwettbewerb im Teatro Principal und einer 'Blumenschlacht' ('juegos florales') auf der Alameda als Abschluß. – Das Jahr über zahlreiche Messen und die *Iberflora* (Herbst).

Spielkasino: *Casino Monte Picayo* in Puzol.

WASSERSPORT. – Mehrere Badestrände in unmittelbarer Umgebung der Stadt, durch Autobusse zu erreichen; die *Playa de Levante,* links vom Hafen, mit dem Balneario 'Las Arenas'; die *Playa de la Malvarrosa,* an die Playa de Levante anschließend, mit Ausflugslokalen; die *Playa de Nazaret,* rechts vom Hafen, mit dem Balneario 'Benimar' und Ausflugslokalen; weitere Strände. Valencia besitzt einen Club Náutico.

FREIZEIT und SPORT an Land. – Jagen und Fischen in La Albufera; ferner Golf, Tennis, Reiten, Schießen; Stierkampf; Wanderungen.

SCHIFFSVERKEHR. – Autofähren zu den Balearen (Ibiza; Palma de Mallorca). – Auskünfte: Compañia Trasmediterránea, Avenida Manuel Soto 15, und Estación Marítima (Hafen).

Die alte Hauptstadt des Königreichs Valencia, jetzt Provinzhauptstadt und drittgrößte Stadt Spaniens, ist Sitz eines Erzbischofs und einer Universität; sie liegt unweit vom Mittelmeer in der fruchtbaren Huerta de Valencia am rechten Ufer und auf dem Schwemmland des Río Turia, des Guadalaviar ('weißer Fluß') der Araber.

Die Stadt bietet mit ihren belebten, von den bunten Azulejoskuppeln vieler Kirchen überragten Straßen ein typisches Bild südlichen Lebens, das schon im Altertum als 'ein auf die Erde gefallenes Stück Himmel' bezeichnet wurde. – Das Klima ist ungemein mild und vorherrschend trocken. Der 4 km östlich von der Stadtmitte gelegene Hafen *El Grao* dient vor allem der bedeutenden Ausfuhr landwirtschaftlicher Produkte (Orangen, Wein, Rosinen, Öl und Reis), welche die Huerta liefert. Mit den weitläufigen Außenvierteln ist Valencia heute eine moderne und weltzugewandte Großstadt.

GESCHICHTE. – Eine griechische Gründung, wurde Valencia später karthagisch und im 2. Jh. v. Chr. als *Valentia* römische Kolonie, die unter Augustus zu hoher Blüte gelangte. Im Jahre 413 n. Chr. kam die Stadt an die Westgoten, 714 an die Mauren, die sie Medîna-bû-tarab ('Stadt der Freude') nannten. Nach dem Verfall des Kalifats von Córdoba wurde Valencia 1021 mit dem ganzen Küstenland ein selbständiges Königreich, das 1092 den Almoraviden zufiel. Unter El Cid wurde die Stadt 1094 von den Christen erobert, doch kam sie 1102 erneut in die Hände der Mauren und wurde unter Muhammed Ibn Saîd Hauptstadt eines maurischen Reiches, bis sie 1238 Jakob I. von Aragón (Jaime el Conquistador) zurückeroberte. – 1702 verlor das Königreich seine Sonderrechte. – Von 1936 bis 1937 Sitz der republikanischen Regierung.

SEHENSWERTES. – Mittelpunkt des Verkehrs und des öffentlichen Lebens ist die langgestreckte Plaza del País

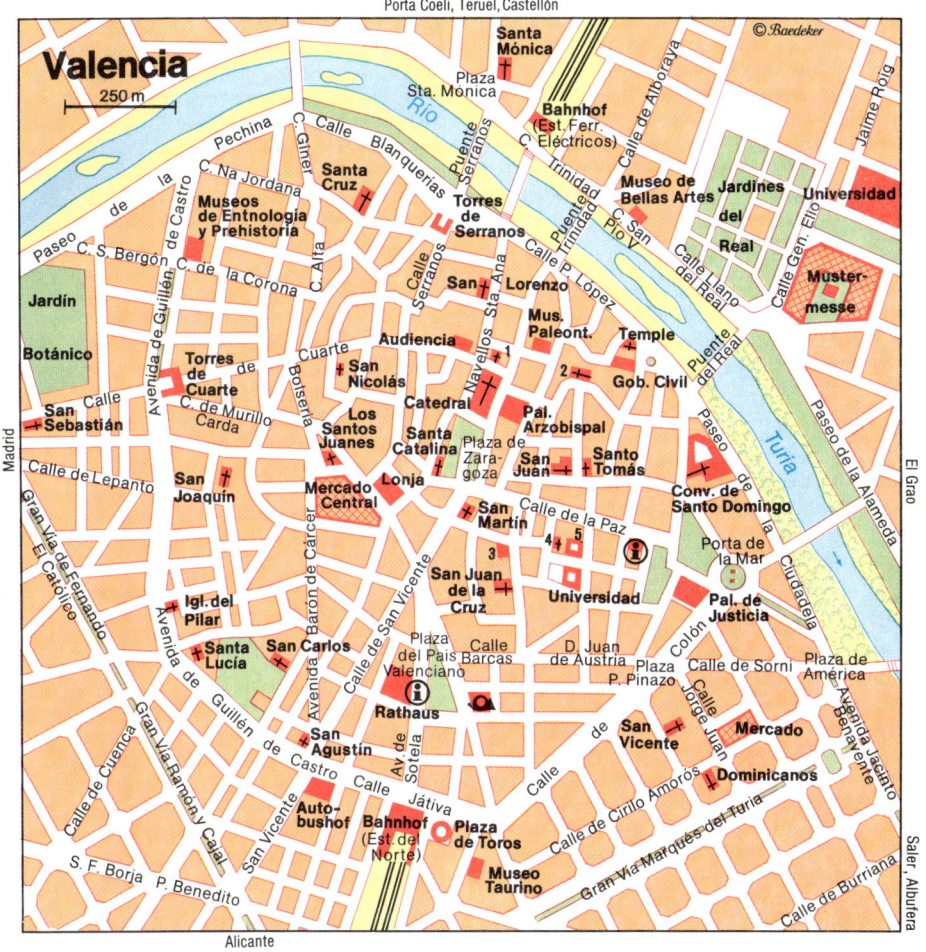

Porta Coeli, Teruel, Castellón

1 Nuestra Señora de los Desamparados 2 San Esteban 3 Palacio del Marqués Dos Aguas 4 Corpus Christi 5 Colegio del Patriarca

Valenciano mit einem Springbrunnen, umgeben von Hotels, Cafés und Geschäftshäusern. An der Westseite des **Ayuntamiento** *(Rathaus,* auch *Palacio Consistorial* genannt), mit der *Stadtbibliothek* und dem *Museo Histórico Municipal* (Gemälde, wertvolle Büchersammlung u.a.). Im Untergeschoß befindet sich auch eine der Informationsstellen. Unweit südlich, an der breiten Ringstraße, die *Estación del Norte,* östlich daneben die *Plaza de Toros,* mit 18000 Plätzen einer der größten Stierkampfarenen Spaniens, der ein interessantes *Museo Taurino* (Stierkampfmuseum) angeschlossen ist.

An der Nordspitze des Plaza del País Valenciano kreuzt man bei einem hohen Geschäftshaus die Calle San Vicente, die besonders in ihrem nördlichen Teil sehr belebte Hauptstraße der Stadt.

Von der obigen Kreuzung gelangt man halblinks durch die neu angelegte Calle María Cristina zu der belebten langgestreckten Plaza del Mercado (Tiefgarage), früher Schauplatz von Turnieren und Festen. Hier links der 1928 vollendete *Mercado Central* (Zentralmarkt), reich mit Azulejos ausgestattet, etwa 1300 Verkaufsstände. Nahebei die Kirche *Los Santos Juanes* (1368), mit schöner Fassade und einem Deckengemälde von A. Palomino, beides um 1700. An der Nordseite des Platzes die ***Lonja de la Seda** (*Seidenbörse*), ein 1498 an Stelle eines maurischen Alcázar fertiggestellter prächtiger spätgotischer Bau, mit besonders reichen Portalen und Fensterdekorationen sowie schönen Wasserspeiern (gárgolas); im Innern der sehenswerte Börsensaal mit reichem Sterngewölbe, von spiralartig gewundenen Säulen getragen; vom Saal lohnende Besteigung des Turms (144 Stufen). – Nördlich der Plaza del Mercado steht die Kirche **San Nicolás**, an der Stelle einer Moschee, mit beachtenswerten Fresken und Bildern.

Die Calle San Vicente mündet nördlich auf die in jüngster Zeit stark erweiterte Plaza de Zaragoza, den Mittelpunkt der Altstadt. Zur Linken die Kirche *Santa Catalina,* ein gotischer Bau mit reich verziertem sechseckigen Glockenturm. Nördlich des Platzes die *Kathedrale (La Seo),* ein 1262-1482 an Stelle einer Moschee errichteter, äußerlich überwiegend gotischer stattlicher Kirchenbau, mit barocker Fassade. An der Südwestecke der Kirche der 68 m hohe, unvollendet gebliebene Glockenturm *Torre del Miguelete* (oder *Micalet*), mit der gleichnamigen, am Michaelstag getauften Wasserglocke, deren Klang früher die Bewässerung der Huerta regelte; von der Aussichtsplattform (50 m, 207 Stufen; Zugang vom linken Seitenschiff der Kathedrale) prächtiger Blick. Am östlichen Querschiff die romanische *Puerta del Palau*, am westlichen die mit Skulpturen geschmückte gotische *Puerta de los Apóstoles*, darüber eine Fensterrose des 14. Jahrhunderts.

In Valencia

Das INNERE der Kathedrale (98 m lang), im 18. Jh. vollständig erneuert, enthält zahlreiche kostbare Gemälde, so u.a. von Goya und Palomino. – Im Chor ein schönes Gestühl (16. Jh.). Über der Vierung eine mächtige achteckige Kuppel (Cimborio). – In der **Capilla Mayor** ein prachtvoller Hochaltar des 15. Jh., mit beachtenswerten, 1509 von zwei Leonardo-Schülern gemalten Flügelbildern. – In der 1482 vollendeten *Sala Capitular* eine wertvolle Gemäldesammlung, u.a. mit Werken von Ribera und Macip. – Vom rechten Seitenschiff betritt man die *Capilla del Santo Cáliz, den 1369 erbauten alten Kapitelsaal, mit gotischem Sterngewölbe; die Kapelle birgt den mit Rubinen und Perlen geschmückten *Santo Cáliz* (Heiliger Kelch), der als Kelch des letzten Abendmahls gilt und bis zum 15. Jh. in dem Pyrenäenkloster San Juan de la Peña aufbewahrt wurde. – Im **Kathedralmuseum** Gemälde von Zurbarán, Juan de Juanes, Goya u.a.

An der Nordseite der Kathedrale die mit ihr durch einen Bogen verbundene *Capilla de Nuestra Señora de los Desamparados* ('der Obdachlosen'), 1667 erbaut; am Hauptaltar ein geschnitztes Marienbild von 1416, die vielverehrte 'Sagrada Imagen', Schutzpatronin Valencias. – Nordöstlich der Kapelle, in dem ehem. Kornhaus Almudín, das *Museo Paleontológico* (Paläontologisches Museum), mit einer Sammlung urweltlicher Tierreste aus Südamerika.

Unweit nordwestlich der Kathedrale liegt in der Calle de Caballeros der **Palacio de la Generalidad** (*Audiencia*), das 1510–79 errichtete ehem. Abgeordnetenhaus des Königreiches Valencia, heute Diputación Provincial; im ersten Stock der *Salón de Cortes* (Sitzungssaal) und die *Sala Dorada,* mit prächtigen Artesonado-Holzdecken.

Am Nordrand der Innenstadt erheben sich die *Torres de Serranos,* das alte nördliche Stadttor, 1398 auf römischen Grundmauern erbaut, 1930 wiederhergestellt; von den mächtigen Türmen lohnender Blick. Nördlich vom Tor der über den meist trockenen Río Turia führende *Puente de Serranos;* am jenseitigen Ufer die Kirche *Santa Mónica.*

Die Calle de Caballeros führt mit ihrer Fortsetzung, der Calle de Cuarte, westlich zu den **Torres de Cuarte** (auch 'Puerta de Cuarte' genannt), einer 1440–90 errichteten Anlage ähnlich jener des Serranotores. Von hier weiter über die Ringstraße zum nahen *Jardín Botanico,* dem Botanischen Garten, der Tausende von Pflanzenarten enthält; von der subtropischen Flora hervorzuheben die *Polygala grandiflora* und *speciosa,* mit violetten Blüten (März). – Nordwestlich, an der Calle de la Corona, die *Museos de Etnología y Prehistoria.*

Südlich der Plaza de Zaragoza, an der Calle San Vicente, die gotische Kirche *San Martín* (1372), mit bronzener Reiterstatue des San Martín über dem Portal. Unweit östlich hiervon der im 18. Jh. erbaute stattliche *Palacio del Marqués de Dos Aguas,* mit einem figurenreichen Alabasterportal von Ignacio Vergara; im Innern das besuchenswerte *Museo Nacional de Cerámica,* das erste Keramikmuseum Spaniens, mit über 5000 Stükken der traditionellen volkstümlichen Töpferkunst, hauptsächlich aus Valencia und Umgebung (Azulejos, Fayencen, auch moderne Arbeiten von Benlliure und Picasso). – Südlich vom Palast die Kirche *San Andrés;* 1686 an Stelle einer Moschee erbaut, enthält sie zahlreiche Gemälde valencianischer Meister sowie handgemalte Azulejos aus Manises. – Von der Kirche gelangt man östlich zu dem nahen **Colegio del Patriarca**, einem 1586-1610 für Juan de Ribera, Erzbischof und Vizekönig von Valencia, errichteten Renaissancebau, mit arkadenumgebenem Hof. In der *Capilla de la Concepción* flandrische Wandteppiche des 16. Jh.; im ersten Stock die *Wohnung des Rektors* mit einer wertvollen Sammlung alter Meister (u.a. Dierick Bouts, van der Weyden, Juanes, Ribalta, Morales, El Greco), ferner prachtvolle Brüsseler Teppiche. In der Südecke des Gebäudes die Kirche *Corpus Cristi* (1586), am Hochaltar ein *Abendmahl von Ribalta (1606). Sehr eindrucksvoll ist das jeden Freitag gegen 10 Uhr stattfindende Miserere, bei dem das Hochaltarbild Ribaltas verschwindet und hinter einem Vorhang, der plötzlich zerreißt, ein hölzernes Kruzifix erscheint (angeblich eine deutsche Arbeit des 16. Jh.). – Dem Colegio südlich gegenüber liegt die **Universität**, an Stelle älterer Bauten 1830 errichtet, mit wertvoller *Bibliothek*, etwa 87000 Bände umfassend, darunter zahlreiche Inkunabeln und Handschriften.

Von der Universität führen mehrere Straßen nordöstlich zu dem mit Anlagen geschmückten Paseo de la Glorieta und der hiervon nördlich liegenden Kirche *Santo Domingo* (oder auch *Capilla San Vicente Ferrer*; Ende des 18. Jh. erneuert), die man durch das beachtenswerte Portal neben dem unvollendeten Turm betritt; im Innern die Capilla de los Reyes (rechts; 15. Jh.), die das Grabmal des Marschalls Rod. Mendoza (†1554) enthält.

Von der Nordspitze der Kirche gelangt man auf dem 1598 erbauten *Puente del Real*, mit den Standbildern der beiden Heiligen Vincenz Martyr und Vincenz Ferrer (17. Jh.), auf das linke Ufer des Río Turia zu den mit zahlreichen neueren Denkmälern geschmückten *Jardines del Real* (auch *Viveros Municipales* genannt) sowie zu dem sich jenseits des Gebäudes der Internationalen Mustermesse flußabwärts ziehenden Paseo de la Alameda, der am Puente de Aragón endet.

Am Westrand der Jardines liegt nahe dem linken Flußufer in dem Gebäude eines alten Klosters das *Museo Provincial de Bellas Artes**, das im ersten Stock ältere Gemälde enthält, u.a. von Ribalta, Ribera, Macip, Espinosa, Velázquez, Murillo, El Greco, Goya, Morales, Pinturicchio, Andrea del Sarto; im zweiten Stock Bilder valencianischer Meister des 19./20. Jahrhunderts.

UMGEBUNG von Valencia. – Östlich, über die Puente de Aragón zu erreichen, liegt **El Grao**, der schon im Mittelalter bekannte Hafen von Valencia und einer der bedeutendsten Seehäfen Spaniens. Vom östlichen Hafendamm hübscher Blick auf den Golf; im Süden die *Sierra de Cullera*, im Norden das *Castillo de Sagunto*. An den Hafen schließen sich die vielbesuchten Badestrände an; südlich der Playa de Pinedo liegt auf der Nehrung zwischen dem Meer und der Albufera das Seebad **El Saler**, mit Hotels, Golfplatz und langgestrecktem Strand (Hotel Sidi Saler Palace-Sol, L 272 Z., Sb., Strand; Parador Nacional de Luis Vives, I, 58 Z.).

Nach Nordwesten über den Puente San José und auf einer Nebenstraße über das als Sommerfrische bekannte Städtchen *Burjasot* (12000 Einw.), mit Höhlenwohnungen und unterirdischen Getreidespeichern (16./18. Jh.) sowie über das malerische Städtchen *Bétera* (7000 Einw.) zu der reizvoll gelegenen **Cartuja de Porta Coeli**, mit drei Kreuzgängen und stattlicher Kirche (schöne Seitenkapellen und Deckengemälde); von den Bergen oberhalb der Kartause bieten sich prächtige Ausblicke.

8 km westlich der Stadt, über die Avenida del Cid zu erreichen, liegt das alte Töpferdorf **Manises**, wo heute noch Keramikwerkstätten in Betrieb sind.

An der Küste nach Alicante. – Die Küstenstraße N-332 nach Alicante gehört zu den landschaftlich reizvollsten Strecken Südspaniens. Ausfahrt entweder auf der autobahnähnlichen Straße über *El Saler* oder direkt auf der N-332 über *Sueca* nach **Cullera** (0 m; 15000 Einw.), einem alten Städtchen am Hang des *Monte del Oro*, zu Füßen von Castillo und Kirche, in der das Bildnis der 'Virgen del Castillo', der Schutzpatronin des Ortes, verehrt wird.

Weiterfahrt durch die Huerta de Gandía und vorbei an dem zur Rechten thronenden *Castillo de San Juan* nach **Gandía** (s. dort). – Die N-332 erreicht die Provinzgrenze; es folgen die beiden Abzweigungen nach *Denia* und *Jávea*, schließlich **Benidorm** (s. dort), der internationale Badeort. – Über *Villajoyosa* erreicht man die Provinzhauptstadt **Alicante** (s. dort; 185 km von Valencia).

Über den Puerto de Albaida. – In südlicher Richtung auf der N-340 zunächst zu dem etwas links abseitsliegenden **Alberique** (30 m; 8000 Einw.), dessen Barockkirche einen beachtenswerten Retablo zu bieten hat; dann weiter nach **Játiva** (s. dort). – Von dort über den *Puerto de Albaida* (628 m) in die Provinz Alicante und über *Alcoy* nach **Alicante** (168 km von Valencia).

Über den Puerto de Almansa. – Bis zur Abzweigung nach Játiva auf der N-340; dann in südwestlicher Richtung vorbei an *Montesa*, überragt von einem 1748 durch ein Erdbeben zerstörten Schloß, nach dem der 1318 an Stelle des Tempelritterordens gestiftete Orden von Montesa benannt ist. – Weiter über *Mogente* (358 m), einem von den Mauren gegründeten Städtchen, hinauf zum *Puerto de Almansa* (692 m) mit der Provinzgrenze; schließlich nach **Almansa** und durch die Montes de Chinchilla nach **Albacete** (s. dort; 188 km von Valencia).

Über den Puerto de Contreras. – Die N-III führt in westlicher Richtung durch die reich bebaute Huerta de Valencia zunächst zu dem rechts abseits liegenden Städtchen **Chiva** (282 m; 4000 Einw.), mit einer 1733-81 erbauten Pfarrkirche und überragt von der Ruine einer maurischen Burg; südlich der Straße, in einem reizvollen fruchtbaren Tal ('Valencianische Schweiz'), das kleine Thermalbad *Buñol* (300 m), mit Resten einer maurischen Zitadelle.

Durch das Hochland der *Sierra de las Cabrillas* erreicht die N-III **Requena** (292 m; 21 000 Einw.), einen hübsch auf zwei Hügeln über dem *Río Magro* gelegenen Ort, mit Schloßruine und mehreren gotischen Kirchen, darunter Santa María (prachtvolles spätgotisches Portal) und San Nicolás des 13. Jh. Im Schloß das Museo del Vino, mit über 2000 Flaschen gekelterter Weine, bis zu 400 Jahre alt.

Die N-III führt in das fruchtbare Tal des Río Magro und erreicht **Utiel** (700 m; 15 000 Einw.), ein altertümliches Städtchen, mit Kirche aus dem 16. Jh. Lohnender Abstecher auf staubfreier Straße zu dem 32 km nördlich sehr reizvoll gelegenen Stausee *Pantano del Generalísimo*.

Über den Ort *Villagordo del Cabriel* (855 m) steigt die Straße hinauf zum **Puerto de Contreras** (890 m), mit Brücke über den Río Cabril, am Stausee *Embalse de Contreras* gelegen, Grenze zwischen den Provinzen Valencia und Cuenca.

An der Costa del Azahar. – Die Valencia in nördlicher Richtung verlassende N-340 führt entlang der *Costa del Azahar,* der 'Apfelsinenblüten-Küste'. Sie erreicht zunächst den etwas abseits gelegenen Ort *Puig,* überragt von einer Burgruine (60 m), an deren Fuß

ein ehem. Kartäuserkloster liegt (in der Kirche gotische Grabmäler und Fresken). Die N-340 führt dann über *Puzol,* mit beachtenswerter Kirche, nach **Sagunto** (s. dort), inmitten landwirtschaftlicher Gebiete.

Valencia (Landschaft)

Autonome Region.
Regierungsorgan: Consell de la Comunidad Valenciana.
Provinzen: Alicante, Castellón und Valencia.

In der Landschaft Valencia spenden die aus dem Innern kommenden Flüsse wie der Río Turia und der Río Júcar, die bei Schneeschmelze oder nach Gewittergüssen in starken Flutwellen zu Tal stürzen und an der Küste einen fruchtbaren Schwemmlandstreifen aufgeschüttet haben, dem im Regenschatten des Hochlandes liegenden heißen Land das Wasser für die Berieselungsanlagen (campo de regadío). Diese wurden schon von den Römern angelegt, später von den Mauren ausgebaut und machen Valencia zur fruchtbarsten Landschaft Spaniens. Im Schatten der Orangen-, Aprikosen-, Mandel- und Feigenbäume wachsen Melonen, Tomaten und andere Gemüsepflanzen. Auf dem unbewässerten Land (campo secano) gedeihen Oliven, Wein und Johannisbrotbäume.

Als ein schmaler Küstenstreifen erstreckt sich diese Landschaft vom Ebrodelta bis zur Mündung des Segura; doch gehört die Provinz Alicante südlich vom Cabo de la Nao landschaftlich schon zu Murcia. Die *Meseta* tritt hier mit ihren baumlosen rötlich-grauen Hochflächen nahe an das Mittelmeer heran und bricht in einer von engen Talschluchten zerfurchten Steilküste ab.

Huerta bei Valencia

Die hier tätige katalanische Bevölkerung schuf das reizvolle Landschaftsbild der oft geometrisch angelegten **Huertas,** wo Obsthaine in Terrassen angepflanzt sind oder wo Gruppen schlanker Palmen und Zypressen aufragen. Die weißen Häuser (barracas) der Bauern (hortelanos) liegen gleichmäßig verstreut im Grün der Huertas. Die knarrenden, von Eseln angetriebenen Schöpfräder (norias) der Mauren werden mehr und mehr von elektrisch betriebenen Pumpen verdrängt. Eine uralte wohlausgewogene Wassergerichtsbarkeit (Tribunal de las Aguas) sorgt für gerechte Verteilung des kostbaren Wassers, das in unzähligen Kanälen durch das Land geleitet wird.

Valladolid

Provinz: Valladolid (VA). – Telefonvorwahl: 983. Höhe: 694 m ü.d.M. – Einwohnerzahl: 330000.

(i) **Oficina de Información de Turismo,** Plaza de Zorrilla 3; Telefon: 351801. **Delegación Territorial de Turismo,** Divina Pastora 6 und 8; Telefon: 306011 und 306122.

HOTELS. – *Felipe IV* (garni), Gamazo 16, I, 130 Z.; *Old Meliá,* Plaza de San Miguel 10, I, 226 Z.; *Meliá Parque,* García Morato 17, II, 306 Z.; *Imperial,* Peso 4, III, 80 Z.; *Roma,* Héroes del Alcázar de Toledo 6, III, 38 Z.; *Ernara* (garni), Plaza de España 5, IV, 26 Z.; Hostal *Burgalesa,* Plaza Santa Ana 7, P II, 16 Z.; *Paris* (garni), Especeria 2, P II, 24 Z.; u.a. – An der Carretera nach Burgos, km 120: Hostal *Covatra,* P II, 18 Z. – CAMPINGPLATZ: *El Plantío,* an der N-620 nach Salamanca, etwa 12 km südwestlich.

RESTAURANTS In den Hotels; ferner *Feria de Muestras,* Avda. de Ramón Pradera; *El Atrio,* Atrio de Santiago 7; *El Cardenal,* Plaza Tenerias 18; *Mesón de Cervantes,* El Rastro 6; *Mesón La Fragua,* Paseo de Zorrilla 10; *Oscar,* Ferrari 1; *Panero,* Recoletos 3; u.a.

VERANSTALTUNGEN. – *Semana Santa* (Karwoche), mit Prozessionen, darunter besonders eindrucksvoll die Karfreitagsprozession, bei der große Standbilder durch die Straßen getragen werden. – *Internationale Filmwoche* (April), die besonders dem religiösen und menschlich wertvollen Film gewidmet ist. – *Ferias y Fiestas* (September) zu Ehren von San Mateo, mit Stierkampf, sportlichen und folkloristischen Darbietungen; teils auch mit der Regionalen Mustermesse für Altkastilien und León. – *Spanien-Festspiele* (Oktober/November), mit Theater- und Opernaufführungen, Konzerten und Liederabenden. – Kursus für ausländische Studenten (Sommer).

Die auf der fruchtbaren Hochebene von Altkastilien am Río Pisuerga kurz vor dessen Einmündung in den Río Duero gelegene industriereiche Stadt

Valladolid ist Hauptstadt der gleichnamigen Provinz sowie Sitz einer Universität und eines Erzbischofs.

GESCHICHTE. – Schon zur Zeit der Araber gab es hier eine Siedlung, der man vermutlich den Namen 'Velad-Olid' (= Stadt des Statthalters) oder 'Balad-Walïd' (= Stadt des Walïd) gab. Im Jahre 1469 feierten hier die Katholischen Könige Ferdinand und Isabel ihre Hochzeit; und 1504–06 verbrachte Kolumbus in Valladolid kränklich und enttäuscht seine beiden letzten Lebensjahre ('Casa de Colón'). Valladolid war im 16./17.Jh. unter Philipp II. und Philipp III. vorübergehend königliche Residenz.

SEHENSWERTES. – Verkehrsmittelpunkt von Valladolid ist die von Arkaden eingefaßte Plaza Mayor; an ihrer Nordseite das 1908 errichtete *Ayuntamiento* (Rathaus). – Unweit nordwestlich hinter dem Rathaus die 1499–1504 erbaute Kirche *San Benito,* mit mächtiger offener Turmvorhalle, im Innern schöne schmiedeeiserne Chorgitter (1571). Westlich der Plaza Mayor, in der ehem. Kirche de la Pasión, eine *Gemäldegalerie* mit Werken spanischer Meister des 16./17.Jh. Die nahe Kirche *Santa Ana* enthält Gemälde von Goya und Bayeu.

Von der Plaza Mayor gelangt man südlich durch die Calle de Santiago zunächst zur Kirche *Santiago,* mit einem sehenswerten Retablo von Alonso Berruguete sowie einem Christus von Francisco de la Mata (in einer Seitenkapelle). Weiter südlich zur Plaza de Zorrilla, mit dem sich anschließenden Paseo del Campo Grande, einer breiten, parkartigen Promenade, an deren Südende ein großes Denkmal des *Christoph Kolumbus* (1905) steht. An der hier abzweigenden Avenida de los Filipinos das Augustinerkloster *Real Colegio;* im Innern das *Museo Oriental* mit Kunstwerken aus China und von den Philippinen. – Unweit östlich von der Plaza de Zorrilla in der kurzen Calle del Rosario die *Casa de Cervantes,* in der der Dichter Miguel de Cervantes Saavedra 1603–06 wohnte und wahrscheinlich den ersten Teil des Don Quijote geschrieben hat; im Innern und in zwei Nachbarhäusern das *Cervantes-Museum,* u.a. mit einer Bibliothek.

Etwa 500 m östlich der Plaza Mayor erhebt sich die **Kathedrale,** 1580 von Juan de Herrera in gewaltigen Ausmaßen begonnen, seit 1730 von Alberto Churriguera fortgeführt, aber nicht vollendet. Von den vier geplanten Ecktürmen

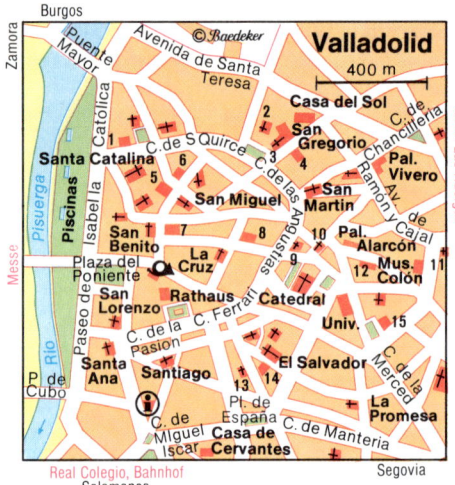

Real Colegio, Bahnhof
Salamanca

1 Palacio de los Condes
  de Benavente
2 Convento de Santa
  Teresa
3 Convento de San Pablo
4 Casa del Marqués de Villena
5 Palacio de los Marqueses
  de Valverde
6 Museo Arqueológico
7 Casa de Berruguete
8 Palacio Arzobispal
9 Iglesia de las Angustias
10 Santa Maria La Antigua
11 La Magdalena
12 Palacio de los Zuñigas
13 Klosterkirche Porta Coeli
14 Palacio Capicholatoro
15 Colegio de Santa Cruz

wurde nur der Südturm erbaut (nach dem 1841 erfolgten Einsturz 1885 wiederhergestellt). Im weiträumigen Innern (122 m lang, 62½ m breit) ein aus Santa María la Antigua stammender Hochaltar von Juan de Juni (1561), ferner schönes Renaissancegestühl und eine ''Mariae Himmelfahrt'' von Velázquez; im anschließenden *Diözesanmuseum* u.a. eine 2 m hohe silberne Custodia in Tempelform (1590), das Hauptwerk des Juan de Arfe.

Östlich hinter der Kathedrale liegt an der Plaza de la Universidad die 1346 gegründete **Universität**, mit stattlicher Barockfassade von 1715, ein Werk der Diego und Narciso Tomé. – Südöstlich von der Universität das 1492 im frühen plateresken Stil erbaute ehem. **Colegio de Santa Cruz**, mit skulpturengeschmückter Außenfront und schönem Patio; heute Sitz des *Colegio Mayor* der Universität, mit einer wertvollen *Bibliothek* (52000 Bände). Von hier weiter nordöstlich durch die Calle del Cardenal Mendoza zur Calle de Colón, mit der *Casa de Colón*, in der Kolumbus am 31. Mai 1506 starb; ein kleines Museum im Nebenhaus. Östlich anschließend die Kirche *La Magdalena* (16. Jh.), mit schönen Wappenmedaillons an der Fassade. Daneben das *Convento de las Huelgas*, mit Kirche aus dem 16. Jahrhundert.

Unweit nordwestlich vom Universitäts-

platz die Kirche *Santa María la Antigua* (12./14. Jh.), mit einem romanischen Glockenturm; sie ist das älteste Gotteshaus der Stadt, mit dreischiffigem Innern voller Eleganz. Die nahe Kirche *Las Angustias* (1597-1604) bewahrt in einer Seitenkapelle die vielbesuchte 'Virgen de los Cuchillos' (1560), eine Schnitzarbeit von Juan de Juni. – Durch die Calle de las Angustias erreicht man nördlich die Plaza de San Pablo, mit der 1276 gegründeten Kirche **San Pablo**, deren zwischen den schlichten Ecktürmen emporsteigende *Fassade (1492), ein Werk von Simon von Köln, an dekorativem Reichtum mit San Gregorio wetteifert; im Innern an den Enden des Querschiffs schöne Portale sowie eine Statue des Santo Domingo von Gregorio Fernández. Gegenüber San Pablo der ehem. *Palacio Real*, jetzt *Capitanía General*, mit schönem Arkadenhof. – Nordöstlich neben San Pablo liegt das 1488-96 erbaute ehem. *Colegio de San Gregorio, dessen spätgotische Fassade mit Statuen, Wappen und naturalistischen Ornamenten überreich geschmückt ist. Von den beiden Höfen ist der zweite besonders beachtenswert. Im ersten Stock das **Nationale Skulpturenmuseum (Museo Nacional de Escultura), das eine vorzügliche Sammlung vorwiegend polychromer spanischer Bildwerke des 16./17. Jh. enthält, u.a. Werke von Gregorio Hernández (1566-1636), Alonso Berruguete (um 1482-1561), Pedro de Mena (1664) und Juan de Juni (mit der ''Grablegung Christi'', von 1544). – Unweit südwestlich vom ehem. Palacio Real liegt der *Palacio de Fabio Nelli*, ein stattlicher Renaissancepalast von 1594, mit hübschem Säulenhof; im Innern das *Museo Arqueológico Provincial*.

UMGEBUNG. – Valladolid wurde durch seine Bedeutung innerhalb der spanischen Geschichte zu einem Land der Burgen. Und so stößt man bei Ausflügen in die nähere und weitere Umgebung von Valladolid stets auf stattliche Verteidigungsanlagen.

Pisuerga- und Duero-Route. – Es ist dies zugleich die Fahrt nach Zamora oder Salamanca, und man folgt der nach Südwesten strebenden N-620 unweit vom rechten Ufer des *Rio Pisuerga* zunächst zum sehenswerten, nur 11 km entfernten **Simancas** (725 m; 6000 Einw.; Hotel Simancas, IV, 24 Z.), mit dem stark ummauerten Castillo de Simancas, in dem heute das Generalarchiv des Königreichs aufbewahrt wird (über 30 Mio. Dokumente in 52 Sälen). – Weiterhin unweit von der Mündung des Río Pisuerga in den *Río Duero* nach **Tordesillas** (s. dort), zugleich Kreuzung mit der großen N-IV. – Von Tordesillas auf der N-122 über *Toro* nach **Zamora** (s. dort; 96 km von Valladolid); – oder weiter auf der N-620 über *Alaejos,* mit beachtenswerter Kirche des 16. Jh.; dahinter durch eine fruchtbare Ebene nach **Salamanca** (s. dort; 114 km von Valladolid).

Duero-Route. – Sie folgt in östlicher Richtung dem Flußlauf auf der N-122 nach *Quintanilla de Onésimo*; hier lohnt sich der Abstecher zum nördlich des *Río Duero* gelegenen **Valbuena de Duero**, das ein Kloster Santa María mit den Ruinen der Zisterzienserkirche des 12. Jh. besitzt, beachtenswerter spätgotischer Kreuzgang. – Zurück zur N-122 oder auf der nördlich des Río Duero verlaufenden Nebenstraße nach
Peñafiel, mit dem im 10. Jh. von den Grafen von Kastilien gegründeten Castillo (12 zylindrische Türme und 24 m hoher innerer Turm) sowie dem Convento de San Pablo im Mudéjarstil.

Nach Madrid. – Die direkte Route folgt in südlicher Richtung der N-403 durch die Niederungen zwischen dem *Río Pisuerga* und dem *Río Duero* nach
Olmedo (787 m; 5000 Einw.), einem mauerumgebenen alten Städtchen, ehemals reich an Klöstern und als Sitz mächtiger Adelsgeschlechter stark befestigt; mit der romanischen Kirche San Miguel (13. Jh.; malerische Unterkirche mit Kuppel) sowie der Kirche Santa María, die ein Retablo von 1550 besitzt. – Südlich von Olmedo nach links Abzweigung einer Nebenstraße über die Orte *Fuente de Santa Cruz* und *Ciruelos de Coca* zu dem 15 km abseits gelegenen Städtchen *Coca.*

Über *Montuenga* mit der Abzweigung rechts zum 8 km entfernten **Arévalo** (s. dort) weiter nach
Martín Muñoz de las Posadas, mit einem 1572 von Juan Bautista de Toledo erbauten Palacio des Inquisitors Diego de Espinosa (sein Grab in der Pfarrkirche). – Dahinter Einmündung in die von La Coruña kommende N-VI; abseits der Straße der Ort *Villacastín*.

In Richtung Segovia. – Man wählt die Richtung Südost führende N-601, die den Kanal von Kastilien überquert und zunächst *Arrabal del Portillo* erreicht; links abseits der Ort
Portillo, mit mauerumwehrtem Castillo, das als Staatsgefängnis für Politiker diente und wo Don Alvaro de Luna gefangengehalten wurde.

In Richtung León. – Die N-601 verläßt Valladolid in Richtung Nordwest und führt durch das breite Tal des *Río Duero* aufwärts zu dem links abseits liegenden

Villanubla (843 m). – Auf einer Nebenstraße von hier nach dem Ort *Wamba*, dessen Kirche Santa María Teile eines mozarabischen Bauwerkes des 12. Jh. enthält; in Wamba starb 672 der Westgotenkönig Rekkeswinth. Von Wamba weiter auf der Nebenstraße nach *Torrelobatón*, überragt von einem gut erhaltenen Castillo des 13. Jh., mit wuchtigen Rundtürmen und einer stattlichen Torre del Homenaje. – Jenseits der N-601 das Dorf *Fuensaldaña*, mit einem im 15. Jh. errichteten Castillo de Vivero.

Die N-601 durchquert das Hügelland der *Montes de Torozos* und erreicht
Medina de Rioseco (735 m; 5000 Einw.), ein altertümliches Städtchen, mit sechs bedeutenden Kirchen aus dem 15./17. Jh., darunter Santa María de Mediavilla, die zwei Rejas von 1532 und 1554, einen Altar des Esteban Jordán von 1590 und eine platereske Capilla de los Benavente von 1546 besitzt.

Vich

Provinz: Barcelona (B). – Telefonvorwahl: 93. Höhe: 485 m ü.d.M. – Einwohnerzahl: 28000.
ⓘ **Oficina Municipal de Turismo,**
Ciutat 1;
Telefon: 8862091.

HOTELS. – *Parador Nacional*, I, 36 Z., Sb. (14 km von Vich); *Ausa*, Plaza de Caudillo 4, III, 26 Z.; *Colón*, Rambla Paseig 1, IV, 38 Z.; Hostal *Cal-U*, Rambla Santa Teresa 7, P III, 30 Z.

RESTAURANTS im Parador Nacional; ferner *Anec Blau*, Verdaguer 21.

VERANSTALTUNGEN. – *Mercat del Ram* (Palmsonntag), mit großem Markt und folkloristischen Darbietungen. – *Fiesta* (Juli).

Die industriereiche alte Bischofsstadt Vich ist das 'Ausa' der Römer und liegt auf einer Hochebene nördlich von Barcelona am Zusammenfluß von Río Meder und Río Gurri.

SEHENSWERTES. – Beachtenswert ist die **Kathedrale,** 1040 gegründet, 1803-21 erneuert, mit romanischem Turm (11. Jh.) und schönem Kreuzgang (14. Jh.); im Innern ein Marmoraltar des 15. Jh. und moderne Fresken von Sert (Leben der Apostel und Evangelisten). – *Archäologisches Museum mit Gemälden, Bildwerken, liturgischen Gerätschaften sowie vorgeschichtl. Iberer-Gräbern. – *Römischer Tempel* aus dem 2. Jh. n.Chr., später restauriert.

UMGEBUNG von Vich. – 6 km östlich *San Julián de Vilatorta*, mit romanischer Kirche. – Von hier weiter auf der Hauptstraße zum Stausee *Embalse de Sau*.

Panorama von Vigo

Vigo

Provinz: Pontevedra (PO). – Telefonvorwahl: 986.
Höhe: 28 m ü.d.M. – Einwohnerzahl: 259 000.
ⓘ **Oficina de Información de Turismo,**
Jardines de las Avenidas s/n;
Telefon: 430577.
Delegación Local de Información,
Colón 30, 1. Stock;
Telefon: 211051.

HOTELS. – *Bahia de Vigo,* Avda. Cánovas del Casti-
llo 5, I, 110 Z.; *Ciudad de Vigo* (garni), Concepción
Arenal 4, I, 101 Z.; *Coia* (garni), Sangenjo s/n, I,
126 Z.; *Gran Hotel Samil,* Playa de Samil, I, 127 Z.,
Sb.; *Ensenada,* Alfonso XIII 35, II, 109 Z.; *Ipanema*
(garni), Vázquez Varela 31, II, 60 Z.; *Lisboa,* Urzaiz
50, II, 93 Z.; *México* (garni), Vía Norte 10, II, 112 Z.;
Niza, María Berdiales 32, II, 102 Z.; *Almirante* (garni),
Queipo de Llano 13, III, 31 Z.; *América* (garni), Pablo
Morillo 6, III, 56 Z.; *Celta* (garni), México 22, III, 45 Z.;
Galicia (garni), Colón 13, III, 53 Z.; *Junquera,* Uru-
guay 27, III, 35 Z.; *Nilo* (garni), Marqués de Valladares
26, III, 52 Z.; u.v.a. – CAMPINGPLATZ: *Samil,* etwa
6 km südwestlich von Vigo an der Bahía.

RESTAURANTS in den Hotels; ferner *Las Bridas,*
Ecuador 58; *El Castillo,* Monte del Castro; *El Castro,*
Manuel Olibie 31; *El Mosquito,* Plaza Villavicencio 4
(Fisch und Meerestiere); *Mendikea,* Avda. del Aero-
puerto 151 (baskische Küche); *Puesto Piloto Alca-
bra,* Atlántida 194; u.v.a.

VERANSTALTUNGEN. – *Fiesta del Carmen* (Juli),
mit Schiffsprozession. – *Feria de Cristo de la Victoria* (August). – Wallfahrt zum Monte de Santa Tecla
(August), zumeist verbunden mit Trachtenfest und
folkloristischen Darbietungen.

SCHIFFSVERKEHR. – Reguläre Schiffsverbindungen zu den Kanarischen Inseln, zum Norden Spaniens sowie nach Hamburg, London, Rotterdam
und Übersee.

WASSERSPORT. – Vigo besitzt in seiner Nachbarschaft eine Vielzahl von Badestränden; die nächsten sind die *Playa de Samil* (5 km südwestlich), die
Playa de la Meda (6 km nordöstlich), die *Playa de
Rande* (8 km nordöstlich) sowie die *Playa del Bao*
und die *Playa de Canido* 8 km südwestlich); u.a.

FREIZEIT und SPORT an Land. – Vielfältige Sport-
möglichkeiten, wie Angeln, Tennis, Golf, Frontón,
Pferderennen; Stierkampf. Vigo besitzt mehrere
Sportclubs zur Pflege der verschiedenen Sportarten. Auf dem Aeropuerto de Peinador gibt es auch
einen Aéro-Club für Flugsport.

**Im äußersten Westen von Spanien liegt
am Südufer der von der Atlantikküste
etwa 30 km ins Land einschneidenden
*Ría de Vigo der Kriegs- und Handels-
hafen Vigo, einer der bedeutendsten
Sardinenfangplätze Europas.**

Zu Beginn des Spanischen Erbfolge-
krieges (1702) griff im Hafen von Vigo
eine englisch-holländische Flotte die
spanische 'Silberflotte' erfolgreich an,
wobei sie sich eines Teils der Schätze
bemächtigte, während andere mit den
Schiffen in der tiefen Bucht versanken
und nicht wieder gehoben wurden.

SEHENSWERTES. – Vigo zieht sich am
Abhang eines von Bergen umkränzten
Hügels hin, den die alten Befestigungen
des *Castillo de San Sebastián* (55 m)
und des *Castillo del Castro* (125 m; bei
klarem Wetter *Fernsicht) krönen. – Im
Osten des Burghügels erstreckt sich die
Neustadt, mit modernen Hochhäusern, prächtigen Alleen und Parkanla-

gen. Hauptverkehrsadern sind die auf halber Höhe verlaufende Avenida de García Barbón mit ihrer Fortsetzung Calle de Policarpo Sanz, ferner die oberhalb hinziehende Avenida de José Antonio sowie besonders die sie gegen die Altstadt fortsetzende C a l l e d e l P r í n c i p e, die Hauptgeschäftsstraße der Stadt. – Unterhalb der Calle de Policarpo Sanz die mit Denkmälern geschmückte P l a z a d e C o m p o s t e l a (Alameda), östlich anschließend die A v e n i d a d e F e l i p e S á n c h e z, die am *Handelshafen* (Puerto Comercial) entlangführt.

Nordwestlich der Neustadt liegt zwischen dem Burghügel und dem Meer die **A l t s t a d t,** mit engen, meist steilen und gewundenen Gassen. In der Mitte die klassizistische *Colegiata Santa María,* die Kollegiatskirche vom Anfang des 19. Jh. – Unweit unterhalb der Mole (Muelle) der *Fischmarkt* (Pescadería), wo zur Zeit des Verkaufs und Versands ein reges Leben herrscht. Auf dem in die Ría hinausgebauten *Muelle de Viajeros* der Hafenbahnhof (Estación Marítima) sowie die Anlegeplätze der Schiffe. – Südwestlich von der Mole das altertümliche Fischerviertel **B e r b é s,** mit dem stets belebten Fischerhafen *Dársena del Berbés.* Oberhalb des Fischerhafens der sich am Hang hinziehende P a s e o d e A l f o n s o XIII, mit lohenden Ausblicken über Stadt, Hafen und Bucht.

UMGEBUNG von Vigo. – Unmittelbar bei der Stadt (1 km nordöstlich) der *Mirador de la Guía,* mit der gleichnamigen Ermita; von hier bietet sich ein schöner Ausblick auf Stadt, Hafen und Bucht.

An der Küste nach La Guardia. – Die C-550 führt am Fischereihafen *Bouzas* vorbei und weiter südwestlich unweit vom Ufer der Ría de Vigo; unterwegs nach rechts Zubringer zum Strandbad *Panjón,* mit dem auf einem kleinen Vorgebirge stehenden Denkmal für die Toten der spanischen Handelsmarine. Auf einer Brücke fährt man über die Mündungsbucht des *Río Muiño* nach
Bayona (7000 Einw.; Hotel Parador Nacional Conde de Gondomar, I, 66 Z., Sb.), einem als Seebad besuchten Hafenstädtchen in hübscher Lage; mit romanisch-gotischer Kollegiatskirche (12./13. Jh.) und dem Castillo Monte Real des 16. Jahrhunderts.

Südlich weiter auf schöner Strecke an der z.T. felsigen Küste hin über *Oya,* mit einem Benediktinerkloster im romanisch-gotischen Übergangsstil (Kreuzgang des 16. Jh.; Fassade von 1740). Weiter am Meer entlang nach

La Guardia (8000 Einw.), einem kleinen Hafenplatz nahe der Mündung des *Río Miño* (portug. *Minho*). Südlich hiervon liegt *Camposancos* auf einer Landspitze zwischen Meer und Miño, am Fuß des von einer Wallfahrtskirche gekrönten, aussichtsreichen *Monte Tecla* (360 m), eines archäologisch bedeutsamen Ortes (kleines Museum).

Von La Guardia in nordöstlicher Richtung unweit vom Nordufer der langen Mündungsbucht des *Río Miño* hin, dessen Südufer bereits portugiesisch ist, nach **Túy** (s. dort).

Nach Orense. – Man verläßt Vigo auf der Calle José Antonio und weiter in südöstlicher Richtung auf der N-120, die in Windungen und Kehren über den z.T. bewaldeten Höhenzug des *Monte Ferreira* hinweg in das Tal des *Río Louro* geleitet, nach
Porriño (10 m; 9000 Einw.), einem Industriestädtchen, wo die N-550 zwischen Pontevedra und Túy gekreuzt wird. Hinter der Straßenkreuzung bei Porriño geht es weiter kurvenreich bergauf und bergab durch ein waldreiches Bergland nach
Puenteáreas (50 m; 15 000 Einw.), einem Städtchen am *Río Tea,* durch dessen Tal links eine Nebenstraße zu dem vielbesuchten Kurund Thermalbadeort *Mondariz-Balneario* (121 m) führt.

Die Straße N-120 zieht östlich weiter und überquert schließlich den Höhenzug *Alto de Fuentefría;* links der *Faro de Avión* (1155 m). Von hier wieder bergab nach *La Cañiza* (570 m) und über eine weitere bewaldete Höhe, wo man auch die Grenze zur Provinz Orense überschreitet. – Weiterfahrt auf der N-120 über *Ribadavia* nach **Orense** (s. dort; 106 km von Vigo).

Villanueva y Geltrú

Provinz: Barcelona (B). – Telefonvorwahl: 93. Höhe 23 m ü.d.M. – Einwohnerzahl: 35 000.
(i) **Oficina de Información de Turismo,**
Paseo de Ribes Roges;
Telefon: 8 93 59 57.

HOTELS. – *César,* Isaak Peral 4, II, 30 Z., Sb.; Hostal *Mar del Cal Ceferino,* Paseo de Ribes Roges s/n, P II, 28 Z.; *Mare Nostrum,* Rambla de la Pau 66, P II, 20 Z.; *Solvi 70,* Paseo de Ribes Roges 1, P II, 30 Z.; *Burcet,* Rambla Castillo 46, P III, 18 Z.; *Can Gatell,* Puigcerdá 12, P III, 63 Z.; *Costador,* Paseo Marítimo 49, P III, 22 Z.; u.a. – CAMPINGPLÄTZE: *Vilanova Park,* etwa 3,5 km außerhalb; *Platja Vilanova,* von der C-246 bei km 48,3 meerwärts.

RESTAURANTS. – *Bernardo y Margarita,* Ramón Llull 4 (französische Küche); *Peixerot,* Paseo Marítimo 56 (Fischgerichte); *Xenius,* Paseo Marítimo (Fischgerichte).

WASSERSPORT. – An beiden Seiten des Hafens erstreckt sich der 3 km lange feinsandige Badestrand. Anlegeplatz und bedeutende Sportanlagen.

Villanueva y Geltrú

Die gewerbereiche Stadt Villanueva y Geltrú wird auch als Seebad besucht und liegt an der Costa Dorada unweit der Provinzgrenze nach Tarragona.

SEHENSWERTES. – Neben dem malerischen Fischerviertel am Meer besitzt der Ort ein *Castillo* aus dem 13. Jh., mit quadratischem Innenhof. – Nahe beim Bahnhof das von dem katalanischen Dichter und Minister Victor Balaguer († 1901) gegründete **Museo Balaguer,** mit Altertümern, Gemälden von El Greco u.a. sowie ethnographischer Sammlung und Bibliothek.

Vitoria

Provinz: Alava (VI). – Telefonvorwahl: 945. Höhe: 525 m ü.d.M. – Einwohnerzahl: 193000.
ⓘ **Oficina de Información de Turismo,** Parque de la Florida; Telefon: 13321.
Delegación Territorial de Turismo, General Alava 10; Telefon: 233095.

HOTELS. – *Canciller Ayala* (garni), Ramón y Cajal 5, I, 185 Z.; *Gasteiz* (garni), Avda. de Gasteiz 19, I, 150 Z.; *General Alava* (garni), Avda. de Gasteiz 53, II, 105 Z.; *Desiderio* (garni), Colegio San Prudencio 2, III, 21 Z.; *Páramo* (garni), General Alava 11, III, 40 Z.; *Bilbaina,* Prudencio María de Verástegui 2, IV, 29 Z.; *Dato 28* (garni), Dato 28, IV, 14 Z.; Hostal *Achuri,* Rioja 11, P II, 40 Z. – An der Carretera Madrid – Irún, km 361: *Parador Nacional Argomaniz,* II, 54 Z.; u.a. – CAMPINGPLATZ: *Ibaya* in Zuazo, südwestlich der Stadt.

RESTAURANTS. – *Portalón,* Correría 151, in einem Haus des 15. Jhs.; *Carey,* Manuel Iradier 20, moderner Stil; *Dos Hermanas,* Madre Vedruna 10; *Naroki,* Florida 24, in rustikalem baskischem Stil; u.a.

VERANSTALTUNGEN. – *Fiesta de San Prudencio* (April), am Vorabend dieses Festes traditioneller

Zapfenstreich. – *Feria de la Virgen Blanca* (August), das Fest der Schutzheiligen der Stadt, mit der 'bajada de Celedón', einer typischen Darstellung der dörflichen Bevölkerung der Provinz. – *Wallfahrt nach Olárizu* (September), mit Tänzen und glanzvollem Umzug nach der Rückkehr. – *Musikfestwoche* (Herbst). – Zur *Weihnachtszeit* wird im Park La Florida eine große Krippe aufgebaut.

Der südlich des Kantabrischen Gebirges in einer Ebene am Nordfuß der Montes de Vitoria gelegene Ort ist Hauptstadt der baskischen Provinz Álava und Sitz eines Bischofs; in seiner Nähe der zum Río Ebro fließende Río Zadorra.

GESCHICHTE. – Vermutlich geht die Stadt auf das westgotische *Gasteiz* zurück. In Erinnerung an den Sieg der navarresischen Truppen über die Stadt, erhielt diese unter König Sancho dem Weisen den Namen Vitoria ('Sieg').

SEHENSWERTES. – Im Mittelpunkt von Vitoria liegt am Südrand der altertümlichen **Altstadt,** deren Häuser mit zahlreichen Erkern versehen sind, die 1791 nach dem Vorbild der Plaza Mayor in Salamanca angelegte arkadenumgebene Plaza de España, mit der *Casa Consistorial* (Rathaus) an der Nordseite. Nördlich hiervon die beiden gotischen Kirchen *San Vicente* (14. Jh.) und *San Miguel* (14. Jh.), letztere mit der Figur der 'Virgen Blanca' an der Fassade, im Innern mit einem Retablo von Juan de Velázquez und Gregorio Fernández am Hochaltar. – Westlich von der Plaza de España liegt die Plaza de la Virgen Blanca, mit einem Denkmal zur Erinnerung an die Schlacht bei Vitoria, wo im Spanischen Befreiungskrieg am 21. Juni 1813 die Engländer den entscheidenden Sieg über die Franzosen erfoch-

1 Palacio Escoriaza-Esquivel　2 Casa del Cordón　3 Palacio de Álava

ten. Nordwestlich des Platzes die gotische Kirche **San Pedro** (14. Jh.), mit hübschem Portal, in der *Capilla Mayor* die Gräber der Familie Álava. – Vom unteren Ende des Platzes erreicht man nordwestlich den *Palacio de la Diputación,* den Provinziallandtag, Bau von 1858.

Im nördlichen Teil der auf einem niedrigen Hügelrücken gelegenen Altstadt steht die **Alte Kathedrale Santa María** (14./15. Jh.), mit einem hervorragenden dreibogigen Statuenportal, barocker Vorhalle und dem 1962 freigelegten Annenportal; im Innern des Gotteshauses die *Capilla Mayor* mit dem Hochrelief der "Asunción" von Valdivielso, ferner wertvolle Gemälde in den *Seitenkapellen,* darunter Werke von Rubens und van Dyck. Unweit nördlich, an der Plaza Santo Domingo, das *Provinzialmuseum für Archäologie und Waffen.* Gegenüber das zum Museum gehörende Fachwerkhaus *Casa del Portalón* (12. Jh.), mit Erinnerungen an die Schlacht von Vitoria und kleinem Stierkampfmuseum.

Den südlichen Teil von Vitoria bildet die weitläufig gebaute **Neustadt,** an deren Westrand neben dem Park *La Florida* die 1907 begonnene, 1969 geweihte **Neue Kathedrale** (*Catedral Nueva*) steht. Südwestlich von hier liegt am P a -

In der Neuen Kathedrale von Vitoria

seo de F r a y F r a n c i s c o die **Casa de Alava** (1916); im Innern befinden sich das *Museo Diocesano* und das *Museo de Arqueológía y Armas* sowie das *Museo Provincial* (Gemälde von Ribera, Alonso Cano u.a.).

UMGEBUNG von Vitoria. – In der unmittelbaren Nachbarschaft gibt es einige beachtenswerte Ausflugsziele, die zumeist abseits der großen Straßen liegen und nur auf Nebenwegen zu erreichen sind.

Über den Puerto Azáceta. – Wählt man diese Route auf der in südöstlicher Richtung führenden C-132, so erreicht man bereits nach knapp 9 km das Dorf **Argandoña,** mit einer romanische Pfarrkirche; von hier Aufstieg (20 Min.) zur gut erhaltenen romanischen Basilika von *Estibaliz* (12. Jh.), in der die Schutzpatronin von Álava verehrt wird; Südfront der Kirche mit Flechtornamentik, im Innern beachtenswertes Taufbecken; von Estibaliz weite Fernsicht.

Die C-132 klettert hinauf zum **Puerto Azáceta** (890 m), dahinter der Ort *Azáceta,* wo im Sommer die baskischen Wettspiele stattfinden. – Die Straße erreicht schließlich die Provinzgrenze und führt über *Estella* (s. dort) zur N-111 und auf dieser zur Provinzhauptstadt **Pamplona** (s. dort; 111 km Vitoria).

Direkt nach Pamplona. – Auch an der in östlicher Richtung strebenden N-1 gibt es einige Sehenswürdigkeiten. Verläßt man Vitoria, sieht man rechts auf der Höhe die Basilika von Estibaliz. Von der N-I nach rechts Abzweigung einer Nebenstraße nach **Alegría,** mit der außerhalb des Ortes liegenden *Capilla de Nuestra Señora de Ayala* an einem Übergang des alten Jakobsweg (s. dort).

Durch das fruchtbare Hochplateau von Álava, mit Vorblick auf das nächste Ziel, führt die N-I nach **Salvatierra** (542 m), einem größtenteils links abseits von der Straße gelegenen malerischen alten Städtchen mit zwei gotischen Kirchen. – 3 km südöstlich auf einer Nebenstraße nach *Ocáriz,* mit romanischen Überresten, römischen Grabsteinen sowie mittelalterlichen Bildwerken in der Pfarrkirche.

Links an der N-I die *Dolmen von Eguilaz,* frühgeschichtliche Steingräber, mit mächtigen Felsplatten. Römische Grabsteine findet man in dem sich anschließenden *San Román* und dem nördlich benachbarten *Araya.*

Die Route erreicht schließlich die Grenze zwischen den Provinzen Álava und Navarra und führt über *Alsasua* nach **Pamplona** (s. dort; 93 km von Vitoria).

Richtung Burgos. – Man folgt der autobahnähnlichen N-I in südwestlicher Richtung zu dem in der Nähe von Vitoria liegenden **Armentia,** das nach der Überlieferung der Geburtsort des hl. Prudencio, des Schutzheiligen Álavas, sein soll; mit der romanischen Kirche San Prudencio (12. Jh.; im 18. Jh. stark verändert).

Durch ein breites Tal zwischen Gebirgszügen setzt man die Fahrt fort; rechts die *Sierra de Aroto* mit dem Oteros (1042 m), links die *Montes de Vitoria* und die *Sierra de Cantabria.* Hinter *Ariñez,* rechts abseits der Straße, die ehemalige Römersiedlung *Iruña,* mit Resten von zwei Brücken und einer Klosterruine (13. Jh.). – Hinter dem ummauerten alten Städtchen *La Puebla de Arganzón* erreicht man die Straßengabelung: nach rechts auf der N-I über *Miranda de Ebro* nach **Burgos** (s. dort; 117 km von Vitoria); – oder nach links über *Haro* nach **Logroño** (s. dort; 86 km von Vitoria).

Zamora

Provinz: Zamora (ZA). – Telefonvorwahl: 988. Höhe: 649 m ü.d.M. – Einwohnerzahl: 52000.
Oficina de Información de Turismo, Santa Clara 20; Telefon: 511845.
Patronato Provincial de Turismo, Plaza de Cánovas s/n; Telefon: 514329.

HOTELS. – *Parador Nacional Condes de Alba y Aliste,* Plaza de Cánovas 1, I, 19 Z., Sb.; *Dos Infantes* (garni), Cortinas de San Miguel 3, II, 68 Z.; *Cuatro Naciones,* Avda. José Antonio 11, III, 40 Z.; Hostal *Rey Don Sancho,* Carretera Villacastín – Vigo, km 276, P I, 86 Z.; *El Sayagues,* Plaza Puentica 2, P II, 56 Z.; *Trefacio,* Alfonso de Castro 8, P II, 36 Z.; *Luz* (garni), Benavente 2, P III, 14 Z.; u. a.

RESTAURANTS. – *Rueda,* Ronda de la Feria 19, kastilischer Stil; *Pozo,* Ramón Alvarez 3; u. a.

VERANSTALTUNGEN. – *Semana Santa* (Karwoche), besonders feierlich begangen, mit Prozession und religiösem Festakt. – *Feria de San Pedro* (Juni), mit folkloristischen Darbietungen und typischem Brauchtum in Verbindung mit der *Feria del Ajo* (Knoblauchmarkt).

Die altertümliche Provinzhauptstadt Zamora, zugleich Sitz eines Bischofs, liegt im südlichen Teil des ehemaligen Königreichs León auf einem Felshügel über dem Río Duero, der etwa 50 km flußabwärts die portugiesische Grenze erreicht. Die Stadt wird als ein 'Museum der Romanik' bezeichnet und besitzt noch zahlreiche romanische Kirchen des 12./13. Jahrhunderts.

GESCHICHTE. – Die Stadt ist eine Gründung der Mauren; jedoch bevor sie von Enrique IV. auf ewige Zeiten den Titel einer 'sehr edlen und sehr treuen Stadt' verliehen bekam, mußte sie manche kriegerische Außeinandersetzung über sich ergehen lassen, in die auch der spanische Nationalheld El Cid verwickelt war. Bei einer Belagerung der Stadt durch Sancho II. starb dieser eines gewaltsamen Todes, und noch heute erinnert der 'Portillo de la Traición' (Verräterpforte) an diesen Meuchelmord.

SEHENSWERTES. – Im südlichen Teil der **Altstadt,** die von alten Befestigungen mit Stadttoren umgeben ist, erhebt sich nahe am rechten Ufer des Río Duero die größtenteils romanische **Kathedrale** (1151-74), mit viereckigem Turm, schöner Kuppel und beachtenswerten Seitenportalen, darunter die

Zamora – Brücke über den Duero

Puerta del Obispo mit Skulpturen. Im Innern ein beachtenswertes *Chorgestühl* (1480) von Rodrigo Alemán; in der *Capilla Mayor* schöner Retablo (1467) von Fernando Gallego und mehrere Grabmäler. Im *Kreuzgang* (17. Jh.) ein Museum mit einer spätgotischen Custodia (1515) und kostbaren flämischen Wandteppichen des 15./17. Jahrhunderts. – Nordwestlich hinter der Kathedrale das *Castillo,* von dessen Turm man einen wundervollen Blick auf Stadt und Fluß hat. – Südlich der Kathedrale, schon außerhalb der Stadtmauer am Ufer des Río Duero, die einschiffige Kirche *San Claudio de Olivares* aus dem 11. Jahrhundert.

Von der Kathedrale gelangt man durch die Rúa de los Notarios zu der östlich stehenden kleinen romanischen Templerkirche **Santa Magdalena** (12. Jh.); prächtiges Bogenportal mit der Darstellung von Löwen und Drachen, darüber Rosette; im Innern ein reich gearbeitetes Grabmal des 13. Jh. – Etwas südlich hiervon die Kirche *San Ildefonso* (13. Jh.; später erneuert); in der Capilla Mayor die beiden Schutzheiligen der Stadt San Atilano und San Ildefonso (Reliquien). – Auf der Calle Ramos Carrión weiter nach Osten; bei der kleinen Plaza de Cánovas die romanische Kirche **San Cipriano** (12. Jh.), mit eindrucksvollen Reliefs an der Außenfront; im Innern ein interessantes Gitterwerk, vermutlich das älteste in Spanien.

Weiter zu der Plaza Mayor, mit dem *Ayuntamiento* (Rathaus) von 1622 und der spätgotischen Kirche *San Juan,* in ihrem Innern ein bemalter Figurenaltar. – Unweit nördlich von San Juan steht die Kirche *Santa María la Nueva,* mit romanischen Wandmalereien; gegenüber das *Museo de la Semana Santa,* mit zahlreichen Prozessionsfiguren, den 'Pasos', die in der Karwoche von den Bruderschaften durch die Straßen getragen werden. – Südöstlich der Plaza Mayor findet man die Kirche **Santa María de la Horta** (12. Jh.), mit stattlichem Turm, schönem Portal und einem gotischen Retablo im Innern. – Weiter östlich der Plaza Mayor, an der Plaza de Sagasta der *Palacio de los Momos,* aus dem 16. Jh., jetzt *Audiencia* (Gericht), mit Renaissancefassade, benannt nach den 'momos' (Wilde), die den Wappenschmuck stützen. – In unmittelbarer

Nachbarschaft des Palacios die romanische Kirche *Santiago del Burgo* (12. Jh.), mit viereckigem Turm und beachtenswerten Portalen. – Weitere sehenswerte romanische Kirchen, Paläste und Majoratshäuser, darunter jenes der Familia Alba y Alister, in dem der Parador Nacional untergebracht ist. – Reizvolle Aussicht von der alten Duerobrücke (Puente Viejo).

UMGEBUNG von Zamora. – Lohnender Abstecher 20 km nordwestlich, zunächst auf der N-122, hinter Venta del Puerto auf einer Nebenstraße nach *El Campillo,* am Stausee des *Río Esla.* Hier befindet sich die 1931 bei der Anlage des Stausees um mehrere Kilometer versetzte westgotische Kirche **San Pedro de la Nave,** vermutlich um 681 erbaut; bedeutend durch die Skulpturen an den Kapitellen, wohl die größte und wichtigste bildhauerische Leistung des christlichen Spaniens vor der Maurenzeit.

Zum Valle de Sanabria. – Auf schnurgerader Strecke folgt man zunächst der Richtung Nordwesten führenden N-630 über einen Zipfel des Esla-Stausees bis zur Straßengabelung, wo die N-525 nach links abzweigt. Man folgt dieser, und vorbei an den Resten der im 13. Jh. erbauten großen Brücke *Puente de la Estrella* erreicht man *Tábara,* mit einer interessanten Kirche von 1132; anschließend hinauf zum **Portillo de Sazadón** (820 m), an einem Ausläufer der *Sierra de Culebra.* – Unweit der kleinen Ortschaft *Rionegro del Puente* mündet die von Benaventa kommende C-620 in die nun nach Westen strebende N-525 ein. Über *Mombuey,* mit einem Festungsturm des 13. Jh., erreicht man
Puebla de Sanabria inmitten des *Valle de Sanabria.*

Durch das Tal des *Río Castro* setzt die N-525 ihren Weg fort über *Requejo* und in zahlreichen Kehren hinauf zum **Portillo de Padornelo** (1329 m), einer Paßhöhe zwischen der *Sierra de la Gemoneda* (links) und der mehr als 2000 m hohen *Sierra Segundera* (rechts). – Weiter über *Lubián* (979 m) erreicht man den **Portillo de la Canda** (1262 m), der die Grenze zwischen Kastilien (Provinz Zamora) und Galicien (Provinz Orense) darstellt. – Über *Verín* fährt man nach **Orense** (s. dort; 282 km von Zamora).

Zaragoza siehe nächste Seite.

Zaragoza

Provinz: Zaragoza (Z). – Telefonvorwahl: 976.
Höhe: 200 m ü.d.M. – Einwohnerzahl: 591000.

ⓘ **Oficina de Información de Turismo,**
Torreón de la Zuda, Glorieta de Pío XII;
Telefon: 230027.
Servicio Provincial de Turismo,
Alfonso I 6;
Telefon: 222673.

HOTELS. – *Corona de Aragón,* Avda. César Augusto 13, L, 249 Z., Sb.; *Gran Hotel,* Costa 5, L, 138 Z.; *Palafóx,* Casa Jiménez s/n, L, 184 Z., Sb.; *Don Yo,* Bruil 4, I, 181 Z.; *Goya,* Cinco de Marzo 5, I, 150 Z.; *Rey Alfonso I* (garni), Coso 17, I, 117 Z.; *La Romareda* (garni), Asin y Palacios 11, I, 90 Z.; *El Cisne* (garni), Carretera N-II, km 309, 61 Z., Sb.; *Conquistador,* Herman Cortes 21, II, 44 Z.; *Europa* (garni), Alfonso I 19, III, 54 Z.; *Oriente,* Coso 11, II, 87 Z.; *París,* Pedro María Ric 14, II, 62 Z.; *Ramiro I,* Coso 123, II, 105 Z.; *Zaragoza Royal,* Arzobispo Domenech 4, II, 92 Z.; *Cesaraugusta II* (garni), Avda. Anselmo Clave 47, P II, 24 Z.; *Conde Blanco* (garni), Predicadores 84, III, 83 Z.; *Gran Via* (garni), Gran Vía 38, III, 41 Z.; *Los Molinos* (garni), San Miguel 28, III, 40 Z.; *Avenida* (garni), Avda. César Augusto 55, IV, 48 Z.; *Lafuente* (garni), Valenzuela 7, IV, 65 Z.; *Patria* (garni), Hermanos Ibarra 8, IV, 41 Z.; *Posada de las Almas,* San Pablo 22, IV, 30 Z.; *La Salle,* San Juan de la Cruz 22, IV, 81 Z., Sb.; u.a. – CAMPINGPLATZ: *Casablanca,* an der N-II nach Madrid.

RESTAURANTS. – *Parrilla Albarracín,* César Augusto, rustikaler Stil; Cafetería *Savoy,* Coso 42; Restaurant *Costa Vasca,* Coronel Valenzuela 13; *Casa Tena,* Plaza San Francisco 6; *Chalet Suizo,* Avda. Tenor Fleta 46; *Goyesco,* Manuel Lasala 44; *La Mar,* Plaza de Aragón 12 (Fisch und Meerestiere); *Mesón de Tomás,* Avda. de las Torres 92; *Mesón del Carmen,* Hernán Cortés 4; *Paris,* Paseo de las Damas 11; *Rogelio's,* Eduardo Ibarra 10. – An der Carretera N-232: Restaurant *Cachirulo,* 4½ km westlich. – An der Carretera N-II: Restaurant *Venta de los Caballos,* 8 km westlich.

VERANSTALTUNGEN. – *Fiesta Nuestra Señora del Pilar* (Oktober), mit Umzug des ‘Rosario de Cristal’ und zahlreichen Pilgern; die Feierlichkeiten dauern zumeist mehrere Tage, mit Folklore und Stierkampf (in den Hotels erhöhte Preise). – *Semana Santa* (Karwoche), mit großartiger Prozession. – *Fiesta de Primavera* (Mai), Frühlingsfest, zu dem alle zwei Jahre Ausstellungen spanischer Gemälde und Skulpturen veranstaltet werden.

Spielcasino: *Casino Montesblancos* in Alfajarín.

Die alte aragonesische Königsresidenz Zaragoza (Saragossa) ist Hauptstadt der gleichnamigen Provinz sowie Sitz einer vielbesuchten Universität und eines Erzbischofs. Die Stadt liegt am rechten Ufer des Río Ebro im Mittelpunkt des Ebrobeckens und ist von alters her dessen wichtigste Brückenstadt für den Verkehr aus den Pyrenäen nach Kastilien.

Die *Huerta de Zaragoza* ist infolge ihrer Bewässerung durch den Kaiserkanal und die Flüsse Ebro, Huerva und Gállego überaus fruchtbar. Zaragoza ist daher ein bedeutendes landwirtschaftliches Zentrum, hat aber auch beachtliche Industrie.

GESCHICHTE. – Die alte iberische Siedlung ‘Salduba’ erhielt von Kaiser Augustus den Namen ‘Colonia Caesaraugusta’, aus dem später die spanische Bezeichnung entstand. In den Jahren 452 wurde die Stadt von den Sueben, 476 von den Westgoten, 712 von den Mauren erobert. Nach der Einnahme durch Alfons I. von Aragonien im Jahre 1118 wurde Zaragoza die Residenz der aragonesischen Könige und gewann große Bedeutung, die es jedoch durch die Verlegung des Hofes nach Kastilien (15. Jh.) teilweise verlor. Berühmt ist die heroische Verteidigung der Stadt im Spanischen Befreiungskrieg

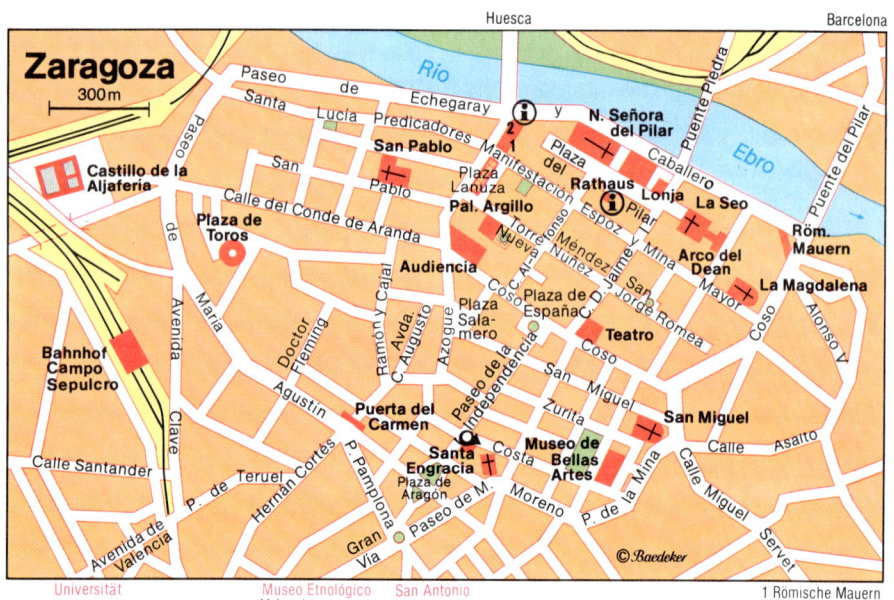

1 Römische Mauern
2 Torreón de la Zuda

Zaragoza – Basilika Nuestra Señora del Pilar am Ebro-Ufer

(1808/09) gegen die Franzosen, wobei bis zur ehrenvollen Kapitulation die Hälfte der Einwohner den Tod fand. Seit der Vertreibung der Karlisten, die im März 1838 durch Überrumpelung eingedrungen waren, führt Zaragoza die Bezeichnung 'siempre heróica e inmortal' (stets heldenhaft und unsterblich).

SEHENSWERTES. – Hauptverkehrsstraße von Zaragoza ist die breite Calle del Coso, die um den südöstlichen Teil der Altstadt herum zu der Ebrobrücke Puente de Pilar führt. Den Mittelpunkt der Calle del Coso bildet die Plaza de España; von ihr geht in südlicher Richtung der Paseo de la Independencia aus, während nördlich die belebte Calle de Don Jaime I sowie die westlich parallel verlaufende Calle de Alfonso I zur Plaza del Pilar führen.

Am Ostende der breiten und z.T. mit Anlagen geschmückten Plaza del Pilar erhebt sich an der kleinen Plaza de la Seo die fünfschiffige gotische *Kathedrale La Seo (San Salvador), 1119-1520 an der Stelle der maurischen Hauptmoschee errichtet, mit Hauptportal von 1795, Vierungskuppel von 1520 und schlankem Glockenturm von 1686.

Das INNERE der Kathedrale enthält im Chor ein prachtvolles Gitter und spätgotisches Gestühl, in der Capilla Mayor einen großen alabasternen Retablo von Meister Hans aus Schwäbisch Gmünd (1477); in der Capilla de San Bernardo (links vom Südwesteingang) die platheresken Grabmäler des Erzbischofs Fernando und seiner Mutter Ana Gurrea (1552), beide von Diego Morlanes; in der als Pfarrkirche dienenden Capilla de San Miguel (links neben dem Haupteingang) das Grabmal des Erzbischofs Lope Fernández de Luna († 1382); in der Capilla de San Pedro Arbués das Grab des 1485 in der Kathedrale ermordeten gleichnamigen Inquisitors (1867 heiliggesprochen). Ferner besitzt die Kathedrale einen reichen Kirchenschatz (Tesoro) sowie im ersten Stock ein Gobelinmuseum mit 30 wertvollen Wandteppichen (z.T. aus dem 15. Jh.).

Zwischen der Plaza del Pilar und dem Ebroufer liegt die zweite Kathedrale Zaragozas, die Wallfahrtskirche *Basílica Nuestra Señora del Pilar (auch Virgen del Pilar), ein rechteckiger Bau mit großer Mittelkuppel, zehn kleineren Azulejoskuppeln und vier hohen Ecktürmen. Die Kirche (132 m lang und 67 m breit) wurde an der Stelle einer Kapelle 1681 von Fr. Herrera d.J. begonnen und 1753 von V. Rodriguez fortgeführt, aber erst gegen das Ende des 19. Jh. ausgebaut.

In dem klassizistisch ausgestatteten INNERN im Chor ein schönes Gitter von 1574, ein prächtiges platereskes Gestühl (1548) sowie ein gotischer *Retablo (1484-1515), u.a. von Damién Forment, aus z.T. farbigem Alabaster. Im Ostteil der Kirche die Capilla de Nuestra Señora del Pilar, mit prachtvollen Deckengemälden von Goya (1771) und Bayeu (1781); an der Westwand die aus dem frühen 15. Jh. stammende kleine Alabasterfigur der Jungfrau auf dem mit Silber beschlagenen marmornen 'Pilar' (Säule), wo die Muttergottes am 2. Januar des Jahres 40 dem nach Compostela ziehenden Apostel

Jakobus (über dem Altar links) erschienen sein soll. In den Kuppeln weitere Fresken von Goya. Die Sacristía Mayor und Sacristía Virgen dienen als *Schatzkammer. –* Vom Nordwestturm (Fahrstuhl) weite Aussicht.

Zwischen den beiden Kathedralen liegen an der Plaza del Pilar die ehem. *Lonja (Börse),* ein 1551 vollendeter stattlicher Renaissancebau, mit einem einzigen großen Saal, und das *Ayuntamiento* (Rathaus), mit sehenswertem Innern, darunter u. a. eine antike Augustusstatue. – Nördlich der Lonja führt der siebenbogige **Puente de Piedra** (15. Jh.) über den Río Ebro in die nördliche Vorstadt ('Arrabal'). Flußabwärts der *Puente del Pilar,* flußaufwärts der moderne *Puente de Santiago.* Vom linken Ebroufer berühmter *Blick auf die Stadt mit den beiden Kathedralen.

An der Westseite der Plaza del Pilar ein großes *Gefallenendenkmal* für die Toten des Spanischen Bürgerkrieges (1936-39). Westlich dahinter an der kleinen Plaza de César Augusto der *Torreón de la Zuda,* ein Turm im Mudéjarstil aus dem 14. Jh., sowie die Kirche *San Juan de los Panetes* (18. Jh.), mit schiefem Turm. Südlich anschließend an den Torreón bedeutende Reste der *Römischen Stadtmauer.* Nördlich führt der Puente de Santiago über den Río Ebro.

Im westlichen Teil der Altstadt steht die um 1259 erbaute romanisch-gotische Kirche **San Pablo,** mit einem interessanten achteckigen Turm im Mudéjarstil (14. Jh.); im sehenswerten Innern ein prachtvoller Hauptaltar von Damián Forment (1511). – Am Westrand der Stadt das **Castillo de la Aljafería,** im 11. Jh. von den Mauren erbaut, später Schloß der Könige von Aragón und 1809 größtenteils zerstört; im Innern einige sehenswerte Säle mit schönen Artesonado-Decken. – Südöstlich von San Pablo liegt am Anfang der Calle del Coso die 1537 erbaute **Audiencia** *(Berufungsgericht),* nach den beiden riesigen Türhütern auch *Casa de los Gigantes* genannt, einst Palast der mächtigen Grafen Lara, mit schönem Säulenhof.

Der in der Mitte der Calle del Coso an der Plaza de España beginnende und nach Süden führende Paseo de la Independencia ist eine prächtige Promenade mit Arkaden an der Westseite. Unweit vom Ende dieser Straße links hinter dem Postamt das ehem. Kloster **Santa**

Engracia, im 15./16. Jh. in reichstem platereskem Stil erbaut, 1809 fast ganz zerstört, 1898 wiederhergestellt; nur das Alabasterportal ist alt. In der Krypta zwei altchristliche Marmorsarkophage. – Weiter östlich an der Plaza de José Antonio das **Museo de Bellas Artes;** im Erdgeschoß die *Volkskundliche Abteilung* (röm. Orpheus-Mosaik); im Obergeschoß eine *Gemäldegalerie,* mit Werken älterer und neuerer spanischer Meister (u.a. Ribera, Goya). – Der Paseo de la Independencia mündet südlich auf die ovale Plaza de Aragón; unweit westlich die *Puerta del Carmen.* Etwa 2 km südlich liegt rechts abseits vom Paseo de Fernando el Católico die **Ciudad Universitaria** *(Universitätsstadt);* weiter am Paseo de Isabel la Católica der *Messepalast,* in dem alljährlich die Nationale Mustermesse (Oktober) abgehalten wird. Östlich anschließend der schöne *Primo-de-Rivera-Park,* mit *Völkerkunde-* und *Naturwissenschaftlichem Museum.*

UMGEBUNG. – Von Zaragoza aus lassen sich etliche lohnende Ausflüge zu interessanten Stätten der Geschichte dieser Provinz unternehmen. Sie liegen zumeist in unmittelbarer Nachbarschaft der großen Reiserouten.

In Richtung Tarragona. – Die in südöstlicher Richtung am Rande des grünen Ebrobeckens verlaufende N-232 zieht entlang des **Canal Imperial de Aragón** *(Kaiserkanal),* einem 1528 von Karl V. begonnenen Schiffahrtskanal (90 km lang), der jetzt jedoch nur noch gewerblichen Betrieben und der Bewässerung dient. Vorbei an einer alten Cartuja zur Linken führt die Straße über *El Burgo de Ebro* (185 m) mit der dahinter links am Río Ebro liegenden Ermita *Nuestra Señora de Zaragoza la Vieja* weiter nach *Fuentes de Ebro* (196 m), einem am Ende des Kaiserkanals gelegenen Städtchen, mit Palacio der Grafen von Fuentes.

Quinto (150 m; 3000 Einw.), eine kleine Stadt mit Solquellen. – Hinter Quinto führt eine Nebenstraße nach links über den Ebro nach *Escatrón* mit dem in der Nähe liegenden **Kloster Rueda** (begonnen im 13. Jh.), mit sehenswerter Kirche und einem gotisch-byzantinischen Kapitelsaal. Von dem schon jenseits der Provinzgrenze liegenden *Azaila* erreicht man auf der nach Osten strebenden C-221 den Ort **Caspe,** unweit der großen Ebro-Stauseen *Embalse de Caspe* und *Embalse de Moros;* im Ort Stiftskirche im Zisterzienserstil des 13. Jahrhunderts.

Von Azaila auf der N-232 oder von Caspe auf der C-221 in südöstlicher Richtung bis zur jeweiligen Einmündung in die N-420 nach **Tarragona** (s. dort; 238 km von Zaragoza).

Über den Puerto de Paniza. – Die N-330 ist die Route nach Teruel. Sie verläßt Zaragoza und führt am *Río Huerva* aufwärts zu dem Dörfchen *Muel,* das die Tradition des Töpferhandwerks bewahrt. Die Fahrt geht weiter über *Longares,* dessen schöne Pfarrkirche einen eindrucksvollen Ecce Homo besitzt, nach
Cariñena (410 m; 3000 Einw.), einem weinberühmten Städtchen, dessen Ursprünge bis in die Neusteinzeit zurückführen; im Ort alte Stadtmauern und eine Barockkirche, über den Fundamenten einer gotischen Kirche errichtet. – 24 km östlich von Cariñena das Dorf *Fuendetodos,* Geburtsort des Malers Francisco Goya (1746-1828), mit kleinem Museum in seinem wiederhergestellten Geburtshaus.

Ab Cariñena klettert die N-330 hinauf zum aussichtsreichen *Puerto de Paniza* (925 m). Jenseits des Passes mündet rechts die aus Catalayud kommende N-234; dann erreicht man
Daroca (769 m; 6000 Einw.) ein von den Iberern gegründetes Städtchen, von einem 3 km langen Mauerring umgeben (114 Türme), in malerischer Lage in einer tiefen Schlucht des *Río Jiloca* am Abhang des *Pico de Almenara* (1421 m; Sierra de Santa Cruz); sehenswert sind das Felsenkastell (Kalat Daruka) und die Kollegiatskirche Santa María (13. /15. Jh.), mit guten Altarwerken des 15. Jh. und Pfarrmuseum. – Hinter Daroca überschreitet die N-234 die Provinzgrenze und erreicht über *Monreal del Campo* die Provinzhauptstadt **Teruel** (s. dort; 181 km von Zaragoza).

Über den Puerto de Cavero. – Kenner nennen diese Fahrt die 'Route des Mudéjarstils', die man auf der N-II in südwestlicher Richtung ab Zaragoza beginnt. Die zunächst autobahnähnliche Straße führt den Kalkhöhen der *Plana de la Muela* sowie dem kleinen Ort *La Muela* (598 m) entgegen; von hier in Windungen bergab, dann schnurgerade nach
La Almunia de Doña Godina (218 m; 5000 Einw.), wo man das grüne Ebrobecken verläßt; nördlich des Ortes die Kapelle *Nuestra Señora de Cabañas.*

Hinter dem Städtchen beginnt nun die Serie der Paßhöhen: zunächst über den *Puerto de Morata* (708 m) mit dem sich anschließenden *Puerto del Frasno* (785 m) und schließlich über *Aluenda* hinauf zum **Puerto de Cavero** (765 m), auf den kahlen Höhen der *Sierra de Vicort,* mit schönen Ausblicken. Von der Paßhöhe hinunter nach **Calatayud** (s. dort).

Die N-II erreicht hinter Calatayud *Ateca* (3500 Einw.), mit maurischen Türmen und einem Schloß, das 1073 von El Cid erobert wurde, und führt dann über *Bubierca* nach

Alhama de Aragón (648 m; Hotel Parque, II, 108 Z., Sb.; Termas, II, 35 Z., Sb.), einem schon den Römern als 'Aquae Bilbilitanae' bekannten Bad mit Thermalquellen (24-33°C), dessen heutiger Name vom maurischen 'al-Hamma' (die heiße Quelle) stammt. Beim Kurgarten eine gewaltige *Felsklamm* des *Río Jalón.* – Von Alhama de Aragón lohnender Abstecher (18 km) südöstlich zum *Monasterio de Piedra.*

Vorbei an der Burg von *Campillo* (links) führt die N-II nach *Ariza* (717 m), einem an einem felsigen Hügel ansteigenden Städtchen, zur Grenze zwischen Aragonien (Provinz Zaragoza) und Kastilien (Provinz Soria) und weiter nach
Santa María de Huerta (Hotel Parador Nacional, II, 40 Z.), dessen im 12. Jh. gegründetes Monasterio de Santa María ein schönes Chorgestühl, ein gotisches Refektorium und einen plateresken Kreuzgang besitzt.

Über *Arcos de Jalón* erreicht die N-II **Medinaceli** (s. dort).

Nach Tarazona. – Die Route führt in nordwestlicher Richtung in dem breiten grünen Ebrotal flußaufwärts; im Norden die Pyrenäen, im Westen die *Sierra de Moncayo.* Über *Alagón,* mit der weithin sichtbaren Azulejoskuppel der Jesuitenkirche und dem in Aragonien oft wiederkehrenden achteckigen Turm der Pfarrkirche, weiter über den Kaiserkanal zu einer Straßengabelung, wo sich N-232 und N-122 trennen. Hier beginnt nach Norden auch die C-127 nach Pamplona.

Die bei der genannten Straßengabelung nach links abzweigende N-122 erreicht das im Tal des *Río Huecha* gelegene alte Städtchen
Borja (5000 Einw.), das alte 'Bursao' der Iberer, Mittelpunkt einer großen Weinbauzone, mit den Ruinen der Stammburg der Borja; Ausgangspunkt zum Besuch der *Sierra de Moncayo* (2316 m), eines das Ebrobecken vom kastilischen Hochland scheidenden schroffen Sandsteingebirges.

Bei der Weiterfahrt auf der N-122 nach Süden Abzweigung einer Nebenstraße in die Sierra de Moncayo; beim Dorf *Vera de Moncayo* Zufahrtsstraße zum malerischen ehemaligen **Monasterio de Veruela** (12./15. Jh.), einst Zisterzienserkloster, heute Jesuitenkolleg; von mächtiger, zinnengekrönter Mauer umgeben; sehenswerte Kirche. Im Kloster Erinnerungen an den Aufenthalt des Dichters Gustavo Adolfo Bécquer. – Vom Kloster Fußweg zur Wallfahrtskirche *Nuestra Señora del Moncayo* (1621 m Höhe), mit Bildnis der Muttergottes (13. Jh.). – Die N-122 überwindet den *Puerto de Lanzas Agudas* (681 m) nach **Tarazona** (s. dort).

Richtung Pamplona. – Für diese Reise stehen dem Touristen ab Zaragoza zwei Routen zur Verfügung. Die erste verläßt die bereits zuvor beschriebene Route nach Logroño und führt über das bereits in Navarra gelegene Tudela auf der N-121 nach Norden. – Die durch den Norden der Provinz Zaragoza geleitende Route verläßt die N-232 hinter *Pedrola* und erreicht auf einer Nebenstraße den Ort

Tauste, eine kleine Gemeinde am *Río Arba;* sehenswerte im Mudéjarstil erbaute Pfarrkirche (1243 begonnen), mit schönem Turm und wertvollem Retablo am Hochaltar, ein Schnitzwerk des 16. Jahrhunderts.

Die ab Tauste nach Norden führende C-127 erreicht am Zusammenfluß von *Arba de Luesia* und *Arba de Biel*
Ejea de los Caballeros, dessen romanische Festungskirche (13. Jh.) unter Denkmalschutz steht, mit stattlichem Wehrturm; beachtenswerte Kirche Santa María, mit romanischem Portal; in der Kirche Nuestra Señora de la Oliva, die Schutzheilige des Städtchens, eine Skulptur des 13. Jahrhunderts.

Auf der C-124 setzt man nun in nordwestlicher Richtung die Fahrt fort und erreicht über *Sádaba* und den *Puerto de Sos* (856 m)
Sos del Rey Católico, ein Festungsstädtchen mit mittelalterlichem Stadtbild; im Palacio de Sada (12. Jh.) wurde 1452 der spätere Ferdinand von Aragonien, genannt 'el Rey Católico', geboren; beachtenswert auch die romanische Pfarrkirche (11./12. Jh.), mit interessanten Wandmalereien (14. Jh.). – Südöstlich von Sos (24 km), auch direkt von Sádaba (16 km) zu erreichen, die Ortschaft *Uncastillo*

('eine Burg'), mit mächtiger Festung des 12. Jh., die sich auf einem Felsenhang erhebt; interessant auch die Kirche San Juan, die über einem in den Felsen gehauenen Friedhof des 7. Jh. errichtet wurde, mit romanisch-byzantinischem Gemälde (12. Jh.).

Nach Huesca. – Die Hauptroute führt westlich des *Río Gállego* nach *Zuera.* Jenseits des Flusses kann man auch eine Nebenstraße benutzen, die ebenfalls nach Norden führt und nach etwa 12 km die am linken Ufer des *Río Gállego* gelegene
Cartuja de Aula Dei, ein 1564 von Fernando II. gegründetes Kloster erreicht; im Kreuzgang Bilder aus dem Leben des hl. Bruno, von Antonio Martínez; Klosterkirche mit schönem Portal und Fresken von Goya aus dem Leben der hl. Jungfrau (1772). Schöne Aussicht vom Mirador. – Hinter Zuera vereinigen sich N-123 und Nebenstraße; die Provinzgrenze wird überschritten, und es geht in zügiger Fahrt nach **Huesca** (s. dort; 72 km von Zaragoza).

Nach Lérida. – Man kann die Autobahn benutzen oder wählt die N-II; beide streben nach Osten und bieten vom jenseitigen Ufer des *Río Ebro* einen herrlichen Blick auf die Stadt. Durch das Ebrobecken geht es über *Alfajarín* mit seiner Burgruine und *Osera* mit einem langen Aquädukt der Hochfläche *Los Montes de la Retuerta* entgegen; in ihrer Mitte der kleine Ort *Bujaraloz.*

Die N-II erreicht die Provinzgrenze und führt über *Fraga* nach **Lérida** (s. dort; 140 km von Zaragoza).

Warnung!

In Spanien achte man sorgfältig auf sein Eigentum!

Besonders im Bereich der städtischen Ballungsräume und in den vielbesuchten Badeorten an der Küste sind **Diebstähle,** Entreißen von Taschen, Koffern, Fotoapparaten, Ferngläsern, Uhren und Schmuck oder anderen Wertgegenständen, **Raubüberfälle,** zudem das **Aufbrechen, Plündern und Entwenden von Kraftfahrzeugen,** insbesondere von Wohnwagen und Kleinbussen an der Tagesordnung!

Es ist daher dringend angeraten, alle Wertsachen (vor allem Papiere, Geld, Schecks, Scheckkarten und Schlüssel) stets direkt auf dem Körper zu tragen sowie absolut keine Gegenstände in frei zugänglich abgestellten Fahrzeugen zu belassen (Handschuhfach und Kofferraum leeren und nicht abschließen!). Über Nacht verwahre man sein Auto nach Möglichkeit in einer verschlossenen Garage (mit Versicherungsschutz).

Die spanische **Polizei** ist zwar hilfsbereit, steht den rücksichtslos vorgehenden Dieben jedoch **praktisch machtlos** gegenüber. Nach einem erfolgten Überfall, Raub oder Diebstahl kann sie in der Regel lediglich ein Protokoll aufsetzen (wichtig für die Schadensmeldung bei der Versicherung!).

Bei Verlust von Schecks und/oder Scheckkarten ist das heimatliche Geldinstitut unverzüglich telegrafisch in Kenntnis zu setzen, damit die entsprechenden Konten gesperrt werden können.

Praktische Informationen

Flamenco-Tänzerin

Sicherheit

Reisezeit

Wetter

Reisedokumente

Zollbestimmungen

Geld, Devisen

Posttarife

Verkehr

Sprache

Unterkunft

Gastronomie

Umgangsregeln, Öffnungszeiten

Badestrände

Nationalparks

Schauhöhlen

Wintersport

Folklore

Feste, Stierkampf, Spiele

Veranstaltungskalender

Einkäufe, Souvenirs

Auskunft

Notrufe

Zu Ihrer Sicherheit am Steuer

Gurte

Gurten Sie sich immer richtig an und achten Sie darauf, daß Ihre Mitfahrer es – sowohl auf dem Vordersitz als auch auf den Rücksitzen – ebenfalls tun. Die Bänder sollen straff und nicht verdreht am Körper anliegen. Wer seinen Gurt nur lose umhängt, um in einer Kontrolle die Strafe zu sparen, gefährdet sich: Bei einem Unfall kann der Gurt dann sogar zusätzliche Verletzungen verursachen.

Nur zusammen mit richtig eingestellten Kopfstützen am Autositz erfüllen Gurte optimal ihren Zweck. Die Oberkante der Kopfstützen muß in Augen- und Ohrenhöhe oder darüber liegen. Nur dann schützen sie die Halswirbelsäule.

Zubehör

Gesetzlich vorgeschrieben:
Verbandskasten (Vollständigkeit prüfen!), Warndreieck, Nationalitätskennzeichen (D-Schild; auf Auslandsreisen), bei zugepacktem Heckfenster und für Caravan-Fahrer ein zweiter Außenspiegel. – Verhindern Sie durch sichere Unterbringung, daß Verbandskasten oder Warndreieck beim Bremsen als gefährliche Geschosse durch das Fahrzeuginnere fliegen.

Einzelne Reiseländer schreiben eventuell zusätzliches Zubehör vor; bitte erkundigen Sie sich danach.

Sinnvolle Ergänzungen:
Abschleppseil, Reserveglühlampen, -sicherungen, -keilriemen, Werkzeug, Starthilfekabel, Wolldecke, Handschuhe, Taschenlampe.

Feuerlöscher mit mindestens 2 kg Inhalt (am besten Halon) für kleinere Brände. – Übrigens bleibt bei Fahrzeugbränden meist genug Zeit zur Rettung von Insassen und Gepäck; bei Versuchen vergingen zwischen einem Brandbeginn am Vergaser und dem Übergreifen des Feuers auf den Innenraum fünf bis zehn Minuten. Größte Vorsicht jedoch bei Tankbeschädigungen und auslaufendem Kraftstoff! Dann kann ein Brand blitzartig das ganze Fahrzeug erfassen.

Kamera mit Blitzlicht, um nach kleineren Unfällen Spuren zu sichern. Nicht die Beschädigungen der Fahrzeuge sind wichtig, sondern die Gesamtsituation am Unfallort (auf jeden Fall je ein Foto genau in Fahrtrichtung der Unfallbeteiligten aus größerem Abstand machen).

Verbundglas-Frontscheibe als Zusatzausstattung ab Werk oder nach einem Glasbruch. – Die zwei Glasschichten, die mittels einer zähen, elastischen Kunststoffolie verbunden sind, bekommen bei Steinschlag nur an der Aufschlagstelle einen Bruch, man kann noch hindurchschauen, und die Splitter bleiben an der Folie hängen, so daß sie niemanden verletzten.

Reservekanister mit Kraftstoff. – Energie sparen Sie übrigens, wenn Sie auf der Autobahn nur bis höchstens zwei Zentimeter vor der Vollgasstellung aufs Gaspedal drücken. Mit dem 'Gasfuß' in Sparstellung sinkt die Reisegeschwindigkeit kaum, während der Kraftstoffverbrauch erheblich verringert wird.

Bremsen

Die Bremsflüssigkeit sollte alle zwei Jahre erneuert werden. – Durch Kondenswasser, Staub und chemische Zersetzung verliert sie im Laufe der Zeit ihre Wirksamkeit.

Gerade vor Reisen empfiehlt sich eine gründliche Überholung des gesamten Bremssystems. Im Urlaub müssen die Bremsen besonders viel leisten, wenn das Auto voll beladen ist und die Reise über Bergstrecken führt.

Reifen

Reifen brauchen mindestens 2 mm Profiltiefe, um griffig zu sein und den Wagen auch bei Nässe auf der Straße zu halten. Bei sportlich breiten Reifen sind wegen der längeren Wasserwege sogar 3 mm zu empfehlen, für Winterreifen wenigstens 4 mm.

Richtiger Luftdruck verbessert die Straßenlage des Wagens und hilft Kraftstoff sparen. Der Luftdruck wird am kalten Reifen reguliert, nicht am heißgefahrenen.

Laut Vorschrift müssen alle Reifen am Auto die gleiche Bauart aufweisen, also nur Gürtel- oder Diagonalreifen sein. Noch sicherer fahren Sie, wenn alle Reifen das gleiche Profil haben.

Wer zwischen Sommer- und Winterreifen abwechselt, sollte die nicht benötigten Reifen auf den Felgen lagern. Das verlängert die Lebensdauer der Räder und spart beim Montieren Zeit und Geld.

Scheinwerfer

Lampen und Scheinwerfer sollten Sie regelmäßig prüfen. Wenn die Beleuchtung in Ordnung ist, sehen Sie nicht nur besser, Sie werden auch besser gesehen.

Rückleuchten und Bremslichter kontrollieren Sie leicht selbst, wenn Sie an einer Ampel vor einem Bus oder Lieferwagen halten. Die große Frontfläche reflektiert wie ein Spiegel das Licht. In Ihrer Garage oder beim Parken vor einer Schaufensterscheibe erkennen Sie abends, ob Scheinwerfer und vordere Blinkleuchten einwandfrei funktionieren.

Bei Nachtfahrten auf nassen Straßen alle 50 bis 100 km Scheinwerfer und Rückleuchten reinigen. Bereits eine hauchdünne Schmutzschicht auf den Scheinwerfergläsern vermindert die Lichtausbeute um die Hälfte. Bei stärke-

rer Verschmutzung können sogar bis zu 90% Licht verlorengehen.

Wenn die Lampen altern, nimmt ihre Leistungsfähigkeit deutlich ab, weil sich Wolfram von der Glühwendel im Glaskolben niederschlägt. Dunkel gewordene und defekte Glühlampen sollten Sie paarweise austauschen, damit sie auf beiden Seiten gleich hell sind.

Übrigens fahren Brillenträger nachts sicherer mit spezialentspiegelten Gläsern. Von einer getönten Brille bei Dämmerung oder Dunkelheit muß abgeraten werden. Weil jede Glasscheibe einen Teil des hindurchfallenden Lichtes reflektiert, erreichen selbst durch eine klare Windschutzscheibe nur 90% des auf der Straße vorhandenen Lichtes die Augen des Autofahrers. Brillenträgern entsteht ein zusätzlicher Lichtverlust von 10%. Durch getönte Scheiben und getönte Brillengläser gelangt nur noch etwa die Hälfte der auf der Straße vorhandenen Lichtmenge bis ans Auge; sicheres Fahren ist dann nicht mehr möglich.

Nebelbeleuchtung

Der beste Platz für Nebellampen ist auf der vorderen Stoßstange. Das ergibt eine besonders günstige Reichweite ohne Blendwirkung. Die Leuchten dürfen nur paarweise symmetrisch und auf gleicher Höhe montiert sein, aber nicht höher als das Abblendlicht. – Wenn weder Nebel noch Regen oder Schneefall die Sicht erheblich beeinträchtigen, kann die Benutzung der Nebelscheinwerfer Strafe kosten.

Bis zu zwei Nebelschlußleuchten dürfen am Heck des Wagens montiert sein, mindestens 10 cm vom Bremslicht ent-

fernt und nicht mehr als 100 cm über der Fahrbahn. Benutzen darf man die Nebelschlußleuchte(n) nur bei einer Sichtweite unter 50 m inner- und außerorts.

Bei Nebelfahrten beachten:
Rücksichtsvolles Abblenden gilt nicht nur für Fernscheinwerfer, sondern auch für Nebelschlußleuchten. Schalten Sie diese aus, wenn Sie in ihrem Rückspiegel die Konturen der nachfolgenden Fahrzeuge vollständig erkennen.
Rechnen Sie am Tag mit Nebel, wenn Ihnen Fahrzeuge mit eingeschalteter Beleuchtung entgegenkommen, und schalten Sie selbst Ihre Scheinwerfer ein.
Passen Sie Ihre Geschwindigkeit der geringen Sichtweite an.
Achten Sie auf ausreichend Abstand zum vorausfahrenden Fahrzeug, überholen Sie nicht.
Betätigen Sie die Scheibenwischer: starker Nebel schlägt sich als Wasserfilm auf der Windschutzscheibe nieder.

Reise-Organisation

Gute Organisation ist schon vor der Reise wichtig. Die Gewißheit, daß zu Hause alles in Ordnung ist und daß man nichts vergessen hat, trägt zur Gelassenheit am Steuer bei.

Ein erprobtes Hilfsmittel bei den Vorbereitungen sind Checklisten, auf denen Sie notieren, an was Sie noch denken müssen, und auf denen Sie abhaken, was Sie erledigt haben.

Klären Sie rechtzeitig, wer Ihre Blumen gießt, Haustiere versorgt und den Briefkasten vor verdächtigem Überquellen bewahrt. Hinterlassen Sie Wertsachen,

Fotokopien Ihrer Papiere und Ihre Urlaubsanschrift bei einer Vertrauensperson oder Ihrer Bank.

Wichtige Unterlagen:
Gültiger Personalausweis bzw. Reisepaß (ggf. mit Visa-Unterlagen) – Führerschein und Fahrzeugschein (ggf. mit Internationalem Führerschein und internationaler Zulassung) – Grüne Versicherungskarte – Auto-Schutzbrief – Reise-Versicherungen – Auslands-Krankenschein – Benzingutscheine – Fahrkarten, Schiffs- oder Flugtickets, Buchungsbestätigungen – Impfzeugnisse (auch für Tiere) – Fotokopien aller wichtigen Papiere (im Gepäck) – Reiseschecks und Geld – Straßenkarten.

Ihre Reiseapotheke sollte neben den notwendigen Dingen gegen Verletzungen und Unpäßlichkeiten auch einen ausreichenden Vorrat jener Medikamente enthalten, die Sie regelmäßig einnehmen. Beachten Sie bitte, daß Medikamente die Reaktionsfähigkeit und damit die Fahrtüchtigkeit beeinträchtigen können.

Ersatzbrille nicht vergessen!

Allianz Service

Alle Autofahrer, die Kunden der Allianz Autoversicherung sind, können ihre Fahrzeuge **kostenlos** im Allianz-Zentrum für Technik in Ismaning bei München nach Voranmeldung (mindestens

sechs Wochen vorher, Telefon 089/ 9601276) überprüfen lassen. Der Test dauert knapp eineinhalb Stunden und betrifft Bremsen, Bremsflüssigkeit, Unterbodengruppe und Rahmen, Radaufhängung, Stoßdämpfer, Reifen, Scheinwerfer und Beleuchtung, Achseinstelldaten und Motor (Einstellung, Funktion, Leistung, Abgas).

Jeder Allianz Fachmann hält für seine Kunden kostenlos bereit: "Mit dem Auto ins Ausland" – Broschüre mit zahlreichen Tips, Adressen und Ratschlägen für den Schadenfall in 24 europäischen und außereuropäischen Ländern.

Service-Tasche für Ihr Auto – Parkscheibe sowie wichtige Unterlagen und Formulare für den Fahrzeugwechsel oder einen Schadenfall.

Zentralruf der Autoversicherer

Wenden Sie sich an den Zentralruf der Autoversicherer, wenn Sie in der Bundesrepublik Deutschland oder Berlin (West) einen Unfall hatten und wenn zwischen den Beteiligten die versicherungstechnischen Einzelheiten nicht an Ort und Stelle zu klären sind. Dann wird die Schadenregulierung über den Zentralruf eingeleitet.

Alle Zentralrufstationen haben die **einheitliche Telefonnummer 19213,** die Sie mit entsprechender Vorwahl anrufen können, und zwar in Aachen (0241), Berlin (030), Dortmund (0231), Essen (0201), Frankfurt (069), Hamburg (040), Hannover (0511), Köln (0221), Mannheim (0621), München (089), Nürnberg (0911), Saarbrücken (0681) und Stuttgart (0711).

Sichere Reise!

Die Versicherungen, die zur üblichen 'Grundausstattung' gehören, bieten während einer Reise weitgehenden Schutz: Lebensversicherung, Unfallversicherung und Privat-Haftpflichtversicherung gelten in der ganzen Welt, die Rechtsschutzversicherung in Europa und in den außereuropäischen Mittelmeerstaaten.

Gerade auf Reisen gibt es immer wieder ungewohnte Situationen. In der frem-

den Umgebung genügt eine Sekunde Unaufmerksamkeit, zum Beispiel beim Überqueren der Straße: Sie zwingen einen Wagen zum Ausweichen, und schon ist es passiert. Da brauchen Sie eine gute Rückendeckung; eine **Haftpflichtversicherung** zahlt nicht nur bei berechtigten Ansprüchen, sondern wehrt darüber hinaus unberechtigte Forderungen ab.

Hat aber Ihnen jemand einen Schaden zugefügt, bezahlt die **Rechtsschutzversicherung** Ihren Anwalt. Sie kommt auch für die Verteidigungskosten in einem Strafverfahren auf.

Wenn Sie bisher keine **Unfallversicherung** haben, wäre Ihr Urlaub ein guter Anlaß, eine solche abzuschließen. Sie gilt rund um die Uhr, im Beruf, im Haushalt, auf Reisen und in der Freizeit. Sie läßt sich in Leistungen und Beitrag der allgemeinen Einkommensentwicklung anpassen; bei einer besonderen Form erhalten Sie sogar alle Beiträge mit Gewinnbeteiligung zurück.

Für einen Auslandsurlaub sollten Sie an eine **Reisekrankenversicherung** denken. Sie kostet nicht viel und ergänzt die Leistungen Ihrer Krankenkasse.

Für den Fall, daß Sie vor Reiseantritt krank werden oder daß andere gewichtige Gründe Sie von der Reise abhalten, ist eine **Reise-Rücktrittskosten-Versicherung** nützlich. Sie kommt für Schadenersatzforderungen von Reisebüros, Hotels und Fluggesellschaften auf.

Folgen von Verlusten oder Schäden beim Gepäck mildert eine **Reisegepäckversicherung** – die übrigens während des ganzen Jahres für alle Reisen und Ausflüge gilt.

Während Ihrer Abwesenheit bewahrt Sie zwar die **Hausratversicherung** nicht vor Brand, Blitzschlag, Explosion, Einbruch, ausströmendem Leitungswasser oder Sturm, aber vor den finanziellen Folgen solcher Schäden. Wenn Ihre Wohnung allerdings länger als 60 Tage ununterbrochen nicht benutzt wird, müssen Sie das Ihrer Versicherung mitteilen.

Wer mit dem Auto reist, sollte rechtzeitig seine **K r a f t f a h r t v e r s i c h e r u n g e n** überprüfen.

Im Ausland gelten für Schadenregulierung und in den rechtlichen Fragen bei einem Unfall vielfach andere Regeln – für Deutsche oft höchst ungewohnt. Recht wird grundsätzlich nach den Rechtsvorschriften des jeweiligen Landes gesprochen, und die Bearbeitung des Schadens dauert meist länger als daheim. Oft wird nicht alles ersetzt.

Reicht Ihre **Kraftfahrzeug-Haftpflichtversicherung** aus?

Statt zu einer schon bestehenden **Teilkaskoversicherung** noch eine kurzfristige **Vollkaskoversicherung** für die Reise abzuschließen, sollten Sie einen ganzjährigen Vollkaskoschutz erwerben. Er kostet nur wenig mehr, da Sie in der Vollkaskoversicherung denselben Schadenfreiheitsrabatt erhalten wie für Ihre Auto-Haftpflichtversicherung.

Sich selbst und Ihre Mitfahrer können Sie durch eine **Insassen-Unfallversicherung** schützen. Sie zahlt, ohne daß die Frage des Verschuldens geprüft wird.

Zusätzlichen Schutz auf Autofahrten im In- und Ausland bietet der **Allianz Auto-Schutzbrief** mit einem ganzen Paket von Leistungen. Die Allianz ersetzt Kosten für Pannenhilfe, für Bergen und Abschleppen Ihres Fahrzeugs, für Übernachtungen, Bahnfahrt oder Mietwagen, für Krankenrücktransport, Heimholen von Kindern und Fahrzeugrückholung, im Ausland auch für Ersatzteilversand, Fahrzeugrücktransport, Verzollung oder Verschrottung nach Totalschaden. Sie brauchen nicht einmal Mitglied eines Automobilclubs zu sein, um einen Allianz Auto-Schutzbrief zu erwerben.

Besorgen Sie sich eine **Grüne Versicherungskarte,** auch wenn Ihr Reiseland sie nicht vorschreibt. Sie können sich an die hierin aufgeführten Versicherungsunternehmen wenden, falls Sie im Ausland wegen eines Unfalles in Anspruch genommen werden. Als Allianz Kunde halten Sie sich am besten an die Anschriften in der Allianz Broschüre *"Mit dem Auto ins Ausland"*. In diesem Heft, das jedes Jahr neu herauskommt, finden Sie auch den "Europäischen Unfallbericht", der die Aufnahme eines Unfalls sehr erleichtert.

In diesen und allen anderen Versicherungsfragen berät Sie jeder Allianz Fachmann gern.

Verkehrsunfall: Was tun?

Sofortmaßnahmen

Sie können am Steuer noch so vorsichtig sein – es kann trotzdem einmal etwas passieren. Auch wenn der Ärger groß ist: Bitte bewahren Sie Ruhe, und bleiben Sie höflich. Behalten Sie einen klaren Kopf, und treffen Sie **nacheinander folgende Maßnahmen:**

1. **Sichern Sie** die Unfallstelle **ab.** Das heißt: Warnblinkanlage einschalten, Blinklampe und Warndreieck in ausreichendem Abstand aufstellen.

2. Kümmern Sie sich um **Verletzte.** Hinweise für Erste Hilfe finden Sie in der Broschüre "Sofortmaßnahmen am Unfallort" in Ihrer Autoapotheke. Sorgen sie nötigenfalls für einen Krankenwagen.

3. Wenn es **Verletzte** gegeben hat, bei **größeren Blechschäden,** oder wenn Sie **mit Ihrem Unfallgegner nicht einig** werden, verständigen Sie bitte die **Guardia Civil,** die spanische Polizei. Wenn bei einem Unfall nur Sachschaden entstanden ist, weigern sich die Polizisten allerdings meist, ein Protokoll aufzunehmen.

4. **Notieren** Sie Namen und Anschriften anderer Unfallbeteiligter, außerdem Kennzeichen und Fabrikate der anderen Unfallfahrzeuge sowie Namen und Nummern der Haftpflichtversicherungen.
Wichtig sind auch Ort und Zeit des Unfalls sowie die Anschrift der eingeschalteten Polizeidienststelle.
Halten Sie alles besonders sorgfältig fest: In Spanien kann die Versicherungsgesellschaft nicht anhand des Kraftfahrzeugkennzeichens ermittelt werden.

5. Sichern Sie **Beweismittel:** Schreiben Sie Namen und Adressen von – wenn es geht, unbeteiligten – Zeugen auf; machen Sie Skizzen von der Situation am Unfallort. Besser noch, Sie haben eine kleine Kamera im Handschuhfach, für mehrere Fotos aus verschiedenen Richtungen.

6. Bitte verwenden Sie möglichst den (bei Ihrem Versicherungsfachmann erhältlichen) **Europäischen Unfallbericht** und lassen Sie ihn vom Unfallgegner gegenzeichnen.
Unterschreiben Sie kein Schuldanerkenntnis!

Schadenersatz

Nach einem Unfall soll die Schadenbearbeitung möglichst reibungslos klappen. Beachten Sie deshalb diese **Hinweise:**

1. Wenn an Sie Ansprüche gestellt werden, **melden** Sie den Schaden Ihrer **eigenen Kraftfahrzeug-Haftpflichtversicherung.** Außerdem können Sie sich an die spanische Versicherungsgesellschaft wenden, die in Ihrer Grünen Versicherungskarte angegeben ist.

2. Machen Sie Ihre **eigenen Ersatzansprüche** gegen den Schadenstifter und gegen seine Haftpflichtversicherung **selbst geltend:** Die Grüne Karte hilft hier nicht!
Es ist dringend zu empfehlen, den **Schaden** durch einen Sachverständigen der spanischen Versicherung **begutachten** zu lassen.
Lassen Sie den Wagen möglichst **in Spanien reparieren,** weil deutsche Reparaturrechnungen auf das Niveau der spanischen Preise gekürzt werden.

3. Sind Sie mit jemandem mit **deutschem Fahrzeugkennzeichen** in einen Unfall verwickelt, so können Sie sich **direkt** an die **deutsche Versicherung** des Schadenstifters wenden.

4. Nach einem **schweren Verkehrsunfall** müssen Urlauber in Spanien mit der **Beschlagnahme** des Fahrzeugs oder der Fahrzeugpapiere und manchmal sogar mit **Haft** rechnen. Für die Freilassung oder Freigabe werden dann **Kautionen** verlangt. In solchen Fällen muß

sofort die in Ihrer Grünen Karte angegebene spanische Gesellschaft eingeschaltet werden, damit für die Zivilkaution – wenn Sie eine Rechtsschutzversicherung haben, auch für die strafrechtliche Kaution – gesorgt wird.
Ihre Rechtsschutzversicherung nennt Ihnen auch deutsch sprechende spanische **Rechtsanwälte,** deren Bezahlung dann von der Gesellschaft geregelt wird. Allianz Versicherte finden alle notwendigen Adressen in ihrer Broschüre **"Mit dem Auto ins Ausland".**

5. Wenden Sie sich mit **Ersatzansprüchen** im Rahmen der Pflichtversicherung an die gegnerische Versicherungsgesellschaft, sonst an den Schädiger. Allerdings sind Schadenregulierungen ohne Einschaltung eines spanischen Rechtsanwaltes schwierig, langwierig und im Ergebnis unbefriedigend. **Wertminderung, Nutzungsausfall** und **Anwaltsgebühren** werden **nicht** erstattet. **Mietwagen- und Gutachterkosten** sind **kaum** durchzusetzen. **Schmerzensgeld** wird nur bei sehr schweren Verletzungen anerkannt.
Das spanische Gericht spricht meistens nur einen Pauschalbetrag zu, ohne die einzelnen Schadenersatzpositionen aufzuschlüsseln. Die zugesprochenen Beträge sind erheblich niedriger als in Deutschland.
Nach einem **Totalschaden** müssen Sie sich mit der zuständigen Zollbehörde in Verbindung setzen. Mit den Beamten können Sie dann das weitere Verfahren besprechen.

6. Mit einem **Auto-Schutzbrief der Allianz Gesellschaften** sind Sie gegen eine Reihe von Kosten versichert, die Ihnen durch einen Unfall entstehen können, z. B. für Bergen und Abschleppen Ihres Fahrzeugs, für Übernachtungen, Bahnfahrt oder Mietwagen, für Krankenrücktransport, Heimholen von Kindern und Fahrzeugrückholung.

Ihre schnelle Schadenmeldung beschleunigt die Regulierung.

Reisezeit

Als geeignetste Reisezeit empfehlen sich für Spanien der Frühling und der Herbst, etwa von Mitte März bis Anfang Juni sowie von Anfang September bis Anfang November (in Nordspanien bis Anfang Oktober). Am schönsten ist das Frühjahr. Im Innern der Iberischen Halbinsel ist der Herbst meist noch wetterbeständiger; doch erscheinen weite Landstriche nach der glühenden Sommerhitze wie ausgedörrt.

Der Sommer ist die beste Reisezeit für das nahe dem Atlantik gelegene nördliche und nordwestliche Spanien. In der übrigen Zeit werden die hier sehr reichlichen Niederschläge lästig. Auch die Seebäder an der Südostküste Spaniens sowie auf den Balearen und die Gebirgssommerfrischen der Pyrenäen, der Sierra de Guadarrama und der Sierra Nevada werden im Sommer, dessen Hitze am Meer durch Seewinde gemildert wird, stark besucht und sind dann auch wegen der Schulferien (Juli/August) meist voll besetzt. Im Binnenland wird es in den Monaten Juli und August fast unerträglich heiß.

Im Winter kommen die Monate Dezember, Januar und Februar vor allem für die Wintersportorte sowie für die Winterkurorte an der Südküste und an der Südostküste Spaniens in Betracht. Auf den Balearen und an den Mittelmeerküsten hat sich im Laufe der letzten Jahre der winterliche Langzeiturlaub eingebürgert.

Die Kanarischen Inseln können zu jeder Jahreszeit besucht werden, da dort ein ausgesprochen gleichmäßiges mildes Klima herrscht.

Wetter

Zentralspanien, ein rings von Gebirgszügen umschlossenes Hochland, zeigt ein ausgeprägtes Kontinentalklima mit trockenen, heißen Sommern und strengen Wintern. Dem gegenüber herrscht in den küstennahen Gebieten ozeanischer Einfluß vor, dessen ausgleichende Wirkung sich in relativ kühlen Sommern und milden Wintern sowie Niederschlägen zu allen Jahreszeiten zeigt. Am deutlichsten ist dieser Einfluß an der nordspanischen Atlantikküste. – Eine ausführliche Darstellung der klimatischen Verhältnisse auf dem spanischen Festland, an den Küsten und auf den Inseln findet man auf den Seiten 19 bis 21 dieses Reiseführers.

Sommerzeit

Während im Winter in Spanien die Mitteleuropäische Zeit (MEZ) gilt, wurde für die Zeit von Anfang April bis Ende September die Sommerzeit (MEZ + 1 St.) eingeführt.

Reisedokumente

Zur Einreise nach Spanien genügt für Reisende aus der Bundesrepublik Deutschland (einschließlich Westberlin) ein gültiger **Personalausweis,** sofern der Aufenthalt nicht länger als drei Monate dauert und keine Arbeit aufgenommen wird. Überschreitet die Aufenthaltsdauer drei Monate, so ist ein gültiger **Reisepaß** erforderlich, darüber hinaus muß ein verlängerter Aufenthalt von der spanischen Polizei genehmigt werden.

Der deutsche **Führerschein** und **Kraftfahrzeugschein** werden für private Fahrten anerkannt und sind mitzuführen; für gewerbliche Fahrten ist der *Internationale Führerschein* erforderlich. Kraftfahrzeuge müssen das ovale *Nationalitätskennzeichen* tragen. Die *Internationale Grüne Versicherungskarte* ist vorgeschrieben. Der Haftpflichtversicherungszwang erstreckt sich in Spanien nur auf Personenschäden, eine zusätzliche Kurzkaskoversicherung ist aus diesem Grund dringend zu empfehlen.

Für den Krankheitsfall erkundige man sich bei seiner Krankenkasse nach den jeweiligen Vereinbarungen und schließe gegebenenfalls eine kurzfristige Zusatzversicherung ab.

Wer Haustiere (Hund, Katze) nach Spanien mitnehmen will, benötigt für diese ein amtstierärztliches Gesundheitszeugnis mit Bestätigung der Tollwutimpfung in deutscher Sprache und in spanischer Sprache. Die Impfung muß mindestens 30 Tage zurückliegen, darf aber nicht länger als 12 Monate vor der Einreise vorgenommen worden sein.

Zollbestimmungen

Einreise. – Nach Spanien dürfen zollfrei die für den persönlichen Gebrauch bestimmten Kleidungsstücke, Toilettenartikel und andere Gegenstände des täglichen Bedarfs (u.a. Fotoapparat, Campingausrüstung) eingeführt werden, ferner Reiseproviant in kleinen Mengen (u.a. 5 l Wein, 1,5 l Spirituosen über 22% Alkoholgehalt oder 3 l Spirituosen geringeren Alkoholgehalts), 300 Zigaretten oder 150 Zigarillos oder 75 Zigarren oder 400 g Tabak, Geschenke im Wert bis 47740 Pesetas. Für hochwertige Geräte (z.B. Videogeräte, tragbare Radios und Fernseher) kann der Gegenwert als Zollgarantie verlangt werden.

Ausreise. – Die bei der Einreise mitgeführten Gegenstände des persönlichen Gebrauchs müssen wieder ausgeführt werden. Bei der Wiedereinreise in die Bundesrepublik Deutschland sind Andenken aus EG-Ländern bis zu einem Warenwert von 780 DM zollfrei. Genußmittel, Tabakwaren, Wein und Spirituosen unterliegen Sondervorschriften; zollfrei sind: bis 1 kg gebrannter Kaffee oder bis 400 g Pulverkaffee, bis 200 g Tee, bis 300 Zigaretten oder 75 Zigarren oder 400 g Tabak, 5 l Wein, 1,5 l Spirituosen.

Geld

Währung

Die Währungseinheit ist die *spanische Peseta (Pta)* zu je 100 *Céntimos* (nicht mehr gebräuchlich).
Es gibt B a n k n o t e n zu 200, 500, 1000, 2000, 5000 und 10000 Ptas sowie M ü n - z e n zu 1, 5, 10, 25, 50, 100 und 200 Ptas.

Wechselkurse (schwankend)

100 Ptas = 1,51 DM	1 DM = 66 Ptas
100 Ptas = 10,50 öS	1 öS = 10 Ptas
100 Ptas = 1,24 sfr	1 sfr = 81 Ptas

Devisenbestimmungen

Pro Person dürfen bis 150000 Ptas nach Spanien eingeführt werden; die Höchstmenge für die Ausfuhr beträgt 100000 Ptas. Die Einfuhr von Fremdwährung unterliegt keiner Beschränkung, Ausfuhr ist zulässig bis zum Gegenwert von 500000 Ptas. Die Mitnahme von Eurocheques, Travellerschecks oder anderen Reiseschecks ist empfehlenswert.

Bei Verlust der Scheckkarte oder von Eurocheques kann man die Scheckkarte durch den Zentralen Annahmedienst für Verlustmeldungen von Eurocheque-Karten in Frankfurt am Main (Bereitschaftsdienst: Tel. 069/747700) sofort sperren lassen.

Besitzer von Postsparkassenbüchern können bei der spanischen **Postsparkasse** *(Caja Postal de Ahorros)* bis zu 1000 DM täglich abheben. Bei der Auszahlung muß der Personalausweis bzw. Reisepaß vorgelegt werden.

Posttarife

Briefe (bis 20 g) innerhalb Spaniens 19 Ptas, ins Ausland 48 Ptas.
Postkarten innerhalb Spaniens 14 Ptas, ins Ausland 40 Ptas.

Bei **Ferngesprächen** in die Bundesrepublik Deutschland kosten 3 Minuten 411 Ptas (plus Mehrwertsteuer).

Verkehr

Straßenverkehr

Das S t r a ß e n n e t z ist in Spanien seit dem Ausbau der Nationalstraßen und seit dem fortschreitenden Bau von **Autobahnen** *(Autopistas)* recht gut. Längere Autobahnen wie etwa die 'Autopista del Mediterráneo' von Figueras über Barcelona und Valencia nach Alicante oder die Strecke von Barcelona über Zaragoza nach Pamplona oder Bilbao sowie die Strecke von Cádiz nach Sevilla sind gebührenpflichtig.

Die numerierten **Nationalstraßen** *(Carreteras nacionales; N...)*, die etwa den deutschen Bundesstraßen entspre-

© Baedeker

Autobahnen ═══
Fernstraßen ───
Autofähren ───

chen, sind meist modern ausgebaut; in größeren Abständen stehen Straßenwärterhäuschen (peones camineros). Besonders gut sind die von Madrid ausgehenden sechs Radialstraßen, die auf rotweißen Kilometersteinen römische Ziffern tragen: I San Sebastián, II Barcelona, III Valencia, IV Cádiz, V Badajoz, VI La Coruña. – Die ebenfalls numerierten **Landstraßen** *(Carreteras comarcales; C...)* sind, soweit es sich um wichtigere Verbindungen handelt, ebenfalls meist ordentlich. Nicht numerierte Nebenstraßen können sich in schlechtem Zustand befinden. – Verbesserungen sind laufend im Gang, wobei allerdings auf Baustellen (obras) und Umleitungen (desvíos) oft erst sehr spät hingewiesen wird. Auch schlechtere Streckenabschnitte oder Schlaglöcher werden meist nicht angekündigt, so daß stets Vorsicht am Platze ist, vor allem bei Nacht. Schienenniveaugleiche Eisenbahnübergänge sind zuweilen mangel-

haft gesichert oder markiert. In Estremadura, aber auch anderorts, verläuft oft neben der Straße (auch Kreuzungen!) ein für wandernde Viehherden bestimmter Weidelandstreifen (cañada).

Fahrvorschriften. – In Spanien besteht wie im übrigen kontinentalen Europa *Rechtsverkehr. – Sicherheitsgurte* müssen während der Fahrt angelegt werden. Kinder unter 10 Jahren sind ausschließlich auf dem Rücksitz zu befördern.

Vorfahrt hat grundsätzlich das von rechts kommende Fahrzeug (z.B. auch bei Nebenstraßen in Städten; Ausnahmen sind angeschrieben), auch im Kreisverkehr. – Beim Linksabbiegen außerhalb der Ortschaften fährt man zunächst an den rechten Straßenrand und wartet dort, bis die Straße frei ist. – Spanische Zweiradfahrer zeigen den beabsichtigten Richtungswechsel oft durch Senken oder Heben eines Armes an, wobei nicht immer klar ist, welche Bewegung 'links' oder 'rechts' bedeuten soll. So kann z.B. mit dem rechten Arm ein Abbiegen nach links angezeigt werden!

Beim *Überholen* muß in Spanien während des gesamten Vorganges der Fahrtrichtungsanzeiger sowohl zuerst nach links und dann nach rechts betätigt werden. Beim Überholen und vor Kurven ist Hupen (bei Dunkelheit Lichthupen) obligatorisch. Vorsicht vor überholenden Lkw! – Auf gut beleuchteten Straßen (außer auf Schnellstraßen oder Autobahnen) darf in Spanien nur mit *Standlicht* gefahren werden; Vorsicht vor unbeleuchteten Fahrzeugen! – Das *Parken* in Einbahnstraßen ist an Tagen mit gerader Datumszahl nur auf der Straßenseite mit geraden Hausnummern gestattet (entsprechend bei ungeraden Zahlen).

In den vor allem in den Abendstunden sehr belebten Städten weichen die *Fußgänger* oft nur ungern von der Fahrbahn. Auch auf den verhältnismäßig verkehrsarmen Überlandstraßen ist höchste Aufmerksamkeit angeraten, da die ländliche Bevölkerung die Verkehrsregeln oft ungenügend beachtet. Zudem machen *Tiere* die Straßen vielfach unsicher. Ein Starktonhorn ist daher empfehlenswert. Strenge *Fahrdisziplin* ist im Ausland schon im Interesse des eigenen nationalen Ansehens ganz besonders erforderlich. Den Weisungen der Policia Municipal in den Städten bzw. der Guardia Civil de Trafico (Verkehrspolizei) auf dem Lande ist unbedingt Folge zu leisten. Bei Nichtbeachtung von Haltezeichen muß damit gerechnet werden, daß die Polizei von der Schußwaffe Gebrauch macht (nicht selten finden Razzien statt mit dem Ziel, Terroristen zu ergreifen)! Bei Übertretung der Verkehrsvorschriften sind die unverzüglich an Ort und Stelle kassierten Bußgelder empfindlich hoch. – Die Höchstgrenze für den *Blutalkoholgehalt* liegt bei 0,8 Promille.

Die Folgen von *Unglücks*- und *Schadenfällen* im Ausland sind meist unabsehbar. Bei Unfällen, gleichgültig, ob man sie verschuldet hat oder nicht, muß der Kraftfahrer gewärtig sein, daß sein Fahrzeug beschlagnahmt wird (Freigabe meist erst nach etwa erforderlicher Gerichtsverhandlung); in schweren Fällen kann der Fahrzeuglenker sogar inhaftiert werden. Man benachrichtigt bei jedem Unfall unverzüglich die auf der 'Grünen Karte' aufgeführte spanische Versicherungsgesellschaft, damit für eine eventuell geforderte Kautionsstellung gesorgt werden kann. – Abschleppen durch Privatfahrzeuge ist verboten!

Höchstgeschwindigkeit für Kraftfahrzeuge in Spanien: auf Autobahnen **120 km/h,** auf Kraftfahrstraßen **100 km/h,** auf anderen Straßen **90 km/h,** in Ortschaften **60 km/h.** – Auf Bergstraßen besteht bei Wohnwagengespannen Überholverbot.

Kraftstoff. – Wie in allen Ländern sind auch in Spanien die Preise für Benzin und Diesel Schwankungen unterworfen. N o r m a l b e n z i n hat 92 Oktan (wenig empfehlenswert), S u p e r b e n z i n 97 Oktan und B l e i f r e i 95 Oktan. Kraftstoff in Kanistern muß verzollt werden.

Autofähren

FÄHRVERBINDUNG	HÄUFIGKEIT	REEDEREI
Spanien – Balearen		
Barcelona – Mahón	6 × wöchentlich	Trasmediterránea
Barcelona – Palma de Mallorca	täglich	Trasmediterránea
Barcelona – Ibiza	täglich	Trasmediterránea
Valencia – Palma de Mallorca	6 × wöchentlich	Trasmediterránea
Valencia – Ibiza	3 × wöchentlich	Trasmediterránea
Malaga – Palma de Mallorca	3 × wöchentlich	Trasmediterránea
Frankreich – Balearen		
Sète – Palma de Mallorca/Ibiza	2 × wöchentlich (Juni – September)	Trasmediterránea

FÄHRVERBINDUNG	HÄUFIGKEIT	REEDEREI
Italien – Balearen		
Genua – Palma de Mallorca	1 × wöchentlich	Trasmediterránea
Balearen untereinander		
Palma de Mallorca – Ibiza	3 × wöchentlich	Trasmediterránea
Palma de Mallorca – Cabrera	1 × wöchentlich	Trasmediterránea
Palma de Mallorca – Ciudadela	1 × wöchentlich	Trasmediterránea
Ciudadela – Puerto de Alcudia	4 × wöchentlich	Trasmediterránea
Spanien – Kanarische Inseln		
Malaga – Las Palmas	1 × wöchentlich	Trasmediterránea
Cádiz – Las Palmas/Teneriffa	1 × wöchentlich	Trasmediterránea
Italien – Spanien		
Genua – Palma de Mallorca/Malaga	1 × wöchentlich	Trasmediterránea
Spanien – Melilla – Ceuta		
Almeria – Melilla	3 × wöchentlich	Trasmediterránea
Malaga – Melilla	6 × wöchentlich	Trasmediterránea
Algeciras – Ceuta	täglich	Trasmediterránea
Spanien – Marokko		
Algeciras – Tanger[1]	täglich	Comarit Ferry
Algeciras – Tanger	täglich	Limadet Ferry
	täglich	Trasmediterránea
Gibraltar – Marokko		
Gibraltar – Tanger	6 × wöchentlich	Transtour
Spanien – Großbritannien		
Santander – Plymouth	1 bis 2 × wöchentlich	Brittany Ferries

[1] Für die Überfahrt nach Tanger ist ein Reisepaß erforderlich.

Information und Buchungen

Seepassage-Komitee
Esplanade 6
D-2000 **Hamburg** 36
Telefon: (040) 342150

Generalvertretungen
in der Bundesrepublik Deutschland:

Compañia Trasmediterránea
Melia Reisebüro GmbH
Große Bockenheimer Straße 54
D-6000 **Frankfurt/Main**
Telefon: (069) 295303

Salvatorstraße 2
D-8000 **München**
Telefon: (098) 228379

Generalvertretung in Österreich:

Compañia Trasmediterránea
Melia Reisebüro GmbH
Kärntnerstraße 7
A-1010 **Wien**
Telefon: (0222) 532776

Generalvertretungen in der Schweiz:

Compañia Trasmediterránea
Voyages Melia Suisse
Rue de Chantepoulet 13/17
CH-1201 **Genève**
Telefon: (022) 319491

Talstraße 58
CH-8001 **Zürich**
Telefon: (01) 2114081

Luftverkehr siehe nächste Seite.

Luftverkehr

Spanien ist durch eine ganze Reihe von Flughäfen mit dem internationalen Liniennetz verbunden, deren wichtigste Madrid-Barajas, Barcelona und Palma de Mallorca sind.

Das spanische Luftfahrtunternehmen **Iberia** befliegt sowohl internationale als auch innerspanische Routen; letztere werden auch von der spanischen Fluggesellschaft *Aviaco* (Aviación y Comercio) bedient.

Direktverbindungen (z.T. mit Zwischenlandungen) bestehen von Frankfurt am Main nach Alicante, Barcelona, Bilbao, Ibiza, Las Palmas de Gran Canaria, Madrid, Málaga, Palma de Mallorca, Santiago de Compostela, Sevilla, Tenerife (Reina Sofia) und Valencia; von Düsseldorf nach Alicante, Almería, Barcelona, Las Palmas de Gran Canaria, Madrid, Málaga und Sevilla; von Hamburg nach Barcelona, Las Palmas de Gran Canaria, Madrid, Málaga, Santiago de Compostela, Sevilla, Tenerife (Reina Sofia), Valencia und von Köln/Bonn nach Madrid; von

München nach Barcelona, Las Palmas de Gran Canaria, Madrid, Málaga, Palma de Mallorca, Sevilla, Tenerife (Reina Sofia) und von Stuttgart nach Madrid; ferner von Wien nach Alicante, Barcelona, Las Palmas de Gran Canaria, Madrid, Málaga und Palma de Mallorca; von Zürich nach Barcelona, Bilbao, Ibiza, Las Palmas de Gran Canaria, Madrid, Málaga, Palma de Mallorca, Santiago de Compostela, Sevilla, Tenerife (Reina Sofia) und Valencia sowie von Genf nach Alicante, Barcelona, Bilbao, Ibiza, Las Palmas de Gran Canaria, Madrid, Málaga, Oviedo, Palma de Mallorca, Santiago de Compostela, Sevilla, Tenerife (Reina Sofia) und Valencia.

Eisenbahn

Das Netz der Eisenbahnen (span. ferrocarriles) ist in Spanien zwar nicht so weit ausgebaut wie in den Ländern Mitteleuropas, wird aber laufend verbessert und modernisiert. Alle größeren Städte sind mit der Eisenbahn zu erreichen. Während das radial von Madrid ausgehende, nur teilweise elektrifizierte

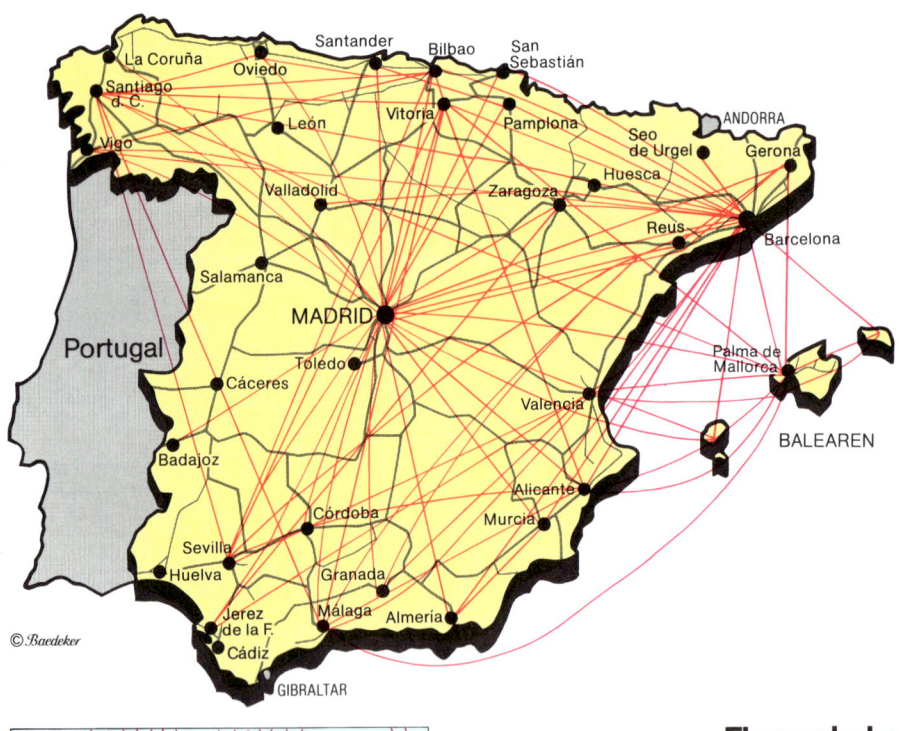

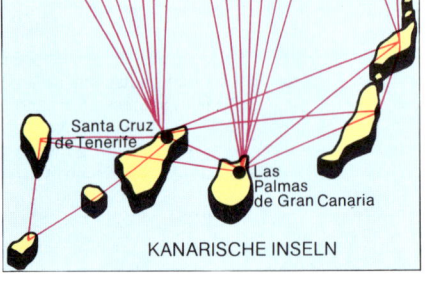

KANARISCHE INSELN

Flugverkehr

Iberia und Aviaco ————

Eisenbahnen

Hauptstrecken ————
Nebenstrecken ————

Streckennetz in den dichter bevölkerten Gebieten des Nordens (Asturien, Baskenland) und Ostens (Katalonien, Valencia) relativ engmaschig ist, gibt es auf den dünn besiedelten Hochflächen Zentralspaniens weite Gegenden ohne Eisenbahn. – Wegen der größeren Spurweite der Hauptstrecken (1674 mm) gegenüber der in Mitteleuropa üblichen (1435 mm) muß man mit Ausnahme einiger internationaler Spezialzüge mit verstellbaren Fahrgestellen an der französisch-spanischen Grenze den Zug wechseln. Zahlreiche Nebenstrecken haben eine geringere Spurweite.

Die Hauptstrecken der spanischen Eisenbahnen unterstehen dem staatlichen Unternehmen **RENFE** *(Red Nacional de los Ferrocarriles Españoles)*, das in allen größeren Orten eigene Reisebüros unterhält. Daneben bestehen auf dem Festland sowie auf den Inseln verschiedene Privatlinien (mit geringerer Spurweite).

Zugtypen. – *Talgo:* klimatisierter Luxus-Dieselzug. Die 'Talgos', die schnellsten Züge Spaniens (auch als TEE-Züge, nur 1. Klasse), verkehren täglich zwischen Madrid und Barcelona, Irún, Bilbao, Zaragoza, Valencia, Málaga, Sevilla sowie Cádiz; sie entsprechen den deutschen Fernschnellzügen. – *Electrotrén:* klimatisierter Luxus-Elektrozug; *Ter:* Luxus-Dieselzug; *Taf:* Dieselzug (nur 2. Klasse); *Expreso:* D-Zug; *Rápido:* Schnellzug; *Semidirecto:* Eilzug; *Automotor:* Eiltriebwagen; *Omnibus:* Personenzug; *Ferrobús:* Schienenbus für den Regionalverkehr; *Tranvia:* Nahverkehrszug. – Fern- und Schnellzüge führen in der Regel 1. und 2. Wagenklasse, Personenzüge meist nur die 2. Klasse.

Die **Fahrkarten** *(billetes)* löst man am besten spätestens 24 Stunden vor Abfahrt in einem RENFE-Büro. Wenngleich im allgemeinen für die Benutzung spanischer Züge keine Platzkartenpflicht besteht, so ist es besonders während der Hauptsaison und vor hohen Feiertagen dringend angeraten, sich beim Kauf der Fahrkarte auch einen *Platzkarte* reservieren zu lassen (reserva de plaza). Nach Ablauf der Vorverkaufszeit erhält man die Fahr- bzw. Platzkarten (sofern noch vorhanden) nur im Bahnhof, wo die Schalter nach Linien getrennt sind und erst ½–1 Stunde vor Abfahrt des Zuges öffnen (meist großer Andrang). Im Ausland erworbene Fahrausweise müssen jeweils vor Antritt eines neuen Teilstückes im voraus bei einem RENFE-Büro bzw. am Reisetag im Bahnhof abgestempelt werden, falls man nicht im Besitz einer Platzkarte ist. Die Bahnhofsschalter schließen meist fünf Minuten vor Abfahrt der Züge.

Autoreisezüge

Von der Bundesrepublik Deutschland fahren Autoreisezüge zu Orten in Südwestfrankreich nahe der französisch-spanischen Grenze. Direkte Autoreisezüge nach Spanien gibt es wegen der unterschiedlichen Spurweite der Eisenbahnschienen in Frankreich und Spanien nicht. Die folgenden Autoreisezüge führen vom Bundesgebiet in die Nähe der genannten Grenze: Hamburg – Hannover – Neu-Isenburg (Frankfurt) – Avignon; Düsseldorf – Köln – Neu-Isenburg (Frankfurt) – Saarbrücken – Biarritz; Düsseldorf – Köln – Neu-Isenburg (Frankfurt) – Narbonne; Kassel – Neu-Isenburg (Frankfurt) – Karlsruhe – Narbonne. – Innerhalb Spaniens verkehren ebenfalls Autoreisezüge (span. Auto-Expresos).

Ganz Spanien ist mit einem dichten, die Eisenbahn ergänzenden Netz von **Autobuslinien** überzogen.

Sprache

Die spanische Sprache ist als Muttersprache von über 220 Millionen Menschen die wichtigste romanische Sprache und nach Englisch die bedeutendste Handelssprache der Erde. Da sie aus der kastilischen Mundart hervorgegangen ist, wird **Spanisch** *(español)* auch als 'lengua castellana' bezeichnet. – Zahlreich sind die Wörter arabischen Ursprungs. – Ganz ohne Kenntnis der spanischen Sprache das Land zu bereisen, wird mancherlei Unbequemlichkeiten mit sich bringen. Man muß sich wenigstens französisch *(francés)* oder englisch *(inglés)* verständigen können, da diese Sprachen in den größeren Hotels und Geschäften meist ausreichend gesprochen werden. Die Kenntnis des Deutschen (alemán) ist verhältnismäßig wenig verbreitet. – Schon ein geringes Vertrautsein mit der Landessprache wird sich lohnen. Wer abseits der Hauptfremdenverkehrsrouten das Land bereist, sollte wenigstens die Aussprache, die Grundregeln der Grammatik und eine Anzahl spanischer Redewendungen beherrschen.

Aussprache. – Abweichend vom Deutschen lauten *ch* wie tsch; – *j* guttural wie deutsches ch in ach (auch am Wortanfang, z.B. Jerez); – *y* wie deutsches j (nur am Wortende = i); – *ll* wie lj, *ñ* wie nj; – *z* wie ein gelispeltes s, ähnlich dem scharfen englischen th, *c* vor e und i wie span. z, sonst wie k; – *g* vor e und i wie span. j, sonst wie im Deutschen; – *v* ungefähr wie w, am Wortanfang meist wie b; – *h* ist stumm; – *gue, gui, que, qui* wie ge, gi, ke, ki; soll in gue und gui das

Grundzahlen

0	cero	21	veintiuno		
		22	veintidós		
1	uno (una)	30	treinta		
2	dos	31	treinta y uno		
3	tres	40	cuarenta		
4	cuatro	50	cincuenta		
5	cinco	60	sesenta		
6	seis	70	setenta		
7	siete	80	ochenta		
8	ocho	90	noventa		
9	nueve	100	ciento (cien)		
10	diez	101	ciento uno		
11	once	153	ciento cincuenta y tres		
12	doce	200	doscientos		
13	trece	300	trescientos		
14	catorce	400	cuatrocientos		
15	quince	500	quinientos		
16	dieciseis	600	seiscientos		
17	diecisiete	700	setecientos		
18	dieciocho	800	ochocientos		
19	diecinueve	900	novecientos		
20	veinte	1000	mil		
		1Mio.	un millón		

Ordnungszahlen

1.	primero (primera)
2.	segundo
3.	tercero
4.	cuarto
5.	quinto
6.	sexto
7.	sétimo/séptimo
8.	octavo
9.	nono/noveno
10.	décimo
20.	vigésimo
100.	centésimo

Bruchzahlen

½ medio (media)
¼ un cuarto
¹⁄₁₀ un décimo

u gesprochen werden, so erhält es ein Trema (ë, z.B. Sigüenza); – b wird sehr weich gesprochen; zwischen zwei Vokalen fast wie w; – d ist am Wortschluß schwach hörbar (wie ein stimmhaftes englisches th in the) oder ganz stumm, r ein Zungenlaut, am Wortanfang und in rr (= 1 Buchstabe) stark rollend, s immer scharf; – x lautet vor Konsonanten wie s, sonst ebenso wie im Deutschen.

Die **Betonung** wird durch den Akzent nur bezeichnet, wenn sie von der Regel abweicht. Als R e g e l gilt: Mehrsilbige Wörter, die auf einen *Vokal* oder *n* oder *s* enden, haben den Ton auf der vorletzten, solche, die auf einen der übrigen Konsonanten enden, auf der letzten Silbe (ist also die drittletzte Silbe betont, so steht stets der Akzent). Daher ohne Akzent: Granada, Esteban (mit dem Ton auf der vorletzten Silbe) und Santander, Jerez (mit dem Ton auf der letzten Silbe); mit Akzent: Málaga, Alcalá, Sebastián, Alcázar, Cádiz usw. Dabei gelten für die Akzentsetzung die Vokalverbindungen *ae, ao, ea, eo, oa, oe* als zweisilbig, alle übrigen als einsilbig; also hat paseo den Ton auf e, patio den Ton auf a, beide ohne Akzent. Dagegen muß der Akzent gesetzt werden, wenn in den Doppelvokalen *ia, ie, io, iu, ua, ue, ui, uo, uy* der erste Vokal den Ton haben soll, also sillería, río usw., und wenn in *ai (ay), au, ei (ey), eu, oi (oy), ou* der zweite Vokal den Ton hat, also paraíso, baúl.

Der **Artikel** ist *el* der, *la* die, *lo* das, in der Mehrzahl *los, las, los.* Die Deklination geschieht mit Benutzung der Präpositionen *de* für den Genitiv und *a* für den Dativ, die im Singular des Maskulinums mit den Artikeln zu *del* und *al* zusammengezogen werden. Der Akkusativ ist gleich dem Nominativ; nur bei Hauptwörtern, die Personen oder personengleiche Dinge bezeichnen, wird er wie der Dativ durch die Präposition *a* ausgedrückt.

Wichtige Redewendungen

Guten Morgen, guten Tag! ¡Buenos días!
Guten Tag (nachmittags)! ¡Buenas tardes!
Guten Tag, gute Nacht! ¡Buenas noches!
Auf Wiedersehen! ¡Adiós!
¡Hasta luego!
Ja, nein (mein Herr)! ¡Si, no (señor)!
Entschuldigen Sie! ¡Perdón!
Bitte (nach Entschuldigung oder Dank)! ¡De nada!
Bitte (um Gefälligkeit)! ¡No hay de qué!
Bitte (bedienen Sie sich)! ¡Por favor!
Danke (sehr)! ¡Sírvase (Vd)!
Gestatten Sie, bitte! ¡(Muchas) gracias!
Sprechen Sie deutsch? ¡Con permiso!
Ein wenig, nicht viel ¿Habla Usted alemán?
Ich verstehe nicht(s). Un poco, no mucho
Wie heißt auf spanisch? No entiendo (nada).
¿Cómo se dice en español?
Wie heißt diese Kirche? ¿Cómo se llama esta iglesia?
Der Dom (St. Johannes) La catedral (San Juan)
Wo ist die Straße X? ¿Dónde está la calle X?
die Autostraße nach...? ¿el camino para...?
Rechts, links A la derecha, izquierda
Immer geradeaus Siempre derecho
Oben, unten Arriba, abajo
Wann ist geöffnet? ¿A qué horas está abierto?
Wie weit? ¿Qué distancia?
Heute Hoy
Gestern Ayer
Vorgestern Anteayer
Morgen Mañana
Sind Zimmer frei? ¿Hay habitaciones libres?

Ich möchte gern...	Quisiera...
Ein Zimmer mit Bad	Una habitación con baño
Mit Vollpension	Con pensión completa
Was kostet es?	¿Cuánto vale?
Alles inbegriffen	Todo incluído
Das ist zu teuer.	Es demasiado caro.
Kellner, zahlen bitte!	¡Camarero, la cuenta (nota) por favor!
Wo ist die Toilette?	¿Dónde está el retrete?
Wecken Sie mich um sechs!	¡Llámeme Vd. a las seis!
Wo gibt es einen Arzt?	¿Donde hay un médico?
einen Zahnarzt?	¿Dónde hay un dentista?
eine Apotheke?	¿Dónde hay una farmacia?
Habe hier Schmerzen.	Siento dolores aquí.
Ich leide an...	Padezco de...
Ich brauche ein Mittel gegen...	Necesito un medicamento contra...
Wie oft muß ich das einnehmen?	¿Cuántas veces tengo que tomar esta medicina?

Verkehrsaufschriften

Aduana	Zoll
¡Alto!	Halt!
¡Atención!	Achtung!
Aparcamiento	Parkplatz
Autopista	Autobahn
Bifurcación	Abzweigung
Cañada	Viehtrieb
¡Ceda al paso!	Vorfahrt achten!
¡Cuidado!	Vorsicht!
Desvío	Umleitung
Dirección único	Vorgeschriebene Fahrtrichtung
Sentido único	Einbahnstraße
Grua	Abschleppdienst
¡Llevar la derecha (la izquierda)!	Rechts (links) fahren!
Niebla	Nebel
¡Obras!	Baustelle!
¡Al Paso!	Schritt fahren!
Paso a nivel	Niveaugleicher Schienenübergang
paso prohibido	Durchfahrt verboten
Peaje	Benutzungsgebühr
Peatones	Fußgänger
¡Peligro!	Gefahr!
Playa	Badestrand
Prohibido el adelantamiento	Überholverbot
Prohibido aparcar	Parkverbot
Viraje peligroso	Gefährliche Kurve

Für den Bahnreisenden

Abfahrt	salida
Ankunft	llegada
Aufenthalt	parada
Bahnhof	estación
Bahnsteig	andén
Einsteigen!	¡Viajeros al tren!
Fahrkarte	billete
Fahrplan	horario de trenes
Fahrpreis	precio, importe
Gepäck	equipaje
Haltestelle	apeadero
Knotenpunkt	empalme
Nichtraucher	no fumadores
Raucher	fumadores
Schaffner	revisor
Schalter	taquilla de billetes
Umsteigen!	¡Cambiar de tren!
Wartesaal	sala de espera

Auf der Post

Adresse	dirección
Brief	carta
Briefkasten	buzón
Briefmarken	sellos
Briefträger	cartero
Drucksache	impreso
Eilboten	por correo urgente
Einschreibebrief	carta certificada
Luftpost	por avión
Porto	porte, franqueo
Post	correo
Postkarte	tarjeta postal
Postlagernd	lista de correos
Telefon	teléfono
Telegramm	telegrama

Häufige kunstgeschichtliche und andere Ausdrücke

Alcázar (arab. a-kasr), Alcazaba	Maurenburg, Schloß
Arrabal (arab. ar-râbad)	Vorstadt
Artesonado	Kassetten- oder Felderdecke
Audiencia	Appellationsgericht
Avenida	Allee; Hochwasser eines Flusses
Ayuntamiento	Rathaus
Azulejos	glasierte, urspr. blau (azul) bemalte Tonfliesen
Barrio	Vorstadt, Stadtviertel
Calina	Hitzedunst (in Südspanien)
Campiña	bebautes ebenes Land
Capilla Mayor	Hauptkapelle mit dem Hochaltar
Cartuja	Kartause
Casa Consistorial	Rathaus
Ccmenterio	Friedhof
Cimborio	Vierungskuppel
Claustro	Kreuzgang
Colegio	Konvikt, Erziehungsanstalt
Concepción	Empfängnis
Coro	Chor, die Sitze der Geistlichkeit
Cueva	Höhle
Custodia	Sakramentshäuschen, Monstranz
Diputación provincial	Landtag (Provinz)
Embalse	Stausee
Ermita	kleine Landkirche, Wallfahrtskapelle
Estrella	Fensterrose
Fuente	Brunnen
Huerta	bewässerters und gartenartig bebautes Ackerland
Lonja	Börse
Mantilla	Kopftuch aus Spitzen und Tüll
Mezquita (arab. mesdschid)	Moschee

Mihrâb	Gebetsnische in den Moscheen	Quinta	Landhaus
Mirador	Söller, Dachterrasse	Rambla (arab. ramla = Sandplatz)	ein außer der Regenzeit trockenes Flußbett; Boulevard
Estilo mudejar (arab. 'mudejalat' = unterworfen)	Mudejarstil (Stil der unterworfenen Mauren)	Reja	Gitter
Palacio Arzobispal	erzbischöflicher Palast	Retablo	Altaraufsatz
		Ría	Flußmündung, die der Ebbe und Flut unterworfen ist
Palacio Episcopal (Obispal)	bischöflicher Palast	Río	Fluß
Pantano	Talsperre	Riera	Bach, Wildbach
Parador	Gasthaus, Rasthaus	Sagrario	Sakristei,
Parroquia	Pfarrkirche		Sakramentsbehälter,
Paso	Prozessionsgruppe mit Heiligenfiguren	Sala Capitular	Kapelle Kapitelsaal
Patio	Hof	Seo	Kathedrale
Picota	Pranger, Schandpfahl	Sierra	Kettengebirge
Plateresker Stil ('platero' = Silberschmied)	filigraner Ornamentstil	Sillería Taberna Torrente	Chorgestühl Weinstube, Bar Gießbach, Schlucht
Playa	Strand		
Puerta del Perdón	Name des Haupttors vieler Kathedralen, weil den Eintretenden Ablaß zugesichert war	Trascoro Trassagrario	äußere Westwand des Coro Rückseite des Hochaltars
		Vega (arab. wakî'a)	bewässerte Aue, Flur
Puerto	Hafen, Gebirgspaß	Venta	Schenke

Unterkunft

Hoteles, Hostales, Pensiones und Paradores

Die **Hotels** sind in Spanien behördlich nach ihren Aufgaben und Eigenschaften in Kategorien klassifiziert: *Hoteles* (Einzahl Hotel; Unterbringung mit und ohne Mahlzeiten, hauseigenes Restaurant); *Hoteles-Apartamentos* (wie Hoteles, jedoch nur mit Apartments oder Bungalows); *Hostales* (Einzahl Hostal; Gasthöfe, mit und ohne Mahlzeiten; einfacher); *Pensiones* (Einzahl Pensión; beschränkte Zimmerzahl; nur Vollpension). – Die Hotels, Apartment-Hotels und Gasthöfe können auch als *Residencias* (garni; Unterkunft mit Frühstück) geführt werden.

An touristisch wichtigen Punkten sind in alten Schlössern, Adelshäusern und Klöstern oder auch als Neubauten staatliche Rasthäuser eingerichtet, sog. **Paradores Nacionales de Turismo** (Einzahl *Parador Nacional de Turismo).* Hierbei handelt es sich um komfortabel und ansprechend ausgestattete sowie vorbildlich geführte kleinere und größe-

re Hotels, die zwar etwas teurer sind als die Hotels der gleichen Kategorie, aber auch wegen ihrer guten Küche empfohlen werden können. Zimmervorbestellung ist ratsam.

An den Landstraßen bieten *Moteles* (Einzahl Motel) Unterkunft von zeitlich beschränkter Dauer. – Am einfachsten sind die sog. *Fondas* bzw. *Casas de Huéspedes.*

Gemäß der amtlichen Klassifikation sind die Hotels in fünf, die Gasthöfe und Pensionen in drei Preisgruppen eingeteilt, und zwar in Häuser mit einem (*) bis zu fünf Sternen (*****; de una estrella, de dos, tres, cuatro, cinco estrellas). – Die Preise richten sich nicht nur nach der Kategorie, sondern auch nach Lage und Bedeutung des Ortes. Am teuersten sind die Hotels in großen Städten, Seebädern und Kurorten. – Die in der nachstehenden Tabelle aufgeführten Preise entsprechen etwa den amtlichen Angaben des spanischen Hotelverzeichnisses 'Guía de Hoteles' (Erhöhungen wahrscheinlich).

Die Häuser der oberen Kategorie verfügen meist über den gewohnten internationalen Komfort. Die Häuser mit einem Stern, z.T. auch solche mit zwei Sternen sind einfacher als etwa die Gasthöfe in der Bundesrepublik Deutschland. Einbettzimmer sind rar, besonders in einfachen Häusern. Mehr als anderswo wird erwartet, daß der Gast die Mahlzeiten nach Möglichkeit im Hotel einnimmt. In den Übernachtungspreis darf der Preis für das Frühstück einbezogen werden, auch wenn der Gast auf dieses verzichtet. – In der Hauptsaison ist rechtzeitige Zimmerbuchung angeraten, vor allem für die bevorzugten Touristengebiete an den Mittelmeer- und Atlantikküsten sowie für die größeren Städte.

	Kategorie		Preise		
offiziell		in diesem Buch	Zweibettzimmer 1 Übernachtung 2 Personen[1]	Frühstück	Mittag- oder Abendessen
Hotels					
*****		L(uxus)	10000–35000	500–1000	2500–5000
****		I	4000–20000	400– 700	1800–4500
***		II	3000– 7000	250– 650	1000–1600
**		III	2200– 4700	220– 500	700–1300
*		IV	2000– 4200	200– 300	600–1000
Gasthöfe (Hostales) Pensionen					
***		P I	3000–6000	200–350	800–1100
**		P II	2000–3500	250–300	600– 900
*		P III	1500–3000	150–280	550– 850

[1] Der Preis für ein Einzelzimmer schwankt zwischen 60 und 70 Prozent des Preises für ein Doppelzimmer.

Jugendherbergen

Zahlreiche größere und mittlere Orte verfügen über **Jugendherbergen** *(Albergues juveniles* oder *Albergues para la juventud),* in denen jüngere Touristen preisgünstige Übernachtung finden. Mitgliedern nationaler Jugendherbergsorganisationen, die dem Internationalen Jugendherbergsverband angeschlossen sind, stehen die Herbergen in der Regel von Juli bis September zur Verfügung. Der Aufenthalt in ein und derselben Jugendherberge ist für Ein-

zelpersonen auf drei Nächte begrenzt. Die Herbergen sind aufgezeichnet im jährlich neu erscheinenden Internationalen Jugendherbergsverzeichnis (International youth hostel handbook; Vol. I, Europe and Mediterranean); in der Bundesrepublik Deutschland kann man es über den Hauptverband für Jugendwandern und Jugendherbergen (Bülowstraße 26, Postfach 220, D-4930 Detmold) beziehen, in Österreich erhält man das Jugendherbergsverzeichnis über das Österreichische Jugendherbergswerk (Freyung 6, A-1010 Wien) und in der Schweiz über den Schweize-

Parador Nacional San Telmo in Túy

rischen Bund für Jugendherbergen (Postfach 2232, Wildhainweg 19, CH-3001 Bern).

Camping und Caravaning

In Spanien bestehen derzeit über 700 behördlich zugelassene **Campingplätze** *(campings, campamentos)*, von denen mehr als zwei Drittel an den Küsten liegen. – Der jährlich neu erscheinende 'Guía de Campings', herausgegeben von der Secretaría General de Turismo, Calle de María de Molina 50, Madrid-6, enthält Abbildungen und Planskizzen sowie einen deutschen Einführungstext. – Spanische Campingplätze auch im 'ADAC-Campingführer', Band I (Südeuropa).

Gastronomie

Da die Hotels meist die Verpflegung ihrer Gäste übernehmen, wird der Tourist im allgemeinen nur in den Großstädten oder in Seebädern ein **Restaurant** *(restaurante)* besuchen. Die Tischzeiten liegen in Spanien um eine bis zwei Stunden später als in Deutschland.

Die Mahlzeiten sind meist reichlich (Vorspeisen, Hauptgericht, Obst, Käse). Man wählt am besten das meist aus vier oder fünf Gängen bestehende Menü (comida); Speisen à la carte sind erheblich teurer. Das in Spanien eingeführte Touristenmenü (drei Preisgruppen) hat drei Gänge; im Preis inbegriffen sind meist $\frac{1}{4}$ l Wein oder Bier, Bedienung und sonstige Abgaben. Das Frühstück ist in der Regel einfacher als in Deutschland.

Charakteristisch für die spanische Küche ist die Zubereitung der Speisen mit Olivenöl (aceite) und die Verwendung von Knoblauch (ajo). Schmackhaft und bekömmlich sind besonders Eierspeisen, Reisgerichte und Fisch. Vielfach anzutreffen sind spezielle Restaurants für Meerestiere (marisquerias). – Der Tischwein (vino corriente oder vino de mesa) wird in Spanien gern mit Wasser oder Mineralwasser vermischt. Ein beliebtes Erfrischungsgetränk ist 'Sangria' (aus Rotwein, Weinbrand, Mineralwasser, Fruchtsaft). – In *Bierrestaurants* (cervecerías) erhält man neben Importbieren die leichteren einheimischen Biere, die heute vielfach den Wein zurückdrängen. – Für einen kleinen *Imbiß* trifft man in allen Städten auf Bars, Buffets und Tavernen.

Cafés (oft mit Billardräumen) werden vorwiegend von Männern besucht. Beliebt ist der 'Café solo' (schwarzer Espresso-Kaffee) oder der 'Café con leche' (Milchkaffee), letzterer zum Frühstück. Gute Erfrischungsgetränke bekommt man im Sommer in den *Horchaterías*, wo 'Horchata', ein Kühltrunk aus Erdmandeln (chufas) oder aus echten Mandeln, Limonade, Eiswasser u. a. verkauft werden. – *Konditoreien* (confiterías oder pastelerías) findet man nur in großen Städten.

Tabakwaren (Staatsmonopol) sind in den rot-gelbrot gekennzeichneten *Estancos* erhältlich.

Spanische Speisekarte
(Lista de comidas)

Bezeichnungen für das Tischgerät: Gedeck, Besteck *cubierto;* Löffel *cuchara;* Teelöffel *cucharita;* Messer *cuchillo;* Gabel *tenedor;* Teller *plato;* Glas *Vaso;* Tasse *taza;* Serviette *servilleta;* Korkenzieher *sacacorchos.* – Frühstück *desayuno;* Mittagessen *comida;* Abendessen *cena.*

Vorspeisen *(entremeses).* – *Aceitunas* Oliven; *ensalada* Salat; *ostras* Austern; *anchoas* Sardellen; *sardinas* Sardinen; *rábanos* Radieschen; *mantequilla* Butter; *pan* Brot, *penecillo* Brötchen.

Suppen *(sopas).* – *Sopa de legumbres, de yerbas* oder *de verduras* Gemüsesuppe, *con guisantes* Erbsen-, *de lentejas* Linsen-, *de tomates* Tomaten-, *de fideos* Nudel-, *de arroz* Reissuppe; *sopa pescado* Fischsuppe; *caldo* Fleischbrühe.

Eierspeisen *(platos de huevos).* – *Huevo* Ei *(crudo* roh, *fesco* frisch, *duro* hartgekocht, *pasado por agua* weichgekocht); *tortilla* Eierkuchen, Omelette; *huevos revueltos* Rührei; *huevos fritos* oder *al plato* Spiegeleier; *huevos con tomate* Eier zusammen mit Tomaten gebraten.

Fisch *(pescado).* – *Frito* gebacken, *asado* gebraten, *cocido* gekocht, *ahumado* geräuchert; – *anguila* Aal; *arenque* Hering; *atún* Thunfisch; *bacalao* Stockfisch, Kabeljau; *besugo* Brasse; *carpa* Karpfen; *esturión* Stör; *gado* Schellfisch; *lenguado* Seezunge, Flunder; *merluza* eine Art Dorsch; *rodaballo* Barsch; *salmón* Lachs; *sollo* Hecht *(pescadilla* kleiner Seehecht); *trucha* Forelle; – *almeja* Flußmuschel; *calamar* Tintenfisch; *cangrejo* Krebs, Krabbe; *camarón, langostino* Garnele; *langosta* Languste; *bogavante* Hummer; *erizo de mar* Seeigel; *ostras* Austern; *mariscos* Weichtiere.

Fleisch *(carnes).* – *Asado* Braten, *pierna* Keule, *chuleta* Kotelett; *gordo, graso* Fettes; – *carnero* Hammel; *cerdo* Schwein; *cochinillo, lechón* Spanferkel; *cordero* Lamm; *ternera* Kalb; *vaca* Rind; *bistec* Beefsteak; *rosbif* Roastbeef; *carne estofada* Schmorbraten; *carne salada* Pökelfleisch; *carne ahumada* Rauchfleisch; *tocino* Speck; *fiambre* Aufschnitt; *jamón* Schinken *(serrano* geräuchert); *salchichón* Salamiwurst. – Geflügel *(aves): faisán* Fasan; *ganso* Gans; *pato* Ente; *perdiz* Rebhuhn; *pichón* Taube; *pollo* Huhn. – Wild *(caza): ciervo* Hirsch; *corzo* Reh; *jabali* Wildschwein; *liebre* Hase.

Gemüse *(verduras).* – *Patatas* Kartoffeln, *patatas fritas* Bratkartoffeln; *alcachofas* Artischocken; *berza, col* Kohl; *col lombarda* Rotkohl; *col de Bruselas* Rosenkohl; *coliflor* Blumenkohl; *repollo* Weißkohl; *acelgas* Mangold; *cebollas* Zwiebeln; *espárragos* Spargel; *espinacas* Spinat; *guisantes* Erbsen; *garbanzos* Kichererbsen; *judias* Bohnen; *tomates* Tomaten; *zanahorias* Karotten. – S a l a t *(ensalada, lechuga): pepino* Gurke; *apio* Sellerie; *escarola* Endivie; *vinagre* Essig; *aceite* Öl; *pimienta* Pfeffer *(molida* gemahlen); *sal* Salz *(salado* gesalzen, salzig); *mostaza* Senf.

N a c h t i s c h *(postres).* – *Helado* Eis *(de chocolate* Schokoladen-, *de frambuesa* Himbeer-, *de vainilla* Vanilleeis); *barquillos* Waffeln; *pastel* Kuchen; *bollo* süßes Brötchen, Krapfen; *compota* Kompott; *dulces* Süßigkeiten; *nata batida* Schlagsahne; *puding* Pudding; *tarta* Torte; *torrijas* Arme Ritter. – O b s t *(frutas): almendras* Mandeln; *cerezas* Kirschen; *brevas, higos* Feigen; *chumbos* Kaktusfeigen; *dátiles* Datteln; *fresas* Erdbeeren *(con naranjá* mit Orangensaft, *con nata* mit Schlagsahne); *manzanas* Äpfel; *melocotones, duraznos* Pfirsiche; *melones* Melonen; *naranjas* Apfelsinen, Orangen *(mandarinas* Mandarinen); *nueces* Nüsse *(avellanas* Haselnüsse, *cacahuetes* Erdnüsse); *pasas* Rosinen; *peras* Birnen; *pinas (de América)* Ananas; *plátanos* Bananen; *uvas* Weintrauben. – K ä s e *(queso): gruyère* Schweizer, *de Holanda* Holländer Käse; *queso de nata* Sahne-, *de cabras* Ziegen-, *de ovejas* Schafskäse, *requesón* Quark; *queso blando* Schmelzkäse.

S p e z i a l g e r i c h t e. – *Cocido* (Nationalgericht), auch *puchero, olla podrida, pote* oder *caldo* genannt. Kichererbsen mit Fleisch, Speck, Kartoffeln und Gemüse, je nach der Landesgegend in verschiedener Zusammenstellung; – *arroz* oder *paella a la Valenciana* in Öl gedünsteter Reis mit Fleisch, Wurst, Weichtieren (Muscheln, Schnecken, Krebsen u. a.), rotem oder grünem Pfeffer; – *empedrado* Reis mit Kichererbsen und Bohnen; – *gazpacho andaluz* eine Art Kaltschale aus Wasser, Essig und Öl, mit Brot, Gurken, Tomaten, Zwiebeln, Knoblauch; – *potaje* Kichererbsen mit Spinat; – *jamón en dulce* mit Zucker eingemachter Schinken (kalt); – *butifarra* katalanische Blutwurst; – *chorizo* rote Paprikawurst; – *torreznos* geröstete Speckscheiben; – *media tostada* eine halb geröstete Buttersemmel (zum Frühstück); – *gambas* Garnelen.

G e t r ä n k e *(bebidas).* – *Café con leche* Milchkaffee, *café solo* schwarzer Kaffee, *café helado* Eiskaffee; *chocolate* Schokolade; *té* Tee *(con ron* mit Rum, *con limón* mit Zitrone); *agua mineral* oder *de Seltz* Mineralwasser; *horchata* Kühltrank aus Mandeln u.a.; *leche de almendras* Mandelmilch; *limonada* Limonade; *jugo (de naranjas)* Fruchtsaft (Orangensaft); *agua helada* Eiswasser; *sidra* Obstwein, Most; *cerveza* Bier *(dorada* helles, *negra* dunkles, *de Munich* Münchner, *del pais* einheimisches); *vino* Wein *(dulce* süßer, *blanco* weißer, *tinto* roter, *del año* heuriger, *añejo* alter, *corriente* oder *de mesa* Tischwein). – In Bars *(tabernas, tascas)* werden zu kleinen Gläsern Wein Imbißhappen *(tapas;* in Madrid *pinchos)* gereicht.

Typisch spanische Gerichte

Als **Vorspeisen** *(entremeses)* werden gereicht: *Wurst* (de Cantimpalos, Rioja, Burgos, Candelario, de Vich), *Schinken* (Jamón Serrano, de Jabugo, de Trevélez, de Avilés, de Tineo), *Meerestiere* wie Krab-

ben, Muscheln (sehr gut die Jakobsmuschel = vieira und die Entenmuscheln = percebes), Langusten (langostinos, cigalas) und *Oliven* (besonders die Manzanilla- und Gordal-Oliven).

Unter den **Suppen** *(sopas)* sind hervorzuheben der *Gazpacho,* eine Kaltschale aus Brotkrumen, Tomaten, Gurken, Zwiebeln, Knoblauch und Pfefferschoten mit Essig, Öl und Gewürzen, wobei die einzelnen Gemüseeinlagen gesondert auf den Tisch kommen. Andere Knoblauchsuppen sind die kastilische mit Eiern und die *sopa al cuarto de hora* (Viertelstundensuppe), der *Pote* und der *Caldo* in Galicien und Asturien, die baskische *Sopa Zarauztarra* und in der Levante eine Suppe mit geröstetem Reis, ferner der *Ajo blanco con uvas* (Weißer Knoblauch mit Trauben).

Als erstes **Hauptgericht** *(plato fuerte)* werden oft *Tortillas* (Omeletts) serviert, die es in zahlreichen Varianten von scharf bis süß gibt. Sehr deftig sind bodenständige Eintopfgerichte, wie etwa der *Cocido,* ein in jeder Landschaft etwas anders zubereiteter Eintopf aus Kichererbsen, Kartoffeln, Gemüse, Fleisch, Speck, Wurst und Fleischknödeln, die asturische *Fabada,* eine Bohnensuppe mit Einlagen, oder die in Madrid besonders lecker zubereiteten *Callos* (Kutteln). Vorzüglich, wenn richtig zubereitet, ist die bekannte *Paella,* ein Reisgericht aus Huhn, Fleisch, Fisch, Meeresfrüchten, Bohnen und Erbsen, wobei die Art von Valencia die typischste ist.

Sehr zahlreich sind die **Fischgerichte** *(pescados).* *Zarzuela de Mariscos* besteht aus verschiedenen gebratenen und scharf gewürzten Fischarten, *Merluza a la Vasca* ist Seehecht mit grüner Soße, der *Bacalao* wird im Baskenland entweder mit roter Soße oder langsam gegart 'al pil pil' bereitet, in Navarra werden die Forellen mit Schinkenscheiben gefüllt. Kleine Fischgerichte eignen sich auch als *Tapas* (Appetithappen zum Wein), besonders die in Öl mit Knoblauch und Paprika gesottenen Glasaale *(Angulas).* Vorzüglich ist auch jeder frische Fisch einfach in Öl fritiert.

Im Süden Navarras und in Aragón werden Geflügel, Lamm, Kaninchen und Kalb 'a la chilindrón' in einer Soße aus in Öl geschmorten Zwiebeln und Tomaten mit scharfen Gewürzen bereitet. In Kastilien und León sind Spanferkel und Lammbraten beliebt.

Es gibt vielfältige **Nachspeisen** *(postres).* Spanien hat ausgezeichnete Käsesorten, aber auch zahlreiche Rezepte für Süßspeisen: *Turrón* (aus Honig und Mandeln) und Marzipan stammen aus maurischer Zeit, daneben gibt es Schmalzgebäck, insbesondere auf Mallorca (Ensaimadas), Gewürzkuchen, Eierstich, Flan (Pudding), süße Eierdotter und herrliche Früchte.

Wein
Karte S. 290

Galicien

Pontevedra (weiß und rot); Ribeiro (überwiegend weiß); Albariño/Valle de Rosal (beste Qualität).

León

León (weiß und rot).

Altkastilien

La Nava, Roa, Peñafiel (weiß und rot, mäßig stark); Toro (rot, schwer).

**Die
spanischen
Weinbaugebiete**

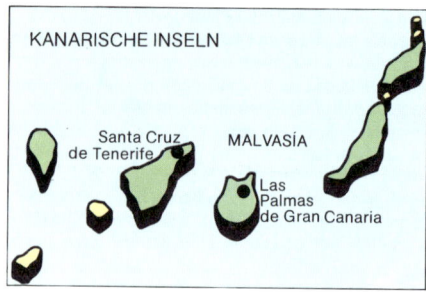

Andalusien

Jerez de la Frontera (Qualitätswein; bester Sherry): Carrascal, Macharnudo, Anina (weiß, vollmundig, schwer); Balbaina, Manzanilla (bekannte Marken: Pedro Domecq, Sandeman, Gonzalez Byass); Huelva (nur weiß; beste Sorten als Sherry); Sanlúcar de Barrameda, Miraflores (guter Sherry); Montilla, Moriles (Qualitätswein; weiß, binnenländliches Pendant zum Sherry); Malaga (vorwiegend weiß, Dessertwein).

Teneriffa

Malvasía (weiß, kräftig, ziemlich süß).

Navarra

Rioja (Qualitätswein, der spanische 'Burgunder', rot und weiß): Rioja Alta (der beste, leicht); Rioja Alavesa (kräftig; 'Clarete', heller Rotwein); Rioja Baja (schwer).

Aragón

Cariñera (weiß und rot, süß); Somontano (weiß und rot).

Katalonien

Qualitätsweine: Panadés, Marfil (weiß, trocken; viel Schaumwein); Sitges (weiß, Malvasia, Muskateller); Tarragona (weiß und rot, süß; gespritet); Priorato (rot, trocken, stark).

Neukastilien

La Mancha (größtes Weinbaugebiet): Valdepeñas (überwiegend rot, stark); Cebreros (weiß und rot).

Valencia

Utiel, Requena; Albaida, Jumilla, Monova (überwiegend rot, schwer und süß).

Estremadura

Almendralejo (weiß, einfacher).

'Venenciador' in Jerez de la Frontera

Umgangsregeln

Der zwanglos heitere **Ton** der gebildeten Spanier und die landesübliche Höflichkeit, die auch dem einfachen Mann aus dem Volk eigen ist, machen den Umgang mit der Bevölkerung angenehm. Man achte die Landesart und trete zurückhaltend auf. Es ist zu beachten, daß bei dem in Spanien stark entwickelten Sinn für Gleichheit auch der Geringste erwartet, als 'Caballero' (Herr) behandelt zu werden. Der Nationalstolz des Spaniers ist leicht zu verletzen; man sei also taktvoll in politischen Gesprächen und bei der Kritik der Landessitten. Auch für Ungeduld hat man wenig Verständnis.

Großer Wert wird immer noch auf korrekte **Kleidung** gelegt. Für Männer gilt es nach wie vor als unfein, in kurzen Hosen durch die Stadt zu gehen. Krawatten werden auch im Sommer mehr als in Deutschland getragen. Ausländer genießen zwar in den Touristenzentren eine Art Narrenfreiheit, bei Ausnutzung dieser stillschweigenden Duldung läuft man aber Gefahr, sich lächerlich zu machen. In Katalonien und auf den Balearen ist man in Kleidung und Verhalten freier als im konservativen Kastilien oder etwa im Inneren Andalusiens. Offizielle FKK-Einrichtungen gibt es in Spanien noch nicht, wohl aber Strände auf Formentera und den Kanarischen Inseln, wo Nacktbaden von den Behörden toleriert wird.
Kirchen sollen von Damen nicht in ärmelloser oder zu halsfreier Kleidung, zu kurzen Röcken oder gar Shorts betreten werden.

Fremdenführer (el guía) warten meist bei den Hauptsehenswürdigkeiten und in den großen Hotels; ihre Taxen sind oft hoch. *Dolmetscher* (intérprete) verlangen gewöhnlich zumindest das Doppelte wie die Führer; man überzeuge sich von ihrer Sprachfertigkeit. Bisweilen trifft man gebildete Führer, die mit ihrer Sachkenntnis zu einer wirklichen Bereicherung des Besuches beitragen. Man hüte sich vor 'Schleppern', deren einziges Ziel es ist, ihre Kunden bestimmten Geschäften und Lokalen zuzuführen.

Das **Bedienungsgeld** (servicio) ist in Hotels und Restaurants wie in den meisten Ländern durch einen Aufschlag auf die Rechnung ersetzt, doch gibt man Kellnern (camarero), Zimmermädchen (camarera, muchacha), Gepäckträgern (das Tragen des eigenen Koffers ist nicht üblich), Hausdienern (mozo), Liftboys u.a. zusätzlich ein kleines Trinkgeld (propina), das auch Aufseher bei Sehenswürdigkeiten sowie Platzanweiser in Kinos, Theatern, Stierkampfarenen u.a. erwarten. Es empfiehlt sich daher, stets etwas Kleingeld bei sich zu führen. Zur Überwindung besonderer Schwierigkeiten (besetzte Hotels, geschlossene Ämter, ausverkaufte Eintrittskarten u.ä.) kann ein Geldschein von entsprechendem Wert, taktvoll überreicht, ein lohnender Mittler sein.

In Spanien gibt es keine gesetzlichen **Ladenschlußzeiten.** Die Geschäfte sind im allgemeinen von 9 bis 13 und von 15 oder 16 bis 19 Uhr, im Sommer vielfach aber bis in spätere Abendstunden geöffnet (v.a. Lebensmittel- und Tabakgeschäfte). In Madrid halten die Läden samstags von 9 bis 14 und von 17 bis 20 Uhr offen. Banken sind in Spanien nur vormittags geöffnet. Tavernen sollen um 24 Uhr, Restaurants um 1 Uhr schließen.

Die **Öffnungszeiten** der Museen, Schlösser und Kirchen sind sehr unterschiedlich und oft wechselnd. Während der langen Mittagsstunden muß mit geschlossenen Häusern gerechnet werden.

Badestrände Karte S. 297

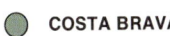 **COSTA BRAVA**

Die Costa Brava ('Wilde Küste') ist der nördlichste spanische Küstenstreifen am Mittelmeer von Port Bou (französische Grenze) bis Blanes. Die Küste ist außerordentlich stark zerklüftet und häufig felsig, dazwischen liegen kleine Buchten, z.T. auch längere Strände. Die steilen Vorgebirge sind oft nicht mit dem Kraftfahrzeug erreichbar, z.T. sogar nur mit dem Boot.

An der Bahía de Rosas liegen die ersten richtigen Sandstrände der Costa Brava.

1 Rosas
Hauptstrände: *Playa Santa Margarita, Playa Rastrillo, Playa Salatá;* insgesamt 2 km lang, bis 50 m breit, feinsandig, flach. Kläranlage, Bars und Restaurants. Östlich die *Playa Canyellas Petitas* (300 m lang, bis 30 m breit) und die *Playa Canyellas Grossas* (300 m lang, ca. 10 m breit). Weiter östlich, am Cabo Norfeu, die *Cala Montjoy* (200 m dunkler, steiniger Strand; Restaurant) und die *Cala Joncluls* (150 m dunkler, steiniger Strand).

2 San Pedro Pescador
Mehrere Kilometer freier Sandstrand, Dünen.

3 San Martín de Ampurias
Drei 200 m lange Strände bei den Ruinen von Ampurias.

4 La Escala
Schmaler Strand von *Riells* am Hafen. Südöstlich die *Cala de Montgó* (150 m lang, 30 m breit, feinsandig; Bars, Restaurants).

5 Estartit
5 km langer, feiner Sandstrand, 30–60 m breit; im Bereich der Flußmündungen von Río Ter und Río Daró Dünen. Bars, Restaurants, Kläranlage, im Ortsbereich Strandreinigung. Südlich erstreckt sich die noch recht wenig erschlossene *Playa de Pals*.

6 Bagur
Ausgangspunkt für mehrere schöne Buchten: *Sa Riera*, 200 m feinsandiger Strand, Bars und Restaurants, schöner Ausblick.
Sa Tuna, 100 m steiniger, ruhiger Strand.
Cala Fornells (Aigua Blava), Felsbucht mit Badeterrasse und kleinem Sandstrand.

7 Palafrugell
Ausgangspunkt für folgende Badeorte:
Tamariú, malerischer Strand (100 m lang, bis 30 m breit); im Norden die Urbanisation Aigua Gelida. *Llafranch,* Bucht mit 300 m gepflegtem Strand. *Calella de Palafrugell,* sechs kleine Buchten, an der größten 50 m Strand.

8 Palamós
2 km Strand, südlich die Urbanisation San Antonio de Calonge. Nördlich von Cabo Gros *La Fosca,* 400 m flacher Strand, 10–60 m breit.

9 Playa de Aro
Hauptstrand 2 km lang, 70 m breit, grobsandig, Strandreinigung; außerdem weitere kleine Badebuchten (Playa de Roig, Cala del Pi, Cala Sa Cova, Playa d'en Rovira).

10 S'Agaró
San Pol mit 1 km Sandstrand, *Cala del Pi* und Strandbucht *Sa Conca* mit 250 m Strand.

11 San Feliú de Guixols
Der Strand (300 m) ist Teil des durch eine Mole abgeschirmten Hafenbeckens. Zu beiden Seiten des Hafens malerische Felsbuchten.

12 Tossa de Mar
Hauptstrand *Playa Mayor,* 500 m lang, 30–40 m breit, steil, grobkörnig, überlaufen; Duschen, WC, Kabinen. Weiter die *Playa de la Palma* (200 m lang, 10–30 m breit) und kleinere Badebuchten: *Playa de Llorell, Cala El Llevador* (beide Richtung Lloret) sowie *Es Codolar* (an der Punta del Faro), *Cala Pola, Cala Giverola* und *Cala Salions* (in Richtung San Feliú).

13 Lloret de Mar
Steiler *Hauptstrand* (Kiesel), 1 km lang, 30–50 m breit, überlaufen. *Playa de Fanals,* 500 m Sandstrand, alle Serviceeinrichtungen; *Playa Canyellas,* 300 m langer, 20–50 m breiter feiner Sandstrand, Restaurant und Cafeterías; *Cala Santa Cristina,* 350 m langer, 20–30 m breiter, feiner Sandstrand, Kläranlage, Snackbars.

14 Blanes
Stadtstrand 300 m lang, 10–40 m breit, alle Strandeinrichtungen (Kläranlage). *Playa Sabanell,* über 2 km langer, bis 80 m breiter, grober, steiler Sandstrand.

⬤ **COSTA DORADA**

Die Costa Dorada ('Goldene Küste') umfaßt nahezu die gesamte Küstenlandschaft der Provinzen Barcelona und Tarragona, von der Mündung des Río Tordera (Malgrat) bis zur Ebromündung (San Carlos de la Rápita). Sie zeichnet sich durch sanft abfallende Strände mit feinem, goldgelben Sand aus, die allerdings oft durch Straße und Eisenbahn vom Hinterland abgeschnitten sind. Das Klima ist besonders mild.

15 Calella de la Costa
Steiler *Hauptstrand,* 2 km lang, 30–80 m breit, heller grobkörniger Sand; alle Strandeinrichtungen sowie Bars und Restaurants. Beim Leuchtturm (Richtung Barcelona) schöne felsgesäumte Buchten. Überlaufen, insbesondere von Deutschen.

16 Arenys de Mar
Steile, grobkörnige Strände zu beiden Seiten des Hafens, *Playa de Levante* 500 m lang, bis 60 m breit, alle Strandeinrichtungen.

17 Castelldefels
Zusammen mit *Gavamar* ca. 7 km Strand, Breite z.T. fast 100 m, Duschen, Kabinen, WC, Süßwasserbecken. Castelldefels ist ein Villenvorort von Barcelona.

18 Sitges
Hauptstrand *Playa de Oro,* gut 2 km lang und bis 60 m breit; Duschen, Kabinen, WC, Strandreinigung. Überfüllt, Wasser nicht klar. *Playa San Sebastián,* 100 m langer, 25 m breiter Sandstrand mit Regenrinnen, Schmutzwasseraustritt. Kleinere Buchten im Nordosten.

19 Calafell
Zwischen San Salvador (südwestlich) und Cunit (nordöstlich) 4 km feinsandiger Strand, 40–80 m breit; alle Strandeinrichtungen, Bars und Restaurants.

20 Comarruga
4 km langer, ca. 40 m breiter, feiner goldgelber Sandstrand. Im Nordosten San Salvador mit eleganten Villen, im Südwesten die Urbanisation Bará.

21 Torredembarra
Playa de Torredembarra, fast 4 km langer, bis 90 m breiter, feiner heller Sandstrand, nach Nordosten in flache Dünen übergehend. Bars und Restaurants.

22 Tarragona
Die Strände liegen im Norden: *Playa Larga, Playa de la Sabinosa, Playa de la Rabasadá* und *Playa del Milago* (der Altstadt vorgelagert), mit den üblichen Einrichtungen.

23 Salou
Playa Central, durch den Sporthafen in Playa Poniente und Playa Levante getrennt, 4 km im Ort, 20–80 m breit, setzt sich südwestlich nach Vilafortuny fort. Alle Strandeinrichtungen, Bars und Restaurants.
Playas de la Torre Alta, bestehend aus der Playa Larga (300 m lang, bis 40 m breit) und weiteren kleinen Felsbuchten. *Playa de la Pineda,* ca. 4 km lang, 40–60 m breit, setzt sich in Richtung Tarragona fort.

24 Cambrils
Insgesamt etwa 7 km Strand, jedoch nur östlich des Fischereihafens (Richtung Salou) von guter Qualität; *Playa de Cambrils* (1 km), *Playa Cavet* (400 m), *Playa de Vilafortuny* (2 km), alle 20–60 m breit.

25 Miami Playa
Reine Touristensiedlung mit den Stränden *Playa Cristal* (400 m lang, 30 m breit; Restaurants) und *Playa de Rifá,* die sich kilometerlang in Richtung Cambrils erstreckt.

26 Hospital del Infante
2 km langer, feiner, heller Sandstrand von 15 m Breite, südlich eine kleine Bucht (100 m Strand) und die 1 km lange *Playa de las Barcas.*

27 San Carlos de la Rápita
Schlechter Ortsstrand am Hafen. Stündlich

Bootsfahrt über den haffartigen Puerto de los Alfaques zur *Punta Galacho,* Westspitze einer riesigen Landzunge mit insgesamt 24 km freiem Sandstrand (100 m breit, Dünen). Auf dem Landweg durch das Ebrodelta geht es über Villafranca nach Los Eucalyptus, von da auf Sandpisten über eine Nehrung (Playa del Trabucador) ebenfalls zur Punta Galacho. – Im Norden des Deltas die 6 km lange *Playa de la Marquesa.*

COSTA DEL AZAHAR

Die Costa del Azahar ('Küste der Orangenblüte') erstreckt sich südlich der Ebromündung von Vinaroz über das Küstengebiet der Provinz Castellón und den weiten offenen Golf von Valencia bis nach Denia. Sie ist durch ausgedehnte, flache Strände und mildes Klima, leider aber auch durch häufige Verschmutzung (insbesondere Industrieabwässer) charakterisiert.

28 Vinaroz
Der 300 m lange und 10 m breite steile Ortsstrand aus grobem Kies ist nicht empfehlenswert (Abwässer). Nördlich kleine felsumrahmte Buchten.

29 Benicarló
Kurzer, unsauberer Strand, nach Süden freie Küste, anfangs mit Kiesel-, in der Nähe von Peñiscola mit Sandstrand.

30 Peñiscola
Nach Norden liegt die *Playa de Peñiscola* (im Ortsbereich 2 km langer, 10–40 m breiter feiner, sauberer Strand) mit allen Einrichtungen. Ein weiterer Strand (200 m lang, 30 m breit) liegt südlich beim Hafen (Verschmutzung, keine Einrichtungen).

31 Alcosebre
Schöner, flacher, feinsandiger Strand (500 m lang, 50 m breit) ohne Serviceeinrichtungen. 1 km abseits die Urbanisation *Marina las Fuentes* mit flachem Sandstrand (300 m lang, 30 m breit).

32 Oropesa
Flacher Strand *Playa Torre del Rey* (300 m lang, 20–30 m breit), in Felsküste übergehend. Alle Einrichtungen vorhanden.

33 Benicasím
Playa de las Villas im nördlichen Villenviertel, 2 km lang, 20 m breit, sauberer, feiner Sand, wenig Serviceeinrichtungen. Der Hauptstrand *Playa de Benicasim,* 3 km lang und 10–30 m breit, bietet jeden Service, auch Gratisduschen. Südlich, vom Ortsende bis Catellón, mehrere Kilometer freier Strand, noch unerschlossen.

34 Valencia
Die sehr überlaufenen Strände *Playa de Nazaret, Playa de Pinedo* und *Playa del Saler* liegen 5–10 km von der Stadt entfernt. Alle Serviceeinrichtungen, Wasserverschmutzung. Südlich der kilometerlangen Playa del Saler die *Playa del Recati* (18 km von Valencia) mit Dünen, entlang der fischreichen Lagune La Albufera. Keinerlei Einrichtungen. Noch weiter südlich (23 km von Valencia) die *Playa del Perelló* mit langem, flachem Sandstrand und saubererem Wasser; bescheidener Service.

35 Cullera
10 km langer, fast freier Sandstreifen mit wechselnden Namen: Mareny de San Lorenzo, Dosel, El Faro, Portet, San Antonio. Im Ortsbereich 1 km langer, 50 m breiter Strand mit allen Serviceeinrichtungen, stark besucht. 12 km südlich die *Playa de Tabernes,* mit langem, 40 m breitem Sandstrand und einigem Service.

36 Gandía
Gepflegte Strandsiedlung 3 km von der Stadt. Kilometerlanger, 50 m breiter Ortsstrand *Playa Dorada,* mit allen Serviceeinrichtungen.

37 Oliva
Kilometerlanger, unsauberer Sandstrand von 50 m Breite, trübes Wasser, wenig Serviceeinrichtungen.

COSTA BLANCA

Die Costa Blanca ('Weiße Küste') reicht von Setla (Landspitze La Almadraba) bis zum Cabo de Gata und umfaßt so die Küstenzone der Provinz Alicante und einen Teil derjenigen der Provinz Murcia. Ihre Strände sind vorwiegend flach und bestehen aus feinem, weißen Sand, die Winter sind sehr mild. Das Hinterland ist etwas eintönig.

38 Denia
Playa de las Marinas beim Ort, 500 m lang, 50 m breit, feiner, grauer Sand, z.T. naturbelassen (Gras), Algenanschwemmung. Bescheidene Serviceeinrichtungen. 2 km südlich die *Playa de las Rotas,* unsauber, keinerlei Einrichtungen, Algen.

39 Jávea
Zwei Ortsstrände: neben der Hafeneinfahrt 200 m Grobkies (Bitumenanschwemmungen) ohne Einrichtungen, Wasser trübe; südlich anschließend 500 m ebensolcher Strand, etwas breiter.
Am südlichen Ortsende die *Playa de la Arena,* 300 m lang, 80 m breit, aus sauberem, feinem Sand. Einfache Serviceeinrichtungen (nur eine Dusche).

40 Moraira
Playa del Castillo, 200 m lang, 20 m breit, feinsandig. Sauberes, seichtes Wasser, hinter dem Strand Sumpfgelände (Mücken). Einfache Einrichtungen.
1 km nördlich die Villensiedlung *El Portet,* mit 100 m langem, feinem Sandstrand ohne Einrichtungen.

41 Calpe
Östlich des Peñón de Ifach die *Playa de Levante* mit 500 m langem 20–30 m breitem feinen Sandstrand, umrahmt von Felsen. Ausreichende Serviceeinrichtungen. Manchmal Algenanschwemmungen. *Playa del Puerto* beim Ortszentrum, 400 m lang, 20 m breit; teils sandig, teils kiesig oder aus flachem Fels. Bescheidene Serviceeinrichtungen.

42 Benidorm
Playa de Levante, knapp 3 km lang, 30–40 m breit, feiner sauberer Strand direkt beim Ortszentrum. Westlich der auf einem Felsen liegenden Altstadt erstreckt sich die *Playa de Poniente,* gut 3 km lang, 40–50 m breit, ebenfalls aus

Am Strand von Benidorm

feinem Sand. Beide Strände werden gereinigt und verfügen über alle Serviceeinrichtungen, in der Saison sind sie stets überfüllt. Südlich anschließend bei einem Villenviertel die *Playa de la Cala,* 100 m lang, 50 m breit, sauberer, feiner Strand.

43 Villajoyosa
Malerisches Städtchen mit ungepflegten Stränden, aber guten, preiswerten Restaurants, Ausflugsziel.

44 Alicante
Früher ein wichtiges Seebad für die Überwinterung (vornehme Hotels, prächtige Promenade). *Playa de Postiguet,* beim Stadtzentrum, unter dem Castillo de Santa Bárbara, 300 m lang, 20–40 m breit, feiner, sauberer Sand. Alle Einrichtungen, überfüllt, 3 km nördlich Richtung San Juan die *Playa de la Albufereta,* 200 m lang, 20–30 m breit, feiner, sauberer Sand, ordentlicher Service. Noch 4 km weiter nördlich die *Playa de San Juan;* 4 km langer, 20–30 m breiter, sauberer, flacher Sandstrand (streckenweise Algen- und Teerablagerungen). Gute Serviceeinrichtungen. Nördlich anschließend die *Playa Muchavista,* 2 km langer, 10 m breiter Kieselstrand ohne Einrichtungen, sauberes, tiefes Wasser.

45 Los Arenales del Sol
Noch wenig erschlossen, zwischen Dünen. Strand 1 km lang, 40 m breit, bescheidener Service. Kräftiger Wellengang.

46 Santa Pola
Ideal für Nichtschwimmer, Wasser mindestens 50 m seicht. Strände insgesamt mehrere Kilometer; Hauptstrand *Playa de Levante* 500 m lang, 30 m breit, Wasser ruhig, seicht und trübe. Gute Serviceeinrichtungen.

47 Guardamar del Segura
Dünen, die von Pinienhainen und Eukalyptusalleen vom Ort ferngehalten werden. Kilometerlanger Strand, 30 m breit und feinsandig, kräftige Wellen.

48 Torrevieja
Salinen, Algenanschwemmungen, ödes Hinterland. In den nördlichen Urbanisationen z.T. schöne, noch menschenleere Strände mit einigen Einrichtungen. Im Ort selbst Wasserverschmutzung. An den südlichen Urbanisationen meist Felsküste.

49 Campoamor
Strand 200 m lang, 40 m breit, feiner, heller, sauberer Sand (Algen werden entfernt). Mitunter kräftiger Wellengang. Im Hinterland Brackwasser (Mücken).

50 Santiago de la Ribera
Am Mar Menor, der größten Lagune Spaniens (180 qkm), mit stark salz- und jodhaltigem Wasser, das zunehmender Verschmutzung ausgesetzt ist. Lärmbelästigung durch Militärflughafen.
Playa de la Ribera, 10 m breiter, feiner, sauberer Strand, wegen Überfüllung mit langen Holzstegen ins Wasser verlängert. Der schmale Sandstreifen setzt sich nördlich des Segelklubs auf etwa 1 km ähnlich fort. Einige Serviceeinrichtungen. Südlich eine weite Gebiete militärisches Sperrgebiet. Die folgenden Dörfer (Los Alcázares, Los Urrutias, Los Nietos, Mar de Cristal) haben ungepflegte Strände und sind wegen der Wasserverschmutzung wenig empfehlenswert.

51 La Manga del Mar Menor
Auf dieser langgestreckten Nehrung, zugänglich über Cabo de Palos und Urmenor, gibt es

auf beiden Seiten viele Kilometer lange, 50 m breite Sandstreifen, zum großen Teil noch unerschlossen und oft in Dünen übergehend. Im Kernbereich der Feriensiedlung bescheidener Service.

52 Puerto de Mazarrón
Mehrere kleine Sandbuchten, zwischen 100 und 400 m lang, gut vor Wind und Wellen geschützt, Wasser seicht und sauber. Wenig Serviceeinrichtungen.

53 Águilas
Ortsstrand (200 m) am Hafen, Wasserverschmutzung. 7 km südwestlich die *Playa de los Terreros*, mehrere Kilometer lang, 30 m breit, mehliger Sand, ungepflegt, kein Service.

54 Mojácar
Strand 2 km vom Ort, Kies und Sand, keine Serviceeinrichtungen, aber sehr sauberes Wasser.

 COSTA DEL SOL

Die Costa del Sol ('Sonnenküste') umfaßt praktisch die gesamte andalusische Mittelmeerküste vom Cabo de Gata bis zur Südspitze Spaniens bei Tarifa. Sie ist zum dichtbesiedelten Touristengebiet mit internationalem Publikum geworden; das Hinterland birgt viele kulturelle Sehenswürdigkeiten, vielfältige Flora und malerische andalusische Dörfer. Die nach Süden offene Küste ermöglicht eine Badesaison von März bis Oktober.

55 Aguadulce
Große Feriensiedlung, Strand 400 m lang, 10 m breit, aus grobem Kies, Algenanschwemmungen und Seeigel; ein weiterer, ähnlicher Strand 300 m lang.

56 Roquetas
Östlich und westlich vom Ort kilometerlange, körnige Sandstrände, noch unerschlossen.

57 Calahonda
Strand 500 m lang, 10–30 m breit, aus feinem, dunklen Kies. Kaum Serviceeinrichtungen.

58 Torrenueva
Ungepflegter, steiler, teils kiesiger Strand von 2 km Länge und 20 m Breite. Keine Serviceeinrichtungen.

59 Motril
Wasserverschmutzung durch Industrie und Hafen. Westlich des Ortes 1 km langer, bis 50 m breiter, unsauberer dunkler Strand; östlich ein weiterer, sehr schmaler Sandstreifen von 1 km Länge. Fast keine Serviceeinrichtungen.

60 Salobreña
Playa de Salobreña 1 m vom Ort, 1 km lang, 50 m breit, ungepflegt und ohne Serviceeinrichtungen. Durch einen Felsen abgetrennt ein 500 m langer, schmaler Kieselstrand in hübscher Bucht, ungepflegt aber mit sauberem Wasser.

61 Almuñécar
Playa Punta del Mar, 500 m lang, bis 30 m breit, aus feinem, sauberem Kies; einige Strandeinrichtungen. Östlich eine 50 m lange und 20 m breite hübsche Kiesbucht mit bescheidenem

Service. Im westlichen Ortsbereich die *Playa de San Cristóbal*, 1 km lang und 40 m breit, Kies; wenig Service. 9 km westlich der ungepflegte Strand von *La Herradura*.

62 Nerja
Direkt unter dem 'Balcón de Europa' erstreckt sich die *Playa de Calahonda*, die 50 m lang und 20 m breit ist; feiner Kies, Restaurant. Westlich die 50 m breite und 10 m tiefe Badebucht *Playa El Salón* mit körnigem Sand; Service nur für Hotelgäste.
Playa de la Torrecilla, ein 150 m langer und 30 m breiter körniger Sandstrand, sauber und mit allen Serviceeinrichtungen. Im Osten die *Playa de Burriana*, 800 m lang, 40 m breit, kiesiger, sauberer Strand; guter Strandservice. Ein zwischen Felsen gelegener Kiesstrand (40 m lang, 10 m breit) ist die *Playa de Caraveo*, ohne Service aber mit sauberem Wasser.

63 Torre del Mar
3 km langer, 70 m breiter, sandig-kiesiger Strand, alle Serviceeinrichtungen, Restaurant im Balneario.

64 Málaga
Stadtstrände klein und überfüllt, 12 km östlich in *Rincón de la Victoria* 2 km langer, aber nur 10–20 m breiter Strand aus feinem, dunkelgrauem Sand; einige Serviceeinrichtungen, Wasserverschmutzung.

65 Torremolinos
Seichtes Wasser mit Brandung, mitunter Teer und Quallen, Kläranlagen. Insgesamt 3 km betreuter Strand, 40 m breit, in Richtung Málaga in freie, einsame Strände übergehend. Alle üblichen Strandeinrichtungen reichlich vorhanden. Durch den starken Massentourismus ist Torremolinos in der Regel überfüllt.

66 Benalmádena Costa
Diese Küstenzone gehört eigentlich noch zum Bereich von Torremolinos. 3 km langer, feiner grauer Sand- und Felsstreifen mit verschiedenen Namen; Wasser nicht immer sauber.

67 Fuengirola/Mijas
Wer nicht in eintönigen Apartmenthochhäusern wohnen will, schlägt sein Quartier am besten in dem 8 km landeinwärts gelegenen, malerischen Bergort *Mijas* auf. *Playa de las Gaviotas*, vor den Hochhäusern, 2 km lang, 20–30 m breit, sandig-kiesig, Wasserverschmutzung. Südwestlich vom Hafen die *Playa Santa Amalia*, 1 km im Ortsbereich, danach 300 m freier Strand, 30 m breit, feinsandig, sauber. Alle Serviceeinrichtungen sind vorhanden.

68 Marbella
Ehemals bevorzugter Badeort der High Society. Ortsstrand insgesamt 1,5 km lang, 20–30 m breit, aus feinem, sauberen Sand, wechselnde Namen. Reiches Serviceangebot, überfüllt. Die zahlreichen Wellenbrecher werden zum Sonnenbaden genutzt. Viele der großen Hotels außerhalb mit eigenen Sandstränden, z.T. in Dünen übergehend. Bungalowsiedlungen beim Jachthafen Puerto José Banús und landeinwärts (Nueva Andalucía).

69 San Pedro de Alcántara
Kilometerlanger Strand, 20–30 m breit, kiesig-sandig, nur im Zentrum betreut und gereinigt.

70 Estepona
Strand 2 km lang, 30 m breit, aus feinem grauem, nicht immer sauberen Sand. Die üblichen
Serviceeinrichtungen sind vorhanden.

71 Buenas Noches / Bahía de Casares
Kilometerlange, freie, einsame Strände, bei der
Urbanisation Bahía de Casares z.T. erschlossen.

72 Algeciras
Wasserverschmutzung durch Industrie und
Schiffsverkehr. Hauptstrand *El Rinconcillo* 2 km
lang, künstlich aufgeschüttet. Die *Playa de Getares,* 500 m lang und 50 m breit, feinsandig und
sauber, liegt 6 km südlich und ist sehr einsam.

73 Tarifa
Mittelmeerküste felsig und unwirtlich. Auf der
Atlantikseite viele Kilometer lang, bis 200 m breite Sandstrände, die in Dünen übergehen.

⬤ **COSTA DE LA LUZ**

Die Costa de la Luz ('Küste des Lichts') umfaßt die
südspanische Atlantikküste zwischen der Landzunge von Tarifa und der Mündung des Río Guadiana
(portugiesische Grenze). Sie besitzt vorzügliche,
ausgedehne Sandstrände und unberührte Dünenlandschaften, die Infrastruktur der abgelegenen
Gebiete ist jedoch oft noch unzureichend und die
Verbindung zum Hinterland manchmal schwierig.

74 Barbate de Franco
Feiner, geldgelber Sand. *Playa de Barbate,*
500 m lang, Ortsstrand; und *Playa de los Caños
de Meca,* mit Grotten und Süßwasserquellen.

75 Conil de la Frontera
Insgesamt 15 km feiner Sandstrand, Dünen;
Playa de los Bateles und *Playa Roche.*

76 Chiclana de la Frontera
5 km vom Ort die *Playa de la Barossa,* 5 km lang,
feiner Sand, Pinien.

77 Cádiz
Im Ort die *Playa de la Caleta.* Etwas außerhalb
weitere 10 km Sandstrand an den Stränden
Playa de Cortadura und *Playa la Victoria.*

78 El Puerto de Santa Maria
An diesem Jerez de la Frontera vorgelagerten
Hafen liegen die Strände *Playa de Valdelagrana,
La Puntilla, Playa Andalucía* und *Fuentebravia,*
mit den üblichen Serviceeinrichtungen.

79 Rota
Ortsstrand *Playa de la Costilla* und im Vorort
Arroyo Hondo die *Playa la Almadraba.*

80 Chipiona
Im Ort die *Playa de Regla,* mit feinem goldgelbem Sand.

81 Sanlúcar de Barrameda
An der Mündung des Guadalquivir die feinen
Sandstrände *La Jara,* Sanlúcar und *Bajo de
Guia.*

82 Torre de la Higuera
Südlich vom Ort der kilometerlange Sandstrand
Playa de Matalascañas, mit Dünen. Serviceeinrichtungen in den Hotels.

83 Mazagón
Malerischer Strand aus feinem, weißem Sand.

84 Punta del Sebo
Landzunge an den Mündungen des Río Odiel
und des Río Tinto; Wasserverschmutzung
durch Industrie.

85 Punta Umbría
Auf einer Landzunge im Westen der Mündung
des Río Odiel; feiner, weißer Sand, Pinien.

86 El Rompido
Freier Sandstrand auf einer langgestreckten
Landzunge.

87 La Antilla
Belebter Sandstrand, weißer, feiner Sand. Serviceeinrichtungen.

88 Isla Cristina
Die Strände *Isla Canela* und *El Morral* haben
Serviceeinrichtungen, weitere freie Strände.

⬤ **NÖRDLICHE ATLANTIKKÜSTE**

Dieser lange Küstenstreifen, der sich vom Golf von
Biskaya entlang der Kantabrischen Küste bis zum
Kap Finisterre, dem westlichsten Punkt, und dann
südlich bis zur Mündung des Río Miño (portugiesische Grenze) erstreckt, wird von mitteleuropäischen Touristen relativ wenig besucht. Er wäre aber
durchaus einen Besuch wert, auch wenn das Klima
rauher ist als am Mittelmeer. Die Strände sind meist
feinsandig, von Felsen und Steilküsten umrahmt.
Das Hinterland ist von frischem Grün bedeckt; die
Küste Asturiens heißt zu Recht die 'Costa Verde'. In
Galicien bilden die Flüsse lange Trichtermündungen, die sogenannten 'Rías'. Der Fischfang in Meer
und Binnengewässern ist ausgezeichnet.

89 Fuenterrabía
Ausgedehnter Strand aus feinem, goldgelbem
Sand. Alle üblichen Serviceeinrichtungen.

90 San Sebastián
Elegantes Seebad. Hauptstrand *La Concha,*
mit feinem goldgelbem Sand, einer der schönsten Spaniens. Anschließend der Strand von
Ondarreta. Gute Serviceeinrichtungen.

91 Orio
Fischerhafen, grobkörniger Sandstrand 2 km
entfernt.

92 Zarauz
Ausgedehnter, feinsandiger Strand mit guten
Serviceeinrichtungen.

93 Guetaria
Fischereihafen mit kleinem, feinsandigem
Strand.

94 Zumaya
Malerischer Hafen. Westlich die *Playa de San
Telmo,* östlich die *Playa de Santiago.*

95 Deva
Schöner, geldgelber Sandstrand an der Mündung des Río Deva.

96 Motrico
Westlich die kleine, feinsandige *Playa de Saturrarán.*

**Badestrände
an den
spanischen
Küsten**

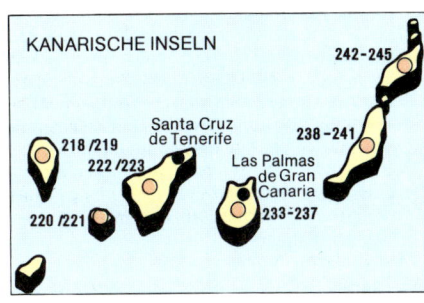

97 Ondárroa
Fischereihafen mit kleinem, feinsandigem Strand.

98 Lequeitio
Ortsstrand, 2 km östlich die *Playa de Carraspio,* je ca. 800 m lang und feinsandig.

99 Ibarranguelua
Zu diesem Ort gehören die Strände *Playa de Laida* und *Playa de Laga,* am rechten Ufer der Ría de Guernica; sie sind je 600 m lang und ausgesprochen feinsandig.

100 Pedernales
Am linken Ufer der Ría de Guernica, sehr malerisch, mit feinem Sandstrand.

101 Mundaca
Ebenfalls links an der äußeren Trichtermündung. Ortsstrand *Playa de Laidachu.*

102 Baquio
Ausgedehnte, offene Bucht mit feinem Sandstrand.

103 Gorliz
Ausgedehnter feinsandiger Strand in geschützter Bucht.

104 Plencia
Kleiner, gut geschützter Strand aus feinem Sand.

105 Sopelana
Zwei weite, offene Sandstrände, die *Playa de Achiriribil* und die *Playa de Larrabasterra.*

106 Algorta (Guecho)
Zwei schöne, ausgedehnte Sandstrände: *Playa de Arrigunaga* und *Playa de Ereaga,* letztere mit allen Serviceeinrichtungen.

107 Las Arenas
Kleiner, gut geschützter Ortsstrand.

108 Abanto y Ciérvana
Ausgedehnter, feinsandiger, offener Sandstrand *Playa de la Arena.*

109 Castro Urdiales
In einer kleinen Bucht die 500 m lange *Playa de Brazomar,* feinsandig. An der Mündung des Río Agüera die 1,8 km lange *Playa de Oriñón,* flach und feinsandig.

110 Laredo
Sehr schöner, 5 km langer und 500 m breiter, feiner, flacher Sandstrand *Playa de la Salve.*

Santoña
2 km nordwestlich die 2 km lange, bei Flut 250 m breite *Playa de Berria,* flach und feinsandig.

111 Isla
An der Ría de Ajo, 350 m langer Strand aus feinem Sand mit Felspartien. Langusten- und Seespinnenzucht.

112 Ajo
Westlich der Ría de Ajo, 900 m langer, feinsandiger Strand.

113 Somo
Am rechten Ufer der Ría de Cubas, 5 km langer Strand auf einer flachen, sandigen Landzunge, die die Bahía de Santander abschließt.

114 Santander
Playa de la Magdalena, auf der gleichnamigen Halbinsel, 700 m lang, feinsandig. Der berühmte Strand *el Sardinero,* 900 m lang, feiner Sand, alle Serviceeinrichtungen. Weitere Strände der Umgebung: *Playa de Castañeda* (sehr ausgedehnt), *Mataleñas* (in schöner Bucht) und *Puntal de la Bahía.*

115 Santa Cruz de Bezana
Playa de Soto la Marina, 500 m lang, zwischen Wiesen und Steilhängen. *Playa de Valdearenas,* 3,5 km lang, feiner Sand, Pinien.

116 Liencres
700 m langer Strand am Fuß eines Steilhanges, Wiesen.

117 Miengo
Playa de Mogro und *Playa de Usgo.* Zum Meer hin Felsengruppen, im Innern der Trichtermündungen des Río Pas 1 km Sandstrand mit Dünen und Pinienbewuchs.

118 Suances
Am rechten Ufer der Ría die 800 m lange *Playa de Cuchia,* feinsandig mit Dünen. Am linken Ufer die *Playa de la Concha,* 900 m lang, flach und feinsandig, Pinienwald. Westlich der Punta del Dichoso erstreckt sich die kleine, 300 m lange *Playa de los Locos,* mit Felsgruppen und Pinien.

119 Cobreces
400 m langer Ortsstrand bei einer Felsgruppe, feiner, weißer Sand, Eukalyptuswäldchen.

120 Comillas
800 m langer Ortsstrand, sanft abfallend, feiner, weißer Sand.

121 San Vicente de la Barquera
Nordöstlich der Ría de San Vicente erstreckt sich bis zum Cabo Oyambre der Strand *Sable de Merón,* 3,4 km lang und bei Flut 100 m breit, aus feinem weißen Sand.

122 Pechón
Am linken Ufer der Ría de Tina Menor ein 500 m langer Strand, von Steilhängen umfaßt, mit sehr sauberem Wasser.

123 Colombres
Östlich der Mündung des Río de la Cabras die schöne *Playa de la Franca,* mit feinem, gelben Sand.

124 Lianes
Fischereihafen mit schöner Promenade auf der Steilküste. 40 km zerklüftete Küste, mit rund 30 kleinen, felsumrandeten Sandstränden.

125 Ribadesella
Die hufeisenförmige, feinsandige *Playa de Santa Marina* am rechten Ufer der schönen, fischreichen Ría de Sella, mit guten Serviceeinrichtungen.

126 Colunga
Eingebettet in die Hänge des Monte Sueve drei schöne Sandstrände, von Ost nach West: *Playa de la Isla, Playa Colunga* und *Playa de Lastres.*

127 Villaviciosa
Typisches Fischerdorf an der gleichnamigen Ría. Am rechten Ufer die schöne *Playa de Rodiles* und die *Playa del Puntal* auf einer Landzunge.

128 Gijón
Schöner Ortsstrand *Playa de San Lorenzo,* 2 km langer feiner, gelber Sandstrand, umrahmt von Felsvorsprüngen. Gute Serviceeinrichtungen.

129 Luanco
Kleine, gut geschützte Strandbucht. Strandpromenade.

130 Salinas
Westlich von der Mündung der Ría de Alviles. Der Ortsstrand dehnt sich zusammen mit der *Playa de San Juan* über mehr als 5 km aus. Pinienwald, alle Serviceeinrichtungen.

131 Cudillero
Malerisches Fischerdorf, mit schönem, gelbem Sandstrand.

132 Luarca
Strand mit Serviceeinrichtungen, grauer Sand (Steilküste aus Schiefergestein).

133 Tapia de Casariego
Gelber Sandstrand, umfaßt von Steilhängen und Wiesen, westlich Flußmündung.

134 Castropol
Schöner Fischerort am linken Ufer der Ría de Ribadeo (Río Eo). 12 km nordwestlich der Sandstrand *Playa de Peñarronda,* umrahmt von begrünten Steilhängen.

135 Ribadeo
Hafen am linken Ufer der gleichnamigen Ría. Feine weiße Sandstrände in der Umgebung: *Playa de los Castros, Playa de la Rochela* und *Playa Xuncos.*

136 Barreiros
Am rechten Ufer der Ría de Foz. In der Umgebung schöne, weiße Sandstrände: *San Miguel de Reinante, San Pedro de Benquerencia, San Cosme de Barreiros* und *San Bartolo.*

137 Foz
Fischereihafen am linken Ufer der gleichnamigen Ría. Ortsstrand *Playa de la Rapadoira.* In der Umgebung liegen die Strände von *Yas, Arealonga* und *Areoura;* alle haben feinen, weißen Sand.

138 Cervo
Im Nordosten die *Playa de San Ciprián,* im Südosten die *Playa de Burela;* beide geschützt und feinsandig.

139 Jove
Playa de Morás, mit feinem, weißen Sandstrand.

140 Vivero
An der gleichnamigen Ría. Schöner Sandstrand *Playa de Covas,* mit guten Serviceeinrichtungen. 4 km entfernt die *Playa de Area* und die *Playa de Abrela;* bei Cillero die *Playa de Lavandeira* und *El Puerto;* Hotelstrand *Playa de Sacido.*

141 Vicedo
An der Mündung des Río Sor. Schöner Strand *Playa de Area Longa,* ferner die *Playas de Formento, San Román del Valle* und *Xilloy.*

142 El Barquero
An der gleichnamigen Ría. Schöngelegene, feinsandige Strände sind die *Playa de Vilela* und die *Playa de Vares.*

143 Ortigueira
Die *Playa de Morouzos* hat 4 km Sandstrand, geschützt durch Dünen, Pinien und Eukalyptuswäldchen.

144 Cedeira
Die muschelförmige *Playa de Area Longa,* 2 km lang, hat feinen, festen Sand.

145 Valdoviño
Ausgedehnte Sandbucht, hinter dem Zentrum des Küstenbogens eine Lagune.

146 San Martín de Covas
Wechsel zwischen Sandstrand und Felsküste, lebhafte Brandung.

147 El Ferrol
Nordwestlich Richtung Cabo Prior die *Playa de San Jorge,* etwas weiter südlich die *Playa de Doniños,* vor einem schönen See gelegen.

148 Cabañas
Im Nordosten der Ría de Arés, an der Mündung des Río Eume. Schöner, fester Sandstrand, ausgedehnter Pinienwald.

149 Miño
Im Südosten der Ría de Betanzos, an der Mündung des Río Lambre. Ausgedehnter, feiner Sandstrand, Dünen.

150 Sada
Am linken Ufer der Ría de Betanzos. Feiner Sandstrand, ruhiges Wasser.

151 Mera
Kleiner Fischerhafen am Nordostufer der Bahía de La Coruña, mit 400 m Sandstrand.

152 Santa Cruz
Eine Reihe kleiner, geschützter Strände, unterteilt durch Steilhänge, im Innern der Bahía de La Coruña.

153 Santa Cristina
Ausgedehnter Strand mit sehr feinem Sand, 1 km Länge und bei Flut 100 m Breite.

154 La Coruña
In der Bahía de Orzán, umgeben vom Stadtgebiet, die *Playa de Riazor,* mit grobkörnigem Sand.

155 Cayon
Typisches Fischerdorf auf einer kleinen Halbinsel, in der Umgebung feinsandige Strände.

156 Malpica
Playa de Area Maor, 500 m lang, feinsandig. Bootsfahrten zu den Islas Sisargas.

157 Lage
Am linken Ufer der gleichnamigen Ría. Schöner, feinsandiger Strand von 1,5 km Länge.

158 Camariñas
Am rechten Ufer der gleichnamigen Ría, südlich des Cabo Villano. Mehrere piniengesäumte Strände.

159 Finisterre
3 km nördlich von dem gleichnamigen Kap. Zahlreiche, gutgeschützte, feinsandige Strände mit Pinien.

160 Corcubión
Kleiner Strand mit feinem, festem Sand an der gleichnamigen Ría.

161 Carnota
Schöne Küste, gegenüber dem Cabo Finisterre. Mehrere Strände mit über 10 km Gesamtlänge.

162 Muros
Typischer Ort an der gleichnamigen, großen Ría. *Playa de San Francisco* an der Punta de Louro.

163 Noya
Tief in der gleichnamigen Ría. 2 km entfernt die feinsandige *Playa de Boa.*

164 Puerto del Son
Am Südufer der Ría de Muros y Noya. Viele schöne Strände.

165 Santa Eugenia de Ribeira
Am Nordufer der Ría de Arosa. Schöne, 2 km lange *Playa de Coroso.*

166 Puebla del Caramiñal
Großartige Bucht am rechten Ufer der Ría de Arosa. Mehrere piniengesäumte Sandstrände.

167 Rianjo
In schöner Bucht nahe der Mündung des Río Ulla. Guter, 500 m langer Strand.

168 Villagarcía de Arosa
Am linken Ufer der Ría de Arosa. In einem Park die *Playa de Compostela,* mit guten Serviceeinrichtungen und Restaurant.

169 Villanueva de Arosa
Gute, über 1 km lange *Playa de las Sinas,* mit Serviceeinrichtungen und Pinien. Weitere Strände auf der *Isla de Arosa.*

170 Cambados
Fischerdorf (Meeresfrüchte), günstiger Ausgangspunkt für Bootsfahrten zu der Halbinsel von La Toja.

171 El Grove
Auf einer Halbinsel, mit den schönen Stränden *Marisma del Bao, Terra do Porto, Playa del Son, Mexilloeira* und *Area Grande;* am offenen Meer die *Playa de la Lanzada.*

172 La Toja
Medizinal- und Seebad, gute Serviceeinrichtungen.

173 Sangenjo
Sehr gute, feinsandige Strände: in Portonovo *Playa de Canelas* und *de Caneliñas,* in Sangenjo selbst die *Playa de Silgar* und *Panadeira,* 1,5 km weiter die *Playa de Areas* (Pinien).

174 Poyo
Viele schöne Strände; die bekanntesten sind die *Playa de Lourido* und die *Playa de Campelo.*

175 Pontevedra
Von hier aus besucht man die Strände von Poyo (s. oben), sonst nur die kleine, grobsandige *Playa de Placeres.*

176 Marín
Mehrere feinsandige Strände, sehr ausgedehnt sind die *Playa de Portocleo,* die *Playa Mogor* und die *Playa de Aguete.*

177 Bueu
Bueu teilt sich mit Marín die feinsandigen *Playas de Lapamán;* etwas gröber, aber sauber und ausgedehnt sind die *Playa de Beluso* und die *Playa de Cela.*

178 Cangas de Morrazo
Nordwestlich in Aldán die *Playa de Menduiña.* Westlich in Hío erstrecken sich die feinsandigen Strände *Playa de Pitens* und *Area Brava.* In der Ría de Vigo befindet sich der Strand *Barro de Limens,* in Cangas selbst die 1 km lange *Playa de Rodeira.*

179 Redondela
Am linken Ufer der Ría de Vigo, feinsandige, 3 km lange *Playa de Cesantes.*

180 Vigo
Bedeutende Hafenstadt. *Playas de Bonzas, Alcambre* und *Samil,* der bedeutendste Strand. Ferner in Coruja die *Playa del Bao* und die *Playa de Canido.*

181 Nigrán
Einer der wichtigsten Strände an den Rías Bajas ist die *Playa de América,* die zusammen mit der *Playa de Panjón* rund 3 km feinen, festen Sandstrand bietet. Weiter der gut gepflegte, 300 m lange Strand *Playa de Patos.*

182 Bayona
Malerischer Ort mit den kleinen, feinsandigen Stränden *Concheira, Playa de Barbeira* und *Playa del Burgo.* 1,5 km entfernt die *Playa de Santa Marta* und die *Playa de Ladeira* (geschützt, Pinien).

183 La Guardia
Am Nordufer der Miño-Mündung. Zwei feinsandige, weiße Strände sind die *Area Grande* und die *Playa de Fedoreto.* Der Strand *El Molino de Camposancos,* gegenüber dem portugiesischen Ufer, ist berühmt wegen seiner Ausdehnung, wegen des feinen Sandes und des Schutzes, den ihm die Pinienwälder von Santa Tecla verleihen.

 BALEAREN

Mallorca. – Die Insel hat mit rund 300 km eine ebenso lange Küstenlinie wie die Costa Brava. Bei einigen Touristenzentren hat die überstarke Bebauung die Landschaft zerstört, und die Infrastruktur hat nicht überall Schritt gehalten. Es gibt aber auch noch idyllische Buchten, und das schöne Hinterland bietet reiche Ausflugsmöglichkeiten.

184 El Arenal / Ca'n Pastilla
Gut 5 km Sandstrand, von sehr schmal bis 40 m breit, beginnend beim Club Maritimo el Arenal, endet beim Club Náutico in Ca'n Pastilla (Felsküste). Alle Serviceeinrichtungen.

185 Cala Mayor / San Agustín
An der Hauptstraße von Palma nach dem Westen der Insel. Die kleine Bucht ist dem Ansturm der Touristen nicht gewachsen; viele weichen Richtung Paguera aus.

186 Illetas / Portals Nous
Gute Lage mit Blick auf die schöne Bucht, aber wenig Sandstrand in den kleinen Badebuchten.

187 Palma Nova / Magaluf
Die *Playa de Palma Nova* besteht aus zwei Stränden an einer schönnen Promenade (Pinien, Palmen); nach Süden schließt sich ein 200 m langer, 25 m breiter, feiner, heller, gepflegter Sandstrand an (z.T. für Hotelgäste reserviert; Serviceeinrichtungen). Nördlich der Urbanisation Torrenova ein weiterer, gut 300 m langer Strand von unterschiedlicher Qualität und Breite. Die *Playa de Magaluf* besteht aus 400 m sauberem, hellem Sandstrand, bis 20 m breit.

188 Santa Ponsa
400 m langer, bis 50 m breiter, feinsandiger, flacher Strand.

189 Paguera
Östlich vom Ortszentrum zwei gute, durch Felsen voneinander getrennte Strände, insgesamt 400 m lang, bis 60 m breit, Pinien. Am Ort nur schmale Sandstreifen und Betonterrassen. 1,5 km östlich die kleine, aber schöne *Cala Fornels.*

190 Camp de Mar
100 m Sandstrand an einer der schönsten Landschaften Mallorcas zwischen Puerto de Andraitx und Cala Fornells (viele Urbanisationen).

191 San Telmo
Schöner, ruhiger, etwas dunkler Sandstrand, gegenüber die Isla Dragonera. Gute Serviceeinrichtungen.

192 Puerto de Sóller
Weite, fast geschlossene Bucht in der schroffen Nordwestküste. 150 m Strand am Fischerhafen, erst feiner Sand, dann Kiesel. Weitere 100 m Sand gegenüber der Einfahrt, gute Serviceeinrichtungen.

193 Cala San Vicente
Vier ruhige Badebuchten, zwischen 30 und 60 m Sand, viel Felsufer.

194 Puerto de Pollensa
Nördlich des Hafens ca. 1 km Sandstrand mit Pinien, 3–15 m breit, streckenweise von Steinufer unterbrochen. Kläranlage. Beim Hotel Formentor die *Cala Pi* (Bootszubringer), ca. 300 m lang, bis 25 m breit, feiner, heller Sand. Alle Serviceeinrichtungen. Weitere kleine Badebuchten: *Cala Figuera* und *Cala Murta* in Richtung Cabo Formentor. In Richtung Alcudia 5 km ungepflegter Strand.

195 Puerto de Alcudia
Bauruinen und mangelnde Infrastruktur. Fast 10 km Sandstrand bis nach C'an Picafort.

196 Ca'n Picafort
Direkt am Ort die sehr stark besuchte, 20–40 m breite *Playa de Santa Margarita*. Ruhiger ist der sich nordwestlich anschließende Abschnitt Richtung Puerto de Alcudia. Am östlichen Ortsende der kleine, ca. 100 m breite Strand *Playa de Son Bauló*; weiter östlich Felsküste vor Dünen, später wieder Sandstrand.

197 Cala Ratjada
1 km vom Ortszentrum die stark besuchte Bucht *Cala Guyá*, 400 m lang, bis 40 m breit, heller, feiner Sand, in Dünen übergehend. Im Ort der halbmondförmige Sandstrand *Playa Son Moll*, 100 m lang, bis 50 m breit. Südlich bei den Höhlen von Artá die *Playa de Cañamel*, 200 m lang, bis 50 m breit. Nördlich die schöne, noch wenig besiedelte *Cala Mezquida*.

198 Cala Bona / Cala Millor
Cala Bona ist der alte Fischerort, Cala Millor besitzt die Sandstrände: 1,5 km lang, bis 50 m breit, nördlich noch die *Costa de los Pinos* und die *Playa d'es Rivell*.

199 Porto Cristo
Stadtstrand (150 m lang, bis 25 m breit) am Hafen. Zwei Strände (rund 50 m lang und breit) an der *Cala Anguila* (Port Cristo Novo).

200 Calas de Mallorca
Sechs kleine Buchten an der Ostküste, von denen nur zwei Sandstrände (80 x 80 und 70 x 100 m) haben.

201 Porto Colom
Badebucht *Cala Marsal* mit 80 m langem und breitem Strand, von Felsen eingefaßt.

202 Cala d'Or
Ruhiger Badeort mit insgesamt 100 m Sandstrand. Bootsverbindung zur *Cala Mondragó* mit zwei Sandstränden, 150 m bewirtschaftet, 200 m ohne Einrichtungen, Pinien. *Cala Ferrara* mit felsiger Küste, Zentrum des Tauchsports.

203 Cala Santanyí / Cala Figuera
Bei Figuera tiefe, fjordartige Bucht mit Felsküste, in Cala Santanyí gepflegter Sandstrand, 100 x 80 m.

204 Colonia de Sant Jordí
Nordwestlich vom Cabo Salinas; vom Ortsrand ziehen nordwestlich kilometerlange, noch weitgehend unerschlossene Strände mit kla-

rem Wasser, im Südosten die einsamen Strände *Els Dols* und *Es Carbó*, nur mit dem Boot zugänglich.

Menorca. – Die zweitgrößte Insel der Balearen folgt in der touristischen Bedeutung der drittgrößten, Ibiza, erst in weitem Abstand. Das liegt an dem rauheren Klima und den kleineren ungeschützten Buchten und daran, daß man eine Zersiedlung der Landschaft auf der vorwiegend landwirtschaftlich genutzten Insel durch touristische Einrichtungen vermeiden will.

205 Um Mahón
Im Norden der Hauptstadt liegen die schönen, ruhigen Buchten *Cala Mesquida* und *Es Grao*, mit felsumrahmten Sandbuchten.

Im Süden liegen das ruhige Seebad *S'Algar* (ohne Sandstrand) und *Alcaufar* mit einer sehr kleinen Sandbucht. An der Südostecke der Insel die *Punta Prima*, mit 100 m langem, bis 40 m breitem, flachem Sandstrand.

An der Südküste zunächst die Region der sogenannten 'Weißen Dörfer', deren Namen häufig mit der arabischen Vorsilbe Bini- beginnen (Biniancolla, Binisafúa, Binidali), am bekanntesten ist der geschickt der lokalen Architektur angepaßte Touristenort *Binibeca*, mit kleinem Sandstrand und klarem Wasser.

206 Cala'n Porter
Sandstrand, 100 x 100 m, am Ende einer tief in den Felsen eingeschnittenen Bucht.

207 Playa de Son Bou
Längster Strand Menorcas mit über 2 km, ca. 40 m breit, flach, Dünen.

208 Santo Tomás
Ausgedehnter Sandstrand und Hotelkolonie.

209 Cala de Santa Galdana
Weite, halbrunde Bucht mit ca. 500 m langem, bis 40 m breitem Sandstrand, Pinien, ein großer Felsen und eine Flußmündung am westlichen Ende. Ca. 1 km in östlicher bzw. westlicher Richtung von der Hauptstadt die *Cala Mitjana* und die *Cala Macarella* mit je ca. 200 m Sandstrand.

210 Bei Ciudadela
An der Westküste im Einzugsgebiet von Ciudadela liegen eine Reihe in das hier flachere Felsplateau eingeschnittene Buchten wie *Playa Bosch*, *Cala de Santandria*, *Cala en Blanes*, *Cala Forcat* und *Cala Blanca*. Die kurzen Sandstrände sind gerade ausreichend für die an ihnen gelegenen Hotels.

211 Arenal d'en Castell
An einer gegliederten Bucht der Nordküste, 600 m langer, 40 m breiter Strand am Fuß einer Steilküste. Westlich der malerische Fischerort (Langusten) *Fornells* an der gleichnamigen Bahía.

Ibiza. – Die Insel, früher das Reservat der Künstler, Hippies und anderer Individualisten, ist von der Betriebsamkeit des Massentourismus erfaßt worden, bewahrt aber immer noch ein wenig von ihrem extravaganten Flair. Richtig ist nach wie vor der Name Pityusa ('von Nadelbäumen bestanden'), da das Bergland, insbesondere im Norden und Süden, noch dicht bewaldet ist. Die größeren Sandstrände liegen im Süden der Hauptstadt, wer aber wirklich große, freie Strände sucht, setze nach Formentera über.

212 Ibiza-Stadt

Vom Hafenbecken nur durch eine schmale Landzunge getrennt die halbkreisförmige *Cala Talamanca* von ca. 1 km Durchmesser, mit flachem Sandstrand, Bars und Restaurants. Beim Hotelviertel die *Playa de ses Figueretas,* Richtung Stadt in Felsküste übergehend. Das Wasser ist stark verschmutzt. 5 km vom Zentrum erstreckt sich die ca. 2 km lange, 25 m breite *Playa d'en Bossa* – Sandstrand, Dünengelände, nach Süden Felsküste. 11 km von Ibiza die *Playa Salinas* (auch Playa Sa Trincha), mit 1,5 km langem, bis 30 m breitem, feinsandigem Strand. Im Osten der Salinen die *Playa Es Cavalett* mit 1 km freiem Strand, südwestlich vom Flughafen die *Playa Godolà* mit 1,5 km freiem Sandstrand.

213 San Antonio Abad

Nur schmale Streifen Sandstrand an der Südseite der Bucht. 2 km vom Zentrum die *Cala Garcia,* ein fjordartiger Einschnitt mit zwei winzigen Sandstränden. Bootszubringer, Bus und Auto (5 km) nach *Port del Torrent,* mit 200 m langem, feinem Sandstrand. Pinien, alle Serviceeinrichtungen. Bootszubringer und Straße (8 km, letzte Teilstrecke ohne Asphalt) nach *Cala Bassa,* mit 200 m langem, 20 m breitem, feinsandigem Strand. Pinien, alle Serviceeinrichtungen. Weitere kleine Strandbuchten: *Cala Conta, Cala Tarida, Cala Moli* und *Cala Vadella.*

214 Portinatx

Im Nordosten der Insel, mit 100 m Sandstrand und schönem Pinienwald.

215 Cala San Vicente

Schöne Bucht im äußersten Nordosten der Insel; schmaler, 300 m langer, mit Kieseln durchsetzter Strand, alle üblichen Serviceeinrichtungen.

216 Santa Eulalia del Río

Kein nennenswerter Sandstrand am Ort. 7 km südlich die *Cala Llonga,* ein ca. 200 m langer, bis 80 m breiter, gepflegter Sandstrand in tief eingeschnittener Bucht; schönes Hinterland. 4 km nordöstlich von Santa Eulalia die *Cala Pada,* ein dreieckiger Sandstrand von ca. 60 m Länge mit Pinienwald. 2,5 km weiter nördlich die *Playa d'es Canà,* eine Badebucht mit 300 m Sandstrand. 1 km weiter nördlich die *Cala Nova* mit 250 m Sandstrand, landeinwärts Dünen.

217 Formentera. – In den letzten Jahren hat der

Fremdenverkehr auf Formentera, der kleinsten Baleareninsel, erheblich zugenommen. Kilometerlange Strände, an deren abgelegeneren Strecken auch Nacktbaden möglich ist, ziehen die Besucher an.

Die *Playa d'es Pujols* westlich der Punta Prima ist Ausgangspunkt für die langen Strände bei den Salinen bis zur Nordspitze.

Im Süden liegt die ausgedehnte *Playa de Mitjorn.*

⬤ KANARISCHE INSELN

Die Kanarischen Inseln gelten wegen ihres besonders milden Klimas zu Recht als die 'Inseln des ewigen Frühlings'. Die Ostgruppe hat eher kontinentales Klima mit sehr geringen Niederschlägen und starken Temperaturunterschieden zwischen Tag und Nacht, insbesondere in den Höhenlagen. In der Westgruppe ist das Klima ozeanischer, da die Berge die Passatwinde zum Abregnen zwingen.

La Palma

218 Playa de Cancajos

4 km südlich von Santa Cruz de la Palma, mit 600 m schwarzsandigem Vulkanstrand.

219 Playa del Pozo

500 m langer schwarzer, feinsandiger Strand südlich von Puerto de Naos.

Gomera

220 San Sebastián

Rauher, unansehnlicher Hafenstrand. Im Club Náutico unter dem Parador 80 m rotbrauner Kiessand.

221 Valle Gran Rey

Felstal an der Westküste mit 800 m schwarzem Sandstrand und der dunkelbraunen Playa del Inglés.

Hierro

Eigentlich keine Badeinsel; die kleinen Sandbuchten sind vom Land aus kaum zu erreichen.

Tenerife

222 El Médano

Ortsstrand, ca. 1 km lang, mit Hafenschutzmauer. Ein weiterer, heller, bis 200 m breiter Sandstrand hinter dem Berg Roja sowie kleinere Sandbuchten ohne jede Serviceeinrichtung.

223 Costa del Silencio

Felsbucht mit Treppen und Badeplattform. Vor *Tel Bel* großes Meerwasserschwimmbecken mit schmaler Sandbucht. Hinter Las Galletas zwei kleine Sandbuchten. Östlich der Landspitze erstreckt sich eine flache Felsküste.

224 Los Cristianos

400 m langer, bis 100 m breiter, hellbrauner Sandstrand. Keine Serviceeinrichtungen.

225 Playa de las Américas

Zwischen Felsriffen drei Buchten mit braunschwarzem Sand, je ca. 100 m lang, bei Flut bis auf schmale Streifen unter Wasser.

226 Puerto de Santiago

Kleine Bucht mit 200 m langem, schwarzem Sandstrand. Weitere 500 m Sandstrand unter den Steilwänden Los Gigantes.

227 San Marcos

Bucht an der Nordküste bei Icod, mit 70 m langem, dunklem Sandstrand.

228 Puerto de la Cruz

Touristenmetropole mit rauher Felsküste und starker Brandung. Nur 300 m schwarzer Sandstrand beim Hotel San Felipe. Zahlreiche Schwimmbecken, davon drei mit Meerwasser.

229 Mesa del Mar
Badebucht mit künstlichem, hellem Sandstrand und Meeresschwimmbecken, im offenen Meer starke Brandung. Durch einen Tunnel in der Felswand erreicht man eine noch unerschlossene Nachbarbucht mit schwarzem Sandstrand.

230 Bajamar
Drei Meeresschwimmbecken mit allen Serviceeinrichtungen. Schönes Hinterland.

231 Punta Hidalgo
Windgeschützte Küste mit Einstieg über Felsen. Viele Hotelschwimmbecken.

232 Playa de las Teresitas
Kilometerlanger, 100 m breiter, künstlicher Sandstrand. Dürftiger Service.

Gran Canaria

233 Las Palmas
Der 2 km lange, bis 100 m breite, helle Sandstrand *Las Canteras* ist gut gepflegt und nachts beleuchtet. Südlich des Hafens die 60 m lange, bis 80 m breite *Playa de Alcaravaneras*.

234 Maspalomas
Ein 17 km langes Küstengebiet bis zur Südspitze der Insel mit ausgedehnten Dünen. An der *Playa de San Agustin* 600 m feiner, graubrauner Sand. Die *Playa del Inglés* hat 6 km Sandstrand, der südlich in die hohen, tief ins Land reichenden Dünen von Maspalomas übergeht. An der Südspitze beim Leuchtturm *El Oasis*, mit 6 km bis zu 100 m breitem, flachem, feinem Sandstrand, landeinwärts in hohe Dünen übergehend.

235 Arguineguin
Kleine, durch hohe Felsen geschützte Sandbucht (120 x 20 m).

236 Puerto Rico
Künstlicher Sandstrand, 400 m lang und 150 m breit, geschützt von Molen. Zwei riesige Schwimmbecken, Grünanlagen, gute Serviceeinrichtungen.

237 Puerto de las Nieves
Steiniger, schwarzsandiger Strand von 100 m Länge; mehr als Ausflugsziel besucht (schöner Blick).

Fuerteventura

238 Puerto del Rosario
3 km südlich beim Parador die ruhige, hellsandige *Playa Blanca*, 600 m lang und 40–80 m breit.

239 Taralejo Playa
Windgeschützte Bucht mit dunkelbräunlichem Lavastrand in der Umgebung.

240 Playa de Sotavento
15 km lange, noch unerschlossene Sandküste mit Buchten und Dünen an der östlichen Leeseite (= sotavento) der Halbinsel Jandia, als Nacktbadestrand beliebt.

241 Corralejo
Von der Nordostspitze der Insel nach Süden, 12 km weißer, noch unerschlossener Sandstrand.

Lanzarote

242 Arrecife
Ortsstrand 200 m lang, aus hellem Sand, wenig Einrichtungen. 10 km westlich die *Playa de los Pocillos,* 20 km Sandstrand, bis 80 m breit.

243 Playa Blanca
Feriensiedlung an der Südspitze der Insel, 80 m langer und 30 m breiter, heller Sandstrand am Hotel Los Fariones. Nach Nordosten 2 km freier, naturbelassener Strand. Im Fischerdorf 100 m heller Sandstrand.

244 Playa Famara
800 m langer, 80 m breiter Sandstrand mit Steinen und Treibholz.

245 Isla Graciosa
Auf der kleinen Insel nördlich von Lanzarote gibt es herrliche, unberührte Sandbuchten, aber keinerlei Service.

Kurorte

Die schon den Phöniziern, Römern und Arabern in großer Zahl bekannten **Heilbäder** Spaniens, noch um die letzte Jahrhundertwende auch von internationalem Publikum geschätzt, haben an Bedeutung verloren (heute noch etwa 100). Einige ganzjährig geöffnete Kurbäder genießen einen guten Ruf. Es sind dies in der Provinz Barcelona *Caldas de Montbuy* und *La Garriga,* in der Provinz Cádiz *Chiclana de la Frontera,* in der Provinz Castellón *Benicasim,* in der Provinz Gerona *Caldas de Malavella,* in der Provinz Murcia *Archena* und *Fortuna,* in der Provinz Pontevedra *Cuntis* und *La Toja* (El Grove) sowie in der Provinz Zaragoza *Alhama de Aragón* und *Paracuellos.*

Nationalparks

> Die neun Nationalparks Spaniens haben zusammen eine Fläche von rund 160000 ha. Nur die Parques Nacionales von Covadonga und Ordesa sowie der Coto de Doñana entsprechen in den Bestimmungen den internationalen Maßstäben, wobei es im Falle des Coto de Doñana fraglich ist, ob die Schutzvorschriften sich in der Praxis durchsetzen können. Wie vielerorts, bleibt also noch manches zu tun, um seltenen Tieren und Pflanzen angemessene Lebensräume zu gewährleisten. Aber auch im jetzigen Zustand sind die spanischen Nationalparks höchst interessant und lohnen einen Besuch.

1 Parque Nacional de la Montaña de Covadonga o de Peña Santa
Provinz: Asturias.
Gründung: 1918. – Fläche: 16 925 ha.

LAGE und BESCHAFFENHEIT. – Der Parque Nacional de Covadonga liegt in der Westregion der Picos de Europa zwischen Asturien und León. Die wichtigsten Flüsse sind der Río Cares und der Río Deje. Der Park enthält zwei der in Spanien seltenen natürlichen Seen, die malerischen Lagos de Covadonga: Lago de Enol (1070 m; 121500 qm) und Lago de Ercina (1108 m; 121000 qm).

Auch für das spanische Geschichtsbewußtsein ist die Region sehr interessant, da das Tal des Río Auseva Schauplatz des ersten Widerstands der christlichen Asturier gegen die Mauren war. Der Führer dieses Widerstands, der westgotische Fürst Don Pelayo († 737), hatte nach der Legende in der Santa Gruta ein wundertätiges Madonnenbild gefunden (seit 1901 in der Basilika auf dem Cerro del Cueto).

FLORA. – Zwischen 800 und 1500 m sind die Hänge von ausgedehnten Buchenwäldern (Fagus sylvatica L.) bedeckt. Daneben gibt es Kastanien (Castanea sativa Mill.) und Eichen (Quercus robur L., Quercus pyrenaica Willd., Quercus petraea Liebl.). Das Unterholz wird gebildet von Eibe (Taxus baccata L.), Stechpalme (Ilex aquifolium L.) und Efeu (Hedera helix L.); verbreitet ist darüber hinaus der Adlerfarn (Pteris aquilina L.) und der Eisenhut (Aconitum napellus L.).

FAUNA. – Die häufigsten Raubtiere sind die Wildkatze (Felis sylvestris), der Marder (Martes martes), der Fuchs (Vulpes vulpes), der Hermelin (Mustela erminea) und der Iltis (Putorius putorius), auch der Wolf (Canis lupus) streift bis an die Grenzen des Parks. Es gibt viele Dachse (Meles meles). Die Flüsse sind bewohnt von Forellen (Salmo trutta fario), Lachsen (Salmo salar) und Nutrias (Lutra lutra); außerdem gibt es einen maulwurfartigen Wasserbewohner, den Pyrenäendesman (Galemys pyrenaicus), der ausgezeichnet schwimmt und taucht und sogar Stromschnellen emporspringt. Es gibt Steinadler (Aquila chrysaëtaos), Zwergadler (Hieratus pennatus) und Habichtsadler (Hieratus

fasciatus), außerdem Falken, Milane, Habichte und Uhus, den Eichelhäher (Garrulus glandarius), die Elster (Pica pica), die Alpenkrähe (Pyrrhocorax pyrrhocorax) und die Alpendohle (Pyrrhocorax graculus). In den Wäldern nistet der Auerhahn (Tetrao urogallus), die höheren Steilhänge bewohnen große Gemsenherden (Rupicapra rupicapra) und der graue Siebenschläfer (Glis glis).

2 Parque Nacional del Valle de Ordesa
Provinz: Huesca.
Gründung: 1918. – Fläche 15 709 ha.

LAGE UND BESCHAFFENHEIT. – Das Tal von Ordesa ist ein U-förmiges Tal in den aragonesischen Pyrenäen von 3 km maximaler Breite. Ungewöhnlicherweise streicht es nicht von Nord nach Süd, sondern ostwestlich, vom Felszirkus des Cotatuero (Soaso; ca. 1000 m) bis zum Puente de los Navarros am Pico de Diazas (2237 m). Der Parkbereich umfaßt ca. 15 km vom Verlauf des **Río Araza,** dessen Quelle auf 1787 m und dessen Mündung in den Río Ara auf 1090 m Höhe liegt. Es gibt zahlreiche Wasserfälle, insbesondere an den Zuflüssen, wie die Gradas de Soaso, die Cascada de la Cueva, die Cascada de Arripas, die Cascada Tamborrotera, die del Arco Iris und die del Molinieto. Der höchste Wasserstand wird im Mai/Juni, der geringste im August verzeichnet. Typisch für das Tal sind die sogenannten 'fajas', von der Winderosion geformte Felsbänder, die bekanntesten sind die Faja de Pelay (Südwand), gegenüber die Fajas de Mallo, de Mondarruego, de Luenga und de los Petrazales. – Heute gehören noch mehrere andere zu dem Park.

FLORA. – Der wichtigste Bestand sind Fichten (besonders am Nordhang; Pinus sylvestris L. und Pinus uncinata Mill.); ferner gedeiht hier die Buche (Fagus sylvatica L.) und die Tanne (Abies alba Mill.). Das Unterholz wird gebildet von Eibe (Taxus baccata L.), Pappel (Populus tremula L.), Hasel (Corylus avellana L.), Birke (Betula pendula Rothm.), Buchsbaum (Buxus sempervirens L.), Ginster (Genista horrida L.), Wacholder (Juniperus communis L.) und Wegedorn (Rhamnus alpina L.); es finden sich Lilien (Lilium pyrenaicum Gonan.) und das Edelweiß (Leontopodium alpinum Cass.).

FAUNA. – Am typischsten sind Steinbock (Capra pyrenaica) und die Gemse (Rupicapra rupicapra); ferner kommen vor die Wildkatze (Felis sylvestris), die Kleinfleckginsterkatze (Genetta genetta), Fuchs (Vulpes vulpes), Iltis (Putorius putorius), Marder (Martes martes), Dachs (Meles meles), grauer Siebenschläfer (Glis glis) und gemeiner Siebenschläfer (Eliomis quercinus). Flußbewohner sind die Forelle (Salmo trutta), Nutria (Lutra lutra), der Eisvogel (Alcedo athis) und der maulwurfsähnliche, ausgezeichnet schwimmende Pyrenäendesman (Desmana pyrenaica). Unter den Vögeln sind bemerkenswert der Bartgeier (Gypaëtus barbatus), der Steinadler (Aquila chrysaëtos) und das Schneerebhuhn (Lagopus mutus). Interessante Kriechtiere sind die Aspisviper (Vipera aspis) und die Geburtshelferkröte (Alytes obstetricans).

3 Parque Nacional de Aigües Tortes y Lago de San Mauricio
Provinz: Lérida.
Gründung: 1957. – Fläche: 22 396 ha.

LAGE UND BESCHAFFENHEIT. – Dieser Nationalpark liegt in der Sierra de los Encantos, südlich der Reserva Nacional de Caza de Alto Pallars-Arán

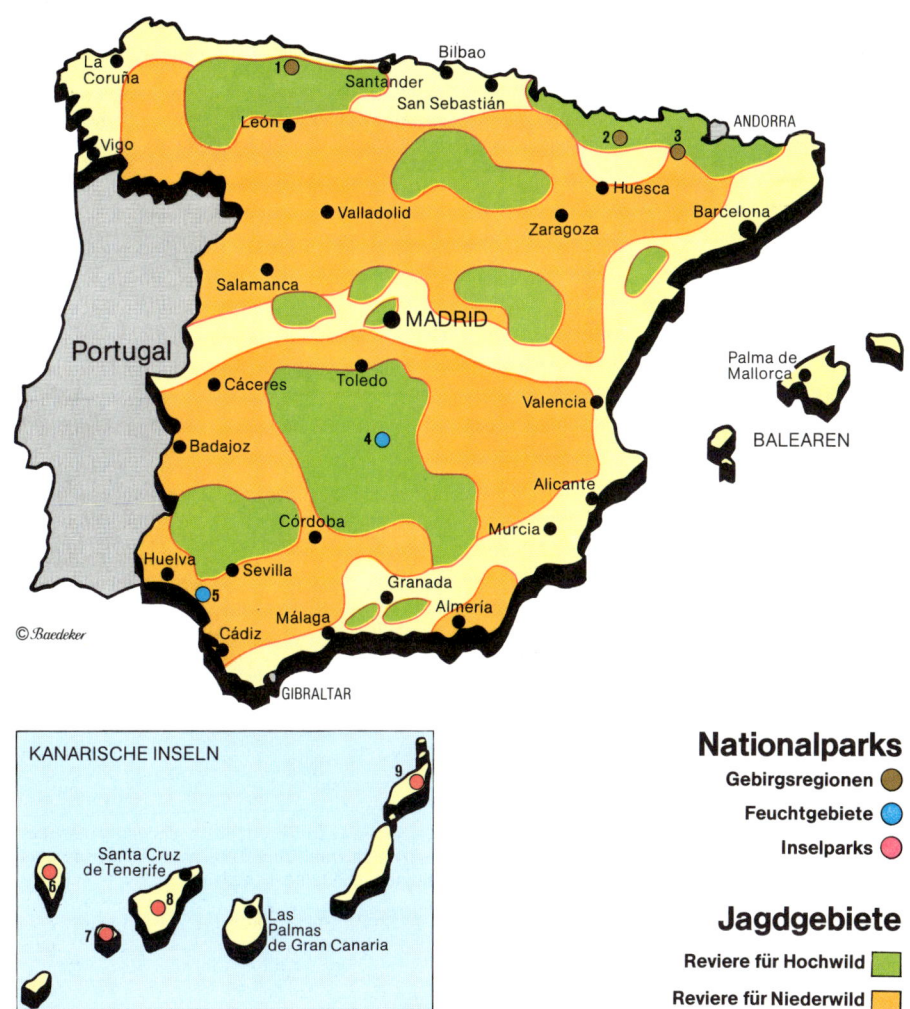

Nationalparks

Gebirgsregionen ●

Feuchtgebiete ●

Inselparks ●

Jagdgebiete

Reviere für Hochwild ▢

Reviere für Niederwild ▢

© Baedeker

(Pico Pinató 2653 m), die ihn als Pufferzone schützt. Er liegt zwischen zwei von Ost nach West verlaufenden Gebirgszügen, zwischen denen sich die Flußtäler des Río Sant Nicolau (zugänglich über Bohí) und des Río Escrita (zugänglich über Espot) befinden, die durch den Bergsattel Collado de Portarro de Espot verbunden werden. Das Gebiet ist ein 'Gletschergarten' mit Moränen, die charakteristische Landschaftsform ist daher der 'Felszirkus'.

Valle de Sant Nicolau. – Dieses Tal verläuft vom Felszirkus Bergús (mehrere Gebirgsseen, darunter der Estany Bergús, 47 m tief) im Norden bis zu den Felskesseln von Gavatos-Cometes im Süden. An beiden Seiten des Río Sant Nicolau liegen Nebentäler, ebenfalls mit eiszeitlichen Felskesseln. Rechts der Circo de Contraig, zwischen dem Pico de Serrader (2941 m), dem Pico de Contraig (2957 m) und dem Gran Tuc de Colomers (2932 m), ein kreisrunder Felszirkus, am Grund der schöne See von Contraig. Links der Felskessel von Cortiselles (zwei kleine Seen), der des Valle de Delhú (geteilt) und der des Valle de Morrano.

Valle del Río Escrita. – Dieser Fluß ist ein rechter Nebenfluß des Río Noguera Pallaresa. Sein Tal streicht westöstlich zwischen dem Felszirkus von *Ratera* im Norden und dem kleineren *Valle de Subenulls* im Süden. Die Gewässer beider Kessel fließen im **Lago de San Mauricio** zusammen, wobei

sich im Norden eine Kaskade bildet. Auch hier gibt es Nebentäler. Rechts das Valle de Monastero (vier kleine Kessel), steil überragt von den Gipfeln Els Encantats (bis 2747 m), sowie das Valle Estany Serrul und das Valle de Boteró, kleine U-förmige Kessel 400 m über dem Haupttal. Schließlich der Circo de Peguera mit dem wichtigsten Zufluß aus seinen 15 Seen. Weitere glaziale Seen: Lago de la Ratera, Lago de Monastero, Lagunas Negras, Las Llosas, Estany Llebreta u.a.

FLORA. – Tanne (Abies alba Mill.) und Fichten (Pinus sylvestris L., Pinus uncinata Mill.), weiter Pappel (Populus tremula L.) und Wacholder (Juniperus communis L.), Birke (Betula pendula Rothm.), Weide (Salix caprea L.) und Ebereschen (Sorbus aucuparia L., Sorbus chamaemespilus Crantz). Hier gedeihen Lilien (Lilium martagon L., Lilium pyrenaicum Gonan.), der Enzian in seinen Arten Gentiana nivalis L. und Gentiana burseri Lapeyr., Steinbrech (Saxifraga oppositifolia L., Saxifraga aizoides L.), Eisenhut (Aconitum anthora L., Aconitum napellus L.) und schließlich Pilze, Moose, Flechten und Algen in zahlreichen Arten.

FAUNA. – In den Flüssen gibt es Forellen (Salmo trutta) und den interessanten Pyrenäendesman (Galemys pyrenaicus), ein seltenes maulwurfähnliches Tier, das vorzüglich schwimmt und sogar Stromschnellen überspringt. Unter den Lurchen sind interessant der Pyrenäen-Gebirgsmolch (Euproctus asper) und die gelbgrüne Zornnatter (Coluber viridiflavus). Unter den Vögeln sind hervorzuheben der Steinadler (Aquila chrysaëtos), der Rotmilan (Milvus milvus) und das Schneerebhuhn (Lagopus mutus); in den Wäldern der Auerhahn (Tetrao urogallus), der Schwarzspecht (Dryocopus martius), der Mauerläufer (Tichodroma muraria), der Zitronengirlitz (Serinus citrinella) und die Zippammer (Emberiza cia). An Säugetieren finden sich der graue Siebenschläfer (Glis glis), der Marder (Martes martes), das Hermelin (Mustela erminea), das Wildschwein (Sus scrofa) und die Gemse (Rupicapra rupicapra).

4 Parque Nacional de las Tablas de Daimiel
Provinz: Ciudad Real.
Gründung: 1973. – Fläche: 1812 ha.

LAGE UND BESCHAFFENHEIT. – Dieser ungewöhnliche Nationalpark liegt inmitten der neukastilischen Mancha. 'Tablas' sind Verbreiterungen und dadurch Verflachungen von Flußläufen. Zwischen den so entstandenen, dicht bewachsenen flachen Seen bildet sich ein Gewirr von Kanälen, die nur mit flachen Stechkähnen befahren werden können. Dazwischen liegen zahlreiche Inseln.

FLORA. – Der Grund der Gewässer ist mit einem dichten Teppich von Wasserpflanzen, 'ovas' genannt, bewachsen. Eine Besonderheit des Gebietes liegt in dem Umstand, daß der **Río Cigüela** aus den salzigen Parameras de Cabrejas Brackwasser, der **Río Guadiana** dagegen Süßwasser heranführt. Im Süßwasser gedeihen hauptsächtlich Binsen (Schilfrohr, Phragmites communis Trin.), im Brackwasser die Sumpfschneide (Cladium mariscus L., größter Bestand in Westeuropa). Da durch Kanalisierung des Guadiana die Süßwasserzufuhr zurückgeht, steigt der Salzgehalt, und man befürchtet Änderungen im Ökosystem. Neuerdings soll Süßwasser zugepumpt werden. Die einzigen Baumsträucher des Gebiets sind Tamarisken (Tamarix gallica L.), die auf den Inseln wachsen.

FAUNA. – Früher gab es zahlreiche Flußkrebse (Atlantostatus pallipes), ihr Fang war der Broterwerb der Anwohner; die Bestände sind jedoch so stark zurückgegangen, daß sich die Ausbeutung nicht mehr lohnt. Der Hecht (Esox lucius), der früher in spanischen Binnengewässern gar nicht vorkam, ist auch in die Tablas gelangt und hat die früher zahlreichen Barben (Barbus barbus) und Karpfen (Ciprinus carpio) fast völlig ausgerottet. Jetzt bedroht er die Jungenten. Weiter finden sich Laubfrösche (Hyla arborea), die europäische Sumpfschildkröte (Emys orbicularis), die Ringelnatter (Natrix natrix) und die Vipernatter (Natrix maura). Unter den Säugern kommen der Iltis (Putorius putorius), der Fuchs (Vulpes vulpes), die Nutria (Lutra lutra) und das Wiesel (Mustela nivalis) vor, sowie seit einiger Zeit das Wildschwein (Sus scrofa), das aus den umliegenden Gebirgen eingewandert ist und sich im Schutz der Schilfgebiete stark vermehrt.

Das Hauptinteresse beanspruchen jedoch die Vögel, zu deren Schutz dieser Nationalpark geschaffen wurde. Unter den eingesessenen Arten finden sich die Rohrweihe (Circus aeruginosus), das Teichhuhn (Gallinula chloropus), die Stockente (Anas platyrhynchos), die Schnatterente (Anas strepera) und der Eisvogel (Alcedo athis). Unter den Zugvögeln, die im Gebiet der Tablas Station machen, sind am bemerkenswertesten der Purpurreiher (Ardea purpurea), der Seidenreiher (Egretta garzetta), der Nachtreiher (Nycticorax nycticorax), die Rohrdommel (Botaurus stellaris), die Kolbenente (Netta rufina), die Moorente (Athya nyroca) und der Baumfalke (Falco subbuteo). An den marschigen Uferstreifen tummeln sich Rotschenkel (Tringa totanus), Säbelschnäbler (Recurvirostra avosetta), Stelzenläufer (Himantopus himantopus) und Kampfläufer (Philomachus pugnax). Im Schilf nisten Cistensänger (Cisticola jundicis), Rohrschwirl (Locustella luscinoides) und Bartmeise (Panurus biarmicus).

5 Parque Nacional de Doñana
Provinz: Huelva.
Gründung: 1969. – Fläche: 75 765 ha.

LAGE UND BESCHAFFENHEIT. – Dieser größte und wegen der z.T. schon afrikanischen Arten wohl interessanteste Nationalpark Spaniens liegt im Mündungsdelta des Guadalquivir, am Rande des europäischen Kontinents und auf der Route der Zugvögel nach Afrika. Trotz der Schutzbestimmungen ist er in der Praxis bedroht, da er sich fast nur auf Privatbesitz befindet. Ein Projekt für Trockenlegung und der geplante Bau einer Autobahn sowie die Wasserverschmutzung und die Einschnürung durch Touristenzentren gefährden die sehr seltenen Tierarten. Man kann das Gebiet in zwei Ökosysteme aufteilen: das **Naßgebiet** ('Doñana húmedo', Marisma im Flußdelta und Lagunen; nur einige 100 ha im Parkgebiet) und das **Trockengebiet** (Doñana seco). Die während des größeren Teils des Jahres überschwemmten Gebiete ('almajales') sind die 'caños' (Altwasser des Guadalquivir) und die 'ojos' (Quellen) sowie die 'lucios' ('Hechte', längliche flache Lagunen); dazwischen liegen die 'paciles' (kleine, runde Erhebungen) und die 'vetas' oder 'vetones' (höhere und längere Trockengebiete).

Marschland (Marisma). – Das Gebiet wird durch den unterirdischen Wasserstand geprägt: Während der Trockenzeit (Juli–September, Wassertiefstand im August) liegt es trocken und verlassen. Ende September erscheinen die ersten Zugvögel (Wildgänse und Wildenten). Man besucht die Gewässer in flachen Kähnen, den 'cajones', die gestakt oder von Pferden gezogen werden.

FLORA. – Binsen, wie die Meersimse (Scirpus maritimus L.) und die Sumpfbinse (Scirpus lacustris L.); breitblättriger Rohrkolben (Typha latifolia L.).

FAUNA. – Viele Zugvögel verbringen den Winter hier oder rasten auf dem Weg nach Afrika: Pfeifente (Anas penelope), Spießente (Anas acuta), Krickente (Anas crecca), Löffelente (Anas clypeata), Tafelente (Arytha ferina) u.a. Im Frühjahr nistet das Bleßhuhn (Fulica atra), die Stockente (Anas platyrhynchos), die Schnatterente (Anas strepera), der Haubentaucher (Podiceps cristatus), der Zwergtaucher (Podiceps ruficollis), der Purpurreiher (Ardea purpurea), die Lachseeschwalbe (Gelochelidon nilotica), die Weißbartseeschwalbe (Chlidonias hybrida) und die Trauerseeschwalbe (Chlidonias niger). Hinzu gesellen sich zahlreiche Wattbewohner und die Rohrweihe (Circus aeruginosus).

Lagunen. – Weit über das Gebiet verstreut liegen die größeren parallel zur Küste (Laguna de Santa Olalla, Laguna Dulce, Laguna del Taraje), die kleineren mehr im Inneren (Laguna del Moral, de Navazo del Toro, del Sapo, del Brezo, del Caballo, del Pino u.a.).

FLORA. – Die Lagunen sind von Baumgruppen gesäumt: Korkeiche (Quercus suber L.), Pinie (Pinus pinea L.), Baumheide (Erica scoparia L.), Ginster (Ulex minor Roth.) und Farn (Pteridium aquilinum L.) begrünen die Ufer.

FAUNA. – Karpfen (Cyprinus carpio), Aal (Anguilla anguilla), Laubfrosch (Hyla arborea), Seefrosch (Rana ribunda), europäische Sumpfschildkröte (Emys orbicularis) und die kaspische Wasserschildkröte (Clemmys caspica leprosa) sind die wichtigsten Wasserbewohner. Alle bereits erwähnten Entenarten besuchen die Lagunen, die auch den letzten europäischen Zufluchtsort des bedrohten Kammbleßhuhns (Fulica cristata) bilden. An ihre Ufer kommen Damhirsche, Rothirsche und Wildschweine; Nutrias (Lutra lutra) im Wasser.

Korkeichenwald (Alcornocal). – Dieses Biotop ist in vielen Teilen des Parks selten geworden; ein Streifen trennt das Gebiet der Marisma vom Monte de Doñana. Auf diesen Korkeichen (Quercus suber) befinden sich die berühmten Nistplätze ('pajareras'), die ganze Brutkolonien bilden.

FAUNA. – Hier nisten der Graureiher (Ardea cinerea), der Seidenreiher (Egretta garzetta), der Kuhreiher (Ardeola ibis) und der Löffler (Platalea leucorodia) sowie einige Weißstörche (Ciconia ciconia). Auch Raubvögel besuchen die Brutkolonien oder nisten dort: der Mäusebussard (Buteo buteo), der Rotmilan (Milvus milvus), der Turmfalke (Falco tinnunculus) und zahlreiche Dohlen (Corvus monedula), die große Nesträuber sind. Das Wildschwein (Sus scrofa) kommt oft hierher, charakteristisch ist die giftige Stülpnasenotter (Vipera latastei).

Monte de Doñana. – 'Monte' heißt hier nicht Berg, sondern Wäldchen oder Busch. Dieses Biotop besteht aus mittelmeerischer Macchia mit eingestreuten Korkeichen.

FLORA. – Hier blühen Halimium halimifolium L., der Steinlinde genannte Philariastrauch (Phyllirea angustifolia L.), Calluna vulgaris L., Rosmarin (Rosmarinus officinalis L.); in den höheren Lagen Wacholder (Juniperus phoenicea L.), Halimium commutatum Pan., der Lavendelstrauch (Lavandula stoechas L.) und der weiße Thymian (Thymus mastichina L.).

FAUNA. – An Reptilien gibt es die maurische Landschildkröte (Testudo graeca), die Treppennatter (Elaphe scalaris), die Eidechsennatter (Malpolon monspessulanus) und die kleine, aber sehr giftige Stülpnasenotter (Vipera latastei). Neben den schon erwähnten Raubvögeln finden sich die Elster (Pica pica), der Raubwürger (Lanius excubitor), der Ziegenmelker (Caprimulgus ruficollis) und zahlreiche Rothühner (Alectoris rufa). Unter den Säugetieren sind die häufigsten der Rothirsch (Cervus elaphus), der Damhirsch (Dama dama) und das Wildschwein (Sus scrofa); ferner das Wiesel (Mustela nivalis), der Iltis (Putorius putorius), die Wildkatze (Felis sylvestris), der Fuchs (Vulpes vulpes), seltener die Kleinfleckginsterkatze (Genetta genetta), dagegen sehr häufig der Dachs (Meles meles) und in großer Anzahl das Wildkaninchen (Oryctolagus cuniculus), Nahrungsgrundlage für alle Räuber.

Pinienwälder (Pinares). – Dieses Biotop kommt insbesondere im südlichen Teil des Parks vor.

FLORA. – Zwischen den Pinien (Pinus pinea L.) wächst Unterholz, das hauptsächlich aus Baumheide (g. Erica), Cistrosen (g. Cistus), Ginster (Osyris alba L.) und Pistazie (Pistacia lentiscus L.) besteht.

FAUNA. – Hier ansässig sind die Ringeltaube (Columba palumbus), die Turteltaube (Streptopelia turtur), die Amsel (Turdus merula), die Misteldrossel (Turdus viscivorus), der Mäusebussard (Buteo bu-

teo), der Rotmilan (Milvus milvus) und der Turmfalke (Falco tinnunculus); jedes Jahr wiederkehrend der Baumfalke (Falco subbuteo) und der Schlangenadler (Circaëtus gallicus). Sehr selten ist die fast nur hier anzutreffende Blauelster (Cyanopica cyanus).

Dünen (Dunas). – Entlang der Küste erstrecken sich lange Wanderdünen, die bei ihrem Vordringen ins Land Pinienwäldchen umschließen, so daß diese wie Inselchen ('corrales') im Sand stehen bleiben, bis sie erstickt werden. Die trockenen, bizarren Stämme nennt man 'campo de cruces'.

FLORA. – Naturgemäß sehr dürftig, hauptsächlich bestehend aus Strandhafer (Ammophila arenaria L.) und einem 'Camarina' (Corema album Don.) genannten Gestrüpp, von dessen süßen Früchten sich viele Vögel ernähren.

FAUNA. – Unter den Eidechsen kommt der gewöhnliche Fransenfinger (Acanthodactilus erythrurus) vor, bei den Schlangen ist die Stülpnasenotter (Vipera latastei) und die Eidechsennatter (Malpolon monspessulanus) häufig. Von diesen Reptilien ernähren sich der Schlangenadler (Circaëtus gallicus) und die Schleiereule (Tyto alba). Raubtiere werden von den sehr zahlreichen Wildkaninchen angezogen.

Seltene Arten. – Nur im Coto de Doñana kommen vor: der Pardelluchs (Lynx pardinus), kleiner als der europäische Luchs und gefleckt; und der schlangenfressende eigentliche Ichneumon (Herpestes ichneumon), einziger Vertreter dieser Familie in Europa, den man häufig in Familienverbänden im Gänsemarsch durch den Park trotten sehen kann. Sehr selten in Europa sind auch der Kaiseradler (Aquila heliaca) und der Flamingo (Phoenicopterus ruber). Hier befindet sich auch die einzige europäische Brutkolonie der Purpurralle (Porphyrio porphyrio). Geschützte seltene Entenarten sind die Moorente (Aythya nyroca) und die hier überwinternden Arten der Rostgans (Tadorna ferruginea) und der Ruderente (Oxyura leucocephala).

> Die Nationalparks auf den **KANARISCHEN IN-SELN** zeichnen sich durch interessante Vulkanformationen, vor allem aber durch eine einzigartige Vegetation aus, deren Arten sich z.T. bis auf das Tertiär zurückverfolgen lassen und hier erhalten geblieben sind, weil die Auswirkungen der Eiszeit auf diese Inseln wesentlich milder waren als auf dem europäischen Festland.

6 Parque Nacional de la Caldera de Taburiente

Provinz: Santa Cruz de Tenerife.
Gründung: 1954. – Fläche: 4690 ha.

LAGE UND BESCHAFFENHEIT. – Dieser Nationalpark auf der Kanarischen Insel La Palma umfaßt die Caldera de Taburiente, mit 28 km Umfang und 19 km maximalem Durchmesser einer der größten vulkanischen Krater. Die höchste Erhebung des Kraterrandes ist der Roque de los Muchachos (2426 m). Der Boden des Kessels hat eine mittlere Höhe von 800 m. Das Gebiet ist sehr wasserreich und daher durch starke Erosion gekennzeichnet, der natürliche Abfluß des Quellwassers, das zahlreiche, bis 50 m hohe Wasserfälle bildet, ist die Schlucht Barranco de las Angustias. Hier befand sich ein heiliger Ort der Guanchen (prähistorische Inschriften in der Cueva de Tajodeque) und die letzte Zuflucht der Ureinwohner während der Eroberung.

FLORA. – Der wichtigste Baum ist die Kanarische Pinie (Pinus canariensis D C.). Die höheren Abhänge sind mit 'Kanarischen Zedern' (Juniperus cedrus Webb-Berth.) bewachsen, die bizarre Formen bilden. Ab 2000 m folgt der 'Codeso' (Adenocarpus viscosus Webb-Berth.). Große Höhen erreichen auch Vergißmeinnichtarten (Viola palmensis Webb-Berth.) und Cistrosen (Cistus vaginatus Ait.). Auf dem Grunde des Talkessels wachsen Buchen (Myricca faya Ait.) und Heidekraut (Erica arborea L.) sowie Stechpalmen (Ilex canariensis Poir.). Hier gibt es auch noch Lorbeerwäldchen (Laurus canariensis Webb-Berth.), gemischt mit 'Barbusanos' (Apollonias canariensis Nees.), 'Viñátigos' (Persea indica Spreng.) und 'Marmolanes' (Myrinse canariensis Spreng.). Häufig sind auch Sukkulenten, wie die 'Bejeques' (g. Aeonium), 'Tabaibas' (g. Euphorbia) und 'Verodes' (g. Kleinia).

FAUNA. – Neben Kaninchen und Wildziegen finden sich Ringeltauben (Columba broley) und einige Sperlingsvögel wie die Mönchgrasmücke (Sylvia atricapilla) sowie die Kanareneidechse (Lacerta galloti).

7 Parque Nacional de Garajonay
Provinz: Santa Cruz de Tenerife.
Gründung: 1979. – Fläche: 3974 ha.

LAGE UND BESCHAFFENHEIT. – Der Garajonay-Nationalpark liegt auf der zu den Kanarischen Inseln zählenden Insel Gomera; zu ihm gehört auch der Berg Garajonay, nach dem er benannt ist. Mehr als die Hälfte des Parkgeländes – Grate, Hügelketten und Schluchten – ist von Wäldern bedeckt. Der Park wurde in erster Linie geschaffen, um den Baum- und Pflanzenbestand der Insel zu schützen. – Eine Landstraße führt von dem Ort San Sebastián zu dem Nationalpark, in dem man auf Waldwegen wandern kann.

FLORA. – Stechpalmen, Heide, Lorbeergebüsch und andere Sträucher prägen das Landschaftsbild. Viele der Baumstämme und Äste sind mit Moos und Flechten bedeckt.

FAUNA. – Im Parque Nacional de Garajonay leben hauptsächlich Vögel: Buchfinken, Blaumeisen, Waldtauben, Grasmücken und Turmfalken.

8 Parque Nacional del Teide
Provinz: Santa Cruz de Tenerife.
Gründung: 1954. – Fläche: 13571 ha.

LAGE UND BESCHAFFENHEIT. – Der Teide-Nationalpark liegt in einem riesigen vulkanischen Krater der Kanarischen Insel Tenerife mit einer mittleren Höhe von 2100 m über dem Meer. Dieser alte Krater wird durch die Felsen Roques de García in zwei halbrunde Kessel geteilt. Im Süden, Osten und Westen wird er von steilen Felswänden umfangen, über deren Kämme die Parkgrenze verläuft.

Im Norden ragt der Vulkankegel des **Teide** mehr als 1700 m über den alten Krater empor. An seinen Hängen kann man drei scharfe Vorsprünge, ehemalige Seitenkrater, erkennen: im Südwesten der Pico Viejo, auch Montaña de Chaorra genannt, der Ende des 18.Jh. seinen letzten Ausbruch hatte; im Osten die Montaña Blanca, wegen ihrer weißgelben Färbung so genannt; und im Norden der Pico Cabra. Knapp unter dem Gipfel liegt der Pitón de Azúcar ('Zuckerhut'), den ein fast kreisrunder Krater (25 m tief, 70 m Durchmesser) abschließt. Am Gipfel (3717 m) breitet sich der weite Krater des Teide aus, dem noch Fumarolen entsteigen. Im Verlauf der

Vulkanausbrüche entstanden zwischen dem Gipfel und den Wänden des alten Kraters tiefe Einschnitte und Schluchten, Cañadas del Teide genannt. Das gesamte Gelände ist vulkanischen Ursprungs, und ein großer Teil besteht aus dem unfruchtbaren 'mal país', in dem sich rote und schwarze erstarrte Lavaströme von dem gelben Untergrund, der aus Lapilli beteht, abheben. Über den Boden des alten Kraters verstreut liegen größere und kleinere vulkanische 'Bomben'.

Das Klima ist wegen der südlichen Lage wüstenartig, modifiziert durch die große Höhe. Der Gipfel des Teide ist während der Wintermonate von Schnee bedeckt, und in den Cañadas sind während dieser Jahreszeit die Felsen und Büsche am Morgen von bis zu 10 cm dicken kristallinen Eisschichten überzogen, die in der Sonne funkeln ('cencellada'). Der Temperaturunterschied zwischen Tag und Nacht ist extrem, die relative Luftfeuchtigkeit sehr gering (unter 50%, im Juni und Juli manchmal nur 25%). Von Santa Cruz führt eine Straße auf den Teide; ferner fährt eine Seilbahn bis fast zum Gipfel.

FLORA. – Trotz der Höhe und ungünstiger Bodenverhältnisse ist der Nationalpark im Frühjahr und Sommer von reicher Vegetation bedeckt, deren Blüten sich leuchtend von den vulkanischen Felsen abheben. Auf den Steilhängen wachsen 'Cedros Canarios', Wacholdergewächse (Juniperus cedrus) in bizarren Formen, und vereinzelt noch die Kanarische Pinie (Pinus canariensis D C.). Die typischste Pflanze ist jedoch der weißrosa blühende Teideginster (Spartocytisus nubigenus Webb-Berth.), das bevorzugte Bienenfutter der Region. Sehr charakteristisch sind auch die bis 2 m hohen Blütenstände des 'Tajinaste rojo' (Echium wildpretii Pears.) und der 'Tajinaste azul' (Echium auberanium Webb-Berth.). Auf den Lavafeldern wächst die 'Hierba del Teide' (Nepeta teydea Webb-Berth.) und die levkojenartige 'Alhelí de las Cañadas' (Cheiranthus scoparius Bro.) und die hier endemische 'Hierba pajonera' (Descurainia bourgaeana Webb.). Die Cañada de Diego Hernández zeigt besonders viele seltene Arten, wie etwa die 'Teidemargarite' (Chrysanthemum anethifolium Brouss.), die 'Hierba de la Cumbre' ('Gipfelkraut', Scrophularia glabrata Ait.), seltene Moosarten (Polycarpea tenuis Webb-Berth.) und den 'Verode barbudo' (Aeonium smithii Webb-Berth.). Nur noch ganz selten sieht man die 'Guanchenrose' (Bencomia stipulata Svent.) und das von Alexander von Humboldt entdeckte Teideveilchen (Viola cheiranthyfolia H.B. und K.).

FAUNA. – Die Tierwelt zeigt weniger Artenreichtum. Außer verwilderten Ziegen und Katzen sowie Kaninchen sieht man fast nur Vögel: Raubvögel wie den Rotmilan (Milvus milvus), den Turmfalken (Falco tinnunculus) und den Sperber (Accipiter nisus), als Aasfresser den Schmutzgeier (Neophron percnopterus), weiter die Felsentaube (Columba livia), das Felsenhuhn (Alectoris barbara), Rabenvögel (Corvus tinginatus) und den endemischen blauen Kanarenbuchfinken (Fringilla teydea). Auf den Lavafeldern lebt die Kanareneidechse (Lacerta galloti).

9 Parque Nacional de Timanfaya
Provinz: Gran Canaria.
Gründung: 1974. – Fläche: 5107 ha.

LAGE UND BESCHAFFENHEIT. – Dieser spanische Nationalpark liegt im Nordwesten der Kanarischen Insel Lanzarote und ist ein Zentrum vulkanischer Tätigkeit. Nach zahlreichen Ausbrüchen zwischen 1730 und 1736 fanden die letzten Eruptionen 1824 statt, als im Macizo de Fuego oder de Timanfaya über 25 Vulkanschlünde Lava auswarfen. Der Untergrund ist noch heiß.

Der niedrigere Teil des Parks besteht aus einer ausgedehnten Lavafläche. Aus ihr erheben sich eine Anzahl von Kegeln und Kratern, z.B. die Caldera Roja, in deren Nähe sich die einzige Quelle des sehr trockenen und heißen Gebietes, die Fuente de los Miraderos, befindet. Die Erhebungen sind mit Asche, Lapilli und 'Bomben' bedeckt und bieten mit ihren schwarzen, gelben und roten Farbtönen ungewöhnliche Eindrücke. Man besucht das Innere des Parkes auf dem 'Ruta de los Volcanes' genannten Weg (14 km).

FLORA. – Erst allmählich bedeckt sich das unwirtliche Vulkangebiet wieder mit einer Vegetationsschicht. Am ausdauerndsten sind dabei die Flechten, von denen es über ein Dutzend Arten gibt. Meist folgen sukkulente Pflanzen, wie Aeonium lancerotense Praeger, und Euphorbiaceen (Euphorbia balsamifera Ait., Euphorbia obtusifolia Poir.); häufig ist auch die 'Aulaga majorera' (Zollikoferia spinosa Boiss.), die man an der Montaña de Fuego für die Touristen entzündet. Seltsam sind die an der Küste, wo die abstürzende Lava natürliche Brücken gebildet hat, in regelmäßigen Reihen auf dem wasserspeichernden, porösen Untergrund wachsenden Binsen (Junctus acutus L.).

FAUNA. – Die einzigen wildlebenden Wirbeltiere sind hier Reptilien, unter denen die auf den kanarischen Inseln endemische Purpurarieneidechse ('Lagarto de Haria', Lacerta atlantica) am interessantesten und häufigsten ist.

Schauhöhlen Karte S. 310

In Spanien gibt es etwa 10000 bekannte Höhlen. Sie konzentrieren sich in den Gebieten mit Karstgestein im Norden, Nordosten, Osten und Süden des Landes. Eine methodische Erforschung und Erschließung steht in vielen Regionen noch aus.

Hier wird nur eine sehr beschränkte Auswahl der Höhlen vorgestellt, die vom Touristen ohne größere Schwierigkeiten besucht werden können und entweder vom vorgeschichtlichen (Wandmalereien) oder vom mineralogischen (Tropfsteinhöhlen) Standpunkt aus besonderes Interesse beanspruchen.

1 Cueva de Santimamiñe *(Cueva de Basondo)*
Provinz Vizcaya;
im Mont Ereñusarre, 4,5 km nordöstlich von Guernica.
Schöne farbige Tropfsteine. Steinzeitliche Malereien und Ritzzeichnungen in zwei kleinen, schwer zugänglichen Hallen 150 m vom Eingang. Führung.

2 Cueva de Covalanas
Provinz Cantabria;
36 km südöstlich von Santander bei Ramales (dort Führer).
Zwei Gänge, im rechten (70 m lang) rote Wandmalereien (Hirsche, Bisons).

3 Cueva del Castillo
Provinz Cantabria;
22 km südwestlich von Santander im Pico del Castillo, bei Puerto Viesgo.
Mehrere Gänge (Gesamtlänge 300 m); paläontologische Funde (im Museo Prehistórico von Santander), 750 figürliche Darstellungen.

4 Cueva de la Pasiega
Provinz Cantabria;
südwestlich von Santander, im Pico del Castillo (Führer bei der Cueva del Castillo, s. Nr. 3).
Ein Labyrinth von Gängen mit guterhaltenen, einfarbigen paläolithischen Malereien.

5 Cueva de Altamira
Provinz Cantabria;
2 km südwestlich von Santillana del Mar.
Einfacher, waagerechter Gang (Gesamtlänge 270 m); große bemalte Decke in einer Halle nahe beim Eingang mit den berühmten, mehrfarbigen Tierdarstellungen (Bisons, Hirsche, Pferde, Wildschweine).
Die Höhle ist nur für 35 Personen am Tag zugänglich.

6 Cueva del Pindal
Provinz Asturias;
59 km südwestlich von Santander, bei Pimiango (Führer beim Leuchtturm San Emerito), in der Steilküste.
360 m langer, breiter Gang mit zahlreichen Tierdarstellungen.

7 Cueva de Cándamo *(Cueva de San Román)*
Provinz Asturias;
20 km nordwestlich von Oviedo in San Román.
Folge von Hallen bis zu einem großen Dom; ca. 60 Tierdarstellungen (Gravuren und Malereien). Außerdem bemerkenswerte Sinterbildungen.

8 Cueva de Nerja
Provinz Málaga;
51 km östlich von Málaga bei Nerja.
Aufeinanderfolgende Hallen beachtlichen Ausmaßes. Unterer Gang (gut erschlossen) ca. 800 m, oberer Gang ca. 2000 m lang. Zahlreiche, z. T. gewaltige Sinterbildungen (tropfsteingeschmückte Säule von 60 m Höhe und 18 m Durchmesser). Paläolithische Wandmalereien besonders im oberen Gang (Hirsche, Pferde, Ziegen, Delphine), bedeutende Ausgrabungen (Schädelfragmente).
Musik und farbige Beleuchtung; häufig Veranstaltungen (Konzerte, Ballett).

9 Cueva de la Pileta
Provinz Málaga;
11 km südwestlich von Ronda bei Benaojan. Großer Hauptgang mit mehreren Hallen und Verzweigungen; weiße, glatte Stalaktiten, Was-

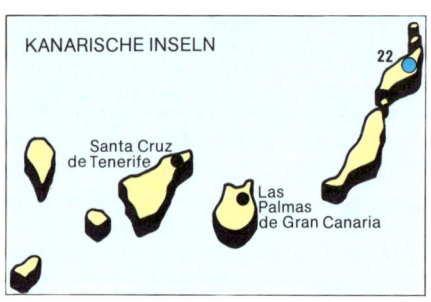

Schauhöhlen in Spanien

Höhlen mit prähistorischen Malereien ● (red)
Höhlen (fast alle mit Sinterbildung) ● (blue)

serbecken. Gesamtlänge 1500 m. Paläolithische Strichzeichnungen (älter als in Altamira, vgl. Nr. 5; Pferde, Bisons, Hirsche, Steinböcke, Nashorn, Fische).

10 Cueva Vieja
Provinz Huesca;
12 km nördlich von Jaca, bei Villanua (Führer). Große Tropfsteingebilde.

11 Cuevas de Valporquero
Provinz León;
35 km nördlich von León, bei Valporquero. Großer Gang (1,8 m Länge) mit vielen Verzweigungen und Hallen. Zahlreiche Sinterbildungen in verschiedenen Farben; Wasserfälle, Sinterbecken und Seen.

12 Cueva del Águila
Provinz Ávila;
ca. 60 km südwestlich von Ávila, 6 km südwestlich von Arenas de San Pedro.
Reich an Sinterbildungen aller Art; nur eine große Halle (18900 qm) erschlossen.

13 Gruta de San José
Provinz Castellón;
26 km südwestlich von Castellón de la Plana, bei Val de Uxo.

Langer Gang (ca. 800 m), der z.T. von einem unterirdischen Fluß durchzogen wird (Boote). Zahlreiche schöne Sinterbildungen: Sinterfahnen, Stalaktiten, Sinterdecken.
Mehrfarbige Beleuchtung, Musik.

14 Cueva de Canalobre
Provinz Alicante;
10 km ostsüdöstlich von Jijona, 3 km nördlich von Busot, in 700 m Höhe am Nordhang der Sierra de Cabeza de Oro.
Große, abfallende Halle von 150 m Länge mit einer Fülle von Tropfsteinbildungen.
Bunte Lampen, Musik, Bühne für Folklore und Konzerte; vom Eingang schöner Blick zur Küste.

15 Gruta de las Maravillas
Provinz Huelva;
75 km nordwestlich von Sevilla in Aracena, Eingang in einem Haus.
Gangsystem mit Hallen (bis 70 m hoch), Seen, vielfältige mehrfarbige Sinterbildungen, Kristalle.
Beleuchtung, Musik, Führung (1200 m; 1 St.).

16 Cueva de S'Aigu (Cova de S'Aygo)
Provinz Balearen;
auf Menorca, 4 km südlich von Ciudadela bei Cala Blanca.

Gesamtlänge 215 m, mit einem großen Brack-wassersee (80 m lang), in dem sich die kräftig gefärbten Tropfsteine spiegeln.

17 Cueva de Génova
Provinz Balearen;
auf Mallorca, 4,5 km westlich von Palma in Génova (Eingang bei einem Haus).
Eine Folge von Hallen mit sehr vielfältigen und zahlreichen feinen, gefärbten Sinterbildungen. Führung.

18 Cueva de Campanet
Provinz Balearen;
auf Mallorca, 37 km nordöstlich von Palma bei Campanet.
Große Höhle mit vielfältigen, insbesondere fei-nen nadelförmigen Sinterbildungen.
Führung (1300 m), Musik.

19 Cueva de Artá
Provinz Balearen;
auf Mallorca, ca. 70 km östlich von Palma, 9,5 km ostsüdöstlich von Artá beim Cabo Vermell, Eingang am Meer.
Riesige Hallen mit eindrucksvollen Stalagmiten (bis 22 m hoch). Gesamtlänge 450 m.
Führung (1 km; 1 St.).

20 Cuevas del Drach
Provinz Balearen;
auf Mallorca, ca. 60 km östlich von Palma bei Porto Cristo, Eingang an der Küste.
Eine Folge von vier großen Hallen mit mehreren Seen (einer 177 m lang und 12 m tief). Sehr zahlreiche, bunte Sinterbildungen. Gesamtlän-ge ca. 2 km.

Bunte Beleuchtung, Bootsfahrten, klassische Konzerte, bei denen sich das Orchester auf beleuchteten Barken befindet.
Rund zweistündige Besichtigung mit Führer (1 km).

21 Cuevas dels Hams
Provinz Balearen;
auf Mallorca bei Porto Cristo, ca. 2 km nord-westlich der Cuevas del Drach (vgl. Nr. 20).
Schöne, von einem ehem. unterirdischen Fluß gebildete Hallen, mehrere Seen. Vielfältige Sin-terbildungen, besonders weiße, feine Stalakti-ten in Hakenform ('harms' Angelhaken, Har-punen).
Teile der Höhle für Aufführungen eingerichtet; Besichtigung mit Führer.

22 Cueva de los Verdes
Provinz Las Palmas de Gran Canaria;
an der Nordküste von Lanzarote, 28 km nordöst-lich von Arrecife, am Fuß des Vulkans Corona.
Mehrere Etagen von langen Gängen in vulkani-schem Gestein (daher keine Tropfsteinbildung), unterirdische Seen. Gesamtlänge 6 km. Eine große Halle beim Eingang wurde für Aufführun-gen ausgebaut; Besichtigung mit Führer.

23 St. Michael's Cave
Gibraltar;
an der Westflanke des Felsens in 300 m Höhe. Eine Folge von mehreren Hallen, die bis 76 m Tiefe hinabführen. Zahlreiche Sinterbildungen in vielfältigen Formen und Farben, kleine Was-serbecken.
Beleuchtung in wechselnden Farben, Musik, Aufführungen.

Wintersport

Zum S k i l a u f sind folgende Gebirgsge-genden hervorragend geeignet: die **Py-renäen** und das *Kantabrische Gebirge* im Norden Spaniens, die **Sierra de Gua-darrama** im Zentrum der Iberischen Halbinsel, vor den Toren Madrids, und die **Sierra Nevada** im südlichen Spa-nien, unweit der Costa del Sol. In allen diesen Gebieten gibt es mehr oder min-der gut ausgebaute Wintersportorte mit Bergbahnen, Skiliften, Übungshängen und Abfahrten sowie Unterkünften. Die Saison dauert in der Regel von Novem-ber bis Mai; in höchsten Lagen auch Sommerskilauf.

Die wichtigsten Wintersportplätze sind i n d e n **Py-renäen:** Rasos de Peguera / Ensija (bis 1700 m), Valle de la Molina (1436–2537 m) mit 'La Molina' und 'Super-Molina', Masella (ab 1600 m), Nuria (1964–2983 m), Baquiera/Beret (1500–2500 m) im Valle de Arán (Garonne-Quelle), Sant Joan de l'Erm (1950–2150 m), Espot mit 'Super-Espot' (ab 1500 m), Llesuy (1280–2900 m), Candanchú

(1500–2240 m), Cerler/Benasque (1505–2858 m), Sallent de Gállego mit 'El Formigal' (1500–2350 m), Panticosa (1165–1865 m) und Burguete (ab 1050 m); ferner Campodrón (920–2300 m), Valle de Farreras (unter der Pica d'Estax; 3141 m), Port del Comte y del Vert (ab 2000 m), Tossa de Das (um 1500 m) und Isaba (um 1500 m).

Im **Kantabrischen Gebirge:** Pajares (1366–2100 m), Alto Campoo/Reinosa (1600 bis 2222 m) und San Isidro (1520–2155 m); ferner Riaño/Maraña, San Emiliano und Leitariegos.

In der **Sierra de Guadarrama:** Navacerrada (1700–2230 m) und Valcotos (1774–2275 m); ferner Valdesqui und La Pinilla (1500–2273 m).

Die **Sierra de Gredos** (Almanzor, 2592 m) ist vor allem ein Tourengebiet.

Die **Sierra Nevada** ist das südlichste Skigebiet Europas (1900–3428 m). Zentrale Punkte sind die Hotels 'Meliá Sierra Nevada' und 'Meliá Sol y Nieve' sowie der Parador Nacional 'Sierra Nevada'.

Auch in der **Sierra de Gúdar** (nördl. von Valencia) bestehen Wintersportmöglichkeiten (1600–2024 m).

In den meisten der genannten Wintersportzentren gibt es S k i s c h u l e n der *Escuela Española des Esqui* (im Rahmen der Federación Nacional de Esqui; Zentrale: Madrid, Calle de Claudio Coello 32, Tel. 91/2750576).

Folklore

Am bekanntesten wurde im Ausland der andalusische **Flamenco.** Was aber den Touristen, besonders außerhalb Andalusiens, unter diesem Namen geboten wird, ist oft nur eine bunte Tanzshow nach andalusischen Rhythmen. Beim echten *Tablao* (von 'tablado' = Bretterboden, Estrade) sind eigentlich die virtuosen Gitarrenklänge der 'tocadores' (Gitarristen) und die improvisierten Texte und Melodien der 'cantaores' (Sänger) wichtiger als der Tanz der 'bailaores', der sich erst aus dem von anfeuernden Rufen der Teilnehmer und Zuschauer begleiteten, kunstvollen Rhythmus ergibt. Die älteste und ursprünglichste Form des Flamenco ist der *Cante Hondo* ('tiefer', d.h. inniger Gesang), der deutlich arabischen Einfluß in seinen komplizierten Rhythmen und Melodien (pentatonische Anklänge) zeigt. Leichter, tänzerischer und für mitteleuropäische Ohren vertrauter klingen die Lieder des *Cante Chico* ('kleiner' Gesang).

Volkstanz auf Gran Canaria

Besonders schwermütig sind die *Soleá* (von 'soledad' = Einsamkeit), deren Text meist unglückliche Liebe besingt, und die *Saeta,* früher von den Zuschauern der großen Prozessionen in der Karwoche zu Ehren der Leiden Christi improvisiert.

Der Nationaltanz in Katalonien ist die *Sardana,* ein ruhiger, gemessener Rundtanz, höchstwahrscheinlich griechischen Ursprungs. Begleitet wird er von den etwas näselnden Klängen der 'cobla', deren charakteristische Instrumente die oboenartige Tenora und die

Tanzgruppe in Tolosa

nur mit einer Hand gespielte Flöte Fluviol sind. Bei den *Xiquets de Valls* werden zu den Klängen der Gralla, einer spitzen Oboe, hohe Menschenpyramiden gebildet.

Das B a s k e n l a n d bietet eine Volksmusik, die von der im übrigen Spanien völlig abweicht. Der *Aurresku* ist ein Kriegstanz der Männer. Er endet mit dem turbulenten Arin-Arin, bei dem die Tänzer gellende Schreie, die 'irrinchis', ausstoßen. Ruhig und gemessen ist dagegen der *Zorzico* im ⅝-Takt. Sehr beliebt ist auch ein Schwertertanz, *Ezpata dantza* genannt. Begleitet werden alle von der großen Flöte Silbotia, der kleineren Chistuak, die nur mit einer Hand gespielt wird, während die andere die Tiun-tiunak, eine kleine, am Ärmel hängende Trommel, spielt, und der hellen Trommel Atabal.

Sehr charakteristisch sind auch die baskischen Sportarten: neben dem schnellen Schlagballspiel *Jai-alai* oder *Pelota* meist Kraftsport wie Steineheben, Stämmewerfen, Wettbewerbe im Holzhacken und mit Ochsengespannen u.a. Pelota s. auch Seite 314.

Feste, Stierkampf Spiele

Im Volksleben der Iberischen Halbinsel nehmen die **Feste** *(fiestas, ferias, romerías),* die auf natürliche Weise die Folklore pflegen, eine bedeutende Stellung ein. Neben den traditionellen katholischen Kirchenfesten (Hl. Drei Könige, Ostern, Fronleichnam, Marien- und Heiligenfeste, Allerheiligen, Weihnachten) begeht fast jede Stadt noch eigene Feste, die mit Umzügen, Stierkämpfen, Theatervorstellungen und Jahrmärkten, auch mit Passions- und Marienspielen oder Wallfahrten gefeiert werden (s. bei den einzelnen Orten). Auf der Reise kann man zeitweise alle paar Tage in eine andere 'Feststadt' gelangen, wo dann die Geschäfte und Behörden geschlossen sind. Die Fremdenverkehrsämter Spaniens geben alljährlich ausführliche Festkalender heraus.

Die **Stierkämpfe** *(corridas de toros;* am besten im Süden, z.B. in Sevilla) wurden bis zum 16. Jahrhundert sowohl zur Waffenübung wie auch bei Festen veranstaltet, wobei der berittene Caballero den Stier mit der Lanze zu erlegen hatte. Zu Anfang des 17. Jahrhunderts nahmen die Stierkämpfe weniger gefährliche Formen an; ihre heute geltenden Regeln werden auf Francisco Romero (geb. um 1700 in Ronda) zurückgeführt. Der Bau der ersten großen Plaza de Torros 1749 in Madrid machte sie endgültig zu einem öffentlichen Schauspiel, bei dem nur noch berufsmäßige Toreros auftreten.

In Mittel- und Südspanien sowie in Barcelona finden die Stierkämpfe von Ostern bis in den November an fast allen Sonn- und Festtagen, bisweilen auch werktags (bes. donnerstags) von 16 bis 18 oder von 17 bis 19 Uhr statt, jedoch nur bei gutem Wetter ('si el tiempo lo permite'). Während der Hundstage sowie von Mitte Oktober an veranstaltet man nur die sog. *Novilladas,* bei denen minder

geübte Stierkämpfer (novilleros) mit jungen Tieren (novillos) auftreten. In Nordspanien und Katalonien sind die Stierkämpfe meist auf hohe Festtage und den Sommerjahrmarkt (Feria) beschränkt. – In der kreisrunden Stierkampfarena unterscheidet man die teureren Plätze auf der Schattenseite (sombra) und die billigeren auf der Sonnenseite (sol). Die schwarzen oder braunroten Stiere (toros), die nicht älter als sechs Jahre sein dürfen, entstammen vorwiegend andalusischen Züchtereien. Die Stierkämpfer (kenntlich an eigentümlichen Haarzöpfchen) sind ebenfalls meist andalusischer Herkunft, gelangen bisweilen zu großer Berühmtheit und bringen es oft zu beträchtlichem Vermögen. Es gibt in Spanien etwa 1000 eingetragene Toreros.

Der **Kampf** *(lidia)* besteht aus drei Hauptteilen (suertes). Nach einem kurzen Vorspiel, in dem die geschickt vorgehenden *Capeadores* den Stier mit ihrem grellfarbenen Mantel (capa) gereizt haben, lassen sich – S u e r t e d e p i c a r oder S u e r t e d e v a r a s – die berittenen *Picadores* vom Stier angreifen, bohren dem erregten Tier ihre Pike (garrocha) in den Nacken und suchen der Wucht seines Ansturms mit Anspannung aller Kraft zu widerstehen. Ist der Stier durch die Lanzenstiche (varas) 'mürbe' gemacht (castigado), so beginnt der zweite Teil, die S u e r t e d e b a n d e r i l l a s. Die *Banderilleros* gehen dem Stier mit mehreren Banderillas in den Händen entgegen und stoßen sie ihm, im Augenblick seines Angriffs geschickt ausweichend, in den Nacken. Die gewöhnlichen Banderillas sind 75 cm lange, mit Widerhaken und Flitterschmuck versehene Stäbe; die Banderillas à cuarta sind nur etwa 15 cm lang. Allzu brave oder heimtückische Stiere sucht man durch Mantelspiele (floreos) umzustimmen. Wenn der Stier drei Paare Banderillas im Nacken hat, beginnt die S u e r t e s u p r e m a oder S u e r t e d e m a t a r. Der *Espada* oder **Matador,** mit dem Scharlachtuch (muleta) und dem Degen (estoque) ausgerüstet, reizt zunächst das Tier mit dem Tuch. Schließlich sucht er es in die geeignete Stellung zu bringen, um ihm den Todesstoß (estocada) zu versetzen. Ein *Punterillo* gibt dem Stier, der, wenn er mutig und angriffslustig war, lebhaft be-

Stierkampf

klatscht wird, mit einem Dolch den Gnadenstoß ins Genick. Ungeschickte Stierkämpfer werden laut kritisiert und ausgepfiffen. – Das Schauspiel wiederholt sich bis zum Einbruch der Dunkelheit sechs- bis achtmal.

In neuerer Zeit hat der **Fußball** *(fútbol)* den traditionellen Stierkampf von seiner obersten Stelle auf der Beliebtheitsskala beim Zuschauer verdrängt; dies gilt insbesondere für Städte mit berühmten Mannschaften (z. B. Madrid oder Barcelona). – Das baskische Ballspiel **Pelota,** als Nationalsport im Baskenland heimisch, ist allgemein verbreitet und wird vielfach von Berufsspielern betrieben. Die Spielhallen sind etwa 11 m breit und 64–80 m lang. Ein kleiner harter Ball muß mit Hilfe eines festen, gekrümmten Handschuhs gegen eine hohe Wand (frontón) geschlagen werden.

Veranstaltungs-kalender

Januar
1. 1.
überall — Año Nuevo (Neujahr), die Sylvesternacht mit lebhaftem Straßentrubel.

2. 1.
Granada — Gedenktag der Reconquista (1492).

6. 1.
vielerorts — Reyes Magos (Dreikönigstag), Kinderbescherung, Reiterprozessionen, besonders in Aledo (Murcia).

17. 1.
vielerorts — San Antonio (Hl. Antonius), Segnung der Haustiere.

Februar
5. 2.
vielerorts — Hl. Agueda, besonders in Zamora, Segovia und Zamarramala.

19.–25. 2.
Santa Cruz de Tenerife — Winterfest.

25. 2.
Sitges — Internationale Oldtimer-Rallye.

März
1.–19. 3.
Valencia — San José (Hl. Josef), 'Fallas'.

4. 3.
Esparraguera (Barcelona) — Passionsspiel.

1.–5. 3.
Ulldecona (Tarragona) — Passionsspiel.

3. Fastenwoche
Castellón de la Plana — Hl. Magdalena, Stierkämpfe und Reiterumzüge.

Semana Santa

Karwoche
vielerorts — Prozessionen der 'Semana Santa', besonders in Sevilla, Córdoba, Granada, Málaga, Jerez, Jaén, Toledo, Cuenca, Gerona und Pollensa (Mallorca), 'Pasos' in Valladolid und Murcia.

Erste Woche nach Ostern
Murcia — Frühlingsfest.

April
15. 4.
Cuenca — 'Canto de los mayos'.

22.–24. 4.
Alcoy — San Jorge (Hl. Georg), 'Moros y Cristianos'.

23. 4.
Barcelona — Fest des Buches.

Sonntag nach dem 25. 4.
Tafalla/Uljué (Navarra) — Romería de los Cruceros (Wallfahrt).

Ende April
Sevilla — Ferias de Abril.

Letzter Sonntag im April	
Andújar	Wallfahrt zur 'Virgen de la Cabeza'.
Ende April/ Anfang Mai	
Jerez de la Frontera	Pferdemarkt.
Mai	
Cádiz	Fiestas típicas gaditanas, Umzüge, Stierkämpfe.
3. 5.	
Selva (Mallorca)	Fiesta de la Santa Cruz (Kreuz-auffindung).
5. 5.	
Jaca (Huesca)	Romería de la Victoria, Festspiel "Conde Aznar".
1.–12. 5.	
Córdoba	Blumenwettbewerb der Patios, Flamencofestival.
15. 5.	
Madrid	San Isidro (Hl. Isidor), zwei Wochen Stierkampfprogramm.
30. 5.	
Aranjuez	Festbeleuchtung der Gärten.
Ende Mai/ Anfang Juni	
La Valga und Torrona (Pontevedra)	'Curros', Einfangen und Markieren der Wildpferde.
Pfingsten	
El Rocío (Huelva)	Berühmte Wallfahrt zu Pferde und mit geschmückten Wagen.
Fronleichnam	
vielerorts	Prächtige Prozessionen zu Ehren des 'Santísimo Corpus' über Blumenteppiche, besonders in Granada, Barcelona, Sitges, Toledo, Cádiz, Valencia, Zaragoza, Sevilla u. Burgos. Mysterienspiel in Camuñas (Toledo).
Juni	
21.–30. 6.	
Alicante	Johannisfest mit den 'Hogueras de San Juan' (Johannisfeuer).
23. und 28. 6.	
Barcelona	Am Vorabend von Johannis und St. Peter Sommernachts-feste im Pueblo Español.
23. und 24. 6.	
Ciudadela (Menorca)	'Hogueras' (Johannisfeuer).

24.–29. 6.	
Sevilla	Volkstänze.
29. 6.	
Burgos	Feria zu Ehren von San Piedro (St. Peter).
29. 6.	
Lequeitio	Petersfest mit dem Fischertanz 'Kaxarranka'.
29. 6.–2. 7.	
Irún	Siegesfest 'Alarde', Militärparade.
Ende Juni/ Anfang Juli	
Granada	Internationale Musik- und Tanzfestspiele.
Juli	
6.–14. 7.	
Pamplona	San Fermín (Sanfermines), Feria mit den berühmten 'Encierros' und Stierkämpfen.
13. 7.	
Roncal (Navarra)	Übergabe von drei Rindern als Tribut aus Frankreich.
16. 7.	
Hafenstädte	Virgen del Carmen (Jungfrau vom Karmel), Meeres-prozessionen.
15.–31. 7.	
Santiago de Compostela	Jakobusfest (Santiago, 25. 7.), Pilgerfahrt, Feuerwerk.
17.–31. 7.	
Valencia	Jakobusfest (katalan. San Jaime, 25. 7.), Blumen-schlacht, Stier-kämpfe, Sardanas.
Ganzer Monat August	
Nordwestküste	'Semana Grande' mit Sport, Kultur und Stierkampf in San Sebastián, Bilbao, Gijón und La Coruña.
1.–9. 8.	
Málaga	Feria mit Stier-kämpfen.
4.–9. 8.	
Vitoria	Fest der Virgen Blanca (Weiße Jungfrau).
13.–15. 8.	
Elche (Alicante)	Mariä Himmelfahrt (Ascensión de María), Mysterienspiel.
15. 8.	
La Alberca (Salamanca)	Mariä Himmelfahrt (Ascensión de María), Mysterienspiel.
14.–25. 8.	
Betanzos (La Coruña)	San Roque (Hl. Rochus), Meeresfest, Zunfttänze.

22. 8.–2. 9. Requena (Valencia)	Feria und Weinlese.		**19.–26. 9.** Longroño	Weinlesefest der Rioja.

September

5.–9. 9.
Jerez de la
Frontera — Weinlese.

5.–15. 9.
Murcia — Feria

8. 9.
vielerorts — Wallfahrten
(Romerías) in
Meritxell (Andorra),
Utrera (Sevilla),
La Peña de
Francia (Salamanca),
Andújar (Jaén),
Ochagavia (Navarra) u. a.

8.–22. 9.
Salamanca — Feria.

**1.–2. Sonntag
im September**
San Sebastián — Baskische Festwoche
mit Wettkämpfen und
Folklore.

19. 9.
Oviedo — Día de las Américas
(Amerikatag).

23. 9.
Tarragona — Santa Tecla
(Hl. Thekla), Sardanas
und Xiquets de Valls.

24.–28. 9.
Barcelona — Santa María de la
Merced, Schutz-
patronin Barcelonas;
Stierkämpfe, Volks-
fest.

25.–27. 9.
Córdoba — Herbstmesse.

29. 9.
Albaicín
(Granada) — Wallfahrt mit
Prozession.

Oktober

7. 10.–15. 10.
Ávila — Santa Teresa
(Hl. Therese).

**Woche um den
12. 10.**
Zaragoza — Virgen del Pilar.

Dezember

24./25. 12.
vielerorts — Mitternachtsmessen.

Gesetzliche Feiertage

1. Januar	*Año Nuevo*	**15. August**	*Asunción* (Mariae Himmelfahrt)
6. Januar	*Reyes Magos* (Dreikönigstag)	**12. Oktober**	*Dia de la Hispanidad* (Entdeckung Amerikas)
19. März	*San José*	**1. November**	*Todos los Santos* (Allerheiligen)
1. Mai	*Dia des Trabajo* (Tag der Arbeit)	**8. Dezember**	*Inmaculada* *Concepción* (Mariae Empfängnis)
24. Juni	*San Juan* (Namenstag des Königs)	**25. Dezember**	*Natividad del Señor* (Weihnachten)
29. Juni	*San Pedro y* *San Pablo*	**Bewegliche Feiertage**	*Viernes Santo* (Karfreitag)
25. Juli	*Santiago* (Apostel Jakobus)		*Corpus Christi* (Fronleichnam)

Einkäufe, Souvenirs

Das spanische **Kunsthandwerk** hat eine lange Tradition und bringt auch heute noch Erzeugnisse hervor, die nach alten Vorlagen gestaltet sind; daneben findet man modern gestaltete Dessins. Keramik kann man fast im ganzen Lande kaufen, insbesondere aber in Katalonien (La Bisbal), auf Mallorca (daher der Name 'Majolika'), in Extremadura und in Talavera de la Reina (Kacheln). Gute moderne Lederarbeiten gibt es in Katalonien und auf den Balearen (Schuhe besonders auf Menorca), solche traditioneller Art in Córdoba ('Korduanleder'). Schmiedeeisen findet man in Sevilla und Logroño, Damaszenerarbeiten in Toledo (Blankwaffen) und Éibar, in Albacete floriert die Kleineisenindustrie (Messer und Dolche). Zentren der Spit-

Keramikteller

zenherstellung sind die Orte Camariñas (Klöppelarbeiten), Sevilla (Mantillas), Granada, Almagro sowie die Kanarischen Inseln (Durchbruchsarbeit, be-

sonders kostbar die Spitzen aus Vilaflor). Kupferkrüge kommen besonders aus Guadalupe und Granada. In Murcia gibt es schöne Artikel aus Espartogras, auf den Balearen Kunstglas und Kunstperlen (Manacor).

Beliebte Mitbringsel sind auch *Süßigkeiten:* das Schmalzgebäck 'Ensaimadas' und kandierte Früchte aus Mallorca, 'Turrón' aus Alicante, Karamellen aus Pamplona und Logroño, Schokoladentrüffel aus Vitoria und 'Yemas de Santa Teres' aus Ávila.

Schöne Souvenirs sind *Schallplatten* mit spanischer Volksmusik und *Bildbände* über Spanien. Sehr empfehlenswert sind die spanischen *Weine* und die *Spirituosen,* von denen sowohl die spanischen Sorten als auch im Lande hergestellte Produkte internationaler Marken recht preiswert sind.

Auskunft

Spanisches Fremdenverkehrsamt

Bethmannstraße 50–54
D-6000 **Frankfurt** *am Main*
Telefon: (069) 285760.

Öberanger 6
D-8000 **München** 2
Telefon: (089) 267584.

Graf-Adolf-Straße 81
D-4000 **Düsseldorf**
Telefon: (0211) 370467.

Rothenturmstraße 27
A-1010 **Wien** 1
Telefon: (0222) 631425.

Seefeldstraße 19
CH-8008 **Zürich**
Telefon: (01) 2527930–31.

Office National Español de Tourisme
Boulevard Helvétique 67
CH-1207 **Genève**
Telefon: (022) 359594-5.

Innerhalb Spaniens werden touristische Auskünfte erteilt durch die *Patronatos de Turismo* und durch die *Delegaciónes Provinciales,* die ihren Sitz in den jeweiligen Provinzhauptstädten haben, sowie durch die *Oficinas de Información de Turismo* in den größeren Städten des Landes. In kleineren Orten erhält man vielfach im *Ayuntamiento* (Rathaus) die gewünschte Auskunft.

Real Automóvil Club de España *(RACE)*

Z e n t r a l e :
José Abascal 10
Madrid 3
Telefon: (91) 4473200.

P a n n e n d i e n s t i n M a d r i d
(0–24 Uhr)
Telefon: (91) 4412222.

G e s c h ä f t s s t e l l e n
in den größeren Städten Spaniens.

Autoclub Turístico Español *(ATE)*
Calle P. Huidrobo s/n
Madrid
Telefon: (91) 2071176.

Diplomatische und konsularische Vertretungen in Spanien

Bundesrepublik Deutschland
Botschaft:
Calle Fortuny 8
Madrid 4
Telefon: (91) 4199100 und 4199150.

Außenstellen:
Franchy y Roca
Las Palmas de Gran Canaria
Telefon: (928) 275700 und 275704.

Avenida de Anaga 45
Santa Cruz de Tenerife
Telefon: (922) 284812 und 284816.

Generalkonsulate:
Paseo de Gracia 111
Barcelona
Telefon: (93) 2184750 und 2176162.
Außenstelle:
Passeig des Born 15
Palma de Mallorca / Baleares
Telefon: (971) 722997 und 722371.

Calle Gobelas 1
Las Arenas-Bilbao
Telefon: (94) 4641877 und 4641888.

Avenida Ramón de Carranza 22
Sevilla
Telefon: (954) 457811 und 457976.

Republik Österreich
Botschaft:
Paseo de la Castellana 91
Madrid 16
Telefon: (91) 4565315 und 4565403.

Generalkonsulat:
Calle Mallorca 286
Barcelona
Telefon: (93) 2573614.

Konsulate:
Avenida Zugazarte 37
Las Arenas – Bilbao
Telefon: (94) 4640763.

Calle Occidente s/n
Benalmadena Costa
Málaga
Telefon: (952) 441281 und 443952.

Vizekonsulat
(ohne Paß- und Visabefugnis):
Calle Barcelona 43
Gerona
Telefon: (972) 203254.

Schweizerische Eidgenossenschaft
Botschaft:
Calle Nuñez de Balbao 35
Edificio Goya
Madrid 1
Telefon: (91) 4313400.

Generalkonsulat und Konsulate
s. rechte Spalte

Schweizerische Eidgenossenschaft
Diplomatische und konsularische
Vertretungen
(Fortsetzung)

Generalkonsulat:
Gran Vía de Carlos III 94
Edificios Trade
Barcelona
Telefon: (93) 3309211.

Konsulate:
Puerta del Mar 8
Málaga
Telefon: (952) 217266.

Paseo de Mallorca 24
Palma de Mallorca / Baleares
Telefon: (971) 712520.

Calle el Cid 38
Las Palmas de Gran Canaria
Telefon: (928) 274544 und 267041.

Fluggesellschaften

Iberia
Calle de Velázquez 130
Madrid
Telefon: (91) 2619100 und 2619500.
Vertretungen an
allen Flughäfen Spaniens.

Deutsche Lufthansa
Paseo de Castellana 18
Madrid
Telefon: (91) 27575.

Paseo de Gracia 55
Barcelona
Telefon: (93) 2150300.

Calle Poeta Tous y Maroto 15
Palma de Mallorca / Baleares
Telefon: (971) 722840–42.

Austrian Airlines
Calle Serrano Jover 5
Madrid
Telefon: (91) 2471607/8/9/0.

Swissair
Gran Vía 84
Madrid
Telefon: (91) 2479207.

Spanische Eisenbahnen (RENFE)
Generalvertretung für Europa:
Avenue Marceau 1
F-75116 **Paris**
Telefon: (1) 7235200.

Reiserufe im Radio

Die spanische Rundfunkanstalt **Radio Nacional** übermittelt in dringenden Fällen Reiserufe. Auskunft erteilen die Automobilclubs.

Telefon-Ländernetzkennzahlen
für den Selbstwählverkehr

von der Bundesrepublik
Deutschland, Österreich und
der Schweiz nach Spanien   **0034**
von Spanien in die Bundes-
republik Deutschland   **0749**

von Spanien nach Österreich   **0743**
von Spanien in die Schweiz   **0741**

Die Null (in Spanien 9) der jeweiligen
Ortskennzahl entfällt!
In Spanien sind noch nicht alle Orts-
netze an den Selbstwählverkehr angeschlossen (Handvermittlung).

Notrufe

Entlang der Autobahn stehen fast
überall **Notrufsäulen.** Sonst kann
bei Pannen oder Unfällen über die
Guardia Civil de Trafico, die auf
Autobahnen und Landstraßen einen Patrouillendienst unterhält,
Hilfe angefordert werden; innerorts
leistet die *Policia Municipal* Bei-
stand.

Ferner besteht ein vom Real Automóvil Club de España organisierter
Pannenhilfsdienst in deutscher
Sprache, der in Madrid und Umgebung unter der Rufnummer
(91) 4412222 zu erreichen ist.

Außerdem hat der ADAC einen
deutschsprachigen Notrufdienst
eingerichtet:

Barcelona   (93) 2008800
Valencia[1]   (96) 3600504
Alicante[1]   (965) 221046
[1] nur von Juni bis September

ADAC-Notrufzentrale München
von 0 bis 24 Uhr besetzt.
Telefon aus Spanien:
Beratung nach
Unfällen u.a.   **0749/89/222222**
Ambulanzdienst und
Telefonarzt   **0749/89/7676-2244**

DRK-Flugdienst Bonn
Telefon aus Spanien:
                  0749/228/230023

Deutsche Rettungs-
flugwacht Stuttgart
Telefon aus Spanien:
                   0749/711/701070

Notruf *(Polizei):*   **091**

A	Alicante		Alava		VI
AB	Albacete		Albacete		AB
AL	Almería		Alicante		A
AV	Avila		Almería		AL
B	Barcelona		Asturias		O
BA	Badajoz		Avila		AV
BI	Vizcaya		Badajoz		BA
BU	Burgos		Baleares		PM
C	La Coruña		Barcelona		B
CA	Cádiz		Burgos		BU
CC	Cáceres		Cáceres		CC
CO	Córdoba		Cádiz		CA
CR	Ciudad Real		Cantabria		S
CS	Castellón		Castellón		CS
CT	Ceuta		Ceuta		CT
CU	Cuenca		Ciudad Real		CR
GC	Las Palmas de Gran Canaria		Córdoba		CO
GE	Gerona		La Coruña		C
GR	Granada		Cuenca		CU
GU	Guadalajara		Gerona		GE
H	Huelva		Granada		GR
HU	Huesca		Guadalajara		GU
J	Jaén		Guipúzcoa		SS
L	Lérida		Huelva		H
LE	León		Huesca		HU
LO	La Rioja		Jaén		J
LU	Lugo		León		LE
M	Madrid		Lérida		L
MA	Málaga		Lugo		LU
ML	Melilla		Madrid		M
MU	Murcia		Málaga		MA
NA	Navarra		Melilla		ML
O	Asturias		Murcia		MU
OR	Orense		Navarra		NA
P	Palencia		Orense		OR
PM	Baleares		Palencia		P
PO	Pontevedra		Las Palmas de Gran Canaria		GC
S	Cantabria		Pontevedra		PO
SA	Salamanca		La Rioja		LO
SE	Sevilla		Salamanca		SA
SG	Segovia		Santa Cruz de Tenerife		TF
SO	Soria		Segovia		SG
SS	Guipúzcoa		Sevilla		SE
T	Tarragona		Soria		SO
TE	Teruel		Tarragona		T
TF	Santa Cruz de Tenerife		Teruel		TE
TO	Toledo		Toledo		TO
V	Valencia		Valencia		V
VA	Valladolid		Valladolid		VA
VI	Alava		Vizcaya		BI
Z	Zaragoza		Zamora		ZA
ZA	Zamora		Zaragoza		Z